Kapitalschutz nach dem Bilanzrechtsmodernisierungsgesetz

Osnabrücker Schriften zum Unternehmens- und Wirtschaftsrecht

Herausgegeben von Andreas Fuchs,
Markus Stoffels und Dirk A. Verse

Band 18

PL ACADEMIC RESEARCH

Zacharias-Alexis Schneider

Kapitalschutz nach dem Bilanzrechts-modernisierungsgesetz

PL ACADEMIC RESEARCH

Bibliografische Information der Deutschen Nationalbibliothek
Die Deutsche Nationalbibliothek verzeichnet diese Publikation in der Deutschen Nationalbibliografie; detaillierte bibliografische Daten sind im Internet über http://dnb.d-nb.de abrufbar.

Zugl.: Osnabrück, Univ., Diss., 2014

Gedruckt auf alterungsbeständigem, säurefreiem Papier.

D 700
ISSN 1865-696X
ISBN 978-3-631-65164-3 (Print)
E-ISBN 978-3-653-04491-1 (E-Book)
DOI 10.3726/978-3-653-04491-1

PL Academic Research ist ein Imprint der Peter Lang GmbH.
Peter Lang – Frankfurt am Main · Bern · Bruxelles · New York · Oxford · Warszawa · Wien

Dieses Buch erscheint in einer Herausgeberreihe bei PL Academic Research und wurde vor Erscheinen peer reviewed.

www.peterlang.com

Meinen Eltern und Bruder

Vorwort

Die Arbeit wurde im Wintersemester 2013/2014 von der Juristischen Fakultät der Universität Osnabrück als Dissertation angenommen und bildet im Wesentlichen den Erkenntnisstand vom Januar 2014 ab.

Mein besonderer und aufrichtiger Dank gilt zunächst meinem Doktorvater, *Herrn Prof. Dr. Dirk A. Verse, M. Jur. (Oxford)*, der die Arbeit angeregt und betreut hat. Durch seine konstruktiven Anmerkungen und Hinweise hat er entscheidend zum Gelingen meiner Arbeit beigetragen. *Frau Prof. Dr. Heike Jochum, Mag. rer. publ.* gebührt der Dank für die Übernahme des Korreferates.

Maßgeblich unterstützt wurde die Veröffentlichung dieser Arbeit von der *Dr. Reinhard Kapp Stiftung*, der ich aus diesem Grund zu Dank verpflichtet bin.

Die Erstellung dieser Arbeit wäre ohne die zahlreichen Freunde und Verwandte, die mich in vielfältiger Weise unterstützt und meine Promotionszeit begleitet haben, eine sicher nur schwerlich zu überwindende Herausforderung geblieben.

Aus dem Kreise meiner Freunde und Kollegen bin ich daher vor allem *Sarah Wegener*, *Dr. Kuuya J. & Simone Chibanguza*, *Jana Schützchen*, *Hans-Joachim Wittek*, *Sonja Böske* und *Hannelore Homeier* zu Dank verpflichtet. Ihre hilfreichen Ratschläge und Anmerkungen zum Manuskript aber auch dem gesamten Prüfungsverfahren haben wesentlich zum Gelingen dieser Arbeit beigetragen.

Ich möchte darüber hinaus der *Familie Etl* danken, für die ich stellvertretend *Barbara Etl* nennen möchte, die mir während meiner Studienzeit in Osnabrück unentwegt zur Seite standen und mich stets gleich einem Familienmitglied willkommen hießen.

Diese Arbeit widme ich meinen Eltern, *Podi Manike* und *Linus Schneider*, sowie meinem Bruder, *Dr. Gregor-Sönke Schneider*, die mir durch Ihre vorbehaltlose und unermüdliche Unterstützung, Ihren Zuspruch und Ihrer Liebe soviel ermöglicht haben. Meinen Eltern danke ich darüber hinaus von Herzen, dass sie mir diese Ausbildung zu teil werden ließen. Ich werde es mir zum Vorbild nehmen, dass der bedingungslose Rückhalt für die eigenen Kinder, eine durch nichts zu ersetzende Voraussetzung für ihr Fortkommen ist.

Hannover, im März 2014 *Zacharias-Alexis Schneider*

Inhaltsübersicht

Inhaltsverzeichnis

Abkürzungsverzeichnis

a. A.	anderer Ansicht
a. F.	alte Fassung
Abs.	Absatz
AfA	Absetzung für Abnutzung
AG	Aktiengesellschaft
AK	Arbeitskreis
AktG	Aktiengesetz
AO	Abgabenordnung
Art.	Artikel
Aufl.	Auflage
BB	Betriebs-Berater (*Zeitschrift*)
BBK	Buchführung, Bilanz, Kostenrechnung (*Zeitschrift*)
BC	Bilanzbuchhalter und Controller (*Zeitschrift*)
BCBS	Basel Committee on Banking Supervision
BeckBilKomm	Beck`scher Bilanz Kommentar
Beih.	Beihefter
Beil.	Beilage
BetrAV	Betriebliche Altersversorgung
BFH	Bundesfinanzhof
BFHE	Entscheidungen des BFH
BFuP	Betriebswirtschaftliche Forschung und Praxis (*Zeitschrift*)
BGB	Bürgerliches Gesetzbuch
BGBl.	Bundesgesetzblatt
BilMoG	Gesetz zur Modernisierung des Bilanzrechts (Bilanzrechtsmodernisierungsgesetz)
BiRiLiG	Bilanzrichtliniengesetz
BMF	Bundesministerium für Finanzen
BMJ	Bundesministerium der Justiz
BRZ	Zeitschrift für Bilanzierung, Rechnungswesen und Controlling (*Zeitschrift*)
bspw.	beispielsweise
BStBl.	Bundessteuerblatt
BT	Bundestag

BT-Drs.	Bundestagsdrucksache
BVerfG	Bundesverfassungsgericht
BVerfGE	Entscheidungen des Bundesverfassungsgerichts
bzw.	beziehungsweise
ca.	Circa
CF biz	Corporate Finance biz (*Zeitschrift)*
CF law	Corporate Finance law (*Zeitschrift*)
CTA	Contractual Trust Arrangement
d. h.	das heißt
DAnwSp	Deutscher AnwaltSpiegel (*Zeitschrift)*
DB	Der Betrieb (*Zeitschrift*)
DPR	Deutsche Prüfstelle für Rechnungslegung
Drs.	Drucksache
DRSC	Deutsches Rechnungslegungs Standards Committee e.V.
DSR	Deutscher Standardisierungsrat
DStR	Deutsches Steuerrecht (*Zeitschrift*)
DStRE	Deutsches Steuerrecht - Entscheidungen (*Zeitschrift*)
DStZ	Deutsche Steuerzeitung (*Zeitschrift*)
EBA	European Banking Authority
EBIT	Earnings before interest and taxes
EBITDA	Earnings before interest, taxes, depreciation and amortization
ED	Exposure Draft
EG	Europäische Gemeinschaft
EGHGB	Einführungsgesetz zum Handelsgesetzbuch
Einl.	Einleitung
EStG	Einkommensteuergesetz
EStR	Einkommensteuerrichtlinien
et al.	et alii (lat.: und andere)
etc.	et cetera
EU	Europäische Union
EUR	Euro
EuZW	Europäische Zeitschrift für Wirtschaftsrecht (*Zeitschrift*)
EWS	Europäisches Wirtschafts- und Steuerrecht (*Zeitschrift*)
f.	folgende

FAS	Financial Accounting Standard
FASB	Financial Accounting Standards Board
FAZ	Frankfurter Allgemeine Zeitung
ff.	fortfolgende
FG	Finanzgericht
FGO	Finanzgerichtsordnung
Fn.	Fußnote
FN.-IDW	Fachnachrichten des IDW (*Zeitschrift*)
FR	Finanz-Rundschau Ertragssteuerrecht (*Zeitschrift*)
FS	Festschrift
gem.	Gemäß
GewSt	Gewerbesteuer
GewStG	Gewerbesteuergesetz
ggf.	gegebenenfalls
GmbH	Gesellschaft mit beschränkter Haftung
GmbH-StB	Der GmbH-Steuer-Berater (*Zeitschrift*)
GmbHR	Die GmbH-Rundschau (*Zeitschrift*)
GoB	Grundsätze ordnungsmäßiger Buchführung
GuV	Gewinn- und Verlustrechnung
H.	Heft
HdB.	Handbuch
HdJ	Handbuch des Jahresabschlusses in Einzeldarstellungen
HFA	Hauptfachausschuss des Instituts der Wirtschaftsprüfer in Deutschland e.V.
HGB	Handelsgesetzbuch
Hrsg.	Herausgeber
i.d.F.	in der Fassung
i.d.R.	in der Regel
i.H.v.	in Höhe von
i.S.d.	im Sinne des
i.V.m.	in Verbindung mit
IAS	International Accounting Standard
IASB	International Accounting Standard Board
IASC	International Accounting Standards Committee

IDW	Institut der Wirtschaftsprüfer in Deutschland e.V.
IDW RH HFA	IDW Rechnungslegungshinweise des Hauptfachausschusses des Instituts der Wirtschaftsprüfer in Deutschland e.V.
IDW RS	IDW Stellungnahmen zur Rechnungslegung
IFRIC	International Financial Reporting Standard Interpretations Committee
IFRS	International Financial Reporting Standard
InsO	Insolvenzordnung
IRZ	Zeitschrift für Internationale Rechnungslegung (*Zeitschrift*)
JAR	Journal of accounting research (*Zeitschrift)*
KA	Kleine Anfrage
KG	Kommanditgesellschaft
KGaA	Kommanditgesellschaft auf Aktien
KMU	Kleine und mittelständische Unternehmen
KoR	Zeitschrift für internationale und kapitalmarktorientierte Rechnungslegung (*Zeitschrift*)
krit.	Kritisch
KStG	Körperschaftsteuergesetz
m. w. N.	mit weiteren Nachweisen
Mio.	Millionen
Mrd.	Milliarden
MüKo	Münchener Kommentar
NWB	Neue Wirtschafts-Briefe (*Zeitschrift*)
NWB-BB	NWB Betriebswirtschaftliche Beratung (*Zeitschrift*)
NZG	Neue Zeitschrift für Gesellschaftsrecht (*Zeitschrift*)
NZI	Neue Zeitschrift für das Recht der Insolvenz und Sanierung (*Zeitschrift*)
OFD	Oberfinanzdirektion
OHG	Offene Handelsgesellschaft
p. a.	per anno
PiR	Praxis der internationalen Rechnungslegung (*Zeitschrift*)
PUC-Verfahren	Projected Unit Credit-Verfahren
RA	Rechtsausschuss
RegE	Regierungsentwurf
Rn.	Randnummer

Rs.	Rechtssache
S:R	Status:Recht (Beilage der Zeitschrift DER BETRIEB)
S.	Seite
SEC	U.S. Securities and Exchange Commission
SME	Small and Medium sized Entities
sog.	so genannt
Stbg	Die Steuerberatung (*Zeitschrift*)
StC	SteuerConsultant (*Zeitschrift*)
SteuerStud	Steuer und Studium (*Zeitschrift*)
SteuK	Steuerrecht kurzgefaßt (*Zeitschrift*)
StuB	Steuern und Bilanzen (*Zeitschrift*)
StuW	Steuern und Wirtschaft (*Zeitschrift*)
Tz.	Teilziffer
Ubg	Die Unternehmensbesteuerung (*Zeitschrift*)
US-GAAP	United States Generally Accepted Accounting Principles
vgl.	Vergleiche
WD	Working Draft
WiSt	Wirtschaftswissenschaftliches Studium (*Zeitschrift*)
WPg	Die Wirtschaftsprüfung (*Zeitschrift*)
z. B.	zum Beispiel
ZfB	Zeitschrift für Betriebswirtschaft (*Zeitschrift*)
ZfbF	Schmalenbachs Zeitschrift für betriebswirtschaftliche Forschung (*Zeitschrift*)
ZfgK	Zeitschrift für das gesamte Kreditwesen (*Zeitschrift*)
ZGR	Zeitschrift für Unternehmens- und Gesellschaftsrecht (*Zeitschrift*)
ZHR	Zeitschrift für das gesamte Handelsrecht und Wirtschaftsrecht (*Zeitschrift*)

1 Einleitung und Fragestellung

1.1 Einleitung

Während Reformen um das Bilanzrecht aufgrund ihrer Unpopularität zumeist nur kleinschrittig voranschreiten, geht das BilMoG ganz entgegen dieser Tradition unstreitig einen großen Schritt voran. In welche Richtung dieser Schritt jedoch führen wird und welche Auswirkungen das Gesetz auf die zahlreichen Schnittstellen zwischen Rechnungslegung, Gesellschaftsrecht, Steuer- und Insolvenzrecht hat, soll im Folgenden untersucht werden.

Der Gesetzgeber versucht, mit dieser Reform eine Brücke zwischen der Kapitalerhaltung, die das deutsche Recht kennzeichnet, und der aus dem angelsächsischen Rechtskreis bekannten Transparenzverbesserung zu schlagen. Ob dieser Spagat gelungen ist und insbesondere das Vorsichtsprinzip des § 252 I Nr. 4 HGB trotz der intendierten Transparenzgewinne weiterhin seinen gewohnt dominierenden Stellenwert im Handelsrecht behaupten kann, erscheint zumindest fraglich. Eine entsprechende Untersuchung ist daher gewinnversprechend. Die breite Zielgruppe dieser Reform von schätzungsweise über einer Million deutscher Gesellschaften mit beschränkter Haftung, etwa 16.000 nicht kapitalmarktorientierten Aktiengesellschaften sowie eine nicht feststehende Zahl von Kommanditgesellschaften, offenen Handelsgesellschaften und Einzelkaufleuten unterstreicht die Bedeutung dieser Bedenken.[1] Das HGB ist hierbei in Deutschland auch weiterhin das eindeutig dominierende Regelwerk in der Bilanzierungspraxis.[2]

Mit dem BilMoG wird vom Gesetzgeber flächenübergreifend die Einzelbewertung von Vermögensgegenständen und Schulden, die sich in der Residualgröße „Eigenkapital“ widerspiegeln, reformiert. Wie in wenigen anderen Bereichen führt die Bilanzierung des Eigenkapitals im internationalen Rahmen die unterschiedlichsten Normverständnisse, Interessenlagen, Legitimationsstrategien, Auslegungstraditionen, Rechtskreise und vor allem auch gesellschaftswissenschaftliche Disziplinen, wie die der Rechts- und Wirtschaftswissenschaften, zusammen.[3] Ausgehend von dem Grundsatz, dass der bilanzrechtliche Eigenka-

---

1 Vgl. *Claussen*, S:R 2008, 172 (172); *Hirte*, Kapitalgesellschaftsrecht, 7. Aufl. S. 41 ff.; *Schäfer*, Gesellschaftsrecht, S. 139; *Heidel*, Aktienrecht, 3. Aufl., S. 5; *Kornblum*, GmbHR 2011, 692 (693).

2 Vgl. aufgrund empirischer Ergebnisse *Küting/Lam*, DStR 2011, 991 (991), die eine Relation von nur etwa 1.000 kapitalmarktorientierten Unternehmen (IFRS-Anwender) zu einer Gesamtunternehmerzahl im Jahre 2009 von 3.135.542 ermitteln.

3 *Wüstemann/Bischof*, ZHR 2011, 210 (211).

pitalbegriff die Existenz des Gesellschaftsrechts voraussetzt, sind die einzelnen handelsrechtlichen Modifikationen unmittelbar geeignet, den Funktionszusammenhang des Gesellschafts- und Bilanzrechts zu berühren, und haben so Auswirkungen auf die Haftungsfunktion des Eigenkapitals.[4] Mit *Luttermann* lassen sich daher Reformen des Bilanzrechtes, insbesondere in der vorliegenden Größenordnung, treffend als „Operationen am Rückgrat der Unternehmensverfassung“ charakterisieren.[5]

1.2 Fragestellung

Die vorliegende Arbeit hat sich zum Ziel gesetzt, verschiedene Fragestellungen um den *status quo* und die Zukunft des Kapitalschutzes zu untersuchen. Neben der zentralen Frage, durch welche Modifizierungen des BilMoG Kapitalschutzaspekte in welchem Ausmaß tangiert sind, gilt es auf einer zweiten Ebene weitere Problemstellungen um den indirekten Wirkungsbereich zu beleuchten.

In diesem Zusammenhang stellt sich etwa die Frage, ob die bestehenden GoB des Handelsrechts aufgrund der zahlreichen Modifikationen neu zu interpretieren sind oder aber diese vielmehr weiterhin als Korrektiv zugunsten des bestehenden Kapitalschutzniveaus Wirkung entfalten. Entscheidend hierbei wird sein, ob in den Fällen, in denen eine Zurückdrängung einzelner GoB festzustellen ist, dies mit Grundsatzwirkung erfolgt oder aber lediglich eine punktuelle Justierung, etwa in Form von *leges speciales,* ohne weiteres Ausstrahlungspotenzial angestrebt wird.

Darüber hinaus gilt es den Auswirkungen des neuen Zweckpluralismus des Jahresabschlusses die Aufmerksamkeit zu widmen. Insoweit ist zu fragen, ob mit der zunehmenden Akzeptanz der IFRS, wenn auch nicht abrupt, zumindest aber schleichend der Gläubigerschutz zurückgedrängt wird. Hieran anschließend kann nicht unbeantwortet bleiben, ob und inwieweit eine weitere Zurückdrängung des Vorsichtsprinzips durch eine weitere Annäherung an die internationale Rechnungslegung *de lege ferenda* zu erwarten ist.

Letztlich stellt sich im Umkehrschluss, insbesondere nach den Erkenntnissen aus der Finanzmarktkrise, die Frage nach der Nachhaltigkeit der Annäherung an die Vorschriften der internationalen Rechnungslegung. Fraglich ist mit anderen Worten, ob mit dem BilMoG ein Modernisierungskonzept geschaffen

---

4 Eingehend zum Verhältnis von Gesellschafts- und Bilanzrecht in der internationalen Rechnungslegung *Kleindiek*, ZHR 2011, 247 (247 ff.).

5 *Luttermann*, ZIP 2008, 1605 (1614).

wurde, das sich auch in die national gewachsenen Rahmenbedingungen einfügen kann.

1.3 Vorgehensweise

Eine Untersuchung des Einflusses von Änderungen der Rechnungslegung auf die gesellschaftsrechtlichen Kapitalschutzmechanismen macht es daher im Rahmen dieser Zielsetzung zunächst erforderlich, sich einen Überblick über den gegenwärtigen Rechtszustand zu verschaffen. Die zentrale Fragestellung ist mithin, wie nach geltendem Recht der Kapitalschutz durch die Rechnungslegung der Kapitalgesellschaften ausgestaltet wird. Im Rahmen der Untersuchung soll daher zunächst der Versuch unternommen werden, mittels einer Bestandsaufnahme die verschiedenen Problemkreise um das bestehende Kapitalschutzsystem aufzuarbeiten. Auf eine vertiefte Darstellung der Kapitalschutzdebatte wird hierbei verzichtet, um den Blick auf die umfangreichen Neuerungen durch das BilMoG nicht zu schmälern.

Um eine strukturierte Untersuchung sicherzustellen, werden die einzelnen Änderungen des „Maßnahmenpaketes BilMoG" Regelungskomplexen zugeordnet, die sich jeweils auf unterschiedliche Weise auf den Kapitalschutz auswirken. Diesen einzelnen Modifizierungen im Rahmen des Handelsgesetzbuches werden, soweit vorhanden, korrespondierende Regelungen im Bilanzrechtssystem nach IFRS gegenübergestellt, um ein etwaiges „Zukunftspotenzial" für eine weitere Annäherung an internationale Bilanzierungsvorstellungen offenzulegen. Auch soll ein Blick auf die korrespondierende steuerrechtliche Behandlung der einzelnen Bilanzposten erfolgen, soweit diese Auswirkungen auf das Volumen der latenten Steuern entfalten oder ein Gleichlauf aus anderen Gründen erstrebenswert erscheint.

Ungeachtet der Tatsache, dass die Kostenbelastung der bilanzierenden Unternehmen durch das vorgegebene Bilanzsystem einen häufigen Kritikpunkt darstellt und den Diskurs für oder gegen ein Bilanzrechtssystem sogar dominiert, wird diese Fragestellung aufgrund der gewählten Fokussierung auf die Kapitalschutzrelevanz nicht untersucht. Selbiges, wenn auch nicht in gleichem Maße, soll auch für die Beurteilung der veränderten Komplexität der Rechnungslegung gelten. Dies gilt ungeachtet der Tatsache, dass freilich eine steigende Fehlerquote auch für Kapitalschutzaspekte nicht ohne jeglichen Belang ist.

Die erste Gruppe von Modifizierungen soll mit „Zurückdrängung des Vorsichtsprinzips" überschrieben werden. Die zweite Gruppe behandelt sodann jene Änderungen, die die bisher bestehenden Ansatz- und Bewertungswahlrechte abschaffen. Die dritte und letzte Gruppe betrifft schließlich die konzeptionelle Neuausrichtung beim Ausweis des gezeichneten Kapitals.

Sämtliche Auswirkungen des BilMoG auf die Kapitalerhaltung lassen sich innerhalb dieser Fallgruppen untersuchen, indem zunächst eine Analyse derjenigen bisher geltenden Vorschriften vorangeschickt wird, die zumindest auch der Kapitalerhaltung zu dienen bestimmt sind und die nunmehr mit dem BilMoG modifiziert wurden. Der deskriptiven Darstellung der Einzelmodifikationen hinsichtlich Funktionszusammenhang und Bedeutung im Rahmen des bestehenden Kapitalschutzsystems folgt eine Begutachtung des Einflusses der Änderungen auf die entscheidenden Kennziffern der Bilanz, der Indizien für eine Neuinterpretation der bestehenden GoB im Konkreten und Grundsätzlichen sowie der Bedeutung für die Überschuldungsbilanz.

Als wichtigstes kompensatorisches Instrument sieht der Gesetzgeber eine Ausschüttungs- und Abführungssperre vor. Ihre Funktionsweise und Systematik sowie Effektivität und Zukunftsfähigkeit wird der Analyse der Einzelmodifikationen in einem eigenen Abschnitt vorangestellt. Einführend soll jedoch zunächst eine Bestandsaufnahme über den Kapitalschutz und dessen Niederschlag im Normgefüge eine erste Orientierung hinsichtlich der aufgeworfenen Fragestellungen bieten.

2 Bestandsaufnahme

2.1 Der Kapitalschutz in Deutschland

Haftungsbeschränkte Körperschaften bilden seit Ende des 19. Jahrhunderts einen festen Bestandteil des wirtschaftlichen Lebens und des deutschen Gesellschaftsrechts. Spätestens mit der ersten Aktienrechtsnovelle von 1870 setzte die zunehmende Verbreitung der Aktiengesellschaft ein, als diese von der bestehenden Konzessionspflicht befreit und der Zugang zu dieser Gesellschaftsform erheblich erleichert wurde.[6] Dem Bedürfnis nach einer flexibleren Gesellschaftsform wurde der Gesetzgeber durch die Einführung der Gesellschaft mit beschränkter Haftung durch das GmbHG vom 20. April 1892 gerecht, die an die Seite der AG trat. Hierdurch wurde eine Gesellschaftsform geschaffen, die im Gegensatz zu vielen anderen Gesellschaftsformen ohne geschichtliches Vorbild auskam und eine Neuschöpfung des deutschen Gesetzgebers darstellte.[7]

Diese Gesellschaftsform illustriert vor ihrem geschichtlichen Hintergrund anschaulich die Bedeutung des Gläubigerschutzes als eines der obersten Ziele des deutschen Kapitalgesellschaftsrechts. Bereits die Begründung des GmbH-Gesetzesentwurfs vom Februar 1892 maß der Behandlung des Gesellschaftsvermögens und der Kapitalerhaltungspflicht eine besondere Bedeutung beim Schutz der Gesellschaft und deren Gläubiger zu.[8] Das notwendige Korrelat zur Lockerung der Vermögensbindung der GmbH sollte in einer fixierten, jedermann kenntlichen Nennkapitalziffer bestehen, welche den dauernden Grundstock des Unternehmens und zugleich ein bestimmtes Befriedigungsobjekt für die Gesellschaftsgläubiger darstellt.[9]

Historischer Ausgangspunkt für die bestehenden Kapitalschutzvorschriften ist daher die Haftungsbeschränkung dieser Gesellschaftsformen. Wirtschaften mit beschränkter Haftung ist immer auch ein Agieren auf Risiko der Gläubiger.[10] Gleichsam als *quid pro quo* für das Privileg der Haftungsbeschränkung müssen die Gesellschafter einer Kapitalgesellschaft ein bestimmtes Minimum an

---

6 Ursprünglich fanden sich die Regelungen über Aktiengesellschaften vor allem im *Code de Commerce* von 1807 und dem Preußischen Aktiengesetz von 1843, welches durch das im Jahre 1861 verabschiedete ADHGB ersetzt wurde. Eing. *Hirte*, Kapitalgesellschaftsrecht, S. 19 ff.

7 *Limbach*, Theorie und Wirklichkeit der GmbH, S. 12 ff. S.a. *Köster*, Bemessung und Prüfung von Ausschüttungen, S. 63 ff.

8 *Wilhelmi*, Der Grundsatz der Kapitalerhaltung im System des GmbH-Rechts, S. 35f.

9 Entwurf GmbHG, S 3715 (3729).

10 *Hennrichs*, BFuP 2008, 415 (418).

Mitteln in Gestalt des Grund- oder Stammkapitals in die Gesellschaft einbringen, welches an die Gesellschafter nicht zurückgezahlt werden darf.[11]

Das Kapitalschutzrecht legitimiert folglich erst das Privileg der beschränkten Haftung.[12] Dies kann in dieser Allgemeinheit zumindest für den Zeitraum vor Inkrafttreten des Gesetzes zur Modernisierung des GmbH-Rechts und zur Bekämpfung von Missbräuchen (MoMiG) festgestellt werden.[13] Als weitere Instrumente des Gläubigerschutzes sind zudem die zahlreichen Transparenz- und Offenlegungspflichten, die Vorschriften zur Verantwortung in der Krise sowie die allgemeinen Mittel des Privatrechts anzuführen[14].[15]

---

11 *Teichmann*, NJW 2006, 2444 (2445f.); *Pellens/Kemper/Schmidt*, ZGR 2008, 381 (382); s.a. *Ewert*, Rechnungslegung, Gläubigerschutz und Agency-Probleme, S. 64 ff.; *Schneider*, Betriebswirtschaftslehre, Bd. II, S. 110f.; *Verse*, in: Scholz/Emmerich, GmbHG, 11. Aufl., § 30, Rn. 2; s. zur Einordnung des eingetragenen Vereins in das Gläubiger- und Kapitalschutzsystem *Leuschner*, ZHR 2011, 787 (787 ff.).

12 Vgl. BGHZ 117, 323 (331); *Hennrichs*, Der Konzern 2008, 42 (42); *Bayer*, in: Goette et al., MüKo AktG, 3. Aufl., § 57, Rn. 1; *Schmidt*, Gesellschaftsrecht, § 18 IV 1c; *Heidinger*, DNotZ 2005, 97 (97); *Merschmeyer*, Die Kapitalschutzfunktion des Jahresabschlusses, S. 70; *Stimpel*, in: Havermann et al., Bilanz- und Konzernrecht, S. 601 (605); *Keßler*, GmbHR 2002, 945 (948).

13 Mit Einführung der UG in § 5a GmbHG bei gleichzeitiger Beibehaltung der 25.000 € Mindestkapital für die „ordentliche" GmbH strebt das MoMiG nunmehr einen Kompromiss mit den Kapitalkritikern an. Die dogmatische Rechtfertigung findet sich jetzt zumindest vorrangig in der Seriositätsschwelle bzw. wohl treffender in der Sicherstellung eines freiwilligen Seriositätssignals. Der Gesetzgeber fordert folglich inzwischen einen nach Rechtsform stark abgestuften Mindesteinsatz, überlässt aber die Festlegung einer angemessenen Höhe dieses Selbstbehalts weitgehend den Marktteilnehmern. Vgl. *Schall*, Kapitalgesellschaftsrechtlicher Gläubigerschutz, S. 103; *Schall*, ZGR 2009, 126 (129 ff.); *Baums*, ZHR 2011, 160 (184); *Veil*, ZGR 2009, 623 (623 ff.).

14 Siehe beispielsweise das Instrument der Kreditsicherheiten für den letztgenannten Punkt. Im Rahmen der anderen Punkte kann beispielsweise die Insolvenzantragspflicht genannt werden, die zumindest bei dem Insolvenzgrund der Überschuldung an das Vorhandensein von Eigenkapital anknüpft. Flankierend hat auch die Rechtsprechung diese Schutzmechanismen stetig ausgebaut und ergänzt(e) diese durch Konstruktionen, wie z.B. den qualifiziert faktischen Konzern, den existenzvernichtenden Eingriff oder die Insolvenzverschleppungshaftung.

15 Vgl. *Hennrichs*, NZG 2009, 921 (921).

2.2 Das Kapitalschutzsystem im Rahmen des Gläubigerschutzsystems

Das Kapitalschutzsystem im Allgemeinen bildet neben dem „Gläubigerschutz durch Information“ die zweite wichtige Säule des gesetzlich regulierten Gläubigerschutzsystems in Deutschland.[16] Dieses Schutzsystem fußt selbst auf den drei Säulen der rechtsformabhängigen Mindestkapitalanforderungen, den Regeln zur Kapitalaufbringung sowie den Vorschriften zur Kapitalerhaltung und bezieht sich in erster Linie auf das Gesellschaftsrecht.[17] Die Informationspflichten eines Unternehmens beziehen sich vor allem auf die Rechnungslegung.[18]

2.2.1 Kapitalschutz im Recht der Aktiengesellschaft

Das Aktienrecht ist durch starre Kapitalsicherungsregelungen gekennzeichnet, wie dem strikten Verbot der Einlagenrückgewähr aus § 57 I 1 AktG[19], dem Zinsverbot gemäß § 57 II AktG, dem Bilanzgewinn als maximalem Ausschüttungsbetrag nach § 57 III AktG, dem grundsätzlichen Verbot überhöhter Vergütung von Nebenleistungen nach § 61 AktG und dem aus § 150 AktG folgenden Gebot zur Bildung gesetzlicher Rücklagen.[20] Auch die anderen Gewinnrücklagen dürfen vom Vorstand nur nach Berücksichtigung der Gläubigerinteressen aufgelöst und zur Ausschüttung an die Aktionäre freigegeben werden.[21] Die Verknüpfung der aktienrechtlichen Kapitalerhaltungsvorschriften mit dem Bilanzrecht zeigt sich hierbei insbesondere in der Regelung des § 57 III AktG, welche unmittelbar auf den Bilanzgewinn als Höchstbetrag der Ausschüttung Bezug nimmt.[22]

---

16 Vgl. *Pellens/Kemper/Schmidt*, ZGR 2008, 381 (384 ff.)

17 Vgl. *Mülbert*, Der Konzern 2004, 151 (154); *Zülch/Güth*, Der Konzern 2011, 460 (460f.).

18 So soll beispielsweise der Jahresabschluss nach § 264 II HGB über die Vermögens-, Finanz-, und Ertragslage des Unternehmens informieren.

19 Der BGH gibt in jüngerer Vergangenheit, insb. mit der Entscheidung v. 31.05.2011 – II ZR 141/09, eine deutliche Tendenz vor, den Tatbestand der Einlagenrückgewähr weit zu interpretieren, so dass selbst Leistungen der Gesellschaft an Aktionäre, die zu keinen konkret messbaren bilanziellen Nachteilen führen, oder im konkreten Fall bereits die Übernahme des Prospekthaftungsrisikos, zu einer verbotenen Einlagenrückgewähr führen soll.

20 S. zu den möglichen Ausschüttungsformen am Beispiel der AG *Köster*, Bemessung und Prüfung von Ausschüttungen, S. 18 ff.

21 *Baums*, ZHR 2011, 160 (181).

22 Vgl. *Strobl*, in: Ballwieser/Moxter/Nonnenmacher, Rechnungslegung – warum und wie, S. 404; *Hüffer*, AktG, § 57, Rn. 22.

Die Belange des Gläubigerschutzes werden somit im Rahmen des Aktienrechts dadurch gesichert, dass es sich bei den zur Ausschüttung freigegebenen Rücklagen allein um solche Mittel handeln darf, die zuvor auf der Grundlage einer ordnungsgemäßen Gewinn- und Verlustrechnung ermittelt wurden. Zudem kommt eine Ausschüttung dieser Mittel nur in Betracht, wenn das in dem betreffenden Geschäftsjahr erzielte Ergebnis dies zulässt. Dies bedingt beispielsweise, dass nicht aufgrund eines Verlustvortrags oder eines Jahresfehlbetrages nur ein niedrigerer als der aus der Rücklage entnommene Betrag ausgeschüttet werden kann.[23]

2.2.2 Kapitalschutz im Recht der GmbH

Im Vergleich zum Aktienrecht ist im Recht der GmbH die Vermögensbindung weniger streng angelegt. Für die GmbH sichert § 30 GmbHG das zur Erhaltung des Stammkapitals erforderliche Vermögen.[24] Während dieses eine feststehende Rechnungsziffer darstellt, ergibt sich das maßgebliche Gesellschaftsvermögen i.S.v. § 30 I GmbHG aus den für den Jahresabschluss geltenden Bilanzierungsgrundsätzen. Eine Auszahlung über die Grenzen des § 30 GmbHG hinaus ist dabei unzulässig.[25] Die Begrenzung der Gewinnausschüttung durch die detaillierten gesetzlichen Regelungen der §§ 58, 150 AktG und § 29 GmbHG soll daher im Zusammenhang mit den geltenden Bilanzierungsvorschriften eine Rückzahlung des Haftkapitals verhindern und so die Haftungsgrundlage der Gesellschaft sichern. Dementsprechend ist grundsätzlich für die Aktivierbarkeit eines Vermögensgegenstandes u.a. Voraussetzung, dass ein eigenständiger Wert und damit seine Verwertbarkeit zugunsten der Gläubiger am Markt nachgewiesen wurde.[26]

23 Vgl. *Baums*, ZHR 2011, 160 (181).

24 Vgl. *Fleck*, in: Lutter/Ulmer/Zöllner, Festschrift 100 Jahre GmbHG, S. 391 ff.; *Hommelhoff*, in: Lutter/Hommelhoff, GmbHG, § 30, Rn. 1.

25 Vgl. eing. *Verse*, in: Scholz/Emmerich, GmbHG, 11. Aufl., § 30, Rn. 1 ff.; *Mayer/Fronhöfer*, in: Priester/Mayer, MünchHdB. GesR, Bd. III, § 52, Rn. 9 ff.; *Goerdeler/Müller*, in: Hachenburg/Ulmer, GmbHG, § 30, Rn. 28.

26 Vgl. *Strobl*, in: Ballwieser/Moxter/Nonnenmacher, Rechnungslegung – warum und wie, S. 405.

2.2.3 Das Kapital im Aufsichtsrecht der Banken

Die Dogmatik um das Mindestkapital findet sich darüber hinaus auch im Aufsichtsrecht, wie etwa in § 10 KWG i.V.m. § 2 SolvV für die Banken, mit besonderer Schwerpunktsetzung wieder.[27] Basel III sorgt über die *Capital Requirements Directive IV (CRD IV)* in diesem Bereich zudem für deutlich verschärfte Anforderungen, insbesondere hinsichtlich der Qualität des Eigenkapitals der Banken, und fordert vom nationalen Gesetzgeber ein weitgehendes Zurückweichen des nationalen Aufsichtsrechtes im Sinne einer größtmöglichen Harmonisierung.

Das Mindestkapital soll neben einer „Seriositätsschwelle" die Funktion eines Verlustpuffers übernehmen, mit dem die Wahrscheinlichkeit der Insolvenz einer Bank verringert wird.[28] Die flankierenden Regeln zur Kapitalaufbringung und -erhaltung sollen dafür Sorge tragen, dass das statutarische Kapital auch effektiv aufgebracht wird und, wie dargelegt, als Haftungsfonds für die Gläubiger erhalten bleibt. Hierbei ist dieses System darauf angewiesen, dass das Bilanzrecht Bezugsgrößen produziert, an die es eigene Norminhalte knüpfen kann.[29]

2.2.4 Der Kapitalschutz im System der Grundsätze ordnungsmäßiger Buchführung

Die Verwirklichung des so verstandenen Kapitalschutzes nach den Vorschriften über die Rechnungslegung erfolgt im Wesentlichen dadurch, dass der ausschüttungsfähige Gewinn des Kaufmanns vorsichtig ermittelt und daher eher zu niedrig ausgewiesen wird. Das Postulat vorsichtiger Bilanzierung ist in § 252 I Nr. 4 HGB als „Vorsichtsprinzip" in seinen Ausprägungen als „Realisations- und Imparitätsprinzip" auch weiterhin kodifiziert.[30] Diese Leitprinzipien sind bekanntlich darauf gerichtet, einerseits Vermögenspositionen eher niedriger und erst dann anzusetzen, wenn sie so gut wie sicher sind, und andererseits

27 Vgl. *Wüstemann/Bischof*, ZHR 2011, 210 (217); *Leistikow/Bertelmann*, WM 2012, 731 (731 ff.).

28 Vgl. *Engert*, GmbHR 2007, 337 (338); *Kleindiek*, ZGR 2006, 335 (339); *Krüger*, Mindestkapital und Gläubigerschutz, S. 232 ff.; *Seibert*, BB 2005, 1061 (1061); *Pellens/Kemper/Schmidt*, ZGR 2008, 381 (385).

29 *Merschmeyer*, Die Kapitalschutzfunktion des Jahresabschlusses, S. 55; s.a. *Baetge/Kirsch/Thiele*, Bilanzen, S. 101 ff.; *Ahlers*, Der Kapitalschutz nach Inspire Art, S. 1.

30 Vgl. *Leffson*, GoB, S. 465 ff.; *Beisse*, in: Beisse/Lutter/Närger, Festschrift für Beusch, S. 82f.

Schuldposten eher höher und bereits dann auszuweisen, wenn eine Inanspruchnahme droht.

Hierdurch soll verhindert werden, dass Gewinne zur Ausschüttung gelangen, die für den Ausgleich künftiger Verluste benötigt werden. Grundlage für die Anwendung von Realisations- und Imparitätsprinzip ist wiederum der „Grundsatz der Einzelbewertung". Erst hierdurch ist die getrennte Erfassung realisierter Gewinne einerseits sowie realisierter wie unrealisierter, aber entstandener Verluste andererseits möglich.[31]

Das Realisationsprinzip wiederum umfasst das „Anschaffungswertprinzip" des § 253 I HGB. Es definiert den handelsrechtlichen Gewinn als Umsatzgewinn und dient damit zugleich einer vorsichtigen und objektiven Gewinnermittlung.[32]

Insgesamt zielen die deutschen Bilanzierungsvorschriften darauf ab, unter Berücksichtigung der Gläubigerschutzfunktion einen Gewinn auszuweisen, der auch unbedenklich ausgeschüttet werden kann und der zudem Grundlage der Besteuerung ist.[33] Dieser ausschüttungsfähige Gewinn muss zum Schutze der Gläubiger mit gewisser Sicherheit auch erzielt worden sein. Problematisch ist jedoch, dass die handelsrechtlichen Jahresabschlusszwecke nicht kodifiziert sind und die dargestellten GoB im Gesetz nicht vollumfänglich konkretisiert werden. Die vorliegende Analyse hat sich daher auch der Frage zu stellen, ob das BilMoG das Zweck- und GoB-System im Konkreten sowie im Grundsätzlichen verändert hat.

2.2.5 Der Gläubigerschutz durch das Insolvenzrecht

Daneben intendiert auch das Insolvenzrecht einen Gläubigerschutz, indem beispielsweise i.V.m. mit dem Gesellschaftsrecht den gesetzlichen Vertretern einer AG oder GmbH weitere Pflichten auferlegt werden. Ergibt sich etwa bei der Aufstellung des Jahresabschlusses ein Verlust in Höhe der Hälfte des Grund- oder Stammkapitals oder hat der Vorstand bzw. Geschäftsführer bei pflichtgemäßem Ermessen anzunehmen, dass die Hälfte des Grund- oder Stammkapitals verloren ist, hat er unverzüglich die Haupt- bzw. Gesellschafterversammlung

---

31 Vgl. *Naumann*, in: Kirsch/Thiele, Rechnungslegung und Wirtschaftsprüfung, S. 421 (427).

32 Vgl. *Moxter*, in: Gross, Der Wirtschaftsprüfer im Schnittpunkt nationaler und internationaler Entwicklungen, S. 17 (22f.).

33 Vgl. § 140 AO, § 5 I EStG; s.a. *Kübler*, in: Förschle/Kaiser/Moxter, Rechenschaftslegung im Wandel, S. 364; krit. *Kahle*, ZfB 2002, 695 (700f.).

einzuberufen und ihr dies anzuzeigen. In Fällen, in denen eine AG oder GmbH nach § 17 InsO entweder zahlungsunfähig oder nach § 19 InsO überschuldet ist, haben der Vorstand bzw. die Geschäftsführung ohne schuldhaftes Zögern, spätestens aber drei Wochen nach Eintritt der Zahlungsunfähigkeit, die Eröffnung des Insolvenzverfahrens zu beantragen.[34]

Während die Handelsbilanz der Ermittlung eines ausschüttungsfähigen Gewinns dient, soll demgegenüber bei der insolvenzrechtlichen Schuldendeckungskontrolle der Wert des Schuldnervermögens für Zwecke der Gläubigerbefriedigung ermittelt werden. Da die handelsrechtlichen Werte aber beispielsweise keine stillen Reserven und somit verwertbares Schuldendeckungspotenzial ausweisen, können diese nicht ohne entsprechende Überleitung zur Beurteilung der Befriedigungsaussichten der Gläubiger herangezogen werden.[35] Daher gilt es, die unterschiedlichen Zielsetzungen im Rahmen der jeweiligen Rechnungslegungssysteme zu beachten. Trotz dieser eigenständigen bilanzrechtlichen Ausformung als Sonderbilanz mit eigenen Ansatz- und Bewertungsregeln, besteht jedoch eine Unteilbarkeit des Kernbestands bzw. eine Indizwirkung zwischen der handelsrechtlichen und der insolvenzrechtlichen Rechnungslegung.[36]

2.2.6 Die Wechselwirkungen des Steuerrechts mit den Prinzipien der Kapitalerhaltung

Letztlich bleibt auch das Steuerrecht nicht ohne Wechselwirkungen mit der Kapitalerhaltung. Die Tendenz des bilanzierenden Unternehmens bzw. des Steuersubjekts, Wahlrechte in beiden Bilanzen möglichst einheitlich auszuüben, soweit der Ermittlungsaufwand der entsprechenden Kennzahlen den möglichen Nutzen übersteigt, sorgt regelmäßig dafür, dass die Ausübung ergebniserhöhender Wahlrechte unterbleibt, um eine höhere Gesamtkostenbelastung zu vermeiden.

Weiterhin stärkt der Steuergesetzgeber vorrangig mittels Lenkungsnormen direkt das Eigenkapital der Kapitalgesellschaften. Beispielhaft können für diese Bestrebungen die Maßnahmen zur Priviligierung thesaurierter gegenüber ausgeschütteter Gewinne im Rahmen der Unternehmenssteuerreform 2008 ge-

---

34 *Naumann*, in: Kirsch/Thiele, Rechnungslegung und Wirtschaftsprüfung, S. 421 (428).

35 Vgl. *Hüttemann*, in: Bitter/Lutter et al., FS für Karsten Schmidt, S. 761 (768); s.a. zum Verhältnis von insolvenzrechtlichen und gesellschaftsrechtlichen Ausschüttungssperren *Eidenmüller/Engert*, in: Bitter/Lutter et al., FS für Karsten Schmidt, S. 305 (312 ff.); *Siegel*, in: Fischer/Hömberg, Jahresabschluß, S. 117 (125).

36 Vgl. *Hickethier*, NWB 2009, 1502 (1508).

nannt werden. Mit der Herabsenkung des Körperschaftsteuersatzes von 25 % auf 15 % und der Senkung der Gewerbesteuermesszahl auf 3,5 % wird die Stärkung der Innenfinanzierung von Kapitalgesellschaften durch die Senkung der Steuerbelastung auf Unternehmensebene intendiert. Bilanzierende Personengesellschaften sollen durch die Einführung einer Thesaurierungsrücklage nach § 34a EStG, wonach thesaurierte Gewinne zu einem Einkommensteuersatz von 28,25 % zzgl. Solidaritätszuschlag besteuert werden können, den Kapitalgesellschaften gleichgestellt werden und eine begünstigte Besteuerung nicht entnommener Gewinne sicherstellen.[37] Der Verzicht auf eine private Verwendung von Gewinnen und die Stärkung der Kapitalbasis des Unternehmens werden daher mittels steuerlicher Anreize ebenfalls durch das Steuerrecht gefördert.[38]

2.2.7 Die Rechnungslegung und der Zweckpluralismus

Das Kapital- und Gläubigerschutzsystem beruht daher auf der elementaren Überzeugung, dass die Bemessung der maximal zulässigen Ausschüttungshöhe anhand objektiver Kriterien zu erfolgen hat. Eine gesetzliche Regelung, die dem angemessenen Schutz der verschiedenen unternehmensexternen Gruppen dient, darf nicht von der subjektiven Einschätzung der Unternehmensleitung insbesondere aufgrund von Ermessensspielräumen ausgehen. Die insolvenzrechtlichen Grundsätze bieten darüber hinaus einen entsprechenden Ordnungsrahmen. Das Steuerrecht sucht mittels Lenkungsnormen, Maßnahmen der Unternehmensführung zur Stärkung der Kapitalbasis anzuregen. Soweit es im Folgenden die unterschiedlichen Bilanzrechtssysteme zu untersuchen gilt, dürfen hierbei die ebenfalls unterschiedlichen Regelungszwecke nicht aus dem Auge verloren werden. Der Rechnungslegungszweck bestimmt jeweils über das Rechnungsziel den Rechnungsinhalt.[39] Rechnungslegungszwecke, wie die Ausschüttungsbemessung, Besteuerung nach der Leistungsfähigkeit, Schuldendeckungskontrolle oder der Information für Anlageentscheidungen implizieren daher jeweils unterschiedliche Rechnungsziele und –inhalte, die es jeweils gesondert zu würdigen gilt.[40]

---

37 Krit. *Knirsch/Maithert/Hundsdoerfer*, DB 2008, 1405 (1405 ff.); *Fechner/Bäuml*, DB 2008, 1652 (1652 ff.); *Ratschow*, in: Blümich, EStG, § 34a, Rn. 6.

38 Vgl. *Kudert/Klipstein*, ZfbF 2010, 455 (455 ff.).

39 Vgl. *Schneider*, Betriebswirtschaftslehre, S. 45.

40 Vgl. *Haaker*, ZGR 2010, 1055 (1059); s.a. *Funke*, Gläubigerschutz durch Information, S. 175 ff.

2.3 Der Kapitalschutz im Rahmen der Reformdebatte

Unter anderem aus diesem Grund steht das System des Gläubigerschutzes durch Kapitalerhaltung derzeit auf dem politischen Prüfstand.[41] Die viel diskutierten Unterschiede zwischen den nationalen Bilanzierungsgrundsätzen und jenen der internationalen Rechnungslegung sind dabei weniger kultureller oder philosophischer Art, sondern vielmehr Ausdruck dieser unterschiedlichen Regelungszwecke, da etwa die IAS im Gegensatz zu dem nationalen Bilanzierungssystem des HGB die Information auf einen periodengerechten Vermögenszuwachs fokussieren. Trotz dieser Tatsache und der tiefen historischen Wurzeln des deutschen Kapitalschutzsystems unterliegt dieses tradierte System des festen Nennkapitals einer stetigen kontroversen Diskussion.

So wird es beispielsweise zum einen mit *Wiedemann* als eine „für das europäische Gesellschaftsrecht stilprägende Eigenart, die zugleich eine Kulturleistung ersten Ranges darstellt, weil es die persönliche Entlastung der Anlagegesellschafter mit der Sicherung der Kreditwürdigkeit der Unternehmen in idealer Weise verbindet“,[42] geradezu gefeiert und an anderer Stelle als *magna carta* des Gläubigerschutzes gehandelt.[43] Zeitgleich wird aber von anderer Seite kritisiert, dass dieses System unflexibel sei und auch dann Kapital binde, wenn es ökonomisch sinnvollere Wege gehen könnte, wodurch die Unternehmensfinanzierung unnötig behindert werde.[44] So deutet beispielsweise der EuGH in seiner Urteilsbegründung zur Rechtssache *Centros* an, dass er nationale Mindestkapitalregelungen zum Zweck des Gläubigerschutzes nicht ohne Weiteres für geeignet erachte.[45]

---

41 Vgl. *Verse*, in: Scholz/Emmerich, GmbHG, 11. Aufl., § 30, Rn. 13.

42 *Wiedemann*, Gesellschaftsrecht, S. 557f.

43 Vgl. *Drygala*, ZGR 2006, 587 (604); s.a. BGHZ 28, 77 (78).

44 *Jungmann*, ZGR 2006, 638 (641); *Pellens/Sellhorn*, in: Lutter, Das Kapital der Aktiengesellschaft in Europa, S. 451, 464; *Ahlers*, Der Kapitalschutz nach Inspire Art, S. 89.

45 Vgl. EuGH Rs. C-212/97, Centros, Slg. 1999, I-1459, Rn. 35; *Schön*, ZGR 2000, 706 (725f.); s.a. zur Rspr. des EuGH „*Inspire Art*“ und der Anwendbarkeit deutscher Gläubigerschutzvorschriften *Schall*, NJW 2011, 3745 (3745 ff.).

2.3.1 Die Reformdebatte im historischen und internationalen Kontext

Während andere Staaten die Diskussion um die Berechtigung eines Nennkapitalsystems zu diesem Zeitpunkt bereits lange vorweggenommen hatten,[46] trug Deutschland nicht unwesentlich dazu bei, dass das tradierte deutsche Nennkapitalsystem zumindest für die AG weitgehend auch in der zweiten gesellschaftsrechtlichen EG-Richtlinie (Kapitalrichtlinie)[47] aufgenommen und somit auf die „europäische Ebene" gehoben wurde.[48] Dies sorgte nicht nur für ein europaweit einheitliches Mindestniveau im Bereich des Gläubigerschutzes, sondern noch weitaus bedeutender, für eine Fixierung auf das Kapitalsystem.[49]

2.3.2 Die Reformdebatte in Deutschland

Bekanntermaßen wurde der gesellschaftsrechtliche Kapitalschutz in der Folge aber auch in Deutschland auf die Probe gestellt, da in den vergangenen Jahren sehr intensiv über die Zukunft der bilanziellen Kapitalerhaltung diskutiert wurde.[50] Hierbei wurden verschiedene Vorschläge gemacht, nach denen das bisher bewährte System durch andere Instrumente ersetzt werden sollte.[51] Vorgeschlagen wurde u.a., die bilanzielle Ausschüttungsbemessung mit einem Solvenztest zu verbinden[52] oder vollständig durch einen solchen zu ersetzen.[53] Aber auch

---

46 Siehe beispielsweise die Vereinigten Staaten von Amerika, die mit den Gesetzesnovellen RMBCA und dem Cal. Corp. Code das Nennkapitalsystem Ende der Siebziger aufgaben. Vgl. *Bauer*, Gläubigerschutz durch eine formelle Nennkapitalziffer, S. 91; s.a. *Hamilton*, Corporation Finance, S. 69.

47 Vgl. 2. EG- RL 77/91/EWG v. 13.12.1976, ABl. EG Nr. L 26/1 v. 31.01.1977, S. 1 ff.; Die Zweite Richtlinie regelt den Kern der Kapitalverfassung von Aktiengesellschaften in Europa. Sie wurde durch die Änderungsrichtlinie 2006/68/EG in einigen zentralen Punkten gelockert.

48 *Bauer*, Gläubigerschutz durch eine formelle Nennkapitalziffer, S. 91; eingehend zu den europarechtlich normierten Kapitalschutzvorgaben *Köster*, Bemessung und Prüfung von Ausschüttungen, S. 65 ff.

49 *Schall*, Kapitalgesellschaftsrechtlicher Gläubigerschutz, S. 9.

50 S. beispielsweise *Fülbier/Gassen*, DB 2007, 2605 (2608); *Kuhner*, ZGR 2005, 753 (753 ff.); *Pellens/Jödicke/Richard*, DB 2005, 1393 (1393 ff.).

51 S. hierzu *Grottke*, KoR 2009, 261 (261 ff.) mit einer synoptischen Darstellung der einzelnen Reformvorschläge; s.a. *Arminger*, IRZ 2012, 343 (343 ff.).

52 High Level Group of Company Law Experts, Report of the High Level Group of Company Law Experts on a Modern Regulatory Framework for Company Law in Europe vom 04.11.2002, S. 14, 16, 87; abrufbar unter http://ec.europa.eu/internal_market/company/docs/modern/report_en.pdf (letzter Abruf 16.02.2014); *Lutter*, in: Lutter,

Alternativen, wie die bereinigte IFRS-Bilanz[54] oder den *covenants*[55], wurden insbesondere in der akademischen Literatur eingehend beleuchtet.[56]

2.3.3 Die Erkenntnisse des Reformdiskurses

Diese zweifelsohne intensiv geführte Debatte darf jedoch bis auf Weiteres sowohl für die Unionsebene als auch für die nationale Ebene als entschieden gelten, da die Europäische Kommission aufgrund einer Machbarkeitsstudie der

---

Das Kapital der Aktiengesellschaft in Europa, S. 10f.; *Lanfermann/Richard*, DB 2008, 1925 (1928); s.a. *KPMG*, Feasibility Study on an Alternative to the Capital Maintenance Regime, 2008; *Ahlers*, Der Kapitalschutz nach Inspire Art, S. 61 ff.

53 Reforming Capital, Report of the Interdisciplinary Group on Capital Maintenance („*Rickford Group*"), European Business Law Review 2004, 919 ff. S.a. m.w.N. und eingehend zu der sich anschließenden Diskussion um das Kapitalschutzsystem *Hennrichs*, Der Konzern 2008, 42 (43); *Haaker*, ZfgG 2009, 198 (198 ff.); *Schall*, Kapitalgesellschaftsrechtlicher Gläubigerschutz, S. 37 ff.; s.a. *Rickford*, EBOR Vol. 7 2006, 135 (166f.); *Marx*, Der Solvenztest als Alternative zur Kapitalerhaltung in der Aktiengesellschaft, S. 86 ff.; *Pellens/Jödicke/Richard*, DB 2005, 1393 (1395 ff.).

54 *Heuser*, S:R 2008, 176 (178); *Köster*, Bemessung und Prüfung von Ausschüttungen, S. 175 ff. S. beispielsweise auch die Rechnungslegungsvorgaben in Dänemark, Griechenland, Großbritannien, Irland, Italien, Malta oder den Niederlanden.

55 Bei den sog. *covenants* handelt es sich um Vereinbarungen auf privatrechtlicher Ebene, die bspw. von Berichterstattungspflichten bis zu Gewinnverwendungsbeschränkungen reichen können, jedoch regelmäßig nur von größeren Gläubigern erzwungen werden können. *Covenants* stellen neben Kreditsicherheiten die bedeutendste Form des privatautonomen Gläubigerschutzes dar. Vgl. *Velte*, StuB 2007, 639 (639 ff.); *Rammert*, BFuP 2004, 578 (589 ff.); *Kahle*, ZfB 2002, 695 (705 ff.); *Mülbert*, Der Konzern 2004, 151 (156 ff.); *Kuhner*, ZGR 2005, 753 (765 ff.); *Breker*, in Freidank, Reform der Rechnungslegung und Corporate Governance in Deutschland und Europa, S. 7 ff.; s.a. *Alberth*, WPg 1997, 744 (745 ff.); *Merkt*, in: Börsig/Wagenhofer, IFRS in Rechnungswesen und Controlling, S. 97f.; *Maier*, Der Grundsatz der Kapitalerhaltung und die Durchgriffshaftung wegen Unterkapitalisierung im deutschen und amerikanischen Gesellschaftsrecht, S. 159 ff.; *Wüstemann/Bischof/Kierzek*, BB Beil. 5 2007, 13 (15); *Köster*, Bemessung und Prüfung von Ausschüttungen, S. 55 ff.

56 Siehe aber insb. zur durchaus starken Verteidigung beispielsweise *Lutter*, in: Lutter (Hrsg.), Das Kapital der Aktiengesellschaft in Europa, S. 1 ff.; *Veil*, in: Lutter, Das Kapital der Aktiengesellschaft in Europa, S. 112f.; *Priester*, in: Behrens, Die GmbH-Reform in der Diskussion, S. 1 ff.; *Kleindiek*, ZGR 2006, 335 (362 ff.); *Vetter*, ZGR 2005, 788 (790 ff., 807 ff.); *Bayer*, ZGR 2007, 220 (230 ff.); *Drygala*, ZGR 2006, 587 (587 ff.); *Hennrichs*, Der Konzern, 2008, 42 (48); *Naumann*, Der Konzern 2007, 422 (425); *Arnold*, Der Konzern 2007, 118 (124); *Schön*, EBOR Vol. 7 2006, 181 (189 ff.); *Spindler*, JZ 2006, 839 (844).

KPMG[57] zu dem Ergebnis kam, dass eine Änderung der Kapitalschutzrichtlinie in der näheren Zukunft nicht notwendig sei.[58] Dies lässt sich zuvörderst mit der Tatsache begründen, dass keine der aufgezeigten Alternativen eine eindeutige, messbare oder kostengünstigere Verbesserung im Vergleich zu dem bewährten Nennkapitalsystem erwarten ließ.[59]

Dennoch zwingt die zunehmende Akzeptanz der IAS und die Annäherung des Handelsrechts an diese zu einer Auseinandersetzung mit der Frage, ob und ggf. wie sich die internationalen Rechnungslegungsstandards mit dem im tradierten deutschen Bilanzrecht verankerten Gläubigerschutz vereinbaren lassen.[60] Anders als etwa im anglo-amerikanischen Rechtskreis besteht, wie gezeigt, nach deutschem Recht eine enge Verzahnung zwischen Rechnungslegungsvorschriften und den gesellschaftsrechtlichen Bestimmungen über Gewinnausschüttung und Kapitalerhaltung. Das gesellschaftsrechtliche Prinzip des Gläubigerschutzes wird somit erst durch das Zusammenspiel von Gesellschafts- und Bilanzrecht verwirklicht.[61] Aus der Annäherung der Rechnungslegung an die IFRS ergibt sich daher bereits systembedingt ein gewisser Handlungsbedarf. Darüber hinaus zeigen die Konsultationen der Europäischen Kommission vom 20.02.2012 zur Zukunft des europäischen Gesellschaftsrechts, die auch die Eigenkapitalregelungen für die europäischen Unternehmensformen erneut zur Diskussion stellen, dass die Fragestellungen um die rechtlichen Mindestanforderungen an das Ei-

---

57 *KPMG*, Feasibility study on an alternative to the capital maintenance regime established by the Second Company Law Directive, 2008, abrufbar unter: http://ec.europa.eu/internal_market/company/capital/index_de.htm (Letzter Abruf: 16.02.2014).

58 Europäische Komission, Results of the external study on an alternative to the capital maintenance regime established by the Second Company Law Directive, 2008, abrufbar unter: http://ec.europa.eu/internal_market/company/capital/index_de.htm (Letzter Abruf: 16.02.2014); s.a. eing. zur rechtspolitischen Diskussion, *Habersack/Verse*, Europ. Gesellschaftsrecht, § 6, Rn. 19 ff.; *Verse*, in: VGR, Gesellschaftsrecht in der Diskussion 2009, S. 67f.; *Velte/Köster*, in: Freidank/Altes, BilMoG, S. 201; *Vetter*, ZGR 2005, 788 (807); *Schall*, Kapitalgesellschaftsrechtlicher Gläubigerschutz, S. 40f.; *Spindler*, JZ 2006, 839 (842 ff.); *Maul*, S:R 2008, 170 (170); *Denozza*, EBOR Vol. 7 2006, 409 (410); *Seidler*, in: VGR, Gesellschaftsrecht in der Diskussion 2009, S. 65; *Zülch/Güth*, Der Konzern 2011, 460 (461); *Haaker*, ZGR 2010, 1055 (1058f.).

59 Vgl. *Fleischer*, ZGR 2001, 1 (13); *Schön*, Der Konzern 2004, 162 (164 ff.); *Hennrichs*, NZG 2009, 921 (923); *Haaker*, DStR 2010, 663 (667f.); *Ahlers*, Der Kapitalschutz nach Inspire Art, S. 113.

60 Vgl. *Werner*, FAZ v. 16.05.2011, S. 12.

61 Vgl. *Schmidt*, Gesellschaftsrecht, S. 518f.

genkapital und die Vorschriften zur Kapitalerhaltung auch auf europäischer Ebene keinesfalls als beantwortet angesehen werden können.[62]

2.4 Das Gesetz zur Modernisierung des GmbH-Rechts und zur Bekämpfung von Missbräuchen

Auf nationaler Ebene hat der Gesetzgeber im Jahre 2008 gleich mehrere Fragen im Bereich des Kapitalschutzes zunächst durch das MoMiG,[63] sodann durch das ARUG[64] und schließlich mit dem hier interessanten Gesetz zur Modernisierung des Bilanzrechts (BilMoG),[65] beantwortet.

Hierbei hält der Gesetzgeber zunächst mit dem Entwurf des MoMiG an dem „bewährten Haftkapitalsystem" fest. Dies schließt das Modell der bilanzgestützten Ausschüttungssperren mit ein und insbesondere den Solvenztest nach angelsächsischem Vorbild, wie ihn die *Rickford*-Gruppe vorgeschlagen hat,[66] weitestgehend[67] aus.[68] Die Regelungen des MoMiG sind hierbei als Versuch ei-

---

62 Europäische Kommission, Consultation on the future of European Company Law, abrufbar unter: http://ec.europa.eu/yourvoice/ipm/forms/dispatch?form= companylaw2012 (Letzter Abruf: 10.04.2012). An dieser Stelle sei nochmals darauf hingewiesen, dass Gegenstand dieser Untersuchung nicht die Frage ist, ob überhaupt und auf welche Art ein Gläubigerschutz angestrebt werden sollte, soweit die Position vertreten wird, dass ungesicherte Gläubiger für sich selbst sorgen können bzw. müssen und eine Schutzbedürftigkeit verneint wird oder die dargestellten Alternativkonzepte diskutiert werden. Diese Verengung der Betrachtungsebene lässt hierbei aber nicht unberücksichtigt, dass ein bilanzieller Gläubigerschutz und dessen Ausmaß selbstverständlich wertungsabhängig ist und materiell die Risikoverteilung zwischen Gläubigern und Anteilseignern im Fokus steht. Vgl. *Siegel*, in: Fischer/Hömberg, Jahresabschluß, S. 117 (129).

63 BGBl. 2008 I, 2026.

64 BGBl. 2009 I, 2479. *Bayer/Schmidt*, ZGR 2009, 805 (805 ff.); Der Gesetzgeber macht mit dem ARUG insbesondere von der durch die Novellierung der KapRL eröffneten Deregulierungsoptionen für eine vereinfachte Sachgründung und Sachkapitalerhöhung ohne externe Wertprüfung Gebrauch und gestaltet in vor dem Hintergrund des Prinzips der realen Kapitalaufbringung im Aktienrecht durchaus rechtspolitisch fragwürdigen Weise die Rechtsfolgen der verdeckten Sacheinlage und des sog. "Hin- und Herzahlens" in Anlehnung an das MoMiG neu aus.

65 BGBl. 2009 I, 1102.

66 Vgl. *Rickford*, EBOR Vol. 7 2006, 135 (166f.).

67 Mit den § 64 S. 3 GmbHG und § 92 II 3 AktG ergänzt der Gesetzgeber zwar die bilanzorientierte Ausschüttungssperre um eine solvenzorientierte Ausschüttungssperre. Die bilanzgestützte Vermögensbindung sollte hierdurch jedoch nicht in Frage gestellt

ner ausgewogenen Kompromisslinie zwischen der völligen Aufgabe des Mindestkapitalsystems einerseits und seiner Beibehaltung, wenn nicht sogar einer Verschärfung, andererseits zu begreifen.[69]

Letztlich spiegelt sich diese Grundhaltung auch in der bis auf Weiteres abgelehnten Gesellschaftsform der *Societas Privata Europaea* (SPE) in Deutschland wieder, der eine stark vom englischen Recht geprägte Diskussion um den Gläubigerschutz vorausging.[70]

Das MoMiG kann jedoch hierbei nicht als alleinige Reaktion des Gesetzgebers auf die Kapitaldebatte angesehen werden, da das deutsche Gesellschaftsrecht vor dem MoMiG durchaus weiterer Kritik ausgesetzt war. So wurden etwa in den Bereichen der Gründungsdauer, der Ausdehnung des Eigenkapitalersatzes über die Nutzungsüberlassungen[71] bis hin zu bloßen Pfandgläubigern[72] oder der verdeckten Sacheinlagen die bis dahin geltenden Regeln auch von Befürwortern des Kapitalsystems vielfach als unsachgerecht und übermäßig belastend empfunden. Dem stand zudem die Tendenz der Rechtsprechung gegenüber, das bestehende Kapitalsystem schrittweise deutlich zu verschärfen.[73]

Vor diesem Hintergrund markierte das MoMiG den ersten Schritt eines Neubeginns für den deutschen Gläubigerschutz bei der GmbH, durch den dieser

---

werden. RegE MoMiG, BT-Drs. 16/6140, S. 46; *Müller*, in: Fleischer/Goette, MüKo GmbHG, § 64, Rn. 155; *Greulich/Rau*, NZG 2008, 284 (284 ff.).

68 *Hennrichs*, ZGR 2008, 361 (361).

69 Vgl. *Schall*, ZGR 2009, 126 (127).

70 Das Scheitern der SPE ist hierbei letztlich auf die drei ungelösten Problemfelder Mindestkapitalisierung, Aufspaltung von Register- und Verwaltungssitz und der Arbeitnehmermitbestimmung zurückzuführen. S. *Hommelhoff/Teichmann*, FAZ v. 29.06.2011, S. 23; s. zum geplanten Kapitalerhaltungssystem der SPE bspw. *Jung*, EWS 2012, 25 (25 ff.); *Jung*, EuZW 2012, 129 (129 ff.).
Die Kapitaldebatte soll insbesondere in dem nachfolgendem Kapitel 3 („Die Ausschüttungssperre“) nur insoweit Gegenstand dieser Untersuchung sein, als dass durch das BilMoG neue Instrumente geschaffen bzw. neu interpretiert werden und eine Gegenüberstellung mit Alternativinstrumenten sinnvoll erscheint.

71 Vgl. *Huber/Habersack*, in: Lutter, Das Kapital der Aktiengesellschaft in Europa, S. 423 ff.

72 BGHZ 119, 191; *Cahn*, EBOR Vol. 7 2006, 287 (291f.); *v. Sethe*, BKR 2006, 396 (396 ff.).

73 Siehe beispielsweise die Rechtsprechung zu den Vorrats- und Mantelgründungen, zum Verbot von Darlehen an Gesellschafter aus gebundenem Kapital sowie zu existenzvernichtenden Eingriffen: BGHZ 153, 158 (Vorratsgründung); BGHZ 155, 318 (Altmantelverwendung), BGHZ 157, 72 („Novemberentscheidung“); BGHZ 149, 10 (Bremer Vulkan); BGHZ 173, 246 (Trihotel); etc.

in wesentlichen Punkten modernisiert und teilweise abgerüstet wurde.[74] Das MoMiG gilt als das größte Reformwerk seit Einführung der GmbH,[75] dessen erklärtes Hauptziel es ist, die Erhaltung bzw. Wiederherstellung der Wettbewerbsfähigkeit der deutschen GmbH im Wettbewerb der Rechtsordnungen zu gewährleisten, wo sie durch die massenhaften Gründungen von *Private Limited Companies* ins Hintertreffen geraten war.[76]

Die wohl prominenteste Neuregelung dieser Reform im Rahmen der Kapitalaufbringung dürfte vermutlich die Freigabe der Haftungsbeschränkung ohne nennenswertes Mindestkapital für die so zu kennzeichnende Unternehmergesellschaft i.S.v. § 5a GmbHG sein.[77] Im Rahmen der Kapitalerhaltung kann die Abkehr von der „Novemberentscheidung"[78] durch die Rückkehr zur rein bilanziellen Betrachtungsweise hervorgehoben werden.[79] Unter Gläubigerschutzaspekten wird insbesondere mit Spannung zu beobachten sein, inwieweit sich die gesetz-

---

74 Als wichtige Ziele galten auch die Erleichterung und Beschleunigung der Gründungen sowie die Bekämpfung der Missbrauchsfälle am Ende des Lebens der GmbH. Vgl. RegE MoMiG, BT-Drs. 16/6140, S. 1.

75 Vgl. *Hirte*, NZG 2008, 761 (761).

76 Eingehend *Steffek*, Gläubigerschutz in der Kapitalgesellschaft, S. 5 ff.

77 Im Rahmen der Kapitalaufbringung bestätigte der Gesetzgeber das grundsätzliche Verbot der verdeckten Sacheinlage und die Vorschriften zur Kapitalaufbringungskontrolle. Mit der Neuregelung des § 19 IV GmbHG entschärft der Gesetzgeber aber die bislang sehr strengen Rechtsfolgen, die von der Rechtsprechung entwickelt worden sind. S. zur Kapitalverfassung der UG *Jordan*, Gläubigerschutz in der kapitallosen Gesellschaft, S. 101 ff.; *Schäfer*, ZIP 2011, 53 (54 ff.); *Römermann*, NJW 2010, 905 (906 ff.); *Hennrichs*, NZG 2009, 1161 (1161 ff.); *Verse*, in: Scholz/Emmerich, GmbHG, 11. Aufl., § 30, Rn. 10 ff.

78 Vgl. BGHZ 157, 72.

79 § 30 I 2 GmbHG enthält seit dem Inkrafttreten des MoMiG zwei Ausnahmen von dem Auszahlungsverbot an Gesellschafter. Ausgenommen sind nunmehr Leistungen aufgrund eines bestehenden Beherrschungs- oder Gewinnabführungsvertrages oder solche, die durch einen vollwertigen Gegenleistungs- oder Rückgewähranspruch gegen die Gesellschafter gedeckt sind. In diesem Rahmen finden die allgemeinen Bilanzierungsgrundsätze Anwendung, so dass bei einer Leistung, die durch einen vollwertigen Gegenleistungs- oder Rückerstattungsanspruch gedeckt ist, ein Aktivtausch vorzunehmen ist. Spätere nicht vorhersehbare negative Entwicklungen und bilanzielle Abwertungen führen jedoch nicht nachträglich zu einer verbotenen Auszahlung, so dass der Kapitalschutz an dieser Stelle zugunsten der bilanziellen Betrachtungsweise aufgeweicht wird. Siehe auch die unter dem Gesichtspunkt der Kapitalschutzrelevanz erstellte Übersicht über die einzelnen Änderungen bei *Schall*, Kapitalgesellschaftsrechtlicher Gläubigerschutz, S. 97 ff. bzw. zur gegenläufigen Rechtsprechungstendenz des BGH, *Nodoushani*, ZIP 2012, 97 (99); ferner *Verse*, in: Scholz/Emmerich, GmbHG, 11. Aufl., § 30, Rn. 71 ff.

liche Rücklagenpflicht nach § 5a III GmbHG beispielsweise bei einer UG (haftungsbeschränkt) ohne Gewinnerzielungsabsicht oder der UG als Komplementär einer UG (haftungsbeschränkt) & Co. KG als taugliches Gläubigerschutzinstrument erweisen wird.

Zusammenfassend lässt sich feststellen, dass sich der Gesetzgeber mit dem MoMiG für einen Mittelweg entschieden und der Reform des bestehenden Kapitalschutzsystems von innen den Vorzug gegenüber einem radikalen Bruch gegeben.[80]

2.5 Übersicht und Einführung in das Bilanzrechtsmodernisierungsgesetz

Der Gesetzgeber hat sich auch im Rahmen des am 29.05.2009 in Kraft getretenen BilMoG für einen derartigen Mittelweg entschieden. Überwiegend getrieben vom Wettbewerb mit dem IASB um funktionale Rechnungslegungsstandards für nicht-kapitalmarktorientierte Unternehmen hat sich der Gesetzgeber für eine Annäherung an die IFRS entschieden, ohne die Ausschüttungs- und indirekte Steuerbemessungsfunktion des Jahresabschlusses aufzugeben und sich somit zugleich gegen die vollständige Übernahme der internationalen Rechnungslegungsstandards ausgesprochen.[81] Der internationalen Finanz- und Wirtschaftskrise ist hierbei der Kompromiss zwischen den extremen inhaltlichen Positionen zuzuschreiben, die sich insbesondere im Rahmen des Problemkreises der *fair value*-Bewertung niedergeschlagen und zur Folge hat, dass sich eine übergreifende und vollständige Bewertung zum *fair value* auch nach der Kompromisslösung nicht im HGB wiederfindet.[82]

80 Vgl. *Hueck/Fastrich*, in: Baumbach/Hueck, GmbHG, Einl., Rn. 48.

81 Zudem sollte die Bilanzrechtsreform aufkommensneutral für die öffentlichen Haushalte vollzogen werden. Vgl. RegE BilMoG, BT-Drs. 16/10067, S. 41; s.a. *Rammert/Thies*, WPg 2009, 34 (34); *Funnemann/Kerssenbrock*, BB 2008, 2674 (2674).

82 Vgl. *Oser/Roß/Wader/Drögemüller*, WPg 2009, 573 (583).

2.5.1 Zielsetzungen der Gesetzesnovelle

Ausweislich der Begründung zum Regierungsentwurf zum BilMoG wird mit ihm das Ziel verfolgt, „den deutschen Unternehmen, insbesondere dem Mittelstand, eine auf dem im Grundsatz bewährten Bilanzrecht nach HGB aufbauende, dauerhafte und im Verhältnis zu den internationalen Rechnungslegungsstandards vollwertige, jedoch kostengünstigere und einfachere Alternative anzubieten“.[83] Gemeint ist hierbei nicht nur eine Alternative zu den IFRS, sondern gleichsam zu den IFRS for SMEs[84].

Mit dieser HGB-Reform gewinnt vor allem die Informationsfunktion des Jahresabschlusses an Gewicht, da die deutsche Rechnungslegung in zahlreichen Bereichen den Prinzipien internationaler Rechnungslegung angenähert wird, die sich bekanntlich allein dem so genannten *reporting* widmen.[85] In der Folge sieht das reformierte HGB daher u.a. diverse Ansatzwahlrechte bzw. -pflichten für Bilanzposten vor, die nach alter Rechtslage noch von einem Bilanzierungsverbot erfasst waren. Das Ansatzwahlrecht für selbst geschaffene immaterielle Vermögensgegenstände des Anlagevermögens (§ 248 II 1 HGB n.F.) mag hierfür als Beispiel dienen.[86]

83 Vgl. RegE BilMoG, BT-Drs. 16/10067, S. 1; s.a. *Melcher/Schaier*, DB Dossier BilMoG, S. 3 (3 ff.).

84 Mit der Veröffentlichung der IFRS for SMEs am 09.07.2009 ist dieser Standard unmittelbar in Kraft getreten und kann in jedem Rechtskreis angewendet werden. Eine direkte Rechtswirkung entfaltet dieser Standard mangels europäischer oder deutscher Rechtsgrundlage bislang in Europa und Deutschland jedoch nicht. Das BilMoG spricht insoweit auch gegen eine baldige Übernahme in Deutschland. Der IASB nennt in IFRS for SMEs BC 51 und 52 neben den auch für kapitalmarktorientierten Unternehmen geltenden Zielen der Informationsvermittlung und Rechenschaftslegung zusätzlich speziell für die IFRS for SMEs-Rechnungslegung die Bereitstellung der Ausgangsbasis zur Ermittlung des zu versteuernden Einkommens und des ausschüttungsfähigen Gewinns als weitere besondere Aufgaben dieses Rechnungslegungssystems. Am 03.10.2013 veröffentlichte der IASB seinen ersten Vorschlag für *Limited Amendments* (ED/2013/9) zu diesem Standard.; s.a. *Fülbier/Gassen/Ott*, DB 2010, 1357 (1360); *Haag*, DStR 2010, 2320 (2320 ff.); *Kirsch*, PiR 2010, 1 (1); *Wallek*, KoR 2010, 490 (495 ff.); *Kirsch*, IRZ 2013, 467 (467 ff.); *Kirsch*, IRZ 2014, 27 (27 ff.).

85 Vgl. *Solmecke*, Auswirkungen des BilMoG, S. 7; *Hennrichs*, BFuP 2008, 415 (420f.).

86 Vgl. *Meyer*, DStR 2009, 762 (762 ff.); *Zwirner*, NZG 2009, 530 (530 ff.).

2.5.2 Neuausrichtung der Jahresabschlussfunktion und Methodenwahl

Mit dieser stärkeren Fokussierung des Jahresabschlusses auf die Informationsfunktion ergibt sich nunmehr ein Spannungsverhältnis zu den bewährten Grundsätzen des HGB, insbesondere zum Vorsichts- und zum Realisationsprinzip.[87] Sowohl die Bewertung als auch die tatsächliche Realisierung von bestimmten aktivierungsfähigen Vermögensgegenständen ist nach dem BilMoG zukünftig mit erheblichen Unsicherheiten behaftet. Um das Schutzniveau der Gläubiger gleichzeitig zu erhalten, sucht der Gesetzgeber die Ausschüttungsneutralität durch die Implementierung von Ausschüttungssperren zu erreichen. Der eingeschlagene Weg vom Vorsichtsprinzip zur Ausschüttungssperre soll daher zukünftig das bisherige Gläubigerschutzniveau sicherstellen. Als Wermutstropfen ist jedoch festzustellen, dass dieses Schutzinstrument bei Unternehmen mit unbeschränkter Haftung ins Leere läuft, da ihre Entnahmen nicht an den Gewinn gebunden sind und die Ausschüttungssperre daher keinen Ersatz für eine rechtsformunabhängige Schutzregel darstellen kann.[88]

Während das MoMiG somit das gesamte Kapitalschutzsystem tangiert, ergeben sich bei der Übernahme des BilMoG in erster Linie Änderungen im Rahmen der so genannten „bilanziellen Kapitalerhaltung" sowie dem „informationellen Gläubigerschutz".[89]

2.5.3 Erstanwendung

Das BilMoG sieht mit Art. 66 III EGHGB für weite Teile eine erstmalige Regelanwendung für Geschäftsjahre vor, die nach dem 31.12.2009 beginnen. Es besteht jedoch ein Wahlrecht, die neuen Vorschriften bereits für nach dem 31.12.2008 beginnende Geschäftsjahre in ihrer Gesamtheit anzuwenden.[90]

---

87 Vgl. *Lanfermann/Röhricht*, DStR 2009, 1216 (1216); *Simon*, NZG 2009, 1081 (1081); *Funke*, Gläubigerschutz durch Information, S. 186 ff.

88 Vgl. *Haaker*, ZGR 2010, 1055 (1062).

89 Vgl. *Pellens/Kemper/Schmidt*, ZGR 2008, 381 (388f.).

90 Vgl. Art. 66 III 6 EGHGB; s.a. *Petersen/Zwirner/Froschhammer*, DB 2009, 2277 (2277 ff.); *Meyer*, DStR 2009, 762 (768).

3 Die Ausschüttungssperre

Ohne die Untersuchung der einzelnen durch das BilMoG modifizierten Positionen vorwegzunehmen, ist offenkundig, dass sich mit den zu prüfenden Änderungen ein im Vergleich zum bisherigen Verständnis handelsrechtlicher Rechnungslegung deutlich höheres Eigenkapital und Ergebnis ergeben können, da die vom Gesetzgeber angestrebte Stärkung der Informationsfunktion mit einer Ausweitung des Aktivierungspotenzials einhergeht.[91] Das damit gegebene Spannungsverhältnis zwischen der Betonung der Informationsfunktion einerseits sowie dem Bekenntnis zur Zahlungsbemessungsfunktion des Jahresabschlusses anderseits versucht der Gesetzgeber durch das Instrument der Ausschüttungssperre zu lösen, um einem vergrößerten Ausschüttungsvolumen mit einer einhergehenden Absenkung des Gläubigerschutzniveaus entgegenzuwirken.[92] Unberührt von den Wirkungen auf Gesellschafterebene profitieren leitende Angestellte, deren Vergütung von den jeweiligen Ertragskennzahlen abhängt, grundsätzlich unabhängig von der Ausschüttungssperre von einem erhöhtem Jahresergebnis.[93]

3.1 Grundlagen

Das Instrument der Ausschüttungssperre war dem Handelsrecht vor Inkrafttreten des BilMoG bereits aus dem Anwendungsbereich der §§ 269 S. 2 und 274 II 3 HGB a.F. bekannt[94] und findet sich in der durch das BilMoG novellierten Fassung in § 268 VIII HGB wieder. In dieser Ausgestaltung erfasst das Instrument als nunmehr außerbilanzielle Ausschüttungssperre insgesamt drei Positionen:

Erstens die Erträge aus der Nutzung des Aktivierungswahlrechtes für selbst geschaffene immaterielle Vermögensgegenstände i.S.v. § 248 II HGB, zweitens die Erträge aus der Nutzung des Ansatzwahlrechtes für latente Steuern

---

91 Vgl. auch die empirischen Untersuchungen zu den Eigenkapitaleffekten im Rahmen der Rechnungslegungsumstellung von HGB auf IFRS von *Haller/Ernstberger/Froschhammer*, KoR 2009, 267 (271f.).

92 Vgl. *Verse*, in: VGR, Gesellschaftsrecht in der Diskussion 2009, S. 67, 70 ff.; *Funnemann/Kerssenbrock*, BB 2008, 2674 (2674); s. mit vgl. Forderungen bereits *Kahle*, ZfB 2002, 695 (703).

93 Vgl. *Metzger*, Handelsblatt v. 30.09.2010, S. 42.

94 Vgl. auch die empirischen Untersuchungen zu den Eigenkapitaleffekten im Rahmen der Rechnungslegungsumstellung von HGB auf IFRS von *Haller/Ernstberger/Froschhammer*, KoR 2009, 267 (271f.).

i.S.v. § 274 HGB sowie drittens die Vermögensgegenstände i.S.d. § 246 II 2 HGB, die der Erfüllung von Schulden aus Altersversorgungs- und ähnlichen Verpflichtungen dienen.[95] § 301 AktG ergänzt diese Bestimmung um das Verbot, den auf diesen unsicheren Vermögenskomponenten basierenden Gewinn im Rahmen eines Gewinnabführungsvertrages an ein anderes Unternehmen abzuführen.

3.1.1 Die Ermittlung der ausschüttungsgesperrten Beträge

Im Einzelnen bedeutet dies, dass beispielsweise beim Ausweis von selbst geschaffenen immateriellen Vermögensgegenständen des Anlagevermögens in der Bilanz Gewinne nur ausgeschüttet werden dürfen, wenn die nach der Ausschüttung verbleibenden frei verfügbaren Rücklagen[96] zuzüglich eines Gewinnvortrags und abzüglich eines Verlustvortrags den insgesamt angesetzten Beträgen wiederum abzüglich der hierfür gebildeten latenten Steuern entsprechen. Werden aktive latente Steuern ausgewiesen, erfasst die Ausschüttungssperre den Aktivüberhang.

Wird das Planvermögen i.S.v. § 246 II 2 HGB mit dem beizulegenden Zeitwert bewertet, gilt § 268 VIII 1 HGB für die die Anschaffungskosten übersteigenden Beträge abzüglich der hierfür gebildeten passiven latenten Steuern.[97] Wirtschaftlich soll daher erreicht werden, dass in der Gesellschaft stets soviel

95 Im Referenten- und auch im Regierungsentwurf des BilMoG war als vierter ausschüttungsgesperrter Posten der Ertrag aus der Zeitwertbewertung von zu Handelszwecken erworbenen Finanzinstrumenten enthalten. Im weiteren Gesetzgebungsverfahren wurde in Anbetracht der Erkenntnisse aus der Finanzkrise die generelle Zeitwertbewertung von entsprechenden Finanzinstrumenten jedoch wieder gestrichen. Vgl. RegE BilMoG, BT-Drs. 16/10067, S. 8.

96 Mit der Verwendung des Begriffs der „frei verfügbaren Rücklagen“ anstelle des Begriffs der „jederzeit auflösbaren Gewinnrücklagen“ aus § 269 S. 2 HGB a.F. sollen sowohl die frei verfügbaren Gewinnrücklagen als auch die frei verfügbaren Kapitalrücklagen erfasst werden. Intendiert ist somit keine inhaltliche Änderung, sondern lediglich eine terminologische Klarstellung. S. Begr. RegE BilMoG, BT-Drs. 16/10067, S. 64; *Baetge/Kirsch/Thiele*, Bilanzrecht, § 268, Rn. 113; *Kessler/Leinen/Strickmann*, BilMoG, S. 258.

97 Die Berücksichtigung der latenten Steuern erfolgt bei diesen beiden Posten, um eine Doppelberücksichtigung zu vermeiden, da weder die Aktivierung bestimmter selbst geschaffener immaterieller Vermögensgegenstände des Anlagevermögens noch die Bewertung zum beizulegenden Zeitwert steuerlich nachvollzogen wird. Vgl. § 5 II EStG; *Kreidl/Adrian*, in: Ellrott/Budde, BeckBilKomm., 7. Aufl., § 274, Rn. 209; *Petersen/Zwirner*, KoR Beih. 2008, 1 (15).

frei verwendbares Eigenkapital vorhanden ist, wie auf die als unsicher qualifizierten und von § 268 VIII HGB erfassten Aktivposten entfällt.

Jahresüberschuss bzw. –fehlbetrag gemäß der Gewinn- und Verlustrechnung
./. Verpflichtende Dotierung gesetzlicher oder satzungsmäßig gebundener Rücklagen
+ Frei verfügbare Rücklagen
+ Gewinnvortrag
- Verlustvortrag
= Ausschüttungshöchstbetrag vor Anwendung der Ausschüttungssperre nach § 268 VIII HGB
./. Betrag aus der Aktivierung selbst geschaffener immaterieller Vermögensgegenstände ./. hierauf gebildete passive latente Steuern
./. Betrag aus der Zeitwertbewertung von Deckungsvermögen ./. hierauf gebildete passive latente Steuern
./. Betrag aus der Aktivierung latenter Steuern ./. sonstige passive latente Steuern
= Ausschüttungshöchstbetrag nach Anwendung der Ausschüttungssperre nach § 268 VIII HGB

Tabelle: Ermittlung des Ausschüttungshöchstbetrages nach Anwendung der Ausschüttungssperre i.S.v. § 268 VIII HGB

3.1.2 Vergleichbare Konzeptionen

Diese Grundkonzeption weicht von ihrem Vorbild aus § 269 S. 2 HGB a.F. insoweit ab, als die gebildeten passiven latenten Steuern vom jeweiligen Buchwert abzuziehen sind. Dies soll die Errichtung einer überhöhten Ausschüttungssperre vermeiden und greift die berechtigte Kritik zum aufgehobenen § 269 S. 2 HGB a.F.[98] auf, da durch die Belastung der unsicheren Vermögenskomponenten mit passiven latenten Steuern das handelsrechtliche Nettovermögen allein in Höhe des Nachsteuerbetrags tatsächlich vermehrt ist.[99] Unter Kapitalschutzgesichtspunkten genügt es daher bei isolierter Betrachtung der einzel-

98 *Winkeljohann/Lawall*, in: Ellrott et al., BeckBilKomm, 6. Aufl., § 269, Rn. 14; *Adler/Düring/Schmaltz*, Rechnungslegung und Prüfung, 5. Aufl., § 269, Rn. 23.

99 Die Einführung der neuen Aktivierungswahlrechte sowie der Ausschüttungssperre hat auf die Erstellung der Steuerbilanz keine Auswirkung, da keine der drei Positionen in der Steuerbilanz nachvollzogen werden.

nen Positionen das Ausschüttungsvolumen der Kapitalgesellschaft um diesen Betrag zu kürzen, da die Bildung der passiven latenten Steuern bereits in der Gewinn- und Verlustrechnung zu einer teilweisen Kompensation der durch die Aktivierung der Posten entstandenen Erträge führt.[100]

Nach diesem Konzept werden die drei Positionen in der Folge zwar zukünftig im Jahresabschluss ausgewiesen (Informationsfunktion), stehen aber für eine Gewinnausschüttung nicht zur Verfügung (Gläubigerschutzfunktion). Hierbei verlagert der Gesetzgeber also den Gläubigerschutz systematisch auf eine neue Stufe. Wurde der Gläubiger bislang durch eine vorsichtige Ergebnisermittlung geschützt, geschieht dies künftig erst auf der Stufe der Ergebnisverwendung durch Zwangsthesaurierung.[101] Diese Abkehr von der vorsichtigen Bilanzierung im Sinne des institutionellen Gläubigerschutzes kann als Paradigmenwechsel im Rahmen des handelsrechtlichen Gläubigerschutzkonzeptes gewertet werden.

Im Unterschied zu anderen gesetzlich normierten Thesaurierungen, wie beispielsweise der gesetzlichen Rücklage nach § 150 AktG, ist der ausschüttungsgesperrte Betrag nicht in eine eigens hierfür zu bildende Rücklage einzustellen. Der Gesetzgeber lässt es allein bei der Vorgabe bewenden, dass Ausschüttungen nur in dem Fall zulässig sind, wenn auch nach der Auskehrung noch so viel frei verfügbares Eigenkapital im oben beschrieben Sinne verbleibt, dass der gesperrte Betrag gedeckt ist.[102]

3.1.3 Die Wirkungsweise der Ausschüttungssperre

Verbleibt ein (positiver) Jahresüberschuss bzw. Bilanzgewinn, der wegen der Ausschüttungssperre nach § 268 VIII HGB nicht in voller Höhe ausgekehrt werden darf, wirkt sich dies zunächst nur auf den Gewinnverwendungsbeschluss aus. Hier muss der gesperrte (Teil-)Betrag von der Auszahlung an die Aktionäre ausgenommen werden. Ein Ausschüttungsbeschluss, der gegen das Verbot aus § 268 VIII HGB verstößt, lässt aus Sicht der Gesellschaft keine Ausschüttungsverbindlichkeit entstehen.[103] Ein Gewinnverwendungsbeschluss, der eine höhere Ausschüttung vorsieht, verstößt gegen gesetzliche Vorschriften, die zum Schut-

---

100 Vgl. *Küting/Lorson/Eichenlaub/Toebe*, GmbHR 2011, 1 (3).

101 *Verse*, in: VGR, Gesellschaftsrecht in der Diskussion 2009, S. 71; *Hommelhoff*, ZGR 2008, 250 (257f.); *Hennrichs*, in: Winkeljohann/Reuther, Bilanzrecht in Familienunternehmen, S. 116; *Rammert/Thies*, WPg 2009, 34 (36); krit. hierzu *Hoffmann/Lüdenbach*, DStR 2008, Beih. zu H. 30, Tz. 115f.

102 *Verse*, in: VGR, Gesellschaftsrecht in der Diskussion 2009, S. 71f.

103 *Althoff/Gelhausen*, WPg 2009, 584 (590).

ze der Gläubiger erlassen worden sind, und wäre bei der AG nach § 241 Nr. 3 AktG nichtig.[104] Für die GmbH gilt dagegen, dass ein solcher Gewinnverwendungsbeschluss nicht vollziehbar ist und daher nicht bedient werden darf.[105] Umstritten ist, ob der Gewinnverwendungsbeschluss durch den Verstoß gegen die Ausschüttungssperre bei der AG in vollem Umfang nichtig oder nur teilnichtig ist. Da der beschlossene Betrag regelmäßig nur hinsichtlich eines kleinen Teils gegen die Ausschüttungssperre verstoßen wird und im Übrigen unbedenklich ist, beschränkt sich die Nichtigkeitsfolge richtigerweise nur auf den von der Sperre erfassten Teilbetrag.[106] Diese Sperrwirkung geht insoweit über diejenige aus § 30 GmbHG hinaus.[107]

Ob der nicht zur Ausschüttung verwendete Betrag als Gewinnvortrag verbleibt oder seine Einstellung in Rücklagen zu beschließen ist, wird, wie gezeigt, mit der gesetzlichen Anordnung des § 268 VIII HGB freigestellt. Ein Vergleich mit den bereits bekannten gesperrten Rücklagen zeigt, dass sich durch die entsprechenden gesetzlichen Regelungen im Gegensatz zu der neuen Ausschüt-

---

104 Vgl. *Althoff/Gelhausen*, WPg 2009, 584 (590); *Gelhausen/Fey/Kämpfer*, Rechnungslegung und Prüfung, § 268 Abs. 8 HGB, Rn. 55; *von der Laage*, WM 2012, 1322 (1326); *Kaya/Borgwardt*, StuB 2010, 727 (731); *Küting/Lorson*, in: Küting/Pfitzer/Weber, HdB. Rechnungslegung, § 268, Rn. 293 (Stand: Okt. 2010); für eine umfassende Nichtigkeitsfolge eintretend *Kozikowski/Fischer*, in: Ellrott/Budde, BeckBilKomm., 8. Aufl., § 268, Rn. 151; *Kropff*, in: Kindler et al., Festschrift für Uwe Hüffer, S. 541; a.A. *Fleischer*, in: Schmidt/Lutter, AktG, § 57, Rn. 73f.; s.a. *Verse*, in: Scholz, GmbHG, § 30, Rn. 120.

105 Vgl. *Verse*, in: Scholz, GmbHG, § 30, Rn. 119 ff.; *Heidinger*, in: Michalski, GmbHG, 2. Aufl., § 30, Rn. 140; *Fastrich*, in: Baumbach/Hueck, GmbHG, § 30, Rn. 67; *Ekkenga*, in: MüKo, AktG, § 30; Rn. 282.

106 Gegen dieses Ergebnis spricht auch nicht die Vorschrift des § 139 BGB, da die Nichtigkeitsfolge einen in der Höhe beschränkbaren, also quantitativen Teil des Beschlusses betrifft. Anders als „inhaltliche" Beschlüsse, die ohne den nichtigen Teil, nicht oder nicht so erfolgt wären, ist der Gewinnverwendungsbeschluss auf seinen wirksamen Teil beschränkbar und beinhaltet zudem ohne den nichtigen Teil gerade die höchstmögliche Ausschüttung, so dass anzunehmen ist, dass die Gesellschafter diese beschlossen hätten.; *von der Laage*, WM 2012, 1322 (1326).

107 Im Fall des § 30 I GmbHG handelt es sich nicht um eine Gewinnverwendungsfrage, da die Gewinnausschüttung bezogen auf das Vorjahr bereits wirksam beschlossen worden ist. Der rechtswirksam entstandene Ausschüttungsanspruch der Gesellschafter darf aber insoweit nicht bedient werden. Die Sperre verhindert somit nicht das Entstehen der Verbindlichkeit, die sogar als solche weiterhin in der Bilanz auszuweisen ist. Vgl. *Hommelhoff*, in: Lutter/Hommelhoff, GmbHG, 17. Aufl., § 30, Rn. 52; *Kort*, ZGR 2001, 615 (623f.); BGH, GmbHR 1997, 791 (791f.); a.A. *Hueck/Fastrich*, in: Baumbach/Hueck, § 30, Rn. 66; *Westermann*, in: Scholz, GmbHG, Bd. 1, 10. Aufl., § 30, Rn. 12.

tungssperre immer klar ergibt, wie die jeweilige Bindung zu erreichen ist. Als Beispiel soll hier wiederum die aktienrechtliche Pflicht zur Bildung gesetzlicher Rücklagen aus § 150 AktG herangezogen werden: Die entsprechenden Beträge werden hier zunächst als Teil des Jahresergebnisses ausgewiesen, anschließend jedoch in der Verlängerungsrechnung zur GuV nach § 158 I 1 Nr. 4 lit. a AktG in die gesetzliche Rücklage eingestellt, so dass sie im Bilanzgewinn nicht mehr enthalten sind und folglich für die Gewinnverwendung durch die Hauptversammlung erst gar nicht zur Verfügung stehen.[108] Gleiches gilt hinsichtlich dieser Funktionsweise für die GmbH, wenn die Satzung eine zwingende Rücklage vorschreibt, oder bei der UG (haftungsbeschränkt), die zur Bildung einer gesetzlichen Rücklage nach § 5a III GmbHG verpflichtet ist.[109]

Der entscheidende Unterschied zu den gesperrten Rücklagen ist daher, dass der nach § 268 VIII HGB gesperrte Betrag aus der Bilanz selbst nicht ersichtlich ist. Dieser ist stattdessen lediglich nach § 285 Nr. 28 HGB im Anhang anzugeben.[110] Im Gegensatz zu den dargestellten Sperrinstrumenten liegt die Besonderheit der Ausschüttungssperre nach § 268 VIII HGB somit darin, dass allein das „Ob" der Thesaurierung bestimmt wird, das „Wie" aber ausfüllungsbedürftig bleibt und folglich als *lex specialis* die zuständigen Organe in ihrer ansonsten nach §§ 57, 174 AktG, §§ 29, 46 Nr. 1 GmbHG gegebenen Gewinnverwendungskompetenz beschränkt.[111]

Neben der Transparenz spricht für eine Einstellung in gesonderte Gewinnrücklagen, dass die entscheidungserhebliche Angabe des gesperrten Betrages bzw. des ausschüttbaren Gewinns auch bei nicht anhangsangabepflichtigen Unternehmen alternativ unmittelbar dem Jahresabschluss entnommen werden könnte. Auch der Gefahr des Abfassens von nichtigen Gewinnverwendungsbeschlüssen könnte hierdurch entgegengewirkt werden.[112] Für die weitere bilanzi-

---

108 §§ 158 I 1 Nr. 4 a , 174 AktG; *Hoffmann-Becking*, in: Enderlein, MünchHdB. GesR, Bd. 4, § 43, Rn. 2f., § 46, Rn. 2; *Adler/Düring/Schmaltz*, Rechnungslegung und Prüfung, § 150, Rn. 3, 17, 42 ff.; *Steiner*, in: Heidel, Aktienrecht, § 150, Rn. 7 ff.; Siehe zur problematischen Auswirkung der Ausschüttungssperre auf das Kompetenzgefüge zwischen Verwaltung und Hauptversammlung: *Verse*, in: VGR, Gesellschaftsrecht in der Diskussion 2009, S. 76f.; *Gelhausen/Althoff*, WPg 2009, 584 (590); *Simon*, NZG 2009, 1081 (1084); s.a. *Kühnberger*, DStR 2012, 1149 (1152 ff.).

109 Vgl. *von der Laage*, WM 2012, 1322 (1323).

110 Vgl. *Gelhausen/Althoff*, WPg 2009, 584 (591).

111 Vgl. *Gelhausen/Althoff*, WPg 2009, 584 (590); *von der Laage*, WM 2012, 1322 (1323).

112 Vgl. *Verse*, in: VGR, Gesellschaftsrecht in der Diskussion 2009, S. 72; *Funnemann/Kerssenbrock*, BB 2008, 2674 (2678); *Simon*, NZG 2009, 1081 (1087); *Küting/Lorson/Eichenlaub/Toebe*, GmbHR 2011, 1 (9f.) schlägt vor, zumindest die An-

elle Behandlung der ausschüttungsgesperrten Gewinnanteile bestehen daher grundsätzlich zwei Möglichkeiten: Die entsprechenden Gewinne können entweder als Gewinn vorgetragen oder in freie Rücklagen eingestellt werden.[113]

Gegenüber vergleichbaren Fällen mit Sperrwirkung besteht daher ein Regelungsdefizit, welches durch Auslegung zu schließen ist, zunächst aber ein gewisses Maß an Rechtsunsicherheit schafft.

3.2 Die Abführungssperre als flankierende Regelung

Neben der Ausschüttung schließt der Gesetzgeber nunmehr bei Vorliegen eines Gewinnabführungsvertrages auch die Abführung der ausschüttungsgesperrten Beträge nach § 301 S. 1 AktG aus. Im Einzelnen bedeutet dies, dass eine Gesellschaft als ihren Gewinn höchstens den ohne eine Gewinnabführung entstehenden Jahresüberschuss, vermindert um einen Verlustvortrag aus dem Vorjahr, um den Betrag, der gemäß § 300 AktG zur Risikovorsorge der gesetzlichen Rücklage zuzuführen ist, sowie um den nach § 268 VIII HGB für eine Ausschüttung gesperrten Betrag an den anderen Vertragsteil abführen darf.[114]

---

hangangabe in der Weise zu erweitern, dass die ausschüttungsgesperrten Beträge den frei verfügbaren Eigenkapitalbestandteilen gegenübergestellt werden, so dass ersichtlich wird, ob die Ausschüttungssperre einen Einfluss auf die Ausschüttung des Bilanzgewinns hat.

113 *Simon*, NZG 2009, 1081 (1084).

114 Insoweit sind Ausschüttungssperren in diesen Fällen zugleich als Abführungssperren zu interpretieren, was wiederum nicht nur der zunehmenden Bedeutung der Erträge i.S.v. § 268 VIII HGB gerecht wird, sondern grundsätzlich zugleich dem Gläubigerschutz in geeigneter Weise Rechnung trägt. Die im Kontext zu § 269 HGB a.F. zur Begründung der Umgehung der Ausschüttungssperre herangezogene Differenzierung von gesellschaftsrechtlich bedingten Gewinnausschüttungen und schuldrechtlich bedingten Gewinnabführungen ist daher nicht mehr möglich. Siehe hierzu *Reiner*, in: Schmidt et al., MüKo HGB, 2. Aufl., § 269, Rn. 15.
Bisher wurde bereits im Zusammenhang mit § 269 HGB a.F. diskutiert, ob die aus der Aktivierung resultierenden Erträge auch gegen eine Abführung im Rahmen eines Unternehmensvertrages gesperrt sind. S. hierzu *Winkeljohann/Lawall*, in: Ellrott et al., BeckBilKomm., 6. Aufl., § 269, Rn. 15; *Adler/Düring/Schmaltz*, Rechnungslegung und Prüfung, 6. Aufl., § 269, Rn. 22a; *Hüttemann*, in: Staub. HGB, 4. Aufl., § 269, Rn. 19 m.w.N.

Jahresüberschuss gemäß der Gewinn- und Verlustrechnung der abhängigen Gesellschaft vor Gewinnabführung
./. Verlustvortrag aus dem Vorjahr
./. pflichtgemäße Einstellung in die gesetzliche Rücklage
+ während der Vertragsdauer eingestellte Gewinnrücklagen
+ während der Vertragsdauer vorgetragener Gewinn
= Abführungshöchstbetrag ohne Abführungssperre i.S.d. § 268 VIII HGB
./. nach § 268 VIII HGB ausschüttungsgesperrter Betrag
= Abführungshöchstbetrag nach Berücksichtigung der Ausschüttungssperre nach § 268 VIII HGB

Tabelle: Ermittlung des Abführungshöchstbetrages nach Anwendung der Ausschüttungssperre i.S.v. § 301 AktG

3.2.1 Die Verlustausgleichsverpflichtung nach § 302 I AktG

Unklar ist jedoch, ob ein etwaiger durch den Vertragspartner zu übernehmender Jahresfehlbetrag nach § 302 AktG in der Konsequenz nunmehr auch um die positiven Ergebnisbeiträge i.S.d. § 268 VIII HGB zu erhöhen ist. Neben § 301 S. 1 AktG, der die Gewinnabführung der Höhe nach begrenzt, verpflichtet § 302 I AktG den anderen Vertragsteil, bei Gewinnabführungsverträgen bekanntlich „sonst entstehende“ Jahresfehlbeträge auszugleichen.

Beide Vorschriften verfolgen augenscheinlich mit verschiedenen Mitteln das gleiche Ziel, das zumindest von der h.M. auch im Kapitalerhaltungsschutz fixiert wird.[115] § 301 AktG versucht durch Festsetzung des Höchstbetrages der zulässigen Gewinnabführung zu verhindern, dass überhaupt ein Jahresfehlbetrag entsteht. Der nach § 268 VIII HGB ausschüttungsgesperrte und nach § 301 S. 1 AktG von einer Gewinnabführung ausgenommene Betrag dürfte daher konsequenterweise auch im Rahmen der Ermittlung des Jahresfehlbetrages nicht verlustmindernd berücksichtigt werden, da die gegen eine Ausschüttung oder Abführung gerichteten Bedenken gleichermaßen Gewicht im Rahmen der

115 Vgl. BGHZ 103, 1 (10); BGHZ 107, 7 (18); *Hüffer*, AktG, § 302, Rn. 3; *Emmerich/Habersack*, Konzernrecht, S. 312; *Stimpel*, in: Havermann et al., Bilanz- und Konzernrecht, S. 601 (614 ff.); ders. *Ulmer*, AG 1986, 123 (126); *Brandes*, in: Goerdeler et al., FS Kellermann, S. 25 (26f.); *Pentz*, Die Rechtsstellung der Enkel-AG, S. 41 ff.

Verlustdeckungspflicht entfalten.[116] Der mit § 301 AktG verfolgte Schutz setzt hierbei lediglich früher als die Sicherung durch den Verlustausgleich nach § 302 I AktG an, so dass eine entsprechende Erweiterung der Verlustausgleichspflicht um den nach § 268 VIII HGB ausschüttungsgesperrten Betrag nahe liegt.

Da der Gesetzgeber aber eine entsprechende Modifikation des § 302 AktG unterlassen hat, ist diese Interpretation keineswegs zwingend. Der Wortlaut und das legislatorische Unterlassen sprechen auf den ersten Blick gegen eine Erhöhung der beschriebenen Ausgleichspflicht.[117]

Eine Aktivierung von aktiven latenten Steuern oder selbst geschaffenen immateriellen Vermögensgegenständen unter entsprechender Ausübung der jeweiligen Wahlrechte wäre daher in Krisenjahren geeignet, die Verlustausgleichsverpflichtung des Vertragspartners zu verringern.

Dieser Schwächung der Eigenkapitalstruktur durch derartige latente *non-valeurs* kann lediglich durch die dargelegte Interpretation des § 302 AktG mit einer erweiterten Ausgleichsverpflichtung begegnet werden. Insoweit beanspruchen die gegen eine Ausschüttung oder Abführung dieser Beträge gerichteten Bedenken gleichermaßen Beachtung im Rahmen der Verlustdeckungspflicht nach § 302 AktG, so dass richtigerweise der nach § 268 VIII HGB ausschüttungsgesperrte Betrag im Rahmen der Ermittlung des „sonst entstehenden" Jahresfehlbetrages nicht verlustmindernd berücksichtigt werden darf.

3.2.2 Die Berücksichtigung vorvertraglicher, freier Eigenkapitalpositionen

Klärungsbedürftig und insoweit umstritten ist weiterhin, was unter der Bezeichnung „nach § 268 VIII HGB ausschüttungsgesperrter Betrag" zu verstehen ist. Fraglich ist in diesem Zusammenhang insbesondere, ob die Sperrbeträge nur mit innerhalb der Laufzeit des Unternehmensvertrages gebildeten freien Eigenkapitalpositionen unterlegt werden dürfen oder ob vorvertraglich gebildetes freies Eigenkapital herangezogen werden muss bzw. darf. Jene Vorgehensweise hätte

116 Vgl. *Marx/Dallmann*, in: Baetge/Kirsch/Thiele, Bilanzrecht, Bd. 1, § 268, Rn. 114; *Altmeppen*, in: Altmeppen et al., MüKo AktG, 3. Aufl., § 302, Rn. 16.

117 Vgl. *Gelhausen/Fey/Kämpfer*, Rechnungslegung und Prüfung, § 301 AktG, Rn. 61; s.a. *Kaeser*, DStR 2010, Beih. zu H. 30, S. 56 (58); *Küting/Lorson/Eichenlaub/Toebe*, GmbHR 2011, 1 (9); *Baldamus*, Ubg 2009, 484 (490), der gegen eine Erhöhung zudem die Ausgestaltung als außerbilanzielle Ausschüttungssperre anführt, die sich weder auf das Jahresergebnis noch auf die freien Rücklagen auswirkt und sich insofern von bilanziellen Ausschüttungssperren unterscheidet.

im Rahmen der Unternehmensverträge eine Herabsetzung des Kapitalschutzniveaus zur Folge, da die ergebniserhöhenden Erträge zumindest teilweise, also in jenem Umfang, wie der Sperrbetrag durch die frei verwendbaren Rücklagen aus vorvertraglichen Zeiträumen gemindert wird, an den anderen Vertragsteil abgeführt wird und auf dieser Ebene wiederum für eine Auskehrung zur Verfügung steht.[118] Mit anderen Worten würde dies bedeuten, dass die Abführungssperre zumindest nicht geeignet wäre, den aktivierten Mehrbetrag vollständig zu neutralisieren.

Diesen negativen Konsequenzen kann gegenübergestellt werden, dass es nach dem Sinnzusammenhang zumindest nahe liegt, dass die Abführungssperre nicht weiter gehen sollte als die Ausschüttungssperre. Dies ist ohne Weiteres ebenfalls der Fall, wenn man den in § 301 S. 1 AktG verwendeten Begriff „nach § 268 VIII HGB ausschüttungsgesperrter Betrag" nicht mit dem Gesamtbetrag der Beträge i.S.d. § 285 Nr. 28 HGB gleichsetzt, sondern mit dem Betrag, der fiktiv bei der abhängigen Gesellschaft, den Gewinnabführungsvertrag hinweggedacht, nach der Regelung des § 268 VIII HGB gegen die Ausschüttung gesperrt wäre. Im Rahmen dieser Ermittlungsweise wären in der Folge auch sämtliche vorhandenen frei verfügbaren Eigenkapitalpositionen zu berücksichtigen.[119]

Diese Betrachtungsweise lässt jedoch die Abgrenzung der Vermögenssphären zwischen den Gesellschaftern und dem anderen Vertragsteil (beherrschendes Unternehmen)[120] sowie die eigentliche Zwecksetzung des § 301 AktG n.F. außer Acht.[121] Die Gewinnabführung ist hierbei u.a. i.S.d. Minderheitsaktionäre so geregelt, dass die vorvertraglichen Rücklagen unangetastet bleiben sollen, weil sie der Gesamtheit der Aktionäre und damit auch der Minderheit zustehen. Diese geschützten Interessen wären allerdings verletzt, wenn und soweit während der Vertragsdauer ausschüttungsgesperrte Teile erstmalig entstehen und die vorvertraglichen Rücklagen „aufzehren", so dass diese an-

118 Vgl. *Lanfermann/Röhricht*, DStR 2009, 1216 (1218f.) mit einem rechnerischen Beispiel.

119 *Gelhausen/Althoff*, WPg 2009, 629 (630); *Gelhausen/Fey/Kämpfer*, Rechnungslegung und Prüfung, § 301 AktG, Rn. 70; *Lanfermann/Röhricht*, DStR 2009, 1216 (1218f.); *Marx/Dallmann*, in: Baetge/Kirsch/Thiele, Bilanzrecht, Bd. 1, § 268, Rn. 114; *Funnemann/Kerssenbrock*, BB 2008, 2674 (2677); ähnl. auch *Adler/Düring/Schmaltz*, Rechnungslegung und Prüfung, 6. Aufl., § 269, Rn. 22a in Bezug auf die aus § 269 S. 2 HGB a.F. abgeleitete Abführungssperre.

120 Vgl. *Koppensteiner*, in: Koppensteiner/Cahn et al., Kölner Komm. AktG, 3. Aufl., § 301, Rn. 18f.; *Emmerich*, in: Emmerich/Habersack, Aktien und GmbH-KonzernR, 5. Aufl., § 301, Rn. 11 ff.

121 S.a. *Kropff*, in: Kindler et al., Festschrift für Uwe Hüffer, S. 550f.

schließend nicht mehr durch Gewinnverteilungsbeschluss anteilig zugunsten der Minderheit ausgeschüttet werden können.[122] Der alleinige Rekurs auf den Wortlaut kann daher der Ergänzung des § 301 S. 1 AktG n.F. nicht gerecht werden.

Die systematische Stellung des § 301 AktG legt vielmehr nahe, dass für den Höchstbetrag der Gewinnabführung an den anderen Vertragsteil nicht das freie Eigenkapital herangezogen werden soll, das gerade nicht hierfür zur Verfügung steht. Dieses darf zur Abgrenzung der beschriebenen Vermögenssphären nicht an den anderen Vertragsteil abgeführt werden, sondern unterliegt weiterhin den allgemeinen Regelungen der Gewinnverwendung und kann daher ggf. aufgelöst und als Bilanzgewinn ausgeschüttet werden. Wäre dies anders, könnte der andere Vertragsteil innerhalb der Vertragslaufzeit sperrbetragsbehaftete Bilanzposten aktivieren und die sich dadurch ergebende Eigenkapitalmehrung an sich abführen und ggf. auskehren. Gleichzeitig wäre hierdurch das den Gesellschaftern aus vorvertraglicher Zeit zustehende freie Eigenkapital gegen eine Ausschüttung gesperrt.

Ungeklärt wäre auch die Frage, wie der Ausschüttungssperrbetrag nach § 268 VIII HGB bzw. der Abführungssperrbetrag gemäß § 301 S. 1 AktG i.V.m. § 268 VIII HGB zu ermitteln wäre, wenn parallel zur Gewinnabführung die Ausschüttung einer Kapitalrücklage nach § 272 II Nr. 4 HGB oder vorvertraglicher Rücklagen bzw. Gewinnvorträge beschlossen würde. So stehen im Falle des Freiwerdens von aus vorvertraglicher Zeit stammenden ausschüttungsgesperrten Beträgen für diese Beträge gebildete vorvertragliche Gewinnrücklagen bzw. ein vorvertraglicher Ergebnisvortrag für Ausschüttungen zur Verfügung. Diese frei verfügbaren Rücklagen werden grundsätzlich im Rahmen der Bestimmung des Höchstbetrags der Gewinnabführung i.S.v. § 301 AktG zur Deckung des Betrags der nach § 268 VIII HGB ausschüttungsgesperrten Erträge berücksichtigt.[123] Eine nochmalige entlastende Berücksichtigung bei der Bestimmung des maximal ausschüttbaren Betrages i.S.d. § 268 VIII HGB im Rahmen einer parallel zur Gewinnabführung durchgeführten Ausschüttung wäre hierbei in keinem Fall mit dem vom Gesetzgeber intendierten Gläubigerschutz zu vereinbaren.[124]

Nicht allein unter Kapitalschutzaspekten ist es daher richtigerweise notwendig, die Abführungssperre nach § 301 S. 1 AktG getrennt und unabhängig von der Ausschüttungssperre gemäß § 268 VIII HGB zu berechnen und zu führen. Als freies Eigenkapital, welches zur Unterlegung dieser Aktivposten heran-

---

122 *Kropff*, in: Kindler et al., Festschrift für Uwe Hüffer, S. 550f.

123 *Gelhausen/Fey/Kämpfer*, Rechnungslegung und Prüfung, § 301 AktG, Rn. 72.

124 Vgl. *Gelhausen/Fey/Kämpfer*, Rechnungslegung und Prüfung, § 301 AktG, Rn. 72.

gezogen werden kann, sollten daher im Rahmen der Abführungssperre nur innerhalb der Vertragslaufzeit gebildete freie Eigenkapitalpositionen zugelassen werden.[125] Da es sich hierbei in der Regel lediglich um andere Gewinnrücklagen handeln wird, die i.S.v. § 14 I Nr. 4 KStG bei vernünftiger kaufmännischer Beurteilung wirtschaftlich begründet waren,[126] bedeutet dies zugleich, dass der Betrag zur Unterlegung der abführungsgesperrten Beträge zumindest regelmäßig nicht ins Gewicht fallen wird. Weiterhin spricht für diese Betrachtungsweise aber auch, dass die thesaurierten Beträge auch in späteren Geschäftsjahren, soweit sie nicht länger zur Unterlegung im beschriebenen Sinne benötigt werden, nicht an die Gesellschafter ausgeschüttet werden können, sondern an den anderen Vertragsteil abgeführt werden müssen.[127] Die Abführungssperre hätte insoweit die gleiche Funktionsweise wie die Ausschüttungssperre innerhalb der jeweils betrachteten Vermögenssphäre.

Die Berücksichtigung von vorvertraglichen Eigenkapitalpositionen kann daher unter den genannten Gesichtspunkten nicht überzeugen. Eine Herabsetzung des Kapitalschutzniveaus ist daher nicht zu befürchten, da in Zukunft über den Unternehmensvertrag keine unvorsichtigen Erträge an den anderen Vertragsteil abgeführt werden können und dort für eine Auskehrung zur Verfügung stehen.

Es ist demgemäß zu begrüßen, dass der Gesetzgeber, anders als im Zusammenhang mit § 269 HGB n.F., nunmehr für den aktivierten Mehrertrag eine Abführungssperre eingeführt hat, die bei richtiger Anwendung auch geeignet ist, das bisherige Gläubigerschutzniveau zu wahren.

---

125 Vgl. *Verse*, in: VGR, Gesellschaftsrecht in der Diskussion 2009, S. 74; *Simon*, NZG 2009, 1081 (1085f.).

126 In der Praxis wird der Ergebnisabführungsvertrag in wohl nahezu allen Fällen zur Herstellung einer ertragsteuerlichen Organschaft genutzt. Diese setzt nach § 14 I KStG voraus, dass der ganze Gewinn, d.h. der maximal nach § 301 AktG zulässige Betrag, abgeführt wird. Siehe hierzu *Birk*, Steuerrecht, 12. Aufl., Rn. 1220; *Altmeppen*, in: Altmeppen et al., MüKo AktG, 3. Aufl., § 301, Rn. 26. Das BMF stellt in seinem Schreiben vom 14.01.2010, IV C 2 – S 2770/09/10002 nunmehr klar, dass die steuerliche Anerkennung der Organschaft durch die Änderung des § 301 AktG i.V.m. § 268 VIII HGB unberührt lässt. Siehe hierzu: *Zwirner*, BRZ 2010, 48 (48f.); *Kieker/Vollmar*, DStR 2009, 842 (842 f.); *Baldamus*, Ubg 2009, 484 (490).

127 *Simon*, NZG 2009, 1081 (1085f.).

3.2.3 Die Anwendbarkeit auf die GmbH

Zweifelhaft und seit langem umstritten ist die Frage der entsprechenden Anwendung des § 301 AktG auf die GmbH als verpflichtetes Unternehmen, da dem GmbHG eine vergleichbare Regelung nicht bekannt ist.[128] Da sich bei der GmbH im Prinzip die gleichen von § 268 VIII HGB intendierten Kapitalschutznotwendigkeiten ergeben wie bei der AG, ist allein die auch von der bisher herrschenden Meinung getragene analoge Anwendung der Abführungsbegrenzung des § 301 AktG auf die GmbH ein hinreichender Lösungsansatz.[129] Der Gesetzgeber hat sich mit der Implementierung des § 268 VIII HGB im § 301 AktG gegen eine einseitige Anwendung auf Ausschüttungsebene entschieden. Insofern erscheint es nur konsequent, die Auskehrungsrestriktionen sowohl für die Ausschüttung als auch für die Abführung bei der GmbH zu übernehmen.[130]

Eine kontroverse Darstellung dürfte an dieser Stelle aber auch deshalb verzichtbar sein, da ein Gewinnabführungsvertrag in der Praxis weit überwiegend zur Bildung einer körperschaftsteuerlichen Organschaft i.S.v. § 14 I 1 KStG eingesetzt wird.[131] Auch im Falle einer GmbH als Organgesellschaft darf nach § 17 S. 2 Nr. 1 KStG aber die Gewinnabführung den in § 301 AktG genannten Höchstbetrag nicht überschreiten. Mit Ausnahme des Verweises auf die gesetzliche Rücklage nach § 300 AktG, die es bei der GmbH nicht gibt, findet sich somit eine eindeutige Verweisung auf § 301 AktG, der ebenfalls bei der Organgesellschaft in der Rechtsform der GmbH entsprechend anzuwenden ist.[132]

---

128 Bejahend *Priester*, ZIP 2001, 725 (729); *Emmerich*, in: Emmerich/Habersack, Aktien- und GmbH-Konzernrecht, 6. Aufl., § 301, Rn. 6; *Sünner*, AG 1989, 414 (417 ff.); *Hirte*, in: Hopt/Wiedemann, Großkomm. AktG, § 301, Rn. 34f.; *Scholz/Emmerich*, GmbHG, Anh. § 13, Rn. 204; *Hoffmann-Becking*, WiB 1994, 57 (61); *Koppensteiner*, in: Koppensteiner/Cahn et al., Kölner Komm. AktG, Bd. VI, § 301, Rn. 12; krit. *Altmeppen*, in: Altmeppen et al., MüKo AktG, 3. Aufl., § 301, Rn. 11.

129 Vgl. *Budde/Kessler*, in: Kessler/Leinen/Strickmann, HdB. BilMoG, S. 369; *Gelhausen/Fey/Kämpfer*, Rechnungslegung und Prüfung, § 301 AktG, Rn. 60.

130 *Gelhausen/Fey/Kämpfer*, Rechnungslegung und Prüfung, § 268 VIII HGB, Rn. 3.

131 Vgl. *Altmeppen*, in: Altmeppen et al., MüKo AktG, 3. Aufl., § 301, Rn. 11.

132 Für die steuerliche Anerkennung einer körperschaftsteuerlichen wie auch gewerbesteuerlichen Organschaft ist daher grundsätzlich erforderlich, dass durch den Gewinnabführungsvertrag, vorbehaltlich der zulässigen Einstellung in die Gewinnrücklagen, die Höchstgrenzen des § 301 AktG ausgeschöpft, aber nicht überschritten werden. Vgl. *Witt/Dötsch*, in: Dötsch/Jost/Pung/Witt, KStG, § 14, Rn. 173; KStR RL 60 IV.
Im Regelfall dürfte der abzuführende Betrag der Organ-GmbH um die ausschüttungsgesperrten Beträge i.S.v. § 268 VIII HGB zu bereinigen sein. Bedenken hinsichtlich der Wahrung des Kapitalschutzniveaus durch die Aktivierung von *nonvaleurs* können

3.3 Der Adressatenkreis der Ausschüttungssperre

Von der Ausschüttungssperre betroffen sind unmittelbar nur die Kapitalgesellschaften. Für Einzelkaufleute, offene Handelsgesellschaften und Kommanditgesellschaften ergibt sich ausweislich der Gesetzesbegründung aufgrund der unbeschränkten Haftung keine praktische Konsequenz. Im Hinblick auf Entnahmen von Kommanditisten stellt § 172 IV 3 HGB aber klar, dass die mit einer Ausschüttungssperre behafteten Vermögensbestandteile unberücksichtigt bleiben müssen, wenn nach einer Entnahme die Frage des Wiederauflebens ihrer Haftung zu prüfen ist.[133]

3.3.1 Erweiterung des Adressatenkreises

Diese Vorgehensweise scheint zunächst auch sinnvoll zu sein, da es für Einzelkaufleute und Personenhandelsgesellschaften keine vergleichbaren gesetzlichen Ausschüttungsbegrenzungen gibt. Das Objektivierungs- und Vorsichtsprinzip an dieser Stelle zurückzudrängen erscheint folglich unbedenklich. Zu berücksichtigen ist jedoch, dass eine durch die genannten Prinzipien geprägte Bilanzierung rechtsformunabhängig auch die Aufgabe hat, dem Kaufmann den bei der Erhaltung des zu Jahresanfang gegebenen Reinvermögens als Gewinn entziehbaren Betrags anzuzeigen. Wenn auch Einzelkaufleute und Personenhandelsgesellschaften an diese Entnahmehöhe von Gesetzes wegen nicht gebunden sind, so ist sie für den Kaufmann doch nicht bedeutungslos, da Mehrentnahmen als Kapitalentzug in diesem Sinne erkennbar werden. Dem Eigenkapital kommt somit auch im „Personengesellschaftsrecht" die Funktion eines „Risikopuffers" zu. Auch dürfte es den Gläubigern einer Personengesellschaft keineswegs gleichgültig sein, ob sich die Haftungsmasse im Privat- oder Gesellschaftsvermögen befindet, da jedenfalls im letztgenannten Fall jene Mittel dem unmittelbaren Zugriff der Privatgläubiger entzogen sind.[134]

Soweit der Verweis auf die persönliche Haftung und die Ausgrenzung der Einzelkaufleute und der Gesellschafter von Personenhandelsgesellschaften aus dem Adressatenkreis der Ausschüttungssperre an die bekannte grundsätzliche

---

daher an dieser Stelle nur in wohl überwiegend hypothetisch-theoretischer Natur ausgemacht werden. Vgl. *Witt/Dötsch*, in: Dötsch/Jost/Pung/Witt, KStG, § 17, Rn. 18 ff.; *Kieker/Vollmar*, DStR 2009, 842 (842 ff.).

133 *Merkt*, in: Hopt/Merkt, Bilanzrecht, § 268, Rn. 9; *Heyd/Kreher*, BilMoG, S. 108; *Bieg/Kußmaul/Petersen/Waschbusch/Zwirner*, Bilanzrechtsmodernisierungsgesetz, S. 111; *Stahl/Burkhardt*, BBK 2010, 106 (107); RegE BilMoG, BT-Drs. 16/10067, S. 64.

134 Vgl. *Baums*, ZHR 2011, 160 (166); *von der Laage*, WM 2012, 1322 (1324).

Kritik am bestehenden Kapitalschutzsystem anknüpft, geht auch dieser Verweis fehl. Wird schon in Frage gestellt, ob Gläubiger durch Zwangsthesaurierung überhaupt geschützt werden können, wenn in der Praxis jahrelang vor großen Insolvenzfällen keine Ausschüttungen mehr getätigt werden und mithin eine zu schützende Haftungsmasse bereits lange nicht mehr existiert, so kann dieses Argument zumindest in Anbetracht der dargestellten Bilanzierungszwecke nicht verfangen.[135] Es ist insoweit anzumerken, dass eine Erstreckung des Geltungsbereiches auf die genannten Gruppen zumindest die Möglichkeit zur Selbstinformation durch die Bilanz hätte erhöhen können, dieses Ergebnis aber gerade auch die Folge von funktionierenden Ausschüttungssperren ist. Das Instrument der Ausschüttungssperre, wie auch das gesamte Kapitalschutzsystem, ist notwendigerweise darauf angelegt, Insolvenzen durch Liquiditätssicherungsmaßnahmen vorzubeugen. Verhindert werden können diese gleichwohl nicht. Es ist daher sowohl für die Kapital- als auch für die Personengesellschaft erstrebenswert, Anreize für ein Liquiditätsmanagement zu schaffen, welches zunächst sicherstellt, dass selbst in Krisenzeiten ausreichend Liquidität im Unternehmen vorhanden ist und erst in einem zweiten Schritt, wenn eine Insolvenz unumgänglich ist, zumindest eine hohe Quote sicherstellt. Eine Erweiterung des Adressatenkreises wäre hierbei zudem auch formell ohne weitere Probleme über § 264a HGB zu erreichen gewesen.[136]

3.3.2 Die systematische Inkompatibilität einer Adressatenkreiserweiterung

Unklar bliebe dagegen die technische Umsetzung, da diese Gesellschaften grundsätzlich nicht über freie Rücklagen verfügen.[137] Auch ginge aber, wie festgestellt, die Ausschüttungssperre bei nach dem gesetzlichen Normalstatut i.S.v. §§ 105 ff., 161 ff. HGB organisierten Personenhandelsgesellschaften ins Leere, da bei diesen kein Gewinnverwendungsbeschluss erforderlich ist, der Gewinnanteil den Gesellschaftern automatisch zusteht und nach den Entnahmevorschriften entnommen werden kann. Eine systemgerechte Lösung würde die

---

135 *Hoffmann/Lüdenbach*, DStR 2008, Beih. zu H. 30, Tz. 115f.; *Funnemann/Kerssenbrock*, BB 2008, 2674 (2678).

136 Vgl. *von der Laage*, WM 2012, 1322 (1324) m.w.N., die aufgrund des Wortlauts des § 264a HGB und der systematischen Stellung des § 268 VIII HGB in den §§ 264 ff. HGB den Anwendungsbereich der Ausschüttungssperre für Personengesellschaften, bei denen keine natürliche Person Vollhafter ist, für eröffnet sieht.

137 S. beispielsweise § 264c II 8 HGB.

Erweiterung des Adressatenkreises der Ausschüttungssperre trotz der vorgebrachten Argumente folglich nicht darstellen können.[138]

Ohne hierbei in den oben aufgeworfenen bekannten Meinungsstreit eintreten zu wollen, kann an dieser Stelle festgehalten werden, dass die Ausnahme nicht dazu bestimmt ist, dem Kapitalschutz („*Kapitalerhaltung aufgrund von Information*") zu dienen.[139] Die Tragweite indes dürfte überschaubar sein und die Adressatenkreisbeschränkung zumindest die systemgerechteste Ausgestaltung darstellen.

3.4 Die Ausschüttungssperre als wirksames Korrektiv im Einzelfall

Unter der dargestellten Zielsetzung des Gesetzgebers ergibt sich nunmehr die Frage, ob der höhere Ausweis der jeweiligen Positionen durch die Ausschüttungssperre auch im Einzelfall tatsächlich neutralisiert werden kann. Im Folgenden soll daher auf Risiken bzgl. der Funktionsweise hinsichtlich der zu ermittelnden ausschüttungsgesperrten Beträge eingegangen werden. Können diese unter bestimmten Gesichtspunkten geringer ausfallen als die korrespondierenden Aktivmehrungen, wäre eine Herabsetzung des Kapitalschutzniveaus festzustellen. Aufgezeigt werden sollen an dieser Stelle zunächst allein die systembezogenen Risiken aufgrund der dargelegten Ausgestaltung des § 268 VIII HGB.[140]

---

138 Vgl. *Gelhausen/Fey/Kämpfer*, Rechnungslegung und Prüfung, § 268 VIII HGB, Rn. 4.; a.A. *von der Laage*, WM 2012, 1322 (1324f.), die sich insoweit für eine Separation der im Jahresergebnis enthaltenen Sperrbeträge auf einem besonderen Konto ausspricht, um zumindest eine „Transparenzwirkung der Ausschüttungssperre" zu erwirken.

139 *Baetge/Kirsch/Solmecke*, Working Paper 1/2009, S. 23, 29; *Baetge/Solmecke*, S:R 2009, 124 (124); s.a. *Wehrheim/Rupp*, DB 2009, 356 (357f.); *Petersen/Zwirner/Froschhammer*, KoR 2010, 334 (334f.), die für eine analoge Anwendung auf Personengesellschaften eintreten.

140 Eine Untersuchung der jeweiligen Positionen (Selbst geschaffene immaterielle VG, aktive latente Steuern, VG i.S.v. § 246 II 2 HGB) erfolgt unter Kapitel 4.1 ff.

3.4.1 Gesperrte Beträge aus der Aktivierung selbst geschaffener immaterieller Vermögensgegenstände i.S.v. § 248 II HGB

Das bisherige Verbot der Aktivierung selbst geschaffener immaterieller Vermögensgegenstände des Anlagevermögens beruht gemäß dem RegE BilMoG in erster Linie darauf, dass ihnen aufgrund ihrer Unkörperlichkeit sowie der regelmäßig nicht eindeutig zurechenbaren Herstellungskosten und der Unsicherheit hinsichtlich ihrer künftigen Nutzungsdauer ein objektiver Wert nur schwer zugewiesen werden kann.[141] Die Zeitwertbewertung von Pensionsdeckungsmitteln sieht sich ähnlichen Bedenken ausgesetzt, da diese im Konflikt mit dem Realisationsprinzip steht und das Risiko der Volatilität in sich birgt.[142] Realisiert sich beispielsweise das Nutzenpotenzial einer entwickelten EDV-Software nicht in vollem Umfang oder liegt der Zeitwert des so genannten Planvermögens zum Bilanzstichtag über den historischen Anschaffungskosten und sinkt dieser anschließend unter diesen Wert, drohen Verluste, die den Kapitalschutz nur dann nicht tangieren, wenn dieser durch ausreichend „Restkapital" gesichert ist. Die Ausschüttungssperre des § 268 VIII HGB ist jedoch nur dann geeignet, einen Kapitalschutz auf bisherigem Niveau sicherzustellen, wenn der zu ermittelnde Sperrbetrag auch tatsächlich dem nun „unvorsichtig" ermittelten Mehrbetrag entspricht.[143]

Liegen dementsprechend beispielsweise die Entwicklungskosten von selbst geschaffenen immateriellen Vermögensgegenständen bei 240 T€, so ist, wie mit der nachfolgenden Berechnung gezeigt werden kann, nach dem BilMoG zunächst zutreffend, der um die passiven latenten Steuern geminderte Mehrbetrag gesperrt. Bei einem vereinfachten, kumulierten Ertragsteuersatz von 30 % ergibt sich nach diesem Beispiel ein Sperrbetrag von 168 T€ (240 T€ - 72 T€), der dem Nachsteuerbetrag entspricht. Der Bezug auf den (jeweils) „angesetzten Betrag" berücksichtigt hierbei auch alle Beträge, die im Jahresabschluss (noch) aktiviert sind, unabhängig davon, ob sie im laufenden Geschäftsjahr oder in Vorjahren zu Erträgen oder Aufwandsminderungen geführt haben. Der jeweils zu sperrende Betrag ist folglich in jedem Jahr anhand der angesetzten Beträge neu zu ermitteln. Dementsprechend erhöht sich der gesperrte Betrag um neu aktivierte Beträge und vermindert sich, sofern zum Beispiel aktivierte Posten veräußert oder auf aktivierte Beträge Abschreibungen vorgenommen worden

141 Vgl. RegE BilMoG, BT-Drs. 16/10067, S. 49f. S. hierzu eingehend Kapitel 4.1.

142 Vgl. *Simon*, NZG 2009, 1081 (1083); s. hierzu eingehend Kapitel 4.3.

143 A.A. *Theile*, BilMoG, S. 137f., der einen Verzicht auf die Ausschüttungssperre für selbst geschaffene immaterielle VG für vorzugswürdig erachtet.

sind.[144] Die Ausschüttungssperre trägt daher den Risiken der Aktivierung dieser Position grundsätzlich hinreichend Rechnung und gewährleistet insoweit weiterhin ein ausreichendes Kapitalschutzniveau.

Dieser Befund wird in bestimmten Fällen auch durch die Behandlung von derivativ erworbenen, unfertigen Vorprodukten gestützt. Ist hiernach eine gesonderte, entgeltlich erworbene Forschungs- und Entwicklungsarbeit zu aktivieren und bilanziell fortzuführen, greift § 268 VIII 1 HGB zwar zunächst nicht, da insoweit eben ein entgeltlicher Erwerb vorliegt. Geht der entgeltlich erworbene Vermögensgegenstand jedoch als unfertiges Vorprodukt in den laufenden Entwicklungsprozess des Erwerbers ein, z. B. weil der überwiegende Wertbestandteil des selbst zu schaffenden immateriellen Vermögensgegenstandes auf die interne Entwicklung entfällt, so werden nach übereinkommender Auffassung auch die Anschaffungskosten des Vorproduktes von der Ausschüttungssperre erfasst. Dies gilt ungeachtet des Wortlauts des § 268 VIII 1 HGB, der explizit lediglich Beträge in Bezug auf vollständig selbst geschaffene und aktivierte immaterielle Vermögensgegenstände des Anlagevermögens erfasst.[145] Diese Vorgehensweise entspricht dem mit der Ausschüttungssperre bezweckten Gläubigerschutz, den gesamten, nicht am Markt objektivierten Buchwert aus der Aktivierung immaterieller Vermögensgegenstände durch freie Rücklagen zu decken, bevor eine Ausschüttung vorgenommen werden kann.

3.4.2 Die gesperrten Beträge aus der Aktivierung latenter Steuern i.S.v. § 274 HGB

Im Rahmen des Ausweises von aktiven latenten Steuern können dagegen bilanziell nicht antizipierte Verluste entstehen, soweit die erwartete Steuerentlastung nachfolgender Geschäftsjahre nicht eintritt. So spricht bereits die Definition latenter Steuern in § 274 I 1 HGB n.F. von Differenzen zwischen der Handels- und Steuerbilanz, die sich „in späteren Geschäftsjahren voraussichtlich abbauen", woraus hervorgeht, dass ihnen ein Prognoseelement innewohnt.

Der Gesetzgeber sperrt mit § 268 VIII 2 HGB in der vermeintlich konsequenten Folge den Überhang der ausgewiesenen aktiven latenten Steuern über

144 *Marx/Dallmann*, in: Baetge/Kirsch/Thiele, Bilanzrecht, Bd. 1, § 268, Rn. 112; Siehe insb. zur umstrittenen Auslegung der Fortschreibung und Modifizierungen im Rahmen des Gesetzgebungsverfahrens *Arbeitskreis „Steuern und Revision" im Bund der Wirtschaftsakademiker e.V.*, DStR 2008, 1299 (1299 ff.); *Haaker*, DStR 2008, 1750 (1753).

145 Vgl. *Ellrott/Brendt*, in: Ellrott/Budde, BeckBilKomm., 7. Aufl., § 255, Rn. 37; *Gelhausen/Fey/Kämpfer*, Rechnungslegung und Prüfung, § 268 VIII HGB, Rn. 25.

die passiven latenten Steuern. Insoweit wird folglich eine Verrechenbarkeit von latenten Steueransprüchen mit latenten Steuerschulden angenommen bzw. vereinfachungshalber unterstellt.

3.4.2.1 Die Saldierungsfähigkeit von passiven und aktiven latenten Steuern

Der dargestellten Konzeption liegen im Einzelnen folgende Überlegungen zugrunde:

Aktive latente Steuern sind Ausdruck einer erwarteten künftigen Steuerentlastung aus der Umkehr abzugsfähiger temporärer Differenzen oder nunmehr auch aus steuerlichen Verlustvorträgen.[146] Diese Entlastung tritt jedoch nur dann ein, wenn das Unternehmen in den folgenden Wirtschaftsjahren überhaupt ein positives Einkommen erwirtschaftet, gegen das die steuerlichen Verluste aus der Umkehr der abzugsfähigen temporären Differenzen bzw. die bislang nicht verrechenbaren Verluste verrechnet werden können. Soweit den aktiven latenten Steuern auch passive latente Steuern gegenüberstehen, betrachtet der Gesetzgeber das problematische Mehrvermögen als neutralisiert.

Hierbei gilt es jedoch zu beachten, dass passive latente Steuern die Qualität echter Schulden gegenüber dem Fiskus haben können und eine Befreiung allein mit dem Hinweis auf künftige Ansprüche aus anderen steuerrelevanten Vorgängen nicht zwingend gelingt. Kehren sich beispielsweise die den passiven latenten Steuern zugrunde liegenden temporären Differenzen deutlich früher um als die abzugsfähigen temporären Differenzen, die zur Bildung aktiver latenter Steuern geführt haben, gleichen sich nach deutschem Steuerrecht die Steuerbe- und –entlastungen aufgrund der begrenzten Möglichkeit des Verlustrücktrags nicht zwingend aus.[147] Voraussetzung für eine Verrechnung ist freilich auch an dieser Stelle, dass überhaupt ein positives Ergebnis in der Zukunft erwirtschaftet wird, das einen Verlustausgleich erst ermöglicht. Die Beschränkung auf den Aktivüberhang wird daher den Kapitalschutzbelangen immer dann nicht gerecht, wenn eine Verrechenbarkeit im Einzelfall ausscheidet. Grundsätzlich birgt mithin nicht lediglich der Aktivüberhang ein Unsicherheitspotenzial in sich, sondern vielmehr der Gesamtbetrag der aktiven latenten Steuern, der in der Konse-

146 S. hierzu eingehend Kapitel 4.2.

147 Siehe beispielsweise § 10d I EStG, § 8c KStG. Vgl. *Köllen/Vogl/Wagner*, Körperschaftsteuer, S. 259 ff.; *Budde/Kessler*, in: Kessler/Leinen/Strickmann, HdB. BilMoG, S. 365.

quenz daher auch richtigerweise in dieser Höhe zu sperren gewesen wäre.[148] Nicht von Bedeutung für die Beurteilung der Ausschüttungssperre ist es hingegen, ob der Ausweis des Aktivüberhangs nach § 274 I 3 HGB in der Bilanz saldiert oder unsaldiert erfolgt.

3.4.2.2 Die doppelte Berücksichtigung von passiven latenten Steuern

Während vom Gesetzgeber diese „Risikofaktoren" aber wohl billigend in Kauf genommen wurden, stellt sich weiterhin die Frage, ob auch unter dieser Prämisse eine nicht zu niedrige Ausschüttungssperre im Einzelfall greifen kann. Hierfür gilt es wiederum zu überprüfen, ob die Ausschüttungssperre jeweils in Höhe des unsicheren Mehrvermögens greift oder in Einzelfällen auch einen geringeren Sperrbetrag ausweisen kann. Zweifel an einer systemgerechten Lösung lassen zum einen die nach dem Wortlaut des § 268 VIII HGB eröffnete doppelte Berücksichtigung der passiven latenten Steuern innerhalb der jeweils gesperrten Posten der selbst geschaffenen immateriellen Vermögensgegenstände und solcher i.S.v. § 246 II 2 HGB, und zum anderen im Rahmen des Ausweises der aktiven latenten Steuern aufkommen. Die Problematik soll an folgendem Zahlenbeispiel erörtert werden:

Wurden in einem Jahresabschluss nach den Vorschriften des BilMoG erstmalig selbst geschaffene immaterielle Vermögensgegenstände des Anlagevermögens i.H.v. 100 T€ aktiviert und ein Mehrvermögen als Folge der Zeitwertbewertung von Planvermögen i.H.v. ebenfalls 100 T€ ausgewiesen, sind zunächst vereinfacht aufgrund eines kumulierten Ertragsteuersatzes von 30 % passive latente Steuern von jeweils 30 T€ abzugrenzen. Bei isolierter Betrachtung dieser Vorgänge ergibt sich, wie bereits dargestellt, eine Ausschüttungssperre i.H.v. 140 T€ (100 T€ - 30 T€ + 100 T€ - 30 T€), die auch der Höhe des Nachsteuerbetrages der unsicheren Vermögenskomponenten entspricht.

Entscheidet sich der Bilanzierende jedoch zusätzlich zum Ausweis einer Summe von 200 T€ aktiver latenter Steuern, die beispielsweise aus temporären Differenzen resultieren, und weiteren 10 T€ sonstiger passiver latenter Steuern, ist zunächst eine Ausschüttungssperre i.H.v. 330 T€ (140 T€ + 190 T€) zu erwarten, die der Summe der unsicheren Vermögenskomponenten entspricht. Da jedoch die für die immateriellen Vermögensgegenstände und die Bewertung des Planvermögens gebildeten passiven latenten Steuern bei wortgetreuer Ausle-

148 Vgl. *Verse*, in: VGR, Gesellschaftsrecht in der Diskussion 2009, S. 75; *AK Bilanzrecht der Hochschullehrer Rechtswissenschaft*, BB 2008, 209 (215); *Schulze-Osterloh*, DStR 2008, 63 (67f.); *Petersen/Zwirner*, Bilanzrechtsmodernisierungsgesetz, S. 486; a.A. *Althoff*, DStR 2012, 868 (869).

gung im Rahmen der Berechnung des Aktivsaldos der latenten Steuern erneut zu berücksichtigen sind (200 T€ - 10 T€ - 30 T€ - 30 T€), ergibt sich lediglich eine maximale Ausschüttungssperre von 270 T€ (140 T€ + 130 T€).

Vorl. Ergebnis vor Berücksichtigung der dargestellten Bilanzierungssachverhalte		**670**
Vorl. Jahresüberschuss gemäß der Gewinn- und Verlustrechnung nach HGB i.d.F. BilMoG		**1000**
./. Verpflichtende Dotierung gesetzlicher oder satzungsmäßig gebundener Rücklagen		--
+ Frei verfügbare Rücklagen		--
+ Gewinnvortrag		--
- Verlustvortrag		--
= Ausschüttungshöchstbetrag <u>vor</u> Anwendung der Ausschüttungssperre nach § 268 VIII HGB		**1000**
./. Betrag aus der Aktivierung selbst geschaffener immaterieller Vermögensgegenstände	100	
./. hierauf gebildete passive latente Steuern	<u>30</u>	70
./. Betrag aus der Zeitwertbewertung von Deckungsvermögen	100	
./. hierauf gebildete passive latente Steuern	<u>30</u>	70
./. Betrag aus der Aktivierung latenter Steuern	200	
./. *sonstige* passive latente Steuern	<u>70</u>	130
Ausschüttungsgesperrte Beträge nach § 268 VIII HGB		270
= Ausschüttungshöchstbetrag <u>nach</u> Anwendung der Ausschüttungssperre nach § 268 VIII HGB		**730**

Tabelle: Berechnung des ausschüttungsfähigen Betrages bei doppelter Berücksichtigung von passiven latenten Steuern in enger Anlehnung an den Wortlaut des § 268 VIII HGB n.F.[149]

Die Differenz zu der erwarteten Ausschüttungssperre resultiert aus der doppelten Berücksichtigung der passiven latenten Steuern auf die immateriellen Vermögensgegenstände und der Bewertung des Planvermögens, die sich wiederum

149 Vereinfachungshalber entspricht der vorläufige Jahresüberschuss auch dem maximalen Ausschüttungsvolumen. Der Betrag aus der Zeitwertbewertung des Deckungsvermögens ergibt sich aus einem Ausweis eines über die Anschaffungskosten hinausgehenden Gewinns i.H.v. 100 T€. Auf diesen Betrag sind passive latente Steuern von 30 T€ abzugrenzen.

aus dem insoweit eindeutigen Wortlaut des § 268 VIII HGB ergibt (ausschüttungsgesperrt ist der Betrag, *„um den die aktiven latenten Steuern die passiven latenten Steuern übersteigen“*). Diese Verfahrensweise entspricht erkennbar nicht der Regelungsabsicht des Gesetzgebers. Richtigerweise wären nach § 268 VIII 2 HGB solche passiven latenten Steuern anzurechnen, die nicht bereits für Zwecke der Berechnung der Ausschüttungssperre „verbraucht“ worden sind.[150] Obgleich eine teleologische Reduktion i.d.S. naheliegt,[151] lässt der bestehende Wortlaut zumindest Raum für weitere Denkmodelle. Diese hätten jedoch stets zur Folge, dass im Volumen dieser doppelten Anrechnung nach dem BilMoG unvorsichtig ermittelte Erträge ausgekehrt werden könnten, was zu einer Absenkung des bisherige Kapitalschutzniveaus führen würde. Die dargestellte Berechnung zeigt daher, dass richtigerweise eine teleologische Reduktion im oben dargestellten Sinne unumgänglich ist, um ein Absinken des Kapitalschutzniveaus zu verhindern.

Da die Ausschüttungssperre nach § 268 VIII HGB eine bilanzorientierte Ausschüttungssperre darstellt, deren Höhe sich auch in den Folgeperioden an den jeweiligen Bilanzansätzen orientiert und das Schicksal der entsprechenden Positionen teilt, wird der Bilanzanwender zukünftig vor weitere Herausforderungen gestellt. Eine einseitige Betrachtung des saldierten Aktivüberhanges in den Folgeperioden kann dieser Anforderung nicht gerecht werden. Vielmehr gilt es neben dem Aktivüberhang die Entwicklung der passiven latenten Steuern, die bereits mit den anderen Positionen verrechnet wurden, fortlaufend zu berücksichtigen.[152]

---

150 S.a. *Ellrott/Huber*, in: Ellrott/Budde, BeckBilKomm., 7. Aufl., § 268, Rn. 143; *Küting/Seel*, in: Küting/Pfitzer/Weber, Das neue deutsche Bilanzrecht, S. 522; *Wendholt/Wesemann*, DB 2009, Beil. 5, S. 64 (69); *Budde/Kessler*, in: Kessler/Leinen/Strickmann, HdB. BilMoG, S. 367; *Philipps*, Rechnungslegung nach dem BilMoG, S. 184; *Stahl/Burkhard*, BBK 2010, 106 (111); *Zwirner/Boecker*, BC 2011, 7 (8); ders. *Lüdenbach/Freiberg*, BB 2010, 1971 (1973); *Althoff*, DStR 2012, 868 (869); s. zur Problematik, dass in Abhängigkeit von der jeweiligen Zahlenlage ein Verzicht auf die Aktivierung latenter Steuern und somit eines ausschüttungssperrenden Wahlrechts ein erhöhtes Ausschüttungsvolumen einhergehen kann *Lüdenbach/Freiberg*, BB 2010, 1971 (1973); mit zahlenmäßigem Bsp. *Lüdenbach*, StuB 2010, 588 (588f.); a.A. *Ruberg*, NZG 2011, 1048 (1052).

151 Vgl. *Simon*, NZG 2009, 1081 (1084), der sich unter einem Rekurs auf die Beschlussempfehlung des Rechtsausschusses, BT-Drs. 16/12407, S. 87 gegen eine Doppelberücksichtigung ausspricht oder *Küting/Seel*, DB 2009, 922 (925); *Ellerbusch/Schlüter/Hofherr*, DStR 2009, 2443 (2444); *Ruberg*, NZG 2011, 1048 (1051).

152 Vgl. *Küting/Lorson/Eichenlaub/Toebe*, GmbHR 2011, 1 (5); s.a. *Althoff*, DStR 2012, 868 (871 ff.), der für eine Sperrwirkung trotz nicht aktivierter latenter Steuern bei einem ursprünglichen Passivüberhang eintritt.

Dieser „handwerkliche Fehler“ des Gesetzgebers tritt daher noch neben die dargestellte Tatsache, dass bereits der Gesamtbetrag der aktiven latenten Steuern und nicht nur der Saldo mit Unsicherheiten, insbesondere auch aufgrund der Berücksichtigung von Verlustvorträgen, behaftet ist. Eine Erstreckung auf diesen Gesamtbetrag würde zudem auch rechtstechnisch am einfachsten dem Ziel des Kapitalschutzes und dem Bedürfnis nach Rechtssicherheit gerecht werden.[153]

3.4.3 Die gesperrten Beträge aus der Zeitwertbewertung des Deckungsvermögens

3.4.3.1 Die Ermittlung des Sperrbetrags nach § 268 VIII 3 HGB vor latenten Steuern

Im Rahmen der Ermittlung des Sperrbetrages aus der Zeitwertbewertung von Gegenständen des Deckungsvermögens[154] stellt sich zunächst die Frage, ob bei abnutzbaren Gegenständen des Anlagevermögens der Betrag der Ausschüttungssperre als Differenz zum jeweiligen hypothetischen Buchwert zu ermitteln ist, der sich ohne die Pflicht zur Zeitwertbewertung ergeben hätte, namentlich die fortgeführten Anschaffungs- oder Herstellungskosten als Bemessungsgrundlage dienen, oder alternativ für diese Berechnung an die historischen Anschaffungskosten anzuknüpfen ist. Zur Vermeidung der Ausschüttung von unsicheren Beträgen, die aus der ergebniswirksamen Zeitwertbewertung von Vermögensgegenständen resultieren, wäre es sachgerecht, denjenigen Betrag von einer Ausschüttungsmöglichkeit auszunehmen, der nicht hätte vereinnahmt werden können, wenn für die Vermögensgegenstände die Zeitwertbewertung nicht vorgesehen wäre. Dies entspräche auch der dargestellten Systematik der Ausschüttungssperre für den Ansatz selbst geschaffener immaterieller Vermögensgegenstände des Anlagevermögens.

Ausweislich der Beschlussempfehlung und dem Bericht des Rechtsausschusses soll jedoch in dieser Sache ein anderer Weg beschritten werden. Durch die Begrenzung der Ausschüttungssperre für das zum beizulegenden Zeitwert bewertete Deckungsvermögen i.S.d. § 246 II 2 HGB auf die Differenz zwischen dem beizulegenden Zeitwert und den historischen Anschaffungskosten soll eine *„...Berücksichtigung hypothetisch vorzunehmender planmäßiger Abschreibun-*

153 Vgl. *Verse*, in: VGR, Gesellschaftsrecht in der Diskussion 2009, S. 75; *AK Bilanzrecht der Hochschullehrer Rechtswissenschaft*, BB 2008, 209 (215); *Schulze-Osterloh*, DStR 2008, 63 (67f.); *Petersen/Zwirner*, Bilanzrechtsmodernisierungsgesetz, S. 486.

154 S. hierzu eingehend Kapitel 4.3.1.7.1.

gen..." und damit offensichtlich eine Nebenrechnung vermieden werden.[155] Hierdurch kommt zum Ausdruck, dass als Vergleichswert zur Ermittlung des Sperrbetrages offensichtlich die historischen Anschaffungskosten der Vermögensgegenstände des Deckungsvermögens und nicht die fortgeführten Anschaffungskosten heranzuziehen sind.[156] Durch diese Auslegung der Ausschüttungssperre wird zulasten einer systemgerechten Lösung und eines konstanten Kapitalschutzniveaus eine freilich erhebliche Erleichterung bei der Ermittlung des gesperrten Betrages i.S.d. § 268 VIII HGB aufgrund der Zeitwertbewertung von Vermögensgegenständen erreicht. Die Ausschüttungssperre „kompensiert" aber folglich im Rahmen dieser Interpretation nicht in jedem Fall jede, durch das BilMoG bedingte, unsichere Wertdifferenz.[157]

Obgleich die Beschlussempfehlung lediglich die Berücksichtigung von hypothetisch planmäßigen Abschreibungen ausschließt, dürften von diesem Ausschluss auch außerplanmäßige Abschreibungen nach § 253 III 3 HGB betroffen sein. Die Beurteilung dieses Sachverhalts wird immer dann bedeutsam, wenn der beizulegende Zeitwert i.S.d. § 253 I 4 HGB den niedrigeren beizulegenden Wert eines Vermögensgegenstandes im Rahmen einer außerplanmäßigen Abschreibung nach § 253 III 3 HGB übersteigt.[158] In Anbetracht der Vereinfachungsabsicht des Gesetzgebers dürfte jedoch allein die ebenfalls insoweit konsequente Nichtberücksichtigung folgerichtig sein.[159]

3.4.3.2 Die Bewertungskorrelation im Rahmen der Zeitwertbewertung von Vermögensgegenständen des Deckungsvermögens

Weiterhin stellt sich im Rahmen der Bemessung des Sperrbetrages i.S.v. § 268 VIII 3 HGB die Frage, inwieweit die passiven latenten Steuern tatsächlich in Abzug zu bringen sind. Hintergrund dieser Fragestellung ist die unterschiedliche Anknüpfung bei der Bemessung des Sperrbetrags im Rahmen der Zeitwertbewertung von Vermögensgegenständen des Deckungsvermögens vor

---

155 RA BilMoG, BT-Drs. 16/12407, S. 87.

156 Vgl. *Gelhausen/Fey/Kämpfer*, Rechnungslegung und Prüfung, § 268 VIII HGB, Rn. 33 f.

157 S. zu weiteren Besonderheiten und Problemstellungen im Rahmen der Anwendung der Ausschüttungssperre nach § 268 VIII 3 HGB Kapitel 4.3.1.7.2.

158 Vgl. zu diesem zumindest theoretisch möglichen Unterschied IDW RH HFA 1.005, Tz. 7 ff.; WPg 2005, 531 (532).

159 Vgl. *Gelhausen/Fey/Kämpfer*, Rechnungslegung und Prüfung, § 268 VIII HGB, Rn. 35 ff.

latenten Steuern einerseits und die Bemessung der danach in Abzug zu bringenden passiven latenten Steuern selbst anderseits. Da nach § 6 I Nr. 1 und Nr. 2 EStG die Bewertungsobergrenze von Wirtschaftsgütern im Steuerrecht auf die Anschaffungs- oder Herstellungskosten begrenzt ist, so dass eine Zeitwertbewertung nur in der Handelsbilanz vorzunehmen ist und insoweit passive latente Steuern nach § 274 I 1 HGB anzusetzen sind, ergibt sich bereits im Vergleich zu der Ermittlung des Sperrbetrages nach § 268 VIII 1 HGB ein signifikanter Unterschied.

Aufgrund der Tatsache, dass sich die passiven latenten Steuern anhand der Differenz zwischen dem handelsrechtlich beizulegenden Zeitwert und dem steuerlichen Buchwert berechnen, der gesperrte Betrag i.S.d. § 268 VIII 3 HGB sich jedoch auf die Differenz zwischen dem beizulegenden Zeitwert und den historischen Anschaffungskosten bezieht, stimmen die Bezugsgrößen für die Ermittlung der latenten Steuern und des gesperrten Betrages anders als im Fall der selbst geschaffenen immateriellen Vermögensgegenstände nicht überein.

In der Folge kann sich eine zu niedrige Ausschüttungssperre ergeben, da sich die latenten Steuern auf eine breitere (zu breite) Bemessungsgrundlage stützen. Passive latente Steuern sollen nach der Intention des Gesetzgebers aber lediglich (insoweit) in Abzug gebracht werden, als dass nicht zusätzlich zum gesperrten Betrag ein durch dessen Ansatz bedingter Aufwand für latente Steuern zu einer weiteren Minderung des Ausschüttungspotenzials führt.[160]

In der Konsequenz stellt sich daher die Frage, ob die aufgrund der handelsrechtlichen Zeitwertbewertung des Deckungsvermögens gebildeten passiven latenten Steuern bei der Ermittlung des gesperrten nach § 268 VIII 3 HGB lediglich abzusetzen sind, soweit sie auch tatsächlich auf die Differenz zwischen handelsrechtlichem Zeitwert und den historischen Anschaffungskosten entfallen. Für diese Gangrichtung spricht nicht nur der Sinn und Zweck der Ausschüttungssperre als kapitalschützendes Korrektiv, sondern auch die dargelegte Tatsache, dass die Anknüpfung an die historischen Anschaffungs- und Herstellungskosten anstelle der fortgeführten Anschaffungs- und Herstellungskosten lediglich Vereinfachungszwecken dienen soll. Zudem stehen dem nicht berücksichtigten Betrag an passiven latenten Steuern ausschüttbare Erträge in Höhe der Differenz zwischen historischen Anschaffungskosten und einem hypothetisch fortgeführten Buchwert gegenüber, so dass auch insoweit keine Doppelberücksichtigung im Rahmen der Ausschüttungsbemessung droht.[161]

---

160 Vgl. RegE BilMoG BT-Drs. 16/10067, S. 64.

161 Vgl. *Gelhausen/Fey/Kämpfer*, Rechnungslegung und Prüfung, § 268 VIII HGB, Rn. 41 ff.

Richtigerweise sollten daher nur diejenigen latenten Steuern im Rahmen der Berechnung des Sperrbetrages i.S.v. § 268 VIII 3 HGB Berücksichtigung finden, die sich unter Zugrundelegung der Bemessungsgrundlage in Höhe der Differenz von beizulegendem Zeitwert und historischen Anschaffungskosten ergeben. Andernfalls würden nicht diejenigen Beträge gesperrt, die sich bei konsequenter Umsetzung der Ausschüttungssperre als unsichere Mehrerträge ergäben.

3.4.4 Gesamtbetrachtung vs. Einzelbetrachtung

Letztlich ergibt sich im Rahmen der Handhabung der Ausschüttungssperre eine weitere Unklarheit, wenn mehrere ausschüttungsgesperrte Sachverhalte aufeinandertreffen. Im Gegensatz zum dargestellten Problem der doppelten Berücksichtigung von passiven latenten Steuern ergibt sich die folgende Problemstellung in Anbetracht der klaren Funktion der Ausschüttungssperre jedoch nur auf den zweiten Blick. Ursächlich für diese Unklarheit ist jedoch wiederum der Gesetzeswortlaut.

Wie dargestellt regelt § 268 VIII HGB in drei Sätzen die jeweils zu sperrenden Beträge. Neben der dargestellten Gesamtbetrachtung erscheint jedoch auch eine Einzelbetrachtung eines jeden Sachverhalts aufgrund der gewählten Systematik möglich.

Deutlich werden der Unterschied und die Bedeutung für die Ermittlung des ausschüttungsfähigen Betrages im Rahmen beider Vorgehensweisen jedoch erst durch eine Gegenüberstellung:

3.4.4.1 Die Gesamtbetrachtung

Der weit überwiegende Teil der Literatur ermittelt, meist ohne sich mit der Einzelbetrachtungsweise auseinanderzusetzen, den ausschüttungsfähigen Gewinn mittels der Gesamtbetrachtungsweise.[162] Dies bedeutet, dass die individuellen Bemessungsbeträge für die jeweiligen Sachverhalte zunächst einzeln ermittelt werden. Im Anschluss daran werden die Sperrbeträge jedoch kumuliert. Schließlich wird der so berechnete Gesamtbetrag mit den frei verfügbaren Rücklagen verglichen. Eine Ausschüttung kann demnach nur erfolgen, wenn der Gesamtbetrag der Sperrbeträge die frei verfügbaren Rücklagen nicht übersteigt.[163]

162 S. beispielsweise *Lanfermann/Röhricht*, DStR 2009, 1216 (1217 ff); *Petersen/Zwirner*, KoR 2009, Beil. 1, S. 1 (19f.); *Lüdenbach/Hoffmann*, StuB 2009, 287 (302).

163 S. *Zülch/Hoffmann*, DB 2010, 909 (910 ff.) mit einer beispielhaften, rechnerischen Gegenüberstellung. S.a. das Berechnungschema unter Kapitel 3.4.2.2.

3.4.4.2 Die Einzelbetrachtung

Eine weitere Interpretation des § 268 VIII HGB eröffnet nun folgende Vorgehensweise: Im Rahmen einer Einzelbetrachtung werden die jeweiligen Sperrbeträge in der Reihenfolge der gesetzlichen Aufzählung jeweils einzeln und nacheinander mit den frei verfügbaren Rücklagen verglichen. Im Einzelnen bedeutet dies, dass zuerst zu prüfen ist, ob der insgesamt angesetzte Betrag für selbst erstellte immaterielle Vermögensgegenstände des Anlagevermögens die freien Rücklagen übersteigt. Ist dies nicht der Fall, obwohl der kumulierte Gesamtsperrbetrag aus allen drei Positionen größer ist als die frei verfügbaren Rücklagen, darf eine Ausschüttung erfolgen. Erst im Nachgang ist dieses Prozedere für den Sperrbetrag des Aktivüberhanges latenter Steuern und sodann für den Sperrbetrag der Zeitwertbewertung altersversorgungsgebundener Vermögensgegenstände zu wiederholen und dem jeweiligen „Restbetrag“ an frei verfügbaren Rücklagen gegenüberzustellen. Eine Ausschüttung kann nach diesem Modell mithin in der Reihenfolge der Sperrkategorien erfolgen, solange ausreichend freie Rücklagen vorhanden sind.[164]

3.4.4.3 Würdigung

Eine solche Vorgehensweise eröffnet jedoch mehr Fragen, als sie geeignet erscheint Antworten zu geben. Zugestanden werden muss, dass die grammatische Auslegung des § 268 VIII HGB durchaus Raum für eine solche Vorgehensweise bietet.[165] Der Absicht des Gesetzgebers mit der Ausschüttungssperre, die „unvorsichtig“ ermittelten Beträge gegen eine Auskehrung zu schützen, kann hingegen auf diese Weise nicht Rechnung getragen werden. Diese Umsetzung der Ausschüttungssperre wird sogar regelmäßig dazu führen, dass nach erfolgter Ausschüttung weniger frei verfügbare Rücklagen verbleiben als dies in Anbetracht der Bilanzierungsentscheidung des betrachteten Unternehmens notwendig wäre. Die teleologische Auslegung spricht daher entschieden gegen eine Einzelbetrachtung. Zudem ist nicht ersichtlich, warum der Gesetzgeber die selbst ge-

---

164 Vgl. *Zülch/Hoffmann*, DB 2010, 909 (910 ff.), die i. Erg. aber auch über eine teleologische Reduzierung die Gesamtbetrachtung für vorzugswürdig erachten.

165 Auch die Gesetzesbegründung enthält ebenso wie die parlamentarischen Protokolle keine Hinweise zur aufgeworfenen Problemsellung. Dies dürfte aber auch dahingehend zu interpretieren sein, dass die Möglichkeit der Vorgehensweise der Einzelbetrachtung vom Gesetzgeber nicht gesehen wurde. Auch das Schriftum zu den §§ 269 und 274 II HGB a.F. kann in dieser Stelle nicht sachdienlich herangezogen werden, da insoweit beide Verfahrensweisen vertreten werden. Vgl. *Matschke*, in: Hofbauer/Kupsch, Bonner HdB. Rechnungslegung, § 269, Rn. 26; *Commandeur*, in: Küting/Weber, HdB. d. Rechnungslegung, § 269, Rn. 67.

schaffenen immateriellen Vermögensgegenstände gegenüber dem Aktivüberhang latenter Steuern sowie den Vermögensgegenständen i.S.v. § 246 II 2 HGB privilegieren sollte, da diese jeweils noch dem „unverbrauchten" Volumen freier Rücklagen gegenüberstehen würden. Das Gegenteil dürfte der Fall sein.

Sollte danach aber auch eine feste Reihenfolge unter den drei Positionen nicht vorgeschrieben sein, würde dies den Ermessensspielraum des Unternehmens erheblich erweitern, was sich insoweit sogar zusätzlich noch eindeutig zu Lasten des Kapital- und Gläubigerschutzes auswirken würde.

Nach der hier vertretenen Ansicht wird daher allein die Gesamtbetrachtung der Intention des Gesetzgebers und zugleich Kapitalschutzbelangen in hinreichender Weise gerecht. Es ist daher nicht zu erwarten, dass sich die Einzelbetrachtungsweise in Anbetracht der eindeutigen Zielsetzung des Gesetzgebers in der Praxis durchsetzen wird.

3.5 Rechtsfolgen

Wird nach der vorstehenden Konzeption also ein Jahresüberschuss ausgewiesen, der wegen der Ausschüttungssperre nicht in voller Höhe ausgeschüttet werden darf, wirkt sich dies, wie dargestellt, zunächst nur auf den Gewinnverwendungsvorschlag bzw. den Gewinnverwendungsbeschluss aus. Anhand dieser Rechtsfolgenregelung wird nochmals deutlich, dass das Regelungsinstrument der Ausschüttungssperre nach ihrem Regelungsgehalt nicht allein an die bilanzrechtlichen Vorschriften anknüpft, sondern vielmehr in die gesellschaftsrechtlichen Regelungen zur Zulässigkeit von Ausschüttungen eingreift.

3.5.1 Die Rechtsfolgen im Rahmen der gesellschaftsrechtlichen Gewinnausschüttung

Als *lex specialis* geht sie damit den allgemeinen gesellschaftsrechtlichen Regelungen, insbesondere den §§ 57 III, 174 AktG mit der Anknüpfung an den Bilanzgewinn bzw. den §§ 29, 46 Nr. 1 GmbHG vor. Sie führt jedoch bei Aktiengesellschaften nicht zu Änderungen hinsichtlich der Thesaurierungskompetenz der Verwaltung. Ein Gewinnverwendungsbeschluss, der aber eine höhere Ausschüttung vorsehen würde, verstößt gegen gesetzliche Vorschriften, die zum Schutze der Gläubiger erlassen worden sind, und ist, wie gezeigt, nach § 241 Nr. 3 AktG nichtig.[166] Die Nichtigkeitsfolge beschränkt sich hierbei rich-

166 Vgl. Kapitel 3.1.3; *Adler/Düring/Schmaltz*, Rechnungslegung und Prüfung, 6. Aufl., § 269, Rn. 24; *Hüttemann*, in: Staub. HGB, 4. Aufl., § 269, Rn. 21.

tigerweise auf den von der Sperre erfassten Teilbetrag, lässt aber den Gewinnverwendungsbeschluss im Übrigen unberührt.[167] Diese Rechtsfolge wird den Kapitalschutzbelangen gerecht und berücksichtigt insbesondere in angemessener Weise die mangelnde Transparenz hinsichtlich der ausschüttungsfähigen Beträge.

Der Kapitalschutz aufgrund von Information wird jedoch aufgrund der Ausgestaltung als außerbilanzielle Ausschüttungssperre immer dann tangiert, wenn etwa bei einer GmbH Vorabausschüttungen geplant sind, da in der Schätzung des erwarteten Jahresüberschusses die Auswirkungen der Ausschüttungssperre eingeplant werden müssen. Soweit der verwendbare Jahresüberschuss laut festgestelltem Jahresabschluss hinter den ausgekehrten Beträgen zurückbleibt, sind die empfangenen Beträge allerdings von den Gesellschaftern zurückzuzahlen, wobei der Rückzahlungsanspruch weder an die Gutgläubigkeit der Gesellschafter noch an den Erhalt der Bereicherung i.S.v. § 818 III BGB gekoppelt ist.[168] Bei Aktiengesellschaften sind Vorabausschüttungen bereits grundsätzlich nicht zulässig, sondern allein Abschlagszahlungen auf den Bilanzgewinn aufgrund eines vorläufigen Jahresabschlusses für das zurückliegende Geschäftsjahr möglich.[169]

3.5.2 Die Rechtsfolgen im Verhältnis zu anderen Thesaurierungsvorschriften

Nicht abschließend geklärt ist die Frage, ob und inwieweit die Ausschüttungssperre auch zu berücksichtigen ist und somit Rechtswirkung entfaltet, wenn andere kapitalschützende Normen unmittelbar oder mittelbar an den Jahresabschluss anknüpfen.

Bei der Einstellung in die gesetzliche Rücklage nach § 150 II AktG oder im Rahmen der Unternehmergesellschaft gemäß § 5a III GmbHG ist nach wohl

---

167 Vgl. *Reiner*, in: Schmidt et al., MüKo HGB, § 269, Rn. 17; s.a. *Gelhausen/Althoff*, WPg 2009, 584 (590); *Verse*, in: VGR, Gesellschaftsrecht in der Diskussion 2009, S. 73; *Simon*, NZG 2009, 1081 (1085); a.A. *Adler/Düring/Schmaltz*, Rechnungslegung und Prüfung, 6. Aufl., § 269, Rn. 24; *Ellrott/Huber/Kozikowski/Pastor*, in: Ellrott et al., BeckBilKomm., 7. Aufl., § 268, Rn. 151; s.a. zum Kapitalerhaltungsgrundsatz im Rahmen der Konzernfinanzierung *Flume*, GmbHR 2011, 1258 (1261f.).

168 § 31 II GmbHG (unbeschadet § 31 III GmbHG). S.a. eingehend *Verse*, in: Scholz, GmbHG, 11. Aufl., § 29, Rn. 109 m.w.N.; *Hueck/Fastrich*, in: Baumbach/Hueck, GmbHG, § 31, Rn. 18.

169 Vgl. § 59 AktG, s.a. *Bayer*, in: Goette et al., MüKo AktG, 3. Aufl., § 59, Rn. 2; *Raiser/Veil*, Recht der Kapitalgesellschaften, 5. Aufl., § 19, Rn. 1f.

überwiegender Auffassung davon auszugehen, dass der Jahresüberschuss bei Ermittlung des Zuführungsbetrages nicht vorab um enthaltene ausschüttungsgesperrte Beträge gekürzt werden darf.[170] In Anbetracht des insoweit eindeutigen Wortlauts der Vorschriften in § 150 II AktG bzw. § 5a III GmbHG und der Zielsetzung des Gesetzgebers im Rahmen des § 268 VIII HGB eine Auskehrung dieser Beträge an die Gesellschafter zu verhindern, ist diese Beschränkung der Rechtsfolgenwirkung auch überzeugend. Durch diese verbreiterte Bemessungsgrundlage kann daher an dieser Stelle sogar eine gewisse Stärkung des Kapitalschutzes festgestellt werden, die diesen auch nicht zu überdehnen sucht.[171]

In selbiger Richtung dürften schließlich auch die Regelungen zu den Anzeigepflichten nach § 49 III GmbHG und § 92 I AktG auszulegen sein, was aber in diesen Fällen nicht zu einer Stärkung des Gläubigerschutzes führt, sondern im Falle der Aktivierung der dargestellten Positionen auf den ersten Blick die Grenzen der Verlustanzeige nach hinten verschiebt.[172] Insoweit muss mithin eine gewisse Schwächung des Gläubigerschutzes festgestellt werden.[173] Begrenzend wirkt aber auch insoweit, dass die Anzeigepflichten grundsätzlich derart zu interpretieren sind, dass der Vorstand und der Geschäftsführer allgemein gehalten sind, die Vermögenslage der Gesellschaft ständig zu überwachen. Falls im Zuge dieser Beobachtungen eine Gefahrensituation auszumachen ist, insbesondere etwa weil der begründete Verdacht besteht, dass es den ausschüttungsgesperrten Beträgen an Werthaltigkeit fehlt, entsteht aus dieser Erkenntnis richtigerweise eine Einberufungs- und Anzeigepflicht. So sehr auch eine generelle Vorverlagerung der Einberufungs- und Anzeigepflicht rechtspolitisch wünschenwert ist, erscheint diese aber gerade aufgrund der vorstehend aufgezeigten Pflichtenstellung von Vorstand und Geschäftsführer nicht grundsätzlich geboten.

---

170 *Marx/Dallmann*, in: Baetge/Kirsch/Thiele, Bilanzrecht, Bd. 1, § 268, Rn. 113; *Althoff/Gelhausen*, WPg 2009, 584 (588 ff.).

171 Die praktische Bedeutung dieser Vorschriften dürfte aber aufgrund ihres geringen Umfanges zumindest im Rahmen der AG als gering einzustufen sein. Vgl. *Falkenhausen*, NZG 2009, 1096 (1096); *Kropff*, in: Kropff et al., MüKo AktG, 2. Aufl., § 150, Rn. 6.

172 So auch zu den handelsrechtlichen Ausschüttungssperren des alten Rechts (§§ 269 S. 2, 274 II 3 HGB a.F.). *Förschle/Hoffmann*, in: Budde/Förschle/Winkeljohann et al., Sonderbilanzen, S. 660 ff.

173 Vgl. *Verse*, in: VGR, Gesellschaftsrecht in der Diskussion 2009, S. 77.

3.5.3 Die Rechtsfolgen in Bezug auf gewinnabhängige Verpflichtungen der Gesellschaft

Daneben kann das außerbilanzielle Thesaurierungsinstrument nach § 268 VIII HGB auch Auswirkungen auf gewinnabhängige Verpflichtungen haben, die die Gesellschaft gegenüber Dritten eingegangen ist. Als solche Verpflichtungen kommen beispielsweise partiarische Darlehen, stille Beteiligungen, Genussrechte oder Gewinnschuldverschreibungen in Betracht. In diesen Fällen stellt sich die Frage, ob die gewinnabhängigen Rechte des Dritten dadurch tangiert werden, dass die Gesellschaft verpflichtet ist, die in § 268 VIII HGB beschriebenen Gewinnanteile zu thesaurieren. Ob dies der Fall ist, ist im Einzelfall durch Auslegung der Vertragsgrundlagen zu ermitteln. In der Regel wird es dabei um die Frage gehen, ob die gewinnabhängigen Rechte des Dritten an die reine GuV-Größe des Jahresüberschusses anknüpfen oder vielmehr auf die den Gesellschaftern zur Verfügung stehenden Gewinnanteile abstellen.[174] Insoweit ist auch im Einzelfall zu beurteilen, ob der Kapitalstock durch die schuldrechtliche Vereinbarung um einen größeren Betrag gemindert wird als vor Inkrafttreten des BilMoG.

3.6 Exkurs: Die Zukunftsfähigkeit des Regelungsinstruments der „außerbilanziellen Ausschüttungssperre"

Das Regelungsinstrument der „außerbilanziellen Ausschüttungssperre" hat nicht nur in der nationalen Rechtsordnung ihre Vorbilder. Auch andere internationale Rechtsordnungen, wie beispielsweise jene aus Großbritannien bieten vergleichbare Regelungsansätze für die gegebene Problemstellung an. Aufgrund der Tendenz zur informationsorientierten „IFRS-Zuwendung" der Bilanzrechtsordnung stellt sich nicht nur die Frage, inwieweit die Ausschüttungssperre ein geeignetes Korrektiv im Einzelfall darstellt, sondern auch, ob und inwieweit die gewählte Lösung des Gesetzgebers, eine weitere fortschreitende, informationsorientierte Ausrichtung der Bilanzierungsgrundsätze unterstellt, eine langfristig praktikable Lösung darstellen kann.

Inwieweit das Ziel des Gesetzgebers, mit dem BilMoG bereits eine dauerhafte Alternative zu den IFRS zu etablieren, tatsächlich erreicht wurde, darf grundsätzlich mit Spannung abzuwarten sein, aber gleichwohl, wie nachfolgend gezeigt werden soll, mit einer gewissen Skepsis beobachtet werden.

---

174 *Simon*, NZG 2009, 1081 (1085).

3.6.1 Außerbilanzielle Ausschüttungssperren am Beispiel Großbritanniens

Bereits zum Zeitpunkt der Verhandlungen über die Bilanzrichtlinie, nach denen das angelsächsische Prinzip des „*true and fair view*“ als so genanntes „*overriding principle*“ Eingang in diese Richtlinie fand, konnte der Konflikt zwischen den unterschiedlichen Jahresabschlusszwecken auch seiner Zeit nicht aufgelöst werden, so dass die einzelnen Mitgliedstaaten bekanntlich an ihrer jeweiligen Bilanztradition festhielten und unterschiedliche Regelungsansätze zur Ausschüttungsbegrenzung entwickelten.[175]

Entgegen der kontinentaleuropäischen Praxis waren die Unternehmen in Großbritannien hierbei verpflichtet, nach informationsorientierten Vorschriften, den UK-GAAP bzw. wahlweise seit 2004 auch den IFRS,[176] Rechnung zu legen.[177] Der auf der Basis dieser Bilanzierungsstandards für den Zweck der Ausschüttung zu „unvorsichtig“ ermittelte „Jahresüberschuss“[178] ist seither ebenfalls außerhalb des Jahresabschlusses im Wege einer Überleitungsrechnung auf den ausschüttungsfähigen Gewinn überzuleiten.[179]

---

175 Vgl. *Habersack/Verse*, Europ. Gesellschaftsrecht, 4. Aufl., § 9, Rn. 2.

176 Siehe zum Terminus der UK-GAAP *Eierle*, Die Entwicklung der Differenzierung der Unternehmensberichterstattung in Deutschland und Großbritannien, S. 289f.; *Davies/Paterson/Wilson*, UK-GAAP, S. 1 ff.

177 *Eierle*, Die Entwicklung der Differenzierung der Unternehmensberichterstattung in Deutschland und Großbritannien, S. 360 ff.; *Rödding*, in: Lüdicke/Sistermann, Unternehmenssteuerrecht, § 3, Rn. 82.

178 Zur Festlegung des Ausschüttungshöchstbetrages knüpft der für britische *public limited companies* und *private limited companies* maßgebliche *Companies Act 2006* bereits begrifflich nicht an den im Jahresabschluss ausgewiesenen „Jahresüberschuss“ an, sondern an den für eine Ausschüttung verfügbare Gewinn („*profits available for distribution*“); s. sec. 830 (1) CA 2006 f.; Entsprechend den in Deutschland geltenden Vorschriften der §§ 29, 30 GmbHG und §§ 57, 58 AktG sind *public companies*, anders jedoch als *private companies*, auch in Großbritannien verpflichtet einen Bilanztest (*balance sheet net asset test*) im Sinne von Art. 15 I lit. a KapRL durchzuführen, um die Ausschüttungsoffenheit von Gesellschaftsmitteln erklären zu können. Vgl. *Witt*, ZGR 2009, 872 (886 ff.).

179 Die jeweiligen realisierten Gewinne und Verluste („*realised profits/losses*“) werden im Wege einer Überleitungsrechnung aus dem Jahresabschluss herausgerechnet. Hilfsmittel ist ein von den Accountant-Instituten in Schottland (ICAS) sowie England und Wales (ICAEW) herausgegebener Leitfaden. Diese *technical releases* sind abrufbar unter: http://www.icaew.com/EN/technical/legal-and-regulatory/modernising-uk-company-law/~/ media/Files/Technical/technical-releases/legal-and-regulatory/TECH-02-10-Guidance-on-realised-and-distributable-profits-under-the-Companies-Act-2006.ashx (Letzter Abruf: 16.02.2014).

Dieser konzeptionelle Ansatz in Großbritannien, welcher vorliegend exemplarisch herangezogen werden soll, entspricht im Grundsatz der dargestellten Regelung des § 268 VIII HGB, da ebenfalls das Ergebnis aus der Anwendung informationsorientierter Bilanzierungsvorschriften außerhalb der Bilanz zum Schutz der Gläubiger korrigiert wird.[180] Der hohen Anzahl an informationsorientierten Werten in der Bilanz nach UK-GAAP ist jedoch der bestehende Unterschied zur Regelung nach HGB geschuldet, dass die ergebniserhöhenden Beträge nicht einzeln aufgrund der Anhangangaben identifiziert werden können, sondern bestimmte Leitfäden lediglich abstrakte Grundsätze vorgeben, um zu klären, wann ein Gewinn oder Verlust unter Ausschüttungsgesichtspunkten als realisiert gilt.[181] Inwieweit diese Vorgehensweise auch für die Bilanz nach HGB zukünftig als Vorbild dienen kann, hängt maßgeblich davon ab, ob mit dieser Bilanzrechtsreform ein einmaliger oder aber allein der erste Schritt in Richtung informationsorientierter Rechnungslegung gesetzt wurde.

Vorteilhaft an einem solchen Überleitungsmodell erscheint zunächst, dass das einmal definierte Leitbild einer Bilanz durch gezielte Eingriffe umgesetzt werden kann und die Defizite einer informationsorientierten Rechnungslegung in alle Richtungen unter Zugrundelegung der gewünschten Ausprägung des Vorsichtsprinzips geheilt werden können. Auf der anderen Seite setzt dies eine vollständige Erfassung aller gefährdeten Bilanzierungssachverhalte durch den Gesetzgeber voraus, der darüber hinaus zukünftig gezwungen wäre, stetig entsprechende Anpassungen vorzunehmen.[182] Jedenfalls wäre das handelsrechtliche Realisationsprinzip zumindest in seiner jetzigen Ausformung durch eine Adaption dieser Vorgehensweise stetig neu auf die Probe gestellt.

Die Möglichkeit der Geschäftsleitung, die im Leitfaden gegebenen Regeln zur Bemessung des ausschüttungsfähigen Gewinns im Konfliktfall durch ein vorsichtigeres Urteil außer Kraft zu setzen, unterstreicht hierbei, dass eine hohe Anzahl informationsorientierter Werte in der Bilanz ein Ausschüttungsbemessungssystem hervorbringt, in dem eine abschließende und umfassende Regelung zur Berechnung der ausschüttungsfähigen Beträge immer schwieriger zu erreichen ist. Darüber hinaus resultieren aus diesem komplexen Regelwerk hohe Kosten und eine mangelnde Rechtssicherheit, aus der sich die breite Ablehnung dieses Regelungsansatzes der außerbilanziellen Ausschüttungssperre ableiten

---

180 *Lanfermann/Röhricht*, DStR 2009, 1216 (1220); s.a. *Davies*, Gower and Davies`Principles of Modern Company Law, S. 287 ff.

181 Vgl. *Ahlers*, Der Kapitalschutz nach Inspire Art, S. 124; *Zülch/Güth*, Der Konzern 2011, 460 (469).

182 Vgl. *Lanfermann/Richard*, DB 2008, 1925 (1930).

lässt.[183] Da dies der Ausschüttungssperre nach § 268 VIII HGB in der vorliegenden Ausgestaltung jedoch nicht vorzuwerfen ist, lässt sich aufgrund der Erfahrungen in Großbritannien allein ein Gefahrenpotenzial identifizieren, welches die Zukunftsfähigkeit dieses Instruments unter hypothetischen Rahmenbedingungen in Frage stellt.[184] Hierbei ist allerdings zu berücksichtigen, dass dem Abschlussersteller in Deutschland im Unterschied zum britischen Überleitungsmodell ein geschlossenes, auf die Kapitalerhaltung ausgerichtetes System von GoB und HGB-Bilanzierungsnormen als Konkretisierung dieser Ausschüttungssperren zur Verfügung steht, die die Komplexität verringern dürften.[185] Der Zielsetzung des BilMoG den deutschen Unternehmen eine „dauerhafte und im Verhältnis zu den internationalen Rechnungslegungsstandards vollwertige, jedoch kostengünstigere und einfachere Alternative anzubieten", könnte dieses Instrument jedoch zumindest insoweit nicht gerecht werden, da die Regulierungskosten jedenfalls deutlich über denen bei Anwendung der handelsrechtlichen Ausschüttungssperre nach § 268 VIII HGB liegen dürften.[186]

3.6.2 Alternativen zur außerbilanziellen Ausschüttungssperre

Je größer also die Anzahl der informationsorientierten Werte in der Bilanz ist, desto komplexer und aufwendiger gestaltet sich unter Zugrundelegung dieser Konzeption die Ausschüttungsbemessung.[187] *Pro futuro* stellt sich damit die Frage, welche alternative Konzeption die außerbilanzielle Ausschüttungssperre ersetzen sollte. In den Fokus werden hierbei zwangsläufig pauschale Abschlagsmechanismen geraten, wie es am Beispiel des eingeführten Risikoabschlags und des Sonderpostens i.S.v. § 340e IV HGB im Rahmen der Zeitwertbewertung von Finanzinstrumenten des Handelsbestandes für Banken bereits jetzt beobachtet werden kann[188].

Für die Aktiengesellschaft böte sich beispielsweise im Rahmen eines Denkmodells eine Modifikation des § 58 II AktG derart an, dass diese kraft Gesetzes mehr als die Hälfte des Jahresüberschusses in andere Gewinnrücklagen

183 Vgl. *Lanfermann/Richard*, DB 2008, 1925 (1929f.); *Maul/Lanfermann/Richard*, AG 2010, 279 (280 ff.); *Rickford*, EBOR, 2006, 135 (137 ff.); *Wüstemann/Bischof/Kierzek*, BB Beil. 5 2007, 13 (16f.); a.A. *Zülch/Güth*, Der Konzern 2011, 460 (469).

184 Vgl. *Verse*, in: Scholz/Emmerich, GmbHG, 11. Aufl., § 30, Rn. 15.

185 Vgl. *Zülch/Güth*, Der Konzern 2011, 460 (472f.).

186 A.A. *Gros/Wallek*, Der Konzern 2009, 541 (546).

187 *Lanfermann/Röhricht*, DStR 2009, 1216 (1221).

188 S. hierzu eingehend Kapitel 4.5.2.5 f.

einzustellen hätte oder die Grenzen des § 58 II 3 AktG verschoben werden. Für die GmbH könnte in Anlehnung an § 150 AktG eine Pflicht zur Bildung einer gesetzlichen Rücklage, die nicht zur Disposition der Gesellschafterversammlung steht, Konkurrenzpotenzial zur Ausschüttungssperre entwickeln.

Für den *status quo* stellt die Sperre i.S.d. § 268 VIII HGB jedoch eine angemessene und bislang vorzugswürdige Regelung dar, die in ihrer derzeitigen Konzeption ein geeignetes Mittel zur Ausschüttungsbegrenzung begründet.

3.7 Zusammenfassende Würdigung

Es bleibt daher zu konstatieren, dass mit der Ausschüttungssperre ein dem HGB bekanntes Instrument gewählt wurde, welches auch grundsätzlich dazu geeignet ist, einen etwaigen ausgewiesenen „unvorsichtigen" Mehrertrag zu neutralisieren. Durch das BilMoG erhält das Konzept der Ausschüttungssperre jedoch eine ungleich größere Bedeutung als zuvor. Der Gesetzgeber folgt hierbei dem seit dem Aktiengesetz von 1965 bekannten Prinzip der „gläsernen, aber verschlossenen Taschen", das Informationsorientierung und Ausschüttungsbemessung in einem Rechenwerk vereinen soll.[189] An seine Grenzen stößt die Konzeption der außerbilanziellen Ausschüttungssperre freilich immer dann, wenn von dem Unternehmen erst gar kein positives Ergebnis ausgewiesen werden kann und es mithin auch zu keiner Auskehrung kommt.[190] Da aber in diesem Fall das Kapital auch nicht gegen Ausschüttungen zu schützen ist, sondern allein die Warnfunktion des Jahresabschlusses relativiert wird, da der Bilanzadressat bei erstmaliger Ausübung der Aktivierungswahlrechte nicht unmittelbar über den Jahresabschluss über das tatsächliche Ausmaß eines Verlustjahres informiert wird, stellt die gewählte Konstruktion nicht grundsätzlich ein verfehltes Instrument dar.

Die Zukunftsfähigkeit der Ausschüttungssperre begegnet in Anbetracht der Erfahrungen in Großbritannien und bei einer weiteren Ausrichtung des Handelsrechts in Richtung IFRS gleichwohl gewissen Zweifeln.

Neben den zahlreichen Auslegungsfragen erscheinen insbesondere die handwerklichen Fehler im Rahmen der doppelten Berücksichtigung von passiven latenten Steuern auf den ersten Blick geeignet, das bisherige Kapitalschutzniveau anzutasten. Da sich diese Regelungsdefizite aber im Wege der Auslegung schließen lassen, ist hiermit keine Beeinträchtigung von Kapitalschutzbelangen verbunden.

---

189 Vgl. *Fülbier/Gassen*, DB 2007, 2605 (2608); *Gros/Wallek*, Der Konzern 2009, 541 (546).

190 Vgl. *Hickethier*, NWB 2009, 1502 (1507).

Nicht unproblematisch ist aber, dass die Sperrbeträge bei der Bemessung von erfolgsabhängigen Vergütungen unberücksichtigt bleiben, auch wenn Bilanzierungsspielräume bewusst genutzt wurden.

Zu begrüßen ist hingegen die flankierende Einführung einer Abführungssperre, die nach beiden Interpretationen des Begriffs des „nach § 268 VIII HGB ausschüttungsgesperrten Betrages" zumindest geeignet ist, einen Kapitalpuffer in Höhe der unsicheren Beträge in der abhängigen Gesellschaft sicherzustellen. Auch die angeführten Bedenken dürften jedoch an dem grundsätzlichen Zwischenergebnis nichts ändern, dass die Gefahren für den Gläubigerschutz, die sich durch die Zurückdrängung des Vorsichtsprinzips ergeben, jedenfalls in weit überwiegendem Umfang aufgefangen werden. Die Ausschüttungssperre sucht somit zumindest konzeptionell erfolgreich eine wesentliche Beeinträchtigung des Kapitalschutzes zu vermeiden.

Darüber hinaus erscheint die Konzeption einer Ausschüttungssperre für einzelne Sachverhalte auch gegenüber anderen, weiter gefassten Alternativinstrumenten vorzugswürdig.[191] Sowohl die denkbaren Alternativen, es Vorstand und Aufsichtsrat von Aktiengesellschaften zur Kompensation der befürchteten Abschwächung des Kapitalschutzes generell zu ermöglichen, über § 58 II 1 AktG hinaus von sich aus mehr als die Hälfte des Jahresabschlusses in andere Gewinnrücklagen einzustellen,[192] als auch für die GmbH die Pflicht zur Bildung einer gesetzlichen Rücklage, die von der Gesellschafterversammlung nicht beliebig aufgelöst werden dürfte, und die Auszahlungsbeschränkungen des § 30 I GmbHG um einen zu bestimmenden Faktor pauschal zu erhöhen,[193] sind notwendigerweise grob und weit formuliert und bergen die Gefahr in sich, unnötig hohe Mittel vom Kapitalmarkt fernzuhalten. Auch sind diese Alternativinstrumente nicht geeignet, die individuelle Aktivierungswahlrechtsausübung hinreichend zu berücksichtigen.

---

191 Vgl. *Kahle*, ZfB 2002, 695 (702f.).

192 Vgl. *Schulze-Osterloh*, in: IDW, Neuorientierung der Rechnungslegung, S. 123 (137); *Strobl*, in: Ballwieser/Moxter/Nonnenmacher, Rechnungslegung – warum und wie, S. 409f.

193 Vgl. *Schulze-Osterloh*, in: IDW, Neuorientierung der Rechnungslegung, S. 123 (138).

4 Modifizierungen unter Zurückdrängung des Vorsichtsprinzips

Im Folgenden sollen nun diejenigen Änderungen dargestellt werden, die sich durch eine gewisse Zurückdrängung des Vorsichtsprinzips kennzeichnen und zusammenfassen lassen. Der Untersuchungsschwerpunkt im Rahmen dieser Fallgruppe wird sich daher zuvörderst der Schnittstelle von Informations- und Gläubigerschutzfunktion des handelsrechtlichen Jahresabschlusses widmen. Inwieweit sich die Verlagerung dieser Abschlusszwecke zu Gunsten der Informationsfunktion auf die Kapitalschutzfunktion auswirken wird, soll auch unter Berücksichtigung der berechtigten Informationsinteressen der Gläubiger als Abschlussadressaten untersucht werden. Wenngleich die Ausschüttungssperre in ihrem Anwendungsbereich nach der vorangegangenen Analyse grundsätzlich geeignet erscheint, die entsprechenden Aktivmehrungen zumindest weitgehend gegen eine Auskehrung zu schützen, gilt es hierbei dennoch zu untersuchen, ob und inwieweit die zukünftig ansetzbaren Positionen auch ein entsprechendes Schuldendeckungspotenzial ausweisen. Dies gilt insbesondere in Anbetracht des limitierten Adressatenkreises der Ausschüttungssperre, so dass die Aktivmehrungen zumindest auf die „Kapitalerhaltung aufgrund von Information" bei Nicht-Kapitalgesellschaften geeignet erscheinen Einfluss zu entfalten. Der Grundsatz der kaufmännischen Vorsicht, insbesondere die Rücksicht auf den Schutz der Gläubiger, betrifft hierbei bekanntermaßen auch die Informationsaufgabe der Bilanz und nicht allein die Ausschüttungsbegrenzung.[194] Zu Lasten des Gläubiger- und Kapitalschutzes können sich daher alle Ermessensspielräume beim Ansatz und der Bewertung der neuen bzw. modifizierten Positionen auswirken, da diese zumindest zeitweise geeignet sind, ein ungenaues Bild der Vermögens- und Ertragslage zu vermitteln.

Aufgrund der dargelegten Intention des Gesetzgebers eine Annäherung an die Standards internationaler Rechnungslegung zu erreichen, sollen weiterhin die entsprechenden Regelungen im Rahmen des Bilanzrechtssystems nach IFRS dargestellt und mögliche Abweichungen untersucht werden. Die Darstellung erhebt hierbei nicht den Anspruch einer rechtsvergleichenden Analyse beider Systeme *en détail*, sondern fokussiert eine mögliche Weiterentwicklung der handelsrechtlichen Vorschriften *de lege ferenda* und die damit verbundene, weitere Zurückdrängung des Vorsichtsprinzips. Im Rahmen eines Exkurses soll auch das grundsätzliche Verhältnis des HGB-Bilanzrechts zu den IFRS erörtert werden und beleuchten, inwieweit eine Auslegung der handelsrechtlichen Vor-

194 Vgl. *Moxter*, DB 2008, 1514 (1516); *Döllerer*, BB 1969, 501 (502).

schriften anhand der IFRS bereits *de lege lata* geboten erscheint und dies Auswirkung auf die Interpretation der bestehenden GoB hat.

4.1 Selbst geschaffene immaterielle Vermögensgegenstände des Anlagevermögens

Eine der charakteristischsten Modifizierungen des BilMoG dürfte in der Abschaffung einer der ältesten deutschen Bilanzierungsregelungen, dem Verbot der Aktivierung selbst geschaffener immaterieller Vermögensgegenstände des Anlagevermögens aus § 248 II HGB a.F., zu sehen sein.[195] Diese Vorschrift beruhte auf der dem Gläubigerschutzgedanken entspringenden Vorstellung, dass nicht entgeltlich erworbene immaterielle Vermögensgegenstände des Anlagevermögens regelmäßig bestandsunsichere, aufgrund ihrer Unkörperlichkeit nur schwer fassbare Vermögensgegenstände seien.[196] In Anbetracht der Schwierigkeiten eindeutig zurechenbare Herstellungskosten zu identifizieren und eine Nutzungsdauer verlässlich abzuschätzen, mangelte es ihnen nach bisheriger Anschauung vielfach an einer objektiven Bewertbarkeit.[197] Das allgemeine Vorsichtsprinzip und das mit der Handelsbilanz verfolgte Ziel, einen mit Rücksicht auf die Gläubigerinteressen unbedenklichen, entnahmefähigen Betrag zu ermitteln, legten es danach bisher nahe, auf den Ansatz dieser unsicheren Bestandteile des Vermögens zu verzichten.[198] Letztendlich fungierte daher auch § 248 II HGB a.F. bereits als kapitalerhaltende Ausschüttungssperre mit der Folge, dass diese Vermögensgegenstände als Aufwand erfasst wurden. Soweit diese Vermögensgegenstände werthaltig waren, wurde hierdurch die wirtschaftliche Lage mit dem Verstoß gegen das Vollständigkeitsgebot bewusst zu negativ dargestellt. In den Folgejahren wurden dementsprechend auch keine Abschreibungen vorgenom-

195 Vgl. hierzu bereits *Simon*, Die Bilanzen der Aktiengesellschaften, 3. Aufl., S. 167 ff.; *Eibelshäuser*, Immaterielle Anlagewerte in der höchstrichterlichen Finanzrechtsprechung, S. 30 ff. oder die RG-Urteile vom 03.03.1904, I 404/03, Holdheims Monatsschrift 1904, 159 (159); I 370/14, Leipziger Zeitschrift für deutsches Recht 1915, S. 231f. (Urt. v. 27.06.1914).

196 Vgl. *Velte/Sepetauz*, BC 2010, 349 (349).

197 *Moxter*, DB 2008, 1514 (1516f.), s.a. zur problematischen Anerkennungsfähigkeit von immateriellen Vermögenswerten als Kreditsicherheit, *Schmidt*, WM 2012, 721 (721 ff.).

198 Lediglich immaterielle Vermögensgegenstände des Anlagevermögens, die gegen Entgelt erworben wurden und deren wirtschaftlicher Wert selbstständig verkehrsfähig ist, waren bislang nach HGB aktivierungsfähig bzw. –pflichtig. S.a. *Hoyos/Huber*, in: Ellrott et al., BeckBilKomm., 6. Aufl., § 247, Rn. 389; *Velte*, Intangible Assets und Goodwill, S. 304; a.A. *Solmecke*, Auswirkungen des BilMoG, S. 249 ff.

men, so dass die wirtschaftliche Situation wiederum zu positiv dargestellt werden konnte. Das Ansatzverbot führte in der Folge zunächst zur Bildung von stillen Reserven, die die Kapitalstruktur der Gesellschaft stärkten, und in den Folgejahren zu einer möglichen Auflösung eben dieser.

Hinsichtlich der Frage, ob der Gesetzgeber mit dem BilMoG wirklich den archimedischen Punkt zwischen der Kapitalerhaltung und der Informationsaufgabe gefunden hat, kann an dieser Stelle zumindest vorab festgestellt werden, dass das bisherige Ansatzverbot für selbst geschaffene immaterielle Vermögensgegenstände des Anlagevermögens als wesentlicher Beitrag zur Kapitalerhaltung ungeachtet der Ausschüttungssperre zu Gunsten der Rechenschaftsfunktion des Jahresabschlusses einen Schritt zurücktreten musste.[199] Inwieweit dieses „Opfer" zugunsten der Informationsfunktion auch gerechtfertigt und sinnvoll erscheint, soll nachfolgend anhand ausgewählter Problemstellungen Erläuterung finden.

4.1.1 Zusammenfassender Überblick über die handelsrechtliche Bilanzierung selbst geschaffener immaterieller Vermögensgegenstände

Gemäß § 248 II HGB i.d.F. des BilMoG „können" selbstgeschaffene immaterielle Vermögensgegenstände des Anlagevermögens nunmehr als Aktivposten in der Bilanz ausgewiesen werden.[200] Ein Aktivierungsverbot besteht jedoch weiterhin für Marken, Drucktitel, Verlagsrechte, Kundenlisten oder vergleichbare immaterielle Vermögensgegenstände. Diese genannten Vermögensgegenstände zeichnen sich dadurch aus, dass die Aufwendungen, die möglicherweise ganz oder teilweise auf die Schaffung dieser immateriellen Vermögensgegenstände entfallen, nicht eindeutig abgrenzbar und zuordenbar sind.[201] Für das Aktivierungswahlrecht kommen daher vor allem Entwicklungskosten für technische

---

199 Vgl. *Baetge/Kirsch*, in: Küting/Weber, HdB. der Rechnungslegung, 5. Aufl., Kap. 4, Rn. 36.

200 Die Aktivierung selbst geschaffener immaterieller Vermögensgegenstände des Anlagevermögens ist von Artikel 9 Aktiva Buchstabe C. Nr. I. 1. der Bilanzrichtlinie getragen. Das neu eingeführte Wahlrecht betrifft lediglich immaterielle Vermögensgegenstände des Anlagevermögens, während für solche des Umlaufvermögens weiterhin das Vollständigkeitsgebot des § 246 I HGB gilt und zu einer Aktivierungspflicht führt.

201 Krit. *Bieker*, PiR 2008, 365 (369), der aufgrund der Ausschüttungssperre nach § 268 VIII HGB n.F. den kategorischen Ausschluss nicht mit dem Vorsichtsprinzip zu rechtfertigen vermag. S.a. *Lohmann*, StB 2010, 33 (37f.), der die Rechtfertigung der Ausnahmen für selbst geschaffene Marken bezweifelt.

Verfahren, Patente, Produkt-Know-how und Software in Betracht. Die Bewertung dieser selbstgeschaffenen Vermögensgegenstände wird gesondert in § 255 IIa HGB n.F. dahingehend geregelt, dass in Abgrenzung zur Forschungsphase allein die bei der Entwicklung anfallenden Aufwendungen als Herstellungskosten zu aktivieren sind. Hierbei wird durch das BilMoG im HGB eine Legaldefinition von Forschung und Entwicklung verankert. Sollten diese beiden Phasen nicht verlässlich voneinander getrennt werden können, so ist nach § 255 IIa 4 HGB n.F. eine Aktivierung der angefallenen Aufwendungen ausgeschlossen.

4.1.1.1 Die Quantifizierung und Qualifizierung durch den Abschlussadressaten

Im Gliederungsschema des § 266 II HGB ist unter der Position A I 1 eine gesonderte Position für die selbst geschaffenen immateriellen Vermögenspositionen vorgesehen. Die entgeltlich Erworbenen werden davon getrennt unter der Position A I 2 erfasst. Der Bilanzleser kann daher unmittelbar erkennen, in welcher Höhe unter den immateriellen Vermögensgegenständen die selbstgeschaffenen ausgewiesen werden. Zur besseren Information der Abschlussadressaten sind künftig zudem nach § 285 Nr. 22 HGB n.F. der Gesamtbetrag der Forschungs- und Entwicklungskosten des Geschäftsjahres sowie der davon auf die selbsterstellten immateriellen Vermögensgegenstände des Anlagevermögens entfallende Betrag im Anhang anzugeben.[202]

Beide Vorschriften sind unter dem Aspekt des Gläubigerschutzes begrüßenswert und geeignet, in den gegebenen Grenzen für Transparenz zu sorgen. Eine weitergehende Aufschlüsselung des Gesamtbetrages im Anhang auf den jeweiligen Betrag der Forschungsaufwendungen und den jeweiligen Betrag der Entwicklungsaufwendungen für jedes einzelne Projekt wäre zwar grundsätzlich ebenfalls unter Informations- und Gläubigerschutzgesichtspunkten wünschenswert gewesen, da dies über die Bilanzierungspraxis des Unternehmens hätte Aufschluss geben können. Dieser Weg wurde aber in Anbetracht der wohl berechtigten Geheimhaltungsinteressen der Wirtschaft nicht forciert.[203] Es bleibt daher festzustellen, dass Informationen zu den immateriellen Werten zwar grundsätzlich auch allein über den Anhang hätten dargestellt werden können, dies dem Gesetzgeber aber aufgrund des Wandels der Gesellschaft von der Industrie- zur Dienstleistungs- und Informationswirtschaft und der Intention, eine

---

202 Kleine Kapitalgesellschaften werden gemäß § 288 I HGB n.F. jedoch grundsätzlich von dieser Anhangangabe befreit.

203 Vgl. *Mindermann*, WPg 2008, 273 (278).

Verbesserung der Vergleichbarkeit des handelsrechtlichen Jahresabschlusses zu erreichen, wohl nicht mehr angemessen erschien.[204] Obgleich daher die gewählte Methode, flankierend zum Aktivierungswahlrecht, über den Anhang über den Gesamtbetrag der Forschungs- und Entwicklungskosten zu informieren, ungleich weniger Aufmerksamkeit auf sich ziehen wird, ist es dem Bilanzadressaten zumindest dem Grunde nach möglich, Rückschlüsse über die Werthaltigkeit und den Ansatzanteil der in Rede stehenden Vermögensgegenstände zu erlangen.[205] Es wird sich jedoch noch zeigen müssen, ob Unternehmen wirklich von ihrem Aktivierungswahlrecht Gebrauch machen werden, wenn im Geschäftsjahr über hohe F & E – Kosten im Anhang zu berichten, aber gleichzeitig nur ein geringer Teil aktivierungsfähig wäre. Das Interpretationsrisiko läge hierbei auf der Hand: Das Unternehmen erscheint möglicherweise nicht in der Lage, verwertbare aktivierungsfähige Entwicklungsergebnisse zu erzielen, so dass dem Bilanzleser die Zukunft eines innovativen Unternehmens evtl. als nicht gesichert erscheinen könnte. Die mögliche Reaktion des Unternehmens wiederum könnte in der Nichtausübung des Aktivierungswahlrechtes liegen, die auch die Berichterstattungspflicht im Anhang entfallen lassen würde.[206] Nicht nur die Platzierung dieser Informationen im Anhang, sondern auch die gegebenen Spielräume auf der anderen Seite, erschweren somit die Interpretation der Kennzahlen.[207]

Schließlich ist auch nicht mehr von dem Ausweis im Rahmen der GuV-Rechnung zu erwarten, da das BilMoG für die Aufwendungen für Forschung und Entwicklung nicht den Ausweis in einer gesonderten Position vorsieht.[208]

---

204 Siehe auch die bereits bestehende Verpflichtung aus § 289 II Nr. 3 HGB über den Lagebericht über den Bereich Forschung und Entwicklung zu berichten. Vgl. RegE BilMoG, BT-Drs. 16/10067, S. 49f.; S.a. *Barth/Clinch/Shibano*, JAR 2003, 581 (581 ff.), die modellhaft versuchen zu zeigen, dass selbst der Ansatz von kaum verlässlichen Bilanzposten informativer als der bloße Ausweis im Anhang ist.

205 S. hierzu *Haller/Froschhammer/Groß*, DB 2010, 681 (686) mit einer empirischen Analyse zum Anteil der aktivierten Kosten an den Gesamtkosten für F&E und deren Interpretation. S.a. *Coenenberg/Haller/Schulze*, Jahresabschluss und Jahresabschlussanalyse, S. 1050.

206 Vgl. *Lüdenbach/Hoffmann*, StuB 2009, 287 (293).

207 S. zu den Problemen im Rahmen der Anhangs-Berichtserstattung *Zwirner/Roth*, BRZ 2009, 457 (458).

208 S. im Einzelnen hierzu *Küting/Ellmann*, in: Küting/Pfitzer/Weber, Das neue deutsche Bilanzrecht, S. 279.

4.1.1.2 Die Problemstellungen bei der Bilanzierung im Rahmen des Ansatzes

4.1.1.2.1 Die Qualifikation als Vermögensgegenstand

Das Aktivierungswahlrecht nach § 248 II HGB n.F. knüpft auch im Rahmen der immateriellen Werte an die Eigenschaft als Vermögensgegenstand an. Anders als beim entgeltlich erworbenen Geschäfts- oder Firmenwert[209] unterstellt das Gesetz nicht im Wege einer Fiktion das Vorliegen eines Vermögensgegenstandes. Eine Entwicklung soll nach dem Willen des Gesetzgebers nur dann zu einem aktivierungsfähigen Posten führen, wenn am Ende auch tatsächlich ein Vermögensgegenstand vorliegt. Konkret bedeutet dies, dass das jeweilige Projekt auf seine separate Verwertbarkeit hin untersucht werden muss. Die Verwertbarkeit geht dabei bekanntermaßen über die Veräußerbarkeit eines Vermögensgegenstandes hinaus und umfasst so z.B. auch die Verwertung eines Objekts im Wege der Gebrauchsüberlassung. Sie setzt hierbei die Existenz eines wirtschaftlich verwertbaren Potenzials zur Deckung von Schulden voraus.[210] Dies entspricht auch der bereits herrschenden Auffassung zur Identifikation eines Vermögensgegenstandes, so dass das BilMoG keine inhaltliche Modifizierung des Vermögensgegenstandsbegriffs beinhaltet.[211] Bei immateriellen Vermögensgegenständen des Anlagevermögens ist jedoch zusätzlich die selbstständige Bewertbarkeit zu prüfen, die eine zweifelsfreie Abgrenzung zum originären Geschäfts- und Firmenwert fordert und somit eine Subsumtion unter den Begriff der „vergleichbaren immateriellen Vermögensgegenstände des Anlagevermögens" i.S.d. Negativaufzählung des § 248 II 2 HGB n.F. ausschließt.[212] Die Anknüpfung an die Vermögensgegenstandseigenschaft ist hierbei grundsätzlich zu begrüßen, da die inhaltliche Konkretisierung dieses Begriffs aus den übergeordneten Bilanzzwecken, wie den Prinzipien des Gläubigerschutzes oder der Vorsicht, abzuleiten ist.[213]

---

209 S. hierzu eingehend Kapitel 5.1.

210 *Baetge/Kirsch*, in: Küting/Weber, HdB. der Rechnungslegung, Bd. 1, Kap. 4, Rn. 96; *Fabri*, Grundsätze ordnungsgemäßer Bilanzierung entgeltlicher Nutzungsverhältnisse, S. 89.

211 Vgl. *Adler/Düring/Schmaltz*, Rechnungslegung und Prüfung, 6. Aufl., § 246, Rn. 26; *Hüttche*, StuB 2008, 163 (166); *Hennrichs*, DB 2008, 537 (539); *Günkel*, in: Fischer/Günkel/Neubeck/Pannen, Bilanzrechtsreform 2009/10, S. 114; *Zülch/Hoffmann*, PK BilMoG, S. 61; *Knobbe-Keuk*, Bilanz- und Unternehmenssteuerrecht, S. 90 f.

212 Vgl. *Rade/Stobbe*, DStR 2009, 1109 (1113).

213 Vgl. *Hommel*, ZfbF 1997, 345 (347); *Beisse*, in: Beisse/Lutter/Närger, Festschrift für Beusch, S. 80; Auf der anderen Seite werden die langen Diskussionen um den Begriff des Vermögensgegenstandes kaum konkrete Hinweise zur Lösung anstehender prakti-

4.1.1.2.2 Die Eigenschaft als Vermögensgegenstand in der ex ante-Prognose

Anders als es der Wortlaut des § 248 II HGB n.F. jedoch zunächst nahelegt, hat die Prüfung der Verwertbarkeit bereits während der Forschungs- und Entwicklungsphase zu erfolgen. Dies ergibt sich aus der Heranziehung der Bewertungsvorschrift des § 255 IIa HGB, die ausdrücklich solche Herstellungskosten für aktivierungsfähig erklärt, die bei der Entwicklung des Vermögensgegenstandes und damit vor Fertigstellung angefallen sind.[214] Folglich kann eine Aktivierung bereits erfolgen, wenn mit hoher Wahrscheinlichkeit davon auszugehen ist, dass ein aktivierungsfähiger Vermögensgegenstand tatsächlich entsteht.[215] Da es aber an einer gesetzlichen Qualifizierung des Begriffs der „hohen Wahrscheinlichkeit" fehlt, besteht insofern ein nicht unerheblicher Gestaltungsspielraum im Rahmen der anzustellenden *ex ante*-Beurteilung.[216] Der Bilanzierende, der von seinem Wahlrecht Gebrauch macht, wird regelmäßig geneigt sein, den Aktivierungszeitpunkt möglichst weit nach vorne zu legen. Dies ist aber gerade unter dem Gesichtspunkt problematisch, dass sich die Herstellungsprozesse für immaterielle und materielle Vermögensgegenstände erheblich hinsichtlich ihres Entwicklungsrisikos unterscheiden können. Dieses dürfte bei Ersteren in vielen Fällen deutlich höher ausfallen.

---

scher Probleme in dieser Sache liefern, da es bislang allein um entgeltlich erworbene Vermögensgegenstände gehen konnte.

214 S.a. RegE BilMoG, BT-Drs. 16/10067, S. 60; s.a. *AK „Immaterielle Werte" im Rechnungswesen"*, DB 2008, 1813 (1817); *Dörner/Neubert*, IRZ 2008, 449 (451); *Küting/Pfirmann/Ellmann*, KoR 2008, 689 (691f.); *Küting/Ellmann*, DStR 2010, 1300 (1301); *Lohmann*, StB 2010, 33 (36); a.A. *Schülke*, DStR 2010, 992 (998); wohl auch RA BilMoG, BT-Drs. 16/12407, S. 85.

215 Diese Beurteilung erscheint mit Blick auf die Behandlung materieller Vermögensgegenstände zunächst als konsequent, da sie in den Fällen des § 266 II A II 4 bzw. B I 2 HGB ebenfalls bereits in der Entstehungsphase zu aktivieren sind. Dies darf jedoch nicht darüber hinwegtäuschen, dass es sich auch in diesen Fällen nicht immer vermeiden lässt, dass zunächst auch solche Aufwendungen „gesammelt" werden, die nach endgültiger Fertigstellung der Anlage als nicht aktivierbar erkannt wurden. Bei Entwicklungsprojekten dürfte zu Beginn i.d.R. zudem eine wesentlich höhere Unsicherheit in Bezug auf die wirtschaftliche Vorteilhaftigkeit während und nach Fertigstellung bestehen als dies beispielsweise bei Anlagen im Bau der Fall ist. Vgl. hierzu *Kessler*, BB 1994, Beil. 12, 1 (5f.); *Aigner*, Das neue Bilanzrecht nach HGB, S. 53; *AK „Immaterielle Werte" im Rechnungswesen"*, DB 2008, 1813 (1815); *Dörner/Neubert*, IRZ 2008, 449 (452); *Adler/Düring/Schmaltz*, Rechnungslegung und Prüfung, 6. Aufl., § 266, Rn. 65; *Küting/Ellmann*, in: Küting/Pfitzer/Weber, Das neue deutsche Bilanzrecht, S. 272.

216 Vgl. *Laubach/Kraus*, DB 2008, Beil. 1, 16 (19).

4.1.1.2.3 Die Notwendigkeit einer korrespondierenden Qualifikation des Schuldendeckungspotenzials

Die entscheidende Frage in der Praxis mit entsprechender Auswirkung auf die Werthaltigkeit des Vermögensgegenstandes wird daher sein, mit welcher Wahrscheinlichkeit das Entwicklungsvorhaben erfolgreich zu Ende geführt werden kann und damit der Vermögensgegenstand auch tatsächlich entsteht. Lediglich insoweit ist der aktivierte Posten auch geeignet, zumindest dem Grunde nach ein entsprechendes Schuldendeckungspotenzial zu repräsentieren. Die jeweilige Höhe des Aktivums bleibt hiervon freilich unberührt.[217] Ob und inwieweit zur Konkretisierung des Aktivierungszeitraumes auf die Ansatzkriterien nach IFRS bzw. IAS zurückgegriffen werden kann, soll nachfolgend herausgestellt werden.[218]

Ungeachtet einer etwaigen Konkretisierung ist jedoch bereits die Grundkonzeption vor dem Hintergrund des Vorsichts- und Objektivierungsprinzips bedenklich, dass künftig Beträge allein aufgrund einer Zukunftsprognose aktiviert werden können, die am Abschlussstichtag noch keinen Vermögensgegenstand verkörpern. Trotz einer etwaigen „hohen Wahrscheinlichkeit“ am Abschlussstichtag lässt sich die Vermögensgegenstandseigenschaft des selbst geschaffenen immateriellen Vermögensgegenstandes nicht zweifelsfrei beurteilen.[219] Dies mag im Rahmen einer Rechnungslegung, die sich die Ermittlung von Informationen über künftige *cashflows* zum Ziel gesetzt hat, vertretbar erscheinen. Mit dem Verständnis einer im öffentlichen Interesse liegenden Rechnungslegung, die sich dem Gläubigerschutz verschrieben hat, vermag sich diese Vorgehensweise jedoch nicht friktionslos einfügen, auch wenn mit § 268 VIII HGB ein adäquates Kompensationsinstrument gefunden wurde. Jedenfalls aber muss im Rahmen dieser Beurteilung mit der Qualifikation als Vermögensgegenstand nicht notwendig eine entsprechende Quantifizierung des Schuldendeckungspotenzials einhergehen.

4.1.1.3 Problemstellungen bei der Bilanzierung im Rahmen der Bewertung

Liegen diese Voraussetzungen für die Aktivierung eines immateriellen Vermögensgegenstandes vor, so ist im nächsten Schritt der zu aktivierende Betrag zu bestimmen. Für die anzustellende Bewertung schreibt § 255 IIa HGB n.F. den

217 Siehe zum Umfang der aktivierungsfähigen Entwicklungskosten, *Engel-Ciric*, BC 2008, 81 (84).

218 S. hierzu Kapitel 4.1.2.

219 Vgl. *Mindermann*, StuB 2010, 658 (660).

Ansatz der Herstellungskosten i.S.v. Abs. 2 der Vorschrift vor. Einzubeziehen sind daher in jedem Fall sämtliche Einzelkosten sowie variable und fixe Material- und Fertigungsgemeinkosten. Im Rahmen von Forschungsaktivitäten anfallende Aufwendungen sind von einer Aktivierung ausgeschlossen.

4.1.1.3.1 Das Abgrenzungserfordernis der Forschungs- und Entwicklungsphase

Von besonderer Bedeutung ist daher im Zusammenhang mit der Aktivierung selbst erstellter immaterieller Vermögensgegenstände, ob eine Abgrenzung von Forschungs- und Entwicklungskosten zweifellos und objektiv gelingen kann, oder ob über diese Abgrenzung dem Bilanzierenden Einfluss auf die Höhe des Ausweises eingeräumt wird. Jede Abkehr vom Objektivitätsprinzip ist hierbei grundsätzlich geeignet, einen Gestaltungsspielraum zu eröffnen, der einen Ausweis auch nicht oder teilweise nicht werthaltiger Positionen ermöglicht.

Der Gesetzgeber versucht mit zwei Legaldefinitionen in § 255 IIa 2 und 3 HGB n.F. der Problematik entgegenzuwirken:[220] Unter Forschung soll künftig „die eigenständige und planmäßige Suche nach neuen wissenschaftlichen oder technischen Erkenntnissen oder Erfahrungen allgemeiner Art, über deren technische Verwertbarkeit und wirtschaftliche Erfolgsaussichten grundsätzlich keine Aussagen gemacht werden können" zu verstehen sein. Verkürzt handelt es sich somit um die Erlangung von Grundlagenwissen.[221] Kennzeichnend ist in diesem Fall der fehlende Bezug zu konkreten Produkten oder Produktionsverfahren sowie die fehlende marktorientierte Bewertungsmöglichkeit.

Die Entwicklung bezeichnet in der Folge „die Anwendung von Forschungsergebnissen oder von anderem Wissen für die Neuentwicklung von Gütern und Verfahren oder die Weiterentwicklung von Gütern und Verfahren mittels wesentlicher Änderungen".

Während für die Forschung also die systematische, aber unbestimmte Suche nach etwas Neuem im Vordergrund steht, ist für die Entwicklung zusam-

---

220 Die neu aufgenommene Abgrenzung hat nicht nur Auswirkung auf die aktivierungsfähigen selbst geschaffenen immateriellen Vermögensgegenstände des Anlagevermögens, sondern führt erstmalig auch für die zwingend zu aktivierenden selbst geschaffenen immateriellen Vermögenswerte des Umlaufvermögens eine Definition ein. Die Definitionen entsprechend weitgehend jenen nach IAS 38.

221 *Engel-Ciric*, BC 2008, 81 (82); *Henckel/Ludwig/Lüdtke*, DB 2008, 196 (197).

menfassend das Testen, Anwenden und Erproben neu erworbenen Wissens, sei es für eine Neu- oder Weiterentwicklung, kennzeichnend.[222]

In Anbetracht der gestellten komplexen Aufgabenstellung dürfte aber offenkundig sein, dass diese Definitionen nur im Ansatz zur Problemlösung im Rahmen der vorzunehmenden Abgrenzung der beiden Phasen beitragen können werden.[223] Dies wird vor allem dann deutlich, wenn die Forschungs- und Entwicklungsphase nicht aufeinander folgen, sondern sich in mehreren unterschiedlichen Intervallen wechselseitig bedingen.[224]

Dieser Befund ist zwar insoweit zu relativieren, als dass zugestanden werden muss, dass mit der Regelung des § 255 IIa 4 HGB n.F. ein Netz gespannt wurde, das die Aktivierung von Entwicklungskosten verbietet, wenn eine verlässliche Unterscheidung der Phasen von Forschung und Entwicklung nicht möglich ist.[225] Die hierbei zu ziehende Grenze wird aber nicht außerhalb des Einwirkungsbereiches des Bilanzierenden stehen, soweit es diesem gelingt, den Forschungs- und Entwicklungsprozess entsprechend zu strukturieren und darzustellen.[226]

4.1.1.3.2 Die Gestaltungsspielräume des Bilanzerstellers

Die verschiedenen Darstellungsmöglichkeiten sollen vereinfacht an folgendem Beispiel illustriert werden: Hat ein Unternehmer in einem Berichtsjahr ein neues Produktionsverfahren entwickelt und betragen die Forschungs- und Entwicklungskosten in den ersten drei Monaten dieses Jahres vereinfachungshalber jeweils 500 T€, so stehen dem bilanzierenden Unternehmer hypothetisch gleich drei Möglichkeiten zur Darstellung dieses Sachverhaltes offen. Zunächst könn-

222 *Zülch/Hoffmann*, PK BilMoG, S. 62.

223 Vgl. *Aigner*, Das neue Bilanzrecht nach HGB, S. 53; *Engel-Ciric*, BC 2008, 25 (25 ff.), 81 (81 ff.); *Mäder/Ehret*, BRZ 2009, 16 (17); s.a. bereits *Brockhoff*, Forschung und Entwicklung, S. 48.

224 Vgl. *Blasius*, IFRS, HGB und F&E, S. 275; *Leibfried/Pfanzelt*, KoR 2004, 491 (492); *Küting/Ellmann*, DStR 2010, 1300 (1301); *Gallandi*, StB 2010, 157 (159).

225 Darüber hinaus besteht sicher durch die Aufnahme der Definitionen in das Gesetz ein zentraler Vorteil darin, dass für eine Abgrenzung der beiden Phasen ein Rückgriff auf die Regelungen der IFRS, die künftig zudem auch Änderungen unterliegen können, weitgehend nicht notwendig ist.

226 Vgl. *Engel-Ciric*, BC 2008, 81 (84); s.a. *Burger/Ulbrich/Knoblauch*, KoR 2006, 729 (735); *Hoffmann*, in: Lüdenbach/Hoffmann, IFRS Komm, § 13, Rn. 33; *Fasselt/Brinkmann*, in: Castan et. al., HdB. d. Rechnungslegung, Bd. I, Abt B 211, Rn. 79 (Stand: Jan. 2009); *Küting/Ellmann*, DStR 2010, 1300 (1300); *Velte*, IRZ 2011, 355 (360).

ten die gesamten Forschungs- und Entwicklungskosten als Aufwand erfolgswirksam erfasst werden, wenn von dem Aktivierungsrecht kein Gebrauch gemacht wird. Alternativ könnte das Unternehmen die Aufwendungen aber auch im Januar als Forschungskosten darstellen und Gründe dafür vortragen, dass im Februar die Entwicklungsphase begonnen habe. Dementsprechend würden 1000 T€ erfolgswirksam im Jahresabschluss aktiviert. Schließlich wäre aber auch durchaus denkbar, den Übergang zwischen der Forschungs- und Entwicklungsphase in den März zu legen. Je nach bilanzpolitischem Interesse könnten dann 500 T€ oder ein niedrigerer Betrag als Entwicklungskosten in der Bilanz aktiviert werden.

Unter diesen freilich vereinfachten Rahmenbedingungen liegt es letztlich im äußersten Fall im Ermessen des Bilanzierenden, selbst erstellte immaterielle Vermögenswerte in der Bilanz zu aktivieren, um die Ergebnissituation in einem besseren Licht darzustellen oder aufwandswirksam in der GuV zu erfassen. Ein sich in der Krise befindendes Unternehmen wird regelmäßig zur Erzielung eines verbesserten Ergebnisses bestrebt sein, den Forschungsaufwand so gering wie möglich zu halten.[227]

4.1.1.3.3 Das Gebot der Ansatzstetigkeit

Anzumerken bleibt, dass diese sich eröffnenden Spielräume durch das Gebot der Ansatzstetigkeit, auf das an dieser Stelle kurz eingegangen werden soll, zwar begrenzt, jedoch keineswegs geschlossen werden. Dieses Gebot, das bisher lediglich als „Soll-Vorschrift" und auch nur bezogen auf Bewertungsmethoden ausgestaltet und somit nach h.M. bei der Anwendung von Ansatzmethoden nicht vorgeschrieben war,[228] findet nunmehr in § 246 III HGB n.F. seine gesetzliche Fixierung und erstreckt sich fortan ausdrücklich auch auf Ansatzmethoden. Werden also für den Ansatz von selbst geschaffenen immateriellen Vermögensgegenständen hinsichtlich der Abgrenzung der Forschungs- und Entwicklungsphase Methoden entwickelt und angewendet, müssen diese auch in der Zukunft beibehalten werden. Die einmal festgelegten Kriterien zur sachlichen Abgrenzung der Forschungs- von der Entwicklungsphase sowie die mit dem Aktivierungszeitpunkt verbundene Ermessensentscheidung sind daher zumindest projektspezifisch beizubehalten. Aufgrund des häufig singulären Charakters von F & E–Tätigkeiten dürfte die Bestimmung der Gleichartigkeit jedoch regelmä-

---

227 Vgl. *Meyer/Meisenbacher*, DStR 2004, 567 (570).

228 Vgl. BGH-Urteil v. 29.03.1996 – II ZR 263/94, BGHZ 132, 263 (273); *Kleindiek*, in: Staub, HGB, 4. Aufl., § 252, Rn. 46.

ßig problematisch sein.[229] Der Effekt auf die möglichen Ermessensfenster wird daher wohl nicht ins Gewicht fallen.

Zusammenfassend wird deutlich, dass den Bilanzierenden gleich in mehrfacher Hinsicht große Gestaltungsspielräume freiwillig oder unfreiwillig zugestanden werden. Zunächst kann dieser frei wählen, ob ein selbst geschaffener immaterieller Vermögensgegenstand des Anlagevermögens aktiviert wird oder nicht.[230] Fällt die Entscheidung zugunsten einer Aktivierung aus, kann, je nach Art und Darstellung der Dokumentation des Projektfortschritts, der Beginn der Entwicklungsphase und somit der Aktivierungszeitraum verschoben werden. Hierdurch ist schließlich auch die Höhe des Aktivums beeinflussbar.[231] Für die Abgrenzung zwischen der Forschungs- und Entwicklungsphase werden sich trotz der Definition in § 255 IIa HGB n.F. erst GoB entwickeln müssen. Insbesondere dürfte auch zu klären sein, wie exakt die Trennung von Forschungs- und Entwicklungsphase ausgestaltet sein muss, damit nicht das Aktivierungsverbot des § 255 IIa HGB n.F. greift. Eine allgemeingültige, branchenübergreifende Abgrenzung wird in diesem Fall kaum möglich sein.[232]

4.1.1.4 Die Folgebewertung von selbst geschaffenen immateriellen Vermögensgegenständen

Weitere Ermessensspielräume eröffnen sich schließlich auch im Rahmen der Folgebewertung hinsichtlich der Bestimmung der jeweiligen Nutzungsdauer der einzelnen Vermögensgegenstände. Mangels besonderer Vorschriften oder etwa eines normierten Abschreibungszeitraums sind die aktivierten Vermögensgegenstände mit Ablauf der Entwicklungsphase nach den allgemeinen Regelungen planmäßig abzuschreiben.[233] Die Nutzungsdauer ist daher grundsätzlich unternehmensindividuell unter Berücksichtigung sämtlicher bekannter Einflussfaktoren zu schätzen. Dem Spezifikum immaterieller Vermögensgegenstände, deren

---

229 Vgl. *AK „Immaterielle Werte im Rechnungswesen"*, DB 2008, 1813 (1817).

230 Die Aktivierung dürfte regelmäßig eine nicht unerhebliche Projektdokumentation und somit ein funktionierendes F & E-Controlling erfordern. Ob die Intention des Gesetzgebers mit dieser Vorschrift insbesondere mittelständische Unternehmen in ihrer Außendarstellung zu fördern gelingt, bleibt daher in Anbetracht der erheblichen Ressourcenanforderungen fraglich.

231 Vgl. *Dobler/Kurz*, KoR 2008, 485 (492); *Meyer*, DStR 2009, 762 (763).

232 *Heyd/Kreher*, BilMoG, S. 48; Krit. für den Bereich der Bilanzierung von Fußballspielerwerten *Rade/Stobbe*, DStR 2009, 1109 (1114).

233 Vgl. *Küting/Ellmann*, in: Küting/Pfitzer/Weber, Das neue deutsche Bilanzrecht, S. 278; s.a. *Dawo*, Immaterielle Güter in der Rechnungslegung nach HGB, IAS/IFRS und US-GAAP, S. 310.

Marktgängigkeit und –erfolg häufig nur schwer über eine längere Zeit abzuschätzen sein wird, wurde insoweit regulatorisch nicht gesondert Rechnung getragen. Vielmehr sind die Marktsituation oder beispielsweise rechtliche Besonderheiten im Rahmen der Nutzungsdauer zu berücksichtigen.[234] Handelsrechtlich werden auch keine Vorgaben über die anzuwendende Abschreibungsmethode getroffen. In Abhängigkeit vom wirtschaftlichen Nutzenverlauf immaterieller Vermögensgegenstände erscheint es jedoch wohl regelmäßig sachgerecht, von der degressiven Abschreibung Gebrauch zu machen.

Über die planmäßigen Abschreibungen hinaus können praktische Probleme auch im Rahmen außerplanmäßiger Abschreibungen aufgrund dauerhafter Wertminderung entstehen. Problematisch erscheint hier die Ermittlung eines beizulegenden Zeitwertes, da sich ein Wiederbeschaffungswert häufig nur schwer ermitteln lassen wird.[235] Eine derartige Folgebewertung wird regelmäßig eine Reihe von Herausforderungen, insbesondere im Rahmen der Werthaltigkeitsprüfung, mit sich bringen, da beispielsweise vergleichbare Transaktionen häufig nur schwer auszumachen oder wiederum die jeweilige Nutzungsdauer schwer schätzbar sein werden. Erforderlich sind jedenfalls eine umfangreiche Informationsbasis und ein fundiertes Methodenwissen hinsichtlich der möglichen Bewertungsverfahren.[236]

4.1.1.5 Besonderheiten im Rahmen der Erstanwendung

Wie auch im Zusammenhang mit der Mehrzahl der Neuerungen des BilMoG, sieht das EGHGB eine optionale Anwendung der Neufassung des § 248 II HGB bereits für Geschäftsjahre vor, die nach dem 31.12.2008 beginnen. Aufgrund der Regelung in Art. 66 VII EGHGB läuft die gesamte vorgezogene Anwendung für § 248 II HGB n.F. und auch § 255 IIa HGB n.F. jedoch weitgehend leer, da dieser in der gesonderten Übergangsregelung eine erstmalige Aktivierung für selbst geschaffene immaterielle Vermögensgegenstände des Anlagevermögens vorschreibt, mit deren Entwicklung in den Geschäftsjahren begonnen wurde, die

---

234 *AK „Immaterielle Werte" im Rechnungswesen"*, DB 2008, 1813 (1819); s.a. *Ballwieser*, in: Schmidt et al., MüKo HGB, Bd. 4, § 253 , Rn. 21; krit. *Rieg*, BC 2010, 344 (344).

235 Vgl. *Zülch/Hoffmann*, PK BilMoG, S. 64f. mit dem Hinweis auf die mögliche Orientierung an IDW S 5. S. hierzu *Beyer/Mackenstedt*, WPg 2008, 338 (338 ff.); *Mäder/Ehret*, BRZ 2009, 16 (17) mit den Hinweis auf die mögliche Orientierung an IAS 36.

236 Vgl. *Mäder/Ehret*, BRZ 2009, 16 (20).

erst nach dem 31.12.2009 beginnen.[237] Eine vergleichbare Ausnahme, wie sie Art. 66 III 6 EGHGB andient, wurde im Abs. 7 dieser Vorschrift nicht aufgenommen. Da die Unternehmen wohl häufig noch nicht die internen Vorkehrungen für eine angemessene Projektdokumentation für zurückliegende Geschäftsjahre geschaffen haben werden, erscheint die prospektive Anwendung dieser Vorschrift aus Gläubigerschutzgesichtspunkten zwar vorteilhaft, ob diese Rechtsfolge nach Streichung der zunächst vorgesehenen Ansatzpflicht aber vom Gesetzgeber gesehen wurde, darf bezweifelt werden.[238]

Die Frage der Behandlung von Herstellungskosten für selbst erstellte immaterielle Vermögensgegenstände des Anlagevermögens aus Vorjahren hat insbesondere aber auch Bedeutung für jene Unternehmen, die bisher von dem Wahlrecht des § 269 HGB a.F. Gebrauch gemacht haben und eine Bilanzierungshilfe für Kosten der Ingangsetzung und Erweiterung des Geschäftsbetriebs angesetzt hatten. Diese Bilanzierungshilfe kann im Jahr der erstmaligen Anwendung der geänderten Vorschriften grundsätzlich nicht mehr angesetzt werden und ist unbeschadet des Art. 67 V EGHGB aufwandswirksam auszubuchen.[239] Da diese Ausbuchung nicht durch den Ansatz von in Vorjahren hergestellten immateriellen Vermögensgegenständen, deren Herstellungskosten Bestandteil der aktivierten Bilanzierungshilfe waren, kompensiert werden kann, kann dies zu einem Jahresfehlbetrag mit entsprechender Auswirkung auf das Eigenkapital führen.[240] Obgleich auch die wahlweise angesetzte Bilanzierungshilfe durch eine Ausschüttungssperre gegen eine Auskehrung gesperrt war, bedeutet dies umgekehrt eine minimale temporäre Stärkung der Kapitalschutzbelange.

---

237 *Kessler/Leinen/Paulus*, BB 2009, 1910 (1912); *Boecker/Künkele*, IRZ 2010, 484 (486); a.A. IDW ERS HFA 28, Tz. 35; ähnl. *Kirsch*, DStR 2009, 1049 (1049); *Kessler/Leinen/Paulus*, NWB 2010, 1452 (1455). In der Beschlussempfehlung und Bericht des Rechtsausschusses wird es aus Wesentlichkeitsgesichtspunkten als zulässig erachtet, Entwicklungstätigkeiten zu aktivieren, die bereits im vorangegangenen Geschäftsjahr begonnen haben und der auf diesen Zeitraum entfallende Teil der Entwicklung als unwesentlich anzusehen ist. Vgl. BT-Drs. 16/12407, S. 126.

238 Vgl. *van Hall/Kessler*, in: Kessler/Leinen/Strickmann, HdB. BilMoG, S. 154f.; a.A. *Günkel*, in: Fischer/Günkel/Neubeck/Pannen, Bilanzrechtsreform 2009/10, S. 117; *Laubach/Kraus/Bornhofen*, DB 2009, Beil. 5, 19 (24), die eine Vorziehung des Stichtags nach Art. 66 VII EGHGB für sachgerecht halten.

239 Siehe aber das Fortführungswahlrecht in Art. 67 V EGHGB.

240 *Engel-Ciric*, BC 2008, 25 (26).

4.1.1.6 Steuerliche Konsequenzen

Die Neuregelung zieht weiterhin keine unmittelbaren steuerlichen Konsequenzen nach sich, da die Bilanzierung selbst geschaffener immaterieller Vermögensgegenstände in der Steuerbilanz nach § 5 II EStG verboten ist. Aktivierungsfähig sind insoweit allein entgeltlich erworbene immaterielle Vermögensgegenstände des Anlagevermögens. Bei Inanspruchnahme des Ansatzwahlrechtes führt die handelsbilanzielle Aktivierung folglich zu Abweichungen in Höhe der Entwicklungskosten zwischen der Handels- und Steuerbilanz, da diese steuerrechtlich als Aufwand zu erfassen sind, so dass sich die Notwendigkeit zur Bilanzierung passiver latenter Steuern ergibt.[241]

4.1.2 Die Bilanzierung von *intangible assets* nach IFRS

Anders als dem handelsrechtlichen Bilanzrechtssystem ist die Bilanzierung von selbst geschaffenen immateriellen Werten im Rahmen der Vorschriften zur internationalen Rechnungslegung bereits seit längerer Zeit bekannt. Hierbei sieht IAS 38, der die Bilanzierung und Bewertung der immateriellen Vermögenswerte („*intangible assets*") regelt, kein grundsätzliches Aktivierungsverbot für nicht entgeltlich erworbene immaterielle Vermögenswerte des Anlagevermögens vor, so dass sich nach der Regelungssystematik der IFRS sogar eine Aktivierungspflicht ergibt, wenn diese *assets* die Ansatzkriterien des IAS 38 erfüllen.[242]

4.1.2.1 Begriff und Abgrenzung

Der Ansatz eines *intangible asset* ist hiernach grundsätzlich immer dann möglich bzw. verpflichtend, wenn dieser der Definition eines immateriellen Vermögenswertes nach IAS 38.8 ff. entspricht und die in IAS 38.21 bis 38.23 formu-

241 *Küting/Ellmann*, in: Küting/Pfitzer/Weber, Das neue deutsche Bilanzrecht, S. 275.

242 IAS 38.8 definiert die *intangible assets* als identifizierbare, nicht monetäre Vermögenswerte ohne physische Substanz. Immaterielle Vermögensgegenstände, die zum Verkauf im Rahmen der gewöhnlichen Geschäftstätigkeit („Umlaufvermögen") bestimmt sind, fallen nicht in den Anwendungsbereich dieses Standards. Ihre Bilanzierung richtet sich nach den Vorschriften für Vorräte oder für Fertigungsaufträge. Bei Unternehmenszusammenschlüssen wird IAS 38 durch IFRS 3 ergänzt. Dieser sieht erweiterte Aktivierungspflichten für erworbene immaterielle Vermögenswerte vor und regelt zudem die bilanzielle Erfassung eines *goodwill*. Vgl. *Petersen/Bansbach/Dornbach*, IFRS Praxishandbuch, S. 129; S. in Anbetracht einer fehlenden einheitlichen gesetzlichen Definition zum Begriff des „immateriellen Guts" im Handelsrecht beispielsweise *Haller*, in: Möller/Schmidt et al., Rechnungswesen als Instrument für Führungsentscheidungen, S. 564 ff.

lierten Ansatzkriterien erfüllt sind. Bedingung ist daher u.a., dass dem Unternehmen aus dem *intangible asset* ein künftiger wirtschaftlicher Nutzen zufließt bzw. dieses nachweist, dass es mit Recht einen künftigen wirtschaftlichen Nutzen erwartet und kein ausdrückliches Ansatzverbot nach IAS 38.63 gegeben ist.[243] In seiner Konzeption schließt IAS 38.63, wie auch § 248 II 2 HGB n.F., den Ansatz selbst geschaffener Markennamen, Drucktitel, Verlagsrechte, Kundenlisten sowie ihrem Wesen nach vergleichbare Sachverhalte aus. Weiterhin müssen auch die Anschaffungs- oder Herstellungskosten des *asset* einer verlässlichen Bewertung zugänglich sein.[244] Wie es noch zu zeigen gilt, gleichen sich die beiden betrachteten Vorschriften nicht nur im Falle dieses Ausschlusskriteriums häufig bis auf den Wortlaut. Da der RegE BilMoG ebenfalls zunächst eine Aktivierungspflicht über die gleiche Systematik vorgesehen hatte, wäre auch insoweit ein Gleichlauf zu verzeichnen gewesen.

4.1.2.1.1 Die Aktivierungskriterien nach IAS/IFRS

Für die auf die Forschungsphase entfallenden Kosten bei der Erstellung eines *intangible asset* sieht IAS 38.54 ebenfalls ein Aktivierungsverbot vor.[245] Diese Ausgaben sind folglich, wie nach deutschem Bilanzrecht, als Aufwand im Jahr ihrer Entstehung zu erfassen. Anders als nach HGB geben die IFRS jedoch auf den ersten Blick weitaus detailliertere Vorgaben zur Abgrenzung der während der Entwicklungsphase zu aktivierenden Kosten.[246] Hierfür normiert IAS 38.57 sechs Bedingungen, die kumulativ gegeben sein müssen, um eine Aktivierungsfähigkeit auszulösen:

---

243 Gemäß IAS 38.10 ff. werden insgesamt fünf Ansatzkriterien für *intangible assets* formuliert: Identifizierbarkeit („*identifiability*“), die Verfügungsgewalt („*control*“) über eine Ressource und das Bestehen eines künftigen wirtschaftlichen Nutzens. Dieser Nutzenzufluss muss dabei dem *asset* auch zurechenbar und wahrscheinlich sein. Vgl. *Wagenhofer*, Int. Rechnungslegungsstandards, S. 217.

244 IAS 38.21.

245 Als Beispiele für Forschungsaktivitäten nennt IAS 38.56 u.a. Tätigkeiten zur Erlangung neuen Wissens, Untersuchungen, Bewertungen und Endauswahl von neuen Forschungsergebnissen und zugehörigem Know how, Untersuchungen betreffend Alternativen für Produktionsmaterial und –verfahren, Systeme und Dienstleistungen. In auffälliger Nähe befinden sich auch die genannten Beispiele im Rahmen des RefE BilMoG, S. 123 und zwar sowohl zu den genannten Forschungsaktivitäten als auch zu den in IAS 38.59 erwähnten Entwicklungsaktivitäten. S.a. *Wagenhofer*, Int. Rechnungslegungsstandards, S. 219.

246 Detaillierte Regelungen finden sich beispielsweise auch mit SIC 32 hinsichtlich der Bilanzierung von Websitekosten nach IFRS.

1. Die technische Realisierbarkeit der Fertigstellung des *intangible asset,* damit dieses zur internen Nutzung oder zur Vermarktung zur Verfügung stehen wird,
2. die Absicht zur Fertigstellung sowie zur Nutzung oder zum Verkauf,
3. die Fähigkeit zur Nutzung oder zum Verkauf,
4. die Darlegung, wie ein voraussichtlicher künftiger wirtschaftlicher Nutzen erzielt werden wird,
5. die Verfügbarkeit adäquater technischer, finanzieller und sonstiger Ressourcen, um die Entwicklung abzuschließen und den immateriellen Vermögenswert nutzen oder verkaufen zu können sowie schließlich
6. die Fähigkeit zur verlässlichen Bewertung der dem *intangible asset* während seiner Entwicklung zurechenbaren Ausgaben.

Diese zusätzlichen Aktivierungskriterien sind jedoch ihrerseits wiederum auslegungs- und ausfüllungsbedürftig, so dass der Detaillierungsgrad nicht darüber hinwegtäuschen darf, dass sich ebenfalls erhebliche Ermessensspielräume eröffnen.[247] Grundsätzlich relativ problemlos nachzuweisen sein sollte die Ansicht, Fähigkeit und die Verfügbarkeit technischer, finanzieller und sonstiger Ressourcen zur Fertigstellung oder Nutzung eines *asset*. Problematischer dürfte sich hingegen der Nachweis der Kriterien 1 und 4 erweisen. An das Merkmal des voraussichtlichen künftigen wirtschaftlichen Nutzens werden jedoch im Rahmen der IFRS keine allzu hohen Anforderungen gestellt. Aufgrund des Verweises auf die Methode zur Schätzung des Nutzenwerts gemäß IAS 36 genügt es, wenn die Unternehmensführung überzeugend darlegen kann, dass der immaterielle Vermögenswert dazu beitragen wird, höhere Nettoeinzahlungen zu erzeugen.[248] Der Nachweis der technischen Realisierbarkeit ist demgegenüber

247 Da die Gesetzessystematik die positive Beweislast dem Unternehmen zuordnet, wenn es *intangible assets* aktivieren möchte und sich hieraus aber zugleich keine Verpflichtung zum aktiven Erheben eines solchen Nachweises ableiten lässt, liegt es weiterhin weitgehend im Ermessen der Unternehmensführung, ob die jeweiligen assets aktiviert werden oder nicht. Dieser Spielraum im Rahmen der grundsätzlichen Aktivierungspflicht wird freilich wie nach handelsrechtlichen Grundsätzen durch die Vorgehensweise bei anderen Entwicklungsprojekten i.S.d. Stetigkeit eingeschränkt. Vgl. *Baetge/v. Keitz*, in: Baetge/Dörner/Kleekämper et al., Rechnungslegung nach IFRS, IAS 38, Rn. 69; *Wagenhofer*, Int. Rechnungslegungsstandards, S. 220f.; s.a. *Küting*, DB 2011, 1404 (1406 ff.); *Eppinger/Hägele/Orterer*, IRZ 2013, 421 (421 ff.).

248 A.A. *Dörner/Neubert*, IRZ 2008, 449 (453 ff.), die im Vergleich zu den handelsrechtlichen Vorschriften hierin eine höhere Hürde sehen. Dies könnte nicht nur im Einzelfall einem Gleichlauf der Aktivierungszeitpunkte für Entwicklungsprojekte nach HGB und IFRS entgegenstehen.

regelmäßig nur dann zu führen, wenn die Nutzung bzw. die externe Verwertung des Vermögenswertes nicht unter dem Vorbehalt der Zustimmung Dritter steht. Gerade dann aber ist die Beurteilung der Machbarkeit weitestgehend in das Ermessen des Unternehmens gestellt.[249]

4.1.2.1.2 Gestaltungsspielräume

Die dargestellten Kriterien zeichnen sich daher im Vergleich zu den handelsrechtlichen Regelungen vorrangig durch ihren Umfang und nicht durch ihr hohes Maß an Bestimmtheit aus.[250] Der Nachweis der Ansatzkriterien des IAS 38.57 beruht jedoch auf einer umfangreichen Dokumentation der unternehmensinternen Entwicklungsprojekte.[251] An dieser Stelle soll zwar nicht ein weiterer Versuch unternommen werden, die einzelnen Kriterien einer grundsätzlichen Kritik zu unterwerfen, es kann jedoch zusammenfassend festgestellt werden, dass diese zwar geeignet erscheinen dem Anwender eine Orientierung zu geben, aber selbst insgesamt aufgrund ihrer Unbestimmtheit nur wenig objektivierbar sind. Während die technische Realisierbarkeit hierbei noch weitgehend objektivierbar sein dürfte, lassen sich die Absichten, Möglichkeiten und Ressourcen des Unternehmens nur aus Planungsrechnungen ableiten und nachweisen. Insoweit eröffnet sich ebenfalls ein nicht unerheblicher Gestaltungsspielraum bei der Darstellung. Beispielhaft sei dies am Nachweis der Verfügbarkeit von finanziellen Ressourcen illustriert: Ist für diesen Zweck der Nachweis einer Kreditzusage oder die Absichtserklärung von Kapitalgebern erforderlich, ist es durchaus vorstellbar, dass diese erst nach der Aufstellung des Abschlusses eingeholt werden, obwohl die Finanzierung des Projektes faktisch bereits gesichert ist.[252] Aufgrund der Tatsache, dass die Aktivierungspflicht bei Nichterfüllung eines der sechs Kriterien in ein Aktivierungsverbot umschlägt, bietet die Beurteilung der einzelnen Voraussetzungen einen enormen Hebel für die Ergebnisbeeinflussung.[253]

Da der Gesetzgeber mit dem BilMoG mit Verweis auf die Tradition der kontinentaleuropäischen Gesetzgebung richtigerweise auf umfangreiche Regelungen zur Bilanzierung, insbesondere zur Aktivierung von Entwicklungskosten,

---

249 *Ruhnke*, Rechnungslegung nach IFRS und HGB, S. 461; *Petersen/Bansbach/Dornbach*, IFRS Praxishandbuch, S. 133f.; *Wagenhofer*, Int. Rechnungslegungsstandards, S. 221.

250 Vgl. *Küting/Ellmann*, DStR 2010, 1300 (1303).

251 *Eitzen/Moog/Pyschny*, KoR 2010, 357 (358).

252 Vgl. *Ziesemer*, Rechnungslegungspolitik, S. 78.

253 *Burger/Ulbrich/Knoblauch*, KoR 2006, 729 (733).

verzichtete, wird ein Rückgriff auf die dargestellten Kriterien im Rahmen der notwendigen Konkretisierung häufig nahe liegen.[254] Ein etwaiger Rückgriff auf die detaillierten Standards als eine Erkenntnisquelle des Rechtsvergleichs ist hierbei aber keineswegs obligatorisch, so dass ein weitgehender Gleichlauf alles andere als gesichert ist.[255] Der Gesetzgeber strebte bewusst nicht den Detaillierungsgrad der IFRS an bzw. verzichtete in bewusster Abgrenzung zu diesen auf allzu ausführliche Regeln zu konkreten Einzelaspekten. Betrachtet der Gesetzgeber jedoch die Regelungsdichte der IFRS gerade als Schwäche der internationalen Standards und sieht die entscheidenden Vorteile des tradierten Systems in der geringeren Komplexität und Prinzipienorientierung des HGB, so kann auch ein uneingeschränkter Rückgriff auf die IFRS in diesem Punkt nicht intendiert gewesen sein.[256] Ist daher festzustellen, dass der Gesetzgeber bewusst nicht vollumfänglich den Vorgaben der IFRS gefolgt ist, um Fehlentwickungen im Handelsrecht zu vermeiden, verbietet sich auch ein uneingeschränkter Rückgriff auf die Kriterien des IAS 38.57 im Rahmen der Konkretisierung.

4.1.2.2 Die Bewertung von *intangible assets*

4.1.2.2.1 Das Methodenwahlrecht

Intangible assets sind ebenso wie nach dem HGB grundsätzlich im Zeitpunkt des Zugangs mit ihren Anschaffungs- oder Herstellungskosten anzusetzen. Im Rahmen der Folgebewertung besteht jedoch eine Wahlmöglichkeit zwischen dem Anschaffungskostenmodell („*cost model*“) und dem Neubewertungsmodell („*revaluation model*“).[257] Ersteres Modell sieht mit IAS 38.97 ff. ebenfalls eine planmäßige Abschreibung der aktivierten *intangible assets* bei einer begrenzten Nutzungsdauer vor. Unabhängig von der Nutzungsdauer ist analog zu den Vorschriften des HGB eine außerplanmäßige Abschreibung bei einer Wertminderung vorzunehmen.[258]

4.1.2.2.2 Das Neubewertungsmodell („revaluation model“)

Im Gegensatz hierzu muss bei Anwendung des so genannten Neubewertungsmodells i.S.v. IAS 38.75 eine regelmäßige Neubewertung des *asset* vorgenommen werden. Bis zur nächsten Neubewertung werden planmäßige und ggf. außerplanmäßige Abschreibungen sowie Zuschreibungen vorgenommen. Bei der

254 Vgl. *Boecker/Künkele*, IRZ 2010, 484 (485).

255 Vgl. *Kessler*, PiR 2010, 33 (39).

256 Vgl. *Hennrichs*, in: Bitter/Lutter, FS für Karsten Schmidt, S. 581 (585).

257 Eing. zur Folgebewertung nach IFRS Kapitel 5.2.7.

258 Für diese Zwecke ist nach IAS 38.111 IAS 36 anzuwenden.

nächsten Neubewertung wird der vorherige Bewertungsbetrag mit dem neuen Neubewertungswert verglichen. Im Falle einer so genannten „wesentlichen Abweichung“ kommt es zu einer Anpassung des ausgewiesenen Betrages.[259] Zu beachten ist hierbei, dass die Neubewertungsmethode immer auf das *asset* als Ganzes anzuwenden ist. Dies gilt selbst dann, wenn in der Herstellungsphase als Folge der zunächst nicht erfüllten Ansatzkriterien nur ein Teil der Entwicklungskosten aktiviert worden ist.[260] Über die Wahl der Bewertungsmethode ist es dem Bilanzierenden daher möglich, ein *asset* auch mit einem Wert weit über den Herstellungskosten auszuweisen bzw. Entwicklungs- oder sogar Forschungskosten „nachzuaktivieren“. Durch diese Neubewertung kann zwar nicht das Ausschüttungsvolumen bilanzpolitisch beeinflusst werden, da die Zuschreibungen auf einen höheren Zeitwert, soweit diese über dem fortgeführten Buchwert liegt, zwingend nach IAS 16.39 erfolgsneutral im Eigenkapital zu erfassen sind. Es besteht jedoch durch den Ansatz von objektiv kaum nachprüfbaren höheren Zeitwerten die Möglichkeit, die Vermögens- und Eigenkapitalstruktur je nach bilanzpolitischem Interesse zu beeinflussen.[261]

Diesem Bewertungsmodell wird jedoch dem HGB zumindest hinsichtlich der selbst geschaffenen immateriellen Vermögensgegenstände wohl wenig Vorbildwirkung zukommen, da diese Methode regelmäßig auf einen aktiven Markt angewiesen sein wird.[262] Diese Annahme findet seine Grundlage nicht allein in theoretischen Erwägungen, sondern darüber hinaus in den bisherigen Erfahrungen aus der Bilanzierungspraxis im Rahmen der Rechnungslegungsorganisation nach IFRS.[263]

---

259 *Hoffmann*, in: Lüdenbach/Hoffmann, IFRS Komm, § 8, Rn. 67.

260 S. hierzu auch Kapitel 4.1.2.2.2.

261 *Engel-Ciric*, DStR 2002, 780 (782); *Janssen*, Rechnungslegung im Mittelstand, S. 131.

262 Vgl. *Esser/Hackenberger*, KoR 2004, 402 (411); *Schellhorn/Weichert*, DStR 2001, 865 (868); *Janssen*, Rechnungslegung im Mittelstand, S. 141; *Seidel/Grieger/Muske*, BB 2009, 1286 (1286); Auch das IASB hält es in IAS 38.78 für unwahrscheinlich, dass für immaterielle Vermögenswerte aktive Märkte vorhanden sind, weil bei immateriellen Vermögenswerten die Verträge individuell zwischen Käufer und Verkäufer ausgehandelt werden und nur selten Transaktionen stattfinden. Als Ausnahmen werden Taxilizenzen, Fischereilizenzen und Produktionsquoten genannt.

263 Vgl. *v. Keitz*, Praxis der IASB-Rechnungslegung, S. 43, die empirisch zeigt, dass von 58 deutschen IFRS-Bilanzierern, welche selbst erstellte immaterielle Vermögenswerte aktiviert haben, kein Unternehmen das Neubewertungsmodell angewandt hat. S.a. *Petersen/Bansbach/Dornbach*, IFRS Praxishandbuch, S. 135; *Ruhnke*, Rechnungslegung nach IFRS und HGB, S. 467.

4.1.2.2.3 *Die Folgebewertung in Abhängigkeit von der jeweiligen Nutzungsdauer*

Die Folgebewertung nach IFRS von immateriellen Vermögenswerten wird zudem von der Zuordnung zu zwei Kategorien abhängig gemacht. Zum einen der Kategorie der immateriellen Vermögenswerte mit unbestimmter (nicht unbegrenzter) Nutzungsdauer und zum anderen denen mit endlicher, begrenzter Nutzungsdauer.[264] Von besonderem Interesse ist diese Kategorisierung vorliegend, da mit Ersterer dem Umstand Rechnung getragen wird, dass die jeweilige Nutzungsdauer eines immateriellen Vermögenswerts häufig nicht absehbar sein wird. IAS 38.88 i.V.m. IAS 38.107 gesteht den immateriellen Vermögenswerten eine unbestimmte Nutzungsdauer zu und sieht in diesen Fällen von einer planmäßigen Abschreibung ab.[265] Durch das handelsrechtliche Kriterium der zeitlichen Begrenzung ist eine vergleichbare Kategorie von immateriellen Vermögensgegenständen ohne bestimmbare Nutzungsdauer, die ausschließlich außerplanmäßigen Abschreibungen unterliegen, nach HGB *de lege lata* ausgeschlossen.

Ungeachtet der Tatsache, dass an dieser Stelle keine kontroverse Darstellung des so genannten *impairment only approach* erfolgen soll, erscheint in Anbetracht der dargestellten Problemstellung das Ausstrahlungspotenzial dieser internationalen Praxis nicht gänzlich unbedeutend.[266] Um die Rechnungslegung praktikabel und objektivierbar zu gestalten, ist aber in diesen Fällen, in denen die betriebsindividuelle Nutzungsdauer nicht verlässlich geschätzt werden kann, eine gesetzlich typisierte Nutzungsdauer vorzugswürdig.[267] Eine derartige Vor-

---

264 Vgl. *Kasperzak/Kalantary*, WPg 2011, 1114 (1116 ff.); s.a. eing. zur Bewertung des *goodwill* Kapitel 5.1.3.

265 Ein immaterieller Vermögenswert hat hierbei nach IAS 38.88 eine unbestimmte Nutzungsdauer sofern keine zeitliche Befristung der aus dem immateriellen Vermögenswert dem Unternehmen zufließenden Netto-Cashflows absehbar ist.

266 Vgl. *Hüttche*, StuB 2008, 163 (169); *Köster*, BB 2007, 2791 (2794); krit. *Hennrichs*, DB 2008, 537 (541)

267 In diese Richtung weist auch der am 09.07.2009 veröffentlichte finale Standard „IFRS for SMEs" 18.19 ff., der die Streichung des Wahlrechtes zur Neubewertungsmethode und somit die planmäßige Abschreibung von *Goodwills* und allen immateriellen Vermögenswerten vorsieht. Im Falle einer unbestimmbaren Nutzungsdauer im Sinne der full IFRS sieht 18.20 IFRS for SMEs eine max. Abschreibungsdauer von 10 Jahren vor. Der *impairment-only-approach* der *full-IFRS* wurde folglich für den Anwendungsbereich der IFRS for SMEs nicht für sinnvoll erachtet. Zu beachten gilt aber in diesem Rahmen, dass Ausgaben für selbst erstellte immaterielle Vermögenswerte nach Maßgabe des neuen SME-Standards im Gegensatz zu IAS 38 nach 18.4 IFRS for SMEs i.V.m. 2.37 IFRS for SMEs bereits grundsätzlich aufwandswirksam zu erfassen

gehensweise würde sich weitaus besser in das tradierte Handelsrecht einpassen und der in jedem Fall tatsächlich begrenzten Nutzungsdauer Rechnung tragen. Zur Bestimmung der typisierten Nutzungsdauer könnten hierbei Anleihen aus dem Steuerrecht genommen werden.[268] Die Auswirkungen auf die Eigenkapitalbasis wären sowohl nach der einen als auch der anderen Vorgehensweise jeweils stark einzelfallabhängig. Während die „außerplanmäßigen Abschreibungen" nach IFRS sicher weitere bilanzpolitische Ermessensspielräume eröffnen, könnte diese Vorgehensweise für den Fall eines plötzlichen oder unerwarteten Werteverzehrs vor allem in den ersten Jahren den Wertverlust zutreffender darstellen, als dies im Falle einer linearen Abschreibung möglich wäre. Da die IFRS anders als das Handelsrecht von der Kategorie einer „voraussichtlich dauernden Wertminderung" absehen, dürfte die außerplanmäßige Abschreibung auch zumindest eher wahrscheinlich sein als nach HGB.[269]

4.1.2.2.4 Die Besonderheiten bei der Ermittlung der Herstellungskosten

Nicht im HGB geregelt und in der Literatur umstritten ist die Frage der Behandlung von Entwicklungskosten, die bis zum Aktivierungszeitpunkt angefallen sind und somit ursprünglich als Aufwand erfasst wurden. Diese Kostenzurechnung erscheint zunächst unter dem Aspekt problematisch, als dass die IFRS mit IAS 38.71 einen expliziten Ausschluss vorsehen,[270] während das Handelsrecht diesen Fall zumindest nicht ausdrücklich reglementiert. Zudem lässt auch der Referentenentwurf, der in seiner Begründung von der „Aktivierung der in der Entwicklungsphase angefallenen Aufwendungen" spricht, eine Schlussfolgerung derart zu, dass sämtliche Entwicklungsaufwendungen in der Bilanz nach HGB angesetzt werden müssen.[271] Ohne hierbei auf eine gesetzliche Klarstellung zu-

---

sind. Damit ist die Aktivierung von selbst geschaffenen immateriellen Vermögenswerten nach den IFRS for SMEs ausgeschlossen, was einen bedeutenden Unterschied zu den *full-IFRS* und sogar zum HGB n.F. darstellt. Vgl. *Winkeljohann/Morich*, BB 2009, 1630 (1631); *Hoffmann*, in: Lüdenbach/Hoffmann, § 8, Rn. 62; *Pellens*, FAZ v. 22.03.2010, S. 12; *Haaker/Lüdenbach*, PiR 2010, 110 (110); *Kirsch*, PiR 2010, 1 (3); zum ED/2013/9 *Kirsch*, IRZ 2013, 467 (467 ff.).

268 S. beispielsweise die planmäßige Abschreibung des GoF gemäß § 7 I 3 EStG über 15 Jahre.

269 Vgl. *Wagenhofer*, Internationale Rechnungslegungsstandards, S. 206.

270 S.a. *Petersen/Bansbach/Dornbach*, IFRS Praxishandbuch, S. 136; *Wagenhofer*, Int. Rechnungslegungsstandards, S. 217.

271 RefE BilMoG, S. 122; s.a. *Mindermann*, WPg 2008, 273 (275f.); *Fülbier/Gassen*, DB 2007, 2605 (2609); *Hennrichs*, DB 2008, 537 (540), die diese Interpretation für möglich halten, ohne sie zu befürworten. Im Kontext von materiellen Vermögensgegenständen diese Möglichkeit nicht ausschließend *Wohlgemuth*, in: Lef-

rückgreifen zu können, spricht vorliegend wenig für ein Auseinanderlaufen der Vorschriften nach HGB und IFRS.[272] Eine rückwirkende, nachträgliche Aktivierung von in vergangenen Perioden als Aufwand verrechneten Ausgaben erscheint schon vor dem Gesichtspunkt des Bestandschutzes der erstellten Abschlüsse als wenig sinnvoll. Während es bei einer ergebnisneutralen Nachaktivierung zu einem Verstoß gegen das Kongruenzprinzip käme, da die ursprünglich bereits als Aufwand gebuchten Sachverhalte infolge einer Nachaktivierung nochmals zu Aufwendungen in Form der planmäßigen Abschreibungen führen würden, hätte eine ergebniswirksame Nachaktivierung eine erhebliche Verzerrung der Darstellung der Ertragslage im Geschäftsjahr der Nachaktivierung zur Folge.[273] Gerade bei Entwicklungsprojekten, die mehrere Jahre umfassen, würde diese Verfahrensweise zu erheblichen Ergebnissprüngen führen. Ein Nachaktivierungsverbot erscheint schließlich auch nach den bisherigen Grundsätzen des Handelsrechts als konsequent, da nur auf diese Weise dem Aktivierungszeitpunkt die bekannte Bedeutung zukäme.[274] Im Ergebnis führt dies dazu, dass ein selbst erstellter immaterieller Vermögenswert in diesen Fällen nicht mit einem überhöhten Wert, sondern lediglich mit einem Bruchteil der Herstellungskosten in der Bilanz auszuweisen ist.[275] Obgleich auch auf diesem Weg die Vermögens- und Ertragslage nur unzutreffend dargestellt wird, ist diese „vorsichtigere“ Darstellung nicht allein unter Kapitalschutzaspekten vorzugswürdig.

---

fson/Rückle/Großfeld, Handwörterbuch unbestimmter Rechtsbegriffe im Bilanzrecht des HGB, Rn. 472 ff.

272 Vgl. bereits *AK Immaterielle Vermögenswerte im Rechnungswesen*, in: Horváth/Möller, Intangibles in der Unternehmenssteuerung, S. 236.

273 *Dawo*, Immaterielle Güter in der Rechnungslegung nach HGB, IAS-IFRS und US-GAAP, S. 311f.; *Hüttche*, StuB 2008, 163 (165).

274 *Budde/Kessler*, in: Kessler/Leinen/Strickmann, HdB. BilMoG, S. 155; *Laubach/Kraus/Bornhofen*, DB 2009, Beil. 5, 19 (23); *AK „Immaterielle Werte“ im Rechnungswesen“*, DB 2008, 1813 (1818f.); *Heyd/Kreher*, BilMoG, S. 42; *Hennrichs*, GmbHR 2010, 17 (19); s.a. RegE BilMoG, BT-Drs. 16/10067, S. 60f. legt ebenfalls eine entsprechende Interpretation nahe.

275 Diese mögliche Folge des Standards war auch bereits Anlass, dass in den verschiedenen Stadien der Erarbeitung von IAS 38 ein vollständiges Aktivierungsverbot für Entwicklungsausgaben diskutiert wurde. Dem insoweit relativierten Informationsgehalt wurde aber schließlich der Vorzug ggü. der Beseitigung der Ermessensspielräume eingeräumt.

4.1.2.2.5 Die praktische Bedeutung der Bilanzierung von Entwicklungskosten

Soweit also die Bilanzrechtssysteme nach HGB und IFRS betrachtet werden, kann die geübte Kritik an der Aktivierung der selbst geschaffenen immateriellen Vermögensgegenständen[276] in beiden Systemen mit den angeführten Überlegungen nur bestätigt werden. Neben dem Konflikt mit der Zahlungsbemessungsfunktion des Jahresabschlusses ist vorrangig die Kritik an den bilanzpolitischen Gestaltungsspielräumen sowie den zahlreichen Unsicherheiten und Schätzungen im Rahmen der Bewertung gerechtfertigt. Mit unterschiedlicher Gewichtung gilt dies aber sowohl für die IFRS als auch für das Handelsrecht. Es ist daher fraglich, ob die theoretischen Problemstellungen auch mit einer entsprechenden praktischen Relevanz korrespondieren. Die empirischen Untersuchungen über die Bilanzierungspraxis von Entwicklungskosten nach IFRS, der in den vergangenen Jahren gleichbleibende Aufmerksamkeit geschenkt wurde,[277] sollen hierbei als Grundlage für Rückschlüsse auf die zukünftige handelsrechtliche Bilanzierungspraxis und den zu erwartenden Einfluss der aktivierten Entwicklungskosten auf den ausgewiesenen Gewinn dienen. Dass sich wohl häufig die Bilanzierer nach HGB und IFRS nicht nur hinsichtlich der Größenordnung, sondern auch der Unternehmensstruktur unterscheiden werden, muss hierbei in Kauf genommen werden.

4.1.2.2.5.1 Das branchenspezifische Aktivierungspotenzial

Bereits mehrere Untersuchungen konnten im Grundsatz feststellen, dass die Bereitschaft zur Aktivierung selbst erstellter immaterieller Vermögenswerte und die Höhe der angesetzten Kosten stark von der jeweiligen Branchenzugehörigkeit abhängen. Vor allem in der Automobil- und Industriebranche sind die Anzahl der aktivierenden Unternehmen und die Höhe der angesetzten Kosten besonders groß.[278] Im Gegensatz hierzu sind die aktivierten Kosten in der Pharmabranche eher gering, obwohl die Gesamtausgaben für Forschung und Ent-

---

276 S. beispielsweise *Küting/Pfirman/Ellmann*, KoR 2008, 689 (691f.); *Dobler/Kurz*, KoR 2008, 485 (489); *Sigle/Lüdenbach*, PiR 2008, 131 (131).

277 Empirische Studien zu den Entwicklungskosten bieten etwa *v. Keitz*, Praxis der IASB Rechnungslegung, S. 36 ff.; *Leibfried/Pfanzelt*, KoR 2004, 491 (491 ff.); *Hager/Hitz*, KoR 2007, 205 (205 ff.); *Hitz*, IRZ 2007, 319 (319 ff.); *Wulf*, Immaterielle Vermögenswerte nach IFRS, S. 121 ff.; *Küting*, PiR 2008, 315 (315 ff.); *Haller/Froschhammer/Groß*, DB 2010, 681 (681 ff.); s.a. *Endert/Sepetauz*, BBK 2011, 304 (311f.) mit Erhebungen für das Geschäftsjahr 2009 für den Bereich KMU.

278 v. *Keitz*, Praxis der IASB-Rechnungslegung, S. 40f.; *Wulf*, Immaterielle Vermögenswerte nach IFRS, S. 138; *Hager/Hitz*, KoR 2007, 205 (209).

wicklung vergleichsweise hoch ausfallen.[279] Von den jeweils betrachteten Konzernen aktivierten, trotz der formell bestehenden Aktivierungspflicht, im Jahre 2005 55,3 %, 2006 57,6 % und 2007 62,4 % überhaupt Entwicklungskosten in ihren Bilanzen.[280] Inwieweit die hohe Zahl der nicht-aktivierenden Unternehmen auf die aufgezeigten Ermessensspielräume zurückzuführen ist, lässt sich wohl nur mutmaßen. Erste empirische Analysen zum Geschäftsjahr 2010, denen HGB-Konzernabschlüsse zugrunde liegen, bestätigen diese weitgehende Zurückhaltung im Rahmen der Aktivierung von selbstgeschaffenen immateriellen Vermögensgegenständen.[281] In diesen Fällen dürfte die Ursache in dem erhöhten Verwaltungsaufwand der Konzerne begründet liegen sowie der Tatsache, dass die Aktivierung von Entwicklungskosten im Rahmen eines Bilanzratings nach Basel II von den Banken bislang nicht akzeptiert wird.

4.1.2.2.5.2 Das bilanzpolitische Aktivierungspotenzial selbst geschaffener immaterieller Vermögensgegenstände

Da die Aktivierung von Entwicklungskosten es den Unternehmen aber grundsätzlich ermöglicht ihr ausgewiesenes Ergebnis zu entlasten, ist weiterhin für den vorliegenden Untersuchungsgegenstand das jeweilige Verhältnis der aktivierten Kosten zum ausgewiesenen Ergebnis von Interesse. *Haller/Froschhammer/Groß* nutzen hierbei das jeweilige Ergebnis vor Steuern, um eben dieses Verhältnis zu beleuchten.[282] Der Vergleich zum Fall eines Aktivierungsverbots zeigt jedoch deutlich, dass die Entwicklungskosten grundsätzlich kaum Einfluss auf den ausgewiesenen Gewinn haben, da sich durch die Abschreibungen die Ergebniseffekte regelmäßig schnell relativieren. Die meisten Unternehmen würden zwar ein geringeres Ergebnis ausweisen, wenn sie auf die Aktivierung verzichten würden, die Abweichungen schwanken aber in einem unwesentlichen Bereich von 0 und 1,3 %. Einzelfälle, wie das untersuchte Ergebnis von *EADS N.V.* aus dem Jahre 2006, zeigen jedoch das bilanzpolitische Potenzial, das sich dem Bilanzierenden durch die Aktivierung selbst erstellter immaterieller Vermögenswerte erschließt. Das Luft- und Raumfahrtunternehmen hätte im Jahr 2006 einen Verlust i.H. von 370 Mio. € ausweisen müssen, wenn die Entwicklungskosten für den Airbus A 380 ergebniswirksam erfasst

---

279 Vgl. *Wulf*, Immaterielle Vermögenswerte nach IFRS, 2008, S. 138; *Hager/Hitz*, KoR 2007, 205 (210); *Leibfried/Pfanzelt*, KoR 2004, 491 (494 ff.).

280 *Haller/Froschhammer/Groß*, DB 2010, 681 (683); s.a. *v. Keitz*, Praxis der IASB-Rechnungslegung, S. 40, die ähnliche Werte für die Jahre 2002 ff. ermittelt hat.

281 Vgl. *BDI*, Das BilMoG in der Praxis mittelständischer Unternehmen, S. 11f.

282 *Haller/Froschhammer/Groß*, DB 2010, 681 (688).

worden wären. Stattdessen konnte durch die Aktivierung ein Gewinn i.H. von 34 Mio. € erzielt werden.

Den empirischen Studien ist jedenfalls gemein, dass sie übereinstimmend zeigen, dass die Aktivierung von Entwicklungskosten nicht nur bei Unternehmen relevant ist, die im weitesten Sinne dem Industrie- und Hightechbereich zuzuordnen sind, sondern durchaus auch bei Unternehmen, die mit Forschung und Entwicklung regelmäßig weniger in Verbindung gebracht werden.[283] Allerdings reduzieren sich die Ergebniseffekte zumeist über die Perioden durch die vorzunehmenden Abschreibungen.[284] Im Rahmen der erstmaligen Aktivierung können jedoch in Einzelfällen deutliche Ergebniseffekte erzielt werden, die geeignet sind, das Ausmaß von Krisenjahren zu relativieren.[285] Die Berichterstattung über den Anhang ist bereits aufgrund der zu beobachtenden geringen Qualität der Anhangangaben und der aufgezeigten Gestaltungsspielräume des Bilanzerstellers nicht geeignet dieses strukturelle Defizit zu beseitigen.[286] Dies gilt jedenfalls unabhängig davon, dass die Ausschüttungssperre eine Auskehrung des zusätzlich aktivierten Ertrages an die Anteilseigner unterbinden kann.

4.1.3 Exkurs: Die IFRS als Auslegungshilfe für handelsrechtliche GoB

Die im Rahmen dieser Untersuchung gewählte Vorgehensweise der Gegenüberstellung der handelsrechtlichen Regelung mit der Vorgehensweise nach IFRS, die zunächst zahlreichen Verweise auf die IFRS in den Gesetzesmaterialien,[287] die Absicht des Gesetzgebers eine Annäherung an die Prinzipien internationaler Rechnungslegung zu erreichen sowie die auffälligen Gemeinsamkeiten zwischen den dargestellten Bilanzrechtssystemen sprechen zunächst für einen Rückgriff auf die IFRS im Rahmen der zukünftigen Auslegung des HGB. Diese scheinbar naheliegende Vorgehensweise findet ihre Ursache in den konkretisierungsbedürftigen Normen einerseits und den häufig detaillierteren Vorschriften im Rahmen der IFRS anderseits. Die sich hierbei auftuende Diskrepanz darf jedoch nicht darüber hinwegtäuschen, dass die kontinentaleuropäischen Gesetzgeber, und so auch der deutsche Gesetzgeber im Rahmen des BilMoG, lediglich

283 S.a. *Seidel/Grieger/Muske*, BB 2009, 1286 (1286).

284 *Haller/Froschhammer/Groß*, DB 2010, 681 (689).

285 S.a. *Baetge/Maresch/Schulz*, DB 2008, 417 (418f.) für die Überleitung von HGB-Kennzahlen auf IFRS.

286 Vgl. *Haller/Froschhammer/Groß*, DB 2010, 681 (684).

287 Zu beachten ist jedoch die Distanzierung von Verweisen und Inhalten auf bzw. aus den IFRS in allen auf den Referentenentwurf folgenden Entwürfen.

der Rechtstradition gerecht wird und sich unbestimmter Rechtsbegriffe bedient, um abstrakt-generelle Regelungen auszufüllen. Bei der Auslegung dieser können und sollen die bekannten Auslegungsgrundsätze herangezogen werden.

Es verwundert daher zunächst, dass Teile der Literatur wie selbstverständlich die neuen Regelungen anhand der IFRS auslegen.[288] Speziell die teleologische Rechtsauslegung stößt jedoch zugegebenermaßen bei der Anwendung des BilMoG auf unbekannte Schwierigkeiten. Durch die Annäherung der Regelungen des BilMoG an die Informationsinhalte der IFRS tritt die Zielsetzung des Gesetzes im Hinblick auf die Auslegung von Rechnungslegungsvorschriften nicht mehr so klar in Erscheinung, wie dies nach bisheriger Rechtslage durch die eindeutige Priorisierung des Gläubigerschutzgedankens verwirklicht war.[289]

4.1.3.1 Die vermeintliche Notwendigkeit einer Neuinterpretation der bestehenden GoB

Insbesondere die Grundsätze ordnungsmäßiger Buchführung, wie beispielsweise das Vorsichts-, Niederstwert- oder Anschaffungskostenprinzip, waren eindeutig gläubigerschutzorientiert. Sollte sich dies durch die Aufwertung der Informationsfunktion, die nunmehr fast gleichwertig neben den Gläubigerschutz getreten sein dürfte,[290] grundlegend geändert haben, hätte dies Auswirkungen auf die Auslegung der unbestimmten Rechtsbegriffe und die Grundsätze der Kapitalerhaltung. Die dargestellte, an IAS 38 angelehnte Regelung zur Aktivierung von selbst geschaffenen immateriellen Vermögensgegenständen mit ihren erheblichen Spielräumen und Lücken mag hierfür als Beispiel dienen.[291] Die massiven Unterschiede hinsichtlich der Aktivierungsfähigkeit im überholten Handelsrecht im Vergleich zu den IFRS sind hierbei auf eine unterschiedliche Gewichtung der Unsicherheiten hinsichtlich der Ansatzfähigkeit und der Bewertung einerseits und dem Streben nach vollständiger Erfassung der Vermögenswerte anderseits zurückzuführen.[292]

---

288 S. beispielsweise *Lüdenbach/Hoffmann*, DStR Beih. 2007, 3 (6); *Köster*, BB 2007, 2791 (2792); s.a. *Laubach/Kraus/Bornhofen*, DB 2009, Beil. 5, 19 (22); *Heyd/Kreher*, BilMoG, S. 48.

289 *Heyd/Kreher*, BilMoG, S. 5.

290 Teile der Literatur räumen der Ausschüttungsbemessungsfunktion auch weiterhin einen Vorrang vor der Informationsfunktion ein. Vgl. hierzu *Rade/Stobbe*, DStR 2009, 1109 (1114); *Winkeljohann/Schellhorn*, in: Ellrott et al., BeckBilKomm., 6. Aufl., § 264, Rn. 35; *Rade/Stobbe*, DStR 2009, 1109 (1114) m.w.N.

291 S. a das EuGH-Urteil v. 07.01.2003 – Rs. C-306/99, DB 2003, 181 (181 ff.), welches die Auslegung nationalen Rechts unter Heranziehung der IFRS zulässt.

292 *Theile*, Bilanzrechtsmodernisierungsgesetz, S. 12 ff.

4.1.3.2 Die punktuelle Annäherung an die IFRS

Mit der inhaltlichen Übernahme der Regelungen aus dem Bilanzrechtssystem der IFRS ins deutsche Bilanzrecht droht daher eine stillschweigende Relativierung und Neuinterpretation bestehender GoB.[293] Gegen eine derartige Neuinterpretation allein unter Heranziehung der IFRS können aber gleich mehrere Argumente angeführt werden. Wie bereits die Analyse des Postens der selbst geschaffenen immateriellen Vermögensgegenstände zeigen konnte, wurde vom Gesetzgeber keine generelle, sondern vielmehr punktuelle Annäherung an die IFRS intendiert.[294] Nicht allein die Ausgestaltung als Ansatzwahlrecht, sondern auch der bewusste Verzicht auf eine Übernahme des so genannten *impairment only approach* der IFRS zeigt, dass mit dem BilMoG zwar eine Relativierung des Objektivierungs- und Vorsichtsprinzips in Kauf genommen wurde, jedoch die handelsrechtlichen Grundsätze keineswegs generell verworfen werden sollten.[295] So bleibt etwa die Zeitwertbewertung auch im novellierten Bilanzrecht auf eng umschriebene Ausnahmefälle, wie den Finanzinstrumenten des Handelsbestandes bei Kreditinstituten oder dem Planvermögen nach § 246 II HGB i.V.m. § 253 I 4 HGB, beschränkt. Von einer allgemeinen Angleichung des Handelsrechts an die IFRS kann somit keine Rede sein.

4.1.3.3 Die divergierenden Jahresabschlusszwecke

Wie bereits dargelegt, unterscheiden sich die Bilanzrechtssysteme nach HGB und IFRS jedoch auch nach dem BilMoG grundlegend in ihren Zwecksetzungen. Während die IFRS allein auf die Informationsvermittlung ausgerichtet ist, nimmt das Handelsrecht, wie nicht nur mit der Ausschüttungssperre aus § 268 VIII HGB belegt werden kann, den Kapitalschutz und die Ausschüttungsbemessung mindestens auf gleichwertiger Zielebene auf. Aber auch hierin erschöpft sich nicht der Zweckpluralismus der Handelsbilanz, da die handelsrechtlichen GoB *de lege lata* zudem auch für die steuerliche Gewinnermittlung maßgeblich bleiben.[296] Dementsprechend sind und werden auch zukünftig die handelsrechtlichen Vorschriften nicht allein an „Informations-GoB", sondern je-

---

293 *Fülbier/Gassen*, DB 2007, 2605 (2608); *Küting*, DStR 2009, 288 (293f.); *Theile*, Bilanzrechtsmodernisierungsgesetz, S. 14; *Hennrichs*, S:R 2009, 127 (127f.).

294 *Hennrichs*, S:R 2009, 127 (128).

295 Weiterhin könnte an dieser Stelle die bewusste Abweichung im Rahmen der Begriffsbestimmung des immateriellen Vermögengegenstandes zum *asset*-Begriff nach IFRS als Beispiel herangezogen werden.

296 Vgl. § 5 I EStG, § 8 I 1 KStG; s.a. *Hennrichs*, BFuP 2008, 415 (420).

weils auch an den kapitalschützenden Gewinnermittlungs-GoB zu messen und auszulegen sein.

Dies dürfte selbst für die „Informations-GoB" des Handelsrechts gelten, da keineswegs davon ausgegangen werden kann, dass beide Bilanzrechtssysteme aufgrund ihrer unterschiedlichen Interessenwertungen einheitliche Informationsgrenzen aufweisen.[297] Maßstab für die Vermittlung „entscheidungsnützlicher Informationen" sind allein die Informationsbedürfnisse der Adressaten der Rechnungslegung nach IFRS.[298] Zu diesen Adressaten zählen zwar grundsätzlich neben potentiellen und derzeitigen Investoren auch Arbeitnehmer, Kreditgeber, Lieferanten, Kunden, staatliche Einrichtungen sowie die Öffentlichkeit.[299] Das Problem dieser somit ebenfalls breit gestreuten und divergierenden Interessen der Abschlussadressaten lösen die IFRS aber dadurch, dass sie sich primär an den Informationsbedürfnissen der derzeitigen und potentiellen Investoren orientieren. Der Zweck der Rechnungslegung nach IFRS besteht deshalb in der Bereitstellung von Informationen über die Vermögens-, Finanz-, und Ertragslage sowie deren Veränderung im Zeitablauf.[300] Mit diesen Informationen sollen die Adressaten die Fähigkeit des Unternehmens beurteilen können, in der Zukunft Einzahlungsüberschüsse zu erwirtschaften.[301] Das Handelsrecht dagegen versucht in einem hierzu deutlich gewichtigerem Maße den divergierenden Abschlussinteressen gerecht zu werden und insbesondere auch Informationen bereitzustellen, die es dem Kaufmann selbst ermöglichen sich ein zutreffendes Bild von seinem Unternehmen zu machen und insbesondere Forderungen und Verbindlichkeiten zuverlässig festzuhalten. Hierin kann bereits eine erste gläubigerschützende Wirkung ausgemacht werden. Soweit Forderungen rechtzeitig geltend gemacht und Schulden rechtzeitig erfüllt werden, kommt dies auch den Gläubigern des Kaufmanns zugute.[302]

Schließlich kann gerade im Hinblick auf die ausgemachten Zielkonflikte der Rechnungslegungssysteme nicht außer Acht gelassen werden, dass der IASB als globaler Standardsetter sich notwendigerweise von nationalen Besonderheiten distanziert. Dies hat aber richtigerweise auch notwendig zur Folge, dass die IFRS kaum als Rechtsgrundlage dienlich sein können soweit andere Zwecke als

297 Vgl. *Moxter*, WPg 2009, 7 (9).
298 *Baetge/Kirsch/Thiele*, Bilanzen, S. 141.
299 IFRS Framework 9.
300 *Baetge/Kirsch/Thiele*, Bilanzen, S. 143.
301 IFRS Framework 15.
302 *Hennrichs*, BFuP 2008, 415 (417).

die Anlegerinformation, wie der Kapitalschutz und die steuerliche Gewinnermittlung im Fokus stehen.[303]

Die dargestellten Zielkonflikte haben erhebliche Abweichungen im Rahmen der jeweiligen konkreten Ansatz- und Bewertungsfragen zur Folge, die bei der Interpretation und Auslegung der handelsrechtlichen Normen nicht außer Acht gelassen werden können. Die Investororientierung führt zu einer Zukunftsorientierung und zu einer stärkeren Gewichtung des Prinzips der Relevanz im Vergleich zu dem Prinzip der Verläßlichkeit.[304]

4.1.3.4 Die Dynamik der internationalen Rechnungslegung

Wie die aufgezeigten Spielräume im Rahmen der IFRS-Rechnungslegung am vorangegangenen Beispiel gezeigt haben, sind letztlich auch die IFRS trotz ihrer Regelungsdichte keineswegs eindeutig und in jedem Fall bestimmt.[305] Zudem zeigt auch die Aufnahme der Definitionen von Forschung und Entwicklung in das HGB beispielhaft, dass auch vom Gesetzgeber erkannt und in seine jeweilige Entscheidungsfindung wohl miteinbezogen wurde, dass sich die IFRS, als eigenständiges Bilanzrechtssystem weiterentwickeln und daher ständig in Bewegung sein werden. Ein Rückgriff wird daher zukünftig regelmäßig nur bedingt zur Konkretisierung beitragen können.

4.1.3.5 Die Reichweite der BIAO-Entscheidung

Letztlich kann auch den Schlussfolgerungen des EuGH in der BIAO-Entscheidung[306] keine Tendenz dahingehend entnommen werden[307], dass eine Lückenfüllung in der Zukunft stets anhand der IFRS möglich sein soll und gewollt ist. Vielmehr sind auch hierbei die Grenzen und Zielsetzungen der nationalen Rechtsordnung zu beachten und eine Konkretisierung nur in jenen Fällen

---

303 Vgl. *Haaker,* ZfgG 2009, 198 (208).

304 *Hennrichs*, BFuP 2008, 415 (422).

305 Vgl. *Engel-Ciric*, DStR 2002, 780 (781 ff.); *Euler*, BB 2002, 875 (878); *Kahle*, Internationale Rechnungslegung und ihre Auswirkungen auf Handels- und Steuerbilanz, S. 76; *Moxter*, WPg 2009, 7 (9).

306 EuGH, Urteil v. 07.01.2003 – Rs. C-306/99 („BIAO-Entscheidung").

307 Der EuGH weist in dieser Entscheidung auf die tendenzielle Hinwendung zur IAS-Bilanzierung und der Angleichung der nationalen Praktiken hin. Soweit die Bilanzrichtlinie nur allgemeine Grundsätze und keine Detailregelungen enthält, seien ggf. internationale Rechnungslegungsstandards (IFRS/IAS) zu berücksichtigen. Da die IFRS als vom Rechtsumfeld unabhängige Standards keine Verbindung zu nationalen gesellschaftsrechtlichen Regelungen aufweisen, ist diese Tendenz zumindest beunruhigend.

anhand der IFRS möglich, wenn und soweit dies das Handelsrecht zulässt.[308] Insoweit verbietet sich auch ein Einzug der IFRS in das deutsche Bilanzrecht durch die Hintertür.[309]

4.1.3.6 Die IFRS als Erkenntnisquelle des Rechtsvergleichs

Es bleibt daher festzustellen, dass im Rahmen der Interpretation kapitalschutzrelevanter Normen sowie der Ausfüllung unbestimmter Rechtsbegriffe im Allgemeinen weiterhin auf die bekannten Auslegungsgrundsätze zurückzugreifen ist. Hierbei sind die IFRS, wie auch andere Bilanzrechtssysteme, grundsätzlich geeignet mögliche Lösungsansätze zu liefern. Diese sind aber jeweils auf ihre Vereinbarkeit mit den handelsrechtlichen GoB zu überprüfen. Die IFRS können insoweit zwar als Erkenntnisquelle des Rechtsvergleichs, nicht jedoch als Rechtsquelle und auch nicht als verbindliche Auslegungsrichtlinien dienen.[310] Insbesondere im Rahmen der Auslotung möglicher bilanzpolitischer Spielräume bietet sich ein Blick auf die Erfahrungen der IFRS-Bilanzierer an. Es kann jedoch erwartet werden, dass sich das Vorsichtsprinzip auch künftig deutlich im Rahmen der Auslegung wiederfinden wird. Ob dies zu restriktiveren Vorgaben beispielsweise hinsichtlich des Aktivierungszeitpunktes selbst geschaffener immaterieller Vermögensgegenstände führen wird, kann an dieser Stelle nicht beantwortet werden. Es ist jedoch zu erwarten, dass die Rechtsprechung keineswegs stillschweigend den IFRS folgen wird.[311] Eine HGB-interne Auslegung schließt andererseits aber auch einen interpretatorischen Rückgriff auf die IFRS nicht grundsätzlich aus und ist sogar unter Umständen nach einem „HGB-Konformitätstest" zu begrüßen.[312] Sind also die IFRS in der Lage für Detailfra-

---

308 Vgl. *Hennrichs*, NZG 2005, 783 (784f.); *Dziadkowski*, FR 2003, 552 (554f.).

309 Das FG Hamburg knüpfte in seiner Folgeentscheidung an die Rechtssache „BIAO" an und nahm ganz allgemein an, dass „in Ermangelung von Detailregeln" bei der „Auslegung der Bilanzrichtlinie die IAS ergänzend heranzuziehen" seien. Nach verständiger Würdigung geht das FG Hamburg mit dieser Auslegung aber sogar einen Schritt weiter, da der EuGH wohl allein herausstellen wollte, dass in Ermangelung von Detailregelungen der Richtlinie die Bilanzierung und Bewertung nach dem nationalen Recht vorzunehmen ist und lediglich hierbei gegebenfalls – in den Grenzen des nationalen Rechts und allein wenn und soweit das nationale Recht gerade eine Einstrahlung zulässt – die IFRS berücksichtigt werden können. Vgl. FG Hamburg, BB 2004, 1220 (1220); *Hennrichs*, in: Bitter/Lutter et al., FS für Karsten Schmidt, S. 581 (596).

310 Vgl. *Hennrichs*, StR 2009, 127 (129); *Hennrichs*, DB 2008, 537 (538); *Dobler/Kurz*, KoR 2008, 485 (489); ähnl. *Herzig*, WPg 2005, 211 (214); *Wenk/Jagosch*, StC 2009, 20 (20).

311 Vgl. *Moxter*, WPg 2009, 7 (12).

312 Vgl. *Lüdenbach/ Hoffmann*, StuB 2009, 287 (293).

gen eine Antwort zu liefern und vermag diese Lösung auch im nationalen Kontext zu überzeugen, so bietet sich durchaus im Einzelfall ein interpretatorischer Rückgriff auf die IFRS an.[313] Das Rad muss und sollte insoweit nicht neu erfunden werden müssen, um eine Eigenständigkeit zu demonstrieren. Die Bedeutungsverschiebung im Rahmen der Zwecksetzung des Jahresabschlusses wird sich daher sicher in der künftigen Auslegung der GoB niederschlagen, ohne zwangsläufig Anleihen bei den IFRS nehmen zu müssen, aber eben auch ohne dies zwingend zu vermeiden.[314]

Zu erwarten bleibt schließlich auch, inwiefern *de lege ferenda* eine weitere Annäherung an internationale Standards erfolgen wird. Wie im Rahmen des BilMoG, wird sich dies nach derzeitigem Prognosehorizont aber auch in Zukunft wohl nur punktuell ergeben.

4.1.4 Zusammenfassende Würdigung

Zusammenfassend kann daher festgestellt werden, dass die Aktivierung von Entwicklungskosten in einem Zeitpunkt vor dem Entstehen eines (immateriellen) Vermögensgegenstandes einen neuen immateriellen Bilanzposten begründet. Dieser weist zwar Parallelen zu den Anlagen im Bau auf, ist aber aufgrund seiner auch künftig fehlenden Körperlichkeit weitaus schwerer objektivierbar und lässt sich nicht ganz widerspruchsfrei in das gewachsene Konzept des HGB integrieren.[315] Sofern sich der ausgemachte immaterielle Vermögensgegenstand noch in der Entwicklung befindet, ist die Fertigstellung zwangsläufig mit einer gewissen Unsicherheit verbunden. Insoweit werden nach bisherigem Bilanzverständnis Kosten als Vermögen ausgewiesen. Aber auch im Allgemeinen werden selbst geschaffene immaterielle Vermögensgegenstände in der Regel nur schwer einzeln veräußerbar sein. Sowohl die *intangibles* als auch die immateriellen Vermögensgegenstände im Handelsrecht sind und bleiben daher ein nebulöser Bilanzposten, da die Werthaltigkeit nicht so einfach wie bei materiellen Vermögensgegenständen ermittelt und nachvollzogen werden kann.

Mit der Ausschüttungssperre brandmarkt der Gesetzgeber jene Vermögensgegenstände in der Folge auch selbst als Positionen „zweiter Klasse". Mit dieser Koppelung bricht der Gesetzgeber gleich mit einem weiterem Grundsatz der handelsrechtlichen Rechnungslegung, da bisher allein Bilanzierungshilfen mit einer Ausschüttungssperre versehen wurden. Allem voran dieser Res-

313 Vgl. *Hennrichs*, DB 2008, 537 (538).

314 Vgl. *Herzig*, DB 2008, 1 (4); *AK „Immaterielle Werte im Rechnungswesen"*, DB 1813 (1815).

315 Ähnl. *Janssen*, Rechnungslegung im Mittelstand, S. 139.

pektzollung des Vorsichtsprinzips dürfte es aber zu verdanken sein, dass in den meisten Fällen der Kapitalschutz nicht tangiert wird.

Ein anderes Bild zeigt sich allerdings hinsichtlich der Informationsaufgabe des Jahresabschlusses. Aufgrund der vielfältigen Ermessensspielräume im Rahmen der Darstellung ist für den Bilanzleser, mithin auch der Geschäftsleitung von Personenhandelsgesellschaften oder bilanzierenden Einzelunternehmern, zum einen nur schwer erkennbar, inwieweit sich aktivierte Vermögensgegenstände im diskutierten Sinne später als werthaltig erweisen und zum anderen, ab wann die Geschäftsleitung beginnt über den vorsichtig ermittelten Jahreserfolg hinaus Kapital zu entnehmen. Ohne hierbei die Berechtigung der Ausschüttungssperre in Abrede stellen zu wollen – das Gegenteil wird hier vertreten – kommt eine Kapitalschutzanalyse, die notwendigerweise an den übergeordneten Gläubigerschutzaspekt anknüpft, nicht an der Tatsache vorbei, dass Gläubiger nicht nur durch Gewinnausschüttungen gefährdet werden, sondern wie es die Erkenntnisse der jüngeren Wirtschaftsgeschichte belegen, auch durch extreme Sachverhaltsgestaltungen im Rahmen der Rechnungslegung zur Verschleierung einer nachhaltig prekären Ertragslage und den schleichenden Verzehr des Eigenkapitals geschädigt werden können. Angeknüpft werden soll an dieser Stelle beispielhaft an die Insolvenzen der *Philipp Holzmann AG* oder etwa der *Walter Bau AG,* die jahrelang vor der Insolvenz keine Ausschüttungen mehr vorgenommen hatten.[316] Das Verbot oder die Eindämmung von bekannten bilanzpolitischen Gestaltungsspielräumen hätte daher in diesen Fällen dem Gläubigerschutz mehr gedient als eine Ausschüttungssperre.[317] Allein jederzeit an einem liquiden Markt realisierbare Vermögenswerte, die ihren Wert nicht aus Bewertungsmodellen ableiten, sind geeignet die Gläubiger zumindest genauso wenig/viel zu gefährden, wie andere aktivierte Vermögensgegenstände. Hieran dürfte es den selbst geschaffenen immateriellen Vermögensgegenständen jedoch fehlen. Das Gefährdungspotenzial dieses Bilanzpostens ist mithin nicht allein in der Erhöhung des Jahresergebnisses auszumachen, sondern verbirgt sich zudem hinter den sich durch die zahlreichen Ermessensspielräume eröffnenden Gestaltungsmöglichkeiten.

316 S. *Gischer/Hommel*, BB 2003, 945 (949, 951); *Hoffmann*, BB 1996, 1157 (1163).

317 Vgl. *Hoffmann/Lüdenbach*, DStR 2008, 49 (61); Das Verfahren eines bilanziellen Gläubigerschutzes ist selbstverständlich nicht geeignet Insolvenzen gänzlich zu verhindern. Ziel kann es jedoch sein, die Verluste möglichst gering zu halten und ein frühzeitiges Warnsystem zu etablieren. Das insoweit pauschale Argument fehlender Ausschüttungen im Vorfeld spricht zudem nur im Einzelfall gegen die Effektivität des bestehenden Kapitalschutzes, da diese auch als Beleg für die Wirksamkeit der bestehenden und künftiger Ausschüttungssperren dienen können.

Vollzieht sich die Aktivierung in den Folgejahren jeweils in einer ähnlichen Größenordnung, ist zwar zumindest nach den bisherigen empirischen Analysen davon auszugehen, dass die dagegenstehenden Abschreibungen den aktivierten Mehrbetrag zu einem großen Teil ausgleichen werden. Die große Gefahr für den Bilanzleser besteht jedoch in einer stark schwankenden Aktivierungsquote. Durch eine einmalige stark erhöhte Aktivierungsquote kann es gelingen, das Ergebnisbild zumindest kurzfristig zu verfälschen. Dies kann eine gewisse Schwächung des Kapitalschutzes im oben beschriebenen Sinne nach sich ziehen. In jedem Fall wird der Bilanzleser vor die neue Herausforderung gestellt, dass das, was aktiviert ist, nicht mehr den bisher vertrauten strengen Anforderungen des Vorsichtsprinzips und den Objektivierungsprinzipien folgen muss. Der Umgang mit diesen Informationen wird daher erst erprobt werden müssen. Es zeigt sich, dass die informationsveranlasste Erweiterung des Bilanzinhalts, wie das Beispiel der immateriellen Anlagewerte zeigt, mit erheblichen Missbrauchsmöglichkeiten einhergehen kann, so dass die angestrebte Informationsverbesserung allzu leicht in eine Informationsverschlechterung mündet.

Hinsichtlich der formellen Überschuldungsmessung oder etwa der Einberufungspflicht der Gesellschafterversammlung bei Verlust der Hälfte des Stammkapitals gemäß § 49 III GmbHG ist mit der Abschaffung des § 248 II HGB a.F. zudem eine tendenzielle Erhöhung des Eigenkapitals und somit eine unmittelbare Schwächung des Gläubigerschutzes festzustellen. Die „Signallampe“ einer möglichen Überschuldung droht daher deutlich später aufzuleuchten als es zweckmäßig wäre.

In Anbetracht des weitgehenden Gleichlaufes der grundsätzlichen Behandlung von selbst geschaffenen immateriellen Vermögensgegenständen bzw. *intangible assets* ist eine weitere Annäherung von Seiten des Gesetzgebers an die IFRS im Rahmen der vorliegenden Position *de lege ferenda* wohl nicht zu erwarten. Dies dürfte insbesondere auch aufgrund des Widerstandes gegen die zunächst durch den RegE BilMoG anvisierte Aktivierungspflicht und der Eröffnung eines zumindest faktischen Wahlrechtes aufgrund der Darstellungsspielräume des Unternehmens im Rahmen des F&E-Controllings innerhalb der IFRS gelten.

Vielmehr wird zu beobachten sein, inwieweit die Regelungen der IFRS zur Konkretisierung im Rahmen der richterlichen Rechtsfortbildung herangezogen werden. Hiervon betroffen dürften insbesondere die dargestellten Regelungen zur Abgrenzung der Forschungs- und Entwicklungsphase sein. Da aber auch die IFRS weitgehende Ermessensspielräume im Rahmen der Bilanzierung von immateriellen Vermögenswerten eröffnen, bietet IAS 38 nur eine Orientierung an.

Bedeutung könnte in diesem Zusammenhang vielmehr auch dem Vorschlag der Mitglieder des Arbeitskreises „Immaterielle Werte im Rechnungswesen" der Schmalenbach-Gesellschaft für Betriebswirtschaft und somit einer IFRS-fernen Lösung zukommen. Dieser sieht aufgrund der dargestellten Abgrenzungsproblematik eine projektbezogene Aktivierung, unabhängig vom zeitlichen Stadium des F&E-Projekts, vor.[318] Die gesamten Forschungs- und Entwicklungstätigkeiten wären hiernach, soweit möglich, in abgrenzbare Projekte aufzuteilen. Diese Lösung wäre zwar geeignet die Ermessensspielräume einzudämmen, würde aber auf der anderen Seite wohl die Aussagekraft über die Werthaltigkeit des Vermögensgegenstandes nicht wesentlich steigern. Die zahlreichen dargestellten Probleme hinsichtlich der Erfassung der Werthaltigkeit dieser Güter lassen daher insgesamt innerhalb beider untersuchten Bilanzrechtssysteme eine gewisse Skepsis gegenüber der neuen Position berechtigt erscheinen.[319] Insgesamt bleibt abzuwarten, ob in der Bilanzierungspraxis beim Ansatz des immateriellen Vermögens nach HGB n.F. und IFRS wirklich Unterschiede gemacht werden oder nicht und welche GoB sich im Laufe der Zeit für die Definition eines aktivierungsfähigen selbst geschaffenen immateriellen Vermögensgegenstandes entwickeln werden.

Zusammenfassend kann für den Kapitalschutz aber an das Ergebnis zur Ausschüttungssperre angeknüpft werden. Mit dem BilMoG hat sich zumindest hinsichtlich der selbst geschaffenen immateriellen Werte in erster Linie das bilanzpolitische Instrumentarium verändert. Es wird durchaus möglich sein ein

---

318 *AK „Immaterielle Werte im Rechnungswesen"*, DB 2001, 989 (992f.).

319 Hingewiesen werden soll an dieser Stelle noch auf die Tatsache, dass das IASB im Exposure Drafts zunächst beabsichtigte, die Aktivierungspflicht von Entwicklungskosten durch ein Aktivierungswahlrecht zu ersetzen und sich letztlich sogar für ein Aktivierungsverbot entschied. Somit wird das faktische Ansatzwahlrecht der full IFRS zu einem expliziten Ansatzverbot im IFRS for SMEs modifiziert. Interessant ist in diesem Zusammenhang die Begründung des IASB in ED-SME BC 81: „*Bank lending officers told the Board that information about capitalised development costs is of little benefit to them, and that they disregard those costs in making lending decisions*". In Anbetracht der Tatsache, dass Fremdkapitalgeber als bedeutsamste Rechnungslegungsadressaten des Mittelstandes gelten und erheben nicht allein die IFRS den Anspruch, sondern nunmehr auch das Handelsrecht i.d.F. des BilMoG, den Adressaten entscheidungsrelevante Informationen zur Verfügung zu stellen, so erscheint die Feststellung des IASB als Eingeständnis, dass eine Aktivierung von Entwicklungskosten zumindest für die mittelständische Rechnungslegung nicht angemessen erscheint. Insoweit wäre sogar ein Aktivierungsverbot die konsequentere Reaktion gewesen. Vgl. *Ruhnke/Schmiele/Sanyang*, DB 2009, 2725 (2727f.); *Janssen*, Rechnungslegung im Mittelstand, S. 139; *Leibfried/Golsner*, KoR 2011, 61 (62); *Zülch/Güth*, KoR 2010, 501 (506); *Kirsch*, PiR 2010, 1 (3).

höheres Jahresergebnis bzw. eine höhere Eigenkapitalbasis auszuweisen, ohne hierbei jedoch im Anwendungsbereich der Ausschüttungssperre eine Auskehrung zu ermöglichen. Der Möglichkeit, die Darstellung und Gestaltung des Jahresabschlusses zu beeinflussen, wird hierbei breite Anwendungsfelder freigeben. Um ein möglichst hohes Eigenkapital auszuweisen und gleichzeitig die Ausschüttungen möglichst gering zu halten, um etwa die Liquidität nicht zu belasten, bietet sich das dargestellte Wahlrecht geradezu an.[320] Nachteilige Auswirkungen auf den Kapitalschutz sind hierbei jedoch vorrangig im Bereich der Informationsbasis zu erwarten. Offen ist deshalb auch, wie die Bilanzanalyse auf die Aktivierung selbst erstellter immaterieller Anlagewerte reagiert. Die Gesetzesbegründung geht von positiven Effekten aus. Dazu wäre jedoch ein Umdenken der meisten Analysten erforderlich, da traditionell immaterielle Werte in der Bilanzanalyse eher skeptisch betrachtet werden. So ist es z.B. mit Hinweis auf Vergleichbarkeits- und Vorsichtsgründe üblich, den derivativen Geschäfts- und Firmenwert am Eigenkapital zu kürzen.[321] Dieser enthält bekanntermaßen u.a. selbst erstellte immaterielle Anlagewerte.

Von besonderer bilanzpolitischer Relevanz mit weitaus tiefgreifenderen Folgen für den Kapitalschutz wird zu beobachten sein, inwieweit die Abgrenzung von Anschaffung und Herstellung im Hinblick auf die Ausschüttungssperre genutzt wird, um diese zu umgehen und eine Auskehrung zulasten der Kapitalbasis zu ermöglichen.[322] So macht beispielsweise das Aktivvermögen von Filmrechten in der Filmindustrie häufig mehr als 50 % der Bilanzsumme des Konzernabschlusses aus und im Einzelfall mitunter 1.000 % und mehr des Eigenkapitals.[323] Obgleich die „derivative Darstellung“ mit erheblichen steuerlichen Nachteilen verbunden sein kann, wird in Anbetracht der dargestellten Relationen eine Gestaltung mit Auskehrungsmöglichkeit nicht selten erstrebenswert sein.[324] Dieser bilanzpolitische Spielraum findet jedoch seine Ursache nicht im BilMoG, sondern wird durch die Aufwertung der Position der selbst geschaffenen immateriellen Anlagewerte und der Einführung der Ausschüttungssperre lediglich angefeuert.

---

320 Vgl. *Philipps*, BBK 2010, 379 (379 ff.); *Petersen/Zwirner/Künkele*, Bilanzanalyse und Bilanzpolitik nach BilMoG, 2. Aufl., S. 30 ff.

321 *Küting/Weber*, Die Bilanzanalyse, S. 88; *Göllert*, DB 2008, 1165 (1170); *Küting/Ellmann*, DStR 2010, 1300 (1306); s.a. Kapitel 5.1.2.

322 S. hierzu für den Bereich der steuerlichen Bilanzierung etwa das BMF-Schreiben IV A6-52241-8/01 v. 23.02.2001, DStR 2001, 436 (436 ff.) oder IDW HFA RS 11, WPg 2004, 817 (817 ff.).

323 *Petersen/Zwirner*, KoR 2008, 401 (404 ff.); *Küting/Zwirner*, FB 2001, Beih. 3, S. 4 (27 ff.).

324 Vgl. *Lüdenbach/Hoffmann*, StuB 2009, 287 (294).

4.2 Latente Steuern

Neben dem Wahlrecht zum Ausweis von selbst geschaffenen immateriellen Vermögensgegenständen bringt auch die vollständige Neufassung des § 274 HGB und damit die Neukonzeption im Rahmen der Ansatzmöglichkeiten von latenten Steuern im Jahresabschluss einen erheblichen Bedeutungszuwachs dieser Bilanzposition mit sich, der auch nicht ohne Wechselwirkungen mit den Belangen des Kapitalschutzes bleibt.[325] Vor Auslegungs- und Interpretationsprobleme wird der Bilanzersteller hierbei jedoch nicht nur durch die Gesetz gewordene Fassung des § 274 HGB gestellt, sondern auch durch das BMF-Schreiben vom 12.03.2010 und die Verlautbarung IDW ERS HFA 27[326] des IDW zur Bilanzierung latenter Steuern.

Während das dargestellte Wahlrecht nach § 248 II HGB n.F. vorrangig durch die bilanzpolitischen Spielräume Gefahrenpotenzial für den bestehenden Kapitalschutz eröffnet, bringt die Novellierung des § 274 HGB sogar ein weitergehendes Gefahrenpotenzial, insbesondere auch durch den flankierenden Wegfall der umgekehrten Maßgeblichkeit, für den bestehenden Kapitalschutz mit sich.

4.2.1 Die Grundlagen der Bilanzierung latenter Steuern nach dem BilMoG

Latente Steuern haben im Vergleich zur internationalen Rechnungslegung eine bisher lediglich untergeordnete Rolle im Handelsrecht gespielt. Dieser Umstand konnte darauf zurückgeführt werden, dass aufgrund der formellen und materiellen Maßgeblichkeit bisher eine enge Verzahnung zwischen den Bilanzrechtssystemen nach EStG und HGB bestand. Zudem wurden aktive latente Steuern vom Gesetzgeber des HGB a.F. mit großer Zurückhaltung behandelt: Gemäß § 274 II 1 HGB a.F. konnten diese lediglich als Bilanzierungshilfen angesetzt werden und waren bereits in der überholten Fassung mit einer Ausschüttungs-

325 Vgl. *Giersberg*, FAZ v. 18.03.2008, S. 18.

326 Die Verlautbarung wurde bereits am 09.09.2010 wieder aufgehoben, da sich die Auffassung im Wesentlichen mit DRS 18 deckt. Eine Abstandnahme von der dargelegten Auffassung ist daher nicht festzustellen. Für den Konzernabschluss ist neben den gesetzlichen Regelungen der DRS 18 als Grundsatz ordnungsmäßiger Konzernrechnungslegung zu berücksichtigen. DRS 18.7 empfiehlt jedoch die Anwendung auch für den Einzelabschluss, obwohl die gesetzliche Fiktion nach § 342 II HGB grundsätzlich nur für den Konzernabschluss Geltung entfaltet. Vgl. krit. hierzu *Wolz*, DB 2010, 2625 (2626); a.A. *Loitz*, DB 2010, 2177 (2177 ff.); *Zwirner*, StuB 2010, 570 (572).

sperre belegt. Nicht zuletzt diese Zurückhaltung hat in der Bilanzierungspraxis dazu geführt, dass das Ansatzwahlrecht überwiegend im Sinne einer Nichtbilanzierung aktiver latenter Steuern genutzt wurde.[327] Vor allem bei Krisenunternehmen wurden vereinzelt latente Steuern aktiviert, um die Aktiva aufzubessern und die Eigenkapitalquote zu erhöhen. Gerade aber diese Praxis hat jedoch zum weitläufigen Verständnis beigetragen, dass Unternehmen im Allgemeinen, die von dieser Bilanzierungshilfe Gebrauch machen, wohl „Luft bilanzieren müssten" und daher die Gefahr drohte im Rahmen der Außendarstellung allzu schnell in die Nähe von Krisenunternehmen gerückt zu werden.[328]

Mit dem Ziel, die Informationsfunktion des handelsrechtlichen Jahresabschlusses aufzuwerten und steuerlich motivierte Einflussfaktoren zu eliminieren, wurde nunmehr die enge Verknüpfung von Handels- und Steuerbilanz gelockert.[329] Von dem Modell der Einheitsbilanz, das der Gesetzgeber noch im Rahmen des BiRiLiG 1985 verfolgte, rückt das BilMoG deutlich ab. Die latente Steuerabgrenzung wird daher im Jahresabschluss schon aufgrund dieses Umstandes deutlich an Bedeutung gewinnen.

Charakterisierend für die Steuerabgrenzung nach dem BilMoG dürfte zudem ein deutlich ausgeweiteter Umfang durch den Übergang vom *timing*- auf das international gebräuchlichere *temporary*-Konzept, die Einbeziehung von steuerlichen Verlustvorträgen zur Bildung von aktiven latenten Steuern, das weiterhin bestehende Wahlrecht zum Ansatz eines Aktivüberhangs sowie die Befreiung der kleinen Kapitalgesellschaften nach § 274a Nr. 5 HGB n.F[330]. von der Anwendung der Vorschriften des § 274 HGB sein. Insbesondere diese und weitere Modifikationen, wie die Auswirkungen der Aufgabe der umgekehrten Maßgeblichkeit, sollen nachfolgend auf ihre Kapitalschutzrelevanz hin untersucht werden. Trotz der zunehmenden praktischen Bedeutung werden latente Steuern im Handelsrecht auch weiterhin nicht als Vermögensgegenstände bzw. als

327 Vgl. *Spanheimer/Simlacher*, in: Küting/Pfitzer/Weber, HdB. Rechnungslegung, § 274, Rn. 1 (Stand: Okt. 2010); *Herzig/Vossel*, BB 2009, 1174 (1174); *Engels*, BB 2008, 1554 (1554).

328 Vgl. *Veit*, DB 1995, 2129 (2131); s.a. *Zülch/Güth*, KoR 2010, 501 (509).

329 Diese enge Verkettung war und ist in angelsächsischen Ländern weitaus weniger ausgeprägt, weshalb die Abgrenzung latenter Steuern in diesen Ländern bisher eine weitaus höhere Bedeutung hat als in Deutschland. Auch bei der Erstellung von IFRS-Abschlüssen kommt es besonders häufig zu Differenzen zwischen der IFRS- und Steuerbilanz, da diese Abschlüsse unabhängig von den steuerlichen Vorschriften erstellt werden.

330 Zur Abbildung von passiven Latenzen in der Form von Rückstellungen bei kleinen Kapitalgesellschaften s. *Pöschke*, NZG 2013, 646 (646 ff.); *Zwirner/Busch*, Steuk 2013, 375 (375 ff.).

Schulden eingestuft, sondern bilden „Sonderposten eigener Art“. Damit gelten auch die allgemeinen handelsrechtlichen Ansatz- und Bewertungsvorschriften hierfür nicht. Vielmehr sind die besonderen Ansatz- und Bewertungsvorschriften nach § 274 HGB n F. zukünftig für die Bilanzierung latenter Steuern maßgeblich.

4.2.1.1 Die Erweiterung des sachlichen Anwendungsbereichs

In der Fassung vor Inkrafttreten des BilMoG sah das HGB in § 274 HGB eine Abgrenzung latenter Steuern vor, wenn das Ergebnis in der Steuerbilanz höher oder niedriger ausfiel als jenes in der Handelsbilanz und diese Differenz sich in späteren Perioden voraussichtlich umkehrte. Zur Berücksichtigung von latenten Steuern wurden in der betriebswirtschaftlichen Theorie unterschiedliche Konzepte entwickelt, die unter den Bezeichnungen *timing*-Konzept bzw. *temporary*-Konzept bekannt geworden sind.

4.2.1.1.1 Die Steuerabgrenzung nach dem timing-Konzept

Konzeptionell verbirgt sich hinter der eingangs beschriebenen Ermittlungsweise das so genannte *timing*-Konzept. Diese GuV-orientierte Sichtweise hatte zum Ziel, in der GuV einen Steueraufwand auszuweisen, der mit dem handelsrechtlich ausgewiesenen Ergebnis korrespondiert, so dass folglich ein periodengerechter Erfolgsausweis erfolgen kann.[331] Die Erfassung dieser zukünftigen Steuerbelastung stellt einen Aufwand dar, der den erfassten handelsrechtlichen Ertrag belastet. Hängt die Umkehr der Effekte und damit die zukünftige Steuerbelastung allerdings von einer unternehmerischen Disposition ab, durften nach dem *timing*-Konzept bisher keine latenten Steuern angesetzt werden, solange die Umkehr nicht absehbar ist.[332] Derartige quasi-permanenten Differenzen können z. B. aus unterschiedlichen Wertansätzen von nicht abnutzbaren Vermögensgegenständen, wie z. B. handelsrechtlicher Abschreibungen auf Beteiligungen oder Grundstücke, resultieren.[333] Das *timing*-Konzept lag zum Zeitpunkt der Verab-

---

331 Vgl. *Kühne/Melcher/Wesemann*, WPg 2009, 1005 (1006 ff.); *Ernst*, SteuerStud 2009, 584 (586f.); *Küting/Seel*, in: Küting/Pfitzer/Weber, Das neue deutsche Bilanzrecht, S. 501 ff.; *Merkt*, in: Hopt/Merkt, Bilanzrecht, § 274, Rn. 1; *Hoyos/Fischer*, in: Ellrott et al., BeckBilKomm., 6. Aufl., § 274, Rn. 4f.

332 Vgl. *Karrenbrock*, in: Wysocki et al., HdJ, Bd. 3, Abt. IIIa/1, Rn. 7 m.w.N. (Stand: 2007).

333 Der Vorteil des *timing*-Konzepts unter Zugrundelegung der Gesamtdifferenzbetrachtung lag in der Praxis vor allem in der einfachen Ermittlung der latenten Steuern. Der jeweilige Gesamtdifferenzbetrag zwischen beiden Ergebnissen (Handels- und Steuer-

schiedung des Bilanzrichtliniengesetzes im Jahr 1985 auch den internationalen Rechnungslegungsstandards zugrunde.[334]

4.2.1.1.2 Die Steuerabgrenzung nach dem temporary-Konzept

Im Rahmen des BilMoG wurde das *timing*-Konzept in § 274 HGB a.F. durch das den jetzigen IFRS bekannte *temporary*-Konzept ersetzt. Hierbei werden latente Steuern nicht durch Vergleich des handelsrechtlichen Ergebnisses mit dem steuerlichen Ergebnis ermittelt, sondern indem der jeweilige Buchwert von (einzelnen) Vermögensgegenständen, Schulden und Rechnungsabgrenzungsposten mit dem jeweiligen Steuerwert verglichen wird. Der Zweck der Bilanzierung latenter Steuern liegt somit nicht mehr allein in der periodengerechten Erfolgsermittlung, sondern vielmehr in der zutreffenden Darstellung der Vermögenslage. Hierbei ist es zukünftig auch unerheblich, ob die Wertunterschiede erfolgswirksam entstanden sind. Da es das Ziel ist, zukünftige Steuerbe- oder -entlastungen zum Bilanzstichtag auszuweisen, sind auch latente Steuern, deren zukünftige erfolgswirksame Auflösung eine entsprechende steuerliche Wirkung nach sich ziehen wird, auf erfolgsneutral entstandene Wertunterschiede abzugrenzen. Darüber hinaus kommt es auch nicht länger auf die Zeitdauer bis zur Umkehrung an, so dass auch quasi-permanente Differenzen zu berücksichtigen sind. Entscheidend ist allein, dass sich die entsprechenden Differenzen zukünftig auflösen.

Permanente Differenzen, d.h. solche Differenzen, die auf einer unterschiedlichen Erfassung in der handelsrechtlichen und steuerrechtlichen Rechnungslegung in einer Periode beruhen, sich aber nicht in anderen Perioden ausgleichen, bleiben aber sowohl nach dem *timing*- als auch nach dem *temporary*-Konzept ausgeklammert. Dies betrifft insbesondere steuerfreie Erträge und nicht abzugsfähige Betriebsausgaben, die in der Handelsbilanz ergebniswirksam erfasst werden.[335]

---

recht) war lediglich um quasi-permanente und permanente Differenzen zu korrigieren. Zudem ergab sich u.a. aufgrund der engen Verzahnung beider Bilanzrechtssysteme im Regelfall ein Aktivüberhang, der nicht angesetzt zu werden brauchte. Eine postenorientierte „genaue" Ermittlung war daher entbehrlich. S. hierzu *Baetge/Kirsch/Thiele*, Bilanzen, 9. Aufl., S. 561f.

334 Vgl. *Adler/Düring/Schmaltz*, Rechnungslegung und Prüfung, 6. Aufl., § 274, Rn. 6.

335 Beispiel: Betriebsausgaben für ein Gästehaus sind zwar handelsrechtlich abzugsfähig, unterliegen jedoch nach § 4 V Nr. 3 EStG im Rahmen der steuerlichen Ergebnisermittlung einem Abzugsverbot.

Zusammenfassend kann konstatiert werden, dass dem *temporary*-Konzept bereits konzeptionell eine umfassendere Steuerabgrenzung zugrunde liegt, da im Gegensatz zu dem bisher nach § 274 HGB a.F. anzuwendenden *timing*-Konzept auch quasi-permanente und erfolgsneutral entstandene Wertunterschiede in den Anwendungsbereich der Steuerabgrenzung miteinbezogen werden.[336] Insofern lässt sich die zusammenfassende Aussage treffen, dass *timing*-Unterschiede auch *temporary*-Unterschiede sind, während nicht alle *temporary*-Unterschiede auch *timing*-Unterschiede darstellen.[337] Die Anwendung des *temporary*-Konzepts ist aber vor allem einer der Gründe, warum „Steuerabgrenzungsposten" in internationalen Abschlüssen in aller Regel eine wesentlich größere Bedeutung besitzen als in einem Abschluss nach HGB a.F.[338]

4.2.1.1.3 Die prognostische Qualifizierung des Steuerentlastungspotenzials

Inwieweit sich die Differenzen zwischen handels- und steuerbilanziellen Wertansätzen künftig jedoch auch tatsächlich abbauen und sich daraus insgesamt eine Steuerbe- oder –entlastung ergibt, ist auch weiterhin anhand von Wahrscheinlichkeitsüberlegungen zu beurteilen. Insbesondere die Realisierbarkeit der als aktive latente Steuern bilanzierten künftigen Steuerentlastungen ist abhängig von der Verwendbarkeit der Aufwendungen aus dem Abbau abzugsfähiger Differenzen bzw. nunmehr auch der Nutzung von steuerlichen Verlustvorträgen.[339] Die Wahrscheinlichkeit des Eintritts zukünftiger Entwicklungen, beispielsweise die wirtschaftliche Erholung nach Verlustjahren, lässt sich hierbei aber wohl kaum qualifiziert messen, so dass die Bewertung aktiver latenter Steuern vorrangig der subjektiven Einschätzung des Bilanzierenden unterliegt.[340] In jedem

---

336 Vgl. *Küting/Gattung*, StuB 2005, 241 (245 ff.); *Küting/Seel*, DB 2009, 922 (922); Mangels entsprechender Übergangsregelung sind auch temporäre Differenzen, die vor dem Übergang auf die Vorschriften des BilMoG entstanden sind, nach §§ 274, 306 HGB auf die Bildung latenter Steuern hin zu beurteilen. Ergeben sich Aufwendungen und Erträge aus der erstmaligen Anwendung der §§ 274, 306 HGB, sind diese nach Art. 67 VI EGHGB unmittelbar mit den Gewinnrücklagen zu verrechnen. Es ist jedoch in der Handelsbilanz eine Verrechnung mit den Gewinnrücklagen vorzunehmen, so dass sich die Position Eigenkapital und folglich auch die Eigenkapitalquote erheblich verringern kann. Zudem stehen die verrechneten Gewinnrücklagen in Zukunft nicht für Ausschüttungszwecke zur Verfügung.

337 Vgl. *Förschle/Kroner*, DB 1996, 1633 (1638); *Petersen/Zwirner*, StuB 2008, 205 (209); *Wendlandt/Vogler*, KoR 2001, 244 (244f.).

338 Vgl. *Petersen/Zwirner*, StuB 2008, 205 (209).

339 Vgl. RegE BilMoG, BT-Drs. 16/10067, S. 67.

340 Vgl. *Lüdenbach/Hoffmann*, StuB 2009, 287 (306); *Kessler/Leinen/Paulus*, KoR 2009, 716 (722).

Fall ist also der ausgewiesene Steuervorteil je nach Einzelfall mit einer mehr oder weniger großen Unsicherheit behaftet. In der Konsequenz bedeutet dies insbesondere für den hier besonders interessierenden Bereich der aktiven latenten Steuern auch, dass die Umkehr der Differenzen nach dem *temporary*-Konzept weniger sicher ist als nach dem *timing*-Konzept.[341] Diese Erkenntnis hat den Rechtsausschuss auch zu dem Hinweis veranlasst, dass bei der Einschätzung der Werthaltigkeit der latenten Steueransprüche „wie im HGB allgemein üblich, das Vorsichtsprinzip zu berücksichtigen und der Ansatz aktiver latenter Steuern sorgfältig zu prüfen sei".[342]

4.2.1.1.4 Die Ermittlung der Wahrscheinlichkeitsschwelle

Während auch hier die internationalen Rechnungslegungsstandards, aber auch DRS 10, konkretere Hinweise zur Ermittlung der hinreichenden Wahrscheinlichkeit für die künftige Nutzbarkeit geben und somit sowohl dem Abschlussersteller als auch dem Abschlussprüfer die Möglichkeiten bieten, die Werthaltigkeit auch im Einzelfall konkret zu hinterfragen, bleibt das Handelsrecht erwartungsgemäß bei dieser Konkretisierung zurückhaltend. Fraglich ist daher, ob etwa der nach IAS 12 anzuwendende Beurteilungsmaßstab von *„probable"* i.S. einer Eintrittswahrscheinlichkeit von mehr als 50 % für die Nutzbarkeit von aktiven latenten Steuern auch nach HGB ausreichend oder aber aufgrund des handelsrechtlich immer noch höheren Stellenwerts des Vorsichtsprinzips nicht ein anderer, strengerer Maßstab anzulegen ist.[343] Für eine höhere Wahrscheinlichkeitsschwelle würde zum einen die ausdrückliche Erwähnung des Vorsichtsprinzips und zum anderen die im Gesetz verankerte starre Begrenzung des Prognosehorizonts zur Beurteilung der Nutzbarkeit steuerlicher Verlustvorträge sprechen. In beiden Punkten hat sich der Gesetzgeber wohl bewusst von der Regelung in IAS 12 distanziert.[344] Dementsprechend dürfte sich hieraus wohl die Grundhaltung ableiten lassen, dass die international üblichen Wahrscheinlichkeitsanforderungen den Bedürfnissen des Handelsrechts zumindest insoweit nicht gerecht werden.[345]

---

341 Vgl. *Wendlandt/Vogler*, KoR 2001, 244 (245).

342 Vgl. RA BilMoG, BT-Drs. 16/12407, S. 87.

343 Vgl. *Stibi/Fuchs*, DB 2008 Beih. 1, S. 6 (12); s.a. *Hoffmann*, in: Lüdenbach/Hoffmann, IFRS Komm, 7. Aufl., § 26, Rn. 49; *Kessler/Leinen/Paulus*, KoR 2009, 716 (722); ders. DRS 18.9; *Theile*, BBK 2010, 639 (645).

344 S. hierzu auch Kapitel 4.2.6.

345 Vgl. *Kessler/Leinen/Paulus*, KoR 2009, 716 (722); ders. *Engels*, BB 2008, 1554 (1555).

Im Rahmen der vorliegenden Untersuchung ist daher bereits negativ zu vermerken, dass das *temporary*-Konzept unsicheren zukünftigen Ereignissen noch vor deren Realisierung eine bilanzielle Plattform bietet, der Gesetzgeber aber trotz der unübersehbaren Übernahme der IFRS-Ansatzkonzeption einen eigenen Weg zu beschreiten sucht.[346]

4.2.1.2 Die Berücksichtigung von Verlustvorträgen

Dem Kriterium der Wahrscheinlichkeit wird aber im Besonderen Aufmerksamkeit geschenkt werden müssen, soweit im Rahmen der Berechnung der aktiven latenten Steuern auch steuerliche Verlustvorträge Berücksichtigung finden. Aus einem solchen Verlustvortrag resultiert keine unmittelbare Realisation einer Steuererstattung, sondern lediglich die Möglichkeit, die Steuerbelastung bei in der Zukunft erzielten steuerpflichtigen Gewinnen durch eine Verrechnung mit den steuerlichen Verlustvorträgen zu reduzieren. Der Nachweis künftiger steuerlicher Einkünfte wird aber regelmäßig nur auf Grundlage subjektiver Einschätzungen geführt werden können. Aus diesem Grund wurde die Bilanzierung latenter Steuern auf steuerliche Verlustvorträge bislang auch weit überwiegend für Zwecke des Einzelabschlusses mit Verweis auf das Realisationsprinzip, das Vorsichtsprinzip sowie aus Gründen des Gläubigerschutzes abgelehnt.[347]

Die eigentliche Neuerung durch das BilMoG im Bereich der latenten Steuern dürfte daher auch im § 274 I 4 HGB n.F. zu finden sein, da nach den bisherigen handelsrechtlichen Bilanzierungsgrundsätzen die Aktivierung einer aus einem Verlustvortrag resultierenden Steuerentlastung in nachfolgenden Jahren für den handelsrechtlichen Jahresabschluss nicht in Betracht kam. Ein weiterer systematischer Hintergrund war hierbei, dass der Verlustvortrag nicht aus einer Differenz zwischen dem handelsrechtlichen und steuerrechtlichen Jahresergebnis resultierte und sich in der Zukunft auch nicht planmäßig umkehrte. Entsprechend waren im Falle einer aktivischen Steuerabgrenzung die auf Verlustvorträge zurückzuführenden Steuerentlastungen nicht anzusetzen, so dass ein Verlustvortrag nicht zu einem aktiven Steuerabgrenzungsposten bzw. zu einer Erhöhung eines solchen führen konnte.[348]

---

346 S.a. *Wendlandt/Vogler*, KoR 2001, 244 (245).

347 Vgl. *Prinz/Ruberg*, Der Konzern 2009, 343 (345) m.w.N.

348 Vgl. *Adler/Düring/Schmaltz*, Rechnungslegung und Prüfung, 6. Aufl., § 274, Rn. 28; *Eberhartinger*, in: Baetge/Kirsch/Thiele, Bilanzrecht, § 274, Rn. 59 ff. (Stand: Sept. 2002); IDW, FN-IDW 2001, S. 89f.; *Reiner*, in: Schmidt et al., MüKo HGB, § 274, Rn. 27f.; *Gelhausen/Fey/Kämpfer*, Rechnungslegung und Prüfung, § 274 HGB, Rn. 28; *Kohl/Meyer*, CF law 2010, 442 (442); *DPR e.V.*, Tätigkeitsbericht

Der Grund für das Umdenken und der Aktivierung latenter Steuern auf steuerliche Verlustvorträge basiert nunmehr auf dem grundsätzlich berechtigten Gedanken, dass Verlustvorträge unter den beschriebenen Verrechnungsmöglichkeiten ein wirtschaftliches Nutzenpotenzial darstellen können. Die Erwartung, dass in zukünftigen Perioden, in denen das Unternehmen wieder steuerliche Gewinne erwirtschaftet, durch die Verrechnung des zu versteuernden Einkommens mit dem Verlustvortrag, die Steuerzahllast vermindert wird, soll daher aus der Bilanz heraus erkennbar sein.[349] Zu beachten gilt es jedoch, dass es tatsächlich nur insoweit zu einer steuerlichen Entlastung kommt, wie in der Vortragsperiode verrechenbare steuerliche Gewinne zur Verfügung stehen. Zu unterstreichen gilt es hierbei auch, dass die Existenz zu versteuernder temporärer Differenzen keinen generellen Indikator für die Verrechenbarkeit von Verlustvorträgen darstellt, da deren Abbau nicht zwangsläufig zu einem steuerlichen Gewinn führen muss, sondern auch lediglich einen steuerlichen Verlust reduzieren kann.[350] Konzeptionell handelt es sich hierbei zwar auch um einen antizipativen Posten, der jedoch außerhalb des *temporary*-Konzepts steht, da er nicht auf einer Differenz zwischen den handelsrechtlichen und steuerrechtlichen Wertansätzen beruht.

4.2.1.2.1 Die Betrachtungszeitfenster

Der zu berücksichtigende Betrag wird nach § 274 I 4 HGB auf die Höhe der Verlustvorträge begrenzt, die innerhalb der nächsten fünf Jahre für eine erwartete Verlustverrechnung genutzt werden können. Dies soll ausweislich der Gesetzesbegründung vor allem der besseren Nachprüfbarkeit und Praktikabilität dienen und in Verbindung mit der Ausschüttungssperre dem Vorsichtsprinzip Rechnung tragen.[351] Diese Vorgehensweise erscheint insbesondere vor der skizzierten unsicheren Werthaltigkeit als angemessen, da die Realisierung des wirtschaftlichen Vorteils, wie gezeigt, stets auch davon abhängt, dass überhaupt zu versteuernde Gewinne erwirtschaftet werden.[352] Dies verlangt eine Einschätzung über die zukünftigen steuerlichen Verhältnisse, die grundsätzlich stark ermessensbehaftet ist.

2009, S. 8; abrufbar unter http://www.frep.info/presse/taetigkeitsberichte.php (letzter Abruf 16.02.2014).

349 Vgl. *Ernst*, SteuerStud 2009, 584 (588).

350 Vgl. *Meyer/Ruberg*, DStR 2010, 1538 (1539).

351 Vgl. RegE BilMoG, BT-Drs. 16/10067, S. 67.

352 Ähnl. *Schäfer/Suermann*, DB 2010, 2742 (2744).

Auch wenn die Vortragsfähigkeit steuerlicher Verluste in Deutschland keinen zeitlichen Beschränkungen unterliegt und daher grundsätzlich mit einem Ausgleich auch weit über das Zeitfenster von fünf Jahren hinaus gerechnet werden kann, sind doch die verbundenen Unsicherheiten bzgl. des Eintretens der Prognose um so gewichtiger einzuschätzen, je weiter eine Gewinnprognose in die Zukunft reicht.[353]

4.2.1.2.1.1 Die Verkürzung des Betrachtungszeitfensters

Vielmehr dürfte sogar zu hinterfragen sein, ob eine Fünf-Jahresplanung stets pauschal die Grundlage für die Beurteilung der zukünftigen Ausgleichsfähigkeit zu bilden hat oder nicht auch ausnahmsweise ein kürzerer Zeitraum in Betracht kommt.[354] In Abhängigkeit von der jeweiligen Branche dürfte eine zuverlässige Unternehmensplanung häufig wohl nur für einen deutlich kürzeren Zeitraum möglich sein.[355] In solchen Fällen ist daher dem Vorsichtsprinzip Rechnung tragend richtigerweise auf den tatsächlichen, kürzeren Planungshorizont abzustellen. Da die unternehmensseitig vorhandenen Verlustvorträge im Einzelfall erheblich sein können[356] und einen direkten Einfluss auf die darzustellende Vermögens-, Finanz- und Ertragslage haben, dürfte allein diese teleologische Reduzierung angemessen sein.[357] Eine Interpretation allein aufgrund des Wortlauts würde das Vorsichtsprinzip noch stärker zurückdrängen und die Unsicherheit bzgl. der Werthaltigkeit weiter steigern.

---

353 Vgl. *Küting/Seel*, in: Küting/Pfitzer/Weber, Das neue deutsche Bilanzrecht, S. 509.

354 Ähnl. *Schäfer/Suermann*, DB 2010, 2742 (2745).

355 Vgl. *Loitz*, Ubg 2009, 708 (711).

356 Siehe zur Bedeutung aktiver latenter Steuern auf Verlustvorträge *Zwirner*, IFRS-Bilanzierungspraxis, 2007, S. 386f., 427 ff.; *Küting/Zwirner*, WPg 2007, 555 (559 ff.).

357 Vgl. *Küting/Seel*, in: Küting/Pfitzer/Weber, Das neue deutsche Bilanzrecht, S. 509; s.a. *Meyer/Loitz/Linder/Zerwas*, Latente Steuern, S. 108; a.A. *Gelhausen/Fey/Kämpfer*, Rechnungslegung und Prüfung, § 274 HGB, Rn. 32; *Kühne/Melcher/Wesemann*, WPg 2009, 1057 (1058); *Kessler/Leinen/Paulus*, KoR 2009, 716 (723); *Schulz-Danso*, Bohl/Riese/Schlüter, IFRS-Handbuch, § 25, Rn. 74; *Meyer/Ruberg*, DStR 2010, 1538 (1540); IDW ERS HFA 27, Tz. 13; DRS 18.19; In eine andere Richtung weisend auch die Entscheidung des OLG Frankfurt vom 24.11.2009 zur Prognoseberichterstattung, das kompromisslos fordert, dass auch ein noch so unberechenbar erscheinendes gesamtwirtschaftliches und branchenspezifisches Umfeld Unternehmen nicht von der Verpflichtung entbindet, die erforderlichen Prognosen auf der Grundlage aller bis zum Ende des Wertaufhellungszeitraums verfügbaren Informationen vorzunehmen. Trotz der hohen Fehleranfälligkeit soll eine Exkulpation zumindest durch einen pauschalen Hinweis auf bestehende Unsicherheiten nicht gelingen. Vgl. OLG Frankfurt v. 24.11.2009, BeckRS 1010, 1901; *Zülch/Hoffmann*, DStR 2010, 945 (949).

Dies muss vor allem im Hinblick auf die verbundenen Risiken gelten, die mit einer Fehleinschätzung über die Verrechenbarkeit steuerlicher Verlustvorträge einhergehen. Sollten die vorhandenen aktiven latenten Steuern auf Verlustvorträge die passiven latenten Steuern übersteigen und auf eine Aktivierung der latenten Steuern verzichtet werden, so sind zunächst keine Erträge gegen eine Ausschüttung gesperrt. Stellt sich im Nachhinein jedoch heraus, dass die getroffene Einschätzung des Bilanzierenden hinsichtlich der Verwertbarkeit der Verlustvorträge nicht sachgerecht war, ergibt sich nachträglich ein zu niedriger Ausweis der passiven latenten Steuern und damit verbunden, aufgrund der nicht erfolgten Passivierung, eine gegebenenfalls zu hohe Ausschüttung an die Anteilseigner.[358]

4.2.1.2.1.2 Die Erweiterung des Betrachtungszeitfensters

Fraglich ist weiterhin, ob die Begrenzung der Verlustberücksichtigung auf fünf Jahre auch dann gilt, wenn sich beim bilanzierenden Unternehmen zugleich temporäre Differenzen ergeben, die zu passiven latenten Steuern führen, und sich erst nach diesem Zeithorizont von fünf Jahren umkehren.

Der Hintergrund dieser Unklarheit verbirgt sich hinter der Ermittlungsmethodik der latenten Steuern, insbesondere hinsichtlich eines Aktivüberhanges. Verbleibt nach der Verrechnung von passiven und aktiven latenten Steuern auf temporäre Differenzen ein Überhang an passiven latenten Steuern, sind bestehende aktive latente Steuern auf steuerliche Verlustvorträge verpflichtend zu aktivieren, um den Überhang passiver latenter Steuern auszugleichen.[359] Während die Gesetzesmaterialien eine Berücksichtigung von Verlustvorträgen, deren Verrechenbarkeit erst nach Ablauf von fünf Jahren zu erwarten ist, unzweideutig ausschließen,[360] vertritt insbesondere das IDW in der zwischenzeitlich aufgehobenen Verlautbarung IDW ERS HFA 27 hierzu eine gegenteilige Auffassung.[361] In Anbetracht des Wortlauts des § 274 I 4 HGB n.F. („bei der Berechnung aktiver latenter Steuern“) sowie des Sinns und Zwecks der Vorschrift ließe es sich vertreten, dass zur Reduktion eines verbleibenden Passivüberhangs nach der

358 Vgl. *Petersen//Zwirner*, StuB 2009, 416 (421).

359 Vgl. *Pöller*, BRZ 2009, 491 (493).

360 RA BilMoG, BT-Drs. 16/12407, S. 87.

361 Der HFA hat am 09.09.2010 beschlossen IDW ERS HFA 27 aufzuheben, da die dort enthaltenen Regelungen im Wesentlichen mit der am 03.09.2010 bekannt gemachten DRS 18 „Latente Steuern“ dargelegten Auffassung übereinstimmen. Im Hinblick auf DRS 18.21 wird daher auch weiterhin an der im Folgenden darzulegenden Auffassung festgehalten. Vgl. zum weiteren Meinungsspektrum auch *Meyer/Ruberg*, DStR 2010, 2094 (2094 ff.).

Verrechnung von aktiven und passiven latenten Steuern auch solche Verlustvorträge zu berücksichtigen seien, deren Verrechenbarkeit erst nach Ablauf von fünf Jahren zu erwarten ist. Eine Nichtberücksichtigung bzw. nur teilweise Berücksichtigung solcher steuerlichen Verlustvorträge würde zur Ermittlung und zum Ansatz einer künftigen Steuerbelastung führen, die in dieser Höhe nicht zu erwarten sei.[362]

Wäre dieser Ansicht zu folgen, hätte dies aber zunächst negative Folgen für die Vergleichbarkeit der Jahresabschlüsse. Weiterhin würde aber auch die strenge Betonung des Vorsichtsprinzips im Rahmen der Berücksichtigung von steuerlichen Verlustvorträgen ignoriert. Nach dem Imparitätsprinzip im weiteren Sinne sind Risiken grundsätzlich stärker zu gewichten, als die diesen Risiken gegenüberstehenden Chancen.[363] Nicht zuletzt vermag es aber auch nicht zu überzeugen, zweifelhafte Verlustvorträge auf der einen Seite zur Verringerung der Passiva nutzen zu dürfen, um ggf. Ausschüttungsmasse freizulegen, da bekanntlich nur der Aktivüberhang gegen eine Ausschüttung gesperrt ist. Auf der anderen Seite hinsichtlich der sodann ausschüttungsgesperrten „aktiven latenten Steuern" in der Interpretation des IDW bzw. DRSC[364] aber eine vorsichtigere Ermittlungsmethodik heranzuziehen. Schließlich sprengt die vorgeschlagene Vorgehensweise jedoch auch die Gesetzessystematik, da im Falle eines Ausweises eines Aktivüberhanges letztlich doch zumindest partiell beide Kategorien von Verlustvorträgen genutzt werden könnten und insoweit austauschbar wären. Eine insoweit strenge Begrenzung des zugrunde zulegenden Zeitfensters auf maximal fünf Jahre wird daher am ehesten der Intention des Gesetzgebers und der Systematik des Gesetzes gerecht.[365]

---

362 Vgl. IDW ERS HFA 27, Tz. 14; s.a. *Gelhausen/Fey/Kämpfer*, Rechnungslegung und Prüfung, § 274 HGB, Rn. 33; *Wendholt/Wesemann*, DB 2009, Beil. 5, S. 64 (70f.); *Kühne/Melcher/Wesemann*, WPg 2009, 1057 (1058); *Oser/Roß/Wader/Drögemüller*, WPg 2009, 573 (580); *Loitz*, Ubg 2009, 708 (711); DRSC, DRS 18 A5.

363 Vgl. *Moxter*, Grundsätze ordnungsmäßiger Rechnungslegung, S. 34.

364 Um eine größere Flexibilität für die Weiterentwicklung der Rechnungslegung und ihre schnellere Anpassung an neue Erfordernisse zu gewährleisten, wurde das *Deutsche Rechnungslegungs Standards Commitee* als privates und mit unabhängigen Fachleuten besetztes Gremium i.S.v. § 342 HGB vom Gesetzgeber geschaffen. Als weiteres unabhängiges Standardisierungsgremium wurde der *Deutsche Standardisierungsrat* (DSR) unter dem Dach des DRSC gegründet, der u.a. mit dem IASB zusammenarbeitet, um die Konvergenz der internationalen Rechnungslegung voranzutreiben und die Belange der deutschen Rechnungsleger und Kapitalmarktnehmer einzubringen. S. zur Haltung des DSR zur Zukunft des europäischen Gläubigerschutzes *Haaker*, ZGR 2010, 1055 (1076 ff.).

365 Vgl. *Herzig/Vossel*, BB 2009, 1174 (1176); *Ernst*, SteuerStud 2009, 584 (588); *Lüdenbach/Freiberg*, BB 2010, 1971 (1974); *Meyer/Ruberg*, DStR 2010, 2094 (2098); *Wolz*,

Die Qualität dieses Meinungsstreits erschöpft sich hierbei jedoch nicht allein in der Tatsache sich gegenüberstehender Rechtsauffassungen, sondern eröffnet nach der Ansicht des IDW grundsätzlich sogar ein „faktisches Wahlrecht" für den Bilanzierenden, da DRS 18 als Grundsatz ordnungsmäßiger Konzernrechnungslegung aufgrund der Fiktion des § 342 II HGB neben den gesetzlichen Regelungen zu berücksichtigen ist.[366] Aufgrund der Anwendungsempfehlung des DRS 18.7 wird dabei vertreten, dass diese GoB auch für den Jahresabschluss Beachtung findet. Schon bei der Anwendung des DRS 10 stand der Bilanzierende vor dem Dilemma abweichender Regelungen zum Gesetzeswortlaut.[367] Infolge der sich hierdurch eröffnenden Gestaltungsspielräume droht ein Zustand, der Kapitalschutzaspekten sogar weitaus weniger gerecht wird, als ein Betrachtungsfenster von im Einzelfall über fünf Jahren.

4.2.1.2.2 Die Verlustabzugsbeschränkungen

Neben dieser zeitlichen Beschränkung im Rahmen der Aktivierung von latenten Steuern auf Verlustvorträge bergen auch die Beschränkungen des Verlustabzugs nach § 10d EStG sowie nach § 8c KStG erhebliche Realisationsrisiken in sich und sind daher im Rahmen der Planungsrechnungen zu berücksichtigen.[368] Nach § 8c KStG können steuerliche Verlust- und Zinsvorträge einer Kapitalgesellschaft bei einer Übertragung von mehr als 50 % der Anteile oder Stimmrechte an dieser Gesellschaft ganz und bei Anteils- oder Stimmrechtsübertragungen von mehr als 25 % bis zu 50 %, die mittelbar oder unmittelbar innerhalb eines Zeitraums von fünf Jahren an einen Erwerber oder dieser nahestehenden Person übertragen werden, anteilig untergehen.

Die dargestellten Regelungen zur Berücksichtigung von Verlustvorträgen sind darüber hinaus auf vergleichbare Sachverhalte wie Steuergutschriften und Zinsvorträge i.S.v. § 4h EStG[369] i.V.m. § 8a KStG anzuwenden.[370] Soweit diese

---

DB 2010, 2625 (2626f.); s.a. noch den Standardentwurf E-DRS 24, der Vorversion des DRS 18, v. 18.11.2009; ders. *Prinz/Ruberg*, Der Konzern 2009, 343 (348).

366 Vgl. IDW, FN-IDW 2003, 22 (22); *Wolz*, DB 2010, 2625 (2627).

367 Vgl. *Gräbsch*, StuB 2002, 743 (743 ff.).

368 Risiken für den rechtlichen Fortbestand von Verlustvorträgen ergeben sich zudem aus § 10a GewStG und § 15 III UmwStG.

369 Im Zuge der Unternehmenssteuerreform 2008 wurde der steuerliche Abzug von Zinsaufwendungen durch die Einführung der Zinsschrankenregelung gemäß § 4h EStG eingeschränkt. Danach ist der Abzug von Zinsaufwendungen, soweit sie die Zinserträge eines Geschäftsjahres übersteigen, nur in Höhe von 30 % des steuerlichen EBITDA möglich, wenn die Freigrenze von 3 Mio. € überschritten wird und die Escape-Klausel gemäß § 4h II EStG nicht anwendbar ist. Die dem Abzugsverbot unterliegenden Zins-

Sachverhalte mit hinreichender Wahrscheinlichkeit innerhalb der nächsten fünf Jahre realisiert werden können, sind sie bei der Ermittlung aktiver latenter Steuern ebenfalls zu berücksichtigen.[371] Insbesondere für Zinsvorträge dürfte jedoch die Aktivierungshürde mit den Regelungen der § 4h EStG und § 8a KStG regelmäßig relativ hoch liegen.[372]

Zusammenfassend kann daher festgestellt werden, dass mit der Aktivierung latenter Steuern auf steuerliche Verlustvorträge, trotz der Einschränkungen hinsichtlich des Prognosezeitraumes, ein nicht unerheblicher bilanzpolitischer Gestaltungsspielraum verbunden ist. Es obliegt zum einen weitgehend dem subjektiven Ermessen des Bilanzierenden das Vorliegen künftigen Gewinnpotenzials zu beurteilen, so dass in Verlustsituationen die Ertragslage durch ein allzu optimistisch gezeichnetes Zukunftsbild verbessert werden kann.[373] Es sind daher nicht nur dann hohe Anforderungen an den Nachweis der Wahrscheinlichkeit der Realisation des zu erwartenden Steuervorteils zu stellen, wenn es um aktive latente Steuern auf Verlustvorträge geht und das Unternehmen bereits in der jüngeren Vergangenheit keine ausreichenden Gewinne erwirtschaften konnte.

Ob diesbezüglich eine konkrete Bewertungsanweisung gefunden werden kann, wird darüber entscheiden, welche bilanzpolitischen Spielräume die Neukonzeption eröffnet. Es darf hierbei nicht außer Acht gelassen werden, dass ein Unternehmen, das auf die Aktivierung potenzieller Steuervorteile aus steuerlichen Verlustvorträgen verzichtet, offen einräumt, dass es in absehbarer Zeit keine ausreichenden steuerpflichtigen Gewinne erwirtschaften und damit wohl auch handelsrechtlich keine entsprechenden Gewinne ausweisen werden kann. Auch

---

aufwendungen können nach § 4h I 5 EStG auf Folgeperioden vorgetragen werden und erhöhen entsprechend die Zinsaufwendungen der kommenden Geschäftsjahre.

370 Anzumerken bleibt, dass sich diese Analogie nur bedingt aus dem Gesetzeswortlaut ableiten lässt. Auch die Realisierung eines Zinsvortrages steht nicht in jedem Fall einer Steuerentlastung gleich. S. insb. zur Bedeutung von Interdependenzen zwischen Zins- und Verlustvorträgen *Herzig/Bohn/Götsch*, DStR 2009, 2615 (2619f.).

371 RegE BilMoG, BT-Drs. 16/10067, S. 67.

372 Kommen Verlust- und Zinsvorträge zusammen, ist für die Frage der Bewertung zu prüfen, inwieweit sich die steuerlichen Entlastungen gegenseitig ergänzen oder blockieren. So führt beispielsweise ein laufender Verlust zu steigendem (Fremd-) Kapitalbedarf, der eine erhöhte Kapitalaufnahme nach sich zieht und damit *ceteris paribus* einen erhöhten Zinsaufwand verursacht. Die entsprechenden Planungsrechnungen dürften gerade nach einer unerwarteten Verlustphase zu weitreichenden Wertkorrekturen führen und entsprechend sichere Zukunftsprognosen erschweren. Vgl. *Engels*, BB 2008, 1554 (1557f.); *Kessler/Leinen/Paulus*, KoR 2009, 716 (723).

373 S.a. *Marten/Weiser/Köhler*, BB 2003, 2335 (2341); *Küting/Seel*, in: Küting/Pfitzer/Weber, Das neue deutsche Bilanzrecht, S. 510.

wenn dies selbstverständlich nicht zwingend ist, liegt eine solche Adressatenwirkung wohl häufig nahe.[374] Aufgrund dieser Ausgangslage könnte daher ein Zwang zur maximalen Aktivierung latenter Steuern auf Verlustvorträge erwachsen.

Stellt sich zudem in späteren Perioden heraus, dass keine zu versteuernden Gewinne erzielt werden können und dies auch weiterhin nicht der Fall sein wird, ist zusätzlich eine entsprechende aufwandswirksame Korrektur erforderlich. Aus bilanzpolitischer Sicht ist hierbei problematisch, dass dann die auf einen Verlustvortrag aktivierten latenten Steuern bei ihrer „außerplanmäßigen Abschreibung" einen bestehenden Verlust erhöhen und somit häufig in einer Unternehmenskrise als „Brandbeschleuniger" wirken.[375]

4.2.2 Der Ansatz latenter Steuern

Wie auch im Rahmen der immateriellen Vermögensgegenstände soll weiterhin untersucht werden, inwieweit es dem Bilanzadressaten möglich ist, unsichere Bilanzpositionen aufgrund des Ausweises und der Anhangangaben zu identifizieren, mithin welche Rolle dem Kapitalschutz aufgrund von Information hinsichtlich des Ausweises latenter Steuern zukommt.

§ 274 I 3 HGB n.F. eröffnet für den Ausweis latenter Steuern zunächst ein Wahlrecht. Zum einen kann die sich insgesamt ergebende Steuerbelastung oder Steuerentlastung, d.h. der unter Berücksichtigung des Aktivierungswahlrechtes nach § 274 I 2 HGB ermittelte Gesamtsaldo der Steuerabgrenzung, im Rahmen eines Nettoausweises dargestellt werden.[376] Alternativ können die aktiven und passiven latenten Steuern im Sinne einer besseren Information der Abschlussadressaten über die Vermögenslage auch unsaldiert ausgewiesen werden (Bruttoausweis).[377] Im Fall eines unsaldierten Ausweises wird es für ausreichend erachtet, die aktiven und passiven latenten Steuern auf Bilanzpostenebene zu ermitteln, mit der Folge, dass temporäre Differenzen innerhalb eines Bilanzpostens saldiert werden.[378] Der jeweilige Ausweis erfolgt hierbei gesondert von den üb-

---

374 Vgl. *Schulze-Osterloh*, DStR 2008, 63 (68); *Kessler/Leinen/Paulus*, KoR 2009, 716 (723); *Ernst*, SteuerStud 2009, 584 (588f.); *Zwirner/Busch/Reuter*, DStR 2003, 1042 (1049); *Herzig/Vossel*, BB 2009, 1174 (1176).

375 Vgl. *Schildbach*, WPg 1998, 939 (945).

376 S. bereits zur a.F. *Adler/Düring/Schmaltz*, Rechnungslegung und Prüfung, 6. Aufl., § 274, Rn. 48 ff.

377 RA BilMoG BT-Drs. 16/12407, S. 87.

378 Vgl. IDW ERS HFA 27, Rn. 30; *Wendholt/Wesemann*, DB 2009, Beil. 5, S. 64 (67); *Gelhausen/Fey/Kämpfer*, Rechnungslegung und Prüfung, § 274, Rn. 49.

rigen Bilanzposten im angepassten Bilanzgliederungsschema des § 266 HGB n.F. unter den Absätzen 2 D und 3 E. Auch in der GuV wird ihr spezieller bilanzieller Charakter durch den gesonderten Ausweis unter dem Posten „Steuern vom Einkommen und Ertrag“ unterstrichen.

Problematisch erscheint insoweit das gleich doppelte Wahlrecht. Zusammen mit dem Aktivierungswahlrecht für aktive latente Steuern ergeben sich durch das Saldierungswahlrecht mehrere Darstellungsvarianten. Der Bilanzleser kann im Rahmen des saldierten aktivischen Ausweises zwar erkennen, dass das Unternehmen insgesamt einen zukünftigen Steuerentlastungseffekt erwarten kann. Zu einem wirtschaftlich sinnvollen Ergebnis kommt die Saldierung aber nur, wenn den verrechneten aktiven und passiven latenten Steuern auch tatsächlich aufrechenbare Sachverhalte zugrunde liegen. Nur wenn aber auch bei den jeweiligen Steuerbehörden eine Aufrechnung nach § 226 AO erklärt werden kann, tritt auch ein tatsächlicher Steuereffekt ein, der insoweit auch richtigerweise zu antizipieren ist. Zudem wird dem Bilanzleser suggeriert, dass sich die entsprechenden temporären Differenzen auch annähernd zeitgleich realisieren. Sollte beispielsweise die Steuerbelastung aus der passivischen Differenz im unmittelbar darauf folgenden Geschäftsjahr eintreten, der gegenläufige Steuerentlastungseffekt dagegen erst in vier Jahren, so wird dem Bilanzleser mit der saldierten Darstellungsvariante gezeigt, dass mit einer zukünftigen Steuerentlastung zu rechnen ist, was aber zumindest kurzfristig gerade nicht der Fall ist.[379]

Darüber hinaus eröffnet das Saldierungswahlrecht dem Bilanzierenden Einfluss auf die Bilanzsumme zu nehmen und beispielsweise durch eine Bilanzverkürzung bestimmte Bilanzkennzahlen, wie die Eigenkapitalquote, zu verbessern.[380] Weist ein Unternehmen mit einem Eigenkapital von 1.000 T € und einem Gesamtkapital von 4.000 T € beispielsweise passive latente Steuern i.H.v. 500 T € und aktive latente Steuern i.H.v. 700 T € aus, so beträgt die Eigenkapitalquote bei Ausübung des Wahlrechtes in Form des Unterlassens 25 %. Wird dagegen von dem Aktivierungswahlrecht Gebrauch gemacht, steigt die Bilanzsumme im Fall des unsaldierten Ausweises um 700 T €, woraus sich eine Eigenkapitalquote von 25,53 % errechnen lässt.[381] Wird zudem von dem Saldierungswahlrecht Gebrauch gemacht, erhöht sich die Bilanzsumme im vorliegenden Beispiel dagegen um lediglich 200 T €. Es ergibt sich eine Eigenkapitalquote

---

379 Vgl. *Ernst*, SteuerStud 2009, 584 (590); s.a. *Zwirner/Künkele*, BC 2010, 319 (322).

380 Vgl. *Herzig/Vossel*, BB 2009, 1174 (1177); *Küting/Seel*, DB 2009, 922 (924); *Zwirner/Künkele*, BRZ 2009, 487 (488).

381 1.200 T €/ 4.700 T € = 25,53 %.

von 28,57 %.[382] Wird also ein Interesse des Bilanzerstellers an einer Verbesserung der Eigenkapitalquote unterstellt, liefert der saldierte Ausweis latenter Steuern stets einen verbesserten Eigenkapitalausweis im Sinne einer höheren Eigenkapitalquote.[383]

Auch im Rahmen der latenten Steuern ist der Gesetzgeber zudem den Weg der Informationsverlagerung von der Bilanz in den Anhang gegangen. Hiernach ist nach § 285 S. 1 Nr. 29 HGB n.F. anzugeben, auf welchen Differenzen oder steuerlichen Verlustvorträgen die latenten Steuern beruhen und mit welchen Steuersätzen die jeweilige Bewertung erfolgt. Diese Angabepflicht besteht unabhängig von der sich ergebenden Steuerbe- oder –entlastung. Dies bedeutet, dass der Bilanzierende auch im Falle des Verzichts auf die Aktivierung des Aktivüberhangs entsprechende Angaben über die bestehenden Differenzen und Verlustvorträge vorzunehmen hat.[384] Im Einzelnen umstritten ist jedoch der Umfang, den diese Verpflichtung fordert. Während das IDW regelmäßig qualitative Angaben für ausreichend erachtet und sogar Erläuterungen für über den Saldierungsbereich hinausgehende Differenzen, die zu aktiven latenten Steuern führen würden, aber in Ausübung des Wahlrechtes nicht aktiviert werden, für entbehrlich erachtet, sieht der überwiegende Teil des Schrifttums diese Auslegung nicht im Einklang mit dem Gesetz.[385]

Abschließend ist noch darauf hinzuweisen, dass mittelgroße Kapitalgesellschaften nach § 288 II HGB n.F. von den Angabepflichten des § 285 S.1 Nr. 29 HGB n.F. befreit sind, so dass in solchen Fällen die beabsichtigte Informationsfunktion gänzlich unterbleibt.[386]

---

382 1.200 T €/ 4.200 T € = 28,57 %; s.a. *Zwirner/Künkele*, BRZ 2009, 487 (488); *Kessler/Leinen/Paulus*, NWB 2010, 1532 (1546).

383 Vgl. *Herzig/Vossel*, BB 2009, 1174 (1177); s.a. *Hennrichs*, GmbHR 2010, 17 (18).

384 Vgl. RA BilMoG BT Drs. 16/12407, S. 116; *Petersen/Zwirner*, StuB 2009, 416 (418); *Küting/Seel*, DB 2009, 922 (924); *Kessler/Leinen/Paulus*, KoR 2009, 716 (724); IDW ERS HFA 27, Tz. 35.

385 IDW ERS HFA 27, Tz. 36; a. A. *Hoffmann/Lüdenbach*, NWB 2009, 1476 (1481f.); *Wendholt/Wesemann*, DB 2009, Beil. 5, S. 64 (68f.); *Kessler/Leinen/Paulus*, KoR 2009, 716 (724); s.a. *Loitz*, DB 2009, 913 (919).

386 Nach § 274a Nr. 5 HGB sind kleine Kapitalgesellschaften und denen nach § 264a HGB gleichgestellte, kleine haftungsbeschränkte Personenhandelsgesellschaften bereits grundsätzlich von der Anwendung des § 274 HGB befreit. Sofern kleine Gesellschaften nicht freiwillig die Vorschrift des § 274 HGB n.F. anwenden, haben diese demnach nur unter den Voraussetzungen des § 249 I 1 HGB Rückstellungen für passive latente Steuern zu bilden, soweit aufgrund von zeitlich begrenzten Differenzen mit einer zukünftigen Steuerbelastung zu rechnen ist.

4.2.3 Die Bewertung latenter Steuern

Nach § 274 II 1 HGB hat die Bewertung der künftig gegenüber dem Fiskus entstehenden Steueransprüche und –verpflichtungen entsprechend dem bilanzorientierten *temporary*-Konzept mit dem unternehmensindividuellen Steuersatz im Zeitpunkt des Abbaus der Differenzen zu erfolgen, um so den Betrag der künftig entstehenden Steuerent- oder -belastung zutreffend zu erfassen.[387] Da die Steuersätze im Zeitpunkt des Abbaus der Differenzen in der Regel nicht bekannt sind, erfolgt die Berechnung mit den am Abschlussstichtag gültigen Steuersätzen. Steuersatzänderungen sind zu berücksichtigen, sobald der Bundesrat als maßgebliche Körperschaft der Gesetzesänderung vor oder am Abschlussstichtag zugestimmt hat.[388] Latente Steuern sind nach § 274 II 2 HGB aufzulösen, sobald die Steuerbelastung oder die Steuerentlastung eintritt oder mit ihr nicht mehr zu rechnen ist. Die dem Ansatz und der Bewertung zugrunde liegenden Annahmen, Steuersätze und Wahrscheinlichkeiten sind zu jedem Abschlussstichtag zu überprüfen. Aufgrund der Schwierigkeit und Komplexität der Bestimmung des exakten Abbauzeitpunkts sind latente Steuern nach § 274 II 1 HGB nicht abzuzinsen.[389]

4.2.4 Die Abgrenzung latenter Steuern im Organkreis

Eine weitere Zweifelsfrage eröffnet das BilMoG im Zusammenhang mit der Bilanzierung von latenten Steuern in Organkreisen. Mit dem gesetzlichen Instrument der Ausschüttungssperre soll, wie gezeigt, verhindert werden, dass den Gläubigern des Unternehmens Haftungsmasse durch Ausschüttungen von noch nicht realisierten Erträgen, u.a. auch aus der Aktivierung latenter Steuern, verloren geht. Wie dargestellt, umfasst die Ausschüttungssperre jedoch lediglich den

---

Aufgrund des am 28.12.2012 in Kraft getretenen MicroBilG werden sog. Kleinstkapitalgesellschaften zudem weitere Entlastungen vom Verwaltungsaufwand gewährt. Diese bestehen insbesondere in einem Verzicht auf die Aufstellung eines Anhangs, die Möglichkeit der Aufstellung einer stark aggregierten Bilanz sowie einer stark verkürzten Gewinn- und Verlustrechnung.

387 Vgl. *Küting/Seel*, in: Küting/Pfitzer/Weber, Das neue deutsche Bilanzrecht, S. 516; *Gelhausen/Fey/Kämpfer*, Rechnungslegung und Prüfung, § 274 HGB, Rn. 43 ff.; *Pöller*, BRZ 2009, 491 (493).

388 Dies entspricht der schon bisher üblichen Praxis und der Verfahrensweise nach IAS 12. Vgl. RegE BilMoG BT-Drs. 16/10067, S. 68; s.a. *Kastrup/Middendorf*, BB 2010, 815 (816) sowie Kapitel 4.2.6.

389 Vgl. RegE BilMoG BT-Drs. 16/10067, S. 68; IDW ERS HFA 27, Tz. 26; krit. *Prinz/Ruberg*, Der Konzern 2009, 343 (349).

Nettobetrag, mithin den angesetzten Betrag abzüglich der zugehörigen passiven latenten Steuern.

Hinsichtlich der Behandlung von latenten Steuern im Organkreis lässt der Wortlaut des § 301 AktG n.F. i.V.m. § 268 VIII HGB n.F. jedoch gleich mehrere Vorgehensweisen zu, so dass gegenwärtig diskutiert wird, auf welchen Ebenen die latenten Steuern zu bilden sind bzw. gebildet werden können.[390] Fraglich ist dabei insbesondere, ob bei der Berechnung des Sperrbetrages der Organgesellschaft latente Steuern zu berücksichtigen sind, die auf ihre Bilanzdifferenzen entfallen, aber beim Organträger gebildet worden sind. Es stellt sich mithin die Frage, ob auch bei Organschaften insoweit tatsächlich auf den Nettobetrag abzustellen ist und insbesondere passive latente Steuern der Organgesellschaft, die auf Ebene des Organträgers angesetzt werden, im Rahmen der Abführungssperre berücksichtigungsfähig sind.

Hintergrund ist hierbei, dass bei Vorliegen einer steuerlichen Organschaft das steuerliche Ergebnis der Organgesellschaft dem Organträger als Steuersubjekt und Steuerschuldner zugerechnet wird.[391] Daher ist die Organgesellschaft für die Zeit des Bestehens der Organschaft grundsätzlich nicht selbst mit Ertragssteuern belastet, soweit nicht ausnahmsweise Ausgleichszahlungen i.S.d. § 16 KStG vorliegen, die zu einem eigenen steuerlichen Einkommen führen.[392] Aus diesem Grund kann sich auch bei der Organschaft aus der Umkehrung von temporären Differenzen kein steuerlicher Effekt ergeben, so dass eine Bilanzierung latenter Steuern auf Ebene der Organgesellschaft grundsätzlich ausscheidet.[393] Die steuerlichen Konsequenzen aus der Umkehr temporärer Differenzen schlagen sich über die steuerliche Einkommenszurechnung vielmehr auf Ebene des Organträgers nieder, so dass dieser jene latenten Steuern zu bilanzieren hat. Die Organgesellschaft setzt daher latente Steuern in ihrer Bilanz grundsätzlich erst zu dem Zeitpunkt an, an dem mit der Beendigung der Organschaft zu rechnen ist.

4.2.4.1 Die „formale Betrachtungsweise"

In der Folge vertritt auch der überwiegende Teil in der Literatur die Ansicht, dass passive latente Steuern der Organgesellschaft, die beim Organträger ange-

390 Vgl. *Kaeser*, DStR 2010, Beih. zu H. 30, S. 56 (58); *Herzig/Liekenbrock*, DB 2009, 1949 (1956); *Herzig/Liekenbrock/Vossel*, Ubg 2010, 85 (86 ff.).

391 Vgl. § 14 I 1 KStG; § 2 II 2 GewStG.

392 S. a. *Erle/Heuring*, in: Erle/Sauter, KStG, § 15, Rn. 9 ff.

393 Vgl. DRS 18.32; s. zum aktuellen Streitstand umfassend *Herzig/Liekenbrock/Vossel*, Ubg 2010, 85 (86 ff.) m.w.N.

setzt werden, nicht für die Berechnung der Abführungssperre der Organgesellschaft verwendet werden können.[394] Jene Interpretation hätte zumindest auch den engen Wortlaut des § 268 VIII HGB hinter sich, der von dem Abzug der „hierfür gebildeten passiven latenten Steuern“ spricht. Während also auf Ebene der Organgesellschaft der unverminderte Bruttobetrag gegen eine Abführung gesperrt wäre, wären die passiven latenten Steuern der Organgesellschaft im Rahmen der Berechnung des ausschüttungsfähigen Betrages in Folge dieser formalen Betrachtungsweise auf Ebene des Organträgers mindernd zu berücksichtigen. Die Ausübung eines Aktivierungswahlrechtes beispielsweise nach § 248 II HGB auf Ebene der Organgesellschaft hat somit eine Reduzierung der zulässigen Ausschüttung auf Ebene des Organträgers zur Folge.[395] Diese Konsequenz dürfte allerdings zum einen weder im Sinne der Gesellschafter des Organträgers, aber vor allem zumindest nicht intendierte Folge der gesetzgeberischen Konzeption gewesen sein.[396]

4.2.4.2 Die „wirtschaftliche Betrachtungsweise“

Zu einem anderen Ergebnis führt daher die eher wirtschaftliche Interpretation des § 301 AktG n.F. i.V.m. § 268 VIII HGB n.F. Insoweit wird vorgeschlagen, die passiven latenten Steuern entgegen der vorgenannten Umstände bereits bei der Ermittlung des von der Organgesellschaft abführungsgesperrten Betrages mindernd zu berücksichtigen und lediglich den Nettobetrag zu sperren.[397] Für diese Vorgehensweise spricht zunächst, dass die Auslegung des Wortlauts des

---

394 Vgl. *Dahlke*, BB 2009, 878 (880); *Wendholt/Wesemann*, DB 2009, Beil. 5, S. 64 (71); *Loitz/Klevermann*, DB 2009, 409 (410); *Kozikowski/Fischer*, Ellrott/Budde, BeckBil-Komm., 7. Aufl., § 274, Rn. 70; *Gelhausen/Fey/Kämpfer*, Rechnungslegung und Prüfung, § 274, Rn. 38; *Herzig/Liekenbrock/Vossel*, Ubg 2010, 85 (100); s.a. IDW ERS HFA 27, Tz. 21 ff.

395 Beispiel: Der Jahresüberschuss einer Organgesellschaft vor Steuern beträgt 600 GE nach der Aktivierung von selbst geschaffenen Vermögensgegenständen des Anlagevermögens i.H.v. 200 GE. Unter Zugrundelegung eines Steuersatzes von 30 % entstehen hierdurch passive latente Steuern i.H.v. 60 GE, die beim Organträger anzusetzen sind. Nach der formalen Betrachtungsweise ist der Bruttobetrag von 200 GE abführungsgesperrt, so dass der abzuführende Gewinn 400 GE beträgt. Andernfalls wäre lediglich ein Betrag i.H.v. 140 GE (200 GE – 60 GE) gesperrt, so ein Betrag von 460 GE an den Organträger abzuführen wäre.

396 Vgl. *Ellerbusch/Schlüter/Hofherr*, DStR 2009, 2443 (2446).

397 Vgl. *Ellerbusch/Schlüter/Hofherr*, DStR 2009, 2443 (2445 ff.) mit entsprechenden Bilanzierungsbeispielen. S.a. *Meyer/Loitz/Linder/Zerwas*, Latente Steuern, S. 153; *Kröner/Bolik/Gageur*, Ubg 2010, 237 (241), die jedoch im Erg. aufgrund der bestehenden Unsicherheiten zur Anwendung der Bruttomethode raten.

§ 301 AktG n.F. i.V.m. § 268 VIII HGB n.F. diese Interpretation zumindest nicht ausschließt, da nicht eindeutig geregelt wird, dass passive latente Steuern bei der Ermittlung der Abführungssperre allein dann zu berücksichtigen sind, wenn sie in der gleichen Bilanz wie selbst geschaffene immaterielle Vermögensgegenstände oder das zum Zeitwert zu bewertende Planvermögen abgegrenzt werden.[398]

4.2.4.3 Die doppelte Berücksichtigung von passiven latenten Steuern

Neben den bereits dargelegten Argumenten spricht jedoch insbesondere die Gefahr der doppelten Berücksichtigung passiver latenter Steuern bei der Ermittlung der Abführungssperre auf Ebene der Organgesellschaft einerseits und der Ausschüttungssperre auf Ebene des Organträgers andererseits gegen eine solche Interpretation. Auch flankierende Nebenrechnungen dürften insoweit wenig handhabbar sein. Allein diese könnten aber wohl sicherstellen, dass zur Berechnung des abführungsgesperrten Betrages auf Ebene der Organgesellschaft die beim Organträger erfassten Steuerlatenzen gedanklich berücksichtigt werden und korrespondierend hierzu diese passiven Steuerlatenzen bei der Berechnung des Ausschüttungssperrbetrags des Organträgers nicht ein weiteres Mal Berücksichtigung finden. Bei der gleichzeitigen Existenz von sowohl profitablen als auch defizitären Organgesellschaften, bestünde zudem die Gefahr, dass es bei diesen zur Berücksichtigung aktiver und passiver latenter Steuern kommt, obwohl sich beim Organträger aufgrund der Verrechnung per Saldo tatsächlich keine künftige Steuerbe- oder –entlastung ergibt.

Insoweit dürfte auch nach dem BilMoG der so genannten formalen Betrachtungsweise zu folgen sein. Dies gilt auch bei gleichzeitigem Bestehen von so genannten Steuerumlagevereinbarungen, da es sich bei diesen Sachverhalten nicht um eine originäre Steuerabgrenzung von latenten Steuern i.S.v. § 274 HGB, sondern um die Abbildung erwarteter künftiger Be- oder Entlastungen der Organgesellschaft aus dem Umlagevertrag mit dem Organträger handelt, was zudem auch entsprechend im Ausweis derartiger Abgrenzungsposten in der Handelsbilanz der Organgesellschaft zum Ausdruck gebracht werden muss.[399]

---

398 Weiterhin gilt es zu beachten, dass mit der Umsetzung des Konvergenzprojektes in ED/2009/2 (ED IFRS 11) ebenfalls die wirtschaftliche Betrachtungsweise verankert wird. Vgl. *Loitz*, DB 2009, 913 (917); *Meyer/Loitz/Linder/Zerwas*, Latente Steuern, S. 153f.; *Maier/Weil*, DB 2009, 2729 (2736).

399 Vgl. IDW ERS HFA 27, Tz. 24; *Gelhausen/Fey/Kämpfer*, Rechnungslegung und Prüfung, § 274, Rn. 41; *Wendholt/Wesemann*, DB 2009, Beil. 5; S. 64 (71); *Dahlke*,

Dementsprechend kann an dieser Stelle eine gewisse Stärkung des Kapitalschutzes festgestellt werden, da nicht nur das Bruttoaktivvolumen auf Organschaftsebene gegen eine Abführung gesperrt ist, sondern zudem das Ausschüttungsvolumen auf Ebene des Organträgers durch die passiven latenten Steuern gemindert wird, soweit diese die aktiven latenten Steuern des Organträgers übersteigen.[400]

4.2.5 Die Aufgabe der umgekehrten Maßgeblichkeit

4.2.5.1 Grundlagen

Nach dem bisherigen Ergebnisstand wird deutlich, dass das zukünftige Verhältnis zwischen der Handels- und Steuerbilanz von entscheidender Bedeutung für die Bilanzierung latenter Steuern sein wird. Die Steuerbilanz unterscheidet sich in ihrer Zielsetzung wiederum von denen der Handelsbilanz und der Bilanz nach IFRS. Letztere nehmen, wie dargestellt, Unternehmen, beteiligte Personen, potenzielle Investoren oder Gläubiger in ihren Adressatenkreis auf. Die Steuerbilanz richtet sich hingegen allein an den Fiskus. Um dem Kaufmann eine Arbeitserleichterung zuteil werden zu lassen, bestimmt § 60 II EStDV, dass trotz der unterschiedlichen Bilanzzwecke, dem Finanzamt unter Berücksichtigung der steuerlichen Vorschriften eine korrigierte Handelsbilanz einzureichen ist, die ausschließlich dazu dient, dem Fiskus eine justiziable steuerliche Bemessungsgrundlage zu schaffen. Daneben muss bei der Ermittlung der steuerlichen Bemessungsgrundlage sowohl der Grundsatz der Gleichmäßigkeit der Besteuerung als auch der Rechtssicherheit gewahrt bleiben.[401]

Nachfolgend soll neben dem Umfang latenter Steuern nach dem BilMoG auch die Reichweite des Maßgeblichkeitsprinzips Erläuterung finden. Darüber hinaus soll an dieser Stelle aber auch der Wegfall der umgekehrten Maßgeblichkeit selbst auf seine Kapitalschutzrelevanz hin untersucht werden. Während vom Gesetzgeber dieser Zusammenhang nur beiläufig kommentiert wurde und die umgekehrte Maßgeblichkeit vorrangig mit dem Verlust der Einheitsbilanz und

---

BB 2009, 878 (879), a.A. *Meyer/Loitz/Linder/Zerwas*, Latente Steuern, S. 153; DRSC, DRS 18 A9.

400 Der Untersuchungsfokus soll hierbei die Tragweite dieser Problematik jedoch nicht zu sehr einengen, da sich in jedem Fall die Frage stellt, ob während des Bestehens der Organschaft entgegen § 301 AktG ein zu hoher oder zu niedriger Gewinn an die Muttergesellschaft abgeführt wurde, da der latente Steueraufwand nicht auf Ebene der Organgesellschaft erfasst wurde. Eine Klarstellung der Finanzverwaltung wäre daher in jedem Fall wünschenswert.

401 Vgl. *Kußmaul/Gräbe*, StB 2010, 106 (109).

dem damit einhergehenden Praktikabilitätsverlust in Verbindung gebracht wird, soll an dieser Stelle daran erinnert werden, dass der Grundsatz der umgekehrten Maßgeblichkeit seinerzeit auf das Wohnungsbauförderungsgesetz[402] vom 22.12.1989 zurückging und der Gesetzgeber hiermit u.a. Gewinnausschüttungen ausschließen wollte, die allein durch die Ausnutzung steuerlicher Wahlrechte ermöglicht werden.[403]

Über die Funktion, Rechtfertigung und Zukunft des Maßgeblichkeitsgrundsatzes wurde nicht nur im deutschen Rechtskreis beständig und leidenschaftlich diskutiert, so dass auch die Vor- und Nachteile einer engen Verzahnung von Handels- und Steuerbilanz hinlänglich bekannt sind.[404] Während einige die völlige Ablösung der Steuerbilanz von der Handelsbilanz bereits prognostizierten oder zumindest forderten,[405] sahen andere den Maßgeblichkeitsgrundsatz auch im internationalen Vergleich erstarken und betonten dessen Vorzüge sowohl für eine am Leistungsfähigkeitsprinzip ausgerichtete Besteuerung als auch für die Informationskraft der Handelsbilanz.[406]

Mit dem BilMoG wurde nun u.a. § 5 I EStG neu gefasst.[407] Auch die handelsrechtlichen Öffnungsklauseln nach §§ 247 III, 254, 279 II, 280 II, 281 HGB wurden vom Gesetzgeber gestrichen. Ziel des Gesetzgebers war es hierbei die Handelsbilanz von GoB-widrigen steuerrechtlichen Einflüssen zu befreien und

---

402 BStBl. I 1989, S. 505; krit. *Schulze-Osterloh*, ZIP 2004, 1128 (1135).

403 BT-Drs. 11/5970, S. 36 i.V.m. BT-Drs. 11/2157, S. 139; s.a. *Schenke/Risse*, DB 2009, 1957 (1957).

404 S. beispielsweise *Schanz/Schanz*, StuW 2009, 311 (311 ff.); *Schön*, Steuerliche Maßgeblichkeit in Deutschland und Europa, S. 168 ff.; *Richter/Welling*, FR 2009, 120 (121 ff.); *Essers*, StuW 2005, 331 (331 ff.); *Sigloch*, BFuP 2000, 157 (157 ff.); *Spengel*, FR 2009, 101 (101 ff.).

405 Vgl. *Förster/Schmidtmann*, BB 2009, 1342 (1346); *Herzig/Briesemeister*, DB 2009, 976 (978); *Herzig*, in: Spindler et al., Steuerzentrierte Rechtsberatung, S. 751 (756f.); *Kirsch*, DStZ 2008, 561 (568); *Theile/Hartmann*, DStR 2008, 2031 (2034f.); *Weber-Grellet*, DB 2009, 2402 (2403).

406 Vgl. *Meurer*, FR 2009, 117 (118f.); *Schmidt*, Maßgeblichkeitsprinzip und Einheitsbilanz, S. 134f.

407 Bereits vor Verabschiedung des BilMoG hat speziell der I. Senat des BFH durch zwei jüngere Entscheidungen die Eigenständigkeit der steuerlichen Gewinnermittlung unter Betonung des steuerlichen Bewertungsvorbehalts (§ 5 VI EStG) hervorgehoben und damit die Weichen für eine Abkopplung der Steuer- von der Handelsbilanz gestellt. Vgl. „Infineon-Urteil", BFH v. 26.09.2007 – I R 58/06, BStBl. II 2009, 294; BFH v. 04.06.2008 – I R 84/07, BStBl. II 2009, 187; s.a. hierzu BMF v. 11.02.2009 – IV C 6 – S 2170/0, BStBl. I 2009, 397; in diese Richtung weisend auch BVerfG-Beschluss v. 12.05.2009 – 2 BvL 1/00, BB 2009, 1408 (1408 ff.); s.a. *Herzig/Briesemeister*, WPg 2010, 63 (63 ff.).

somit die Aussagekraft des handelsrechtlichen Jahresabschlusses zu verbessern.[408] Weggefallen ist daher allein die so genannte umgekehrte Maßgeblichkeit, wohingegen die materielle Maßgeblichkeit weiterhin erhalten bleibt und sich nun in § 5 I 1 1. HS EStG n.F. wiederfindet. Die Verbindungen zwischen der handelsrechtlichen und steuerrechtlichen Gewinnermittlung lassen sich abstrakt zukünftig wie folgt zusammenfassen:

Es gilt auch weiterhin der Grundsatz, dass der Handelsbilanzansatz für die steuerliche Gewinnermittlung dem Grunde und der Höhe nach zu übernehmen ist. Ausnahmen bestehen, wenn und soweit eine steuerliche Regelung existiert, die für die Bilanzierung oder die Bewertung eine abweichende Regelung vorschreibt, in der Handelsbilanz ein Bilanzierungswahlrecht besteht und im Steuerrecht keine korrespondierende Regelung vorgesehen ist oder für die Steuerbilanz nach dem Gesetz oder nach einer Verwaltungsanweisung ein Wahlrecht besteht und dieses so ausgeübt wird, dass es zu unterschiedlichen Wertansätzen in beiden Bilanzrechtssystemen kommt.[409]

4.2.5.2 Aktive latente Steuern indizierende Sachverhalte

Als Beispiele für aktive latente Steuern indizierende Bilanzsachverhalte können u.a. folgende Fallgruppen angeführt werden:

Die Bildung von steuerlich nicht anerkannten Rückstellungen in der Handelsbilanz, wie etwa jene für drohende Verluste aus schwebenden Geschäften, wird ebenso wie die nach § 253 I 2 HGB höhere Bewertung von Rückstellungen in der Handelsbilanz aufgrund erwarteter Preis- und Kostensteigerungen im Vergleich zur steuerlichen Regelung in § 6 I Nr. 3a Buchst. f EStG n.F., nach der die Preis- und Kostenverhältnisse am Bilanzstichtag anzusetzen sind, regelmäßig zu aktiven latenten Steuern führen.

Gleiches gilt für die wohl regelmäßig höhere Bewertung von Pensionsrückstellungen durch realistischere Zukunftsprognosen über die zukünftigen Pensionsverpflichtungen und einen niedrigeren Diskontierungszins in der Handelsbilanz als den nach § 6a III EStG vorgesehenen pauschalen Zinssatz von 6 %.[410]

Auch die kürzere Nutzungsdauer für Vermögensgegenstände in der Handelsbilanz durch die Abweichung von den steuerlichen AfA-Tabellen wird regelmäßig zum oben beschriebenen Effekt beitragen. Im Besonderen dürfte dies

---

408 RegE BilMoG, BT-Drs. 16/10067, S. 1, 49.

409 Vgl. *Scheffler*, BBK 2010, Beil. zu H. 9, S. 1 (44f.).

410 S. hierzu Kapitel 4.3.1.1 f.

auch für die Abschreibung eines Geschäfts- und Firmenwertes gelten, der steuerlich nach § 7 I 3 EStG über eine typisierte Nutzungsdauer von 15 Jahren abzuschreiben ist.[411]

4.2.5.3 Passive latente Steuern indizierende Sachverhalte

Für den Bereich der passiven latenten Steuern wurde im Rahmen dieser Untersuchung bereits als zugrunde liegender Sachverhalt die Aktivierung von Entwicklungskosten in der Handelsbilanz erörtert.[412] Weiterhin dürften aber auch folgende Sachverhalte für die Bildung von passiven latenten Steuern sorgen: Die ausgebliebene Nachvollziehung von steuerliche Sonderabschreibungen in der Handelsbilanz, die Rücklagenbildung nach § 6b EStG in der Steuerbilanz, die in der Handelsbilanz nach der Abschaffung des § 247 III HGB a.F. nicht mehr übernommen werden sowie die Aufdeckung stiller Reserven im Zuge einer Verschmelzung durch den übernehmenden Rechtsträger, soweit steuerlich die Buchwerte fortgeführt werden.[413]

4.2.5.4 Konsequenzen für die Kapitalerhaltung

Die beispielhafte Aufzählung soll zum einen unterstreichen, dass mit dem Wegfall der umgekehrten Maßgeblichkeit die Abweichungen zwischen Handels- und Steuerbilanz erheblich an Umfang und Bedeutung zunehmen werden.[414] Insbesondere im Bereich der passiven latenten Steuern ist zu beachten, dass die Bilanzierung latenter Steuern im handelsrechtlichen Abschluss nicht allein unter Informationsaspekten von Bedeutung ist, um ein Ergebnis nach Unternehmenssteuern ausweisen zu können, sondern auch mit Blick auf die Zahlungsbemessungsfunktion Relevanz besitzt.

Dass damit der Steuerabgrenzung auch Gewicht für Fragen der Kapitalerhaltung und die Ausschüttungsbemessung zukommt, soll anhand der exemplarischen Anknüpfung an einen Reinvestitionsfall illustriert werden.[415] Hierbei soll zunächst in Erinnerung gerufen werden, dass passive latente Steuern bekanntlich

---

411 S. hierzu auch Kapitel 5.1.1.

412 S. hierzu Kapitel 4.1.1.6.

413 Detaillierte Übersichten über den ausgeweiteten Anwendungsbereich der Abgrenzung latenter Steuern post BilMoG in tabellarischer Form bieten *Ellerbusch/Schlüter/Hofherr*, DStR 2009, 2443 (2444); *Scheffler*, BBK 2010, Beil. zu H. 9, S. 1 (14 ff.); *Thurow*, BRZ 2009, 506 (506).

414 Vgl. *Bantleon/Schorr*, DStR 2010, 1491 (1492).

415 S.a. *Herzig/Vossel*, BB 2009, 1174 (1175); *Utz/Hoheisel*, BC 2010, 322 (322 ff.).

immer dann entstehen, wenn vereinfacht die Aktiva nach handelsrechtlichen Vorschriften höher bewertet werden als nach steuerrechtlichen Vorgaben oder wenn auf der Passivseite in der Handelsbilanz ein niedrigerer Wert angesetzt wird als in der Steuerbilanz.[416]

Kommt es also beispielsweise zur Veräußerung eines Grundstücks und erzielt die veräußernde Kapitalgesellschaft hierbei einen Veräußerungsgewinn von 200.000 €, kann in der Steuerbilanz zum entsprechenden Veranlagungszeitraum nach § 8 I KStG i.V.m. § 6b III EStG eine Rücklage i.H.v. 200.000 € gebildet werden. In der Handelsbilanz darf diese Rücklage jedoch aufgrund der Aufhebung der § 247 III HGB a.F. und § 273 HGB a.F. durch das BilMoG nicht mehr nachvollzogen werden.[417] Da hierdurch der Handelsbilanzgewinn um 200.000 € höher ausfällt als in der Steuerbilanz, muss die Gesellschaft nach § 274 HGB n.F. nunmehr passive latente Steuern i.H.v. c.a. 60.000 €[418] bilden.[419] Die Gewinndifferenz i.H.v. 140.000 € steht der Gesellschaft aber mangels Ausschüttungssperre für eine Auskehrung voll zur Verfügung.

Dieser Befund vermag vor dem dargestellten historischen Hintergrund eigentlich kaum zu überraschen, wurde die niedrigere Steuerlast in der Vergangenheit unter Anwendung der umgekehrten Maßgeblichkeit doch bewusst vom Bilanzierenden und historischen Gesetzgeber mit einem verminderten Ausschüttungspotenzial erkauft.[420] Steuerliche Vergünstigungen wie etwa die Bildung von Rücklagen für Ersatzbeschaffungen in der Steuerbilanz sollten demnach nur gewährt werden, wenn entsprechend in der Handelsbilanz eine entsprechende

---

416 S. Kapitel 4.2.1.

417 Die Bildung der Rücklage war in der Steuerbilanz oder in Ihrer Anpassungsrechnung nur zulässig, wenn das steuerliche Wahlrecht in Übereinstimmung mit der Handelsbilanz ausgeübt wurde. Hierzu war es notwendig, dass in der Handelsbilanz ein entsprechender Passivposten (Sonderposten mit Rücklagenanteil, § 247 III HGB a.F.) ausgewiesen wurde (Grundsatz der umgekehrten Maßgeblichkeit, § 5 I 2 EStG a.F.). Vgl. BMF-Schreiben IV B 2 – S 2139/07/0003 v. 15.01.2008, S. 1f.; *Reiner/Haußer*, in: Schmidt et al., MüKo HGB, 2. Aufl., § 273, Rn. 1 ff.; *Morck*, in: Koller/Roth/Morck, HGB, 6. Aufl., § 247, Rn. 6.

418 Für die deutsche Kapitalgesellschaft ergibt sich derzeit ein typisierter Steuersatz von rund 30%. Dieser setzt sich zusammen aus dem Körperschaftsteuersatz von 15 %, dem darauf zusätzlich erhobenen Solidaritätszuschlag von 5,5 % (= 15,825 %) sowie dem Gewerbesteuersatz. Dieser beträgt 14 % bei einem angenommenen Gewerbesteuerhebesatz von 400 %, so dass sich insgesamt eine typisierte Ertragssteuerbelastung von 29,825 % ergibt.

419 Fall entlehnt aus *Hoffmann*, SteuK 2009, 5 (5 ff.); s.a. *Herzig*, BB 2009, H. 19, S. M1.

420 Vgl. BT-Drs. 11/2157, S. 139; *Schanz/Schanz*, StuW 2009, 311 (314); s.a. *Haaker*, DStR 2010, 663 (664).

Rücklage gebildet wird.[421] Die Inanspruchnahme solcher Vergünstigungen stellte dementsprechend für Personengesellschaften bereits zuvor kein Problem dar, da Entnahmen unabhängig vom handelsrechtlichen Gewinn getätigt werden konnten und auch weiterhin getätigt werden können. Bei Kapitalgesellschaften wirkte diese Regelung jedoch wie eine Ausschüttungssperre, die durch entsprechende Gewinnrücklagen kompensiert werden konnte.

Obwohl mit dem BilMoG also bewusst zugunsten einer Verbesserung der Informationsfunktion auf die umgekehrte Maßgeblichkeit verzichtet und auch wohl unbestreitbar Fremdkörper aus der Handelsbilanz entfernt wurden,[422] ist fraglich, ob die Reichweite dieses Grundsatzes und die entgegenstehende Intention des historischen Steuergesetzgebers gesehen wurden. Insbesondere das erhöhte Ausschüttungsvolumen stimmt insoweit skeptisch, als der Gesetzgeber wohl lediglich einen unverzerrten Informationsgehalt zu erreichen versuchte und nicht zugleich der jeweiligen Steuerstundung ein erhöhtes Ausschüttungspotenzial anheimgeben wollte.[423] Obgleich diese Vermögensbestandteile nicht den gleichen Werthaltigkeitsbedenken begegnen wie die nach § 268 VIII HGB n.F. gesperrten Vermögenskomponenten, läge dennoch eine entsprechende Sperrung dieser Beträge, vermindert um die jeweiligen korrespondierenden latenten Steuern, i.S.d. Kapitalschutzes und des historischen Steuergesetzgebers.[424]

4.2.5.5 Die Auswirkungen auf die Maßgeblichkeit

In diese Problematik tritt ergänzend das unklare Ausmaß und die Ausgestaltung der zukünftigen Maßgeblichkeit ein. Der Grund für diese Unklarheit liegt in einem Widerspruch zwischen den Gesetzesmaterialien und dem Wortlaut der Norm des § 5 I 1 2. HS EStG n.F.

Ausweislich der Gesetzesbegründung sollte der beschriebene Gleichlauf handels- und steuerbilanzrechtlicher Wahlrechte nur hinsichtlich der GoB-widrigen Ansätze in der Steuerbilanz beseitigt werden.[425] Insoweit setzt die Neufassung des § 5 I 1 EStG n.F. auch klar der früheren Deformation der Handelsbilanz durch die Übernahme GoB-widriger Ansätze aus der Steuerbilanz ein Ende. Steuerliche Wahlrechte, die von den handelsrechtlichen Bilanzierungsvorschriften abweichen, können daher in der Steuerbilanz unabhängig von der Handelsbi-

---

421 S. zur so genannten „Teilhaberthese“ beispielsweise *Kirsch*, DStZ 2008, 561 (562); *Breithecker/Schmiel*, Steuerbilanz und Vermögensaufstellung, S. 110 ff.

422 Vgl. *Schulze-Osterloh*, StuW 1991, 284 (292 ff.); *Küting*, DStR 1997, 84 (84 ff.).

423 A.A. *Schulze-Osterloh*, ZIP 2004, 1128 (1135).

424 Wohl a.A. *Kühnberger*, DStR 2012, 1149 (1151).

425 RegE BilMoG, BT-Drs. 16/10067, S. 124.

lanz ausgeübt werden. Dies gilt auch unstreitig für die Wahlrechte i.S. der bisherigen umgekehrten Maßgeblichkeit, wie z.B. die Zuschussrücklagen i.S.v. R 6.5 IV EStR, Rücklagen für Ersatzbeschaffungen i.S.v. R 6.6 EStR, Reinvestitionen i.S.v. § 6b EStG sowie Sonderabschreibungen und erhöhte Absetzungen.

4.2.5.5.1 Die Auswirkungen auf GoB-konforme Wahlrechte

Fraglich und umstritten ist nun jedoch, ob der Wahlrechtsvorbehalt des § 5 I 1 2. HS EStG n.F. in Anlehnung an den Wortlaut umfassend zu verstehen ist und somit u.a. auch GoB-konforme Wahlrechte betrifft.[426] Das BMF vertritt ausweislich des BMF-Schreibens vom 12.03.2010[427] eben diese Auffassung und liegt damit auf einer Linie mit dem überwiegenden Teil der Literatur.[428] Soweit die Ausnahmen von der Maßgeblichkeit gemäß § 5 I 1 2. HS EStG nicht auf Steuervergünstigungswahlrechte, die zu niedrigeren als nach GoB zulässigen Wertansätzen führen, beschränkt werden, stößt die Ansicht des BMF jedoch auch auf nicht unerhebliche Kritik.[429]

Die Auffassung der Finanzverwaltung ist insbesondere bei Teilwertabschreibungen von besonderer Bedeutung. Sinkt der Wert eines Wirtschaftsgutes voraussichtlich auf Dauer unter seine fortgeführten Anschaffungs- oder Herstellungskosten, muss nach § 253 III, IV HGB in der Handelsbilanz eine außerplanmäßige Abschreibung vorgenommen werden. Aufgrund des Wahlrechtes in § 6 I Nr. 1, 2 EStG soll die verbindliche handelsrechtliche Bewertungsvorschrift nunmehr durch ein steuerliches Wahlrecht i.S.v. § 5 I 1 2. HS EStG n.F. verdrängt werden. Die Vornahme der außerplanmäßigen Abschreibung in der Handelsbilanz ist folglich nicht zwingend in der Steuerbilanz durch eine Teilwertab-

---

426 Eing. zur Auslegung des Begriffs „steuerliches Wahlrecht“ *Kußmaul/Gräbe*, StB 2010, 106 (112f.).

427 BMF-Schreiben v. 12.03.2010, IV C 6 – S 2133/09/10001, Tz. 13 ff.

428 Vgl. *Dörfler/Adrian*, DB 2009, Beih. 5, 58 (59); *Ortmann-Babel/Bolik/Gageur*, DStR 2009, 934 (935); *Grützner*, StuB 2009, 481 (483); *Ott*, StuB 2009, 469 (470); *Stobbe*, DStR 2008, 2432 (2433); *Theile/Hartmann*, DStR 2008, 2031 (2034); *Werth*, DStZ 2009, 508 (509); *Herzig/Briesemeister*, DB 2009, 926 (930); *Bruckmeier/Zwirner/Busch*, DStR 2010, 237 (241); *Künkele/Zwirner*, StuB 2010, 335 (337); *Klein*, NWB 2010, 2042 (2045).

429 Vgl. *Hottmann*, SteuK 2009, 5 (5 ff.); *Schenke/Risse*, DB 2009, 1957 (1957 ff.); *Fischer/Kalina-Kerschbaum*, DStR 2010, 399 (400f.); *Weber-Grellet*, DB 2009, 2402 (2403); *Anzinger/Schleiter*, DStR 2010, 395 (398); *Scheffler*, BBK 2010, Beil. zu H. 9, S. 1 (3 ff.); *Hennrichs*, Ubg 2009, 533 (533 ff.); *Förster/Schmidtmann*, BB 2009, 1342 (1343); *Kußmaul/Gräbe*, StB 2010, 264 (265).

schreibung nachzuvollziehen.[430] Diese Bewertung ist bereits geeignet Verwunderung auszulösen, da die Bundesregierung beim Entwurf des § 5 I 1 2. HS EStG jedenfalls davon ausgegangen ist, dass insoweit kein eigenständiges steuerliches Wahlrecht bestehe.[431]

Anders beurteilt das BMF die Situation zudem bei Pensionszusagen, die nach dem 31.12.1986 gewährt wurden. Für diese Verpflichtungen gilt handelsrechtlich grundsätzlich ein Ansatzgebot, da es sich um eine ungewisse Verbindlichkeit i.S.v. § 249 I 1 HGB handelt. Die steuerrechtliche Vorschrift des § 6a I EStG ist nach dem Wortlaut jedoch ebenfalls als Ansatzwahlrecht formuliert. Dennoch geht die Finanzverwaltung in dieser Sache von einem Passivierungsgebot aus, sofern die Voraussetzungen des § 6a I, II EStG erfüllt sind.[432] Die Passivierung einer Pensionszusage unterliegt jedoch dem Bewertungsvorbehalt des § 6a III, IV EStG, so dass diese ebenfalls vom handelsrechtlichen Wert abweichen kann.[433]

4.2.5.5.2 Die Beschränkung des Anwendungsbereichs auf GoB-widrige Wahlrechte

Ungeachtet dieser Vorgaben ist im vorliegenden Fall jedoch richtigerweise von einem Redaktionsversehen auszugehen, weil sich der Gesetzgeber zwar offensichtlich im Ausdruck vergriffen hat, sich dessen Intention aber eindeutig aus der Entstehungsgeschichte ermitteln lässt.[434] Während also der Wortlaut des Gesetzes für die vollständige Entkoppelung steuerrechtlicher Wahlrechte von der Handelsbilanz spricht, zeigt die Entstehungsgeschichte, dass der Gesetzgeber dies nur für GoB-widrige Wahlrechte in der Steuerbilanz beabsichtigt hat.

Die entscheidenden Gründe sind jedoch in dem Sinn und Zweck der Steuerbilanz selbst zu finden. Die steuerrechtlichen Gewinnermittlungsregeln sind

430 BMF-Schreiben v. 12.03.2010, IV C 6 – S 2133/09/10001, Tz. 15 ff.

431 RegE BilMoG, BT-Drs. 16/10067, S. 124.

432 BMF-Schreiben v. 12.03.2010, IV C 6 – S 2133/09/10001, Tz. 9f.

433 S.a. *Scheffler*, BBK 2010, Beil. zu H. 9, S. 1 (8); *Pawlowski*, Methodenlehre für Juristen, Rdn. 3c ff., 368 ff.; *Jakobs*, Strafrecht AT, 4. Absch, Rn. 21; BVerfGE 1 S. 299 (312); BVerfGE 11, S. 126 (130f.); BVerfGE 45, S. 272 (288); BVerfGE 48, S. 246 (256); BVerfGE 53, S. 207 (212); BVerfGE 105, S. 135 (157); BFHE 62, S. 316 (319).

434 S. zur dogmatischen Begründung auch *Neuner*, Die Rechtsfindung contra legem, S. 103f.; *Säcker*, in: Säcker et al., MüKo BGB, Bd. 1, 5. Aufl., Einl. Rd. 69 ff.; *Rüthers*, Rechtstheorie, Rn. 796, 806 ff.; *Drüen*, in: Tipke/Kruse, AO/FGO, § 4, Rn. 294 (Stand: Okt. 2006); s.a. BFH-Urteil v. 20.06.2000 – VIII R 5/99, BStBl. 2001 II, S. 35; BFH-Urt. V. 7.11.1990 – I R 68/88, BStBl. 1991 II, S. 177 (179); BFHE 173, S. 298 (300f.).

Methoden zur Bemessung der finanziellen Leistungsfähigkeit des Steuerpflichtigen, die zumindest der einfache Gesetzgeber zum Leitmaßstab der Besteuerung erhoben hat.[435] Mit der Anknüpfung an die handelsrechtlichen Grundsätze ordnungsgemäßer Buchführung in § 5 I 1 EStG hat der Gesetzgeber einen zumindest grundsätzlich geeigneten Maßstab zur Bemessung der finanziellen Leistungsfähigkeit gewählt, ohne hierbei an das Handelsrecht vollumfänglich gebunden zu sein.[436] Da folglich im Rahmen der steuerlichen Gewinnermittlung dem Objektivierungsgedanken eine besonders hohe Bedeutung zukommt, ist die Ansicht der Finanzverwaltung mit den Zielen der steuerlichen Gewinnermittlung nicht vereinbar. Hierfür spricht auch die Erläuterung zur Begründung des Inhalts des Maßgeblichkeitsprinzips, die belegt, dass der zusätzlich zu berücksichtigende Grundsatz der Tatbestandsmäßigkeit und Tatbestandsbestimmtheit dazu führt, dass in der Steuerbilanz Wahlrechte so weit wie möglich zu vermeiden sind.[437] Sowohl für GoB-konforme Ansatz- als auch Bewertungswahlrechte müsste die Maßgeblichkeit der Handelsbilanz für die Steuerbilanz in der Folge Geltung entfalten.

Sucht der einfache Gesetzgeber also danach, die steuerlichen Lasten gleichmäßig entsprechend der finanziellen Leistungsfähigkeit zu verteilen, darf er die Bewertung der finanziellen Leistungsfähigkeit nicht in das Ermessen des Steuerpflichtigen stellen.[438] Auch der steuerrechtliche Bewertungsvorbehalt in § 5 VI EStG eröffnet insoweit keinen Spielraum für subjektive Bewertungsspielräume, die sich weder durch Praktikabilitätserwägungen noch durch Lenkungszwecke rechtfertigen lassen.

Gleichwohl ist zuzugeben, dass dieser Wille des Gesetzgebers nur unzureichend Ausdruck in der Norm selbst gefunden hat. Um eine berechenbare Gesetzesanwendung zu gewährleisten, ist der Gesetzgeber grundsätzlich gehalten entsprechende Festlegungen im Gesetz zu treffen. Die subjektiven Vorstellungen der am Gesetzgebungsverfahren beteiligten Organe können somit zumindest nicht allein maßgeblich für eine weitere Konkretisierung sein, so dass zumindest nicht ausgeschlossen werden kann, dass sich auch eine weite Auslegung in der Praxis durchsetzen wird, da diese mit den genannten Argumenten zumindest gerechtfertigt werden kann.[439]

---

435 BVerfG v. 12.05.2009, 2 BvL 1/00, DStRE 2009, 922 (922); *Lang*, in: Tipke/Lang, Steuerrecht, 20. Aufl., § 4, Rn. 77, 81 ff.

436 *Weber-Grellet*, in: Schmidt, EStG, § 5, Rn. 21; *Anzinger/Schleiter*, DStR 2010, 395 (397).

437 Vgl. *Scheffler*, BBK 2010, Beil. zu H. 9, S. 1 (7).

438 Vgl. *Weber-Grellet*, BB 1999, 2659 (2661); *Richter*, GmbHR 2010, 505 (508f.).

439 Vgl. BVerfG, Urt. v. 20.03.2002 – 2 BvR 794/45.

Zusammenfassend bleibt festzustellen, dass eine Aufweichung des Maßgeblichkeitsprinzips in Anbetracht der klaren Intention des Gesetzgebers und der Zielsetzung des Bilanzsteuerrechts richtigerweise nicht gerechtfertigt werden kann, gleichwohl aber eine nicht unerhebliche Unsicherheit hinsichtlich dieser Frage besteht. Die BFH-Rechtsprechung bleibt freilich in dieser Sache abzuwarten. In Abhängigkeit von dieser Weichenstellung könnte wiederum die Bedeutung der latenten Steuern im Rahmen des Jahresabschlusses deutlich über das intendierte Maß des Gesetzgebers steigen und bei entsprechender Wahlrechtsausübung ein erhöhtes Ausschüttungspotenzial zur Folge haben.

4.2.5.5.3 Die Einheitsbilanz als Stütze der Kapitalerhaltung

Angemerkt werden soll, dass mit dieser Stellungnahme kein Votum für die Einheitsbilanz abgegeben wird. In der Kritik steht vorliegend jedoch der *status quo*.

Mit der Aufweichung der engen Verknüpfung beider Bilanzrechtssysteme ist festzustellen, dass Praktikabilitätserwägungen nicht länger geeignet erscheinen als Hauptrechtfertigungsgrund für die Maßgeblichkeit zu dienen. Handels- und Steuerbilanz sind bereits funktional inkompatibel. Mit Hilfe des imparitätischen Realisationsprinzips soll die Handelsbilanz den entziehbaren, die Steuerbilanz dagegen den „richtigen" i.S.d. vollen Gewinns ermitteln. Im Rahmen der steuerlichen Gewinnermittlung geht es zumindest nicht in vergleichbarem Maße um Ausschüttungen, Schuldendeckungsfähigkeit, Vorsicht und Gläubigerschutz, sondern allein um die Ermittlung des Betrages, der als systemgerechte und dem Leistungsfähigkeitsprinzip entsprechende Bemessungsgrundlage der Besteuerung zugrunde gelegt werden kann. Die einfache Maßgeblichkeit führt daher immer auch zu einer Deformation des Steuerrechts, die umgekehrte zu einer solchen des Handelsrechts. Die Zukunft dieser, wenn auch gelockerten Verzahnung dürfte daher nicht nur unter dogmatischen Gesichtspunkten mit Spannung abzuwarten sein.[440]

4.2.5.5.4 Überblick über die steuerlichen Wahlrechte und ihre Kapitalschutzrelevanz

Fraglich ist aber auch darüber hinaus, ob neben den genannten Begünstigungsnormen weitere Wahlrechte bestehen, die zukünftig Kapitalschutzbelange berühren.

440 Vgl. *Thiel/Lüdtke-Handjery*, Bilanzrecht, Rn. 306 ff.; zum ungebrochenen Streben der Unternehmen nach einer Einheitsbilanz aufgrund empirischer Erhebungen *Rieg/Heyd*, IRZ 2013, 335 (340).

4.2.5.5.4.1 Teilwertabschreibung

Wie gezeigt bietet der Bereich der Teilwertabschreibung den größten Raum für Gestaltungsmöglichkeiten.[441] Durch die unterschiedliche Ausübung der Wahlrechte kann die Mindestbesteuerung nach § 10d II EStG oder das spätere Wertaufholungspotenzial von 5 % nach § 8b III 1 i.V.m. II 3 KStG vermieden werden.[442] Kapitalschutzrelevanz weist dieser Sachverhalt jedoch lediglich insoweit auf, als die unterschiedlichen Wertansätze das Volumen der aktiven latenten Steuern erhöhen. Ein erhöhtes Ausschüttungspotenzial vergleichbar mit dem erhöhten Handelsbilanzgewinn aufgrund der Begünstigungsnormen ist hierbei nicht zu fürchten.

4.2.5.5.4.2 Abschreibungen

Planmäßige Abschreibungen in der Steuerbilanz müssten nicht länger mit der Methodenwahl in der Handelsbilanz übereinstimmen.[443] Auch dann also, wenn in der Handelsbilanz linear abgeschrieben wird, wäre für die Steuerbilanz bei Erfüllung der entsprechenden Voraussetzungen die degressive Abschreibung nach § 7 II EStG möglich. Auch dieser Sachverhalt ist zunächst geeignet, das Volumen der passiven oder aktiven latenten Steuern zu erhöhen, eröffnet aber zusätzlich die Möglichkeit den Vermögensgegenstand langsamer abzuschreiben als das Wirtschaftsgut in der Steuerbilanz. Diese Vorgehensweise bringt somit zumindest vorübergehend auch ein erhöhtes potenzielles Ausschüttungsvolumen mit sich bzw. die Möglichkeit in Krisenzeiten das Abschreibungsvolumen zu drücken. Begrenzt wird diese Gestaltungsmöglichkeit durch das Stetigkeitsgebot.[444]

---

441 Vgl. BMF-Schreiben v. 12.03.2010, IV C 6 – S 2133/09/10001, Tz. 15.

442 Die Aufwendungen aus der Abschreibung beispielsweise einer Beteiligung können im Anwendungsbereich des § 8b III 3 KStG steuerlich nicht berücksichtigt werden. Erfolgt später eine Zuschreibung, ist diese gemäß § 8b II 3 i.V.m. III KStG im Ergebnis zu 5 % steuerpflichtig. Auch die Nichtvornahme einer Teilwertabschreibung vor einem den Tatbestand des § 8c KStG auslösenden Sachverhalt mit der Folge eines geringeren Verlustuntergangs hebt die steuerbilanzpolitische Bedeutung dieser Interpretation hervor. Vgl. *Herzig*, DB 2008, 1339 (1340); *Theile/Hartmann*, DStR 2008, 2031 (2034); *Herzig/Briesemeister*, Ubg 2009, 157 (162f.).

443 BMF-Schreiben v. 12.03.2010, IV C 6 – S 2133/09/10001, Tz. 18.

444 Vgl. *Theile*, DStR 2009, 2384 (2385).

4.2.5.5.4.3 Vorräte

Auch das Wahlrecht zur Bewertung nach der Lifo-Methode oder mit dem gewogenen Durchschnittswert wäre unabhängig von der Handelsbilanz ausübbar.[445] Die Folgen wären jedoch auf latente Steuern bei unterschiedlichen Wertansätzen und sich ergebende Gestaltungsspielräume begrenzt.

4.2.5.5.4.4 Herstellungskostenobergrenze

Letztlich könnte es künftig zudem möglich sein, in der Handelsbilanz die Herstellungskostenobergrenze i.S.v. § 255 II 2 bis 4 HGB zu wählen, während für steuerliche Zwecke lediglich die Pflichtbestandteile aktiviert würden.[446] Die Wahl der handelsrechtlichen Herstellungskostenobergrenze beschränkt die bilanziellen Auftragszwischenverluste beispielsweise im Rahmen langfristiger Fertigungsaufträge auf die Höhe der Differenz zu den aufwandsgleichen Selbstkosten.[447] Die gleichzeitige Wahl der Herstellungskostenuntergrenze in der Steuerbilanz würde die Bemessungsgrundlage und somit die Steuerlast im Vergleich zur alten Rechtslage mindern. Entgegen der vorab dargestellten Sachverhalte unterscheidet sich diese Konstellation jedoch dadurch, dass das BMF entgegen R 6.3 IV EStR unter Rekurs auf die BFH-Entscheidung vom 21.10.1993[448] eine steuerliche Einbeziehungspflicht der Verwaltungsgemeinkosten erkennen will.[449] Bis zu einer Änderung der entgegenstehenden Richtlinien erscheint diese Ansicht wiederum jedoch sehr fragwürdig.[450] In konsequenter Umsetzung der Interpretation des BMF müsste auch in diesem Fall ein Wahlrecht bestehen, dass unabhängig von der Handelsbilanz ausgeübt werden könnte. Die entsprechende Folge wäre neben den (passiven) latenten Steuern, ein, um

---

445 BMF-Schreiben v. 12.03.2010, IV C 6 – S 2133/09/10001, Tz. 17; s.a. § 6 I Nr. 2a EStG; R 6.9 und R 6.8 IV EStR; § 240 IV HGB, § 256 S. 1 HGB; *Künkele/Zwirner*, BC 2010, 328 (331).

446 Vgl. R 6.3 I EStR; s.a. Kapitel 5.3.

447 Vgl. *Baetge/Kirsch/Thiele*, Bilanzen, 9. Aufl., S. 683; *Theile/Hartmann*, DStR 2008, 2031 (2034).

448 BStBl. 1994 II, S. 176.

449 Vgl. BMF-Schreiben v. 12.03.2010, IV C 6 – S 2133/09/10001, Tz. 8, welches durch das Ergänzungsschreiben des BMF vom 22.06.2010 jedoch zumindest dahingehend modifiziert wurde, dass eine Verfahrensweise nach R 6.3 IV EStR 2008 bis zu einer Neufassung der EStR für zulässig erklärt wurde. Eine Aufhebung der Rn. 8 des BMF-Schreibens vom 12.03.2010 geht mit diesem Ergänzungsschreiben gleichwohl nicht einher. S. *Buchholz*, DB 2010, 1430 (1430).

450 Vgl. *Günkel/Teschke*, Ubg 2010, 401 (404 ff.); *Künkele/Zwirner*, DStR 2010, 2263 (2267).

diese latenten Steuern vermindertes, temporär erhöhtes Ausschüttungsvolumen.[451]

Festzuhalten bleibt insgesamt, dass der Wegfall der umgekehrten Maßgeblichkeit und die Aufweichung der Maßgeblichkeit ungeahnte Kreise ziehen und sich nicht lediglich in der Folge von eröffneten Gestaltungsspielräumen erschöpfen. Vielmehr sind insbesondere die steuerlichen Begünstigungsnormen geeignet, direkt für einen höheren Handelsbilanzgewinn zu sorgen, für den keine Ausschüttungssperre besteht.[452] Mit Spannung dürfte insoweit vor allem die BFH-Rechtsprechung zu erwarten sein. Auch das Volumen der aktiven latenten Steuern dürfte in Anbetracht der Sachverhaltsbreite zumindest nicht in diesem Umfang im Rahmen des Gesetzgebungsverfahrens erkannt worden sein. Dem Bilanzierenden steht es jedenfalls künftig im weitaus größerem Maße offen unterschiedliche bilanzpolitische Zielsetzungen zu verfolgen. Der Maximierung des Eigenkapitals, des Jahresüberschusses und auch des Ausschüttungsvolumens im handelsrechtlichen Jahresabschluss kann nunmehr deutlich offener das Ziel der Minimierung der steuerlichen Bemessungsgrundlage gegenüberstehen.

4.2.6 Die Bilanzierung von *deferred tax assets/liabilities* nach IFRS

Da eine vergleichbare Verzahnung zwischen der handelsrechtlichen und der steuerrechtlichen Rechnungslegung im Rahmen der IFRS-Normen unbekannt ist, führte bereits in der Vergangenheit ein Vergleich steuerlicher Wertansätze mit den nach IFRS anzusetzenden Werten zu ungleich höheren Differenzen, als dies bei einem allein auf nationale Regelungen abzielenden Vergleich der Fall wäre. Aufgrund dieser fehlenden Verzahnung und des gleichzeitigen Anspruchs, künftige Steuerminderungsansprüche oder Steuerverpflichtungen im Rahmen der internationalen Rechnungslegung richtig und vollständig ausweisen zu wollen, kam der Bilanzierung latenter Steuern, wie dargestellt, bereits in der Vergangenheit eine zentrale Bedeutung zu.[453]

---

451 *Theile*, DStR 2009, 2384 (2385); s. zur Problematik der Wertaufholungen im Rahmen der Erstanwendung *Ley/Spingler*, Ubg 2009, 781 (781 ff.).

452 Vgl. *Hennrichs*, GmbHR 2010, 17 (18).

453 Vgl. *Wagenhofer*, Int. Rechnungslegungsstandards, S. 330.

4.2.6.1 Die Abgrenzung von *deferred tax assets/liabilities* nach IAS 12

So ist die Bilanzierung latenter Steuern im IFRS-Regelwerk in IAS 12 („*income taxes*") geregelt. Im Unterschied zu § 274 HGB n.F. bezieht sich IAS 12 jedoch nicht nur auf latente Steuern, sondern behandelt gleichzeitig auch die Bilanzierung der effektiven, laufenden Steuern. Da das BilMoG insoweit seiner Zielsetzung, der Annäherung an die internationalen Rechnungslegungsstandards auch tatsächlich gerecht wird, haben sich die Abweichungen zu § 274 HGB a.F. deutlich verringert. Bereits zuvor folgte IAS 12 dem dargestellten umfassenderen, bilanzorientierten *temporary*-Konzept und der sog. *liability method*[454].[455] Im Folgenden soll sich die Darstellung daher auf die verbleibenden Unterschiede und die getroffenen Konkretisierungen beschränken.

4.2.6.1.1 Das umfassende Ansatzgebot von deferred tax assets/liabilities

Im Gegensatz zum Handelsrecht besteht, wie auch im Rahmen der *intangible assets,* ein zumindest formales Ansatzgebot sowohl für aktive als auch für passive latente Steuern („*deferred tax assets/liabilities*"). Während dies für passive latente Steuern aufgrund von zu versteuernden temporären Bilanzdifferenzen uneingeschränkt gilt, ist der Ansatz von aktiven latenten Steuern auf abzugsfähige temporäre Bilanzdifferenzen durch IAS 12.24 an die Bedingung geknüpft, dass ein künftiger Nutzenzufluss wahrscheinlich ist, d.h., dass ein ausreichendes künftiges zu versteuerndes Einkommen erzielt wird, so dass die aktivierten Steuerlatenzen mit der aus diesem Einkommen entstehenden Steuerschuld verrechnet werden können. Dies setzt voraus, dass entweder bereits genügend passive latente Steuern gebildet wurden, die in den Folgejahren das Werthaltigkeitsrisiko aus den zu aktivierenden latenten Steuern kompensieren oder das Unternehmen zukünftig mit hinreichender Wahrscheinlichkeit steuerpflichtige Gewinne in ausreichender Höhe erwirtschaften wird.[456] Wie bereits dargestellt, ist

---

454 Bei der Berechnung latenter Steuern kommen grundsätzlich zwei Methoden in Betracht. Zum einen die gewählte so genannte *liability method* oder alternativ die so genannte *deferred method*, die auf den zutreffenden Ausweis des Steueraufwandes im betrachteten Zeitraum abzielt. Nach dem letztgenannten Verfahren wird allein der geltende Steuersatz im Zeitpunkt des Entstehens der Differenz angewendet. Vgl. *Spanheimer/Simlacher*, in: Küting/Pfitzer/Weber, HdB. Rechnungslegung, § 274, Rn. 53 (Stand: Okt. 2010); *Müller*, in: Küting/Weber, Wertorientierte Konzernführung, S. 187; *Schulz-Danso*, in: Bohl/Riese/Schlüter, IFRS-Handbuch, § 25, Rn. 45f.; *Petersen/Bansbach/Dornbach*, IFRS-Praxishandbuch, S. 297 ff.

455 Vgl. *Merkt*, in: Hopt/Merkt, Bilanzrecht, § 274, Rn. 9.

456 Vgl. *Wagenhofer*, Int. Rechnungslegungsstandards, S. 334f.

für das Wahrscheinlichkeitskriterium, welches das IASB in IAS 12.24 mit *„probable“* umschreibt, eine Schwelle von 50 % i.S.d. *„more likely than not“* zugrunde zu legen.[457] Ob und inwieweit dieser Konkretisierung auch im Handelsrecht gefolgt werden kann oder sollte, wurde bereits kritisch erörtert.[458]

4.2.6.1.2 Die Beschränkung der Werthaltigkeitsprüfung auf den Bereich von deferred tax assets

Nähere Konkretisierungen bieten die IAS 12.28-30 jedoch bzgl. des Kriteriums des wahrscheinlichen künftigen Nutzenzuflusses, der in Abhängigkeit einer Verrechnungsmöglichkeit immer dann gegeben sein soll, wenn das Unternehmen passive latente Steuern ausweisen kann, die Verpflichtungen gegenüber derselben Steuerbehörde umfassen und die zugrunde liegenden zu versteuernden temporären Bilanzdifferenzen sich in derselben Periode oder in einer Periode wieder auflösen, in der ein aus der Auflösung aktiver latenter Steuern entstehender Verlust vor- oder rückgetragen werden kann. Weiterhin werden als mögliche weitere Sachverhaltskonstellationen mit zunehmenden Nachweispflichten die wahrscheinliche Erreichung eines hinreichend hohen steuerpflichtigen Gewinns in solchen Perioden genannt, in denen sich die abzugsfähigen temporären Bilanzdifferenzen auflösen werden oder das Unternehmen durch entsprechende steuerbilanzpolitische oder sachverhaltsgestaltende Maßnahmen einen derartigen Gewinn generieren kann.[459]

Konzeptionell bezieht sich die Werthaltigkeitsprüfung nach IAS 12 somit allein auf die aktiven latenten Steuern, während nach § 274 HGB zumindest vom Grundsatz her sowohl die aktiven als auch die passiven latenten Steuern unter Beachtung des Vorsichtsprinzips auf ihre Werthaltigkeit hin zu überprüfen sind, wenn auch die Belastungswirkung der passiven Latenzen als Regelfall unterstellt wird.[460] Der Ansatz von aktiven latenten Steuern ist jedenfalls anders als

---

457 Vgl. *Zülch/Lienau*, WPg 2004, 565 (568); *Baetge/Kirsch/Thiele*, Bilanzen, S. 545; *Schulz-Danso*, in: Bohl/Riese/Schlüter IFRS-Handbuch, § 25, Rn. 50 ff.; *Küting/Zwirner*, WPg 2007, 555 (557); Diese Sichtweise stimmt auch mit den aktuellen Änderungsvorschlägen des IASB zu IAS 12 überein. S. hierzu Kapitel 4.2.6.5.

458 S. Kapitel 4.2.1.1.4; Für eine solche Vorgehensweise auch im HGB spricht jedoch sicherlich die einigermaßen gewährleistete Handhabbarkeit dieses Kriteriums. Argumentativ dürfte insoweit sicherlich auch die Ausschüttungssperre herangezogen werden, die freilich jedoch allein dann greift, wenn auch tatsächlich ein Aktivüberhang entsteht und nicht lediglich passive latente Steuern kompensiert werden.

459 Eine ähnliche Interpretation bietet auch das DRSC in DRS 18.23 für das Handelsrecht.

460 Vgl. IDW ERS HFA 27, Tz. 6 ff.; *Meyer/Ruberg*, DStR 2010, 1538 (1539f.).

im Handelsrecht bereits dann vorzunehmen, wenn mehr Gründe für als gegen das Entstehen einer Steuerentlastung sprechen.

4.2.6.2 Das Betrachtungszeitfenster i.S.d. IAS 12

Der Nachweis ausreichender zu versteuernder Gewinne erfordert aber auch nach den IFRS zunächst eine Planung der steuerlichen Ergebnisse. Bezüglich des erforderlichen Planungszeitraumes wird in der Literatur teilweise die Auffassung vertreten, dass in Analogie zu IAS 36.33 ein maximaler Planungszeitraum von fünf Jahren zugrunde zu legen ist.[461] Tatsächlich sieht IAS 12 jedoch keine explizite zeitliche Einschränkung der nachzuweisenden künftigen Verrechnungsmöglichkeiten vor. Des Weiteren kann auch für Zwecke des *impairment*-Tests unter bestimmten Umständen ein längerer Prognosezeitraum unterstellt werden. Aufgrund der unterschiedlichen Regelungsbereiche lässt sich ein Analogieschluss jedoch auch insoweit nicht ohne Weiteres ableiten.[462]

Obgleich ein „flexibler" Prognosezeitraum zulasten der Vergleichbarkeit der Jahresabschlüsse geht, ermöglichen die IAS sowohl einen kürzeren als auch längeren Prognosezeitraum und werden somit den tatsächlichen branchenabhängigen Prognosemöglichkeiten gerecht. Insbesondere ein kürzerer Betrachtungszeitraum sollte im Einzelfall richtigerweise auch nach § 274 I 4 HGB n.F. zugrunde gelegt werden können.[463] Zur näheren Bestimmung des maßgeblichen Prognosezeitraumes lässt sich IAS 12 jedoch bereits grundsätzlich nicht heranziehen, da ein zeitlich konkretisierter Prognosehorizont bzw. Konkretisierungen für eine entsprechende Staffelung in den IAS 12.34 – 12.36 weder für die Nutzung steuerlicher Verlustvorträge noch im Allgemeinen angelegt ist.[464]

Trotz der dargelegten Konkretisierungen eröffnet IAS 12 somit auch hinsichtlich des unbestimmten Rechtsbegriffs „*probable*" einen weiten Beurteilungsspielraum, der einem faktischen Ansatzwahlrecht gleichkommt. Im Hinblick auf die aktivierten latenten Steuern resultiert somit ein mit der Bilanzie-

---

461 Vgl. *Berger*, DB 2006, 2473 (2474); *Schulz-Danso*, in: Bohl/Riese/Schlüter, IFRS-Handbuch, § 25, Rn. 74.

462 Vgl. *Berger/Hauck/Prinz*, DB 2007, 412 (414); *Küting/Zwirner*, WPg 2007, 555 (558); *Köster/Pratter*, BB 2009, 1688 (1689); s.a. *Köster*, in: Thiele/Keitz/Brücks, Internationales Bilanzrecht, IAS 8, Rn. 120 (Stand: Feb. 2008).

463 S. Kapitel 4.2.1.2.1.

464 Vgl. *Meyer/Loitz/Linder/Zerwas*, Latente Steuern, S. 108; s. zur Behandlung steuerlicher Verlustvorträge nach IAS 12 das folgende Kapitel 4.2.6.3.

rung verbundenes Gestaltungspotenzial, das weder durch das Stetigkeitsprinzip noch durch Offenlegungspflichten ernsthaft beschränkt wird.[465]

4.2.6.3 Die Behandlung steuerlicher Verlustvorträge im Rahmen des IAS 12

Deferred tax assets können bzw. müssen nach IAS 12.34 weiterhin auch nach den IFRS auf ungenutzte steuerliche Verlustvorträge (*„unused tax losses“)* gebildet werden. Der Ansatz erfolgt hier im Grundsatz nach den bereits dargestellten, allgemeinen Regeln, so dass sich insoweit grundsätzlich kein Unterschied zum Handelsrecht auf den Ansatz anderer aktiver latenter Steuern ergibt.[466]

Voraussetzung für die Aktivierung latenter Steuern auf Verlustvorträge ist insbesondere auch, dass mit hinreichender Wahrscheinlichkeit künftig ein ausreichendes zu versteuerndes Einkommen erzielt wird, so dass die Verlustvorträge auch tatsächlich zu einer Steuerentlastung führen.[467] Im Gegensatz zum Handelsrecht stellt IAS 12 jedoch für den Fall einer Verlusthistorie erweiterte Anforderungen und konkretisiert somit die Vorgaben an die anzustellende Nutzbarkeitsprognose. Bei Vorliegen einer derartigen Verlusthistorie „in der näheren Vergangenheit“ sind hierbei die zusätzlichen Anforderungen der IAS 12.34-35 zu beachten, die über IAS 12.31 auch für die latenten Steueransprüche aus temporären Differenzen gelten. Der betrachtete Zeitraum dieser jüngeren Vergangenheit wird häufig einheitlich mit den US-GAAP als ein Zeitraum von drei Jahren, d.h. dem Berichtsjahr und den zwei vorangegangenen Abschlussperioden, interpretiert, obwohl die IFRS hierzu keine näheren Angaben machen.[468] Dieser Zeitraum dürfte daher im Einzelfall auch durchaus kürzer oder länger ausfallen können.[469] IAS 12.35 verlangt somit beispielsweise einen überzeugenden Nachweis („*convincing other evidence*“) dafür, dass diese Verluste auf identifizierbaren Ursachen basieren, mit deren Eintreten künftig wahrscheinlich nicht mehr zu rechnen ist. Dem Umstand, dass jedes Entstehen eines Verlustes ein Indiz für eine schlechte Ertragslage des Unternehmens ist, versuchen die IFRS mit IAS 12.36 besonders Rechnung zu tragen. Es ist danach jeweils gesondert zu

---

465 Vgl. *Engel-Ciric*, DStR 2002, 780 (781f.); *Küting/Zwirner*, WPg 2007, 555 (558); *Baetge/Lienau*, WPg 2007, 15 (19); *Langenbucher*, BB 2005, Beil. 3 zu H. 20, S. 23 (25).

466 Vgl. *Wagenhofer*, Int. Rechnungslegungsstandards, S. 335; *Petersen/Bansbach/Dornbach/Strickmann*, IFRS Praxishandbuch, S. 292.

467 Vgl. *Coenenberg/Haller/Schultze*, Jahresabschluss und Jahresabschlussanalyse, S. 490.

468 Vgl. *Bösser/Pilhofer*, KoR 2008, 296 (300).

469 Vgl. *Köster/Pratter*, BB 2009, 1688 (1688).

prüfen, ob das Unternehmen fähig ist, den Verlustvortrag zu nutzen und ob dieser von einmaliger Natur ist.[470]

Alle latenten Steueransprüche, die die Ansatzkriterien für aktive latente Steuern nicht erfüllen, sind auch nach den IFRS zu jedem Bilanzstichtag erneut auf ihre Ansatzfähigkeit zu überprüfen. Korrespondierend muss nach IAS 12.56 die Ansatzberechtigung für bereits aktivierte latente Steuern untersucht werden. Eine Abzinsung der latenten Steuerposten ist gemäß IAS 12.53 ebenso wie nach § 274 II 1 HGB nicht vorzunehmen.[471] Die IFRS tragen aber insgesamt der Tatsache mehr Rechnung, dass ein Verlustvortrag nicht in jedem Fall auch ein entsprechendes Nutzenpotenzial eröffnet.

4.2.6.4 Die Saldierungsanforderungen im Rahmen des IAS 12

Einen anderen Weg als der deutsche Gesetzgeber ist das IASB auch im Rahmen des Ausweises latenter Steuern gegangen. Latente Steueransprüche und latente Steuerverpflichtungen dürfen grundsätzlich nicht miteinander saldiert werden. Eine Saldierung ist nach IAS 12.74 allein in Ausnahmefällen möglich bzw. in diesen Fällen sodann auch geboten.[472] Voraussetzung ist hierbei u.a., dass das Unternehmen ein einklagbares Recht zur Aufrechnung hat und die latenten Steueransprüche und -verpflichtungen gegenüber derselben Steuerbehörde bestehen.[473] Die IFRS tragen daher den vorgebrachten Bedenken hinsichtlich der Saldierungsberechtigung von passiven und aktiven latenten Steuern deutlich mehr Rechnung.

---

470 Vgl. *Baetge/Kirsch/Thiele*, Bilanzen, S. 548; *Schulz-Danso*, Bohl/Riese/Schlüter IFRS-Handbuch, § 25, Rn. 78 mit konkreten Bsp.

471 Anders als im Handelsrecht stehen einer Diskontierung der latenten Steuern aber grundsätzlich keine konzeptionellen Gründe entgegen, da latente Steuern nach den IFRS Vermögensgegenstände bzw. Schulden darstellen.

472 Vgl. *Coenenberg/Haller/Schultze*, Jahresabschluss und Jahresabschlussanalyse, S. 493; *Petersen/Bansbach/Dornbach/Strickmann*, IFRS Praxishandbuch, S. 292; *Wagenhofer*, Int. Rechnungslegungsstandards, S. 341; *Wendlandt/Vogler*, KoR 2001, 244 (251); ders. *Boecker/Froschhammer*, IRZ 2010, 305 (307).

473 S. mit einer vergleichbaren Interpretation allerdings für den nicht fraglichen Anwendungsbereich der Aufrechnung für das Handelsrecht DRS 18.40; s.a. *Lüdenbach/Freiberg*, BB 2010, 1971 (1971f.).

4.2.6.5 Die Reform der Bilanzierung latenter Steuern nach ED/2009/2

Bereits im März 2009 hat das IASB mit ED/2009/2 *Income Taxes* einen Standardentwurf publiziert, der ursprünglich den bestehenden IAS 12 ablösen sollte.[474] Aufgrund der negativen Stellungnahmen, die auf den Entwurf hin beim IASB eingingen, wurden die Arbeiten im Rahmen dieses Konvergenzprojektes aber wieder eingestellt und die einstweilige Nichtweiterverfolgung beschlossen. Es ist dennoch auch weiterhin mittelfristig mit einer deutlicheren Konvergenz zwischen IFRS und US-GAAP zu rechnen, so dass die Reformbestrebungen nicht unbeobachtet bleiben sollen.

Der Standardentwurf sieht zwar keine grundsätzlichen Änderungen im Hinblick auf die Ansatzfähigkeit latenter Steueransprüche vor, enthält aber einige Anpassungen von Detailregelungen, die zu Änderungen der bisherigen und teilweise dargestellten Bilanzierungspraxis führen können.

4.2.6.5.1 Der valuation allowance approach

Der *exposure draft* sieht dabei u.a. die Übernahme des in den US-GAAP verankerten *valuation allowance approach* vor, der eine Verlagerung der dargestellten erweiterten Ansatzkriterien für aktive latente Steuern auf die Bewertungsebene beinhaltet. Aktive latente Steuern sind danach zukünftig stets in voller Höhe anzusetzen, aber ggf. durch einen Wertabschlag soweit zu mindern, dass für den verbleibenden Betrag von einer Realisierung der Steuervorteile mit hinreichender Wahrscheinlichkeit auszugehen ist.[475] Das bisherige einstufige Modell der IAS 12, das eine Wertberichtigung allein im Falle des Ansatzes in Vorperioden vorsah,[476] soll daher dieser zweistufigen Vorgehensweise weichen.

Weiterhin fordert der ED, dass Steuergestaltungsmaßnahmen durchführbar und vernünftig („*feasible and rationale*") sind. „Vernünftig" ist in diesem Zusammenhang wohl im Sinne von „wirtschaftlich vernünftig" zu interpretieren, so dass der wirtschaftliche Vorteil aus der steuerlichen Verlustnutzung den Aufwand aus der Umsetzung der Maßnahme übersteigen muss.[477] Eine derartige Einschränkung gaben die IAS 12 zumindest explizit bislang nicht vor. Für die

474 Mit den vorgeschlagenen Änderungen sollte eine Vereinheitlichung mit den Regelungen nach US-GAAP erreicht werden.

475 ED 2009/2.23 i.V.m. B16-B25; s.a. *Köster/Pratter*, BB 2009, 1688 (1689); *Dahlke*, BB 2009, 1462 (1463); *Baetge/Kirsch/Thiele*, Bilanzen, S. 552.

476 Vgl. *Merkt*, in: Hopt/Merkt, Bilanzrecht, § 274, Rn. 11.

477 Vgl. *Köster/Pratter*, BB 2009, 1688 (1689).

Ermittlung des Wertabschlages bei aktiven latenten Steuern hat der Standardsetter umfangreiche Anwendungsleitlinien zur Verfügung gestellt.

Darüber hinaus enthält der ED einen Katalog positiver und negativer Indizien im Hinblick auf das Vorliegen ausreichender zu versteuernder Ergebnisse, der im Wesentlichen aus den US-GAAP übernommen wurde.

4.2.6.5.2 Die Steuerlatenzierung im Organkreis

Hinsichtlich der Steuerlatenzierung in Organkreisen präferiert der ED/2009/02 entgegen der Vorgehensweise in IAS 12 und HGB den wirtschaftlichen Ansatz, so dass eine Zuordnung latenter Steuern auf die Ebene der Organgesellschaft zumindest möglich wäre.[478]

4.2.6.5.3 Die Kategorisierung latenter Steuern in Abhängigkeit ihrer sog. Fristigkeit

Letztlich ist darauf hinzuweisen, dass die Ausnahme für die Darstellung latenter Steuern nach IAS 1.56 in der Bilanz aufgehoben wird. Genauso wie bei allen anderen Vermögenswerten und Schulden muss künftig zwischen kurz- und langfristigen Anteilen unterschieden werden. Die Aufteilung soll nach ED/2009/2.35 grundsätzlich in Abhängigkeit von der Fristigkeit des Bilanzpostens erfolgen, dem die temporäre Differenz zuzuordnen ist. Eine Saldierung soll selbst unter den dargestellten Voraussetzungen allein gesondert für die kurz- und langfristigen Anteile vorgenommen werden können.[479]

4.2.6.5.4 Die zukünftigen Anforderungen an die Werthaltigkeit latenter Steuern

Es ist daher zu konstatieren, dass nach der Weisungsrichtung des ED/2009/2 die Anforderungen an die Bestätigung der Werthaltigkeit latenter Steuern insgesamt weiter steigen werden. Es bleibt insoweit abzuwarten, inwieweit die Richtlinien auch für eine Konkretisierung im Handelsrecht herangezogen werden. Die vorgeschlagenen Modifizierungen dürften jedoch dem Vorsichtsprinzip des Handelsrechts zumindest gerechter werden als der bisherige Standard.

---

478 Vgl. *Loitz*, Ubg 2009, 708 (712).

479 In diesem Zusammenhang enthalten die IFRS für KMU wiederum eine Erleichterung, indem latente Steuern einheitlich als langfristig zu qualifizieren sind. Vgl. *Bömelburg/Landgraf/Pöppel*, PiR 2009, 290 (294); *Peemöller*, NWB-BB 2010, 190 (194).

Insgesamt wird mit den Modifizierungen im Rahmen des BilMoG erwartungsgemäß eine große Annäherung zwischen den Bilanzierungsvorschriften des IAS 12 und des HGB hergestellt. Unterschiede ergeben sich insbesondere durch die Wahlrechte und Beurteilungsspielräume im Rahmen des Handelsrechts.[480] Die Begrenzung des Prognosezeitraumes auf 5 Jahre im Handelsrecht als signifikantester Unterschied zwischen den Rechnungslegungssystemen ist jedoch im Hinblick auf die mangelnde Vergleichbarkeit der Jahresabschlüsse am ehesten anstehenden Reformbestrebungen ausgesetzt.[481] Neben den weiteren, teilweise auch erheblichen Unterschieden im Detail werden sich die Unterschiede aufgrund der Vorgaben des ED/2009/2 wohl weiterhin vergrößern. Dem Bilanzierenden werden aber insbesondere die Erfahrungen hinsichtlich der anzustellenden Planungsrechnungen im Rahmen der internationalen Rechnungslegung von Bedeutung sein. Aufgrund der häufig bewussten Distanzierungen zum IAS 12 sind die Konkretisierungen der IFRS jedoch wiederum allenfalls unter Zugrundelegung des Vorsichtsprinzips geeignet im Wege einer neuen Entscheidungsfindung zur Präzisierung im Handelsrecht beizutragen. Auch die schnelle Weiterentwicklung der IFRS, wie im vorliegenden Fall beispielhaft gezeigt werden konnte, mahnten ebenfalls, ungeachtet der bereits genannten Erwägungen, dazu, die handelsrechtlichen Normen nicht unmittelbar anhand der IFRS interpretieren zu wollen. Ob diese den internationalen Standards auch in Zukunft folgen werden, bleibt abzuwarten.

4.2.7 Zusammenfassende Würdigung

Die Steuerlatenzierung wird zukünftig, wie eingangs bereits prognostiziert, mit § 274 HGB n.F. erheblich an Bedeutung gewinnen. Im Vergleich zu dem bisher anzuwendenden *timing*-Konzept sieht das *temporary*-Konzept eine deutlich umfassendere Steuerabgrenzung vor, da nun auch erfolgsneutrale Sachverhalte und quasi-permanente Differenzen abzugrenzen sind. Dies gilt ungeachtet der Tatsache, dass sich in Deutschland überwiegend die bilanzielle Differenz zwischen der Handels- und Steuerbilanz auch in der jeweiligen Ergebnisrechnung niederschlagen wird. Der Anwendungsbereich der latenten Steuerabgrenzung wird sich zudem noch durch die Abkopplung der Steuer- von der Handelsbilanz als Konsequenz aus der Aufgabe bzw. Lockerung der einfachen und umgekehrten Maßgeblichkeit erweitern. Vor allem wird aber die Steuerabgrenzung auf steuer-

480 Vgl. *Petersen/Bansbach/Dornbach/Strickmann*, IFRS Praxishandbuch, S. 306 mit einem synoptischen Überblick zum Verhältnis IFRS/HGB.

481 IFRS for SMEs 29 bestätigt diesen Standpunkt des IASB, indem auch hiernach eine Abgrenzung sämtlicher steuerlicher Verlustvorträge, unabhängig vom Zeitpunkt ihrer voraussichtlichen Realisierung, vorzunehmen ist.

liche Verlustvorträge geeignet sein, das Volumen aktiver latenter Steuern erheblich zu steigern. Hierbei wird die naturbedingt mit Unsicherheiten behaftete, anzustellende Prognose der zukünftigen wirtschaftlichen Unternehmensentwicklung in Kauf genommen. Die IFRS schenken diesen berechtigten Bedenken insoweit zumindest regulatorisch deutlich mehr Beachtung. Dem Bilanzierenden jedenfalls wird damit ein nicht unerheblicher Gestaltungsspielraum in die Hand gelegt, da der Umfang der Aktivierung und damit der Ertragsrealisierung im Wesentlichen von dessen Einschätzung hinsichtlich der zukünftigen Erfolgslage abhängig gemacht wird.

Wie der Gesetzgeber das neue Konzept der Steuerabgrenzung im Einzelnen umgesetzt sehen will, bleibt zudem in vielen Fragen offen. Dies beginnt bereits mit den dargestellten redaktionellen Ungenauigkeiten, wie der missglückten Formulierung zur Ausschüttungssperre für den Bereich der latenten Steuern. Fraglich bleibt auch, wieso der Gesetzgeber vor dem Hintergrund der zahlreichen Unsicherheiten sowohl hinsichtlich der Aktiven als auch im Einzelfall hinsichtlich der passiven latenten Steuern lediglich den Aktivüberhang gegen eine Ausschüttung sperrt. Eine Ausschüttungsbemessung auf Basis eines „vorsichtigen" handelsrechtlichen Jahresabschlusses hätte hier die Sperrung des gesamten Betrages an aktiven latenten Steuern erfordert. Die vorsichtige Vorgehensweise bei der bilanziellen Ermittlung des Ausschüttungspotenzials ließ sich schließlich auch bisher damit begründen, dass sich durch eine Unterbewertung der jeweilige Ausschüttungszeitpunkt lediglich nach hinten verlagern würde, während der Fehler einer Überbewertung im Insolvenzfall irreparabel sein kann.[482] Insofern handelt es sich bei der Überbewertung im Gegensatz zu einer Unterbewertung nicht nur allein um eine zeitliche Umverteilung des Ausschüttungspotenzials. Vielmehr kann sich hierdurch tatsächlich das Insolvenzrisiko aus Sicht der Gläubiger wesentlich erhöhen. Diese Grundausrichtung im Rahmen der Bewertung hätte daher in der Konsequenz auch für die Konzeption der Ausschüttungssperre nachgezeichnet werden müssen. Im Zusammenhang mit den bilanzpolitischen Möglichkeiten, die sich dem Bilanzierenden mit Blick auf die Bewertung aktiver latenter Steuern im Besonderen im Zusammenhang mit steuerlichen Verlustvorträgen ergeben, sollte daher stets kritisch analysiert werden, ob die aktivierten Beträge und damit auch das bilanzielle Eigenkapital in voller Höhe werthaltig sind.

Da die Herausforderung zukünftig vorrangig darin besteht, die aufgezeigten Ansatz-, Bewertungs- und Ausweisregelungen derart zu konkretisieren, dass sie sich auch tatsächlich in die bestehenden GoB einfügen, sollte auch an dieser

482 Vgl. *Wagenhofer/Ewert*, Externe Unternehmensrechnung, S. 185f.

Stelle nicht einseitig und zu schnell den IFRS gefolgt werden. Insbesondere sollte unter Berücksichtigung des Vorsichtsprinzips ein strengerer Beurteilungsmaßstab hinsichtlich der Werthaltigkeit angelegt werden, als es trotz aller Praktikabilitätserwägungen die IAS 12 vorgeben oder der DRSC in seinem Standard DRS 18 nahelegt.

Hinsichtlich des Betrachtungszeitfensters für die Verrechnung der Verlustvorträge ist die Fünf-Jahresgrenze richtigerweise als Höchstgrenze zu interpretieren. Die Intention des Gesetzgebers lag hierbei eindeutig darin, den Prognoseschwierigkeiten für einen längeren Zeitraum gerecht zu werden und unsichere Schätzungen auszuschließen. Im Rahmen der Vorsicht sollte daher keine unnötige Verlängerung des Prognosezeitfensters gefordert werden, wenn entsprechende Planungsrechnungen lediglich für einen kürzeren Zeitraum verlässlich aufzustellen sind. In diese Richtung weisen im Übrigen auch die IFRS, obgleich sich eine entsprechende Praxis mit Prinzipiencharakter hieraus nicht ableiten lässt.

Keinesfalls sollte hierbei jedoch eine ausnahmsweise Verlängerung des Betrachtungszeitfensters vorgenommen werden, um passive latente Steuern zu kompensieren und ein entsprechendes Ausschüttungsvolumen freizulegen. Für den Überschuldungsstatus kann erwartet werden, dass aktive latente Steuern aufgrund von Verlustvorträgen allein höchst differenziert und fallbezogen anzusetzen bzw. vielmehr nicht anzusetzen sein werden.

Während somit durch die Neukonzeption der Steuerlatenzierung im Handelsrecht eine gewisse Schwächung des Kapitalschutzniveaus festzustellen ist, das auch über jenes Maß hinausgeht, welches durch das Bilanzierungswahlrecht nach § 248 II HGB n.F. identifiziert werden konnte, wird die tatsächliche Tragweite erst nach Beantwortung der zahlreichen offenen Anwendungs- und Interpretationsfragen fixiert werden können. Deutlicher fällt die Schwächung des bestehenden Kapitalschutzsystems sogar noch durch die Aufgabe der umgekehrten Maßgeblichkeit aus. Die fehlende Nachzeichnung von Geschäftsvorfällen in der Handelsbilanz, wie beispielsweise der Reinvestitionsrücklage, ist nunmehr geeignet das Ausschüttungspotenzial deutlich zu erhöhen. Gleiches gilt, wenn freilich nicht im vergleichbaren Umfang, auch durch die mögliche Neuinterpretation der einfachen Maßgeblichkeit. An dieser Stelle werden jedoch die sich eröffnenden Gestaltungsspielräume und das erhöhte Volumen an latenten Steuern die größere Aufmerksamkeit auf sich ziehen.

Für eine gewisse Stärkung des Kapitalschutzniveaus sorgt die Steuerlatenzierung im Organkreis in Verbindung mit der dargestellten Interpretation der Abführungssperre. Auch wenn sich die Bruttosperrung auf Organschaftsebene in

Verbindung mit der Berücksichtigung der passiven Steuerlatenzen auf Ebene des Organträgers nicht gänzlich in die Konzeption der Ausschüttungs- und Abführungssperre einpassen will, scheint diese Interpretation deutlich vorzugswürdig.

Schließlich bleibt festzustellen, dass weder IAS 12 noch die zunächst geplante Neuregelung der Bilanzierung latenter Steuern nach ED/2009/2 erwartungsgemäß in hinreichender Form dem Vorsichtsprinzip nach handelsrechtlicher Prägung gerecht werden, auch wenn die Anforderungen an die Verifizierung der Werthaltigkeit im Rahmen der internationalen Rechnungslegung zukünftig steigen dürften.

Insbesondere an die Konkretisierung des Erfordernisses nach IAS 12.35, wonach „überzeugende substanzielle Hinweise" künftig auch ausreichende Gewinne zu erzielen, gegeben sein müssen, sind in der Zukunft hohe Anforderungen zu stellen. Bedenklich erscheint insoweit, dass viele Stimmen, wie beispielsweise der DRSC mit seinem Standard DRS 18, bereits eine sehr stark an den internationalen Rechnungslegungsvorschriften orientierte Interpretation befürworten, so dass auch in diesem Punkt zu befürchten bleibt, dass mit einer Stärkung der Informationsfunktion eine stärkere Fokussierung auf die Relevanz von Informationen auf Kosten ihrer Verlässlichkeit einhergeht.

Ungeachtet des Zukunftspotenzials des ED/2009/2 zeigt sich aufgrund der Änderungsgeschwindigkeit im Bereich der internationalen Rechnungslegung, dass eine Annäherung des Handelsrechts über den nationalen Gesetzgeber an die Standards internationaler Rechnungslegung ein hoch gestecktes Ziel ist. Die Zwecksetzung des BilMoG dürfte daher für den dargestellten Bereich insoweit allein vorläufig erreicht sein. Dies gilt es im Folgenden bei der Interpretation der handelsrechtlichen Normen zu berücksichtigen.

4.3 Die Neuerungen im Rahmen der Bilanzierung der betrieblichen Altersversorgung

Ganz im Sinne der Zielsetzung des Gesetzgebers, eine „moderne Bilanzierungsgrundlage" für die Unternehmen in Deutschland zu schaffen, stehen auch die Neuerungen im Rahmen der Bewertung des so genannten Planvermögens sowie der Pensionsrückstellungen. Die mangelnde internationale Akzeptanz der handelsrechtlichen Rechnungslegung a.F. in diesem Punkt war hierbei nicht allein auf den dargelegten Eingang steuerlicher Bilanzierungstatbestände im Rahmen der umgekehrten Maßgeblichkeit zurückzuführen, sondern weitaus mehr auf die realitätsferne, systematische Unterbewertung der Pensionsrückstellungen.[483]

Der Pensionszusage kam zumindest in der Vergangenheit die Funktion eines häufig verwendeten Gestaltungsmittels zu, um entweder Führungskräfte an das Unternehmen zu binden oder/und Steuern zu sparen.[484] Durch Ansammlung einer Pensionsrückstellung konnte selbst bei vorhandenen Rückdeckungsversicherungen eine langfristige Steuerstundung erreicht werden. In Anbetracht der Bedeutung der Pensionsbilanzierung für die Rechnungslegung deutscher Unternehmen gilt es die Modifikationen im Rahmen der Rückstellungsbilanzierung, der Bewertung des sog. Deckungsvermögens und die Aufgabe und Bedeutung der Ausschüttungssperre in diesem Zusammenhang einer kritischen Untersuchung zu unterziehen.

Durch das Bilanzrechtsmodernisierungsgesetz haben zunächst insbesondere die Regelungen für Pensionsrückstellungen erhebliche Änderungen erfahren. Die Bewertung von so weit in der Zukunft liegenden Sachverhalten ist naturgemäß sehr komplex und mit großer Unsicherheit verbunden. Insoweit gilt es insbesondere die Beurteilungsspielräume des Managements zu identifizieren und kritisch zu beleuchten. Aufgrund der Konnexität der darzustellenden Sachverhalte hinsichtlich der Bewertung der Pensionsrückstellungen und jenen der Neubewertung des Planvermögens sollen diese Änderungen nachfolgend zusammen auf ihre Kapitalschutzrelevanz hin untersucht werden.

Klärungsbedürftig erscheint im Rahmen dieses Untersuchungsfeldes somit vor allem, ob die Rückstellungen zukünftig einer realitätsgerechten Bewertung unterliegen und folglich die Risiken in geeigneter Weise darstellen und inwieweit das korrespondierende Planvermögen tatsächlich einer vorsichtigen Bewertung unterliegt. Die nachfolgende Darstellung der künftigen Bilanzierung von Pensionsrückstellungen knüpft freilich unmittelbar an den Bereich der sonstigen Rückstellungen an, die daher auch dieser Darstellung folgen, jedoch auf deutlich unterschiedliche Weise Kapitalschutzaspekte tangieren.

483 Vgl. IDW, Eing. v. 16.04.1992, WPg 1992, 330 (330f.); *Thurnes/Hainz*, BRZ 2009, 212 (212).

484 Vgl. *Wellisch/Gellrich/Quiring*, BB 2010, 623 (627).

4.3.1 Zusammenfassender Überblick über die handelsrechtliche Bilanzierung von betrieblichen Versorgungen

Mit der Zusage einer Pension wird eine Verpflichtung begründet, die eine lange Zeit besteht und häufig sowohl dem Grunde als auch der Höhe nach ungewiss ist. Die Verpflichtung muss dennoch zum jeweiligen Bilanzstichtag bewertet werden, d.h. neben der Langlebigkeit ist die künftige Wertentwicklung zu berücksichtigen. Das BilMoG verfolgt auch im Rahmen der Novellierung der Bilanzierungsvorschriften von Pensionsverpflichtungen eine Annäherung an internationale Entwicklungen, ohne hierbei jedoch die Nachteile der internationalen Rechnungslegungsstandards übernehmen zu wollen, um auch in diesem Punkt gleichzeitig die typische Prägung des Handelsrecht durch die bekannten GoB zu gewährleisten.

4.3.1.1 Die systematische Unterbewertung von Pensionsverpflichtungen

Die konsequente Übertragung dieser Zielsetzung auf den Bereich der betrieblichen Altersversorgung bedeutet aus Sicht des Gesetzgebers, dass insbesondere der Wert der Versorgungsverpflichtungen im Jahresabschluss besser als bisher den tatsächlichen, aus der betrieblichen Altersversorgung resultierenden wirtschaftlichen Verpflichtungsumfang, widerspiegeln muss.[485]

Die Bewertung von Pensionsverpflichtungen für die Handelsbilanz folgte in der Praxis bisher meist den steuerrechtlichen Vorgaben des § 6a EStG.[486] Diese schreiben die Verwendung des versicherungsmathematischen Teilwertverfahrens bei einem Rechnungszins von 6 % p.a. zur Abzinsung der künftigen Zahlungen ohne Berücksichtigung der zu erwartenden Veränderungen von Bemessungsgrößen, mithin insbesondere ohne voraussichtliche Entgeltsteigerungen und Rentenanpassungen, vor. Wie bereits angedeutet, führten insbesondere die beiden letztgenannten Punkte bei vielen Zusagen zu Rückstellungen, die aus wirtschaftlicher Sicht viel zu niedrig bemessen waren und somit bereits konzeptionell nicht in geeigneter Weise dem Vorsichtsprinzip Rechnung trugen. Im Ergebnis beinhalten die nach steuerlichen Vorschriften bilanzierten Pensionsver-

485 S. mit vergleichbaren Forderungen bereits *Ahrend*, WPg 1986, 577 (577 ff.); *Schultze-Osterloh*, BB 2004, 1557 (1561); *Meier/Recktenwald*, Betriebswirtschaft der betrieblichen Altersversorgung, S. 77 ff.; *Brandstetter*, Die Welt v. 17.03.2010, S. 17.

486 Vgl. *Höfer/Rhiel/Veit*, DB Dossier BilMoG, S. 48 (51); *Fink/Kunath*, DB 2010, 2345 (2349f.).

pflichtungen regelmäßig stille Lasten, deren Aufdeckung erst im Versorgungsfall erwartet wurde.

Hinsichtlich des Ansatzes regelt § 253 I 2 HGB in der Fassung des BilMoG nunmehr, dass Pensionsrückstellungen künftig mit dem jeweiligen Erfüllungsbetrag anzusetzen sind, der nach vernünftiger kaufmännischer Beurteilung notwendig ist.[487] Demzufolge sind künftige Preis- und Kostensteigerungen, d.h. Gehalts- und Rententrends, bei der Bewertung der Pensionsrückstellungen zu berücksichtigen. Pensionsrückstellungen sind aber darüber hinaus, wie die „Sonstigen Rückstellungen",[488] verpflichtend mit einem ihrer Laufzeit entsprechenden durchschnittlichen Marktzinssatz der vergangenen sieben Geschäftsjahre zu diskontieren, welcher von der Bundesbank ermittelt und monatlich bekanntgegeben wird.[489]

Dagegen sind Vermögensgegenstände, die dazu dienen, Schulden aus Altersversorgungsverpflichtungen oder ähnlichen langfristigen Verpflichtungen zu decken und dem Zugriff aller übrigen Gläubiger entzogen sind, zwingend mit den Rückstellungen für diese Verpflichtungen zu saldieren. Wenn der beizulegende Zeitwert dieser Vermögensgegenstände, zu dem diese künftig zu bewerten sind, den Wertansatz der Rückstellungen übersteigt, ist ein Posten „Aktiver Unterschiedsbetrag aus der Vermögensverrechnung" auf der Aktivseite der Bilanz auszuweisen. Das BilMoG hat somit im Bereich der betrieblichen Altersversorgung erhebliche Auswirkungen sowohl auf die Aktiv- als auch auf die Passivseite der Bilanz.

4.3.1.2 Die intendierte realistischere handelsrechtliche Bewertung von Pensionsverpflichtungen

Die Bewertung einer Pensionsverpflichtung wird daher grundsätzlich zum einen durch das gewählte Verfahren und zum anderen durch die zugrunde zu legenden Bewertungsparameter bestimmt. Hinsichtlich des Bewertungsverfahrens hat der BilMoG-Gesetzgeber bewusst auf eine konkrete Vorgabe verzichtet und hierdurch den Bilanzierenden Gestaltungsspielräume zugebilligt. Diese werden allerdings durch die Vorgabe begrenzt, dass die gewählte Bewertungsmethodik die tatsächlichen Verhältnisse hinsichtlich der Vermögens-, Finanz- und Ertragslage des Unternehmens bestmöglich abbilden muss.

---

487 *Kreidl/Adrian*, in: Ellrott/Budde, BeckBilKomm., 7. Aufl., § 274, Rn. 223; *Kessler/Leinen/Paulus*, NWB 2010, 1532 (1534).

488 S. hierzu eingehend Kapitel 4.4.

489 Im Januar 2014 würde der über sieben Jahre gemittelte Zinssatz für eine Laufzeit von 15 Jahren 4,86 % betragen. Vgl. RegE BilMoG, BT-Drs. 16/10067, S. 52.

4.3.1.2.1 Die Wahl des Bewertungsverfahren

Es bieten sich demnach dennoch regelmäßig mehrere unterschiedliche Bewertungsverfahren an. In Betracht kommt beispielsweise ein handelsrechtlich modifiziertes Teilwertverfahren, das sich bezüglich der Berechnungssystematik an das steuerlich vorgeschriebene Teilwertverfahren des § 6a EStG anlehnt und sich insbesondere für reine Leistungszusagen mit ratierlicher Erdienung anbietet.[490] Ebenfalls möglich ist es auch, die für internationale Rechnungslegungszwecke übliche *projected unit credit method* (PUC-Methode) i.S.d. IAS 19 in entsprechender Form anzuwenden. Insbesondere für die Bewertung von Verpflichtungen aus Versorgungsanwartschaften, die unter die Unverfallbarkeitsvorschriften des § 2 BetrAVG fallen, ist dieses Verfahren besonders interessant. Im Rahmen dieser Methode wird der jeweilige finanzielle Aufwand nicht fiktiv, gleichmäßig über die Dienstzeit, sondern dem tatsächlichen Aufwand entsprechend, der für den Versorgungsberechtigten im jeweiligen Jahr anfällt, verteilt.[491] Die Wahl des jeweiligen Bewertungsverfahrens ist von dem Bilanzierenden nicht zu begründen und kann daher im jeweiligen Interesse eines weitreichenden Einflusses auf den Wertansatz der Höhe nach gewählt werden.

4.3.1.2.2 Die Bewertung zum Erfüllungsbetrag

Im Gegensatz zu den weitreichenden Einflussmöglichkeiten hinsichtlich des Bewertungsverfahrens formuliert § 253 I 2 HGB n.F. darüber hinaus die zwingende Vorgabe, Pensionsrückstellungen künftig in Höhe des „nach vernünftiger kaufmännischer Beurteilung notwendigen Erfüllungsbetrages" anzusetzen.[492] Als unmittelbare Konsequenz folgt hieraus, dass die bisher praxisübliche Bewertung nach § 6a EStG, die die Berücksichtigung von Trends ausdrücklich untersagt, handelsrechtlich für die betroffenen Gestaltungen nicht mehr zulässig ist. Bei einer Endgehaltszusage ist die Einkommensentwicklung daher zukünftig entsprechend zu schätzen, die neben Gehaltserhöhungen je nach Fallgestaltung grundsätzlich auch karrierebedingte Änderungen erfassen kann. Dies ist selbst dann der Fall, wenn diese nicht vertraglich zugesichert sind. Hieraus folgt zunächst, dass gehaltsabhängige Zusagen zu höheren Rückstellungen führen als Festbetragszusagen, auch wenn sie den gleichen Anfangsversorgungsbetrag vorsehen. An dieser Stelle eröffnet sich ein vertretbarer Spielraum für die Rückstellungsbildung durch die passende Gestaltung der Pensionsversprechen.[493]

---

490 Vgl. *Borst*, VW 2010, 665 (666f.); IDW RS HFA 30, Rz. 61.

491 Vgl. *Borst*, VW 2010, 665 (666f.).

492 S. hierzu auch im Zusammenhang mit der Bilanzierung sonstiger Rückstellungen Kapitel 4.4.

493 Vgl. *Fritz*, NWB-BB 2009, 180 (181).

Folge der Trendberücksichtigung wird aber grundsätzlich sein, dass beispielsweise bei Rentenplänen, die vom zuletzt bezogenen Entgelt abhängen, die Rückstellungen in der Bilanz durch das BilMoG stark ansteigen werden.[494] Theoretisch denkbar ist allerdings in Einzelfällen auch, dass die Rückstellungen in der Bilanz nach BilMoG unter dem bisherigen Ansatzes liegen, was in der Praxis aber wohl den Ausnahmefall darstellen wird.

An dieser Stelle sei vorweggenommen, dass die Übernahme von Trends in die Bewertung zu einer Vereinheitlichung mit der Vorgehensweise der internationalen Rechnungslegung führt, die nunmehr auch mit dem Ziel der Findung einer realistischen Ausschüttungsrichtgröße konform geht und nicht zuletzt auch unter Informationsaspekten sinnvoll ist.[495]

4.3.1.3 Die Diskontierung von Pensionsrückstellungen

Den wohl massivsten Eingriff im Rahmen der Neubewertung von Pensionsrückstellungen hat der Gesetzgeber jedoch durch die überarbeiteten Vorschriften zur Diskontierung vorgenommen. § 253 II HGB n.F. enthält nunmehr eine grundsätzliche Verpflichtung zur Abzinsung von Pensionsrückstellungen. Rückstellungen mit einer Laufzeit von mehr als einem Jahr sind mit dem ihrer Laufzeit entsprechenden durchschnittlichen Marktzinssatz der vergangenen sieben Geschäftsjahre abzuzinsen.

Gedanklich verbirgt sich hinter dieser Konzeption, dass ein Unternehmer, der heute für eine später zu erfüllende Verpflichtung vorsorgt, den aus einer unternehmensinternen oder -externen Vermögensanlage zu erwartenden Anlageertrag grundsätzlich wirtschaftlich mindernd auf den entsprechenden Verpflichtungsumfang berücksichtigen soll. Unterstellt wird also sowohl nach alter als auch nach neuer Rechtslage, dass ein entsprechender Gewinn in der Zukunft erwirtschaftet wird.[496] Ob dies tatsächlich überhaupt oder in erwarteter Höhe der

494 *Thurnes/Vavra/Geilenkothen*, DB 2010, 2737 (2740) stellen beispielsweise auf einen mittleren Einkommenstrend von etwa 2,5 bis 3 % p.a. und einen mittleren Rententrend von 1,7 bis 2 % p.a. ab. S.a. *Prystawik*, DB 2010, 345 (346). S.a. *Lange/Kreipl/Müller*, ZCG 2012, 139 (143), die diese Prognose aufgrund empirischer Daten zu den Jahresabschlüssen betreffend das Geschäftsjahr 2010 bestätigen.

495 Vgl. *Heger/Weppler*, DStR 2009, 239 (239); *Meier*, BB 2009, 998 (999).

496 Vgl. *Verse*, in: VGR, Gesellschaftsrecht in der Diskussion 2009, S. 70.

Fall ist, ist jedoch alles andere als gesichert und führt daher zu einer Berücksichtigung unrealisierter Gewinne.[497]

Durch die Verwendung eines gleitenden Durchschnittszinses sollen vor allem unerwünschte Volatilitäten geglättet werden.[498] Als Ausnahme von dem Grundsatz der Einzelbewertung mit einem laufzeitadäquaten Durchschnittszinssatz gewährt es der neu formulierte § 253 II 2 HGB n.F. dem bilanzierenden Unternehmen die laufenden Pensionsverpflichtungen sowie Pensionsanwartschaften pauschal mit dem durchschnittlichen Marktzinssatz zu diskontieren, der sich bei einer angenommenen Laufzeit von fünfzehn Jahren ergibt.[499] Dieses Wahlrecht besteht allerdings nicht, wenn die Restlaufzeit der Rückstellung insgesamt weitaus weniger als fünfzehn Jahre beträgt.[500] Einen den IFRS- und US-GAAP-Regelungen vergleichbaren bilanzpolitischen Gestaltungsspielraum wollte der Gesetzgeber somit offenbar bewusst nicht eröffnen.[501]

4.3.1.3.1 Die realistischere Verpflichtungsbewertung durch die Anwendung eines niedrigeren Rechnungszinses

Es ist hierbei insbesondere festzustellen, dass der Zins nach den Berechnungen der Bundesbank deutlich unter dem steuerlichen Rechnungszins von 6 % liegen und somit zukünftig in den weitaus überwiegenden Fällen ein niedriger Zinssatz in einem voraussichtlichen Zinsfenster von 5,1 % bis etwa 5,3 % zur Anwendung kommen wird.[502] Obgleich also auch in Zukunft eine Berücksichtigung unrealisierter Gewinne in Kauf genommen wird und das jeweilige Kredit- bzw. Liquiditätsrisiko des Unternehmens bei der Ermittlung des Zinssatzes aus Vereinfachungsgründen außer Acht bleibt, wird der regelmäßig deutlich niedrigere Rechnungszins zu einem Anstieg der Pensionsrückstellungen führen.[503] Ausgegangen wird hierbei nach ersten Einschätzungen von einem prozentualen An-

---

497 Hinsichtlich der prinzipiellen Diskontierung von Pensionsrückstellungen wurde bereits bisher die Auffassung vertreten, Pensionsrückstellungen seien aufgrund der Langfristigkeit der Verpflichtung abzuzinsen. Vgl. *Höfer*, BB 2007, 2795 (2795).

498 Vgl. *Thurnes/Vavra/Geilenkothen*, DB 2010, 2737 (2740).

499 Vgl. *Rolfs*, in: Blomeyer/Rolfs/Otto, Betriebsrentengesetz, Vor § 7, Rn. 26.

500 Vgl. *Borst*, VW 2010, 665 (666); *Heyd/Kreher*, BilMoG, S. 78f.; *Meyer*, DStR 2009, 762 (764); ders. IDW RS HFA 30, Rz. 57; s.a. *Lucius/Veit*, BB 2010, 235 (237f.).

501 S. hierzu eing. Kapitel 4.4.4.3.2.

502 Vgl. *Meier,* BB 2009, 998 (998).

503 In der Folge wird freilich auch der Wertansatz nach HGB künftig deutlich vom steuerlichen Wertansatz abweichen, was zu beträchtlichen Auswirkungen im Rahmen der latenten Steuern führt. S.a. *Prystawik*, DB 2010, 345 (345).

stieg der Rückstellungen um etwa 15 % bis 20 % je divergierenden Prozentpunkt im Rahmen des bisherigen und zukünftigen Rechnungszinses.[504]

4.3.1.3.2 Die fehlende Nachzeichung der novellierten Bewertungsgrundsätze in der Steuerbilanz

Dass aus steuerlicher Sicht diese offenkundig vorgetragene realistischere Bewertung der Rückstellungen nicht nachvollzogen wird und der bisherige steuerliche Bewertungsvorbehalt mit der Regelung des § 6a EStG unberührt bleibt, ist dagegen wenig konsequent. Diese nur mit Fiskalmotiven zu begründende systembedingte Unterbewertung im steuerlichen Rückstellungsbereich ist nicht nur einfachgesetzlich, sondern auch verfassungsrechtlich als äußerst problematisch zu beurteilen.[505] Rückstellungen für ungewisse Drittverpflichtungen sollten bei einem bilanziellen Bestandsvergleich dem Grunde und der Höhe nach wegen ihres Charakters als Betriebsschulden nicht zur Disposition des Gesetzgebers stehen. Sucht der Gesetzgeber offen nach einer realistischeren Bewertungsmöglichkeit von Pensionszusagen, müssen diese Erkenntnisse im gleichen Maße für die Steuerbilanz gelten. Die insoweit inkonsequente Fortführung des § 6a EStG verstößt daher gegen das abschnittsbezogene Leistungsfähigkeitsprinzip.[506]

Betrachtet man jedoch zusammenfassend neben der Vorgabe des Zinssatzes die kumulative Verpflichtung zur Berücksichtigung von Trends für das Handelsrecht, darf zumindest insoweit in den meisten Fällen eine massive Erhöhung der auszuweisenden Versorgungsverpflichtungen erwartet werden, die in Abhängigkeit der Ausgestaltung des jeweiligen Versorgungssystems einen Mehraufwand von bis 60 % als nicht unwahrscheinlich erscheinen lassen.[507]

4.3.1.4 Die Besonderheiten im Rahmen der Erstanwendung

Auf diesen Regelfall der zusätzlichen Pensionsrückstellungszuführung hat der Gesetzgeber im Sinne einer Belastungsbegrenzung für die bilanzierenden Unternehmen mit der Implementierung einer Übergangsregelung in Art. 67 I EGHGB reagiert und die Möglichkeit geschaffen, den aufgrund der geänderten Rückstellungsbewertung notwendigen Zuführungsbetrag periodisch auf die Geschäftsjah-

---

504 Vgl. *Jeske*, NWB-BB 2009, 235 (236); *Fritz*, NWB-BB 2009, 180 (181); s.a. *Jaeger*, StuB 2010, 59 (60); *Zwirner*, BC 2013, 200 (201).

505 Ähnl. *Bieg/Kußmaul/Petersen/Waschbusch/Zwirner*, Bilanzrechtsmodernisierungsgesetz, S. 89f.; s.a. *Scheffler*, BB 2014, 299 (299 ff.).

506 Vgl. *Prinz*, in: Hey, Einkünfteermittlung, S. 174.

507 Vgl. *Meier*, BB 2009, 998 (999); *Gassen/Pierk/Weil*, DB 2011, 1061 (1061 ff.) mit ersten empirischen Ergebnissen.

re bis zum 31.12.2024 zu verteilen und zuzuführen. Hierdurch soll ein plötzlicher Rückstellungsschub in der Bilanz und ein damit einhergehender sofortiger Einmalaufwandseffekt in der GuV verhindert bzw. zeitlich gestreckt werden. Dies bedeutet im Einzelnen, dass das Unternehmen eine Jahresrate i.H.v. 1/15 des Differenzbetrages als Mindestbetrag jährlich zuführen muss und darüber hinaus frei ist, weitere Teilbeträge des Differenzbetrages zuzuführen. Führt das Unternehmen mehr als den Mindestbetrag zu, wird es nicht von der Verpflichtung entbunden, in künftigen Wirtschaftsjahren den Mindestbetrag zuzuführen.[508]

4.3.1.4.1 Der Ermittlungszeitpunkt des Differenzbetrages

Problematisch und im Einzelnen umstritten ist die Tatsache, dass der Differenzbetrag einmalig bei der erstmaligen Bilanzierung nach dem BilMoG zu ermitteln ist und mit diesem Betrag festgeschrieben wird. Eine spätere Anpassung des Differenzbetrages ist ausgeschlossen. Es können sich daher extreme Fehlbewertungen sowohl in die eine oder andere Richtung ergeben. Regelmäßig dürfte sich aber wohl durch die unterlassene Einpreisung von Sachverhalten, wie den Wegfall von Pensionsverpflichtungen durch deren Übertragung auf Dritte, Abfindungen oder den Wegfall von Versorgungsverpflichtungen durch Tod, zunächst ein zu hoher Restzuführungsbetrag ergeben.[509]

4.3.1.4.2 Die fehlende flankierende Ausschüttungssperre

Wird von diesem Ansammlungswahlrecht Gebrauch gemacht, führt dies jedoch grundsätzlich zu einem reduzierten Ansatz der Pensionsrückstellung in der Bilanz, wobei der Restzuführungsbetrag zwar im Anhang auszuweisen ist, aber keiner Ausschüttungssperre unterliegt. Bedenklich ist daher, dass den Unternehmen durch diese Übergangsregelung die Möglichkeit gegeben wird, über mehrere Perioden hinweg Dividenden an die Anteilseigner aus Gewinnrücklagen auszuschütten, obwohl sie unter Berücksichtigung der vollen Zuführungseffekte unter Umständen nicht mehr über ausschüttbare Rücklagen verfügen.[510] Neben der eigenkapitalschonenden Wirkung des Art. 67 I EGHGB eröffnet die

---

508 Vgl. *Bieg/Kußmaul/Petersen/Waschbusch/Zwirner*, Bilanzrechtsmodernisierungsgesetz, S. 87.

509 Vgl. *Thaut*, WPg 2009, 723 (724); *Höfer*, WPg 2009, 903 (904f.).

510 Vgl. *Gassen/Pierk/Weil*, DB 2011, 1061 (1065).

Übergangsregelung darüber hinaus auch Raum für bilanzielle Gestaltungsmöglichkeiten.[511]

4.3.1.5 Die Besonderheiten im Rahmen des Bewertungsverfahrens und der Rechengrundlagen

Es konnte bereits gezeigt werden, dass im Rahmen der Wahl des Bewertungsverfahrens in den Grenzen des Stetigkeitsgrundsatzes Raum für Bilanzpolitik besteht. Das dargestellte PUC-Verfahren wird hierbei daher wohl das besondere Interesse der Bilanzpolitik auf sich ziehen, da bei gleichen Bewertungsannahmen i.d.R. niedrigere Bewertungsergebnisse im Vergleich zum modifizierten Teilwertverfahren erwartet werden dürfen.[512]

Korrespondierend zu der noch darzustellenden Zeitwertbewertung des Planvermögens hat der Gesetzgeber jedoch in § 253 I 2 HGB für wertpapiergebundene Versorgungszusagen i.S.v. § 266 II A. III. 5 HGB eine eigene Bewertungsvorschrift geschaffen. In diesem besonderen Fall sind die Rückstellungen zum beizulegenden Zeitwert der Wertpapiere zu bewerten, so dass sich Aktiv- und Passivposten in gleicher Höhe gegenüberstehen und sich nach der vorgeschriebenen Saldierung für die Altersversorgungsverpflichtungen ausgleichen.[513] Dieser gewünschte Gleichlauf führt nunmehr in denjenigen Fällen zu einer Entlastung der Bilanz, in denen zuvor die Altersversorgungsverpflichtungen auf der Grundlage des § 253 I 2 HGB a.F. i.V.m. IDW St HFA 2/1988 im Jahresabschluss zum steuerlichen Teilwert angesetzt werden konnten und zu einem Verpflichtungsbetrag führten, der unterhalb der Anschaffungskosten der dazugehörigen Vermögensgegenstände lag.

4.3.1.6 Die Beibehaltung des Passivierungswahlrechts für Altzusagen und mittelbare Pensionsverpflichtungen

Entgegen den ersten Entwürfen zum BilMoG ist ein bilanzieller Ausweis von Versorgungsverpflichtungen über externe Versorgungsträger auch weiterhin nicht erforderlich. Es bleibt daher auch zukünftig bei dem in Art. 28 I EGHGB verankerten umstrittenen Passivierungswahlrecht für mittelbare Pensionsver-

511 Vgl. *Thurnes/Hainz*, BRZ 2009, 212 (215); *Heger/Weppler*, DStR 2009, 239 (243).

512 Vgl. *Thurnes/Hainz*, BRZ 2009, 212 (213).

513 Vgl. *Rhiel/Veit*, StuB 2008, 506 (510f.); *Gelhausen/Fey/Kämpfer*, Rechnungslegung und Prüfung, §§ 246, 253, Rn. 66; *Borst*, VW 2010, 665 (666); *Oser/Roß/Wader/Drögemüller*, WPg 2009, 573 (579).

pflichtungen sowie der jedoch wohl kaum praxisrelevanten Altzusagen, die vor dem 01.01.1987 gegeben wurden.[514]

Mittelbare Pensionsverpflichtungen resultieren aus der Einschaltung externer Versorgungsträger, wie beispielsweise Unterstützungskassen, Pensionsfonds, Pensionskassen, Versicherungsunternehmen oder Direktversicherungen. Reicht das Vermögen des Versorgungsträgers zur Erfüllung seiner Verpflichtungen nicht aus, erwirbt der Begünstigte aufgrund der bestehenden Subsidiärhaftung einen unmittelbaren Anspruch gegenüber dem Trägerunternehmen selbst.[515] Die Notwendigkeit zum Ausweis einer solchen mittelbaren Verpflichtung ist mithin immer dann gegeben, wenn der externe Versorgungsträger am Bilanzstichtag eine Unterdeckung aufweist, weil dessen Vermögen die übernommenen Verpflichtungen nicht abdeckt. Eine Unterdeckung ist folglich gleichbedeutend mit einer zumindest anteiligen latenten Einstandspflicht des Arbeitgebers bzw. des bilanzierenden Unternehmens für den bei der Versorgungseinrichtung bestehenden Fehlbetrag. Soweit daher eine Pensionszusage im Versorgungsfall von einer Unterstützungskasse nur anteilig erfüllt wird, hätte das Unternehmen richtigerweise für deren Unterdeckung zwingend eine Pensionsrückstellung für mittelbare Verpflichtungen auszuweisen, was auch noch im Referentenentwurf erkannt und in dieser Weise konsequent umgesetzt wurde.[516] Diese Regelung wurde allerdings im Rahmen des weiteren Gesetzgebungsverfahrens wieder revidiert, so dass bei Vorliegen mittelbarer Pensionsverpflichtungen zum einen die Eigenkapitalquote verbessert und zum anderen das Ausschüttungsvolumen erhöht werden kann, indem von der in Art. 28 I 2 EGHGB vorgesehenen Möglichkeit auf die Passivierung zu verzichten weiterhin Gebrauch gemacht wird. Die Abschaffung dieses Passivierungswahlrechts als systemlogische Konsequenz durch das BilMoG hätte daher nicht allein das Kapital-

514 S. *Küting/Kessler/Keßler*, WPg 2008, 748 (748 ff.); *Zimmermann/Meyer-Schell*, StuB 2008, 583 (583 ff.); *Oser/Roß/Wader/Drögemüller*, WPg 2008, 675 (681); *Fritz*, NWB-BB 2009, 180 (180).

515 Vgl. *Heger/Weppler*, DStR 2009, 239 (241); FG Münster v. 26.08.2008, Rs. 9 K 1660/05 K.

516 Gegenüber Pensionskassen besteht nach Ansicht des IDW keine Subsidiärhaftung des Trägerunternehmens, da diese nach dem versicherungsmathematischen Äquivalenzprinzip die Beiträge so zu bemessen haben, dass sie ihre zugesagten Leistungen erbringen und ihre Verwaltungskosten decken können. Ähnliches gilt de facto ggü. Versicherungsunternehmen. Krit. auch zu der Bewertung so genannter Umlagegemeinschaften, bei denen kein Versorgungskapital angesammelt wird, aber gleichwohl kein teilnehmendes Unternehmen eine Unterdeckung auszuweisen hat *Heger/Weppler*, DStR 2009, 239 (241).

schutzniveau in vielen Fällen angehoben, sondern zudem einer korrekteren Darstellung der Vermögens-, Finanz- und Ertragslage Vorschub geleistet.[517]

4.3.1.7 Die Saldierung von Pensionsverpflichtungen und Rückdeckungsvermögen

Im Rahmen der bilanziellen Darstellung von Vermögensgegenständen und Schulden wird für den Bereich der betrieblichen Altersversorgung abweichend zu der bisherigen Rechtslage mit § 246 II 2 HGB das Bruttoprinzip für bestimmte Sachverhalte durchbrochen. Vermögensgegenstände, die als Rückdeckungsvermögen der Verfügung durch den Kaufmann und dem Zugriff aller übrigen Gläubiger entzogen sind und die, insbesondere im Insolvenzfall, ausschließlich der Erfüllung von Schulden aus Altersversorgungs- und vergleichbaren langfristig fälligen Arbeitnehmerverpflichtungen dienen, dürfen danach künftig nicht mehr auf der Aktivseite der Bilanz gezeigt werden.[518]

Dieses künftige Saldierungsgebot umfasst neben Vermögensgegenständen und Schulden auch die Verrechnung von Aufwendungen und Erträgen aus der Ab- bzw. Aufzinsung der Schulden mit den Aufwendungen und Erträgen aus dem zu verrechnenden Vermögen innerhalb des Finanzergebnisses. Durch diese Maßnahme vermindert sich der Passivposten der Pensionsrückstellungen, wenngleich mit der Auslagerung von Vermögenswerten keine rechtliche Enthaftung einhergeht, so dass es zu einer Bilanzverkürzung und folglich auch zu einer Verbesserung der Eigenkapitalquote kommt.[519]

Das Verrechnungsgebot des § 246 II 2 HGB steht daher bei erster Betrachtung nicht im Einklang mit der Vorgabe des Art. 7 der Bilanzrichtlinie, nach der eine Verrechnung von Aktiv- und Passivposten sowie zwischen Auf-

---

517 S.a. *Bieg/Kußmaul/Petersen/Waschbusch/Zwirner*, Bilanzrechtsmodernisierungsgesetz, S. 87 ff.

518 Vgl. *Kreidl/Adrian*, in: Ellrott/Budde, BeckBilKomm., 7. Aufl., § 274, Rn. 207; Zu den Altersversorgungsverpflichtungen nach § 246 II 2 HGB gehören grundsätzlich alle unmittelbaren oder mittelbaren Zusagen zur Gewährung von Leistungen der Alters-, Invaliditäts- und Hinterbliebenversorgung i.S.d. § 1 I BetrAVG. Es ist davon auszugehen, dass für Zwecke der handelsrechtlichen Bilanzierung zwischen Altersversorgungs- und Pensionsverpflichtungen eine inhaltliche Übereinstimmung besteht. Vgl. *Gelhausen/Fey/Kämpfer*, Rechnungslegung und Prüfung, §§ 246, 253 HGB, Rn. 12; *Heger/Weppler*, in: Wysocki et al., HdJ, Abt. III/7, Rn. 8 ff.; s.a. *Adler/Düring/Schmaltz*, Rechnungslegung und Prüfung, 6. Aufl., § 249 HGB, Rn. 85 ff.

519 *Küting/Keßler/Seel*, BB 2010, 1907 (1908); *Borst*, VW 2010, 665 (666f.); *Gelhausen/Fey/Kämpfer*, Rechnungslegung und Prüfung, §§ 246, 253 HGB, Rn. 2.

wands- und Ertragsposten grundsätzlich unzulässig ist.[520] Diese zumindest tatbestandsmäßige Durchbrechung des Saldierungsverbots soll jedoch nach der Gesetzesbegründung von der Zwecksetzung und dem Grundgedanken der Bilanzrichtlinie getragen werden, dem Abschlussadressaten ein den tatsächlichen Verhältnissen entsprechendes Bild der Vermögens-, Finanz- und Ertragslage des Unternehmens zu vermitteln, so dass ein Verstoß gegen die unionsrechtlichen Vorgaben vom Gesetzgeber zumindest nicht gesehen werden will.[521] Das künftige Saldierungsgebot soll insoweit treffender zum Ausdruck bringen, dass durch die Entscheidung des Kaufmanns, bestimmte Vermögensgegenstände ausschließlich der Erfüllung von langfristigen Verpflichtungen gegenüber Arbeitnehmern zu widmen, diese nicht mehr zur freien Disposition des Kaufmanns stehen und somit der allgemeinen Haftungsmasse des Unternehmens entzogen sind.[522] Insoweit kann im Rahmen der Adressatenwirkung und den flankierenden Anhangangaben sogar unter Kapitalschutzaspekten etwas abgewonnen werden. Kritischer zu beurteilen ist jedoch die additive Begründung, nach der durch die Zweckwidmung der Vermögensgegenstände die dazugehörigen Schulden keine wirtschaftliche Belastung mehr für das Unternehmen darstellen sollen, so dass in der Höhe des so genannten gebundenen Vermögens handelsrechtlich keine Verpflichtung mehr auszuweisen ist.[523] Dem ist zwar dem Grunde nach beizupflichten, da durch das Planvermögen und dessen Saldierung eine wirtschaftliche Enthaftung möglich ist, aber zugleich nur unzulänglich dargestellt wird, dass die Leistungsverpflichtung weiterhin beim bilanzierenden Unternehmen verbleibt und folglich von einer rechtlichen Entlastung nicht die Rede sein kann.[524]

Bedenklich erscheint aber auch darüber hinaus, dass im Rahmen eines auszuweisenden Aktivüberhanges nicht zwischen den jeweiligen unterschiedlichen Entstehungsursachen differenziert wird bzw. werden kann. Für den geforderten Bilanzausweis spielt es daher keine Rolle, ob auch die Anschaffungs- oder Herstellungskosten die Verpflichtung übersteigen oder lediglich der Zeitwert der entsprechenden Vermögensgegenstände höher ist.[525]

---

520 Vgl. RegE BilMoG, BT-Drs. 16/10067, S. 48f.; *Gelhausen/Fey/Kämpfer*, Rechnungslegung und Prüfung, §§ 246, 253 HGB, Rn. 7.

521 Vgl. RegE BilMoG, BT-Drs. 16/10067, S. 48f.

522 Vgl. RegE BilMoG, BT-Drs. 16/10067, S. 35; *Merkt*, in: Baumbach/Hopt, HGB, § 246, Rn. 26.

523 Vgl. RegE BilMoG, BT-Drs. 16/10067, S. 48f.

524 Ähnl. *Küting*, DB 2011, 1404 (1409).

525 Vgl. *Küting/Kußmaul/Keßler*, DB 2009, 2557 (2563); ders. *Rhiel*, StuB 2010, 131 (132).

Unabhängig von der Aussagekraft der insoweit zusätzlich zur Verfügung gestellten Informationen über die wirtschaftliche und finanzielle Lage der Gesellschaft ist dennoch hierüber die Vereinbarkeit mit der Bilanzrichtlinie zu rechtfertigen, da nicht grundsätzlich in Zweifel gezogen werden kann, dass das Verrechnungsgebot auch ein den tatsächlichen Verhältnissen entsprechendes Bild der Vermögens-, Finanz- und Ertragslage stützt.

4.3.1.7.1 Die Bewertung des Deckungsvermögens

Die Vermögensgegenstände, die „dem Zugriff aller übrigen Gläubiger entzogen sind und ausschließlich der Erfüllung von Schulden aus Altersversorgungsverpflichtungen u.ä. dienen", sind nach § 253 I 4 HGB, wie dargelegt, nach dem Grundsatz der Einzelbewertung zukünftig mit ihrem beizulegenden Zeitwert zu bewerten und anzusetzen.[526] Von der Beschränkung des Wertansatzes des zweckgebundenen Vermögens auf den Buchwert der dazugehörigen Schulden, wie er noch im Regierungsentwurf zum BilMoG vorgesehen wurde,[527] hat der Gesetzgeber schließlich Abstand genommen.

4.3.1.7.1.1 Die „Vermögensgegenstände unter dem Zugriffsentzug der Gläubiger"

Voraussetzung für eine Saldierung und eine Zeitwertbewertung ist jedoch auch weiterhin, dass es sich beim Deckungsvermögen überhaupt um aktivierbare Vermögensgegenstände handelt. Das ergänzende Kriterium des „Zugriffsentzugs durch andere Gläubiger" erfordert, dass die Gegenstände des Zweckvermögens zum einen von den übrigen Vermögensgegenständen des Unternehmens separiert werden und zum anderen diese Vermögenstrennung so ausgestaltet ist, dass dieses zweckbestimmte Vermögen im Fall der Insolvenz des Unternehmens oder im Rahmen der Zwangsvollstreckung dem Zugriff anderer Unternehmensgläubiger, die nicht Gläubiger der begünstigten Altersversorgungs- oder vergleichbarer langfristiger Verpflichtungen sind, entzogen ist.

4.3.1.7.1.2 Das Kriterium der „Zweckexklusivität"

Die weiterhin geforderte Zweckexklusivität hinsichtlich der ausschließlichen Erfüllungsbestimmung der Schulden soll eine jederzeitige Verwertbarkeit si-

526 Vgl. *Stahl/Burkhardt*, BBK 2010, 106 (109).
527 Vgl. RegE BilMoG, BT-Drs. 16/10067, S. 54.

cherstellen und schließt folglich eine Zuführung zu anderen Zwecksetzungen im Unternehmen aus.[528]

4.3.1.7.1.3 Die CTA-Deckungsmassen

Praktischer Hauptanwendungsfall der Norm dürften die so genannte CTA-Deckungsmassen sein, also einem Treuhänder zur Abdeckung betrieblicher Altersversorgungsverpflichtungen übertragene Vermögensgegenstände, die sich beispielsweise bei der *RWE AG*, der *Siemens AG* oder auch der *Deutschen Bank* bereits in der jüngeren Vergangenheit immer größerer Beliebtheit erfreuen konnten, jedoch insbesondere durch die Insolvenz von *Arcandor* in den Fokus der öffentlichen Diskussion gerückt sind.[529] Vorrangiger Zweck dieser Treuhandmodelle ist die Optimierung und Verkürzung der Handelsbilanz durch die zweckgebundene Gegenfinanzierung der Pensionsverpflichtungen mittels ausgelagerter Vermögensmittel.[530] Dieses von den IFRS-Anwendern gern genutzte Instrument der Bilanzkosmetik hat darüber hinaus den erwünschten Nebeneffekt der Insolvenzfestigkeit der ausgelagerten Vermögensmittel, die daher weiterhin zur Erfüllung der Versorgungsansprüche der Betriebsrentner zur Verfügung stehen.[531] Sofern die Voraussetzungen des § 246 II 2 HGB mithin nicht erfüllt sind, bleibt es bezüglich der in Satz 1 genannten Posten beim Saldierungsverbot. Sind dagegen die dargestellten Voraussetzungen an das Sondervermögen erfüllt, stellt sich die Frage, was zukünftig unter dem so genannten beizulegenden Zeitwert zu verstehen ist.

---

528 Vgl. *Fritz*, NWB-BB 2009, 180 (183); *Hasenburg/Hausen*, DB 2009, Beil. 5, S. 38 (44f.).

529 Zur Funktionsweise der Treuhandkonstruktion des *Contractual Trust Arrangement* und zur bilanziellen Behandlung nach IAS 19.7 *Küppers/Louven/Schröder*, BB 2005, 763 (763 ff.); *Mittermaier/Böhme*, BB 2006, 203 (203 ff.); *Passarge*, DB 2005, 2746 (2746 ff.); *Küting/Keßler*, DB 2009, 1717 (1717 ff.); *Deckenbrock*, NZA 2010, 991 (992); *Metzger*, Handelsblatt v. 24.03.2010, S. 41; FAZ v. 05.07.2011, Pensionssicherung wird etwas teurer, S. 12.

530 Vgl. *Uckermann*, BB 2010, 279 (285).

531 Vgl. *Rößler*, BB 2010, 1405 (1405).

4.3.1.7.1.4 Die Bewertung mit dem beizulegendem Zeitwert

Der Begriff des beizulegenden Zeitwertes bzw. des so genannten *fair value* findet in § 255 IV HGB eine Definition.[532] Im Gegensatz zum „(niedrigeren) beizulegenden Zeitwert" i.S.v. § 253 III und IV HGB verkörpert dieser beizulegende Zeitwert einen Wertansatz, der keine unternehmensspezifischen Faktoren oder Synergieeffekte berücksichtigt, sondern grundsätzlich auf den Preis abstellt, der sich am Markt für einen bestimmten Vermögensgegenstand unter fremden Dritten bildet.[533] Dem *fair value* anderer Standards folgend, bestimmt sich der beizulegende Zeitwert somit im Rahmen eines abgestuften Verfahrens, in dem zunächst der Marktwert auf einem aktiven Markt herangezogen wird. Ist ein solcher Marktwert nicht vorhanden, muss der beizulegende Zeitwert auf einer zweiten Stufe anhand anerkannter Bewertungsverfahren geschätzt werden, womit freilich eine Abnahme der Verlässlichkeit einhergeht.[534] Kann selbst mit Hilfe dieser anerkannten Bewertungsmethoden ein Marktpreis nicht mehr verlässlich bestimmt werden, sind auf der letzten Stufe die Anschaffungs- oder Herstellungskosten unter Beachtung des Niederstwertprinzips fortzuführen. Durch diese Vorschrift soll unter Berücksichtigung des Vorsichtsprinzips ausgeschlossen werden, dass Vermögensgegenstände des Deckungsvermögens auf der Grundlage nicht eindeutiger, unsicherer Bewertungsparameter zu Werten angesetzt werden, die deren fortgeführte Anschaffungs- oder Herstellungskosten überschreiten.[535]

Die Bewertung des Deckungsvermögens zu Zeitwerten spielt somit hinsichtlich der Bestimmung einer Ausschüttungsgröße in Anbetracht der zukünftig höheren Rückstellungen für Pensionsverpflichtungen das bedeutendste „Korrektiv" dar. Die Möglichkeit, aktive Bilanzpolitik zu betreiben, besteht zukünftig wohl hauptsächlich in der Schaffung von Deckungsvermögen nach § 246 II 2 HGB. Vermögen, das die nicht ganz scharfe Definition von Deckungsvermögen erfüllt, kann mit den Verpflichtungen saldiert werden. Diese Maßnahme kann bis zu einem Entfallen des Bilanzausweises der Pensionsrückstellungen führen und entfaltet daher die größte bilanzpolitische Wirkung. Folge ist, wie dargelegt, eine Bilanzverkürzung und folglich eine Verbesserung der Eigenkapitalquote.

---

532 S. eing. zum Prinzip der Zeitwertbewertung im Zusammenhang mit Finanzinstrumenten des Handelsbestandes Kapitel 4.5.2.

533 Vgl. IDW RH HFA 1.005, Tz. 7 ff.; s.a. *Küting/Trappmann/Ranker*, DB 2007, 1709 (1709 ff.).

534 Vgl. *Kessler*, in: Bieg/Heyd, Fair Value, S. 68 ff.; *Küting/Keßler/Seel*, BB 2010, 1907 (1909).

535 Vgl. RegE BilMoG, BT-Drs. 16/10067, S. 61.

Die dargestellten Spielräume bestehen selbstverständlich nicht allein für den erstmaligen Übergang auf die Bilanzierung nach BilMoG, sondern betreffen auch die Fälle der zukünftigen Zweckänderung von Mitteln des Deckungsvermögens. Die i.d.R. anstehende Wertanpassung nach oben im Falle der Widmung zum Planvermögen sowie die Entwidmung mit einer regelmäßigen Wertanpassung nach unten haben erfolgswirksam zu erfolgen. Insbesondere aber die Widmung von Vermögensgegenständen, die der Kaufmann in der Vergangenheit bereits für andere Zwecke genutzt hat und nun erstmals nachweislich ausschließlich zur Erfüllung von Altersversorgungsverpflichtungen bestimmt hat und daher in zulässiger Durchbrechung des Grundsatzes der Bewertungsstetigkeit zum beizulegenden Zeitwert zu bewerten sind, dürften insoweit das Interesse der Bilanzpolitik auf sich ziehen.

Gewichtiger als die Bedenken hinsichtlich der freigegebenen Gestaltungsspielräume wiegen aber die zahlreichen grundsätzlichen Bedenken hinsichtlich der Zeitwertbewertung, die selbstverständlich auch im Rahmen der Bewertung des Planvermögens weiterhin ihre Berechtigung behalten, obgleich sie wohl regelmäßig zu einer marktnäheren Bewertung und damit zu einer besseren Information über den aktuellen Finanzierungsstatus von Altersversorgungsplänen führen können.[536] Sie hat, obwohl es sich um eine langfristige Vermögensanlage handelt, eine ungebremste Volatilität des in die Rückstellungsposition eingehenden Versorgungsvermögens zur Folge. Eine vergleichbare kompensierende Volatilität der Pensionsverpflichtung ist aufgrund der Anwendung des Durchschnittszinssatzes bei der Abzinsung dagegen zumindest nicht im gleichen Maße gegeben.[537] Dies ist unter dem Gesichtspunkt der Planbarkeit und der langfristigen Einordnung auch der Verpflichtungen durchaus kritisch zu sehen.

Die im Hinblick auf den im Planvermögen nicht realisierten Vermögensertrag bestehende Ausschüttungssperre trägt der Tatsache Rechnung, dass eine Zeitwertbewertung bei steigenden Aktienkursen das Ziel der vorsichtigen Dividendenausschüttung gefährden kann. Mit der Aufgabe des Anschaffungs- und der Zurückdrängung des Realisationsprinzips auch in diesem Fall werden fundamentale Prinzipien des früheren Handelsrechts relativiert. Gleichwohl geht mit dieser Schwächung der beschriebenen GoB auch insoweit keine stillschweigende Neuinterpretation des Vorsichtsprinzips einher. Vielmehr ist die neue Bewertungskonzeption als *lex specialis* ausgestaltet, so dass sich die Bedeutung des Vorsichtsprinzips im Gesamtgefüge des HGB nicht verändert. Die Einführung der *fair value*-Bilanzierung im Rahmen der Bewertung des Planvermögens

536 Vgl. *AK Bilanzrecht der Hochschullehrer Rechtswissenschaft*, BB 2008, 152 (153); *Rhiel*, StuB 2010, 131 (133).

537 Vgl. *Heger/Weppler*, DStR 2009, 239 (242); *Meier*, BB 2009, 998 (1000).

verwundert jedoch auch aus dem Grund, dass der Gesetzgeber dieser Bewertungsmethodik im Zuge der Kapitalmarktkrise im Übrigen eine Absage erteilt hat, um bei illiquiden Märkten zu verhindern, dass Banken durch immer höhere Abschreibungen immer tiefer in die Krise geraten. Werden jedoch große Altersversorgungsvehikel, wie beispielsweise die dargestellten CTA`s von einer Krise erfasst, dürften die Folgen allein durch die Langfristigkeit gemildert, aber im Übrigen vergleichbar sein.

Um den Informationsinteressen gerecht zu werden, ist ein die Pensionsverpflichtung übersteigender Teil des Planvermögens auf der Aktivseite der Bilanz nach § 246 II 3 HGB gesondert auszuweisen. Im Anhang sind im Falle einer Verrechnung gemäß § 285 Nr. 25 HGB die Anschaffungskosten und der beizulegende Zeitwert der verrechneten Schulden sowie die verrechneten Aufwendungen und Erträge anzugeben.

4.3.1.7.2 Die Bezugsgröße der Ausschüttungs- und Abführungssperre

Es konnte bereits gezeigt werden, dass für die Berechnung des nach § 268 VIII 3 HGB gesperrten Betrages zunächst die positive Differenz zwischen den historischen Anschaffungskosten des einzelnen Vermögensgegenstandes und dem Zeitwert heranzuziehen ist.[538] Darüber hinaus stellen sich aufgrund der bisherigen Feststellungen weitere Fragen im Zusammenhang mit der Wirkungsweise der Ausschüttungssperre i.S.v. § 268 VIII HGB, die es nachfolgend aufzulösen gilt.

4.3.1.7.2.1 Der auszuweisende Aktivüberhang als Bezugsgrundlage

Da der vorstehend genannte Aktivüberhang nach der Saldoberechnung handelsrechtlich ebenfalls nicht realisierte Erträge aus der Zeitwertbewertung nach § 253 I 4 HGB enthalten kann, verkörpert dieser ebenfalls nicht notwendig ein Schuldendeckungspotenzial. Dieser Posten ist daher ebenfalls nicht selbstständig verwertbar, so dass ihm folglich die Eigenschaft eines Vermögensgegenstandes fehlt. In der Folge wurde auch dieser Verrechnungsposten nach § 268 VIII 3 HGB für eine Ausschüttung gesperrt.[539]

Klarstellend ist daher an dieser Stelle darauf hinzuweisen, dass der gesperrte Betrag i.S.d. § 268 VIII 3 HGB nicht mit dem nach § 246 II 3 HGB zu aktivierenden Aktivüberhang übereinstimmt. Maßgeblich bleibt allein der höhere

538 Vgl. Kapitel 3.4.3.1.

539 Vgl. RA BilMoG, BT-Drs. 16/12407, S. 85; *Simon*, NZG 2009, 1081 (1083); *Fritz*, NWB-BB 2009, 180 (184).

Mehrbetrag aus der Differenz zwischen dem Zeitwert und den Anschaffungskosten des Deckungsvermögens. Dies fordert insoweit der Sinn und Zweck der Ausschüttungssperre, unsichere Beträge in der Handelsbilanz von der Ausschüttungsmöglichkeit auszunehmen, ein. Die Tatsache, dass diese Beträge für Zwecke des Ausweises in der Handelsbilanz mit nach anderen Vorschriften zu erfassenden Verpflichtungen zu verrechnen sind, kann nicht verhindern, dass die handelsrechtliche Vermögenslage über geminderte Verpflichtungspositionen durch unsichere Beträge i.S.d. § 268 VIII HGB positiv beeinflusst wird.[540] In keinem Fall ist daher der Ausschüttungssperrbetrag auf den ausgewiesenen Aktivüberhang zu begrenzen.

4.3.1.7.2.2 Die Berücksichtigung kompensierender Negativbeträge aus der Zeitwertbewertung

Aufgeworfen werden kann schließlich auch die kapitalschutzrelevante Frage, ob für Zwecke der Ermittlung des Sperrbetrags nach § 268 VIII HGB auch Negativbeträge aufgrund unter den Anschaffungskosten liegender Zeitwerte kompensierend im Rahmen der Ermittlung der Differenzbeträge zwischen Anschaffungskosten und Zeitwert zu berücksichtigen sind. Konkret würde dies für die Saldoberechnung bedeuten, dass sich die Differenzen für verschiedene Vermögensgegenstände aufgrund eines die Anschaffungskosten übersteigenden Zeitwertes einerseits, dieser „positive“ Differenzbetrag mit einem „negativen“ Differenzbetrag, der sich aus den Zeitwert übersteigenden Anschaffungskosten für einen weiteren Vermögensgegenstand ergibt, zumindest teilweise zum Ausgleich bringen könnten. Insoweit wäre mithin nicht allein auf einen positiven Differenzbetrag zwischen Anschaffungskosten und Zeitwertbewertung abzustellen, sondern ebenfalls diese negativen Differenzbeträge heranzuziehen. Für diese Vorgehensweise könnte sprechen, dass auch auf diese Weise der sich im Vergleich zur alten Rechtslage ergebende Mehrbetrag neutralisiert werden würde.

Dem Vorsichtsprinzip folgend sollte aber einem unsicheren positiven Ertrag ein größeres Misstrauen entgegen gebracht werden als einem unsicheren Negativbetrag. Darüber hinaus wäre auch nach alter Rechtslage in zumindest jenen Fällen, bei denen eine voraussichtliche dauernde Wertminderung anzunehmen gewesen wäre, eine außerplanmäßige Abschreibung vorzunehmen gewesen. Neben der Tatsache, dass der Gesetzgeber im Rahmen der Berechnung der Ausschüttungssperre dem Einzelbewertungsgrundsatz gerecht werden woll-

540 Vgl. *Gelhausen/Fey/Kämpfer*, Rechnungslegung und Prüfung, §§ 246, 253 HGB, Rn. 89.

te[541] und der Wortlaut des § 268 VIII 3 HGB lediglich von einem Sperrbetrag spricht, der sich auf eine Wertdifferenz zu den Anschaffungskosten bezieht, kann eine eindeutige oder zwingende Antwort auf diese Frage auf den ersten Blick nicht gegeben werden. Richtigerweise ist aufgrund der tangierten Kapitalschutzbelange jedoch eine kompensatorische Berücksichtigung von Negativbeträgen abzulehnen, so dass allein auf die positiven Differenzen abgestellt werden sollte.[542]

4.3.1.7.2.3 Die Ausschüttungs- und Abführungssperre im Fall der korrespondierenden Zeitwertbewertung

Nicht gesondert geregelt hat der Gesetzgeber zudem den betrachteten Sonderfall, dass das Deckungsvermögen auch die Höhe der dazugehörigen Verpflichtung bestimmt. Ähnlich wie im soeben untersuchten Sachverhalt stellt sich auch bei den wertpapiergebundenen Wertguthabenmodellen, bei denen die im Bestand gehaltenen Wertpapiere die Voraussetzung für die Anerkennung als Deckungsvermögen erfüllen und daher sowohl die Verpflichtung als auch die korrespondierenden Vermögensgegenstände mit dem Zeitwert zu bewerten sind, die Frage, inwieweit die Anwendung der Ausschüttungssperre nach § 268 VIII HGB zur Sicherstellung des Gläubigerschutzes und der Kapitalerhaltung auch tatsächlich erforderlich ist. Im Rahmen dieser korrespondierenden Bewertung stehen sich, wie dargestellt, die Vermögens- und Schuldposten grundsätzlich in gleicher Höhe gegenüber. Die unrealisierten und somit unsicheren Erträge aus der Zeitwertbewertung des Deckungsvermögens werden in diesem Fall bereits durch die Aufwendungen im Zusammenhang mit der Bildung bzw. Erhöhung der Rückstellung zwangsläufig in gleicher Höhe kompensiert, so dass sich im Saldo aus der Hebung von stillen Vermögensreserven keine Gewinnauswirkung und folglich auch kein ausschüttungsfähiger Gewinn ergibt.[543] Darüber hinaus wird die Unsicherheit, ob die unrealisierten Erträge aus der Hebung stiller Reserven später zu einer tatsächlichen Vermögensmehrung bei dem bilanzierenden Unternehmen führen, dadurch kompensiert, dass sich im Falle ihrer späteren Nichtrealisierung die zugrunde liegende Verpflichtung entsprechend vermindert. Es kann daher festgestellt werden, dass in diesem Punkt gleich zwei Ausschüttungssperren zum Einsatz kommen und folglich sogar

541 Vgl. RA BilMoG, BT-Drs. 16/12407, S. 86.

542 S.a. *Gelhausen/Fey/Kämpfer*, Rechnungslegung und Prüfung, §§ 268 Abs. 8 HGB, Rn. 32.

543 Vgl. *Oser/Roß/Wader/Drögemüller*, WPg 2009, 573 (579); *Ries*, WPg 2010, 811 (823).

mehr Kapital als notwendig im Unternehmen gebunden wird.[544] Es kann zwar bezweifelt werden, ob dies vom Gesetzgeber intendiert oder auch nur gesehen wurde, gleichwohl lässt sich hieraus nicht der Schluss ziehen, dass die Ausschüttungssperre des § 268 VIII 3 HGB in diesem Fall unangewendet bleiben darf, da diese Methodik zumindest mit Vereinfachungsgesichtspunkten gerechtfertigt werden kann.[545] Insoweit ist an dieser Stelle durch die doppelte Ausschüttungssperre sogar eine gewisse Stärkung der Kapitalausstattung festzustellen.

4.3.1.7.2.4 Die analoge Anwendung des § 268 VIII 3 HGB im Rahmen der Passivierung von Unterdeckungen für mittelbare Versorgungszusagen

Die Saldierung des Deckungsvermögens mit den dazugehörigen unmittelbaren Pensionsverpflichtungen entspricht auch der Verfahrensweise bei der Ermittlung des Fehlbetrages aus einer mittelbaren Versorgungszusage im Rahmen des dargestellten Wahlrechts nach Art. 28 I 2 EGHGB.

Da sich die Finanzierung einer unmittelbaren Versorgungszusage durch zweckgebundenes Vermögen des Unternehmens zumindest bei wirtschaftlicher Betrachtungsweise nicht von der mittelbaren Finanzierung einer Altersversorgungszusage über einen externen Versorgungsträger unterscheidet und sich der Unterdeckungsbetrag ebenfalls u.a. um die nicht realisierten Zeitwertdifferenzen reduziert, könnte im Rahmen der Passivierung in analoger Anwendung des § 268 VIII 3 HGB daran gedacht werden, die nicht realisierten Erträge aus der Zeitwertbewertung des Vermögens der Versorgungseinrichtung im bilanzierenden Unternehmen ebenfalls einer Ausschüttungssperre zu unterwerfen.[546] Da sich die Vermögensgegenstände der Versorgungseinrichtung aber weder im rechtlichen noch im wirtschaftlichen Eigentum der Gesellschaft befinden und diese Methodik wohl auch auf zahlreiche praktische Probleme stoßen würde, kann in diesen Fällen eine Ausschüttungssperre richtigerweise nicht greifen. Die Zeitwertbewertung des Deckungsvermögens beeinflusst also in diesen Fällen direkt die Ausschüttungsgröße und schwächt das bestehende Kapitalschutzniveau.

---

544 S. zur ähnlichen Problemstellung für den Fall der Überdeckung von Altersversorgungsverpflichtungen im Zusammenhang mit der bereits erfolgten Absicherung und noch zu erdienende Anwartschaften (*Future Service*) *Rhiel/Veit*, DB 2008, 1509 (1510); *Gelhausen/Fey/Kämpfer*, Rechnungslegung und Prüfung, §§ 246, 253 HGB, Rn. 75f.

545 A.A. *Ries*, WPg 2010, 811 (823).

546 Vgl. *Gelhausen/Fey/Kämpfer*, Rechnungslegung und Prüfung, §§ 246, 253 HGB, Rn. 92.

4.3.1.8 Die Bilanzierung von Pensionszusagen nach IFRS

Ungeachtet der Änderungsgeschwindigkeit der Vorschriften zur internationalen Rechnungslegung im Allgemeinen hat sich der BilMoG-Gesetzgeber offensichtlich mit besonderer Vorsicht der offenen Baustelle der Bilanzierungsvorschriften zur betrieblichen Altersversorgung im Rahmen der IFRS genähert. Obgleich auch in diesem Punkt eine eindeutige grundsätzliche Neuausrichtung erkennbar ist, verbleiben zahlreiche Unterschiede nicht nur im Detail, sondern auch hinsichtlich der jeweiligen Grundkonzeptionen.

Vereinbarungen über die Altersversorgung werden von dem Standard IAS 19 behandelt. Neben den klassischen Pensionen erfasst IAS 19 aber u.a. auch andere Zusagen, wie z. B. Bonuspläne oder Krankenversicherungen für bestehende, ehemalige und pensionierte Mitarbeiter. Insgesamt verfolgt dieser Standard also das Ziel einer vollständigen Erfassung aller Personalvorsorgekosten und Rückstellungen entsprechend der Arbeitsleistung des Arbeitnehmers.

Für externe Träger von Versorgungseinrichtungen, wie Pensionskassen, Unterstützungskassen, etc., wird IAS 19 durch IAS 26 ergänzt, der dem externen Träger Angabepflichten für beitrags- und leistungsorientierte Pensionspläne auferlegt.[547]

4.3.1.8.1 Die Klassifikation von Pensionszusagen

Bereits im Rahmen der Klassifizierung von Pensionszusagen geht IAS 19 auch weiterhin einen anderen Weg als die handelsrechtlichen Vorschriften. Nach diesem Standard gibt es bereits im Gegensatz zu Art. 28 EGHGB keine Unterscheidung zwischen unmittelbaren und mittelbaren Pensionsverpflichtungen. Vergleichbare Ausnahmen von der Passivierungspflicht, wie sie das HGB beispielsweise für Altzusagen oder mittelbare Zusagen kennt, sind daher im Rahmen dieser internationalen Rechnungslegung unbekannt.[548]

Die jeweilige bilanzielle Abbildung der Pensionszusagen wird vielmehr davon abhängig gemacht, welche Vereinbarung das Unternehmen als Arbeitgeber mit dem Arbeitnehmer geschlossen hat. IAS 19.25 unterscheidet hierbei im Grundsatz für die so genannten beitragsorientierten (*defined contribution plans*)

---

547 Vgl. *Achleitner/Behr/Schäfer*, Internationale Rechnungslegung, S. 205; *Pawelzik*, in: Heuser/Theile, IFRS-HdB., Rn. 2400 ff.

548 Vgl. *Wollmert/Rhiel/Hofmann/Schwitters*, in: Baetge/Dörner/Kleekämper et al., Rechnungslegung nach IFRS, IAS 19, Rn. 48; *Rhiel*, in: Lüdenbach/Hoffmann, IFRS Komm, § 22, Rn. 5; *Molzahn*, Bilanzierung der betr. Altersversorgung, S. 48.

und die leistungsorientierten (*defined benefit plans*) Zusagen zwei verschiedene Vorgehensweisen.[549]

4.3.1.8.1.1 Defined contribution plans

Bei den beitragsorientierten Pensionszusagen verpflichtet sich das Unternehmen lediglich zur Zahlung fester Beiträge an einen externen Versorgungsträger, der auch die spätere Pensionsleistung erbringt. Der Arbeitnehmer trägt daher in dieser Variante das Risiko, dass seine künftigen Pensionszahlungen geringer als erwartet ausfallen. Der Standard knüpft dabei insbesondere an jene Konstellationen an, die anders als in Deutschland keine Subsidiärhaftung für die zum Aufbau der betrieblichen Altersversorgung eingezahlten Beträge kennen.[550] Die Beitragszahlungen sind hierbei sowohl nach IFRS als auch HGB als laufender Aufwand der jeweiligen Periode zu erfassen.[551]

4.3.1.8.1.2 Defined benefit plans

Demgegenüber wird bei den leistungsorientierten Pensionsplänen dem Arbeitnehmer eine bestimmte Altersversorgung zugesagt, die in der Regel von der Anzahl der Dienstjahre oder der Entlohnung des Arbeitnehmers determiniert wird. Bei dieser Art der Pensionszusage ist regelmäßig nicht ein externer Versorgungsträger, sondern der Arbeitgeber selbst verpflichtet, nach Eintritt des Versorgungsfalles Zahlungen an den Arbeitnehmer zu leisten, so dass sich auch die Bilanzierung dieser *defined benefit plans* deutlich komplexer gestaltet.[552] Die Finanzierung der leistungsorientierten Pensionspläne kann dennoch sowohl durch das Unternehmen selbst als auch durch einen externen Träger erfolgen. Das Unternehmen hat aber in jedem Fall sicherzustellen, dass jederzeit ausreichende Mittel zur Begleichung fälliger Pensionsleistungen zur Verfügung stehen, so dass dieses auch die Höhe der künftigen Verpflichtungen zu schätzen und versicherungsmathematisch zu bewerten hat. Charakterisierend ist somit, dass das Unternehmen in diesem Fall sämtliche Risiken dafür trägt, dass die künftigen Zahlungsverpflichtungen aus der Pensionszusage höher als erwartet

---

549 Vgl. *Grünberger*, IFRS 2009, S. 266f.; *Petersen/Bansbach/Dornbach*, IFRS Praxishandbuch, S. 256f.

550 Vgl. § 1 I BetrAVG.

551 Vgl. *Petersen/Bansbach/Dornbach*, IFRS Praxishandbuch, S. 269; *Zülch/Salewski*, ZCG 2012, 35 (36).

552 Vgl. *Zülch/Salewski*, ZCG 2012, 35 (36).

ausfallen oder aber möglicherweise von einer Minderung im umgekehrten Fall profitiert.[553]

4.3.1.8.1.3 Die systematische Inkongruenz der Klassifizierungsmethodiken

Die systematische Abgrenzung im Rahmen der IFRS erfolgt somit vor dem Hintergrund, dass leistungsorientierte Pensionspläne im Gegensatz zu beitragsorientierten Pensionsplänen meist mit erheblichen Schwierigkeiten bei der Bestimmung des sich hieraus ergebenden Aufwands behaftet sind. Der wesentliche Anwendungsbereich von IAS 19 widmet sich in der Folge auch den *defined benefit plans*. Eine Nachzeichnung dieser Systematik im Handelsrecht erscheint zumindest für die nähere Zukunft als wenig wahrscheinlich, da eine klare Trennung aufgrund der Sondervorschriften des BetrAVG und der historisch bedingten Tatsache, dass die Behandlung der Altersversorgung nur unregelmäßig durch die Ausscheidung von entsprechenden Mitteln auf eine getrennte juristische Einheit begleitet wird, sondern häufig ein bedeutendes Mittel zur Innenfinanzierung darstellt, vielfach nicht einfach sein wird.[554] Dass die Beibehaltung des Passivierungswahlrechtes im Handelsrecht jedoch weder zeit- noch systemgerecht ist, da dieses nicht zuletzt auch dann gilt, wenn eine Inanspruchnahme so gut wie sicher ist, wurde bereits dargelegt.

Im Vergleich zu den internationalen Rechnungslegungsvorschriften bestehen aber auch hinsichtlich der Qualität der Vermögensmittel, die in ein CTA eingebracht werden können, weiterhin deutlich Unterschiede, obwohl die dargestellten Saldierungsvoraussetzungen zunächst einen Gleichlauf nahelegen. Nach den internationalen Vorgaben kommt jedoch grundsätzlich jedes *asset* für eine Übertragung auf den Treuhänder in Betracht, das zur freien Veräußerung am Markt geeignet ist, mithin neben Wertpapieren und Forderungen auch betriebsnotwendige *assets*, wie Immobilien oder Maschienen, die zunächst in ein CTA eingebracht und anschließend zurückgemietet werden können.[555] Das Zweckausschließlichkeitskriterium des § 246 II 2 HGB an saldierbares Planvermögen ist an dieser Stelle weitaus enger und dürfte in der Folge zumindest tendenziell geeignet sein, eine höhere Werthaltigkeit der eingelegten Vermögensgegenstände zu indizieren.

553 Vgl. IAS 19.27; *Mühlberger/Schwinger/Wildner*, in: Thiele/Keitz/Brücks, Internationales Bilanzrecht, IAS 19, Rn. 161 (Stand: Feb. 2008); *Achleitner/Behr/Schäfer*, Internationale Rechnungslegung, S. 205.

554 Vgl. *Achleitner/Behr/Schäfer*, Internationale Rechnungslegung, S. 206f.

555 Vgl. *Rößler*, BB 2010, 1405 (1410f.).

4.3.1.8.2 Die Bewertung des Pensionsaufwands

Im Rahmen der Ermittlung des jeweiligen Barwertes der Versorgungsverpflichtungen ist den Bestimmungen des IAS 19.63 folgend ebenfalls eine Reihe versicherungsmathematischer Annahmen zugrunde zu legen. So sind Annahmen, wie Sterblichkeit, Fluktuation oder mögliche Frühpensionen ebenso zu berücksichtigen, wie Gehalts- und Pensionssteigerungen sowie Karrieretrends, die daher in beiden Rechnungslegungssystemen Berücksichtigung finden.

Das versicherungsmathematische Bewertungsverfahren folgt im Wesentlichen drei gedanklichen Schritten. Vereinfachend gilt es für die betroffenen Mitarbeiter in einem ersten Schritt die künftige Rentenzahlung in ihrer absoluten Höhe zu schätzen. Danach ist die hieraus resultierende Verpflichtung auf den voraussichtlichen Pensionseintrittstermin abzuzinsen und letztlich auf die Perioden der aktiven Dienstzeit des jeweiligen Mitarbeiters zu verteilen.

IAS 19 eröffnet hierbei im Gegensatz zum Handelsrecht kein Wahlrecht für das versicherungsmathematische Bewertungsverfahren. Allein zulässiges Bewertungsverfahren ist das retrospektive Anwartschaftsbarwertverfahren mit der Methode der laufenden Einmalzahlungen (*projected unit credit method*), das, wie gezeigt, auch nach handelsrechtlichen Vorschriften angewendet werden kann, aber nicht muss.[556]

Besonderheiten ergeben sich jedoch hinsichtlich des Diskontierungszinssatzes im Rahmen von IAS 19, der sich nach IAS 19.78 ff. an der zum Bilanzstichtag geltenden Kapitalmarktrendite für erstrangige, festverzinsliche Industrieanleihen orientiert und folglich keinen laufzeitadäquaten durchschnittlichen Marktzins zugrundelegt. Problematisch im Rahmen dieser Zinsherleitung ist die Nichtverfügbarkeit einer objektiven Quelle für die Zinsstruktur, insbesondere im Hinblick auf die für die Verpflichtungsbewertung benötigten sehr langen Laufzeiten.[557] Im Vergleich hierzu bietet das Handelsrecht an dieser Stelle ein Ergebnisglättungsinstrument an, das gegenüber der Vorgehensweise im Rahmen der IFRS vorzugswürdig erscheint.[558]

Während mit der Übernahme der Saldierungspflicht in das Handelsrecht eine wesentliche Anpassung an die Bilanzierungsprinzipien des IAS 19 vollzo-

---

556 Vgl. *Wagenhofer*, Int. Rechnungslegungsstandards, S. 311; *Pellens/Fülbier/Gassen/Sellhorn*, Internationale Rechnungslegung, S. 452; *Waldmüller/Karwe*, BB 2010, 879 (880).

557 Vgl. zur Rechnungszinsbestimmung *Thurnes/Vavra/Geilenkothen*, DB 2010, 2737 (2737 ff.).

558 Vgl. *Wagenhofer*, Int. Rechnungslegungsstandards, S. 315; *Höfer*, BB 2007, 2795 (2796); *Kessler*, PiR 2010, 72 (78).

gen wurde, unterscheidet sich die Bilanzierungslogik des IAS 19 jedoch immer noch deutlich im folgenden Punkt von der Vorgehensweise im Handels- und Steuerrecht. Nach deutschen Rechtsnormen bestimmt der Bilanzansatz die Höhe des Pensionsaufwands (*balance sheet approach*), während der Ausweis der Pensionsrückstellung nach IFRS dem aufwandsbezogenen Ansatz erfolgt (*income approach*).[559]

Der Periodenaufwand als zentrale Größe des *income approach* wird hierbei bereits zu Beginn des Jahres auf Basis von Erwartungswerten geschätzt. Die Höhe des Pensionsaufwands einer Periode wird dabei vorrangig durch die Veränderung des Barwertes der Pensionsverpflichtung sowie der erwarteten Rendite des Planvermögens bestimmt. Diese zwei gegenläufigen Komponenten sollen sich bei Abweichungen von den Schätzungen nach der Idee des Standardsetzers im Idealfall ausgleichen. Es verwundert an dieser Stelle folglich nicht, dass bei einer *ex post*-Betrachtung am Jahresende zwischen den erwarteten und den tatsächlichen Werten sowohl für die Pensionsverpflichtungen als auch für das Planvermögen regelmäßig Abweichungen auftreten werden. Diese Differenzen, die beispielsweise auf die Abweichung von erwarteter und tatsächlicher Gehaltsentwicklung zurückzuführen sein könnten, sind die Ursache für die so genannten versicherungsmathematischen Gewinne und Verluste.[560]

4.3.1.8.3 Die Erfassung versicherungsmathematischer Gewinne und Verluste

Entstehen nun versicherungsmathematische Gewinne und Verluste, weil das bilanzierende Unternehmen nach IAS 19 bereits zu Beginn eines Geschäftsjahres sowohl den Barwert der leistungsorientierten Verpflichtung am Ende des Jahres als auch den Ertrag des Planvermögens während des Geschäftsjahres zu schätzen hat, wird im Rahmen der Erfassung dieser Gewinne und Verluste ein entscheidender Unterschied zur Vorgehensweise im Handelsrecht deutlich.[561]

Abgesehen von den großzügigen Übergangsregelungen und dem fortbestehenden Passivierungswahlrecht unterscheiden sich die einschlägigen Rechnungslegungsnormen nach HGB und IAS 19 insbesondere durch die zu beleuchtenden Glättungs- und Verteilungsverfahren voneinander. Während nach han-

---

559 Vgl. *Heyd/Kreher*, BilMoG, S. 82; *Mühlberger/Schwinger/Wildner*, in: Thiele/Keitz/Brücks, Internationales Bilanzrecht, IAS 19, Rn. 164 (Stand: Feb. 2008).

560 *Küting/Keßler/Seel*, BB 2010, 1907 (1910 ff.) zeigen anhand empirischer Daten, dass diese Abweichungen nicht selten 100 % und mehr oben oder unten differieren kann.

561 Vgl. *Achleitner/Behr/Schäfer*, Internationale Rechnungslegung, S. 213; *Mühlberger/Schwinger/Wildner*, in: Thiele/Keitz/Brücks, Internationales Bilanzrecht, IAS 19, Rn. 220 ff. (Stand: Feb. 2008).

delsrechtlichen Vorschriften eine einmal errechnete Rückstellung in der Bilanz anzusetzen und deren Veränderung auch konsequent in der GuV abzubilden ist, bietet IAS 19 zur Zeit für die Abbildung von Abweichungen zu den Schätzungswerten gleich mehrere Wahlrechte an. Diese unterscheiden sich hinsichtlich einer erfolgswirksamen und erfolgsneutralen Erfassung sowie dem Zeitpunkt der erfolgswirksamen Erfassung, und stellen in der Folge Mechanismen der Ergebnisglättung dar, um unerwünschte Ergebnisvolatilitäten zu vermeiden.[562]

Neben der sofortigen und vollständigen Erfassung des gesamten versicherungsmathematischen Gewinns bzw. Verlusts nach IAS 19.93 über die GuV im Jahr der Entstehung bietet der Standard mit den IAS 19.92 ff. das so genannte Korridorverfahren (*corridor approach*) zur Ergebnisglättung an. Dieser Mechanismus führt dazu, dass versicherungsmathematische Gewinne und Verluste erst ab einer bestimmten Größenordnung, und selbst in diesem Fall ggf. nur zum Teil, ergebniswirksam in der Gesamterfolgsrechnung erfasst werden.[563] Die Gewinne und Verluste werden solange in einer Nebenrechnung geführt, bis ihr kumulierter Gesamtbetrag am Ende der Vorperiode 10 % des Barwerts der leistungsorientierten Verpflichtung des Planvermögens übersteigt. IAS 19.93 sieht danach die ergebniswirksame Erfassung des überschießenden Differenzbetrages i.d.R. über die durchschnittliche Restdienstzeit der von der Pensionszusage erfassten Arbeitnehmer vor.[564] Die Zuführung zur Rückstellung erfolgt somit analog zum HGB erst am Jahresende, nur dass die eingehenden Werte Schätzwerte des Geschäftsjahresbeginns sind.[565] Der Pensionsaufwand für das aktuelle Geschäftsjahr steht folglich nach dieser Systematik bereits zu Beginn desselbigen fest.[566]

Ersichtlich ist daher, dass nach der bisherigen Konzeption und der entsprechenden Ausübung von Wahlrechten in der Bilanz nach IFRS nicht zwin-

---

562 Vgl. *Küting/Keßler*, KoR 2006, 192 (192 ff.); *Baetge/Haenelt*, DB 2006, 2413 (2413 ff.); *Gohdes*, BB 2006, 990 (990 ff.); *Haas*, NWB-BB 2009, 388 (390).

563 Vgl. *Höfer/Rhiel/Veit*, DB Dossier BilMoG, S. 48 (49).

564 Vgl. *Wagenhofer*, Int. Rechnungslegungsstandards, S. 316 ff.; *Petersen/Bansbach/Dornbach*, IFRS Praxishandbuch, S. 262; *Grünberger*, IFRS 2009, S. 271; *Achleitner/Behr/Schäfer*, Internationale Rechnungslegung, S. 212; *Mühlberger/Schwinger/Wildner*, in: Thiele/Keitz/Brücks, Internationales Bilanzrecht, IAS 19, Rn. 216 (Stand: Feb. 2008).

565 Die ergebniswirksam zu verteilenden Teilbeträge werden grundsätzlich erst in der Folgeperiode wirksam. In der Periode des Abschlusses selbst kommt es somit zudem zu keiner Erfolgswirkung.

566 Vgl. *Rhiel*, in: Lüdenbach/Hoffmann, IFRS Komm, § 22, Rn. 15; *Born*, Rechnungslegung International, S. 164f.

gend die Nettoschuld als Saldo von Verpflichtung und vorhandenem Planvermögen auszuweisen ist, sondern u. U. ein davon signifikant abweichender Wert. Realiter kann in der Folge, obwohl eine Unterdeckung eines Pensionsplans gegeben ist nach IAS 19 sogar eine Überdeckung ausgewiesen werden.[567] Diese Fehlbewertungen finden jedoch nicht allein ihre Ursache in der möglichen Wahlrechtsausübung, sondern darüber hinaus in dem sich eröffnenden Gestaltungsspielraum, der es ermöglicht den Aufwand für Pensionsverpflichtungen zusätzlich dadurch zu mindern, dass vorrangig risikoreiche Anlagen für das Planvermögen gewählt werden. Der in der Folge oft optimistisch hoch angesetzte Ertrag kann dann den Aufwand unabhängig vom tatsächlich realisierten Ertrag verringern. Soweit man annehmen mag, dass eine derartig kurzfristige Ergebnisorientierung den Ausnahmefall in der Bilanzpraxis darstellen wird, darf nicht übersehen werden, dass sich die dargestellten Ergebniseffekte freilich auch bei einer lediglich unvorsichtigen Auswahl zwischen den Investitionsobjekten ergeben.

Obgleich ein etwaiger Überhang bei hypothetischer HGB-Implementierung ebenfalls der Ausschüttungssperre unterliegen würde, würde jedenfalls der Verzicht auf eine vorzunehmende Rückstellung das Ausschüttungsvolumen unmittelbar erhöhen.[568] Der Verzicht des deutschen Gesetzgebers jene Glättungsmechanismen auch nicht „systembereinigt“ zu übernehmen, ist daher nicht lediglich aus diesen Gründen zu begrüßen.

---

567 S. beispielsweise die ausgewiesene Überdeckung aufgrund der nicht berücksichtigten versicherungsmathematischen Verluste im Rahmen des Geschäftsjahres 2008 der *Lufthansa*. Vgl. Lufthansa, Geschäftsbericht 2008, S. 173; *Kessler*, PiR 2010, 72 (74); *Rhiel*, PiR 2010, 134 (134).

568 Als Erweiterung zum Korridorverfahren enthält IAS 19.93A weiterhin seit der Überarbeitung im Jahre 2004 die so genannte dritte Option. Hiernach dürfen derartige Gewinne und Verluste auch in voller Höhe unmittelbar erfolgsneutral im Eigenkapital erfasst werden. Die Erfassung dieser Beträge erfolgt dabei zwingend in der Periode, in der die versicherungsmathematischen Gewinne und Verluste anfallen. Damit werden die Abweichungen zu den Schätzungen erfolgsneutral korrigiert, während die Schätzungen selbst erfolgswirksam sind. Mit dieser Vorgehensweise verstößt IAS 19 jedoch gegen das Kongruenzprinzip, da die Summe der jeweiligen Periodenerfolge nicht mehr mit dem Totalerfolg des bilanzierenden Unternehmen übereinstimmt. Vgl. *Wagenhofer*, Int. Rechnungslegungsstandards, S. 318f.; *Achleitner/Behr/Schäfer*, Internationale Rechnungslegung, S. 215f.; *Mühlberger/Schwinger/Wildner*, in: Thiele/Keitz/Brücks, Internationales Bilanzrecht, IAS 19, Rn. 224 ff. (Stand: Feb. 2008); *Pellens/Obermüller/Schmidt*, WPg 2010, 574 (574 ff.).

4.3.1.8.4 Die Reformierung des IAS 19

Auch das IASB selbst schlägt in diesem Punkt sowohl im Rahmen der IFRS for SMEs als auch der Neufassung des IAS 19 einen Weg „in Richtung BilMoG" ein.

Das IASB hatte zunächst am 29.04.2010 einen Entwurf (ED/2010/3) zur Neuregelung der Darstellung der Pensionsrückstellung in der Bilanz und GuV sowie zu den Offenlegungsvorschriften im Anhang veröffentlicht, mit dem dieser versuchte auf die bestehende Kritik an der hohen Komplexität des Standards sowie den zahlreichen Wahlmöglichkeiten, insbesondere hinsichtlich der Behandlung von versicherungsmathematischen Gewinnen und Verlusten, zu reagieren. Nach weiteren Beratungen am 16.06.2011 publizierte der IASB schließlich die Neufassung des überarbeiteten IAS 19, indem die Anregungen aus den 227 eingegangenen *comment letters* berücksichtigt wurden.

Die zentralsten Änderungen des novellierten Standards sind danach in der Abschaffung des Korridoransatzes und der Zerlegung des Pensionsaufwandes in drei Komponenten auszumachen.[569] Das IASB sieht zukünftig vor, dass alle Veränderungen im Verpflichtungsumfang und im Planvermögen sofort, aber erfolgsneutral auf Grundlage der sog. OCI-Methode[570] in der Bilanz zu erfassen sind.[571] Folglich sind alle versicherungsmathematischen Gewinne und Verluste sofort und vollständig in der Bilanz des Wirtschaftsjahres zu berücksichtigen, in dem sie anfallen. Die bestehenden Wahlrechte sollen daher durch eine einzige Erfassungsmöglichkeit ersetzt werden. Unterschiede zum Handelsrecht werden sich insoweit in Zukunft aufgrund der erfolgswirksamen Erfassung der Veränderungen der Wertansätze der Pensionsverpflichtungen nach HGB ergeben.

Durch den bilanziellen Ausweis des Saldos aus Verpflichtungen und Planvermögen kann sich daher zukünftig insbesondere bei Unternehmen, die bisher die Korridorlösung genutzt haben, ein erheblicher Eigenkapitaleffekt er-

---

569 Vgl. *Höfer/Rhiel/Veit*, DB Dossier BilMoG, S. 48 (49); *Leibfried/Müller*, IRZ 2011, 329 (330f.).

570 Für Unternehmen, die sich dazu entschieden haben, versicherungsmathematische Gewinne bzw. Verluste sofort zu erfassen, bestand bereits bisher neben den dargestellten Möglichkeiten der Korridormethode und der sofortigen, erfolgswirksamen Erfassung in der Bilanz und GuV gem. IAS 19.93A ein Wahlrecht, dies im sonstigen Ergebnis (*other comprehensive income – OCI*) zu tun (sog. dritte Option). Innerhalb der Bilanz erfolgt die Buchung der versicherungsmathematischen Gewinne bzw. Verluste dabei gegen die Gewinnrücklagen.

571 Vgl. IAS 19.120 (2011) i.V.m. IAS 19.127 (2011); *Ergün/Müller*, IRZ 2011, 531 (533).

geben.[572] Weitere Themen, wie etwa die Abgrenzung zwischen Beitrags- und Leistungszusagen und die Bewertung und Saldierung von Pensionsverpflichtungen und Planvermögen, stehen zudem im Rahmen zukünftiger Projekte für die nächsten Jahre an.[573] Die neuen Vorschriften sind erstmals für Geschäftsjahre beginnend am oder nach dem 01.01.2013 anzuwenden, wobei auch eine frühere Anwendung möglich ist.

Mit *Section* 28 des *IFRS Standards for SMEs* unterstreicht der IASB zudem diese neue Gangrichtung, da der wohl auffälligste Unterschied zu IAS 19 ebenfalls in der vollständigen und sofortigen Buchung der versicherungsmathematischen Gewinne und Verluste auszumachen ist.[574] Als weitere Änderung im Gleichschritt mit dem BilMoG dürfte die Zulassung eines vereinfachten Bewertungsverfahrens hervorzuheben sein.[575]

Es bleibt daher festzustellen, dass mit den durch das BilMoG reformierten Bewertungs- und Ausweisvorschriften für Pensionsverpflichtungen der HGB-Abschluss auch in diesem Punkt deutlich an den IFRS-Abschluss heranrückt. Gleichwohl hat der Gesetzgeber die offene Baustelle des IAS 19 erkannt und ist in entscheidenden Bereichen einen „eigenen" Weg gegangen. Gleich in zwei Punkten dürften sich die neuen handelsrechtlichen Bestimmungen im Vergleich zum Vorbild als vorteilhafter für die Abschlussanalyse erweisen. Die Diskontierung mit einem durchschnittlichen Marktzins vermeidet komplexe Erfolgsglättungsmechanismen wie den Korridoransatz oder die dritte Option, die sich nicht nur hinsichtlich der Findung einer Ausschüttungsrichtgröße als nachteilig erweisen würden, sondern, wie dargestellt, bereits jetzt keine Zukunftsmodelle auch im internationalen Rahmen mehr darstellen.[576] Zudem sollten auch die klaren Ausweisregeln, wie sie das HGB für Aufwendungen und Erträge aus der Abzinsung der Pensionsverpflichtung und für Erfolge aus einem Zweckvermögen vorgibt, in einem informationsorientierten Abschluss Standard sein. Außer für den Bereich der beibehaltenen Passivierungswahlrechte für Altzusagen verbleibt daher zurzeit wenig Vorbildwirkung des IAS 19 für eine handelsrechtliche Fortentwicklung. Die Änderungsgeschwindigkeit hinsichtlich des dargestellten Standards dürfte jedoch noch weitaus größer sein, als dies im Rahmen der internationalen Rechnungslegung bereits ohnehin Gewohnheit ist.

---

572 Vgl. *Mehlinger/Seeger*, BB 2010, 1523 (1528); *Leibfried/Müller*, IRZ 2011, 329 (332f.); *Ergün/Müller*, IRZ 2011, 531 (533).

573 Vgl. *Mehlinger/Seeger*, BB 2010, 1523 (1523 ff.); *Rhiel*, PiR 2010, 134 (134 ff.); *Berger/Walter*, WPg 2009, 906 (906 ff.); *Derr/Unrein*, IRZ 2010, 311 (311 ff.).

574 Vgl. IFRS for SMEs 28.15.

575 Vgl. *Fodor/Wildner*, BB 2009, 1966 (1967); *Kirsch*, PiR 2010, 1 (4).

576 Drs. *Wüstemann/Koch*, BB 2010, 1075 (1076).

4.3.1.9 Zusammenfassende Würdigung

Am dargestellten Regelungskomplex konnten gleich mehrere gegenläufige Tendenzen hinsichtlich der Findung einer verteilungsfähigen Gewinngröße festgestellt werden. Zuvörderst machen jedoch gerade die dargestellten Modifizierungen deutlich, dass die Implementierung von Normen, die zumindest einem deutlich unterschiedlich gewichteten Regelungszweck dienen, nur unter dem Bruch gleich mehrerer bewährter Prinzipien des Handelsrechts möglich ist und hierbei viele Fragen offenbleiben.

Gleichwohl hat der Gesetzgeber unter dem Strich zulasten der Vergleichbarkeit der Jahresabschlüsse nach HGB und IFRS einen Schritt in die Richtung einer realistischeren Bewertung von Pensionsrückstellungen getan.[577] Die Neubewertung wird zu deutlich höheren Rückstellungswerten führen und auch bei einer Verteilung auf mehrere Jahre das Ausschüttungsvolumen verringern. Obgleich die Übergangsregelung aus Praktikabilitätsgründen durchaus angemessen ist, werden die Pensionsrückstellungen durch diese Regelung bis zum Jahre 2024 in zahlreichen Bilanzen weiterhin unterdotiert bleiben. Auf der anderen Seite ändert die Verteilungsregelung aber materiell nichts an dem neu berechneten, regelmäßig erhöhten Verpflichtungsumfang der Pensionszusage, der auch für den Überschuldungsstatus i.S.v. § 19 II InsO maßgeblich ist.[578]

Im Vergleich zu den Glättungsmechanismen aus der internationalen Rechnungslegung erweist sich die vom Gesetzgeber favorisierte Alternative eines Durchschnittszinssatzes aus den bereits dargelegten Gründen als vorteilhaft. Jedem Glättungsmechanismus zur Entgegnung hoher Volatilitäten, also auch demjenigen durch die Vorgabe verbindlicher Durchschnittszinssätze zur Diskontierung, ist jedoch auch ein gewisses Ungenauigkeitsmoment immanent. Die ökonomische Aussagekraft von Durchschnittszinssätzen leidet in jenen Perioden, in denen große Schwankungen des tatsächlichen Marktzinssatzes gegeben sind. In aufeinanderfolgenden Jahren in denen der Marktzinssatz um ggf. sogar mehrere Prozentpunkte schwankt, kann es in Abhängigkeit der Altersstruktur der Mitarbeiter zu hohen Unterbewertungen der Pensionsrückstellungen kommen.[579] Diese werden sich zwar in der Regel in den folgenden Perioden wieder

---

577 Vgl. *Köster*, Bemessung und Prüfung von Ausschüttungen, S. 128.

578 Die Bewertung nach BilMoG kann jedoch andererseits nicht unmodifiziert in den Überschuldungsstatus im Zuge einer Überschuldungsprüfung übernommen werden, da insb. die dynamischen Faktoren, wie beispielsweise Gehalts- und Rententrends, im Falle einer negativen Fortbestehungsprognose anders als bei Anwendung einer positiven Fortführungsprognose nicht verpflichtungserhöhend zu berücksichtigen sind. Vgl. *Buddenbrock/Rathje*, BB 2010, 1331 (1331 ff.).

579 Vgl. *Wüstemann/Koch*, BB 2010, 1075 (1076).

ausgleichen, jedoch beanspruchen die geltenden Kapitalschutzvorschriften gerade in unverhofften Krisenzeiten besondere Aufmerksamkeit. Fallen branchenspezifische oder auch nur unternehmensspezifische Krisen in die Zeiten derartiger Unterbewertungen, werden Kapitalschutzaspekte nur unzureichend bedient. In jedem Fall ist jedoch fraglich, ob das Ziel der Vergleichbarkeit der Jahresabschlüsse es bedingt oder auch nur rechtfertigt, dass aus Gründen der Vorsicht nicht auch ein niedrigerer Zins gewählt werden kann. Richtigerweise ist an dieser Stelle dem Vorsichtsprinzip der Vorrang einzuräumen.

Weiterhin werden die handels- und steuerbilanzielle Gewinnbeeinflussung durch die betriebliche Altersversorgung zukünftig zwingend voneinander abweichen. Insoweit ist wiederum dem Bereich der latenten Steuern besondere Aufmerksamkeit zu widmen.

Den verminderten Ausschüttungsmöglichkeiten aufgrund des vermehrten Aufwandes für die Pensionsrückstellungen stehen die gegenläufigen Effekte durch die Saldierungspflicht mit dem Planvermögen gegenüber. Die Saldierung führt grundsätzlich zu einer Bilanzverkürzung und damit zu einer Verbesserung der Kennzahlensituation. In Verbindung mit der Zeitwertbewertung des Planvermögens verhindern diese Neuerungen zukünftig die dem Handelsrecht grundsätzlich inhärente vorsichtige Bewertung der Schulden. Gleichwohl dürften diese Änderungen keine Kompensation des Rückstellungsmehrvolumens ermöglichen, da die Zeitwerte des Planvermögens zumindest aktuell nicht überdurchschnittlich hoch sein werden. Diese pragmatischen Erwägungen dürfen aber nicht darüber hinwegtäuschen, dass der Gesetzgeber mit dem Aktivüberhang eine Größe für aktivierungsfähig erachtet, der er selbst die Vermögensgegenstandseigenschaft abspricht. Ist aus der Bilanz aber nicht ersichtlich, ob die Zeitwertbilanzierung oder bereits die Anschaffungs- oder Herstellungskosten der ausgelagerten Vermögensgegenstände dazu beitragen einen Vermögensüberhang zu erzeugen, so relativiert dies nicht nur die Gläubigerschutzfunktion des Jahresabschlusses, sondern auch die intendierte Steigerung der Informationsfunktion.

Wie gezeigt lässt sich zudem auch eine Angleichung an die IFRS nur in einzelnen Punkten erreichen. Lassen sich aber die unterschiedlichen Zielsetzungen der Steigerung der Informationsfunktion als auch der Angleichung an die IFRS mit der Neuregelung nicht erreichen, stellt sich die Frage, ob zum einen die Zeitwertbewertung des Planvermögens als auch der saldierte Ausweis des Aktivüberhanges unter Verstoß gegen die bewährten Prinzipien des Handelsrechts gerechtfertigt werden können. Entscheidet sich der Gesetzgeber im Übrigen Vermögensgegenstände entsprechend den tradierten Prinzipien nicht mit Werten über den Anschaffungs- und Herstellungskosten zu bewerten, ist eine

Rechtfertigung dieser systemwidrigen Vorgehensweise auch in diesem Punkt nicht ersichtlich. Dies muss insbesondere in Anbetracht der gegebenen Gestaltungsmöglichkeiten gelten, die mit der möglichen Auslagerung von Planvermögen entstehen, und es dem bilanzierenden Unternehmen ermöglichen unmittelbar durch die Zeitwertbilanzierung einen Ertrag auszuweisen.

Insgesamt bleibt aber zu konstatieren, dass durch die realistischere Bewertung der Pensionsverpflichtung der verteilungsfähige Gewinn in den nächsten Jahren geschmälert wird und das Kapitalschutzniveau sogar eine gewisse Stärkung verzeichnen kann. Unter Ausnutzung aller dargestellten Gestaltungsmöglichkeiten verbleibt dem bilanzierenden Unternehmen jedoch die Möglichkeit einer weitgehenden Kompensation. Zudem bieten zukünftige Geschäftsjahre mit starkem Wirtschaftswachstum die Möglichkeit umgekehrter Vorzeichen. Allein in der Gesamtschau der dargestellten Änderungen im Bereich der Altersversorgung erscheinen die vorgenommen Änderungen daher dennoch den diskutierten Kapitalschutzaspekten im Großen und Ganzen gerecht zu werden.

4.4 Die sonstigen Rückstellungen

Im Gegensatz zu dem Bereich der Pensionsrückstellungen fallen die weiteren, bisher noch nicht dargestellten Modifizierungen im Rahmen der sonstigen Rückstellungen vergleichsweise moderat, wenn nicht sogar unspektakulär aus.

4.4.1 Die Abschaffung von Passivierungswahlrechten

Die wesentlichsten Änderungen finden sich neben den dargestellten Modifizierungen im Bewertungsbereich vorrangig in der Abschaffung der bislang verankerten handelsrechtlichen Wahlrechte zur Bilanzierung von Aufwandsrückstellungen, so dass die Passivierungswahlrechte nach § 249 I 3 HGB a.F. und § 249 II HGB a.F. für bestimmte Aufwandsrückstellungen durch ein Passivierungsverbot ersetzt wurden. Betroffen sind namentlich die Rückstellungen für unterlassene Aufwendungen für Instandhaltungen, wenn die Instandhaltung innerhalb des vierten bis zwölften Monats des folgenden Geschäftsjahres nachgeholt wird, sowie Rückstellungen für ihrer Eigenart nach genau umschriebene, dem Geschäftsjahr oder einem früheren Geschäftsjahr zuzuordnende Aufwendungen, die am Abschlussstichtag wahrscheinlich oder sicher, aber hinsichtlich ihrer Höhe oder des Zeitpunkts ihres Eintritts unbestimmt sind.

Zusätzliche Eigenkapitalrisiken, wie beispielsweise durch Umweltrisiken ohne gesetzliche Verpflichtung zur Beseitigung oder für notwendige Generalüberholungen, unterlassene Instandhaltungen, etc. werden daher in Zukunft die durch die Bilanz dargestellte Vermögenslage nicht länger beeinflussen können.[580] Insbesondere unterlassene Instandhaltungen führen bei abnutzbaren Gegenständen des Anlagevermögens i.d.R. dazu, dass sich der Wert dieser Vermögensgegenstände vermindert. Dem Zweck des Imparitätsprinzips folgend, Gewinnausschüttungen zu vermeiden, die für spätere Aufwendungen benötigt werden, müssten die Vermögensgegenstände daher zukünftig entsprechend abgeschrieben werden.[581] Die Bildung von Aufwandsrückstellungen ermöglichte es aber darüber hinaus nicht nur jene Risiken zu antizipieren, sondern zudem eine gleichmäßige Verteilung des ansonsten geballt entstehenden Aufwands zu erreichen und somit eine Gewinnglättung herbeizuführen.[582]

In Anbetracht der weiten Gestaltungs- bzw. Ermessensspielräume im Rahmen der bisherigen Wahlrechtsausübung ist jedoch die Aufhebung der genannten Wahlrechte gleichwohl auch unter Kapitalschutzaspekten zu begrüßen.[583] Dies muss allein schon deshalb gelten, da Aufwandsrückstellungen im Rahmen der Unterbilanzrechnung nach § 30 GmbHG bereits bisher unberücksichtigt blieben und daher den ausschüttungsfähigen Gewinn nicht verkürzten.[584] Sowohl der Nachprüfbarkeit als auch der interbetrieblichen und interperiodischen Vergleichbarkeit von Abschlüssen waren die Passivierungswahlrechte aber darüber hinaus auch offensichtlich nicht zu dienen bestimmt.[585] Zudem ließ § 249 I 3 HGB a.F. die Erfassung von Schulden zu, denen bei wirtschaftlicher Betrachtung eher der Charakter von Rücklagen zukommt. Gegen eine Ansparung über eine Rückstellungsbildung spricht in diesem Punkt im Unterschied zu der Ansammlung von Pensionsrückstellungen, dass den anzusparenden Ausgaben der Verpflichtungscharakter fehlt, da man sich beispielsweise der Generalüberholung durch Verkauf entziehen oder sie schlichtweg unter Inkaufnahme geringerer Erträge unterlassen kann.[586] Auch aus dem Imparitäts- oder Realisationsprinzip lässt sich daher nicht die Notwendigkeit oder streng genommen gar die Rechtfertigung für die Bilanzierung von Innenverpflichtungen als Schulden

580 Vgl. RegE BilMoG, BT-Drs. 16/10067, S. 50f.

581 Vgl. *Solmecke*, Auswirkungen des BilMoG, S. 237.

582 Vgl. *Wehrheim/Rupp/Lipp*, NZI 2010, 630 (632); *Weinand/Oldewurtel/Wolz*, KoR 2011, 161 (163).

583 Vgl. *Fink/Kunath*, DB 2010, 2345 (2346).

584 Vgl. *Ekkenga*, in: Fleischer/Goette, MüKo GmbHG, § 30, Rn. 118; wohl a.A. *Adler/Düring/Schmaltz*, Rechnungslegung und Prüfung, 6. Aufl., § 249 HGB, Rn. 193; *Verse*, in: Scholz/Emmerich, GmbHG, 11. Aufl., § 30, Rn. 70.

585 Vgl. *van Hall/Kessler*, in: HdB. BilMoG, S. 261f.; *Pannen*, in: Fischer/Günkel/Neubeck/Pannen, Bilanzrechtsreform 2009/10, S. 133f.; *Sigle/Lüdenbach*, PiR 2008, 64 (65); *Schulze-Osterloh*, BB 2003, 351 (351).

586 Vgl. *Küting*, BB 2008, 1330 (1332).

entnehmen.[587] Dies muss im Besonderen für die unterlassenen Instandhaltungsaufwendungen gelten, da das Imparitätsprinzip streng genommen nur bei solchen negativen Erfolgsbeiträgen greifen kann, die einer zukünftigen Periode zuzuordnen sind und nicht wie in diesem Fall der wirtschaftlichen Verursachung folgen sollen.[588] Eine Neuinterpretation des Imparitätsprinzips ist jedenfalls durch diese Modifizierungen im Bereich der Aufwandsrückstellungen nicht verbunden.

Die intendierte Verbreiterung der Eigenkapitalbasis erscheint zudem auch insoweit hinnehmbar, als dieser Effekt bereits durch die Nichtinanspruchnahme der Passivierungswahlrechte für Aufwandsrückstellungen auch nach bisheriger Rechtslage zu erzielen gewesen ist.[589] An die Stelle der aufwandwirksamen Bildung derartiger Rückstellungen, die den Gesellschaftern den betreffenden Ergebnisbetrag im Rahmen der Ergebnisverwendung entzog, wird zukünftig ein entsprechender Gewinnverwendungsbeschluss der Gesellschafter treten müssen.[590]

Die dargestellten Änderungen haben indes keine Auswirkungen auf die Steuerbilanz, da Aufwandsrückstellungen nach § 249 I 3 bzw. II HGB a.F. bereits bisher steuerlich keine Anerkennung gefunden haben.

4.4.2 Die Abzinsungspflicht von Rückstellungen

Wie bereits im Zusammenhang mit den Pensionsrückstellungen dargelegt, betont der Gesetzgeber im Rahmen der Bewertung von Verbindlichkeiten und Rückstellungen das Erfüllungsbetragsprinzip. Die Gesetzesmaterialien lassen insoweit lediglich eine Klarstellung des Gesetzgebers vermuten, da bereits die

587 Vgl. *Heyd/Kreher*, BilMoG, S. 69; *Pannen*, in: Fischer/Günkel/Neubeck/Pannen, Bilanzrechtsreform 2009/10, S. 134; Insoweit wäre es sogar konsequent gewesen, auch das Passivierungsgebot des § 249 I 2 HGB aufzuheben, da auch die Rückstellung für unterlassene Instandhaltung und die Rückstellungen für Abraumbeseitigung nach § 249 I 2 Nr. 1 HGB bloße Innenverpflichtungen darstellen. Begründet wird das legislatorische Unterlassen auch mit dem wenig überzeugenden Argument der steuerlichen Wirkung. Um die in § 249 I 2 HGB geregelte Rückstellungsmöglichkeit für steuerliche Zwecke zu erhalten, ist insoweit nicht allein der Weg über die Maßgeblichkeit, sondern auch einfach die Übernahme dieser Regelung in § 5 EStG gegeben. Vgl. RegE BilMoG, BT-Drs. 16/10067, S. 51.

588 Vgl. *Solmecke*, Auswirkungen des BilMoG, S. 238.

589 Vgl. RegE BilMoG, BT-Drs. 16/10067, S. 51, *Bieg/Kußmaul/Petersen/Waschbusch/Zwirner*, Bilanzrechtsmodernisierungsgesetz, S. 54f.; *van Hall/Kessler*, in: HdB. BilMoG, S. 262.

590 Vgl. *Fink/Kunath*, DB 2010, 2345 (2346).

höchstrichterliche Rechtsprechung den Begriff des Rückzahlungsbetrages als Erfüllungsbetrag interpretierte, die durch das BilMoG getroffene Konkretisierung aber gerade nicht mit dieser übereinstimmt. Vielmehr wurde technisch eine Annäherung an den Wortlaut der IFRS vollzogen, da IAS 37.36 den Erfüllungsbetrag wie folgt umschreibt: *„The amount recognised as a provision should be the best estimate of the expenditure required to settle the present obligation at the balace sheet date“*. Als Differenz verbleibt daher die Betonung der „vernünftigen kaufmännischen Beurteilung“ nach BilMoG im Unterschied zur „bestmöglichen Schätzung“ nach IFRS, der es sich nachfolgend zu widmen gilt.

Im Gegensatz zur Bewertung der Pensionsrückstellungen, die, wie dargestellt, in Form von Rentenverpflichtungen bereits nach § 253 I 2 HGB a.F. mit dem Barwert anzusetzen waren und für Anwartschaften keine besonderen Regelungen bestanden, so dass die (abgezinsten) steuerlichen Werte nach § 6a EStG übernommen werden konnten und *in praxi* auch wurden, durften sonstige Rückstellungen nach alter Rechtslage nur abgezinst werden, soweit die ihnen zugrunde liegenden Verbindlichkeiten auch tatsächlich einen Zinsanteil enthielten. Es ist daher festzustellen, dass für den Bereich der sonstigen Rückstellungen durch dieselbe Abzinsungspflicht des § 253 II HGB n.F. ein gegenläufiger Effekt eintritt.[591] Während die Neuregelung im Rahmen der Pensionsverpflichtungen in den überwiegenden Fällen dafür sorgen wird, dass ein niedrigerer Abzinsungsfaktor zum Tragen kommt und folglich ein realistischerer höherer Rückstellungswert auszuweisen ist, sind nunmehr auf der anderen Seite auch die sonstigen Rückstellungen, denen eine Verpflichtung ohne Zinsanteil zugrunde liegt, abzuzinsen.[592] Der Minderausweis, der allein auf der Erwartung der Erwirtschaftung dieses Zinsanteils am Kapitalmarkt fußt, verstößt folglich gegen das Realisationsprinzip.[593] Im Rahmen eines Jahresabschlusses, der der Ausschüttungsbemessung dient, bringt daher der Ausweis des Gegenwartswertes der Verbindlichkeit eine deutliche Schwächung des Kapitalschutzniveaus mit sich, da der künftige Mittelabfluss deutlich über diesem Wert liegen kann.[594] Zudem muss auch an dieser Stelle angemerkt werden, dass durch die Verwendung eines

591 Vgl. *Weigl/Weber/Costa*, BB 2009, 1062 (1066).

592 Vgl. *Theile*, BBK 2010, 80 (81); Steuerbilanziell sind Rückstellungen wegen § 6 I Nr. 3a lit. e EStG i.V.m. § 6 I Nr. 3 EStG unverändert nicht mit einem Marktzins, sondern mit 5,5 % abzuzinsen. Die Verwendung unterschiedlicher Zinssätze in der Handels- und Steuerbilanz verursacht somit latente Steuern, die es zu berücksichtigen gilt.

593 Vgl. *Schulze-Osterloh*, DStR 2008, 63 (70); *Weber-Grellet*, in: Raupach/Uelner, Ertragsbesteuerung, S. 175; *Strobl*, in: Knobbe-Keuk et al., Handelsrecht und Steuerrecht, S. 615 (620 ff.).

594 S.a. *Moxter*, BB 1999, 519 (523).

Durchschnittszinssatzes nicht gleichzeitig eine Glättung erreicht und eine Über- und Unterdotierung der Rückstellungen verhindert werden kann. Den pluralen Regelungsabsichten des Gesetzgebers ist insoweit zumindest mit entsprechender Skepsis zu begegnen. Gleichwohl kann diese Ausnahme vom Realisationsprinzip keine Änderung der generellen Realisationskriterien begründen, da es sich auch insoweit um *lex specialis* handelt. Eine Neuinterpretation der bestehenden GoB ist mit der punktuellen Schwächung des Realisationsprinzips somit nicht verbunden.[595]

Letztlich ist hinsichtlich der neuen Bewertungsvorschriften anzumerken, dass dem Bilanzierenden durch die künftige Berücksichtigung von Preis- und Kostensteigerungen auch im Bereich der sonstigen Rückstellungen erhebliche Ermessensspielräume eröffnet werden.[596] Der Gesetzgeber setzt daher nach der Regierungsbegründung auch voraus, dass wohl in Anlehnung an IAS 37.48 „ausreichende objektive Hinweise auf den Eintritt künftiger Preis- und Kostensteigerungen schließen lassen".[597] Im Gegensatz zum normierten Zinssatz lässt der Gesetzgeber also eine nähere Konkretisierung der Breite bei der Berücksichtigung von Preis- und Kostensteigerungen weitgehend offen. Auf der Hand liegt, dass mit zunehmender tatsächlicher Berücksichtigungsbreite auch das Risiko einer Unterdotierung sinkt. Werden diese zukünftigen Preis- und Kostensteigerungen jedoch im Sinne einer engen Auslegung des Begriffs der ausreichenden objektiven Hinweise nicht berücksichtigt, müssten neben den Abzinsungsbeträgen also auch diese zukünftigen Zuschreibungsaufwendungen durch zukünftige Erträge alimentiert werden. Die Kapitalerhaltungsfunktion erfordert somit wohl im Widerstreit zum Objektivitätsprinzip in dieser Sache eine breite Auslegung.[598] Inwieweit den Belangen der Kapitalerhaltung genüge getan wird, obliegt daher der zukünftigen Rechtsprechung und darf mit Spannung erwartet werden. Natürlich darf letztlich auch nicht unberücksichtigt bleiben, dass die zukünftige Einbeziehung von Preis- und Kostensteigerungen korrespondierend auch die Einbeziehung von Preis- und Kostensenkungen indizieren könnte.[599] Diese Erweiterung widerspräche aber nicht nur der Intention des Gesetzgebers, der zumindest in der Begründung zum Regierungsentwurf ausschließlich von Kosten- und Preissteigerungen spricht, sondern vor allem dem Realisationsprin-

595 Vgl. *Solmecke*, Auswirkungen des BilMoG, S. VII.

596 Vgl. *Weigl/Weber/Costa*, BB 2009, 1062 (1063f.); *Wulf*, StuB 2010, 563 (566f.); *Fink/Kunath*, DB 2010, 2345 (2347); *Kirchmann/Sikora/Blumberg*, WPg 2011, 953 (957f.).

597 Vgl. RegE BilMoG, BT-Drs. 16/10067, S. 52.

598 Vgl. *Weigl/Weber/Costa*, BB 2009, 1062 (1064).

599 Vgl. *Fink/Kunath*, DB 2010, 2345 (2347); *Küting/Cassel/Metz*, DB 2008, 2317 (2318).

zip, da die Kosten- und Preissenkungen am Abschlussstichtag wohl nur ausnahmsweise sicher sein werden und daher auch richtigerweise nicht berücksichtigt werden dürfen.

4.4.3 Die Besonderheiten im Rahmen der Erstanwendung

Bereits vor der erstmaligen Anwendung des BilMoG gebildete, aber nunmehr nicht mehr zulässige Rückstellungen nach § 249 I 3 und II HGB a.F. können nach Art. 67 III EGHGB ganz oder teilweise beibehalten und verbraucht werden. Alternativ hierzu ist eine unmittelbare Einstellung in die Gewinnrücklagen möglich. Strebt der Bilanzierende mithin eine sofortige Verbesserung der Eigenkapitalquote an, so kann er sich für das Wahlrecht zur Auflösung der Aufwandsrückstellungen und deren erfolgsneutrale Verrechnung mit den Gewinnrücklagen entscheiden. Die hierdurch erfolgte Umgliederung von Fremdkapital in Eigenkapital führt zwangsläufig zu einer Erhöhung der Eigenkapitalquote.[600] Wird von dem Beibehaltungswahlrecht Gebrauch gemacht, gelten die bisherigen Bewertungsvorschriften, so dass die Rückstellungen insbesondere nicht abzuzinsen sind.[601]

Rückstellungszuführungen im letzten vor dem 01.01.2010 beginnenden Geschäftsjahr sind demgegenüber nach Art. 67 III 2 EGHGB erfolgswirksam unter Ausweis eines außerordentlichen Ertrages in der GuV aufzulösen.

4.4.4 Die Bilanzierung von Rückstellungen nach IFRS

Ähnlich wie für den Bereich der Pensionsrückstellungen unterscheidet sich die Aktivierungskonzeption auch nach dem geltenden Handelsrecht weiterhin deutlich von jener der internationalen Rechnungslegung. Insgesamt gelingt zwar durch die Aufhebung des Ansatzwahlrechtes für Aufwandsrückstellungen hinsichtlich des allgemeinen Rückstellungsverbots für Innenverpflichtungen eine Annäherung an die Rechnungslegung nach IFRS. Da jedoch eine grundsätzliche

600 Die handelsrechtliche Umbuchung in die Gewinnrücklagen wirkt sich zudem auf die Anwendung steuerlicher Vorschriften aus, die auf formale handelsrechtliche Bilanzausweise abstellen, wie beispielsweise im Rahmen der Ermittlung der Eigenkapitalquote für Zwecke der Zinsschranke nach § 4h II 1 c EStG.

601 S.a. *Gelhausen/Fey/Kämpfer*, Rechnungslegung und Prüfung, § 249 HGB, Rn. 19 ff.; *van Hall/Kessler*, in: HdB. BilMoG, S. 264f.

Anpassung an die Aktivierungskonzeption der IFRS unterblieben ist, wird ein vergleichbarer Bilanz- und Erfolgsausweis auch weiterhin nicht erreicht.[602]

4.4.4.1 Die Rückstellungsqualifikation nach IAS 37

Im System der IFRS fallen jene Bilanzpositionen, die nach handelsrechtlichen Begriffen als Rückstellungen zu qualifizieren sind, unter den allgemeinen Begriff der Schulden („*liabilities*"). Die diesbezüglich relevanten Vorschriften für die Bilanzierung von Rückstellungen („*provisions*") sind im Wesentlichen in IAS 37 „*provisions, contingent liabilities and contingent assets*" kodifiziert. Nach IAS 37.10 sind unter *provisions* ebenfalls solche Schulden zu verstehen, die bzgl. ihrer Fälligkeit oder ihrer Höhe ungewiss sind. Der Begriff der *liability* wird hierbei in IAS 37.10 verkürzt wiedergegeben. Danach sind Rückstellungen ungewisse gegenwärtige Verpflichtungen („*present obligation*"), die, aus vergangenen Ereignissen resultierend, künftig einen Abfluss wirtschaftlicher Ressourcen erwarten lassen („*probable outflow of resources*"). Eine Rückstellung ist dabei nach IAS 37.14 dann anzusetzen, wenn diese Voraussetzungen kumulativ erfüllt sind und die Höhe der Verpflichtung zuverlässig schätzbar ist („*reliable estimate*").[603] Da sich bislang den *liabilities* mit den Rückstellungen, den sonstigen Schulden („*other liabilities*") sowie den Eventualschulden („*contingent liabilities*") andere Unterkategorien als nach Handelsrecht zurechnen lassen,[604] sind beide „Schuldbegriffe" nicht deckungsgleich. Die einzelnen aufgezeigten Unterkategorien werden, soweit vorhanden, auch anders abgegrenzt als die deutschen Begriffe.

Entscheidende Änderungen des derzeitigen Regelungsinhalts des IAS 37 können sich jedoch diesbezüglich durch ein Forschungsprojekt des IASB ergeben. Hiernach ist u.a. geplant, dass der Anwendungsbereich von IAS 37 künftig grundsätzlich auf alle so genannte nicht-finanziellen Schulden in Abgrenzung

---

602 Vgl. *Theile/Stahnke*, DB 2008, 1757 (1758); *Drinhausen/Dehmel*, DB Beil. 1 2008, 35 (37).

603 S. hinsichtlich der anzustellenden Konkretisierungen der Tatbestandsmerkmale beispielsweise *Petersen/Bansbach/Dornbach*, IFRS Praxishandbuch, S. 239 ff.; *Hoffmann*, in: Lüdenbach/Hoffmann, IFRS Komm, § 21, Rn. 18 ff.; *Achleitner/Behr/Schäfer*, Internationale Rechnungslegung, S. 323 ff.; *Wagenhofer*, Int. Rechnungslegungsstandards, S. 265 ff.; Der IASB übernimmt mit 21.4 IFRS for SMEs diese Kriterien auch für den Bereich der KMU.

604 Zur Abgrenzung der einzelnen Schuldkategorien in IAS 37 vgl. *Förschle/Kroner/Heddäus*, WPg 1999, 41 (41 ff.); *v. Keitz/Wollmert/Oser/Wader*, in: Baetge et al., Rechnungslegung nach IFRS, IAS 37, Rn. 14 ff. (Stand: Juli 2009); *Reinhart*, BB 1998, 2514 (2514 ff.).

von finanziellen Schulden nach IAS 39 erstreckt wird, so dass auch begrifflich nicht mehr zwischen *liabilities*, *provisions* oder *contingent liabilities* unterschieden wird.[605]

Die vorliegende Darstellung soll sich in Anbetracht der unterschiedlichen Konzeptionen und Reformbestrebungen wiederum lediglich auf die Unterschiede zwischen der handelsrechtlichen Regelung und jener nach IFRS *de lege lata* erstrecken. Hierzu werden insbesondere die einschlägigen Ansatz- und Bewertungsvorschriften mit entsprechenden Hinweisen zu den Reformbestrebungen dargestellt.

4.4.4.2 Der Ansatz von Rückstellungen nach IFRS

Um eine angemessene bilanzielle Erfassung künftiger Risiken zu erreichen, kodifiziert IAS 37 ein System abgestufter Passivierungs- und Berichterstattungspflichten in Abhängigkeit von der Wahrscheinlichkeit, mit der sich das bilanzierende Unternehmen einer künftigen Belastung gegenübersieht.

4.4.4.2.1 Das Wahrscheinlichkeitskriterium eines künftigen Nutzenabflusses

Muss von einem derartigen Nutzenabfluss in abschätzbarer Höhe mit hoher Wahrscheinlichkeit ausgegangen werden, ist eine Rückstellung zu bilden. Fehlt

---

605 Am 05.01.2010 hat das IASB den überarbeiteten Entwurf zur Neuregelung der Rückstellungsbilanzierung und –bewertung nach IAS 37 „ED/2010/1 Measurement of Liabilities in IAS 37 – Proposed Amendments to IAS 37, veröffentlicht, das zunächst als Konvergenzprojekt mit dem FASB geplant gewesen war. Das IASB reagiert mit dem überarbeiteten Entwurf auf die weltweite massive Kritik, die von der Fachwelt an der bereits im Juni 2005 zur Diskussion gestellten Vorgängerversion, dem *Exposure Draft of Proposed Amendments to IAS 37 Provisions, Contingent Liabilities and Contingent Assets and IAS 19 Employee Benefits*, geübt wurde. Anknüpfend an den neuen ED wurde zudem vom IASB am 19.02.2010 ein *Working Draft* eines IFRS mit den geänderten Vorschriften veröffentlicht. In diesem WD sind sowohl die im ED 2005 veröffentlichten Neuerungen berücksichtigt als auch die im ED/2010/1 publizierten Änderungen hinsichtlich der Bewertung von Schulden. Nachdem das Projekt als gemeinsames Projekt zwischen dem IASB und dem FASB inzwischen vorerst ruhen gelassen wurde, wird dieses seit Dezember 2012 als Forschungsprojekt des IASB fortgeführt. S. zur Rückstellungsbewertung nach ED/2010/1 bzw. dem *Working Draft Hommel/Schmidt/Wüstemann*, BB 2010, 557 (557 ff.); *Hebestreit/Teitler-Feinberg*, IRZ 2010, 263 (263 ff.); *Hebestreit/Teitler-Feinberg*, IRZ 2010, 319 (319 ff.); *Fischer*, PiR 2010, 53 (53 ff.); zum ED 2005 vgl. auch *Andrejewski/Mielke*, Der Konzern 2005, 581 (581 ff.); *Kühne/Nerlich*, BB 2005, 1839 (1839 ff.); *Brücks/Duhr*, KoR 2006, 243 (243 ff.); *Wielenberg/Blecher/Puchala*, KoR 2007, 453 (453 ff.).

es jedoch beispielsweise an der hohen Eintrittswahrscheinlichkeit ist unter bestimmten Voraussetzungen über eine *contingent liability* im Anhang zu berichten.[606] Das Kriterium des wahrscheinlichen Abflusses von Ressourcen konkretisiert IAS 37.23. Ein Abfluss ist danach dann „*probable*", wenn die Wahrscheinlichkeit der Inanspruchnahme bei über 50 % liegt. Bekanntermaßen fordert das Vorsichtsprinzip deutscher Prägung, dass eine Rückstellung bereits zu einem früheren Zeitpunkt anzusetzen ist. Hat sich mithin eine Verbindlichkeit hinreichend konkretisiert und liegen gute stichhaltige Gründe für die Existenz einer Verpflichtung vor, ist diese als Rückstellung auch dann zu passivieren, wenn die Wahrscheinlichkeit der Inanspruchnahme deutlich unter 50 % liegt.[607] In Einzelfällen können daher Verpflichtungen nach IFRS als Eventualschulden zu qualifizieren sein, die nach IAS 37.27 grundsätzlich nicht ansatzfähig sind, während der gleiche Sachverhalt nach Handelsrecht zur Passivierung einer Rückstellung führt.[608]

4.4.4.2.2 Die Periodisierungsinstrumente nach IAS 16

Wie bereits einführend dargelegt, kennen die IFRS darüber hinaus im Gegensatz zum HGB a.F. nur Rückstellungen für Verpflichtungen gegenüber Dritten. Aufwandsrückstellungen als Ausdruck reiner Innenverpflichtungen sind daher nach IAS 37.19 ausnahmslos unzulässig.[609] Um den Aufwand von Einmal-Ausgaben über mehrere Perioden zu verteilen, kennen auch die IAS 16.43 ff. allerdings den bereits dargestellten Komponentenansatz („*component approach*").[610] IAS 16.14 ermöglicht beispielsweise explizit dieses Periodisierungsinstrument im Falle von Generalüberholungen und Großinspektionen, sofern diese Bestand-

606 Vgl. zu den Ansatzkriterien im Einzelnen beispielsweise *Reinhart*, BB 1998, 2514 (2514 ff.); *Binger*, Der Ansatz von Rückstellungen nach HGB und IFRS im Vergleich, S. 117 ff.; *Küting/Kessler/Cassel/Metz*, WPg 2010, 315 (316 ff.).

607 Vgl. *Hoffmann*, in: Lüdenbach/Hoffmann, IFRS Komm, § 21, Rn. 35 ff.; *Ruhnke*, Rechnungslegung nach IFRS und HGB, S. 563; *Euler/Engel-Ciric*, WPg Sonderheft 2004, 139 (142).

608 Vgl. *Hebestreit/Schrimpf-Dörges*, in: Bohl/Riese et al., IFRS-Handbuch, § 13, Rn. 195; S. zum Wahrscheinlichkeitskriterium im Handelsrecht *Mayer-Wegelin/Kessler/Höfer*, in: Küting/Pfitzer/Weber, HdB. Rechnungslegung, § 249 HGB, Rn. 53 ff. (Stand: März 2010); *Küting*, DB 2011, 1404 (1408).

609 S. jedoch zum problematischen Bereich der Restrukturierungsaufwendungen nach IAS 37.70 ff. oder der Möglichkeit zur Schaffung faktischer Verpflichtungen *Moxter*, BB 1999, 519 (519 ff.); *Fink/Kunath*, DB 2010, 2345 (2346).

610 Vgl. *Husemann/Hofer*, DB 2008, 2661 (2664f.); S. auch für den Anwendungsbereich des SME-Standards 17.16 IFRS for SMEs; vgl. *Rossmanith/Funk/Eha*, KoR 2010, 307 (312).

teil des Erwerbs oder der Herstellung sind. So können im Gegensatz zum HGB n.F. die erwarteten Kosten einer Großinspektion unter den Voraussetzungen des IAS 16.7 als Bestandteil der Anlage aktiviert und über die Nutzungsdauer, also den Zeitraum bis zur nächsten Inspektion, abgeschrieben werden.[611] Demgegenüber ist bekanntlich nach handelsrechtlichen Vorschriften die für eine Aktivierung erforderliche Qualifizierung von Ausgaben als Herstellungskosten i.S.v. § 255 II 1 HGB an eine wesentliche Verbesserung des Vermögensgegenstandes geknüpft.[612] Diese Voraussetzungen dürften für derartige Ausgaben jedoch regelmäßig nicht erfüllt sein, da der Charakter von Erhaltungsaufwand überwiegen wird. Dem nach internationalen Rechnungslegungsnormen Bilanzierenden steht somit insoweit im Gegensatz zu dem nach HGB bilanzierenden Unternehmen ein adäquates Instrument zur Periodisierung stoßweise anfallender Aufwendungen zur Verfügung.[613]

4.4.4.3 Die Bewertungsgrundsätze

Im Rahmen der Bewertung ist nach IAS 37.36 ff. der bestmögliche Schätzwert („*best estimate*") der künftigen Auszahlungen, die zur Erfüllung der Verpflichtung erforderlich sind, zugrunde zu legen. Geschätzt wird dabei nach IAS 37.37 derjenige Betrag, den das Unternehmen vernünftigerweise zahlen würde, um die Verpflichtung am Bilanzstichtag zu begleichen oder auf einen Dritten zu übertragen. Nicht nur dieses Wahlrecht, sondern die Konzeption im Gesamten impliziert hierbei eine enorme Abhängigkeit von dem Urteilsvermögen des Managements und mithin entsprechende Ermessensspielräume.[614]

---

611 Das IDW hält eine zumindest teilweise Anwendung des component approach auch im Handelsrecht für zulässig. IDW RH HFA 1.016 konkretisiert hierbei die Voraussetzungen, die den Komponentenansatz anwendbar machen sollen. Die Möglichkeit der Anwendung beschränkte sich aber auf physisch separierbare Komponenten eines Vermögensgegenstandes. Diese sollen nach der Interpretation des IDW auch separat abgeschrieben werden können, was über eine zeitlich und wirtschaftlich differenzierte Abschreibung des gesamten Vermögensgegenstandes begründet wird, die den tatsächlichen Werteverzehr besser abbildet als eine pauschalierte Sammelabschreibung. Vgl. *Künkele/Zwirner*, IRZ 2010, 9 (11); *Fink/Kunath*, DB 2010, 2345 (2346); *Rossmanith/Funk/Eha*, KoR 2010, 307 (314).

612 Vgl. *Weigl/Weber/Costa*, BB 2009, 1062 (1063); *Gelhausen/Fey/Kämpfer*, Rechnungslegung und Prüfung, § 249 HGB, Rn. 9.

613 Vgl. *Weinand/Oldewurtel/Wolz*, KoR 2011, 161 (163).

614 Vgl. *Achleitner/Behr/Schäfer*, Internationale Rechnungslegung, S. 325.

4.4.4.3.1 Die Ermittlung des bestmöglichen Schätzwertes

In der Regel existieren daher für den unsicheren, künftig zu zahlenden Verpflichtungsbetrag keine einwertigen Punktschätzungen, sondern das Management kann allenfalls eine Spanne möglicher Werte angeben, innerhalb derer sich der gesuchte Betrag voraussichtlich bewegen wird.[615] Die IFRS sehen hierbei mehrere Verfahren zur Ermittlung des jeweiligen Rückstellungsbetrages in Abhängigkeit von ihrer „Unsicherheit" vor. Die jeweilige Verfahrensweise ist danach nach IAS 37.39 anhand der konkreten Umstände zu treffen. Hängt die Höhe des Gesamtbetrags, der sich aus einer künftigen Inanspruchnahme ergibt, von einer Vielzahl ähnlich gelagerter Sachverhalte ab, wie z.B. bei einer Garantierückstellung, so ist die Erwartungswertmethode anzuwenden. Der bestmögliche Schätzwert wird in diesen Fällen als Durchschnitt der einzelnen Verpflichtungsbeträge, gewichtet mit ihrer jeweiligen Eintrittswahrscheinlichkeit, berechnet. Während also nach HGB aufgrund des Vorsichtsprinzips jeweils der Höchste der möglichen Werte zu berücksichtigen ist, ist nach den IFRS im Sinne der *fair presentation* bei einer Spanne gleichwahrscheinlicher Werte der mittlere Betrag anzusetzen, so dass tendenziell nach Handelsrecht ein höherer Rückstellungswert auszuweisen ist als nach den IFRS.[616] Die Rückstellungsbewertung nach dem Vorsichtsprinzip deutscher Prägung wird hierbei sogar ausdrücklich von IAS 37.43 untersagt.

Umfasst die zu bewertende Rückstellung dagegen nur eine einzelne Verpflichtung, soll das „wahrscheinlichste Ergebnis" die bestmögliche Schätzung darstellen, wobei die anderen möglichen Ergebnisse insoweit Berücksichtigung finden, als dass das wahrscheinlichste Ergebnis nach IAS 37.40 noch mit einem Zu- oder Abschlag angepasst werden muss.[617]

4.4.4.3.2 Die Abzinsungspflicht

Rückstellungen sind auch nach den IFRS ebenfalls unabhängig davon abzuzinsen, ob sie tatsächlich einen Zinsanteil enthalten oder nicht. Dies bedeutet, dass sie mit dem Barwert der künftigen Auszahlung anzusetzen sind, wenn der Zinseffekt wesentlich ist. Obwohl der Begriff der Wesentlichkeit in diesem Zusam-

---

615 Vgl. *Pellens/Fülbier/Gassen/Sellhorn*, Internationale Rechnungslegung, S. 422.

616 Vgl. *Hebestreit/Schrimpf-Dörges*, in: Bohl/Riese et al., IFRS-Handbuch, § 13, Rn. 200.

617 Vgl. mit entspr. Praxisbsp. *Achleitner/Behr/Schäfer*, Internationale Rechnungslegung, S. 326; vgl. zur Bewertung von Schulden nach IAS 37 im Einzelnen u.a. *Ernsting/v. Keitz*, DB 1998, 2477 (2480 ff.); *Schruff/Haaker*, in: Kirsch/Thiele, Rechnungslegung und Wirtschaftsprüfung, S. 540 ff.

menhang nicht näher konkretisiert wird, kann zumindest davon ausgegangen werden, dass dieses Kriterium bei langfristigen Rückstellungen, ebenso wie nach Handelsrecht bei zugrunde liegenden Verpflichtungen mit einer Restlaufzeit von über einem Jahr, erfüllt ist.[618] Im Gegensatz zum handelsrechtlichen Vorgehen schreiben die IFRS an dieser Stelle jedoch keinen vergleichbaren Automatismus vor, so dass im Einzelfall auch bei einer über zwölf Monate hinausgehenden Laufzeit eine Abzinsung unterbleiben bzw. umgekehrt bei einer Laufzeit von weniger als zwölf Monaten erforderlich sein kann.[619]

Unterschiede ergeben sich auch im Rahmen der Zinssatzermittlung. Nach IAS 37.47 ist ein Zinssatz vor Steuern zu wählen, der die aktuellen Markterwartungen im Hinblick auf den Zinseffekt sowie auf die für die Schuld spezifischen Risiken widerspiegelt. Dieser unternehmensindividuell ermittelte Diskontierungszinssatz wird daher regelmäßig von dem durch die deutsche Bundesbank ermittelten Zinssatz abweichen.

Die Reformüberlegungen i.S.d. Forschungsprojektes des IASB beabsichtigen, Verbindlichkeiten zukünftig einheitlich nicht mehr mit der bestmöglichen Schätzung, sondern mit dem Erwartungswert zu bewerten, der aus den wahrscheinlichkeitsgewichteten, diskontierten Zahlungsströmen verschiedener Eintrittsszenarien unter Berücksichtigung des Risikos zu ermitteln ist.[620] Dies soll sowohl bei einer Vielzahl von ähnlichen als auch bei singulären Verpflichtungen gelten.[621] Im Rahmen der Bewertung ist jedoch zwischen leistungsbezogenen und nicht-leistungsbezogenen Verpflichtungen zu unterscheiden. Erfolgt die Erfüllung der Verpflichtung bei Fälligkeit durch Zahlung an eine Gegenpartei, beinhalten die Ressourcenabflüsse die erwartete künftige Auszahlung zzgl. der dabei anfallenden Nebenkosten. Erfolgt die Erfüllung hingegen durch eine Leistung, entspricht der Ressourcenabfluss zukünftig dem Betrag, den ein Unternehmen vernünftigerweise einem Subunternehmer für die Durchführung der Arbeiten zahlen würde. Soweit hierfür kein Marktpreis vorhanden ist, ist der Preis vom Unternehmen zu schätzen, wobei derjenige Betrag anzusetzen ist, den das Unternehmen selbst anderen Marktteilnehmern in Rechnung stellen würde. Die

---

618 Vgl. *Wagenhofer*, Int. Rechnungslegungsstandards, S. 275; *Pellens/Fülbier/Gassen/Sellhorn*, Internationale Rechnungslegung, S. 424; *Petersen/Bansbach/Dornbach*, IFRS Praxishandbuch, S. 252.

619 Vgl. *Kirchmann/Sikora/Blumberg*, WPg 2011. 953 (959); Im Gleichlauf zu dieser Praxis stehen auch die Vorgaben des 21.7 IFRS for SMEs.

620 Vgl. hierzu im Einzelnen *Beyhs/Barth/Hausen*, KoR 2010, 395 (398 ff.).

621 Vgl. *Hebestreit/Schrimpf-Dörges*, in: Bohl/Riese et al., IFRS-Handbuch, § 13, Rn. 223; *Hebestreit/Teitler-Feinberg*, IRZ 2010, 319 (319).

heranzuziehenden Zahlungsströme sollen folglich neben den direkten und indirekten Kosten auch eine Gewinnmarge enthalten.

Im Unterschied zu IAS 37 hat die Bewertung *de lege ferenda* demnach zu Vollkosten zu erfolgen. Es ist daher zu erwarten, dass bei singulären Verpflichtungen die bisher regelmäßig angesetzte bestmögliche Schätzung nicht länger zu einer zutreffenden Bewertung führt. Hierdurch wird zwar die Inkonsistenz im Rahmen der Bewertung von einer Vielzahl ähnlicher und singulärer Verpflichtungen beseitigt. Auf der anderen Seite ist bei singulären Einzelrisiken mit einer Eintrittswahrscheinlichkeit von über 50 % aufgrund des Erwartungswertverfahrens tendenziell ein niedrigerer Betrag zurückzustellen als bisher nach der bestmöglichen Schätzung, da die Unsicherheiten auf die Bewertungsebene miteinfließen.[622] Dies ist in Abhängigkeit der möglichen Verpflichtungswerte jedoch nicht zwingend, so dass insbesondere in jenen Fällen, in denen ein weiter Spielraum für Schätzungen besteht, durchaus auch ein höherer Wert zurückzustellen ist.

4.4.4.4 Das Vorbildpotenzial der Rückstellungskonzeption nach IAS 37 für das Handelsrecht

Die Konzeption der Rückstellungsbewertung nach IAS 37 wirft in jeder Hinsicht zurzeit mehr Fragen als Antworten auf. Während das IASB zumindest tendenziell den Schulterschluss mit dem FASB sucht und gleichzeitig die eigene Rückstellungskonzeption neu beleuchtet, erscheint eine „hinterherhinkende" weitere Annäherung des Handelsrechts an die IFRS zurzeit zwar nicht wahrscheinlich, aber grundsätzlich auch kaum zu prognostizieren. Das gilt nicht allein in Anbetracht der bestehenden, sondern auch für die unterschiedlichen Rückstellungskonzeptionen *de lege ferenda.* Auch in den klar abgegrenzten Bereichen, in denen sich das Handelsrecht an die IFRS-Praxis annähert, wie beispielsweise im Bereich der Aufwandsrückstellung oder der Abzinsungspflicht, bringt die Untersuchung im Detail zutage, dass die anzustellenden Interpretationen und Ermittlungsmethoden immer noch deutlich voneinander abweichen.[623] Da das HGB n.F. keine den IFRS vergleichbare Regelung für Großreparaturen kennt und nach IFRS sonst keine Aufwandsrückstellungen angesetzt werden dürfen, ergibt sich unmittelbar ein verbleibender Unterschied zwischen den beiden Bi-

622 Vgl. *Hebestreit/Teitler-Feinberg*, IRZ 2010, 319 (321); krit. *Baetge/Zülch/Brüggemann/Nellessen*, PiR 2007, 315 (320f.); *Hommel/Schmidt/Wüstemann*, BB 2010, 557 (560f.); s. mit rechnerischen Bsp. *Küting/Wohlgemuth*, DStR 2006, 2327 (2329).

623 Vgl. *Fink/Kunath*, DB 2010, 2345 (2346).

lanzrechtssystemen. Dem *component approach* der IFRS dürfte noch am ehesten ein gewisses Vorbildpotenzial zukommen. Ein weiterer Unterschied ergibt sich aus der unterschiedlichen Bestimmung der Diskontierungszinssätze, da der Zinssatz nach IFRS unternehmensspezifisch zum Stichtag bestimmt wird.

Es ist daher an dieser Stelle nicht unbedingt nach der Angleichung *pro futuro* im Wortlaut des Gesetzes zu fragen, sondern nach einer möglichen Neuinterpretation des Vorsichtsprinzips. Sollte das Vorsichtsprinzip deutscher Prägung eine deutliche Relativierung erfahren, indem Informationsaspekte weiter in den Vordergrund getragen werden, wird von dem Grundsatz, Rückstellungen nach HGB grundsätzlich früher und höher anzusetzen als nach IFRS, auch ohne weitreichende Gesetzesänderungen nicht viel übrig bleiben. Ein einhergehender Wandel im bestehenden Kapitalschutzsystem bleibt daher auch aus dieser Perspektive zu beobachten.

Auf die Unternehmen wird jedenfalls eine besondere Herausforderung dergestalt zukommen, dass Rückstellungen unter Umständen für drei verschiedene Rechenwerke bewerten werden müssen, da sich zudem deutliche Unterschiede zur steuerlichen Rückstellungsbewertung ergeben. Aufgrund der Unterschiede bei der Berücksichtigung von Preis- und Kostensteigerungen werden sich bereits die Nominalwerte der Rückstellungen nach handelsrechtlichen und steuerrechtlichen Vorgaben unterscheiden. Darüber hinaus werden auch die jeweiligen Ermessensspielräume nicht in jedem Fall harmonisierend ausgeübt werden können, so dass sich weitere Unterschiede hinsichtlich der Bilanzierungs- und Bewertungsmethoden eröffnen.[624]

---

624 Vgl. *Kirchmann/Sikora/Blumberg*, WPg 2011, 953 (953 ff.).

4.4.5 Zusammenfassende Würdigung

Das BilMoG ruft bei der Rückstellungsbilanzierung Änderungen auf Ansatz- und Bewertungsebene hervor. Beim Ansatz sollen die Wahlrechte zur Bildung von Aufwandsrückstellungen weitestgehend entfallen. Auf der Bewertungsebene wartet das BilMoG zunächst mit der Klarstellung auf, dass Rückstellungen mit dem Erfüllungsbetrag zu bewerten sind. Neuland betritt der Gesetzgeber mit der Einbeziehung von Preis- und Kostensteigerungen sowie der Abzinsungspflicht.

Kritisch hinsichtlich der Kapitalerhaltung ist in Bezug auf den Wegfall der Passivierungswahlrechte festzustellen, dass die Unternehmen zukünftig unter Umständen eine Ballung von Aufwendungen in den Perioden zu verkraften haben, in denen die entsprechenden Ausgaben tatsächlich anfallen. So haben insbesondere Rückstellungen i.S.d. § 249 II HGB a.F. bislang zum einen ein gewisses Maß an Gewinnglättung mit sich gebracht, vor allem aber haben sie auch der Situation vorgebeugt, dass zunächst zu hohe Ausschüttungen vorgenommen werden, weil den erwirtschafteten Erträgen die dazugehörigen Aufwendungen nicht zugeordnet werden. Insofern muss nun im Zuge der Erstellung des Jahresabschlusses beispielsweise stets hinterfragt werden, ob und welche Großreparaturen oder Generalüberholungen in Zukunft durchzuführen sind und, ob das Unternehmen zu diesem Zeitpunkt auch über das entsprechende Kapital verfügt. Für die Bildung einer in diesem Sinne wirtschaftlich sinnvollen Vorsorge wird zukünftig ein entsprechender Gewinnverwendungsbeschluss der Gesellschafter notwendig sein.

Gleichwohl waren die Gläubiger auch bislang nur eingeschränkt durch diese Passivierungswahlrechte geschützt, da durch die Nichtausübung des Wahlrechtes die Kapitalansammlung beeinflusst werden konnte und auch regelmäßig tatsächlich wurde. Insoweit erscheint die marginale Beeinträchtigung des Kapitalschutzniveaus durch die Abschaffung der Passivierungswahlrechte hinnehmbar.

Die Abschaffung der Passivierungswahlrechte zeigt aber auch den Spagat den der Gesetzgeber im Ausgleich der verschiedenen Bilanzrechtssysteme zu nehmen versucht. Greift man die Argumente des Gesetzgebers auf und unterstellt gleichzeitig eine systematische Herangehensweise und nicht allein einen punktuellen Angleichungsversuch an internationale Normen unter Wahrung der Steuerneutralität, so wäre eine vollumfängliche Aufhebung des § 249 I 2 HGB inklusive der Rückstellungen für unterlassene Instandhaltungen und Abraumbeseitigungen als weitere Innenverpflichtungen konsequent gewesen. Dies hätte in der Folge eine weitere Verbreiterung der Eigenkapitalbasis zur Folge gehabt.

Deutlich mehr Kapitalschutzrelevanz ergibt sich durch die dargestellten Modifizierungen auf der Bewertungsebene. Im Gegensatz zu der Abzinsung der Pensionsrückstellungen bewirkt die Abzinsungspflicht der übrigen Rückstellungen eine Verringerung der Rückstellungsbeträge und somit eine deutliche Schwächung des bestehenden Kapitalschutzniveaus. Die Unterstellung einer Mindestrendite kann zwar unter Umständen unter Informationsaspekten aus Sicht der Investoren zu befürworten sein, nicht jedoch hinsichtlich des Ausschüttungsbemessungszwecks des Jahresabschlusses, der einen Rekurs auf den künftigen Mittelabfluss verlangt. Zudem stellt die Diskontierung von Rückstellungen ohne Zinsanteil einen bewussten Verstoß des Gesetzgebers gegen das Realisationsprinzip dar und ist daher auch nicht mit der Gläubigerschutz- und Kapitalerhaltungsfunktion des Jahresabschlusses zu vereinbaren. Inwieweit dies auch für Einbeziehung künftiger Preis- und Kostensteigerungen gilt, obliegt der künftigen Rechtsprechung in Bezug auf eine weite oder enge Auslegung der Voraussetzung der „ausreichenden objektiven Hinweise". Im Grundsatz kann aber insoweit allein der weite Ermessensspielraum des Bilanzierenden bei der Erfassung zukünftiger Preis- und Kostensteigerungen gerügt werden. Selbiges gilt auch im Rahmen der künftigen Abzinsungspflicht, da zwar durch die Zugrundelegung eines durchschnittlichen Marktzinssatzes bilanzpolitisches Gestaltungspotenzial im Jahresabschluss durch alternativ extern ermittelte Diskontierungsfaktoren reduziert wird, dem Bilanzierenden bei der Laufzeitbestimmung von Rückstellungen aber weiterhin bilanzpolitische Hebel verbleiben. Trotz der Streichung der Wahlrechte haben die bilanzpolitischen Gestaltungsmöglichkeiten daher unter dem Strich nicht abgenommen. Vielmehr findet eine Verlagerung weg von Wahlrechten hin zu mehr Einschätzungsspielräumen statt, die nicht nur für den Bereich der Rückstellungsbilanzierung festzustellen ist. Als Folge wird die Bilanzpolitik wirkungsvoller, weil sie vom bilanzierenden Unternehmen intransparenter eingebracht werden kann als zuvor.[625]

Zusammenfassend kann daher festgestellt werden, dass anders als im Rahmen der Pensionsrückstellungen das Niveau der sonstigen Rückstellungen bedingt durch die Abzinsungspflicht und den Wegfall der Aufwandsrückstellungen sinken und hiermit auch das Kapitalschutzniveau fallen wird.

---

625 S.a. *Lachnit/Wulf*, StuB 2010, 687 (692).

4.5 Die Zeitwertbewertung von Finanzinstrumenten des Handelsbestandes

Die Bewertung zum Zeitwert oder *fair value* findet ihren Schwerpunkt in dieser Bilanzrechtsnovelle weitaus weniger im Rahmen der Ermittlung der Pensionsrückstellungen als in der neuen Sondervorschrift zur Bewertung von Finanzinstrumenten. Während sowohl im Referenten- als auch im Regierungsentwurf der Anwendungsbereich dieser Vorschrift zur Zeitwertbilanzierung des so genannten Handelsbestandes zunächst noch mit einer Kodifizierung in § 253 HGB a.F. als verbindlich für alle Unternehmen vorgesehen war, die nach den handelsrechtlichen Vorschriften zur Aufstellung eines Jahres- oder Konzernabschlusses verpflichtet sind, ist die nunmehr Gesetz gewordene Fassung nach den „Erfahrungen“ aus der Finanzmarktkrise mit § 340e HGB n.F. ausschließlich als Spezialvorschrift für Kredit- und Finanzdienstleistungsinstitute ausgestaltet worden.[626]

Obgleich die umfangreichen Sonderregeln für Kreditinstitute grundsätzlich nicht im Fokus dieser Untersuchung stehen, lohnt doch ein Blick auf diese Bewertungskonzeption gleich aus mehreren Gründen. Die Bewertung mit dem *fair value* stellt wohl den signifikantesten Unterschied zwischen den nationalen und bestehenden internationalen Bewertungskonzeptionen dar und tangiert das Realisationsprinzip in besonderem Maße.[627] Aber auch das Anschaffungskostenprinzip wird zugunsten einer stärkeren zeitwertorientierten Sichtweise teilweise neu interpretiert. Obwohl alle Wertänderungen unabhängig von ihrer Realisierung in der GuV zu erfassen sind, hat der Gesetzgeber auf eine vollumfängliche Ausschüttungssperre i.S.d. § 268 VIII HGB verzichtet. Die bislang strikte Beschränkung auf die erfolgswirksame Vereinnahmung von nur durch einen Umsatzakt realisierten Gewinnen wird somit zugunsten einer Vereinnahmung „realisierbarer“ Gewinne aufgegeben. Ob und inwieweit die Alternativkonzeption über einen Risikoabschlag und einen Sonderposten nach § 340e IV HGB n.F. dem Gläubigerschutz und Kapitalschutzaspekten gerecht werden kann, steht daher im besonderen Fokus dieser Analyse. Nicht zuletzt soll auch herausgestellt werden, ob diese Vorschrift zu einer Toröffnung einer weiteren *fair value*-

626 Vgl. *Claussen*, S:R 2008, 172 (173); s.a. *Fockenbrock*, Handelsblatt v. 19.11.2008, S. 19; Das Parlament v. 22.12.2008, Kontroverse um neues Bilanzrecht, S. 6; FAZ v. 13.02.2009, Bilanzrecht wird nicht aufgeweicht, S. 13.

627 Deutliche Kontraste sind auch in anderen Staaten, wie bspw. Delaware (USA), Kanada oder Neuseeland festzustellen, die eine Bewertung von Vermögenswerten im Rahmen des Bilanztests zum *fair value* erlauben und damit zumindest theoretisch Ausschüttungen ermöglichen, in deren Anschluss die Gesellschaft praktisch kein oder sogar ein negatives Eigenkapital aufweist. Vgl. *Maul/Richard*, S:R 2008, 169 (169f.).

Bewertung für weitere Vermögensgegenstände einlädt. Insofern ist das Zukunfts- und Vorbildpotenzial auch der gewählten Konzeption zu beleuchten.

4.5.1 Der Anwendungsbereich der Zeitwertbilanzierung

§ 340e HGB enthält branchenspezifische Bewertungsvorschriften für das Anlage- und Umlaufvermögen sowie für die Nennbetragsbilanzierung von Hypothekendarlehen und anderen Forderungen. Der nunmehr neu eingefügte § 340e III 1 HGB n.F. schreibt für Kredit- und Finanzdienstleistungsinstitute die Bewertung von Finanzinstrumenten zum beizulegenden Zeitwert abzüglich eines Risikoabschlags vor, die der Kategorie „Handelsbestand" zuzuordnen sind. Eine Umgliederung in den Handelsbestand ist nach § 340e III 2 HGB n.F. hierbei ausgeschlossen. Eine Umgliederung aus dem Handelsbestand in die Liquiditätsreserve oder den Anlagebestand ist nach § 340e III 3 HGB n.F. dagegen möglich, wenn außergewöhnliche Umstände, insbesondere schwerwiegende Beeinträchtigungen der Handelbarkeit der Finanzinstrumente, zu einer Aufgabe der Handelsabsicht durch das Institut führen. Es sind daher zukünftig alle Wertminderungen oder –steigerungen ergebniswirksam zu erfassen. Auf eine etwaige Nachhaltigkeit der Wertminderung kommt es hierbei nicht an.

Mit § 340e IV HGB n.F. wird neben dem Risikoabschlag im Rahmen der Zeitwertbewertung zusätzlich eine faktische Ausschüttungssperre hinsichtlich der Nettoerträge des Handelsbestandes eingeführt. Danach ist in jedem Jahr ein bestimmter Anteil der Nettoerträge des Handelsbestandes einem gesonderten Bestand, dem Sonderposten „Fonds für allgemeine Bankrisiken" i.S.v. § 340g HGB zuzuführen.

Klärungsbedürftig erscheint daher zunächst der Begriff des Finanzinstruments und wann dieser dem Handelsbestand zuzuordnen ist. Sodann ist jedoch auch danach zu fragen, bei welchen Unternehmen überhaupt Finanzinstrumente gehalten werden. Erst diese Erkenntnis ermöglicht die Identifizierung der Tragweite einer möglichen Ausdehnung der Normadressaten auf alle Unternehmen *de lege ferenda*. Es darf insoweit zunächst verwundern, dass der Gesetzgeber vor dem Hintergrund der Finanzmarktkrise eine Einschränkung auf den Adressatenkreis der Kreditinstitute für sinnvoll erachtete. Es drängt sich insoweit die Frage auf, ob nicht umgekehrt genau jene Institute „aufgrund der Erfahrungen aus der Finanzmarktkrise" von diesem Anwenderkreis ausgenommen werden sollten.

Die gewählte Vorgehensweise ist wohl allein der Erkenntnis geschuldet, dass sich eine grundsätzliche Abkehr vom Konzept der Zeitwertbewertung von

Finanzinstrumenten im internationalen Rahmen trotz der Finanzkrise nicht abzeichnet.[628] Der Gesetzgeber lässt somit eine vollumfängliche Prüfung der Kompatibilität der handelsrechtlichen GoB mit der *fair value*-Bewertung zugunsten der Sicherung von Wettbewerbsvorteilen für deutsche Institute vermissen. Jedenfalls aber muss er sich die Frage gefallen lassen, warum dasselbe Wertpapier in einem Industrieunternehmen künftig anders bewertet werden soll als in einer Bank.

4.5.1.1 Der Begriff des Finanzinstruments

Das Gesetz selbst enthält keine Definition des Begriffs der „Finanzinstrumente" i.S.d. §§ 340c und 340e HGB n.F. Aufgrund der Vielfalt und ständigen Weiterentwicklung hat es der Gesetzgeber richtigerweise vorgezogen, in diesem Kontext auf eine abschließende inhaltliche Ausgestaltung zu verzichten und empfohlen den Begriff in Anlehnung an die IFRS, das Kreditwesengesetz oder das Wertpapierhandelsgesetz auszufüllen.[629] Obgleich die inhaltlichen Unterschiede hinsichtlich der Definition des Finanzinstruments in den einzelnen Materialien im Einzelfall nicht unproblematisch sind, bietet § 1a III KWG eine Definition an, die sich sehr eng an die Definition in IAS 32.11 anlehnt.[630] Hiernach sind jene Verträge als Finanzinstrumente zu qualifizieren, die für eine der beteiligten Seiten einen finanziellen Vermögenswert und für die andere Seite eine finanzielle Verbindlichkeit oder ein Eigenkapitalinstrument schaffen. Zu diesem weit gefassten Begriff zählt der Gesetzgeber ausdrücklich auch Derivate,[631] so dass das Aktivierungsverbot für Derivate aufgrund des Prinzips der Nichtbilanzierung schwebender Geschäfte partiell aufgehoben wird und dem Derivat nunmehr wiederum unter Zurückdrängung des Grundsatzes der Vorsicht und des Realisationsprinzips trotz Fehlen einer Gewinnrealisierung eine bilanzielle Grundlage geschaffen wird.[632] Der Begriff des Finanzinstruments und somit

---

628 Vgl. KA BilMoG, BT-Drs. 16/10633, S. 3.

629 Vgl. RefE BilMoG S. 105; s.a. *Helke/Wiechens/Klaus*, DB Beil. 5 2009, 30 (36); *Gemeinhardt/Bode*, StuB 2008, 170 (174).

630 Weniger abstrakt ist die Definition in § 2 IIb WpHG, die für Zwecke des Wertpapierhandelsgesetzes Wertpapiere, Geldmarktinstrumente, Derivate, und Rechte auf die Zeichnung von Wertpapieren unter dem Begriff der Finanzmarktinstrumente zusammenfasst.; *Scharpf/Schaber/Löw et al.*, WPg 2010, 439 (440).

631 Der Begriff des Derivats findet in IAS 39.9 und § 1 KWG eine ähnliche Definition.

632 Vgl. RegE BilMoG, BT-Drs. 16/10067, S. 53; *Scharpf*, in: Küting/Pfitzer/Weber, Das neue deutsche Bilanzrecht, S. 229; s.a. *Böcking/Löw/Wohlmannstetter*, in: Schmidt et al., MüKo HGB, 2. Aufl., § 340e, Rn. 88 ff.; Derivate, die nicht dem Handelsbestand zugeordnet werden, sind nach wie vor als schwebene Geschäfte nur insoweit bilanziell

auch der sachliche Anwendungsbereich ist folglich weit zu fassen und kann das gesamte Spektrum an finanzwirtschaftlichen Instrumenten umfassen.

4.5.1.2 Die Zuordnung zum Handelsbestand

Wann ein derartiges Finanzinstrument dem so genannten Handelsbestand zuzuordnen ist, definiert weder § 340e III 3 HGB noch gibt die Gesetzesbegründung für eine Konkretisierung weitere Anhaltspunkte. Allerdings enthält die Begründung zum Regierungsentwurf des BilMoG eine Negativabgrenzung, nach der zum Handelsbestand zumindest diejenigen Finanzinstrumente nicht zählen, die der Liquiditätsreserve zuzuordnen oder als Anlagebestand zu qualifizieren sind.[633] Aus dem Gesetzeswortlaut und der Entstehungsgeschichte des BilMoG ergibt sich ferner, dass im Zugangszeitpunkt eine Handelsabsicht für die entsprechenden Finanzinstrumente bestehen muss.[634] Nach Ansicht des Rechtsausschusses sind dem Handelsbestand danach alle Finanzinstrumente und Edelmetalle zuzurechnen, die mit der Absicht der kurzfristigen Erzielung eines Eigenhandelserfolges erworben wurden und wieder veräußert werden sollen.[635] Hierzu können beispielsweise auch Verpflichtungen aus Wertpapierleerverkäufen gehören.[636]

Anhand dieser Interpretationen fällt schnell ins Auge, dass Finanzinstrumente im Rahmen eines Handelsbestandes wohl ganz überwiegend auch nur bei Kreditinstituten gehalten werden. Im Sinne einer möglichen Erstreckung der Zeitwertbewertung der Finanzinstrumente des Handelsbestandes auf alle Unternehmen *de lege ferenda* ist daher die Frage aufzuwerfen, welche Unternehmen hiervon über den jetzigen Adressatenkreis hinaus betroffen wären. Es ist zwar einerseits festzustellen, dass die Spekulation mit Finanzinstrumenten grundsätzlich jedem Unternehmen offensteht, andererseits aber wohl nur große Unter-

---

zu erfassen, als daraus ein Verlust droht bzw. die Derivate nicht im Rahmen einer Bewertungseinheit i.S.d. § 254 HGB abzubilden sind.

633 Vgl. RegE BilMoG, BT-Drs. 16/10067, S. 95.

634 Vgl. *Gelhausen/Fey/Kämpfer*, Rechnungslegung und Prüfung, § 340e HGB, Rn. 90; *Böcking/Torabian*, BB 2008, 265 (265f.).

635 Vgl. RA BilMoG, BT-Drs. 16/12407, S. 92; Sowohl der Referentenentwurf als auch der Regierungsentwurf beziehen sich bei der Abgrenzung des Handelsbestandes und der Handelsabsicht auf das KWG. S. zur Abgrenzung im Einzelnen beispielsweise *Scharpf/Schaber/Löw et al.*, WPg 2010, 439 (441 ff.); *Gelhausen/Fey/Kämpfer*, Rechnungslegung und Prüfung, § 340e HGB, Rn. 90 ff.; *Scharpf*, in: Küting/Pfitzer/Weber, Das neue deutsche Bilanzrecht, S. 230 ff.; krit. hinsichtlich der Europarechtskonformität dieser Beschränkung *Mujkanovic*, StuB 2009, 329 (331).

636 Vgl. IDW RS BFA 2, Tz. 10.

nehmen neben den Finanzdienstleistungsunternehmen hiervon auch tatsächlich Gebrauch machen. Es kann daher konstatiert werden, dass der Zeitwertbewertung auch in der Form des Regierungsentwurfes tatsächlich keinen wesentlich größeren Adressatenkreis erfasst hätte.[637] Empirische Untersuchungen zeigen aber für diese wenigen Fälle, dass die *fair value*-Bilanzierung einen erheblichen Einfluss auf die Bilanzstruktur europäischer Banken haben kann, da beispielsweise allein im Jahr 2009 im Durchschnitt fast 25 % der Aktiva nach IFRS zum *fair value* bewertete Finanzinstrumente darstellten.[638]

4.5.2 Die Bewertung von Finanzinstrumenten

Die handelsrechtlichen Vorschriften sahen bislang keine gesonderten Bewertungsvorschriften für Finanzinstrumente vor. Wie alle Vermögensgegenstände und auch unverändert für den Bereich aller anderen Unternehmen werden Finanzinstrumente grundsätzlich nach den allgemeinen Bewertungsvorschriften des § 253 II und III HGB a.F.[639] zu ihren fortgeführten Anschaffungskosten bewertet.

4.5.2.1 Die Ermittlung des *fair value* im Rahmen der Zugangsbewertung

Die handelsrechtliche Ermittlung des beizulegenden Zeitwertes ist im Gegensatz zum (niedrigeren) beizulegenden Wert nunmehr gesetzlich in § 255 IV HGB n.F. geregelt. Hiernach hat die Zugangsbewertung eines Finanzinstruments grundsätzlich weiterhin mit den Anschaffungskosten zu erfolgen, so dass mithin unterstellt wird, dass diese dem beizulegenden Zeitwert entsprechen. Im Gegensatz zu der Diktion des § 255 I HGB ist jedoch im Rahmen der Zugangsbewertung allein der Kaufpreis zu berücksichtigen und nicht auch die Anschaffungsnebenkosten, da eine derartige Berücksichtigung *ceteris paribus* zum Zeitpunkt der ersten Folgebewertung einen Abschreibungsaufwand in gleicher Höhe notwendig machen würde.[640] Die Anschaffungsnebenkosten sind da-

---

637 Vgl. *Schmidt*, KoR 2008, 1 (1); *Zülch/Salewski*, KoR 2011, 35 (35).

638 *Zülch/Salewski*, KoR 2011, 35 (37) machen zudem auf die Brandbreite des Anteils der fair value-Bilanzierung aufmerksam, die im Rahmen der angestellten Untersuchung ein Spektrum von knapp 3 % bis über 65 % in der Spitze (*Deutsche Bank AG*) ausmachten.

639 Nunmehr § 253 III und IV HGB n.F.

640 Vgl. *Scharpf/Schaber/Löw et al.*, WPg 2010, 439 (446); *Gelhausen/Fey/Kämpfer*, Rechnungslegung und Prüfung, § 340e HGB, Rn. 100; *Löw/Scharpf/Weigel*,

her direkt in der GuV zu erfassen, wie auch jede Differenz zwischen dem Zugangswert und dem Wertansatz nach der Folgebewertung.[641] Die Folgebewertung selbst vollzieht sich für Finanzinstrumente des Handelsbestandes in insgesamt drei Schritten. Zunächst ist der beizulegende Zeitwert nach § 255 IV HGB zu ermitteln, auf dessen Bewertungshierarchie im Folgenden einzugehen sein wird. Daraufhin ist ein so genannter Risikoabschlagsbetrag nach § 340e III HGB zu ermitteln und zu berücksichtigen. Letztlich ist die Zuführung bzw. Auflösung des Sonderpostens nach § 340e IV HGB zu dotieren.

4.5.2.2 Der *fair value* im Rahmen der Folgebewertung von Finanzinstrumenten

Der Begriff des beizulegenden Zeitwertes wird im novellierten HGB, wie dargelegt, nicht definiert. In Anlehnung an IAS 32.11 kann wohl jedoch unter diesem Rechtsbegriff näherungsweise der Betrag verstanden werden, zu dem zwischen sachverständigen, vertragswilligen und voneinander unabhängigen Geschäftspartnern ein Vermögenswert getauscht oder eine Verbindlichkeit beglichen werden könnte.[642]

Wie bereits im Zusammenhang mit der Bewertung des Planvermögens festgestellt, gibt § 255 IV HGB n.F. jedoch in ähnlicher Weise wie IAS 39 im Rahmen der Ermittlung des beizulegenden Zeitwertes eine Bewertungshierarchie vor. Hiernach ist vorrangig zu unterscheiden, ob ein aktiver Markt für das Finanzinstrument vorhanden ist oder nicht. Ein aktiver Markt ist dann gegeben, wenn ein Marktpreis leicht und regelmäßig ermittelbar ist und auf aktuellen und regelmäßig auftretenden Markttransaktionen zwischen unabhängigen Dritten beruht.[643]

Besteht ein solcher aktiver Markt, so entspricht der beizulegende Zeitwert nach § 255 IV 1 HGB n.F. dem Marktpreis. Soweit jedoch kein aktiver Markt

---

WPg 2008, 1011 (1012); *Goldschmidt/Meyding-Metzger/Weigel*, IRZ 2010, 21 (22); a.A. *Ruhnke*, Rechnungslegung nach IFRS und HGB, S. 503.

641 Vgl. *Bieg*, Bankbilanzierung, S. 418.

642 Der naheliegende Rückgriff auf die IFRS ergibt sich an dieser Stelle aus der wohl bewussten Übernahme des „beizulegenden Zeitwerts" aus der amtlichen deutschen Übersetzung des IAS 39 für den Begriff „*fair value*" und aus der ebenfalls den IFRS entlehnten Bewertungshierarchie des § 255 IV HGB n.F. S.a. *Mujkanovic*, Fair Value im Financial Statement, S. 113 ff.; *Böcking/Torabian*, BB 2008, 265 (266).

643 Vgl. RefE BilMoG, S. 123; Neben Preisen des amtlichen Handels genügen auch von Händlern, Brokern, Branchengruppen, einem Preisberechnungsservice oder einer Aufsichtsbehörde ermittelte Preise den Anforderungen eines aktiven Marktes.

besteht, anhand dessen sich ein Marktpreis ermitteln lässt, ist der beizulegende Zeitwert nach § 255 IV 2 HGB n.F. mithilfe sog. „allgemein anerkannter Bewertungsmethoden" zu bestimmen.[644] Lässt sich auch auf diese Weise ein entsprechender Zeitwert nicht ermitteln, sind die Anschaffungskosten nach § 253 IV HGB fortzuführen. Dabei gilt der zuletzt anhand eines Marktwertes auf einem aktiven Markt oder anhand eines allgemein anerkannten Bewertungsverfahrens ermittelte beizulegende Zeitwert als Anschaffungskosten.

Es gilt auch insoweit zunächst grundsätzlich festzuhalten, dass die Diskussion um die Gründe für und gegen bzw. die Berechtigung einer *fair value*-Bewertung nicht allein in der kürzeren Vergangenheit intensiv geführt wurde. Bereits im 19. Jahrhundert wurden Vermögenswerte auch in Deutschland häufig mit einem Zeitwert bewertet, was manche Unternehmen dazu nutzten, Vermögenswerte überzubewerten und Ausschüttungen vorzunehmen, die die Fremdkapitalgeber letztlich benachteiligten. Als Reaktion hierauf wurde 1884 das Aktiengesetz geändert und die Bewertung zu Anschaffungswerten überhaupt erst eingeführt.[645] Es ist jedoch an dieser Stelle nicht das Anliegen dieser Untersuchung diese Grundsatzfrage erneut zu diskutieren, sondern sich vielmehr den Rechtsfolgen eingehend zu widmen, soweit sie das Ziel der Kapitalerhaltung tangieren.[646]

4.5.2.3 Die Kompatibilität der *fair value*-Bewertung mit den bestehenden handelsrechtlichen GoB

Durch die Bewertung der Finanzinstrumente zu beizulegenden Zeitwerten nach § 255 IV HGB kommt es zur Durchbrechung von gleich drei Grundsätzen des Handelsrechts: dem Anschaffungskostenprinzip, dem Realisationsprinzip sowie dem Grundsatz der Nichtbilanzierung schwebender Geschäfte. Ein Umsatzakt und ein Gefahrenübergang als bisherige zentrale Kriterien der Umsatzrealisierung sind für den dargestellten Bereich zukünftig nicht mehr notwendig. Der erfolgswirksame Ausweis oberhalb der Anschaffungskosten führt dazu, dass stille Reserven aufgedeckt werden.

---

644 S. zur Abgrenzung aktiver und nicht-aktiver Märkte *Goldschmidt/Weigel*, WPg 2009, 192 (195 ff.).

645 Vgl. *Wagenhofer*, Zfbf 2008, 185 (186); *Schulze-Osterloh*, ZIP 2004, 1128 (1136).

646 Verwiesen sei an dieser Stelle auf das umfangreiche Schriftum, wie beispielsweise *Siegel*, BFuP 1998, 593 (593 ff.); *Kübler*, in: Förschle/Kaiser/Moxter, Rechenschaftslegung im Wandel, S. 361 ff.; *Schildbach*, BFuP 1998, 580 (580 ff.); *Böcking/Sittmann-Haury*, BB 2003, 195 (195 ff.); *Küting/Reuter*, BB 2005, 706 (706 ff.).

Sofern der beizulegende Zeitwert der Finanzinstrumente auf Basis von beobachtbaren Marktpreisen bestimmt werden kann, ist grundsätzlich auch von einer hinreichenden Verlässlichkeit im Rahmen der Bewertung auszugehen. Dies darf jedoch nicht darüber hinwegtäuschen, dass es sich bei dem *fair value* auch in diesem Fall um einen fiktiven bzw. hypothetischen Wert handelt, da der zu bewertende Vermögensgegenstand gerade nicht als Bestandteil eines Umsatzprozesses, sondern als Teil der Aktiva bzw. Passiva eines fortzuführenden Unternehmens zu einem bestimmten Stichtag verstanden wird. Der beizulegende Zeitwert kann damit nicht denjenigen Betrag bestimmen, den ein Unternehmen aufgrund von erzwungenen Geschäften, zwangsweisen Liquidationen oder durch Notverkäufe erzielen oder bezahlen würde. Dass die hypothetische Wertrealisierung nicht im Vordergrund der *fair value*- Ermittlung steht, wird durch die regelmäßig nicht gegebenen idealen Marktbedingungen unterstrichen, die erst hyperaktive Märkte oder Blasen, wie beispielsweise die *Dotcom*-Blase im Jahre 2000, ermöglichen.[647] Zweifel an einer jederzeitigen Realisierbarkeit der ermittelten Werte überhalb der Anschaffungskosten sind daher zumindest in Krisenzeiten angebracht.

Isoliert betrachtet, löst auch die Klassifizierung des Gesetzgebers der Zeitwertbilanzierung als einen branchenspezifischen Grundsatz ordnungsmäßiger Buchführung Verwunderung aus.[648] Kreditinstitute haben danach bereits bisher die Finanzinstrumente des Handelsbestandes auf Portfolioebene zum beizulegenden Zeitwert bewertet. Ergab sich hiernach insgesamt ein negativer Saldo, war bekanntlich eine Abschreibung vorzunehmen. Im Falle eines positiven Saldos wurde dieser jedoch auch ergebnisneutral angesetzt.[649] Im Ergebnis wurde also das Imparitätsprinzip auf den Handelsbestand als Ganzes angewendet und der Handelsbestand so bilanziert als wäre er eine Bewertungseinheit.[650] Die induktive Ableitung von GoB aus der Praxis einiger Kreditinstitute, die eindeutig dem Gesetzeswortlaut widerspricht und nach der bislang herrschenden Meinung im Widerspruch zum Vorsichtsprinzip und dem sich daraus ableitenden

647 Vgl. *Tanski/Zeretzke*, DStR 2006, 53 (54).

648 Vgl. RegE BilMoG, BT-Drs. 16/10067, S. 115, 210; s.a. *Krumnow/Sprißler et al.*, Rechnungslegung der Kreditinstitute, Rn. 328 ff.; *Ernst/Seidler*, ZGR 2008, 632 (646); *Scharpf/Luz*, Risikomanagement, S. 142 ff.; *Mujkanovic*, StuB 2009, 329 (333).

649 Anzumerken bleibt an dieser Stelle, dass in der Bilanzierungspraxis im Rahmen der Handelsbestände von Instituten bislang verschiedene Vorgehensweisen praktiziert wurden. Hiervon stellt die dargestellte eine häufig genutzte Variante dar. Vgl. *Krumnow/Sprißler et al.*, Rechnungslegung der Kreditinstitute, Rn. 343 ff.; *Böcking/Löw/Wohlmannstetter*, in: Schmidt et al., MüKo HGB, 2. Aufl., § 340e, Rn. 106f.

650 Vgl. *Schmidt*, KoR 2008, 1 (2).

Realisations- und Imparitätsprinzip steht, weckt jedoch eher Zweifel an der Rechtmäßigkeit dieser Methodik, als sie eine hieraus begründete Kodifizierung zu legitimieren vermag.[651]

Problematisch erscheint vor allem, dass auch solche Finanzinstrumente zum beizulegenden Zeitwert oberhalb der Anschaffungskosten angesetzt werden können, die auf keinem aktiven Markt gehandelt werden, so dass sich selbst ein „verlässlicher" Marktpreis nicht ergibt.[652] Die Bewertung anhand „anerkannter Bewertungsmethoden" wie nach dem so genannten *mark-to-model*-Ansatz droht zu kaum objektivierten Wertansätzen in der Bilanz zu führen.[653] Selbst bei der Anwendung der bekannten Methoden, wie beispielsweise der Ertragswertmethode, verbleiben die diskutierten Unsicherheiten aus der Unternehmensbewertung, die auf den Ansatz von Beteiligungen im Handelsbestand überführt werden. Es braucht wohl nicht hervorgehoben zu werden, dass den zu berücksichtigenden Bewertungsparametern eine große Bedeutung zukommt, da die anhand der jeweiligen Bewertungsmodelle ermittelten Gewinne nunmehr ausgeschüttet werden können. Eine Orientierung der Rechnungslegung an Realisierungsmöglichkeiten bringt daher den Gläubigern wenig Nutzen bzw. ist nur schwerlich mit der Kapitalerhaltung vereinbar, wenn aus der Realisierungsmöglichkeit nicht auch eine Realisierungsrealität resultiert.[654] Dies gilt um so mehr, als ein Verlust zukünftig bereits dann entsteht, wenn der *fair value* in den Folgejahren wieder sinkt. Ein realisierter Verlust entsteht daher nicht erst, wenn die Anschaffungskosten nicht erlöst werden können, sondern bereits dann, wenn der zwischenzeitlich über den Anschaffungskosten gelegene *fair value* nicht mehr erzielt wird.

---

651 Vgl. *Jessen/Haaker*, DStR 2009, 499 (501f.); s.a. *Adler/Düring/Schmaltz*, Rechnungslegung und Prüfung, 6. Aufl., § 252 HGB, Rn. 82; *Küting*, DB 2006, 1441 (1446f.); *Moxter*, BB 1984, 1780 (1780); *Bieker*, PiR 2008, 365 (366); *AK Bilanzrecht der Hochschullehrer Rechtswissenschaft*, BB 2008, 209 (211).

652 Vgl. *Tanski/Zeretzke*, DStR 2006, 53 (54f.); *Fülbier/Gassen*, DB 2007, 2605 (2608f.); *Pellens/Kemper/Schmidt*, ZGR 2008, 381 (411).

653 A.A. *Velte*, KoR 2008, 61 (72); *Schmidt*, KoR 2008, 1 (8); s.a. *Gemeinhardt/Bode*, StuB 2008, 170 (174); *Goldschmidt/Weigel*, WPg 2009, 192 (196f.); *Scharpf*, in: Küting/Pfitzer/Weber, Das neue deutsche Bilanzrecht, S. 238f.

654 Erinnert werden soll an dieser Stelle beispielsweise an den Konkurs des Energiekonzerns *Enron* in den USA im Jahre 2001. *Enron* bot seinen Kunden langfristige Festpreiskontrakte für Gas an, die zum *fair value* bewertet wurden. Hierdurch konnte der gesamte erwartete Gewinn bereits beim Abschluss des Vertrages bilanziell antizipiert werden, obwohl es keinen aktiven Markt für derartige Verträge gab. Die Projektionen der künftigen *cashflows* wurden lediglich mit der Folge geschätzt, dass es jeweils zu einer deutlich zu günstigen Darstellung des Unternehmens kam.

4.5.2.4 Die Bewertungseinheiten

Besondere Bedeutung wird den Finanzinstrumenten auch zukünftig als Sicherungsgeschäft im Rahmen der nach § 340 a I HGB i.V.m. § 254 HGB zukünftig bildbaren Bewertungseinheiten zukommen. Aufgrund der dargestellten Bilanzierungspraxis, jedoch ohne eine entsprechend kodifizierte Legitimationsgrundlage, wurde es bereits zuvor im Rahmen der Darstellung der Vermögens- und Ertragslage überwiegend nicht für vertretbar gehalten, Sicherungsbeziehungen streng imparitätisch nach dem Einzelbewertungsgrundsatz zu bewerten. In dieser Konsequenz wurden danach auch diejenigen immanenten Risiken der jeweiligen Bilanzposten oder Transaktionen, die durch ein geeignetes Finanzinstrument bewusst abgesichert wurden, um eine negative Wertentwicklung des Grundgeschäfts wirtschaftlich abzusichern, nicht jeweils einzeln und imparitätisch bewertet, sondern zu einer Bewertungseinheit zusammengefasst.

Im Rahmen des BilMoG wurde die Bildung von Bewertungseinheiten und damit die bisherige Bewertungspraxis in diesem Bereich nunmehr gesetzlich ausdrücklich kodifiziert. Obwohl hinsichtlich der jeweiligen Voraussetzungen für die Bildung von Bewertungseinheiten mangels entsprechender Kodifizierung bislang keine einheitlichen Vorgaben existierten, ist jedoch laut der Begründung zum Regierungsentwurf keine Änderung der bisherigen Bilanzierungspraxis intendiert.[655] Werden also die sich aus einem bestimmten Risiko ergebenden Wertänderungen des Grundgeschäfts innerhalb einer Bewertungseinheit durch die entsprechenden Wertänderungen des Sicherungsinstruments im Jahresabschluss neutralisiert, werden in diesem Umfang der Grundsatz der Einzelbewertung, das Realisations- und Imparitätsprinzip, das Anschaffungskostenprinzip sowie unter Umständen die Vorschriften zur Rückstellungsbildung zurückgedrängt. Mit Ausnahme von so genannten antizipativen Hedges, denen bereits die Substanz des Grundgeschäfts fehlen kann, sind jedoch auch diese Bewertungseinheiten mit dem Grundsatz der Kapitalerhaltung zu vereinbaren, da aus den abgesicherten Risiken grundsätzlich kein Verlust entstehen kann.[656] Mangels bestehender Möglichkeiten zur Umwidmung der nach § 253 I HGB zum beizulegenden Zeitwert bewerteten Finanzinstrumente, scheidet zudem auch eine Einbeziehung dieser Finanzinstrumente in eine Bewertungseinheit aus. Der diesen Instrumenten auf kurzfristige Gewinnrealisierung anhaftende Charakter ginge durch eine entsprechende Umwidmung als Sicherungsinstrument zwangsläufig verloren, so

---

655 Vgl. RegE BilMoG, BT-Drs. 16/10067, S. 115 ff.

656 Zum Problem der antizipativen Hedges und auch der problematischen Qualifizierung der Effektivität von Sicherungsbeziehungen *Solmecke*, Auswirkungen des BilMoG, S. 7241f.; *Gelhausen/Fey/Kämpfer*, Rechnungslegung und Prüfung, § 340a HGB, Rn. 20 ff., § 254 HGB, Rn. 54 ff.

dass insoweit die künftige Zeitwertbewertung keine negativen Auswirkungen auf das Sicherungsgleichgewicht und das Kapitalschutzniveau befürchten lassen.

4.5.2.5 Der Risikoabschlag

Die dargestellte Zeitwertbewertung und der ergebniswirksame Ausweis auch oberhalb der historischen Anschaffungskosten ruft im Sinne der bisherigen Tradition des deutschen Handelsrechts und der Prinzipienorientierung auch nach dem BilMoG die Frage nach einer korrespondierenden Ausschüttungssperre auf den Plan. Galt es bislang festzustellen, dass die dargestellten Modifizierungen im Rahmen des BilMoG nur vereinzelt im größeren Ausmaß Einfluss auf die Kapitalerhaltungsfunktion des Jahresabschlusses nehmen werden, war dies vorrangig der flankierenden Ausschüttungssperre nach § 268 VIII HGB zuzuschreiben. Es verwundert daher, dass der Gesetzgeber diesen Weg vorliegend zumindest nicht im Sinne einer vergleichbaren vollumfänglichen Ausschüttungssperre trotz des bewussten Ausweises von unrealisierten Gewinnen gegangen ist. Diese Entscheidung begründet der Gesetzgeber trotz der grundlegenden Dokumentationspflichten und der fraglichen steuerbilanziellen Nachzeichnung[657] damit, dass der Unterschiedsbetrag zwischen den nach GoB eingebuchten Anschaffungskosten und den höheren zum Bilanzstichtag ausgewiesenen *fair values* nicht oder zumindest schwer feststellbar sei und sich daher einer direkten Ausschüttungssperre entziehe. Als so genanntes Surrogat für die Ausschüttungssperre in § 268 VIII HGB und der Begrenzung der Gewinnabführung nach § 301 AktG bedient sich der Gesetzgeber alternativ zunächst vereinfachend eines pauschalen Risikoabschlags.[658] Der nach den ersten beiden Stufen der Bewertungshierarchie des § 255 IV 1 und 2 HGB ermittelte beizulegende Zeitwert ist hiernach nach § 340e III 1 HGB um einen Risikoabschlag zu kürzen, der den

657 Ob sich die handelsrechtliche Änderung in der Bewertung von Finanzinstrumenten über den Grundsatz der Maßgeblichkeit auf die steuerliche Gewinnermittlung auswirkt, ist umstritten. Einerseits wird die Ansicht vertreten, dass die Maßgeblichkeit wegen des steuerlichen Bewertungsmaßstabes des § 6 I 1 Nr. 2 S. 1 EStG i.V.m. § 5 VI EStG hier nicht greife und die Einbeziehung von unrealisierten Gewinnen in die Besteuerungsgrundlagen nicht länger mit dem Prinzip der Abschnittsbesteuerung und dem Leistungsfähigkeitsprinzip zu vereinbaren ist. Vgl. *Schmidt*, KoR 2008, 1 (5); *Herzig*, DB 2008, 1 (7f.); *Klaus/Pelz*, DB Beil. 1 2008, 24 (25f.); *Velte*, KoR 2008, 61 (72); Auf der anderen Seite kann nach § 6 I 1 Nr. 2 S. 1 EStG statt der Anschaffungs- oder Herstellungskosten als Wertobergrenze auch ein „an deren Stelle tretender Wert" angesetzt werden. Vgl. *Fülbier/Gassen*, DB 2007, 2605 (2609); *Bischoff*, StuB 2007, 887 (888f.).

658 Vgl. RegE BilMoG, BT-Drs. 16/10067, S. 95.

Ausfallwahrscheinlichkeiten der realisierten Gewinne Rechnung tragen soll. Dabei geht der Gesetzgeber davon aus, dass die Bankenaufsicht die Angemessenheit der Berechnungsmethode und der verwendeten Parameter nach den Vorschriften des KWG beurteilt und überwacht.[659] Der Risikoabschlag ist auch dann in voller Höhe zu buchen, wenn er den Nettoertrag vor Erfassung des Risikoabschlags aufzehrt oder übersteigt und zu einem Nettoaufwand führt.[660]

Da der Höhe dieses Risikoabschlags eine bedeutende Rolle im Hinblick auf Kapitalerhaltungsaspekte zukommt, erscheint es zunächst problematisch, dass der Gesetzgeber keine bestimmte Ermittlungsmethode für diesen Risikoabschlag vorgibt und den Instituten gewisse Gestaltungsspielräume verbleiben.[661] Vom Rechtsausschuss wird allein auf die bereits bekannte Basis der internen Risikosteuerung gemäß bankenaufsichtsrechtlicher Vorgaben, also eines *value-at-risk* unter Anwendung finanzmathematischer Verfahren, verwiesen.[662] Da nicht alle Kreditinstitute verpflichtet sind, auch nach der Solvabilitätsverordnung einen *value-at-risk* zu ermitteln, sollte das Konfidenzniveau im Rahmen der *value-at-risk*-Ermittlung stets 99 % betragen. Dies brächte zumindest eine vorsichtige und konservative Abschätzung des Marktrisikos zum Ausdruck.[663]

Ein *value-at-risk*-Abschlag dient aber nicht der bilanziellen Abbildung von erkennbaren Wertbelastungen, die sich bereits im beizulegenden Zeitwert niederschlagen. Vielmehr entspricht er der Höhe nach dem Verlust, der mit einer vorgegebenen Wahrscheinlichkeit innerhalb einer bestimmten Haltedauer in der Zukunft nicht überschritten wird.[664] Der *value-at-risk*-Abschlag soll also den negativen Effekt aus latenten Wertminderungsrisiken reflektieren, was zugleich ein betriebswirtschaftliches Vorsichtsprinzip indiziert, das an die Stelle des transaktionsorientierten Realisationsprinzips tritt.[665] Ziel dieser Risikomessung ist es aber gerade nicht, den theoretisch möglichen Maximalverlust zu bestimmen. Von nicht zu vernachlässigender Bedeutung ist schließlich, dass *value-at-*

659 Vgl. RegE BilMoG, BT-Drs. 16/10067, S. 95; s.a. *Scharpf/Schaber/Löw et al.*, WPg 2010, 439 (449).

660 Vgl. *Scharpf/Schaber/Löw et al.*, WPg 2010, 439 (452).

661 Vgl. *Bieg*, Bankbilanzierung, S. 419.

662 Vgl. RA BilMoG, BT-Drs. 16/12407, S. 92; Ein *value-at-risk* von beispielsweise 10 Mio. EUR bei einer Haltedauer von 1 Tag und einem Konfidenzniveau von 97,5% bedeutet, dass der potentielle Verlust der betrachteten Risikoposition von einem Tag auf den nächsten mit einer Wahrscheinlichkeit von 97,5 % den Betrag von 10 Mio. EUR nicht überschreiten wird. Ein höheres Konfidenzniveau und eine längere Haltedauer haben daher jeweils einen höheren *VaR* zur Folge.

663 Vgl. *Weber*, Modellrisiko bei Value-at-risk-Schätzungen, S. 140.

664 Vgl. *Scharpf*, in: Küting/Pfitzer/Weber, Das neue deutsche Bilanzrecht, S. 242.

665 Vgl. *Gelhausen/Fey/Kämpfer*, Rechnungslegung und Prüfung, § 340e HGB, Rn. 115.

risk-Werte allein Schätzgrößen darstellen, die sich auf ein entsprechendes Referenzniveau beziehen. Systemimmanent ist daher, dass allein Abweichungen berücksichtigt werden, die unterhalb dieses Referenzniveaus liegen.[666] Ob dieser Blick in die Vergangenheit grundsätzlich derartige Aussagen uneingeschränkt auch für die Zukunft gewährleistet, ist im Einzelfall fraglich und dürfte zumindest in Krisenzeiten keine interessengerechte Lösung darstellen. Ein alleiniger pauschaler *value-at-risk*-Abschlag auf den Überhang an unrealisierten Gewinnen bedeutet jedenfalls, verglichen mit einer vollumfänglichen Ausschüttungssperre, ein für die Gläubiger ungleich höheres Risiko.[667] Das Vorhandensein eines aktiven Marktes ist hierbei allein eine notwendige, aber keinesfalls hinreichende Bedingung für die Gültigkeit der Hypothese der jederzeitigen Realisierbarkeit von Gewinnen.

4.5.2.6 Der Sonderposten nach § 340e IV HGB

Die angeführten Kritikpunkte haben den Gesetzgeber wohl auch veranlasst, im Frühjahr 2009, entgegen den Plänen im Referenten- und Regierungsentwurf, mit einem gesonderten Bestand im Fonds für allgemeine Bankrisiken nach § 340g HGB einen weiteren Risikopuffer einzuführen.[668] Hierbei sind in jedem Geschäftsjahr, in dem ein Nettoertrag aus dem Handelsbestand erzielt wurde, nach § 340e IV 1 HGB n.F. mindestens 10 % des Nettoertrags (nach Vornahme des Risikoabschlages i.S.d. § 340e III 1 HGB) in diesen Sonderposten einzustellen und gesondert auszuweisen.[669] Diese Zuführung zu dem Fonds für allgemeine Bankrisiken muss so lange erfolgen, bis 50 % des Durchschnitts der in den vorangegangenen fünf Jahren erzielten Nettoerträge des Handelsbestandes nach *VaR*-Abschlag erreicht worden sind. Gemeint ist an dieser Stelle also der Sonderposten i.S.d. § 340e IV HGB und nicht der gesamte Fonds für allgemeine Bankrisiken. Demnach sind zukünftig im Fonds für allgemeine Bankrisiken zwei unterschiedliche Bestände zu unterscheiden. Zum einen jenen für die allgemeinen Risiken des Geschäftszweigs der Kreditinstitute und zum anderen jenen für die besonderen Risiken aus der *fair value*-Bewertung von Finanzinstrumenten des Handelsbestandes. Obgleich der maximale Zuführungsbetrag im Geschäftsjahr allein auf den gesamten Nettoertrag des Handelsbestandes begrenzt ist, dürfte eine Zuführung über den Mindestbetrag von 10 % des Nettoertrages

---

666 Vgl. *Weber*, Modellrisiko bei Value-at-risk-Schätzungen, S. 138 ff.

667 Vgl. *Helke/Wiechens/Klaus*, DB Beil. 5 2009, 30 (35); *Jessen/Haaker*, DStR 2009, 499 (502); *Mujkanovic*, StuB 2009, 329 (333); a.A. *Scharpf, in: Küting/Pfitzer/Weber*, Das neue deutsche Bilanzrecht, S. 242.

668 Vgl. RA BilMoG, BT-Drs. 16/12407, S. 93.

669 Vgl. *Scharpf/Schaber/Löw et al.*, WPg 2010, 439 (452).

hinaus nicht zu erwarten sein, da dies das Gewinndispositionsrecht der jeweiligen Organe der Gesellschaft einschränken würde.[670]

4.5.2.6.1 *Die Auflösungstatbestände i.S.d. § 340e IV 2 HGB*

Der Sonderposten darf nach § 340e IV 2 HGB nur zum Ausgleich von Nettoaufwendungen des Handelsbestandes oder bei Übersteigen des Durchschnitts der letzten fünf jährlichen Nettoerträge des Handelsbestandes um 50 % aufgelöst werden. Die dargestellten Auflösungsrestriktionen flankieren daher keine Auflösungspflicht, sondern ein Wahlrecht. Wenig verständlich erscheint dagegen die Auffassung des Rechtsausschusses, der eine Auflösung auch dann für zulässig erachtet, wenn kein Handel mehr für das Finanzinstrument feststellbar ist.[671] Die Funktion der Rücklage als pauschaler Risikopuffer kann hierdurch nicht entbehrlich werden, da das Finanzinstrument auf Basis des letzten beizulegenden Zeitwertes fortgeführt wird.[672]

4.5.2.6.2 *Die Durchschnittsermittlung nach § § 340e IV 2 Nr. 2 HGB*

Obgleich diesen Restriktionen im Hinblick auf die Möglichkeit der Auflösung dieses Postens und der Ausschüttung weiterer unrealisierter Gewinne eine nicht zu vernachlässigende Bedeutung zukommt, da durch diesen Fonds zumindest ein Teil der unrealisierten Gewinne einer Ausschüttungssperre unterliegen, hat der Gesetzgeber mit der gewählten Formulierung zumindest nicht ohne Zweifel geklärt, auf welche Geschäftsjahre sich die zweite dargestellte Restriktion des Betrachtungszeitfensters tatsächlich bezieht.

In Betracht kommen hierbei grundsätzlich drei Interpretationsmöglichkeiten: Zum einen könnte mit § 340e IV 2 Nr. 2 HGB auf den Durchschnitt der letzten fünf jährlichen Nettoerträge des Handelsbestandes abgestellt werden. Lange Verlustperioden würden das Betrachtungsfenster entsprechend weit in die Vergangenheit erweitern, da in diesen Jahren kein Nettoertrag i.S.v. § 340e IV 2 Nr. 2 HGB erwirtschaftet wurde. Alternativ käme bei einem weitem Verständnis auch eine Bezugnahme auf die Handelsergebnisse der letzten fünf Geschäftsjahre in Betracht, wobei unerheblich wäre, ob tatsächlich ein Ertrag oder ein Verlust erwirtschaftet wurde. Letztlich könnte aber auch allein auf die letzten fünf Geschäftsjahre abgestellt werden, wobei nur diejenigen Jahre zu berücksichtigen wären, in denen auch ein Überschuss aus den Handelsaktivitäten

---

670 Vgl. *Gelhausen/Fey/Kämpfer*, Rechnungslegung und Prüfung, § 340g HGB, Rn. 130.

671 RA BilMoG, BT-Drs. 16/12407, S. 93.

672 Vgl. *Mujkanovic*, StuB 2009, 329 (330).

ausgewiesen werden konnte, mithin im Falle von Verlustjahren nicht der Durchschnitt von fünf Geschäftsjahren, sondern unter Umständen jener von weniger Jahren entscheidend wäre.[673]

Geschäftsjahr	Handelsergebnis des Geschäftsjahres	Betrachtungszeitfenster i.S.d. letzten fünf jährlichen Nettoerträge	Betrachtungszeitfenster i.S.d. letzten fünf Handelsergebnisse
01	./. 40	--	./. 40
02	20	20	20
03	40	40	40
04	./. 30	--	./. 30
05	60	60	60
06	50	50	--
07	30	30	--
08	./. 50	--	--
Bezugsgröße		**200**	**50**

Tabelle: Ermittlung der Bezugsgröße i.S.v. § 340e IV 2 Nr. 2 HGB[674]

Der Rekurs auf die letzten fünf Geschäftsjahre bietet jedoch immer dann keine sinnvolle Alternative, wenn in diesem Zeitfenster nicht allein in zwei oder drei Jahren, sondern in allen fünf Jahren keine Nettoerträge aus dem Handelsbestand generiert werden konnten.[675] Bei lediglich sporadischen und vereinzelten Verlustjahren wird sich die Höhe des Durchschnitts zudem allein aufgrund von Geschäftsjahren mit außerordentlich hohen Gewinnen merklich unterscheiden, die

673 Vgl. *Gelhausen/Fey/Kämpfer*, Rechnungslegung und Prüfung, § 340g HGB, Rn. 133 mit entsprechenden Beispielsrechnungen.

674 In Abhängigkeit der jeweiligen Konkretisierung des Betrachtungszeitfensters ergeben sich unterschiedliche Bezugsgrößen für den Auflösungstatbestand des § 340e IV 2 Nr. 2 HGB, wobei für die letztgenannte Variante aus Vereinfachungsgründen auf eine Darstellung verzichtet wird. In der erstgenannten Alternative ergäbe sich ein Schwellenwert von 20 (50 % von 200/ 5 Jahre) und im Rahmen der zweiten Alternative lediglich ein Wert von 05 (50% von 50/ 5 Jahre).

675 Ähnl. *Scharpf/Schaber/Löw et al.*, WPg 2010, 439 (453).

nicht in den Fünfjahreszeitraum der letztgenannten Alternative fallen, aber zu den letzten fünf Gewinnperioden i.S.d. ersten Alternative gehören würden. Der Rekurs auf die letzten fünf Handelsergebnisse unabhängig vom jeweiligen Vorzeichen, mithin unter Einbeziehung von Verlustjahren, verkleinert den Referenzwert erheblich und lässt sich zudem nur schwer mit dem Wortlaut des § 340e IV 2 Nr. 2 HGB vereinbaren, der jedenfalls auf die letzten „Nettoerträge" abstellt.

Die erste Alternative stellt hingegen auch nach längeren Perioden mit geringen Verlusten einen entsprechenden Durchschnitt sicher, wenn in der Vergangenheit Überschussjahre existierten und somit nichtrealisierte Gewinne vereinnahmt wurden. Freilich bietet in diesem Szenario § 340e IV 2 Nr. 1 HGB einen alternativen Auflösungsgrund. Dem Sinn und Zweck der Vorschrift, dem Risiko von Gewinnausschüttungen von nicht realisierten Bewertungsgewinnen aus einer Geschäftstätigkeit mit volatilen Ergebnissen entgegenzuwirken, wird jedoch diese, dem Wortlaut näherstehende Interpretation deutlich besser gerecht.

4.5.2.7 Ausschüttungssperre vs. pauschaler Risikoabschlag und Rücklage

Der dargestellte Posten hat somit die Wirkung einer Ausschüttungssperre, die sich jedoch nicht auf die unrealisierten Erträge als solches bezieht, sondern allein auf einen pauschalen Anteil i.H.v. mind. 10 % der Nettoerträge aus dem Handelsbestand. Es können zwar folglich auch bereits realisierte Erträge aus dem Handelsbestand im Fonds für allgemeine Bankrisiken enthalten sein, die in künftigen Geschäftsjahren auch tatsächlich für eine etwaige Verlustverrechnung zur Verfügung stehen, jedoch kann die lediglich pauschale Zuführung zu einem Reservefonds auch unter der oben dargelegten Auslegung des Auflösungstatbestandes unterm Strich nur schwerlich überzeugen. Die doppelte aber leider jeweils halbherzige Sicherung der unrealisierten Bewertungsgewinne durch den Risikoabschlag einerseits und der Dotierung eines Sonderpostens andererseits kann einer konsequenten Ausschüttungssperre, basierend auf den unrealisierten Gewinnen, nicht ebenbürtig sein.[676] Richtigerweise dürfen aber unrealisierte Erträge niemals für eine Ausschüttung zur Verfügung stehen. Etwaige zweifelhafte Vereinfachungen können die getroffenen Maßnahmen in Anbetracht der Nichtrückholbarkeit der vollzogenen Auskehrungen an die Anteilseigner nicht rechtfertigen. In Erinnerung soll hierbei auch gerufen werden, dass selbst im Fall der Unterbindung von Ausschüttungen unrealisierter Bewertungsgewinne mittels

---

676 Vgl. *Helke/Wiechens/Klaus*, DB Beil. 5 2009, 30 (35f.); *Mujkanovic*, StuB 2009, 329 (333).

einer strikten Ausschüttungssperre gewinnorientierte Bonuszahlungen nicht unterbunden werden können. Das Management kann aber zumindest in diesem Fall vom Druck der Gesellschafter zu hohen Ausschüttungen befreit werden. Mit der im BilMoG für Kreditinstitute vorgesehenen punktuellen Konkretisierung des Realisationsprinzips unter Einschluss eines vermeintlich quasi sicher realisierbaren Ertrags aus der Zeitwertbewertung des Handelsbestandes an Finanzinstrumenten verschiebt sich der Interessenausgleich zwischen den Anteilseignerinteressen und jenen der Gläubiger im Rahmen der Kapitalerhaltung deutlich zu Lasten der Gläubiger.[677] Eine Neuinterpretation des Realisationsprinzips kann jedoch durch die Neuregelung auch insoweit nicht verbunden sein.

4.5.3 Die Bilanzierung von *financial assets* nach IFRS

Fast offensichtlich ist an dieser Stelle, dass die dargestellte Konzeption der Zeitwertbewertung von Finanzinstrumenten des Handelsbestandes den IFRS entlehnt ist. Hervorzuheben ist jedoch, dass die dargestellten Änderungen auf Drängen der handelsaktiven, international ausgerichteten Kreditinstitute, vertreten durch den Zentralen Kreditausschuss, vorangetrieben wurden. Da jene Institute jedoch ohnehin regelmäßig Abschlüsse nach IFRS aufstellen, erscheint nicht allein die Informationsfunktion, sondern vielmehr auch die Zahlungsbemessungsfunktion des handelsrechtlichen Jahresabschlusses Triebfeder dieser Interessenvertreter gewesen zu sein. Offenbar sahen diese ihre internationale Wettbewerbsfähigkeit nur dann als gewahrt an, wenn realisierbare Gewinne nicht allein in IFRS-Abschlüssen abgebildet werden, sondern aufgrund ihrer Berücksichtigung im handelsrechtlichen Jahresabschluss auch als Ausschüttungsbeträge zur Verfügung stehen.[678]

4.5.3.1 Grundlagen

Die Darstellung der korrespondierenden Bilanzierungsvorschriften nach IFRS zur Bilanzierung von Finanzinstrumenten begegnet jedoch insoweit gewissen Schwierigkeiten, als der entsprechende Standard IAS 39 zum einen ein komplexes Bewertungssystem vorgibt, das an dieser Stelle in Anbetracht der Bedeutung dieser Bewertungskonzeption nicht gänzlich unterschlagen werden soll, und zum anderen mit IFRS 9 ein neuer Rechnungslegungsstandard auf dem Vormarsch ist, der schrittweise IAS 39 ablösen wird und im Vergleich zu den be-

677 Vgl. *Haaker*, ZGR 2010, 1055 (1070).

678 Vgl. *Bieg*, Bankbilanzierung, S. 419.

reits dargestellten Modifizierungsvorhaben auch relativ weit vorangeschritten ist.

Die relevanten Vorschriften zur bilanziellen Behandlung von Finanzinstrumenten verteilen sich im Wesentlichen auf drei Standards. IFRS 7 enthält hierbei Vorschriften zu den entsprechenden Anhangangaben. IAS 32 behandelt die Darstellung, während die hier interessierenden Regelungen zum Ansatz und der Bewertung sich bislang im IAS 39 wiederfinden. Für die IFRS-Bilanzierung von Banken gab es bis 2006 mit IAS 30 „*Disclosures in the Financial Statements of Banks and Similar Financial Institutions*" einen eigenen Standard, der sich jedoch schon seinerzeit allein auf den Regelungsbereich der Gliederungsvorschriften für die Bilanz und die GuV sowie diverse Angabepflichten beschränkte und schließlich in IFRS 7 überführt wurde.[679]

Wie es im Folgenden zu zeigen gilt, sieht weder IAS 39 noch IFRS 9 eine durchgängige Bewertung zum *fair value*, sondern zum Teil auch die Bewertung zu fortgeführten Anschaffungskosten vor. Wird mithin nicht einem *full fair value accounting*, sondern dem so genannten *mixed model* gefolgt, liegt die entscheidende Konzeptionsschwäche in der Abgrenzungsnotwendigkeit zwischen den Finanzinstrumenten.[680]

4.5.3.2 Der Ansatz von *financial assets* nach IAS 39

Finanzielle Vermögenswerte sind nach IAS 39.14 i.V.m. IAS 39.AG34 in der Bilanz anzusetzen, wenn das Unternehmen Vertragspartei über diesen Vermögenswert wird. Im Gegensatz zum überholtem Handelsrecht und auch zu den grundsätzlichen Vorgaben des *framework* (f. 58) waren und sind daher im Gleichlauf mit dem Handelsrecht nach BilMoG schwebende Verträge auf Finanzinstrumente nicht nur im Verlustfall mit dem *fair value* zu bilanzieren.

4.5.3.3 Die Bewertung von *financial assets* nach IAS 39

Wie dargelegt, folgen die IFRS im Rahmen der Bewertung und insbesondere der Folgebewertung einem ausdifferenzierten Kategorisierungssystem der Finanzinstrumente. IAS 39 setzt bislang voraus, dass die *financial assets* einer von vier Kategorien zugeordnet werden. Abhängig von dieser Klassifizierung erfolgt die Bewertung entweder zu fortgeführten Anschaffungskosten unter Verwendung der Effektivzinsmethode („*amortised cost*") oder zum *fair value*, wobei im *fair*

---

679 S. hierzu *Lüdenbach*, in: Lüdenbach/Hoffmann, IFRS Komm, § 38, Rn. 1 ff.

680 Vgl. *Lüdenbach*, in: Lüdenbach/Hoffmann, IFRS Komm, § 28, Rn. 3.

value-Fall zu entscheiden ist, ob Wertänderungen erfolgswirksam über die GuV oder erfolgsneutral gegen das Eigenkapital zu buchen sind.[681]

4.5.3.3.1 Klassifizierungen

Zu unterscheiden gilt es hierbei einerseits die Kategorie der Darlehen und Forderungen („*loans and receivables*"), die nicht an einer Börse oder einem anderen aktiven Markt notiert sind und zu fortgeführten Anschaffungskosten bewertet werden. Diese sowie die Kategorie der nach IAS 39.9 bis zur Endfälligkeit gehaltenen finanziellen Vermögenswerte („*held to maturity investments*") auf der anderen Seite, die ebenfalls zu fortgeführten Anschaffungskosten bewertet werden, werden im Folgenden nicht näher behandelt.[682] Im Handelsrecht sind die einzelnen Vermögensgegenstände bekanntermaßen in Abhängigkeit ihrer intendierten Verbleibdauer im Unternehmen, dem Anlage- oder dem Umlaufvermögen zuzuordnen.

Im besonderen Fokus dieser Analyse stehen dagegen die Kategorien jener Finanzinstrumente, die zu Handels- bzw. Spekulationszwecken gehalten werden („*trading assets* oder *financial assets at fair value through profit or loss*"), mithin die hier interessierenden Finanzinstrumente, die nach deutschen Normen dem Umlaufvermögen zuzuordnen sind und der Bewertung nach § 340e III HGB n.F. unterliegen, sowie jene Finanzinstrumente, die der vierten Kategorie der zur Veräußerung verfügbaren *financial assets* („*available for sale*") i.S.v. IAS 39 zugeordnet werden können.

Sowohl die *trading assets* als auch die *available for sale assets* sind mit dem *fair value* zu erfassen, wobei die Wertänderungen im Rahmen der Folgebewertung der *available for sale assets* im Gegensatz zu den *trading assets* nicht erfolgswirksam, sondern erfolgsneutral gegen das Eigenkapital zu buchen sind. Eingang in die GuV finden die Wertänderungen erst zum Veräußerungszeitpunkt, mithin erst nach erfolgter Realisation, oder im Falle einer Abschreibung.

Darüber hinaus hat der Bilanzierende die Möglichkeit, jedes beliebige Finanzinstrument unwiderruflich zum beizulegenden Zeitwert anzusetzen. Diese so genannte Designation setzt voraus, dass es zu einer Erhöhung der Relevanz der Abschlussinformation, zu einer Komplexitätsreduktion oder alternativ zu einer Erhöhung der Zuverlässigkeit der Bewertung kommt.[683]

---

681 Vgl. *Petersen/Bansbach/Dornbach*, IFRS Praxishandbuch, S. 172.

682 S. hierzu beispielsweise *Bieg/Hossfeld/Kußmaul/Waschbusch*, HdB. der Rechnungslegung nach IFRS, S. 159 ff.

683 Vgl. *Ruhnke*, Rechnungslegung nach IFRS und HGB, S. 499.

Zusammenfassend hat der Bilanzierende im Rahmen der Systematik der IFRS zu prüfen, ob es sich um ein Derivat handelt, das grundsätzlich stets zum *fair value* zu bewerten ist. Soweit ein originäres Finanzinstrument vorliegt, ist im nächsten Prüfungsschritt eine zwingende Einordnung in die Kategorie *held for trading* bzw. *trading assets* vorzunehmen, wenn eine kurzfristige Veräußerungsabsicht besteht oder das Finanzinstrument Teil eines Handelsportfolios ist. Sind diese Voraussetzungen nicht gegeben, kann das *financial asset* im Rahmen der dargestellten *fair value*-Option der *fair value*-Bewertung unterworfen werden, sofern die Voraussetzungen hierfür erfüllt sind. Ist dies nicht der Fall oder nimmt der Bilanzierende diese Option nicht wahr, ist letztlich zu prüfen, ob das *financial asset* durch feste oder bestimmbare Zahlungen gekennzeichnet ist, so dass eine Einstufung als *loans and receivables* oder *held to maturity investments* in Betracht kommt oder alternativ der Auffangkategorie *available for sale* zuzuordnen ist.[684] Wie im Handelsrecht ist bei allen Klassifizierungen grundsätzlich auf die ursprüngliche, beim Erwerb gegebene Absicht abzustellen.

Der etwas irreführenden Systematik folgend sind nach IAS 39.43 grundsätzlich alle *financial assets* im Zeitpunkt der erstmaligen Erfassung mit ihrem *fair value* anzusetzen. Dieser ermittelt sich als Summe aus den Anschaffungskosten und den direkt zurechenbaren Anschaffungsnebenkosten. Dies gilt jedoch nicht für die *trading assets*, die erfolgswirksam zum *fair value* zu bewerten sind. Etwaige Anschaffungsnebenkosten sind hierbei als Aufwand der Periode zu erfassen. Wie gezeigt, ist auch in diesem Punkt ein Gleichlauf im Rahmen der Zugangsbewertung von Finanzinstrumenten des Handelsbestandes nach Handelsrecht festzustellen.

Anknüpfend an die Erfolgswirksamkeit der Buchung fallen erfolgswirksame außerplanmäßige Abschreibungen und Zuschreibungen ebenfalls nur dort an, wo nicht ohnehin erfolgswirksam zum *fair value* bilanziert wird.

4.5.3.3.2 Reklassifizierungen

Nicht unerwähnt sollen an dieser Stelle auch die Regelungen zur Umgliederung bleiben. Die jüngsten Modifizierungen in diesem Bereich reflektieren eine höchst ambivalente Seite der *fair value*-Bewertung von Finanzinstrumenten. Diese führt bekanntlich in Aufschwungphasen zu gern gesehenen, erhöhten Gewinnausweisen und gern vereinnahmten Gewinnauskehrungen, die den Wünschen von Aktionären und Managern gleichermaßen entgegenkommen. Auf der

---

684 Vgl. *Bieg/Hossfeld/Kußmaul/Waschbusch*, HdB. der Rechnungslegung nach IFRS, S. 163f.

anderen Seite verursacht diese Bewertungsmethode in Krisenzeiten eine sich selbst verstärkende Abwärtsspirale, da die vielfältig miteinander verbundenen Unternehmen zu zeitnahen Abwertungen ihrer *financial assets* gezwungen sind.[685]

Diese Kehrseite der Zeitwertbilanzierung kann aber gerade auch hinsichtlich einer vorsichtigen Ermittlung des Schuldendeckungspotenzials in Rezessionszeiten durchaus zweckmäßig, wenn auch für die Unternehmensseite unerwünscht sein. Die IFRS wiesen folgerichtig, dem „Grundsatz der Stetigkeit" folgend, bislang allein restriktive Möglichkeiten zur Reklassifizierung auf, damit sich der Bilanzierende der *fair value*-Bewertung in Krisenzeiten nicht entziehen kann. Im Einzelnen bestand allein unter den nach IAS 39.50 ff. festgelegten Beschränkungen die Möglichkeit zu einer solchen Reklassifizierung. Eine Umwidmung aus der Kategorie der *trading assets* oder der erfolgswirksam zum beizulegenden Zeitwert designierten *financial assets* in andere Kategorien ist daher grundsätzlich unzulässig, da die Handelsabsicht zum Erwerbszeitpunkt bzw. die freiwillige Einordnung in diese Kategorie das maßgebliche Zuordnungskriterium ist.[686] Im Oktober 2008 veröffentlichte das IASB jedoch vor dem Hintergrund der Finanzmarktkrise einen Änderungsstandard zu IAS 39 und IFRS 7, der noch im selben Monat von einer entsprechenden EG-Verordnung flankiert wurde und auf diesem Wege für die unmittelbare nationale Rechtswirkung sorgte. Nach den nunmehr modifizierten Regelungen wird das in IAS 39.50 verankerte generelle Umklassifizierungsverbot stark abgemildert. Für alle erfolgswirksam bewerteten Finanzinstrumente, die zu Handelszwecken gehalten werden und keine Derivate oder designierte *financial assets* sind, besteht unter bestimmten Voraussetzungen das Wahlrecht, einer sogar rückwirkenden Zuordnung zum 01. Juli 2008 zu einer der anderen Kategorien und somit einer Bewertung zu Anschaffungskosten anstelle des niedrigeren *fair value*.[687] Dieses Umklassifizierungswahlrecht gemäß IAS 39.50 (c) besteht allerdings zumindest formell nicht ohne Einschränkungen, sondern darf nur unter so genannten „*rare circumstances*" i.S.v. IAS 39.50B ausgeübt werden. Dies Vorgehensweise soll eine restriktive Handhabung sichern und spielt auf Situationen, wie die vergangene Finanzkrise, an.[688] Bei der Deutschen Bank AG führte diese Umgliederungsmöglichkeit beispielsweise dazu, dass sie im dritten Quartal 2008 außer-

---

685 Vgl. *Gelen*, PiR 2010, 194 (194).

686 Vgl. *von Oertzen*, in: Bohl/Riese/Schlüter, IFRS-Handbuch, § 3, Rn. 72f.

687 Eine nachträgliche Zuordnung eines *financial asset* in die Kategorie *trading assets* ist auch weiterhin nicht zulässig.

688 Vgl. *Bieg*, Bankbilanzierung, S. 421; *von Oertzen*, in: Bohl/Riese/Schlüter, IFRS-Handbuch, § 3, Rn. 79.

planmäßige Abschreibungen in Höhe von 825 Mio. € vermeiden und nur auf diese Weise einen Quartalsgewinn ausweisen konnte.[689]

In Anlehnung an diese Regelungen gewährt auch der deutsche Gesetzgeber eine Umgliederung aus dem Handelsbestand in den Anlagebestand bzw. in die Liquiditätsreserve nach § 340e III 3 HGB in den Fällen, in denen „außergewöhnliche Umstände, insbesondere schwerwiegende Beeinträchtigungen der Handelbarkeit der Finanzinstrumente, zu einer Aufgabe der Handelsabsicht durch das Kreditinstitut führen".

Die getroffenen Maßnahmen sowohl des internationalen als auch des nationalen Gesetzgebers unterstreichen die Tatsache, dass eine uneingeschränkt ergebniswirksame *fair value*-Bewertung nicht allein hinsichtlich der Findung einer Ausschüttungsgröße problematisch ist, sondern selbst den Befürwortern in Krisenzeiten nicht angemessen erscheint. Die Flucht in die Bewertung zu fortgeführten Anschaffungskosten à la HGB gewinnt in diesen Szenarien wieder an Attraktivität.[690] Dabei geben die IFRS selbst mit der Bewertungskategorie *available for sale* einen interessanten Mittelweg vor. Die erfolgsneutrale Bewertung zum *fair value* - bis zum Abgang sind *fair value*-Änderungen bis auf Wertberichtigungen zunächst erfolgsneutral in einem gesonderten Posten im Eigenkapital zu erfassen[691] - verhindert zum einen eine zu starke Volatilität bei gleichzeitiger Befriedigung der Informationsinteressen und wäre schließlich geeignet, noch nicht realisierte Bewertungsgewinne von einer Gewinnausschüttung und im Rahmen der Bemessung von Managergehältern auszunehmen.[692] Als Kritikpunkt verbleibt selbstverständlich, dass sich die bilanziell ermittelten *fair values* auf dem Markt unter Umständen nicht realisieren lassen und das Kriterium der Nachhaltigkeit im Rahmen der Wertermittlung an Bedeutung verliert.

Nach diesen Erfahrungen kann grundsätzlich konstatiert werden, dass bilanzrechtliche Vorschriften Finanzkrisen weder verhindern noch verursachen, diese jedoch verstärken können. Die zukünftige Debatte über Bilanzierungsre-

---

689 Vgl. *Gelen*, PiR 2010, 194 (197f.); *Bieg*, Bankbilanzierung, S. 421.

690 Nicht unerwähnt bleiben soll, dass die Lockerung der IFRS nicht allein Opportunitätserwägungen gerecht werden sollte, sondern auch stets hervorgehoben wurde, dass hiermit nachgezeichnet werden sollte, was FASB und SEC wenige Tage zuvor durch ihre Klarstellung der entsprechenden US-GAAP vorgemacht haben, um entsprechende Wettbewerbsnachteile zu verhindern. Ein gewisser politischer Druck ist daher sicher nicht zu verleugnen. Vgl. *Schildbach*, DStR 2008, 2381 (2381); FAZ v. 14.10.2008, S. 17.

691 Vgl. *Kuhn/Scharpf*, Rechnungslegung von Financial Instruments, S. 277.

692 Vgl. *Gelen*, PiR 2010, 194 (198); *Ruhnke*, Rechnungslegung nach IFRS und HGB, S. 520.

geln darf auch aus diesem Grund nicht davon bestimmt sein, Banken zu versprechen, ihre Bilanzen nach Bedarf gestalten zu können. Kurzfristig „aufgehübschte“ Bilanzen entfernen sich hierbei radikal von den GoB des Handelsrechts.

4.5.3.4 Anstehende Reformvorhaben im Rahmen der Bilanzierung von Finanzinstrumenten nach IFRS 9

Die bis hierhin dargestellten Regelungen dienten zwar in vielerlei Einzelpunkten dem Gesetzgeber und der Literatur als Vorbild bzw. Interpretationshilfe, jedoch wird zugleich deutlich, dass eine entsprechend enge konzeptionelle Übernahme des IAS 39 nicht gewollt war und daher auch ausgeblieben ist. Hintergrund hierfür ist wohl u.a., dass das IASB seinerseits bereits seit einiger Zeit eine vollständige Ablösung des IAS 39 durch einen neuen Standard IFRS 9 anstrebt. Mit diesem IFRS 9 wird zurzeit das so genannte *IAS-Replacement*-Projekt vorangetrieben.[693] Die erstmalige verpflichtende Anwendung der neuen Vorschiften ist für Geschäftsjahre, die am oder nach dem 01.01.2015 beginnen, vorgesehen. An der bisherigen Konzeption des *mixed model* soll in vereinfachter Form zumindest grundsätzlich festgehalten werden. Auch die Vorgaben zum Zeitpunkt des erstmaligen Ansatzes bleiben unverändert.

4.5.3.4.1 Die Neustrukturierung der Klassifizierungskriterien nach IFRS 9

Im Rahmen der Klassifizierung enthält der neue Standard jedoch eine Reduktion der gegenwärtig vier Kategorien von *financial assets* auf nur noch zwei. Diese sind nach IFRS 9.4.1.1 auch zukünftig entweder zu fortgeführten Anschaffungskosten oder zum *fair value* zu bewerten. Die vierschichtige Kategorisierung konnte die *fair value*-Bewertung jedoch bislang gerade deshalb rechtfertigen, da auf diese Weise traditionelle und moderne Bewertungsansätze ihren Stärken und Schwächen entsprechend eingesetzt wurden. Das IASB sah sich nunmehr veranlasst diese Kompromisslösung in eine einfachere, zweischichtige Lösung zu überführen.[694]

---

693 Nachdem das IASB am 12.11.2009 erstmals einen endgültigen Standard des IFRS 9 zur Klassifizierung und Bewertung finanzieller Vermögenswerte veröffentlicht hat, wurde dieser Standard am 28.10.2010 um Regelungen zur Bilanzierung finanzieller Verbindlichkeiten erweitert. Die erste Phase „*Classification and Measurement*“ dieses Projekts konnte damit bereits abgeschlossen werden. Die zweite Phase „*Impairment Methodology*“ und dritte Phase „*Hedge Accounting*“ stehen kurz vor ihrem Abschluss.

694 Vgl. *Schildbach*, DStR 2008, 2381 (2381).

Eine Einordnung in die Kategorie *amortised cost* ist hierbei zukünftig nur möglich, wenn das *financial asset* in einem Portfolio gehalten wird, mit dessen so genannten *business model* das Ziel verfolgt wird, die darin befindlichen Vermögenswerte zur Erzielung von vertraglichen Zahlungsströmen zu halten. Die Klassifizierung der *financial assets* erfolgt danach anders als bisher unter IAS 39 zunächst nicht am einzelnen Geschäft, sondern richtet sich nach dem grundsätzlichen Geschäftsmodell, als dessen Bestandteil das betrachtete Instrument nunmehr anzusehen ist. Insofern kommt zukünftig der Definition dieser Geschäftsmodelle und der Zuordnung der Instrumente im laufenden Prozess eine entscheidende Bedeutung für die Bilanzierung zu.[695]

4.5.3.4.2 Die Zugangsbewertung nach IFRS 9

Im Einzelnen bedeutet dies zunächst, dass eine Einordnung in die Kategorie *amortised cost* nach IFRS 9.4.2 nur bei kumulativer Erfüllung folgender Kriterien möglich ist: Zum einen muss das *financial asset* auf der Basis der erwarteten Zahlungsströme verwaltet und überwacht werden („*instrument managed on a contractual yield basis*“) und zum anderen müssen die wesentlichen Elemente der *financial assets* und Schulden von grundlegender Natur sein und keine komplexen Elemente beinhalten („*instrument has only basic loan features*“).[696] Alle übrigen *financial assets*, die keines oder nur eines dieser Kriterien erfüllen, sind nach IFRS 9.4.4 im Sinne einer Auffangkategorie mit dem *fair value* zu bewerten.[697]

4.5.3.4.3 Die Folgebewertung nach IFRS 9

Im Rahmen der Folgebewertung gilt es weiterhin, die Eigenkapitalinstrumente von den übrigen *financial assets* zu unterscheiden. Sofern diese nicht zu Handelszwecken gehalten werden, können die *fair value*-Änderungen nach IFRS 9.5.4.4 bzw. IFRS 9.B5.12 entweder erfolgswirksam oder auch erfolgsneutral gebucht werden. Im Rahmen der erfolgsneutralen Bewertung soll jedoch entgegen den dargestellten Vorgaben des IAS 39 bei Abgang keine erfolgswirksame Umbuchung stattfinden.[698] Sofern es sich um Eigenkapitalinstrumente handelt, die zu Handelszwecken gehalten werden, oder um *financial assets* mit

695 Vgl. *Gehrer/Krakuhn/Tietz-Weber*, IRZ 2011, 87 (87).

696 Vgl. *Wenk/Straßer*, PiR 2010, 102 (103).

697 Vgl. *Lüdenbach*, in: Lüdenbach/Hoffmann, IFRS Komm, § 28, Rn. 328.

698 Vgl. *Wenk/Straßer*, PiR 2010, 102 (105).

komplexen Vertragsbestandteilen, müssen alle Wertänderungen erfolgswirksam in der GuV berücksichtigt werden.[699]

Die entscheidenden Änderungen im Rahmen der *classification of financial instruments* durch IFRS 9 ergeben sich daher durch die Reduktion der Bewertungskategorien im Rahmen der angestrebten Komplexitätsreduktion. Ob und inwieweit IFRS 9 eine Erweiterung der *fair value*-Bewertung bewirkt, kann wohl nicht grundsätzlich beantwortet werden, da hierfür die Strukturen der einzelnen Unternehmen entscheidend sind. Jedenfalls dürften sich für die hier interessierende Gruppe der *trading assets* keine großen Änderungen ergeben. Selbstverständlich bietet die notwendige Reklassifizierung aber auch Raum für Gestaltungsmöglichkeiten. Die Annahme des Standards durch die Europäische Kommission steht zurzeit aufgrund von Nachbesserungsforderungen aus. Gefordert wird interessanterweise eine stärkere Abgrenzung zwischen den Bewertungsmodellen, aber vor allem eine im Ergebnis deutlich stärkere Bilanzierung zu fortgeführten Anschaffungskosten, da die EU-Kommission hierin den Schlüssel zu mehr Stabilität an den Finanzmärkten sieht.[700]

4.5.4 Exkurs: Die Eigenkapitalanforderungen nach Basel III

Ganz im Gegensatz zu der wohl vorherrschenden Tendenz des „*race to the bottom*" hinsichtlich der Kapitalausstattung der Unternehmen in Europa stehen die Maßnahmen im Rahmen des geplanten Regelwerks Basel III.[701] Im Vordergrund dieses Maßnahmenpaketes steht jedoch nicht die Erhöhung einer Nennkapitalziffer, sondern vielmehr die Sicherstellung einer ausreichenden Qualität des Eigenkapitals, mithin der Werthaltigkeit dieses Postens. Nicht allein vor dem Hintergrund des BilMoG wird daher von der Bankenaufsicht für den Banken-

---

699 Vgl. *Kuhn*, IRZ 2010, 103 (104f.).

700 Vgl. Schreiben der EU-Kommission v. 04.11.2009, abrufbar unter http://ec.europa.eu/internal_market/accounting/ias/revision_en.htm (letzter Abruf 16.02.2014).

701 Die Arbeiten des Baseler Ausschusses für Bankenaufsicht werden grundsätzlich als Empfehlungen für international tätige Kreditinstitute veröffentlicht. Sie haben daher keinen bindenden Charakter, deren Inhalte werden aber regelmäßig mit einigen Anpassungen in die Richtlinien der Europäischen Union überführt. Am 12.11.2010 haben die G 20 den Vorschlag des Baseler Ausschusses für Bankenaufsicht für eine Reform der Baseler Eigenkapitalvereinbarung angenommen. Hierdurch wurde zumindest der Wille bekundet, die verabschiedeten Vorschläge in die nationalen Gesetzgebungsprozesse einzubringen. Vgl. *Schmitt*, BB 2011, 105 (105).

sektor tendenziell eine andere Problemrichtung aufgegriffen.[702] Dies kann nur zum Teil auf die besondere Stellung der Banken in einer modernen Volkswirtschaft als Kapitalsammelstelle und Kreditgeber zurückgeführt werden. Die grundsätzlichen Überlegungen treffen, wenn auch freilich nicht im gleichen Maße, auch auf die Unternehmen im Allgemeinen in Europa zu. Dennoch lassen sich die Vorgaben an die Kapitalausstattung der Banken nur dann richtig einordnen, nachdem man sich bewusst gemacht hat, dass diese Normen das Eigenkapital deutlich stärker in seiner Funktion als Risikobegrenzung aufgreifen und weniger als Risikopuffer. Das Ziel der Verhaltens- bzw. Entscheidungsbegrenzung des Bankmanagements zur Durchsetzung einer Mindestdiversifikation schenken diese Eigenkapitalnormen als bankaufsichtliches Instrumentarium deutlich mehr Gewicht.[703] Insoweit folgen die nachstehend summarisch dargestellten Inhalte der am 16.12.2010 veröffentlichten zwei Rahmenwerke, die unter dem Titel „Basel III" zusammengefasst wurden als Aufsichtsrecht der Banken anderen Ziel- und Schwerpunktsetzungen als das System des Kapitalschutzes im Rahmen des nationalen Gesellschaftsrechts.[704] Hieran anknüpfend hat die Europäische Kommission ihren allgemein als *„Capital Requirements Directive IV"* (CRD IV) bezeichneten Gesetzgebungsvorschlag zur Umsetzung von Basel III am 20.07.2011 vorgelegt, der sich in dem Entwurf einer Richtlinie und einer Verordnung aufteilt.[705] Der Verordnungsentwurf bildet hierbei den eindeutigen Schwerpunkt und sucht im Sinne einer *single rule book* ein möglichst hohes Maß an Harmonisierung zu erreichen, wobei die Basel III-Empfehlungen im Wesentlichen ohne größere Abweichungen umgesetzt werden.[706] Die CRD IV

---

702 In diese Richtung weisen auch die Vorgaben der RL 2009/138/EG über die Aufnahme und Ausübung der Versicherungs- und Rückversicherungstätigkeit. Auch insoweit wird das Ziel verfolgt, die Erst- und Rückversicherungsunternehmen in der EU krisenfest zu machen („*Solvabilität II*"), womit ebenfalls insbesondere neue Eigenkapitalregeln für Versicherungsunternehmen in den Fokus rücken.

703 Vgl. *Rudolph*, ZHR 2011, 284 (286f.).

704 Vgl. BCBS (2010a), Basel III: Ein globaler Regulierungsrahmen für widerstandsfähigere Banken und Bankensysteme sowie BCBS (2010b), Basel III: Internationales Rahmenwerk für die Messung, Einführung von Standards und Überwachung von Liquiditätsrisiken. Ergänzend veröffentlichte das Baseler Komitee am 13.01.2011 ein Konkretisierungsschreiben betreffend der Verlustabsorptionsfähigkeit von *tier 1b*- und *tier 2*-Kapitalinstrumenten von international tätigen Banken im Krisenfall.; abrufbar unter http://www.bis.org/press/p110113.htm (letzter Abruf: 16.02.2014).

705 Vgl. *Seibel*, Die Welt v. 21.07.2011, S. 10.

706 S. zu den einzelnen Abweichungen *Schmitt*, BB 2011, 2347 (2348 ff.); In der Verordnung werden die Basel III-Regelungen zum Eigenkapital, Kontrahentenausfallrisiko, Liquidität und *leverage ratio* umgesetzt sowie die Basel II-Inhalte zur Ermittlung der Mindestkapitalanforderungen für Adressausfall-, Marktpreis- und operationelle Risi-

wird die Richtlinien 2006/48/EG und 2006/49/EG ablösen. Am 03.09.2013 wurde das CRD IV-Umsetzungsgesetz im Bundesgesetzblatt verkündet und somit das deutsche Bankenaufsichtsrecht entsprechend den europäischen Vorgaben angepasst.[707]

4.5.4.1 Das Aufsichtsrecht der Banken unter Basel I und II

Die wesentliche Bedeutung bankaufsichtlicher Vorschriften besteht darin, dass sie maßgeblich die geschäftspolitischen Rahmenbedingungen der Kreditinstitute bestimmen, indem sie in mehr oder minder restriktiver Form die Geschäfts-, die Risikoübernahme- und indirekt auch die Ertragsmöglichkeiten der Institute begrenzen. Basel I enthielt unter dieser Zielsetzung bereits pauschalierte Eigenkapitalanforderung, wonach die Banken Eigenkapital in einer Höhe von mindestens 8 % der Gesamtsumme ihrer Risikoaktiva vorzuhalten hatten.[708] Eine unterschiedliche Gewichtung der Risikoaktiva fand nur sehr begrenzt nach vier Forderungsklassen statt.[709] Mit Basel II wurden die Mindestkapitalregelungen stark überarbeitet. Dies hatte vor allem zur Folge, dass Aktiva sehr viel differenzierter nach den sog. Qualitätsstufen *tier* 1 bis 3 in die Berechnung miteinflossen.

4.5.4.2 Die modifizierten Eigenkapitalanforderungen nach Basel III

Basel III beabsichtigt nun, dieses System der Risikogewichtung grundsätzlich beizubehalten und gleichzeitig die aufsichtliche Eigenkapitaldefinition so zu modifizieren, dass die Anforderungen an die Eigenkapital- und Liquiditätsausstattung deutlich steigen. Ziel ist es, die Qualität der Eigenkapitalelemente zu verbessern und damit die Fähigkeit der Institute Verluste auf „*going concern-Ebene*“ hinzunehmen zu steigern. Es soll somit grundsätzlich überprüft werden,

---

ken integriert. Die CRD-IV-Richtlinie enthält demgegenüber grundlegende Regelungen zu den Voraussetzungen für die Ausübung des Bankgeschäfts, Niederlassungs- und Dienstleistungsfreiheit sowie die Grundsätze für die Bankenaufsicht.

707 Vgl. *Kirchhartz*, GWR 2013, 395 (395 ff.).

708 Der deutsche Gesetzgeber fordert im Rahmen der Umsetzung dieser Vorgaben bisher mit § 10 I 1 KWG a.F. von den Instituten, dass sie angemessene Eigenmittel aufweisen. Nach dem Prinzip der effektiven Kapitalaufbringung können aber vor allem beim regulatorischen Kapital nur solche Eigenkapitalkomponenten berücksichtigt werden, die dem Institut auch tatsächlich zugeflossen und nicht wieder abgeflossen sind. Das Bankenaufsichtsrecht knüpft hieran weiterhin umfängliche Ge- und Verbote an die Unternehmensleitung hinsichtlich der einzugehenden unternehmerischen Risiken. Vgl. *Schäfer*, ZHR 2011, 319 (320 ff.).

709 Vgl. *Meeh/Sattler*, DStR 2005, 1504 (1505f.); *Schmitt*, BB 2011, 105 (105).

ob sich das Institut die potenziellen Verluste auch tatsächlich leisten kann, ohne einen Substanzverlust zu erleiden. Triebfeder dieser neuerlichen Modifizierungen ist die Erkenntnis, dass die Institute während der Finanzmarktkrise trotz eines nur begrenzten Nennkapitals, das sich im Zuge der notwendigen Abschreibungen weiter verringert hat, hohe Kernkapitalquoten ausweisen konnten.[710] Darüber hinaus erwies sich die Verlustabsorptionsfähigkeit zahlreicher Komponenten der Kapitalbasis als nicht ausreichend. Insbesondere der Stellenwert des originären oder sog. „harten" Eigenkapitals, also des eingezahlten Kapitals und der Rücklagen innerhalb des regulatorischen Eigenkapitals, war nach Einschätzung des Baseler Komitees zu gering. Daher soll sich dieses zukünftig aus einem neu definierten Kern- und Ergänzungskapital zusammensetzen, wobei die bisher den Eigenmitteln zurechenbaren Drittrangmittel künftig kein Kapitalelement mehr darstellen sollen.

Da sich hohe Kernkapitalquoten positiv auf die Einstufung durch Ratingagenturen und damit auf das künftige Akquisitions- und Refinanzierungspotential der Institute auswirkt und ein korrespondierendes Interesse dieser Institute an einem möglichst hohen Eigenkapitalausweis besteht, waren erhöhte qualitative Anforderungen an diese Messgröße zu erwarten.[711] Die Beibehaltung des Solvabilitätskoeffizienten in Höhe von 8 % im Rahmen des Basel III-Pakets vermag dagegen aus den gleichen Gründen zu überraschen.

4.5.4.2.1 Die erhöhten Qualitätsanforderungen an das tier 1-Kapital

Das *tier* 1-Kapital wird zukünftig wiederum in zwei Kategorien unterteilt und allein als solches anerkannt, wenn es einem umfassenden Anforderungskatalog gerecht wird. Positive Nettopositionen aus latenten Steuern dürfen beispielsweise zukünftig nur noch bis zu einer bestimmten Grenze berücksichtigt werden. Der *goodwill*, Überschüsse aus Pensionsplänen sowie Investitionen in eigene Stammaktien dürfen dem Eigenkapital sogar gar nicht mehr hinzugerechnet werden. Zudem wird auch die Quote des *tier* 1-Kapitals von bisher 4 % auf 6 % der risikogewichteten Aktiva steigen.

---

710 Vgl. *Schulte-Mattler/Manns*, in: Bantleon/Becker, Risikomanagement und Frühwarnverfahren, S. 83 ff.; *Manns/Schulte-Mattler*, WM 2010, 1577 (1578).

711 Vgl. *Leistikow/Bertelmann*, WM 2012, 731 (731).

4.5.4.2.2 Die erhöhten quantitativen Anforderungen an das „harte" Kernkapital und die Kapitalerhaltungspuffer

Der darin enthaltene Anteil des „harten" Kernkapitals steigt stufenweise ab 2013 von jetzt 2,0 % auf letztlich 4,5 % an.[712] Darüber hinaus müssen die Banken ab 2016 einen zusätzlichen „Kapitalerhaltungspuffer" aus hartem Kernkapital aufbauen, der bis 2019 2,5 % betragen soll und über die bestehenden Mindesteigenkapitalanforderungen hinausgeht. Vergleichbar mit dem dargestellten Sonderposten i.S.v. § 340e IV HGB soll weiterhin ein antizyklischer Kapitalpuffer eingeführt werden, der in konjunkturell guten Zeiten aufgebaut und in schlechten Zeiten aufgezehrt wird. Dauer und Höhe des Kapitalzuschlags sind von den nationalen Aufsichtsbehörden in Abhängigkeit von makroökonomischen Faktoren bzw. deren Abweichung von einem langfristigen Trend zu bestimmen.[713] Durch die Einführung dieses antizyklischen Kapitalpuffers ist der Schutz des Bankensektors und der Realwirtschaft vor systemischen Risiken, die in Zeiten des exzessiven Kreditwachstums entstehen können, intendiert.[714]

Schließlich soll als weiteres Mittel gegen die Prozyklizität neben den Vorschriften zur Eigenkapitalunterlegung eine starre Höchstverschuldungsrate, die so genannte *leverage ratio*, die Zunahme der Verschuldung im Bankensektor begrenzen.[715]

4.5.4.2.3 Die Sanktionen

Nach den Vorstellungen des Verordnungsgebers hat ein Institut, das die kumulierten Kapitalpufferanforderungen nicht erfüllt, der zuständigen Aufsicht einen sog. Kapitalerhaltungsplan vorzulegen.[716] Darüber hinaus unterliegt das Institut in Abhängigkeit des Grads der Nichterfüllung weitergehenden Restriktionen, wie dem Verbot von Ausschüttungen, der Zahlung auf zusätzliche Kernkapitalinstrumente oder dem Eingehen von Zahlungsverpflichtungen hinsichtlich freiwilliger Rentenzahlungen und variabler Vergütungen.[717] Die Höhe des maximal ausschüttungsfähigen Betrages ist somit zukünftig davon abhängig, um

---

712 Vgl. *Rudolph*, ZHR 2011, 284 (317).

713 Vgl. *Weber*, KoR 2011, 49 (57).

714 Vgl. *Schulte-Mattler/Manns*, WM 2011, 2069 (2072f.).

715 Vgl. *Weber*, KoR 2011, 49 (57f.); *Manns/Schulte-Mattler*, WM 2010, 1577 (1579); s.a. BCBS, Basel III, S. 1 ff. abrufbar unter http://www.bundesbank.de/ download/bankenaufsicht/pdf/basel3_capital_rules.pdf (letzter Abruf 12.03.2012).

716 Vgl. EC, COM (2011) 453, Proposal for a Directive v. 20.07.2011, Art. 132.

717 Vgl. EC, COM (2011) 453, Proposal for a Directive v. 20.07.2011, Art. 131; s.a. FAZ v. 14.09.2010, Erleichterung an den Finanzmärkten, S. 16.

wieviel die Anforderungen für den kombinierten Kapitalpuffer überschritten wird. Ausschüttungen, die ihrer Höhe nach zu einer Unterschreitung der Anforderungen für die Kapitalpuffer führen würden, sind jedenfalls bereits grundsätzlich untersagt.[718]

4.5.4.3 Die Interdependenzen zwischen den Vorgaben nach Basel III und BilMoG

Das Zusammenspiel der Vorgaben des BilMoG und der geforderten Kernkapitalquoten hat zur Folge, dass die Verpflichtung zur Zuführung von Beträgen in den Fonds für allgemeine Bankrisiken zwar, wie gezeigt, zumindest teilweise eine Ausschüttung unrealisierter Erträge verhindern kann, aber gleichzeitig bankenaufsichtsrechtlich eine Erhöhung des Kernkapitals zur Folge hat, da dieser Fonds ebenfalls Bestandteil des Kernkapitals ist.[719] Auf diesem durch unrealisierte Gewinne erhöhten Kernkapital kann das Kreditinstitut nun neue Risikopositionen aufbauen, was vor dem Hintergrund der Finanzmarktkrise jedoch kaum intendiert gewesen sein kann. Konjunkturell starke Zeiten mit heftigen Kursgewinnen führen daher zu einer Erhöhung des Spielraums zum Abschluss risikobehafteter Geschäfte, obwohl mangels notwendiger Realisierung diesen Eigenkapitalkomponenten tatsächlich die entsprechende Unterlegung fehlt.

4.5.4.4 Die Konsequenzen für die Kapitalerhaltung der Banken

Die Mitte 2007 am amerikanischen Hypothekenmarkt ausgebrochene *subprime*-Krise, die sich in der Folgezeit weitgehend unerwartet zu einer internationalen Banken- und Finanzkrise und schließlich zu einer Schuldenkrise mehrerer Staaten und zur Eurokrise entwickelte, lassen aber grundsätzlich eine strengere Regulierung der Banken unabdinglich erscheinen. Dass die Eigenkapitaldefinition mehr als ein halbes Dutzend verschiedener Komponenten neben dem klassischen, durch Aktien aufgebrachten Eigenkapital aufweist, ist hinsichtlich der zahlreichen hybriden Kapitalelemente[720] u.a. dadurch bedingt, dass Eigenkapital für das jeweilige Institut unter steuerrechtlichen Gesichtspunkten regelmäßig sehr „teuer“ ist. So wird die Klassifizierung von hybriden Instrumenten unter bankenaufsichtsrechtlicher Behandlung als Eigenkapital einerseits und der steuerrechtlichen Behandlung als Fremdkapital andererseits erst verständlich.[721] Da

718 Vgl. *Schulte-Mattler/Manns*, WM 2011, 2069 (2073).

719 Vgl. *Merkt*, in: Baumbach/Hopt, HGB, § 340g, Rn. 1.

720 S. eing. *Leistikow/Bertelmann*, WM 2012, 731 (731 ff.)

721 Vgl. *Schäfer*, ZHR 2011, 319 (321).

die jeweilige Kategorisierung der jeweiligen Finanzinstrumente in eine Klasse von Eigenkapital von der Ähnlichkeit mit echtem Eigenkapital abhängig ist und somit die Vergrößerung des Verlustpuffers bzw. die Reduktion der Ausfallwahrscheinlichkeit von Gläubigern durch die Anhebung der Kernkapitalquoten intendiert ist, sind diese Modifikationen einschränkungslos zu begrüßen.

Nicht gänzlich unkritisch kann jedoch das Vorhaben betrachtet werden, die Vorgaben aus Basel III im Gegensatz zu Basel I und Basel II nicht mittels einer Richtlinie, sondern über das Instrument der Verordnung umzusetzen. Ein möglichst hohes Maß an Harmonisierung ist zwar grundsätzlich i.S.e. *level playing field* wünschenswert, sie nimmt den nationalen Gesetzgebern jedoch andererseits nicht allein die Möglichkeit einer Aufweichung, sondern auch der Verschärfung der jeweiligen Vorschriften. Mit Spannung wird auch zu beobachten sein, inwiefern die Ausführungserlasse der *European Banking Authority* (EBA)[722] zukünftig nicht allein unwesentliche technische Fragen aufgreifen, sondern vielmehr auch materiell-rechtliche Fragestellungen umfassen werden. Auch an dieser Stelle ist zumindest nicht von der Hand zu weisen, dass durch den Standort London und der logischen Einbindung der EBA in die Netzwerke des Finanzplatzes London sowie der personellen Rekrutierung aus dem UK, an die Stelle deutscher Strukturprinzipien zukünftig angelsächsisch geprägte Regulierungsvorstellungen treten könnten. Ob und welche Auswirkungen ein derartiges Vorgehen für die Kapitalerhaltung im Bankensektor hat, ist bis dato nicht abzusehen. Letztlich darf auch nicht unbesehen bleiben, dass sich das dargestellte Maßnahmenpaket vorrangig an der vorangegangene Finanzkrise orientiert. In Anbetracht der weiteren Bankenkrisen in anderen Ländern mit anderen Ursachen kann zwar der Schluss gezogen werden, dass die richtigen Maßnahmen getroffen wurden, um mögliche Krisenursachen zu minimieren, jedoch keineswegs, dass nunmehr der Bankensektor krisenfest ist.

Die verschärften Anforderungen an die Anrechenbarkeit von Eigenmitteln, die neuen Mindestkapitalquoten, die Einführung einer *leverage ratio* als zusätzliche Risikokennzahl, der Aufbau von zusätzlichen Kapitalpuffern sowie die quantitativen Mindestanforderungen an ein effizientes Liquiditätsrisikomanagement werden jedoch deutlich zur Stärkung der Widerstandsfähigkeit des Bankensektors beitragen und die Wahrscheinlichkeit einer erneuten systematischen Bankenkrise reduzieren. Den wichtigsten Beitrag hierzu steuert die Erhö-

722 Als neue Finanzaufsichtsagenturen sollen die EBA seit dem 01.01.2011 über die Tätigkeiten von Banken und Kreditinstituten, die *European Securities and Market Authority (ESMA)* über den Bereich der Wertpapieraufsicht und die *European Insurance and Occupational Authority (EIOPA)* über das Versicherungswesen und die betriebliche Altersversorgung wachen.

hung der harten Kernkapitalquote bei. Eine flankierende Anhebung des Solvabilitätskoeffizienten von derzeit 8 % um zumindest wenige Prozentpunkte hätte diesen Effekt sogar noch potenzieren können.

4.5.5 Zusammenfassende Würdigung

Finanzinstrumente kennzeichnen bilanziell ein höchst umstrittenes Feld, was zum einen auf deren hohe Bedeutung als Aktivposten in den Bilanzen der Institute zurückzuführen ist und zum anderen die Wahl der jeweiligen Bewertungsmethode besonders deutliche Auswirkungen auf die Informations- und Zahlungsbemessungsfunktion haben. Die zukünftige Bewertung der Finanzinstrumente mit ihrem Zeitwert bedeutet daher nichts weniger als einen Paradigmenwechsel. Der limitierte Adressatenkreis vermag an dieser Beurteilung nichts zu ändern, da mit der Beschränkung der Zeitwertbewertung auf jene Instrumente des Handelsbestandes ohnehin wohl weit überwiegend allein die Kreditinstitute erfasst sind. Obgleich die Hauptbeweggründe des Gesetzgebers wohl in der Vermeidung von Wettbewerbsnachteilen für die deutschen Banken auszumachen ist, kann insbesondere das Nebenargument vorliegend keine Überzeugung finden, dass trotz der Erfahrungen aus der Finanzkrise international keine Abkehr von der *fair value*-Bewertung zu verzeichnen ist. An dieser Stelle hätte es vielmehr einer fundierten Abwägung bedurft, ob sich diese Bewertungskonzeption mit der Zahlungsbemessungsfunktion der Handelsbilanz vereinbaren lässt und inwieweit diese nach den Erfahrungen aus der Finanzkrise noch zeitgemäß ist. Beide Fragestellungen wurden vom deutschen Gesetzgeber jedoch nur unzureichend thematisiert und in die Entscheidungsfindung miteingebunden. Der schlichte Verweis auf die internationale Praxis, die es insoweit scheinbar besser wissen muss, ist in diesem Zusammenhang zumindest insoweit wenig überzeugend.

Fällt die Entscheidung aber, wie vorliegend, zugunsten des Prinzips der Zeitwertbewertung, muss dies konsequenterweise für alle Branchen gelten. Insoweit ergeben sich nicht nur Bedenken hinsichtlich der Vereinbarkeit dieser Beschränkung mit der *fair value*-Richtlinie, sondern ebnet der Annahme den Boden, dass der Gesetzgeber sich an dieser Stelle weitaus mehr mit etwaigen Wettbewerbsnachteilen der Banken auseinandergesetzt hat als mit der Frage, ob sich die Zeitwertbewertung auch tatsächlich in das Handelsrecht einfügen kann oder nicht vielmehr sinnvollerweise zumindest auf den Konzernabschluss zu begrenzen gewesen wäre.

Der zukünftig notwendige Rekurs auf die Marktpreise wird von der Hoffnung gespeist, dass aufgrund der Effizienz der großen liquiden Märkte, diese auch die besten Lieferanten für die notwendigen Zeitwerte darstellen, obgleich nicht allein die jüngsten Zeiten der Baisse, sondern auch etwa die Kursausschläge der VW-Aktie Ende 2008 insoweit die deutlichen Grenzen dieser Annahme aufzeigen. Trotz dieser tiefgreifenden und weitgehend offensichtlichen Bedenken gegen die Zeitwertbewertung sieht der Gesetzgeber darüber hinaus auch von der zunächst für den Bereich der Nicht-Banken vorgesehenen konsequenten Ausschüttungssperre nach dem Modell des § 268 VIII HGB ab und bewendet es bei einem pauschalen Risikoabschlag und einer ebenfalls pauschalen Rücklage. Beide Instrumente sind aber nicht geeignet den Entzug unrealisierter Haftungssubstanz gänzlich zu verhindern, sondern verzerren darüber hinaus die angestrebte Informationsfunktion. Letztlich stehen die unrealisierten Gewinne nicht nur für eine Ausschüttung zur Verfügung, sondern unterliegen zwangsläufig auch der Besteuerung.[723] Die Besteuerung unrealisierter Gewinne lässt sich jedoch mit dem steuerrechtlichen Grundsatz der Tatbestandsmäßigkeit nicht vereinbaren, so dass sich auch insoweit erhebliche Defizite durch die Modifizierung eröffnen. Es bleibt auch insoweit anzumerken, dass die Marktnähe, die mit einem Ausweis der Zeitwerte verbunden ist, den Informationsinteressen der Adressaten zwar regelmäßig besser entsprechen wird als die Befolgung des Anschaffungskostenprinzips, nach Verzicht auf eine kongruente Ausschüttungssperre jene Informationen aber besser außerbilanziell hätten bereitgestellt werden können. Soweit also an dieser Stelle punktuell das Realisationsprinzip kompensationslos durchbrochen wird, verstößt die Zeitwertbewertung von Finanzinstrumenten des Handelsbestandes gegen den Grundsatz der Kapitalerhaltung. Es wird daher deutlich, dass sich diese Bewertungskonzeption nicht allein für den Bereich der Finanzinstrumente des Handelsbestandes nicht friktionslos in das Handelsrecht integrieren lässt, so dass nicht nur im Rahmen der dargestellten Modifizierung, insbesondere im Bereich einer effektiveren Ausschüttungssperre, nachgebessert werden sollte, sondern eine Ausstrahlung auf weitere Vermögensgegenstände *de lege ferenda* vermieden werden sollte.

Entsprechend der Zielsetzung des Gesetzgebers führt die Zeitwertbewertung zwar zu einer deutlich höheren internationalen Vergleichbarkeit durch eine Annäherung an die IFRS, auf der anderen Seite werden aber zugleich weitere rechnungslegungspolitische Gestaltungsspielräume eröffnet, so dass hiermit zumindest nicht zwangsläufig eine Stärkung der Informationsfunktion einhergehen muss. Zusammenfassend lässt sich insoweit konstatieren, dass die Korrektur um den Risikoabschlag und freilich auch die Dotierungspflicht des Fonds für allge-

723 Für Kredit- und Finanzdienstleistungsinstitute wird die Zeitwertbewertung abzüglich eines Risikoabschlags nach § 6 I Nr. 2b EStG in die steuerliche Gewinnermittlung übernommen.

meine Bankrisiken trotz der deutlichen Annäherung für wesentliche Abweichungen zwischen den Rechnungslegungssystemen sorgen wird. Selbiges gilt aufgrund der divergierenden Adressatenkreise und der weitaus komplexeren Bewertungskonzeption nach IFRS, auch wenn insoweit durch IFRS 9 eine deutliche Verschlankung vorgesehen ist. Als weiterer bedeutender Unterschied verbleibt aber auch danach die Möglichkeit zur erfolgsneutralen *fair value*-Bewertung. Ein weitgehender Gleichlauf lässt sich hingegen hinsichtlich der jeweiligen Umgliederungsbestimmungen feststellen.

Die vielfältigen Besonderheiten im Rahmen der Bewertung von Finanzinstrumenten, die zudem weiterhin im besonderen Fokus der Öffentlichkeit stehen, rechtfertigen trotz des teilweisen Blindfluges des Gesetzgebers eine gewisse Achtung, da jedenfalls erkannt wurde, dass unabhängig von der Entscheidung für oder gegen eine Zeitwertbewertung ein eigener Weg gegangen werden muss. Vorbildpotenzial für das Handelsrecht kommt daher weniger den internationalen Vorschriften zu, da bereits im Rahmen der Entwicklung der IFRS for SMEs für diesen Bereich erkannt wurde, dass die bestehenden Regelungen des IAS 39 für Zwecke kleiner und mittelgroßer Unternehmen zu komplex und damit kaum zweckdienlich zur Abbildung der tatsächlichen und wirtschaftlichen Verhältnisse solcher Unternehmen sind. Anderes dürfte auch mit dem neuen Standard IFRS 9 nicht zu erwarten sein. Vielmehr dürfte aber die Erstreckung des Adressatenkreises der Zeitwertbewertung i.S.v. § 340e III HGB auf alle Unternehmen in Verbindung mit einer Ausschüttungssperre i.S.v. § 268 VIII HGB weiterhin im Blickwinkel des Gesetzgebers stehen. Insbesondere für den zu erwartenden Fall, dass sich die Ausschüttungssperre nach § 268 VIII HGB in ihrem jetzigen Anwendungsbereich bewähren sollte, erscheint eine derartige Erweiterung alles andere als unwahrscheinlich, wenn auch nicht vorbehaltlos begrüßenswert. Unabhängig von den dargelegten Bedenken gegen das Prinzip der Zeitwertbewertung wäre dieser Weg zumindest aber weitaus geeigneter dem Grundsatz der Kapitalerhaltung gerecht zu werden.

4.6 Zwischenergebnis

Nachdem der deutsche Gesetzgeber im Jahre 2004 im Rahmen des Bilanzrechtsreformgesetzes eine erste und vorläufige Annäherung der deutschen Rechnungslegungsregeln an internationale Bilanzierungsgrundsätze vorgenommen hat, ist das BilMoG nach den bisherigen Ergebnissen darauf angelegt eine längerfristige, wirksame Balance zwischen der Tradition des HGB und dessen Grundsätzen ordnungsgemäßer Buchführung und den IFRS herbeizuführen. Wie gezeigt werden konnte, ist die Rechnungslegung für den Kapitalschutz unverzichtbar, da auf anderem Wege die jeweiligen Vermögenssphären von Gesellschaft und Gesellschafter nur unvollständig voneinander abgrenzt werden können. Die besondere Aufgabe des Gesetzgebers im Rahmen dieser Bilanzrechtsmodernisierung bestand folglich darin, ein Modernisierungskonzept zu schaffen, dass sich in die national gewachsenen Rahmenbedingungen einfügt. Anhand der dargestellten Änderungen, die in unterschiedlichem Ausmaß auch tatsächlich eine Zurückdrängung des Vorsichtsprinzips zur Folge haben, wird deutlich, dass die These, dass der Zweck einer Rechnung deren Inhalt bestimmt, uneingeschränkt Geltung hat. In der Folge wäre insbesondere als Ergebnis dieser ersten Untersuchungsgruppe zu erwarten gewesen, dass die Verfolgung von zwei annähernd gleichrangigen Bilanzzwecken entweder nur richtigerweise eine parallele Rechnungslegung in Form zweier separater Jahresabschlüsse erforderlich gemacht hätte oder aber die Betonung der Informationsfunktion allein zulasten des Vorsichtsprinzips und den übrigen bewährten Prinzipien des Handelsrechts möglich ist.

Die Ergänzung des nunmehr ebenfalls informationsorientierten Jahresabschlusses um die außerbilanzielle Ausschüttungssperre hat jedoch zumindest hinsichtlich der Modifizierungen der ersten Gruppe den entscheidenden Ausgleich zur punktuellen Zurückdrängung des Vorsichtsprinzips gebracht. Sowohl das Ansatzwahlrecht für selbst geschaffene immaterielle Vermögensgegenstände des Anlagevermögens mit den Entwicklungskosten, die Zeitwertbewertung von zu Handelszwecken erworbenen Finanzinstrumenten oder des Planvermögens sowie die Bewertung von (Pensions-) Rückstellungen mit ihrem abgezinsten Erfüllungsbetrag sorgen für eine punktuelle Angleichung an die IFRS und isoliert betrachtet zu einer Zurückdrängung von Kapitalerhaltungsgrundsätzen. Es ist daher zuvörderst dem Instrument der Ausschüttungssperre zu verdanken, dass diese Tendenz jedenfalls in weit überwiegenden Umfang aufgefangen wird.

Aber auch die bewusste Distanzierung von den IFRS, wie beispielsweise im Bereich des *impairment only approach* oder die Beschränkung der Zeitwertbewertung auf Finanzinstrumente und von Planvermögen stellen insoweit sicher, dass die bestehenden Grundsätze ordnungsgemäßer Geschäftsführung als Stützpfeiler des Kapitalerhaltungsgrundsatzes keiner inhaltlichen Neuinterpration zugänglich sind. Es ist vielmehr zu beobachten, dass im Sinne der Kapitalerhaltung sowohl negative als auch positive Einflüsse auf die einzelnen GoB innerhalb des GoB-Systems wirken, die zwar eine punktuelle Zurückdrängung des Vorsichtsprinzips bedingen, aber diese nicht neu ausrichten.

Diese Diagnose ist zwar grundsätzlich auch im Hinblick auf die bilanzielle Aufwertung der latenten Steuern zu stellen. Als besonders problematisch ist aber der Wegfall der umgekehrten Maßgeblichkeit hervorzuheben, da sich, wie gezeigt werden konnte, durch die fehlende Nachzeichnung verschiedener Geschäftsvorfälle in der Handelsbilanz, das potenzielle Ausschüttungsvolumen erheblich erhöhen kann. Anders als in den übrigen Fallgestaltungen unterliegt dieser Mehrbetrag aber keiner Ausschüttungssperre, die als solches aufgrund der Komplexität und wenig kalkulierbaren Wechselwirkung insoweit wohl auch nicht das passende Instrument zur Kompensation darstellen würde. Der Wegfall von Ansatzwahlrechten im Rückstellungsbereich ist hingegen trotz der dargelegten Bedenken zu begrüßen, da die Qualität der vom Bilanzrecht gesteuerten Kapitalbindung bereits grundsätzlich von der Stringenz des Rechts der Rechnungslegung abhängt.

Es lässt sich daher konstatieren, dass zumindest die Modifizierungen unter Zurückdrängung des Vorsichtsprinzips keine wesentliche Beeinträchtigung des Kapitalschutzes bedingen und das BilMoG einen mutigen eigenen Weg einschlägt, der die Fehlentwicklungen der internationalen Rechnungslegung zumindest weitgehend vermeidet.

5 Die Streichung von Ansatz- und Bewertungswahlrechten

Im Rahmen der zweiten, eingangs beschriebenen Gruppe soll nachfolgend die Kapitalschutzrelevanz der Neuerungen durch die Abschaffung von Ansatz- und Bewertungswahlrechten untersucht werden. Gemein ist diesem Bereich, dass sie eine bessere Vergleichbarkeit der handelsrechtlichen Jahresabschlüsse zu erreichen suchen und auch in diesem Punkt die Darstellung der Vermögens-, Finanz- und Ertragslage stärker als bisher den tatsächlichen Verhältnissen, insbesondere dem tatsächlichen Werteverzehr, entsprechen soll. Wie bereits für den Bereich der weggefallenen Aufwandsrückstellungen erörtert,[724] hat der Gesetzgeber eine Ausschüttungssperre für diesen Bereich für entbehrlich erachtet. Es wird daher nicht lediglich zu untersuchen sein, inwieweit diese Vorgehensweise der Gläubigerschutzfunktion des Jahresabschlusses gerecht wird, sondern auch, ob wiederum lediglich eine Verschiebung der Gestaltungsspielräume erfolgt, die letztlich sogar eine effektivere Bilanzpolitik erlauben. Schließlich soll aber auch nach der grundsätzlichen Ansatzberechtigung bzw. der Berechtigung zur Berücksichtigung von bestimmten Kosten gefragt werden. Ob beispielsweise mit der häufig zu beobachtenden historischen „Evolution" vom Ansatzverbot zum Wahlrecht und letztlich zur Ansatzpflicht auch jeweils eine korrespondierende steigende und sichere Werthaltigkeit einhergeht, erscheint zumindest fragwürdig.

5.1 Die Aktivierung eines derivativen Geschäfts- oder Firmenwertes

Wie auch bereits für den Bereich der selbst geschaffenen immateriellen Vermögensgegenstände gezeigt, geht mit der Technologisierung des wirtschaftlichen Geschehens eine stark wachsende Bedeutung immaterieller Vermögenswerte und somit auch des derivativen Geschäfts- und Firmenwerts einher.[725] Jüngere empirische Erhebungen belegen insoweit, dass in der weit überwiegenden Zahl aller Unternehmenserwerbe ein sog. *goodwill* entsteht.[726] Dies spiegelt sich auch

724 Diese wären freilich auch ohne weiteres dieser Gruppe zuzuordnen gewesen, wurden aber aus systematischen Gründen im Rahmen der weiteren Änderungen im Bereich der sonstigen Rückstellungen dargestellt. Vgl. Kapitel 4.4.1.

725 Vgl. zu den Gemeinsamkeiten und Unterschieden zwischen dem selbst geschaffenem GoF und den immateriellen Vermögenswerten *Velte/Sepetauz*, BC 2010, 349 (350 ff.).

726 Zum Ausweis eines GoF kann es im Einzelabschluss nur bei einem sog. *asset deal* kommen. In diesem Fall werden nicht die Anteile (*share deal*), sondern alle Vermö-

in dem Ausweis eines Geschäfts- und Firmenwertes in deutschen Konzernabschlüssen wieder, wobei nicht allein das ob, sondern vielmehr auch das Volumen von nicht selten einem Vielfachen des Eigenkapitals die Bedeutung dieser Größe für den Jahresabschluss und auch der Ausschüttungsbemessung unterstreicht.[727]

5.1.1 Die Grundlagen der Bilanzierung des Geschäfts- und Firmenwertes nach dem BilMoG

Nach den nunmehr überholten handelsrechtlichen Regelungen des § 255 IV 2 und 3 HGB a.F. stand den Unternehmen bislang ein Wahlrecht zu, einen entgeltlich erworbenen Geschäfts- oder Firmenwert entweder ganz oder teilweise in der Bilanz anzusetzen oder sofort aufwandswirksam zu erfassen.[728] Weiterhin durfte der angesetzte Betrag entweder über vier Jahre oder planmäßig über die voraussichtliche Nutzungsdauer abgeschrieben werden.[729] Es ist daher offenkundig, dass dem Bilanzierenden in vielfältiger und großzügiger Weise Gestaltungsspielräume eröffnet wurden, welche je nach bilanzpolitischem Interesse genutzt werden konnten.

---

gensgegenstände und Schulden des Unternehmens „einzeln" erworben. Auf die Darstellung der Behandlung eines negativen GoF im Jahresabschluss wird an dieser Stelle verzichtet, da er wie zuvor auch nach BilMoG nicht gesetzlich geregelt ist. Vgl. *Ballwieser*, in: Schmidt et al., MüKo HGB, § 255, Rn. 103; krit. *Pellens/Kemper/Schmidt*, ZGR 2008, 381 (403); *Hennrichs*, in: Winkeljohann/Reuther, Bilanzrecht in Familienunternehmen, S. 109; Empirische Analysen bieten bspw. *Küting*, DB 2005, 2757 (2757 ff.); *Bausch/Fritz*, WiSt 2005, 302 (302 ff.); *Focken/Plawky*, KoR 2004, 298 (298 ff.); *Hager/Hitz*, KoR 2007, 205 (205 ff.); *Lachnit/Müller*, KoR 2003, 540 (540 ff.); *Küting*, DStR 2010, 1855 (1855 ff.).

727 Vgl. *Alka*, Theorie und Praxis in der Rechnungslegung; S. 13, 67 ff.; *Küting*, DStR 2010, 1855 (1858 ff.); Die Bedeutung wird bspw. auch durch den im Jahre 2002 ausgewiesenen Rekordfehlbetrag i.H.v. 24, 5 Mrd. € der *Deutschen Telekom* unterstrichen, der zum größten Teil durch außerplanmäßige Abschreibungen auf den GoF zustande kam, die weitestgehend im Zuge der Akquisitionen von Voicestream und Powertel im Geschäftsjahr 2001 entstanden waren. Vgl. Konzern-Zwischenbericht Deutsche Telekom, Januar-September 2002, S. 5f.

728 Vgl. *Adler/Düring/Schmaltz*, Rechnungslegung und Prüfung der Unternehmen, 6. Aufl., § 255 HGB, Rn. 274; *Ellrott/Brendt*, in: Ellrott et al., BeckBilKomm., 6. Aufl., § 255, Rn. 517.

729 Vgl. *Küting/Ellmann*, in: Küting/Pfitzer/Weber, Das neue deutsche Bilanzrecht, S. 286; *Engel-Ciric*, BRZ 2009, 445 (448f.); *Ballwieser*, in: Schmidt et al., MüKo HGB, § 255, Rn. 110 ff.

5.1.1.1 Die bilanzrechtliche Qualität des GoF

Der Ansatz eines entgeltlich erworbenen GoF wird im novellierten Handelsrecht nicht mehr in § 255 IV HGB a.F., sondern in § 246 I 4 HGB n.F. geregelt. Hiernach wird der entgeltliche GoF nunmehr im Wege einer Fiktion zum zeitlich begrenzt nutzbaren Vermögensgegenstand erklärt. Aufgrund des unveränderten Übertrags des § 255 IV 1 HGB a.F. in § 246 I 4 HGB n.F. verbleibt aber die Definition des GoF unverändert.[730] Er repräsentiert daher auch weiterhin den Unterschiedsbetrag, um den die für die Übernahme eines Unternehmens bewirkte Gegenleistung den bilanziellen Wert der einzelnen Vermögensgegenstände abzüglich der Schulden zum Zeitpunkt der Übernahme übersteigt.[731] Allein die Diskussion um die bilanzrechtliche Qualität des GoF kann somit durch die Fiktion nunmehr als beendet angesehen werden.[732]

5.1.1.2 Die Aktivierungspflicht des GoF

Die neue Gesetzessystematik hat zur Folge, dass der entgeltliche GoF aktivierungspflichtig ist und den allgemeinen Bewertungsvorgaben des § 253 HGB unterliegt. Unverändert bleibt insoweit auch das Aktivierungsverbot für den originären GoF, da zwar das ausdrückliche Aktivierungsverbot des § 248 II HGB a.F. gestrichen wurde, jedoch allein der derivative und nicht auch der originäre Firmenwert durch die Fiktion zum Vermögensgegenstand erklärt wurde, gilt für den originären Firmenwert mangels Vermögensgegenstandseigenschaft weiterhin ein implizites Aktivierungsverbot.[733]

---

730 Vgl. *Gelhausen/Fey/Kämpfer*, Rechnungslegung und Prüfung; § 246 HGB, Rn. 3; s. zur näheren Begriffsbestimmung *Alka*, Theorie und Praxis in der Rechnungslegung, S. 5.

731 Vgl. *Kozikowski/Huber*, in: Ellrott/Budde, BeckBilKomm., 7. Aufl., § 247, Rn. 405; *Heyd/Kreher*, BilMoG, S. 51.

732 Vgl. *Kußmaul/Gräbe*, in: Petersen/Zwirner, BilMoG, S. 385; vgl. zum Meinungsstreit *Hoyos/Huber*, in: Ellrott et al., BeckBilKomm., 6. Aufl., § 247, Rn. 400; *Adler/Düring/Schmaltz*, Rechnungslegung und Prüfung der Unternehmen, 6. Aufl., § 255 HGB, Rn. 271f. m.w.N.; *Söffing*, in: Knobbe-Keuk et al., Handelsrecht und Steuerrecht, S. 600; *Arnold*, Die Bilanzierung des Geschäfts- und Firmenwerts, S. 103 ff.

733 Vgl. *Gelhausen/Fey/Kämpfer*, Rechnungslegung und Prüfung; § 246 HGB, Rn. 8; RegE BilMoG BT-Drs 16/10067, S. 48; s.a. § 5 II EStG, der ein ausdrückliches Aktivierungsverbot für das Steuerrecht formuliert.

5.1.1.3 Die Folgebewertung

Nach dem BilMoG erstreckt sich die Folgebewertung nunmehr nach § 253 III HGB n.F. allein auf die voraussichtliche Nutzungsdauer. Auf eine weitergehende Normierung dieser voraussichtlichen Nutzungsdauer wird, wie bisher leider auch, sowohl in den einzelgesellschaftlichen als auch in den konzernrelevanten Regelungen verzichtet.[734] In Anbetracht der Schwierigkeiten, einen Werteverzehr des derivativen GoF zu prognostizieren, wäre eine feste, normierte Abschreibungsdauer erfreulich gewesen, die unter Vorsichtsaspekten selbstverständlich kurz zu wählen gewesen wäre.[735] Die planmäßige Abschreibung über die voraussichtliche Nutzungsdauer diente bereits in der Fassung des § 255 IV 3 HGB a.F. vorrangig lediglich der Möglichkeit, einen Gleichlauf mit der Steuerbilanz zu erreichen.[736]

5.1.1.3.1 Restriktionen im Rahmen der Bestimmung der voraussichtlichen Nutzungsdauer

Wird jedoch eine Abschreibungsdauer von mehr als fünf Jahren angenommen, muss nach § 285 S. 1 Nr. 13 HGB n.F. bzw. § 314 I Nr. 20 HGB n.F. im Anhang über die Gründe der Annahme einer längeren Nutzungsdauer berichtet werden. Der gesetzliche Regelfall sieht damit eine übliche Nutzungsdauer von maximal fünf Jahren vor.[737] Eine darüber hinausgehende Nutzungsdauer ist zwar möglich, erfordert allerdings von dem Bilanzierenden einen sachlichen Nachweis. Es wird daher abzuwarten sein, welche Anforderungen an eine derartige Begründung zu stellen sind. Jedenfalls dürfte ein Gleichlauf mit der steuerrechtlichen Korrespondenzvorschrift des § 7 I 3 EStG, die ausdrücklich eine betriebsgewöhnliche Nutzungsdauer von 15 Jahren vorschreibt, nicht ohne Weiteres zu erreichen sein.[738] Aus Vorsichtsgründen erscheint jedoch, wie dargelegt,

---

734 Für die Schätzung der individuellen betrieblichen Nutzungsdauer können allein die, DRS 4.33 und dem aufgehobenen IAS 22 entlehnten, in den Erläuterungen zum RegE formulierten Anhaltspunkte verwendet werden. Vgl. RegE BilMoG BT-Drs. 16/10067, S. 48; s.a. *Küting/Ellmann*, in: Küting/Pfitzer/Weber, Das neue deutsche Bilanzrecht, S. 286; *Heyd/Kreher*, BilMoG, S. 51; *Bieg/Kußmaul/Petersen/Waschbusch/Zwirner*, Bilanzrechtsmodernisierungsgesetz, S. 40f.; *Engel-Ciric*, BRZ 2009, 445 (449).

735 Vgl. *Velte*, KoR 2008, 61 (72).

736 Vgl. RA BilMoG BT-Drs. 10/4268, S. 101; *Meyer*, Der Geschäfts- oder Firmenwert, S. 14.

737 Vgl. *Mujkanovic*, StuB 2010, 268 (273).

738 § 5 II EStG konstituiert auch für das Steuerrecht ein Aktivierungsgebot für den entgeltlich erworbenen Geschäfts- und Firmenwert. Insofern wird durch die im BilMoG enthaltende Aktivierungspflicht ein Gleichlauf zwischen Handels- und Steuerbilanz hin-

auch eine im Zweifel kürzere Nutzungsdauer vorzugswürdig. Das Gestaltungspotenzial hinsichtlich der Beschreibung des Werteverzehrs in den Bilanzen steht dem Bilanzierenden daher jedenfalls nur leicht eingeschränkt weiterhin im hohen Maße zur Verfügung. Es darf hierbei schließlich nicht außer Acht gelassen werden, dass durch die Aktivierung eines GoF und somit eines Ausweises eines möglichst hohen Ergebnisses und Eigenkapitals in der aktuellen Periode, auf den Bilanzierenden höhere Aufwendungen in den kommenden Jahren zukommen. In welcher Höhe diese das Ergebnis der nachfolgenden Perioden belasten, wird selbstverständlich maßgeblich durch die Nutzungsdauer terminiert.

5.1.1.3.2 Die außerplanmäßige Abwertungen des GoF

Neben der planmäßigen Abschreibung ermöglicht der Gesetzgeber dem Bilanzierenden auch eine außerplanmäßige Abschreibung nach den allgemeinen Grundsätzen. Diese außergewöhnliche Korrektur ist bekanntlich nach § 253 III 3 HGB vorzunehmen, wenn der beizulegende Wert des GoF voraussichtlich dauerhaft unter dem fortgeführten Buchwert liegt. Derartige Wertberichtigungen dürfen jedoch abweichend vom allgemeinen Wertaufholungsgebot nach § 253 V 2 HGB nicht rückgängig gemacht werden, da dies nach der Auffassung des Gesetzgebers eine unzulässige Aktivierung eines selbst geschaffenen GoF darstellen würde und weniger auf eine Wertaufholung des ursprünglich erworbenen GoF zurückzuführen ist.[739] Richtig ist zumindest, dass eine Wertaufholung nicht zweifelsfrei zugeordnet werden kann, so dass das Wertaufho-

---

sichtlich der Ansatzregeln erreicht. Im Rahmen der Folgebewertung ist neben der möglichen Abweichung hinsichtlich der Nutzungsdauer auch zu beachten, dass nach § 6 I Nr. 1 2 EStG grundsätzlich lediglich ein Wahlrecht zur Teilwertabschreibung bei einer voraussichtlich dauernden Wertminderung besteht. Zum Meinungsstreit, ob sich aus dem Maßgeblichkeitsgrundsatz hieraus dennoch eine Abschreibungspflicht ergibt siehe Kapitel 4.2.5.4; s.a. *Herzig/Briesemeister*, DB 2009, 926 (928f.); *Kaminski*, Stbg 2009, 197 (202), *Bieg/Kußmaul/Petersen/Waschbusch/Zwirner*, Bilanzrechtsmodernisierungsgesetz, S. 42; *Pfirmann/Schäfer*, in: Küting/Pfitzer/Weber, Das neue deutsche Bilanzrecht, S. 141.

739 Vgl. RegE BR-Drs. 344/08, S. 124; s.a. *Kußmaul*, in: Küting/Pfitzer/Weber, HdB. Rechnungslegung, § 246, Rn. 19 (Stand: Nov. 2009); *Bieg/Kußmaul/Petersen/Waschbusch/Zwirner*, Bilanzrechtsmodernisierungsgesetz, S. 42; *Pfirmann/Schäfer*, in: Küting/Pfitzer/Weber, Das neue deutsche Bilanzrecht, S. 141; Das Steuerrecht ordnet dagegen mit § 6 I Nr. 1 4 EStG ein prinzipielles Wertaufholungsgebot an. Die richtigerweise angestellten Überlegungen hinsichtlich der Wertauholung im Handelsrecht treffen jedoch gleichermaßen für die steuerliche Gewinnermittlung zu, so dass die Zuschreibungspflicht aus rein „fiskalischen Gründen" nicht überzeugen kann.

lungsverbot im Sinne einer vorsichtigen Bilanzierung begrüßenswert ist.[740] Einer ausschließlich an außerplanmäßigen Abschreibungen orientierten Folgebewertung des entgeltlichen GoF, vergleichbar mit dem dargestellten *impairment only approach* nach IFRS, hat die Bundesregierung in ihrer Stellungnahme zu einer entsprechenden Anregung des Bundesrates eine eindeutige Absage erteilt.[741]

5.1.2 Die Legitimation der Ausschüttungsfähigkeit

Es lässt sich daher zunächst feststellen, dass es durch die Einschränkung des Ansatz- und Bewertungswahlrechtes gelungen ist, weitere bilanzpolitische Gestaltungsmöglichkeiten zu beseitigen oder zumindest zu verschieben. Es stellt sich jedoch vor dem Untersuchungsgegenstand die Frage, ob vorliegend überhaupt Kapitalschutzaspekte berührt sein können, da bereits nach altem Recht die Möglichkeit bestand den derivativen GoF zu aktivieren, was nach ganz überwiegender Ansicht auch zu einer Erhöhung des Ausschüttungspotenzials führte.[742] Weder die Gläubiger noch die Anteilseigner konnten daher bereits bisher verhindern, dass Beträge aus der Aktivierung, gleich in welcher Höhe, ausgeschüttet werden.[743] Dieser Argumentationsstruktur folgend wird in der Literatur vertreten, dass das Wahlrecht auch keinen Gläubigerschutz zur Zielsetzung hat und mithin auch eine Ausschüttungssperre entbehrlich sei.[744]

740 Vgl. *Engel-Ciric*, BRZ 2009, 445 (450); *Mujkanovic*, StuB 2010, 167 (169f.); s.a. bereits *Adler/Düring/Schmaltz*, Rechnungslegung und Prüfung der Unternehmen, 6. Aufl., § 255 HGB, Rn. 287.

741 Vgl. RegE BilMoG BT-Drs. 16/10067, S. 117, 122; *Heyd/Kreher*, BilMoG, S. 51; *van Hall*, in: Kessler/Leinen/Strickmann, HdB. BilMoG, S. 136f; ders. *Köster*, BB 2007, 2791 (2794).

742 Vgl. *Habersack*, in: Ulmer et al., GmbHG, § 30; Rn. 35; *Pentz*, in: Rowedder/Schmidt-Leithoff, GmbHG, 4. Aufl. § 30, Rn. 10; *Heidinger*, in: Michalski, GmbHG, § 30, Rn. 19 unter Verweis auf die Vermögensgegenstandseigenschaft des GoF; a.A. *Lutter/Hommelhoff*, in: Lutter/Hommelhoff, GmbHG, 16. Aufl. § 30, Rn. 15; *Mayer/Vollrath*, in: Priester/Mayer, MünchHdB. GesR, Bd. III, § 52, Rn. 20.

743 Vgl. *Verse*, in: VGR, Gesellschaftsrecht in der Diskussion 2009, S. 79 m.w.N.; a.A. *Westermann*, in: Scholz, GmbHG, § 30, Rn. 18.

744 Vgl. *Hommelhoff*, ZGR 2008, 250 (258); *AK Bilanzrecht der Hochschullehrer Rechtswissenschaft*, BB 2008, 152 (156); *Pellens/Kemper/Schmidt*, ZGR 2008, 381 (403); *Verse*, in: VGR, Gesellschaftsrecht in der Diskussion 2009, S. 79.

5.1.2.1 Die fehlenden Qualifizierungsmöglichkeiten der Werthaltigkeit eines GoF

Hierbei ist jedoch zunächst auf der einen Seite festzustellen, dass sehr wohl ergebnistreibende Effekte dadurch entstehen können, als dass vormals zumindest auch eine sofortige aufwandswirksame Abschreibung nach § 255 IV 1 HGB a.F. möglich gewesen ist. Die verpflichtende Auflösung stiller Reserven trägt daher zu einem Abbau der betrieblichen Haftungsmasse durch einen zumindest potenziellen Anstieg der Ausschüttungsbemessungsgrundlage infolge einer fehlenden Ausschüttungssperre in allen Fällen bei, in denen sonst auf eine Vollaktivierung verzichtet worden wäre.[745]

Weitaus entscheidender in dieser Frage ist jedoch die Rechtsnatur des Geschäfts- und Firmenwerts. Mehr noch als bei den sonstigen immateriellen Vermögensgegenständen ist zu bedenken, dass diesem werthemmende Eigenschaften, wie beispielsweise aufgrund der Nichtausschließbarkeit Dritter, inhärenten Risiken, wie hohen irreversiblen Kosten („*sunk costs*") oder einer eingeschränkter Handelbarkeit als potenzielle Wertvernichter zugrunde liegen können.[746] So bestehen bei der Bestimmung des Inhalts des jeweiligen GoF u.a. die Schwierigkeiten, dass er bei jedem Unternehmen andersartig ist, sich die Vorteile, die den Inhalt bilden, regelmäßig noch nicht hinreichend konkretisiert haben oder sogar lediglich in der Vorstellung des Erwerbers bestehen.[747]

Charakterisierend sind daher die kritischen Eigenschaften der hohen Wertunsicherheit, schweren Nachprüfbarkeit und die fehlende Verwertbarkeit im Ernstfall, die auch die großen Unsicherheiten hinsichtlich der Aktivierbarkeit eines GoF im Überschuldungsstatus hinreichend dokumentieren[748]. Wird beispielsweise vom Erwerber ein überhöhter Übernahmepreis bezahlt, fließt dieser zunächst wertlose Preisaufschlag unmittelbar in den GoF. Ebenso verdeutlichen unerwartete Ereignisse wie Nebenwirkungen von Medikamenten, Abwanderung von qualifiziertem Personal, etc. als wertbestimmende Faktoren die große Verflüchtigungsgefahr. Mit anderen Worten besteht der GoF auch im Übernahmezeitpunkt lediglich bestenfalls aus wirklichen Vorteilen, aber in einer Vielzahl der Fälle wohl auch nur aus Hoffnungen.[749] Dass dies auch der Gesetzgeber zu-

---

745 Vgl. *Velte*, KoR 2008, 61 (68).

746 Vgl. *Velte*, IRZ 2008, 369 (369).

747 Vgl. *Küting*, DStR 2010, 1855 (1856); *Böckem/Schlögel*, KoR 2011, 182 (182); s.a. zum wirtschaftlichen Gehalt des *goodwill Pellens/Fülbier/Gassen/Sellhorn*, Internationale Rechnungslegung, S. 693f.

748 Vgl. *Hüttemann*, in: Bitter/Lutter et al., FS für Karsten Schmidt, S. 761 (769f.).

749 Vgl. *Küting*, DStR 2010, 1855 (1856); *Söffing*, in: Knobbe-Keuk et al., Handelsrecht und Steuerrecht, S. 594f.

mindest für die Perioden nach dem Markttest, also dem Übernahmezeitpunkt, so gesehen hat, unterstreicht auch die Abschreibungsregel des § 255 IV 2 HGB a.F.[750]

5.1.2.2 Die Notwendigkeit einer flankierenden Ausschüttungssperre

Lautet nun die Begründung für die Ausschüttungssperre der selbst geschaffenen immateriellen Güter, dass sich jenen „aufgrund ihrer Unkörperlichkeit sowie der regelmäßig nicht eindeutig zurechenbaren Herstellungskosten und der hohen Unsicherheit hinsichtlich ihrer künftigen Nutzungsdauer nur schwer ein objektiver Wert“ beimessen lässt, so muss dies erst recht im Hinblick auf die Kapitalschutzaufgabe auch für den derivativen GoF gelten. Dieser kann zwar einen einmaligen Markttest auf der Habenseite vorweisen, ist aber nach der wohl überwiegenden Auffassung kein Vermögensgegenstand, so dass eine Legitimation der Ausschüttungsfähigkeit richtigerweise nicht gegeben sein kann.[751] Die Fiktion des Gesetzgebers vermag an diesen Bedenken hinsichtlich der Werthaltigkeit nichts zu ändern. Vielmehr unterstreicht der Umstand, dass auch der Gesetzgeber dem GoF die Vermögensgegenstandseigenschaft abspricht und diesem somit wohl, ohne in diesen Streit eintreten zu wollen, mit der überwiegenden Meinung in der Literatur die Eigenschaft einer Bilanzierungshilfe zukommen dürfte, diese Bedenken.[752] Richtigerweise wäre der Gesetzessystematik des HGB a.F. folgend insoweit bereits die wahlweise aktivierten Beträge des GoF nach § 255 IV 1 HGB a.F. mit einer Ausschüttungssperre zu belegen gewesen. Es ist daher weniger die Fortentwicklung des Aktivierungswahlrechtes zu einer Aktivierungspflicht, die an dieser Stelle eine Ausschüttungssperre einfordert, sondern vielmehr die Objektivierungsprobleme und die Bedenken hinsichtlich der Werthaltigkeit die eine Ausschüttungssperre notwendig erscheinen lassen.[753] Es ist daher bedauerlich, dass der Gesetzgeber auch im Rahmen der informa-

---

750 Vgl. *Meyer*, Der Geschäfts- oder Firmenwert, S. 13; *Kolbe*, DB 1969, 892 (896); s.a. *Ballwieser*, in: Schmidt et al., MüKo HGB, § 255, Rn. 106.

751 Vgl. *Hennrichs*, in: Winkeljohann/Reuther, Bilanzrecht in Familienunternehmen, S. 117f.; *Moxter*, DB 2008, 1514 (1517); *Ekkenga*, AG 2006, 389 (394).

752 Vgl. *Merkt*, in: Baumbach/Hopt, HGB, 34. Aufl., § 246, Rn. 8; *Richter*, in: Wysocki et al., HdJ, Abt. II/9, Rn. 3, (Stand: Juni 1990); *Glade*, Rechnungslegung und Prüfung BiRiLiG, § 253 HGB, Rn. 126; *Ordelheide/Hartle*, GmbHR 1986, 9 (14f.); *Förschle/Kropp*, WPg 1986, 152 (155); *Mujkanovic*, BB 1994, 894 (895).

753 In der Literatur wurde bereits zum Wahlrecht vertreten, dass dieses nur aus formellen Gründen, namentlich der Gefahr einer Unterbilanz im Falle der sofortigen Aufwandsverrechnung des Unterschiedsbetrages im Sinne einer Aktivierung ausgeübt werden könne. Vgl. *Meyer*, Der Geschäfts- oder Firmenwert, S. 11.

tionsorientierten Neuausrichtung des Jahresabschlusses, die mit der Abwägung von Kapitalschutzaspekten verknüpft ist, nicht diese Möglichkeit zur Korrektur genutzt hat.

5.1.3 Die Bilanzierung des *goodwill* nach IFRS

Dem Umstand Rechnung tragend, dass in der Praxis die wohl häufigste Form des Unternehmenszusammenschlusses der Anteilserwerb an einer anderen Gesellschaft darstellt und folglich das resultierende Mutter-Tochter-Verhältnis eine Verpflichtung zur konsolidierten Rechnungslegung des Erwerbers begründet, widmen sich die Bilanzierungsvorschriften hinsichtlich der Bilanzierung eines GoF nach IFRS in erster Linie dem Konzernabschluss. Allerdings kommen die Regelungen des IFRS 3 zu Unternehmenszusammenschlüssen auch im Einzelabschluss im Fall des *asset deal* zur Anwendung.

5.1.3.1 Die Qualifikation und Zugangsbewertung des *goodwill*

Die IFRS unterscheiden zunächst wie auch das HGB zwischen einem originären und einem derivativen Geschäfts- oder Firmenwert bzw. *goodwill*. Der originäre *goodwill* darf nach IAS 38.48 in Übereinstimmung mit den handelsrechtlichen Regelungen nicht aktiviert werden.[754] Deutlich wird daher, dass spätestens auch hier die IFRS mit dem Versuch das Effektivvermögen des Unternehmens bilanziell vollständig darzustellen an ihre Grenzen stoßen. Ein derivativer *goodwill* ist darüber hinaus nach IFRS 3.32 ebenfalls mit den Anschaffungskosten in die Bilanz aufzunehmen, so dass hinsichtlich der Zugangsbewertung grundsätzlich ein Gleichlauf der Rechnungslegungssysteme festzustellen ist.[755] Bei der Anwendung des IFRS 3 fällt jedoch auf, dass bestimmte erworbene immaterielle Vermögenswerte unter den Voraussetzungen des IFRS 3.10 i.V.m. IFRS 3.18f. gesondert vom *goodwill* anzusetzen sind.[756] Hierzu zählen z. B. nicht patentierte Technologien, Zeitungsnamen oder Kundenlisten.[757] Zudem gilt es zu beachten, dass nach IFRS 3.23 zumindest *de lege lata* auch *contingent liabilities* anzusetzen sind, wenn ein entsprechender beizulegender Zeitwert zuverlässig bestimmt werden kann.[758] Beide Besonderheiten wirken gegenläufig. Im Vergleich zum

754 Vgl. *Heyd/Kreher*, BilMoG, S. 52.

755 Vgl. *Pellens/Fülbier/Gassen/Sellhorn*, Internationale Rechnungslegung, S. 693; *Wagenhofer*, Int. Rechnungslegungsstandards, S. 423; *Ballwieser*, in: Schmidt et al., MüKo HGB, § 255, Rn. 118.

756 S.a. *Rammert*, in: Lüdenbach/Hoffmann, IFRS Komm, § 51, Rn. 72.

757 Vgl. *Ruhnke*, Rechnungslegung nach IFRS und HGB, S. 476.

758 Vgl. *Ruhnke*, Rechnungslegung nach IFRS und HGB, S. 476; s.a. Kapitel 4.4.4.1.

GoF nach Handelsrecht dürfte der *goodwill* nach IFRS aber regelmäßig geringer ausfallen. Während der deutsche Gesetzgeber sich zur Rechtsnatur des GoF, wie gezeigt, nur vorsichtig äußert, stellt das IASB mit IAS 36.81 i.V.m. dem Framework.96 zweifelsfrei klar, dass es sich bei dem aktivierten *goodwill* um ein *asset* handelt.[759]

5.1.3.2 Die Folgebewertung des *goodwill*

Der weitgehende Gleichlauf in der Zugangsbewertung wird jedoch im Rahmen der problematischen Folgebewertung durchbrochen.[760] Dies erscheint auch nicht verwunderlich, da wohl keine der dargestellten Alternativen, mithin jene des Handels- oder Steuerrechts als auch jene der internationalen Rechnungslegung, den tatsächlichen Werteverzehr darstellen können, da dieser schlichtweg nicht genau ermittelt werden kann und der Kritik hinsichtlich der fraglichen Werthaltigkeit erst den Boden ebnet.[761]

Die Folgebewertung des *goodwill* richtet sich zunächst im Grundsätzlichen nach dem bekannten Standard IAS 38, da der *goodwill* zu den immateriellen Vermögenswerten mit unbestimmter Nutzungsdauer zählt.[762] Er wird danach nicht planmäßig abgeschrieben, sondern, wie für den Bereich der immateriellen

---

759 Vgl. *Rammert*, in: Lüdenbach/Hoffmann, IFRS Komm, § 51, Rn. 71; Trotz dieses Vermögenscharakters lösen temporäre Differenzen zur Steuerbilanz ausdrücklich keine latenten Steuern aus. Gemäß IAS 12.21 soll die Residualgröße *goodwill* nicht durch passive latente Steuern zusätzlich aufgebläht werden. Das Handelsrecht untersagt ausdrücklich lediglich mit § 306 S. 3 HGB eine Steuerabgrenzung auf den erstmaligen Ansatz eines Unterschiedsbetrages aus der Kapitalkonsolidierung. Eine korrespondierende klarstellende Regelung für den Jahresabschluss enthält § 274 HGB nicht. Da der GoF rechentechnisch als Residualgröße entsteht, der sich in der Folge einer Abgrenzung latenter Steuern in der Höhe wieder verändert, müsste ein Iterationsverfahren zur Anwendung kommen. Diese Argumentation wird im Rahmen der Konzernrechnungslegung als Argument gegen eine Steuerabgrenzung genutzt, die aber insoweit auch auf den Einzelabschluss zutrifft. Zum Meinungsstreit in dieser Sache s. bspw. *Mujkanovic*, StuB 2010, 167 (172); *Prinz/Ruberg*, 2009, 343 (348) a.A. IDW, ERS HFA 27 Tz. 17; *Gelhausen/Fey/Kämpfer*, Rechnungslegung und Prüfung, § 246 HGB, Rn. 18; *Küting/Seel*, DB 2009, 922 (923); *Kozikowski/Fischer*, in: Ellrott/Budde, BeckBilKomm., 7. Aufl., § 274, Rn. 11, 31; *Kühne/Melcher/Wesemann*, WPg 2009, 1057 (1060f.).

760 Vgl. *Velte*, KoR 2008, 61 (71); mit einer synoptischen Darstellung *Bieg/Kußmaul/Petersen/Waschbusch/Zwirner*, Bilanzrechtsmodernisierungsgesetz, S. 44.

761 S.a. *Meyer/Braun*, BB 2010, 1779 (1779) unter Rekurs auf die Ergebnisse der DPR-Prüfung.

762 Vgl. *Wagenhofer*, Int. Rechnungslegungsstandards, S. 426.

Werte üblich und in diesem Zusammenhang dargestellt, einmal jährlich und zusätzlich bei Vorliegen von Indikatoren für eine Wertminderung dem *impairment only approach* unterzogen.[763]

5.1.3.2.1 *Die goodwill-Allokation auf cash generating units*

Hierfür ist der *goodwill* nach IAS 36.80 auf sog. zahlungsmittelgenerierende Einheiten („*cash generating units*“) zu verteilen, die von den Synergien des Zusammenschlusses voraussichtlich profitieren werden und einer besonderen Überwachung durch das Management unterliegen.[764] Eine Abschreibung auf die zahlungsmittelgenerierende Einheit und somit auf den gesamten *goodwill* ist in der Folge nach IAS 36.90 immer dann erforderlich, wenn der erzielbare Betrag niedriger ist als der Buchwert. Die *goodwill*-Allokation auf *cash generating units* stellt daher ein zentrales Unterscheidungsmerkmal zwischen den IFRS und dem HGB dar und geht wohl regelmäßig mit einem Zuwachs an bilanzpolitischen Gestaltungsmöglichkeiten einher, da der derivative *goodwill* lediglich in Kombination mit anderen Vermögenswerten künftige Zahlungsströme generiert.[765] Hierbei begünstigt die Allokation auf verschiedene Einheiten einen Saldierungseffekt dieser Einheiten und die Nachaktivierung eines originären *goodwill*.[766] Wertminderungen in einer Teileinheit einer *CGU* können daher in Abhängigkeit der Wertentwicklung des übrigen Bereiches durch positive Wertbeiträge kompensiert werden. Der *goodwill impairment approach* stellt somit entgegen dem ersten Anschein gerade kein taugliches Akquisitions- oder Beteiligungs-Controlling-Instrument für die ursprünglich getätigte Transaktion dar.[767]

---

763 Vgl. *Senger/Brune/Elprana*, in: Bohl/Riese et al., IFRS-Handbuch, § 34, Rn. 239; *Petersen/Bansbach/Dornbach*, IFRS Praxishandbuch, S. 453; *Pellens/Fülbier/Gassen/Sellhorn*, Internationale Rechnungslegung, S. 722.

764 Vgl. *Mayer-Wegelin*, BB 2009, 94 (94f.); *Pellens/Fülbier/Gassen/Sellhorn*, Internationale Rechnungslegung, S. 719; *Petersen/Bansbach/Dornbach*, IFRS Praxishandbuch, S. 453; *Wagenhofer*, Int. Rechnungslegungsstandards, S. 426 ff. S. insb. zur Goodwillallokation im Erwerbszeitpunkt *Böckem/Schlögel*, KoR 2011, 182 (182 ff.).

765 Vgl. *Meyer/Braun*, BB 2010, 1779 (1780f.); *Küting*, DB 2011, 1404 (1407); S. jedoch mit einer vergleichbaren Forderung für den handelsrechtlichen Konzernabschluss DRS 4.30 ff.; *Hayn/Laas/Cremer*, CF biz 2011, 221 (221 ff.) mit empirischen Befunden, die ein gewisses Maß an Gestaltungsmöglichkeiten nahelegen.

766 Vgl. *Haaker/Freiberg*, PiR 2011, 19 (20); *Focken*, RIW 2003, 437 (440); *Velte*, IRZ 2008, 369 (374).

767 Vgl. *Mackenstedt/Himmel*, DAnwSp, 2011, 09, S. 3 (4); *Wulf/Jäschke/Sackbrook*, PiR 2011, 96 (99); s. zu den Auswirkungen der sog. *full goodwill method* *Busch/Zwirner*, IRZ 2011, 310 (311f.); *Kühnberger*, Der Konzern 2012, 449 (449 ff.).

Eine Wertaufholung ist jedoch grundsätzlich im Gleichlauf mit dem Handelsrecht unter Verweis auf die selbigen Gründe nach IAS 36.124 nicht möglich.

5.1.3.2.2 Die fehlende „Entscheidungsnützlichkeit" von planmäßigen Abschreibungen

Der Vergleich der IFRS mit dem HGB zeigt somit vor allem, dass ein derivativer *goodwill* international aufgrund der gesonderten Aktivierung immaterieller Einzelwerte weniger häufig entsteht bzw. in geringer Höhe auszuweisen ist.[768] Signifikantester Unterschied ist aber wohl der *impairment only approach* im Rahmen der anzustellenden Folgebewertung. Eine planmäßige Abschreibung ist nach Auffassung des IASB nicht entscheidungsnützlich, so dass auf diese zugunsten außerplanmäßiger Anschreibungen verzichtet wird.

Ohne an dieser Stelle in eine vollumfängliche kontroverse Diskussion um die Zweckmäßigkeit und Angemessenheit des *impairment only*-Ansatzes einsteigen zu wollen, erscheint diese Art der Folgebewertung jedoch unter Kapitalschutzaspekten zumindest sehr fragwürdig. So dürfte das bilanzpolitische Gestaltungspotenzial durch den Werthaltigkeitstest deutlich größer sein, als dies der Fall im Rahmen einer planmäßigen Abschreibung ist.[769] Lassen sich Abschreibungen weitgehend vermeiden, wirkt sich dies unberechtigterweise positiv auf die Ergebniszahlen aus.[770] Der Preis hierfür ist die inhärente Unplanbarkeit von außerplanmäßigen Abschreibungen. Dem Management wird aber regelmäßig auch nicht allein aus Gründen der Ergebnisbelastung an einer Verhinderung einer außerplanmäßigen Abschreibung gelegen sein, da dieser Maßnahme wohl häufig ein Sachverhalt zugrunde liegen wird, der dem Eingeständnis einer Fehlinvestition gleichkommt.[771] Dieses enorme bilanzpolitische Gestaltungspotenzial widerspricht dem Grundsatz der Objektivierung der Rechnungslegung, wonach das Ermessen des Bilanzierenden möglichst auszuschalten oder zumindest zu begrenzen ist.[772]

---

768 Vgl. *Velte*, Intangible Assets und Goodwill, S. 485.

769 Vgl. *Naumann*, Börsen-Zeitung vom 05.12.2007, S. 13; *Küting*, DStR 2013, 1794 (1802f.).

770 Vgl. *Alka*, Theorie und Praxis in der Rechnungslegung; S. 81; *Gelhausen/Fey/Kämpfer*, Rechnungslegung und Prüfung, § 246 HGB, Rn. 23; *Velte*, Intangible Assets und Goodwill, S. 489.

771 Vgl. *Alka*, Theorie und Praxis in der Rechnungslegung; S. 40.

772 Vgl. *Moxter*, Grundsätze ordnungsmäßiger Unternehmensbewertung, S. 33; *Küting*, DStR 2008, 1795 (1801); *Küting*, DStR 2013, 1794 (1802f.).

Den Kritikern des *impairment only approach* ist darüber hinaus insoweit beizupflichten, als dieser die Möglichkeit der Substitution des derivativen durch den originären *goodwill* die Tür öffnet.[773] In Anbetracht dieser Tatsachen kann aber auch gerade das rechtfertigende Argument der Entscheidungsnützlichkeit nur fehlgehen. Wenn und soweit sich verschiedene Bilanzpositionen vermengen, die ihrerseits nur unter dem Zugeständnis erheblicher Beurteilungsspielräume bewertet werden können, relativiert dies deutlich den Informationswert für den Bilanzleser. Zudem ist festzustellen, dass der Werthaltigkeitstest regelmäßig prozyklisch wirkt, so dass eine Ertragsschwäche des Unternehmens zumindest häufig dazu führen wird, dass auch eine außerplanmäßige Wertminderung auf den *goodwill* zu buchen ist und das Ergebnis daher noch zusätzlich belastet wird.[774] Die außerplanmäßigen Abschreibungen nach HGB dürften insoweit zumindest nicht das gleiche Korrekturvolumen nach sich ziehen, da durch die planmäßige Abschreibung bereits Korrekturen antizipiert wurden.[775] Der *impairment only approach* der IFRS löst das Spannungsverhältnis zwischen der Relevanz und der Verlässlichkeit der Information, obwohl die Entscheidungsnützlichkeit im konkreten Fall sogar gänzlich zweifelhaft ist, zugunsten der Relevanz. Ein empfehlenswertes Model *de lege ferenda* für das Handelsrecht eröffnet sich somit nicht. Unter Vorsichtsaspekten spricht vielmehr, insbesondere im Fall längerer Nutzungsdauern, vieles für eine regelmäßige Wertermittlung auch für Zwecke der Vornahme außerplanmäßiger Abschreibungen.

Die Übernahme des *impairment only approach* stößt daher auf gewichtige Bedenken, obgleich jede Art der Folgebewertung den tatsächlichen Werteverzehr des GoF nur näherungsweise zu bestimmen geeignet ist. Von einer Übernahme wird der Gesetzgeber aber wohl vorrangig aus Kostenbelastungsgründen auch in Zukunft Abstand nehmen.[776]

---

773 Vgl. *Küting/Weber*, Der Konzernabschluss, S. 328; *Haaker*, KoR 2005, 426 (428); *Pottgießer/Velte/Weber*, DStR 2005, 1748 (1748 ff.); *Pfeil/Vater*, KoR 2002, 66 (78); *Hennrichs*, in: Spindler et al., Steuerzentrierte Rechtsberatung, S. 367 (373).

774 Vgl. *Ruhnke*, Rechnungslegung nach IFRS und HGB, S. 477; *Wagenhofer*, Int. Rechnungslegungsstandards, S. 429.

775 Vgl. *Mayer-Wegelin*, BB 2009, 94 (94); s.a. *Küting*, DStR 2013, 1794 (1794 ff.), der insoweit das geringe Abschreibungsvolumen nach empirischen Untersuchungen kritisch hinterfragt und zutreffend auf die zahlreichen verdeckten Bewertungspielräume hinweist.

776 Ähnl. *Roth*, in: Petersen/Zwirner, BilMoG, S. 552.

5.1.4 Zusammenfassende Würdigung

Es bleibt daher zu konstatieren, dass im Gleichlauf der betrachteten Bilanzrechtssysteme ein Aktivierungsverbot für den originären Geschäfts- und Firmenwert besteht. Das folgt für die IFRS aus IAS 38.48 und für das Handelsrecht aus dem Umkehrschluss zu § 246 I 4 HGB und daneben für die Steuerbilanz aus § 5 II EStG. Mit der Ansatzpflicht eines derivativen GoF werden zunächst bilanzpolitische Spielräume eingedämmt. Insbesondere die Aktivierung eines Teilbetrages ist zukünftig nicht mehr möglich. Beurteilungs- und Ermessensspielräume verbleiben allerdings bei der Determinierung der Nutzungsdauer des GoF und hinsichtlich der Beurteilung der Dauerhaftigkeit einer Wertminderung.

Durch die Aktivierungspflicht wird den Bilanzierenden aber vor allem die Möglichkeit entzogen, besonders vorsichtig zu bilanzieren. In Erinnerung soll hierbei gerufen werden, dass dies nicht nur für die Erhaltung des Stammkapitals nach § 30 I GmbHG bzw. für die Bestimmung des Bilanzgewinns i.S.d. §§ 57 III, 58 IV und § 174 I AktG von Bedeutung ist, sondern auch die Grenzen der Verlustanzeige nach § 92 I AktG bzw. § 49 III GmbHG zumindest tendenziell zulasten des Gläubigerschutzes zu verschieben geeignet ist.[777]

Es erscheint aber in erster Linie rechtspolitisch überaus fragwürdig die Ausschüttungsfähigkeit eines aktivierten GoF zu legitimieren. Dies gilt in Anbetracht der im GoF angesammelten „weichen Wertfaktoren", wie dem Kundenstamm, der Standortlage, der Mitarbeiterqualifikation, etc. sowohl für die alte als auch die neue Rechtslage. Das Aktivierungswahlrecht für selbst geschaffene immaterielle Vermögensgegenstände und der Statuierung und Begründung einer Ausschüttungssperre hätte hier nicht nur Anlass, sondern wohl auch die Pflicht zur Korrektur ergeben.

Richtigerweise hat der Gesetzgeber jedoch auf eine Übernahme des *impairment only approach* in das Handelsrecht im Rahmen der Folgebewertung verzichtet und dagegen das strenge Wertaufholungsverbot adaptiert. Auch eine mit erheblicher Unsicherheit schätzbare, betriebsindividuelle Nutzungsdauer entbindet nicht von dessen planmäßiger Abschreibung. Planmäßige Abschreibungen dienen zum einen der Abbildung des Werteverzehrs und somit der zutreffenden Darstellung der Vermögenslage und zum anderen der periodenge-

---

777 Vgl. *Pellens/Kemper/Schmidt*, ZGR 2008, 381 (403); s.a. zur Überschuldungsbilanz selbst *Fleischer*, in: Spindler/Stilz, AktG, § 92, Rn. 58; *Habersack*, in, Hopt/Wiedemann, Großkomm. AktG, § 92, Rn. 47; *Müller*, in: Henckel/Gerhardt, InsO, § 19, Rn. 51f.; *Spindler*, in: Goette/Habersack et al., MüKo AktG, § 92, Rn. 26; *Kleindiek*, in: Lutter/Hommelhoff, GmbHG, Anh zu § 64; Rn. 31; BGHZ 119, 201 (214f.); OLG Frankfurt NZG 2001, 173 (173); OLG Celle NZG 2002, 730 (730).

rechten Verteilung der Anschaffungs- und Herstellungskosten zur korrekten Darstellung der Ertragslage. Betrachtet man den derivativen Geschäfts- und Firmenwert nach dem Grundsatz der Einzelbewertung unabhängig von dem originären Geschäfts- und Firmenwert des erwerbenden Unternehmens, dürfte unstreitig sein, dass dieser Bilanzposten einem Wertverzehr unterliegt.[778] Verlieren aber die einzelnen wertbestimmenden Faktoren im Laufe der Zeit an Wert, ist es nur konsequent diesen, unabhängig von der jeweils schwierig zu bestimmenden Nutzungsdauer, auch planmäßig abzuschreiben. Einer hohen Unsicherheit ist vor dem Hintergrund des Vorsichtsgrundsatzes durch die stärkere Gewichtung ungünstiger Faktoren bei der Prognose der jeweiligen Nutzungsdauer und somit durch eine kürzere Nutzungsdauer Rechnung zu tragen. Auf die Normierung einer festen Nutzungsdauer hat der Gesetzgeber leider auch in Anbetracht der Schwierigkeiten im Rahmen der Folgebewertung verzichtet. Es bleibt hierbei abzuwarten, inwieweit die Anforderungen an die Begründung einer längeren Nutzungsdauer als fünf Jahre dieses Defizit zu kompensieren vermag.

Das Kapitalschutzniveau jedenfalls wird daher durch die durch das BilMoG eingeführte Aktivierungspflicht des Geschäfts- und Firmenwerts allein marginal und lediglich im Einzelfall beeinträchtigt. Auf der anderen Seite finden jedoch gewichtige Kapitalschutzaspekte auch durch das BilMoG weiterhin keine besondere Berücksichtigung. Bestehende Defizite werden daher leider auch nicht im Rahmen dieser Bilanzrechtsnovelle behoben.

5.2 Der Wegfall von Abschreibungswahlrechten

Im Zuge der verstärkten Betonung der Informationsfunktion verwundert es an dieser Stelle nicht, dass der Gesetzgeber mit dem BilMoG auch eine Änderung der Bewertungsvorschriften im Bereich der Wertminderungsregelungen vorsieht. Die Angleichung oder Harmonisierung mit den internationalen Rechnungslegungsvorschriften spielt im Rahmen dieser Modifizierung jedoch nur eine nachgelagerte Rolle. Im Fokus des Gesetzgebers stehen hierbei vielmehr vorrangig die Vergleichbarkeit der handelsrechtlichen Jahresabschlüsse und die Angleichung an steuerrechtliche Regelungen.

Die Abschreibung als Instrument zur Ermittlung des periodengerechten Gewinns hat aber ohne Zweifel auch Kapitalerhaltungs- und Finanzierungsfunktion, da sie den erwirtschafteten Gewinn durch Buchung eines Aufwandes neutralisiert oder im Rahmen der steuerlichen Gewinnermittlung die Steuer-

778 Vgl. *Hennrichs*, in: Spindler et al., Steuerzentrierte Rechtsberatung, S. 367 (371).

schuld vermindert. Der Wegfall entsprechender Abschreibungswahlrechte berührt somit auch Kapitalschutzaspekte.

Insgesamt dürften die Konsequenzen aus den darzustellenden Änderungen, die sich aus der Bilanzrechtsreform ergeben, jedoch *in praxi* für alle Kaufleute gering sein, da die nachfolgenden Abschreibungswahlrechte im Wesentlichen nur in der Handelsbilanz relevant waren. Nicht nur allein aufgrund des eingeschränkten Adressatenkreises mehrerer Wahlrechte dürften die Wahlrechte von vielen Kaufleuten daher tatsächlich bereits bisher nicht beansprucht worden sein, um etwaige Abweichungen zur Steuerbilanz gering zu halten.[779]

5.2.1 Abschreibungen bei vorübergehender Wertminderung im Anlagevermögen

Konnten vor der Bilanzrechtsreform außerplanmäßige Abschreibungen bei Vermögensgegenständen des Anlagevermögens nach § 253 II 3 HGB a.F. auch bei vorübergehender Wertminderung auf Vermögensgegenstände des Anlagevermögens vorgenommen werden, entfällt dieses Wahlrecht nach § 253 III 3 HGB n.F. zukünftig.[780] Der Adressatenkreis dieser Regelung wurde jedoch bereits in der Fassung vor BilMoG durch § 279 I 2 HGB a.F. eingeschränkt, indem Kapitalgesellschaften und Personenhandelsgesellschaften i.S.d. § 264a HGB weitgehend von der Nutzung ausgeschlossen wurden. Abschreibungen durften von diesen Gesellschaften in dieser Konstellation nur auf Vermögensgegenstände des Finanzanlagevermögens vorgenommen werden.

Diese Konzeption, also ein Abschreibungsverbot bei voraussichtlich nicht dauernden Wertminderungen des Anlagevermögens mit Ausnahme von Finanzanlagen, wurde nunmehr durch das BilMoG für alle Rechtsformen übernommen.[781] Die Aufwertung des Abschreibungswahlrechts für Finanzanlagen bleibt allerdings insoweit begrenzt, als dass eine steuerbilanzielle Teilwertabschreibung nach § 6 I Nr. 1 2 EStG weiterhin nur bei dauernder Wertminderung möglich ist.[782] Die jeweiligen Wertansätze fallen daher bei Ausübung dieses Wahl-

---

779 Vgl. *Hoppen/Husemann/Schmidt*, Das neue HGB-Bilanzrecht, S. 49; *Kümpel*, BC 2010, 203 (204).

780 S.a. bereits mit entsp. Forderungen *Schulze-Osterloh*, ZIP 2004, 1128 (1133); *Lüdenbach/Hoffmann*, DB 2004, 85 (85).

781 Vgl. *Heyd/Kreher*, BilMoG, S. 54f.; *Kessler*, in: Kessler/Leinen/Strickmann, HdB. BilMoG, S. 197; *Schulze-Osterloh*, DStR 2008, 63 (64); *Köster*, BB 2007, 2791 (2792).

782 Auch die zwingende Einführung einer außerplanmäßigen Abschreibung auch bei einer nur vorübergehenden Wertminderung und einer Betonung des Vorsichtsprinzips wurde

rechts auch in Zukunft zwangsläufig in der Handels- und Steuerbilanz auseinander.

5.2.1.1 Die steuerrechtlichen Abzugsbeschränkungen für Wertminderungen

Auch im Falle einer als dauerhaft einzustufenden Wertminderung konnte ein solcher Verlust, wenn es sich um Anteile an einer Kapitalgesellschaft handelte, nach § 8b III 3 KStG bislang nicht von Körperschaften im Rahmen der Einkommensermittlung berücksichtigt werden. Die Abschreibung war bzw. ist vielmehr außerbilanziell bei der Ermittlung der steuerlichen Bemessungsgrundlagen zu korrigieren. Aufgrund der Fiktion nicht abzugsfähiger Betriebsausgaben nach § 8b III 1 KStG unterliegt die Zuschreibung sogar zudem in Höhe von 5 % der Besteuerung.

Mit der herrschenden Meinung in der Literatur und der Finanzverwaltung besteht allerdings nunmehr, wie gezeigt, ein steuerlich unabhängig ausübbares gesetzliches Wahlrecht trotz handelsrechtlicher Wertminderungspflicht auch für den Bereich der Teilwertabschreibungen nach § 6 I Nr. 1 2 EStG.[783] Der Bilanzierende kann hiernach handelsrechtlich die zwingende Abschreibung im Falle einer dauernden Wertminderung vornehmen und hiermit den Anforderungen an das Niederstwertprinzip gerecht werden und zum anderen Liquidität durch ein vermindertes Ausschüttungsvolumen im Unternehmen halten. Gleichzeitig kann eine Besteuerung späterer Zuschreibungen verhindert werden, wenn von einer steuerlichen Teilwertabschreibung abgesehen wird. Der Anreiz bilanzpolitische Spielräume im Rahmen der Konkretisierung des unbestimmten Begriffs der „Dauerhaftigkeit“[784] auszunutzen entfallen folglich insoweit.[785]

---

im Gesetzgebungsverfahren erörtert, jedoch mit der mangelnden Vereinbarkeit mit Art. 35 I lit. c der Bilanzrichtlinie abgelehnt. Vgl. RegE BilMoG BT-Drs., S. 56; S. zu den Voraussetzungen einer steuerrechtlichen Teilwertabschreibung auf Investmentanteile im Anlagevermögen bei voraussichtlich dauernder Wertminderung BFH, Urt. vom 21.09.2011 - I R 7/11.

783 Vgl. Kapitel 4.2.5.5.1; ders. *Neubeck*, in: Fischer/Günkel/Neubeck/Pannen, Die Bilanzrechtsreform 2009/10, S. 88.

784 Vgl. bspw. *Kessler*, DB 1999, 2577 (2578 ff.); *Baetge/Brockmeyer*, in: Leffson/Rückle/Großfeld, Hwb. unbestimmter Rechtsbegriffe, S. 384 ff.; *Küting*, DB 2005, 1121 (1121 ff.).

785 Vgl. *Bruckmeier/Zwirner/Busch*, DStR 2010, 237 (242).

5.2.1.2 Die Abgrenzungsnotwendigkeit der voraussichtlich dauernden von der vorübergehenden Wertminderung

Nichtsdestotrotz wird der Abgrenzung einer lediglich vorübergehenden und einer dauernden Wertminderung in Zukunft eine steigende Bedeutung zukommen.[786] Insofern lebt erneut die Frage auf, inwiefern die zuletzt auf dem BFH-Urteil vom 29.04.2009[787] basierende Formel für eine dauernde Wertminderung auch im Handelsrecht herangezogen werden kann.[788] Hiernach wird von einer dauernden Wertminderung ausgegangen, wenn die zum Abschlussstichtag eingetretene Wertminderung voraussichtlich für die halbe Restnutzungsdauer bestehen bleibt. Die Anwendung dieser Formel erscheint im Sinne eines Gleichlaufs zwischen den Bilanzrechtssystemen zumindest pragmatisch. Im Sinne einer vorsichtigen Bilanzierung drohen mit dieser Herangehensweise jedoch, insbesondere bei langlebigen Vermögensgegenständen, überhöhte Wertansätze in die Handelsbilanz Einzug zu nehmen, da dieser Werthaltigkeitstest unterstellt, dass der entsprechende Vermögensgegenstand bis zum Ablauf der Restnutzungsdauer im Unternehmen verweilt.[789]

5.2.1.3 Die beschränkten Rechtsfolgen für die Kapitalbindung

Aufgrund des eingeschränkten Adressatenkreises des überholten Wahlrechtes zur außerplanmäßigen Abschreibung und der steuerrechtlichen Indikationen dürfte sich nur in wenigen Fällen eine ersichtliche Veränderung hinsichtlich der relevanten Kennziffern in Bezug auf die Grundlagen der Überschuldungs- und

---

786 Vgl. *Zündorf*, in: Küting/Pfitzer/Weber, Das neue deutsche Bilanzrecht, S. 106; *Beyhs/Melcher*, DB 2008, Beil. 1, S. 19 (20); s.a. *Lüdenbach/Hoffmann*, DB 2004, 85 (86f.).

787 Vgl. BFH v. 29.04.2009, AZ I R 74/08, BFHE 225, 357.

788 S.a. *Glanegger*, in: Schmidt, EStG, § 6, Rn. 218; s. lediglich mit Anhaltspunkten für den Bereich des Finanzanlagevermögens BMF-Schreiben v. 26.03.2009; Im RefE wurde für die Beurteilung der voraussichtlichen Dauerhaftigkeit der Wertminderung noch eine andere zeitliche Abgrenzung getroffen, die der bislang h.M. widersprach. Die Abgrenzung, die die begründete Aussicht zugrunde legte, dass die Anhaltspunkte für die Wertminderung nicht innerhalb von 12 Monaten wegfallen, wurde jedoch bereits im RegE nicht mehr aufrecht erhalten, so dass von einer unveränderten Interpretationslage auszugehen ist. Vgl. RefE BilMoG, S. 111.

789 Vgl. *Teschke*, DStZ 2006, 661 (663f.); *Kümpel*, BC 2010, 203 (205); *Gelhausen/Fey/Kämpfer*, Rechnungslegung und Prüfung; § 253 HGB, Rn. 15; Mit dem Verweis auf Praktikabilitätserwägungen auf ein Betrachtungszeitfenster von max. 5 Jahren abstellend bspw. *Baetge/Kirsch/Thiele*, Bilanzen, 10. Aufl., S. 206; *Wiedmann*, in: Ebenroth/Boujong et al., HGB, § 253, Rn. 84.

Höchstausschüttungsmessung ergeben. Dagegen gelingt es bilanzpolitische Gestaltungsspielräume erheblich zu verringern, so dass diese Modifikation entgegen dem ersten Anschein mit keinen nennenswerten Nachteilen hinsichtlich der Kapitalerhaltung einhergeht.[790]

5.2.2 Abschreibungen auf den nahen Zukunftswert im Umlaufvermögen

Im Wege der Bilanzrechtsreform weichen musste auch das Wahlrecht des § 253 III 3 HGB a.F. Hiernach war es dem Bilanzierenden erlaubt, bei Vermögensgegenständen des Umlaufvermögens Abschreibungen vorzunehmen, soweit diese nach vernünftiger kaufmännischer Beurteilung notwendig waren, um eine Änderung des Wertansatzes in der nächsten Zukunft aufgrund von Wertschwankungen zu verhindern.[791] Eingetretene oder erwartete Wertminderungen konnten folglich über die Stichtagsbetrachtung auf die zwei folgenden Geschäftsjahre hinaus schon am Bilanzstichtag in der Handelsbilanz antizipiert werden.[792] Da auch insoweit eine korrespondierende Abschreibung in der Steuerbilanz nicht vorgenommen werden durfte, war bereits bisher das Interesse der Praxis an der Ausübung des Wahlrechtes als gering einzustufen.

Erwähnenswert erscheint in diesem Zusammenhang aber die Regierungsbegründung, die „selbst unter starker Betonung des Vorsichtsprinzips" diese vorauseilenden Zukunftsabschreibungen als unvereinbar mit dem Ziel der Stärkung der Informationsfunktion des Jahresabschlusses erachtet.[793] Die Wortwahl unterstreicht an dieser Stelle die Annahme, dass der Gesetzgeber keine Gleichwertigkeit der Informations- und Gläubigerschutzfunktion im Jahresabschluss intendiert hatte, sondern das stärkere Gewicht auch weiterhin im Gläubiger- und somit dem Kapitalschutz durch Beachtung des Vorsichtsprinzips verortet.

790 Vgl. *Stahl/Burkhardt*, BBK 2010, 1128 (1132).

791 Vgl. mit entsprechenden Forderungen Schulze-Osterloh, ZIP 2004, 1128 (1133); *Hennrichs*, in: Henze/Hoffmann-Becking, Gesellschaftsrecht 2003, S. 101 (133f.).

792 Vgl. *Hoppen/Husemann/Schmidt*, Das neue HGB-Bilanzrecht, S. 49; *Neubeck*, in: Fischer/Günkel/Neubeck/Pannen, Die Bilanzrechtsreform 2009/10, S. 88.

793 Vgl. RegE BilMoG BT-Drs. 16/10067, S. 56f.

5.2.3 Abschreibungen nach vernünftiger kaufmännischer Beurteilung

Der Verschiebung dieser Zielsetzungen ist auch die Streichung des § 253 IV HGB a.F. geschuldet.[794] Dieses Wahlrecht ermöglichte es dem Bilanzierenden Abschreibungen im Anlage- und Umlaufvermögen nach vernünftiger kaufmännischer Beurteilung vorzunehmen und stand bereits zuvor in der Kritik, da Grundlage für diese Abschreibungen allein die Bildung stiller Reserven sei, die letztlich allein der Vorsorge für das allgemeine Unternehmensrisiko dienten.[795]

Auch insoweit kann zwar grundsätzlich festgestellt werden, dass die Haftungsmasse nunmehr zumindest durch die theoretisch entfallende Möglichkeit, die Kapitalstruktur mit stillen Reserven zu stützen, tendenziell verringert wird. Eine Abschreibung konnte jedoch auch in diesem Punkt weder im Steuerrecht noch im Rahmen der internationalen Rechnungslegung nachverfolgt werden, so dass die Attraktivität dieses Wahlrechtes bereits zuvor sehr gering war.[796] Zudem war diese Möglichkeit ebenfalls bereits durch den Ausschluss des § 279 I 1 HGB a.F. vor allem Kapitalgesellschaften versagt.

5.2.4 Abschreibungen aufgrund steuerlicher Vorschriften

Nach § 254 HGB a.F. konnten Abschreibungen zudem vorgenommen werden, um Vermögensgegenstände des Anlage- oder Umlaufvermögens mit dem niedrigen Wert anzusetzen, der auf einer nur steuerrechtlich zulässigen Abschreibung beruht. Insbesondere Wertminderungen durch erhöhte Absetzungen, wie beispielsweise mittels einer 30 % bzw. 20 % degressiven AfA oder steuerlichen Sonderabschreibungen nach § 6b EStG konnten auch in der Handelsbilanz

---

794 Vgl. mit entsprechenden Forderungen *Schulze-Osterloh*, ZIP 2004, 1128 (1133); *Börner*, in: Baetge/Börner/Forster et al., Rechnungslegung, Prüfung und Beratung, S. 158; *Kirsch*, WPg 2002, 743 (753).

795 Vgl. *Baetge/Kirsch/Thiele*, Bilanzen, 9. Aufl., S. 253f.; *Hoyos/Schramm/Ring*, in: Ellrott et al., BeckBilKomm., 6. Aufl., § 253, Rn. 643f.; *Kessler*, in: Kessler/Leinen/Strickmann, HdB. BilMoG, S. 203f.; *Beyhs/Melcher*, DB 2008, Beil. 1, S. 19 (20); s.a. zur Kritik hinsichtlich der Überbetonung des Vorsichtsprinzips im Allgemeinen und des Einzelbewertungsgrundsatzes *Breidert*, Grundsätze ordnungsmäßiger Abschreibungen, S. 28; *Wagenhofer*, ZfBf 1996, 1051 (1052); *Streim*, BFuP 1990, 527 (529).

796 Vgl. *Pellens/Kemper/Schmidt*, ZGR 2008, 381 (413); *Hoppen/Husemann/Schmidt*, Das neue HGB-Bilanzrecht, S. 50; *Zündorf*, in: Küting/Pfitzer/Weber, Das neue deutsche Bilanzrecht, S. 107f.

nachvollzogen werden. Auf die Folgen durch den Wegfall der umgekehrten Maßgeblichkeit wird auf die bisherigen Untersuchungsergebnisse verwiesen.[797]

5.2.5 Wertaufholungen

Weitere Änderungen durch das BilMoG mit gegenläufiger Tendenz lassen sich bei den Vorschriften zur Wertaufholung bei Vermögensgegenständen des Anlage- und Umlaufvermögens ausmachen. Einschränkend kann aber auch an dieser Stelle vorweggenommen werden, dass nach § 280 I HGB a.F. das darzustellende Zuschreibungswahlrecht nicht bei Kapitalgesellschaften und Personenhandelsgesellschaften i.S.d. § 264a HGB zur Anwendung kam und auch steuerrechtlich stets eine Zuschreibung bzw. Wertaufholung vorzunehmen war.

Im Übrigen ließ § 253 V HGB a.F. jedoch umfassende Wertaufholungswahlrechte zu, sofern die Gründe für einen niedrigeren Wertansatz nicht mehr bestehen.[798] Entgegen dieser Regelungen sieht das BilMoG nunmehr mit § 253 V 1 HGB n.F. mit Ausnahme für den derivativen GoF ein umfassendes rechtsformunabhängiges Wertaufholungsgebot bei allen Formen von außerplanmäßigen Abschreibungen vor und schafft folglich das bisherige Wertaufholungswahlrecht ab.

Ausweislich des Regierungsentwurfs wird hierdurch die Möglichkeit zur Ergebnisglättung und Verminderung des ausschüttungsfähigen Gewinns gegenüber nicht-mitspracheberechtigten Personengesellschaftern vermieden.[799]

5.2.6 Die Besonderheiten im Rahmen der Erstanwendung

Der Gesetzgeber gewährt den Bilanzierenden mit Art. 67 IV EGHGB hinsichtlich der Wahlrechte für Abschreibungen auf den nahen Zukunftswert nach § 253 III 3 HGB a.F., den Abschreibungen nach vernünftiger kaufmännischer Beurteilung nach § 253 IV HGB a.F. und den Abschreibungen aufgrund steuerlicher Vorschriften nach § 254 HGB a.F. ein Beibehaltungswahlrecht der alten Wertansätze. Daher können niedrigere Wertansätze aufgrund der meisten Abschreibungswahlrechte, die in Geschäftsjahren, die vor dem 01.01.2010 begonnen haben, vorgenommen wurden, fortgeführt werden.

797 Vgl. eing. Kapitel 4.2.5.5.2.

798 Vgl. *Beyhs/Melcher*, DB 2008, Beil. 1, S. 19 (20f.); *Kessler*, in: Kessler/Leinen/Strickmann, HdB. BilMoG, S. 211.

799 Vgl. RegE BilMoG BT-Drs. 16/10067, S. 57.

Die Fortführungsmöglichkeit eröffnet insoweit gewisse Gestaltungsspielräume und führt bei ihrer Ausübung im Mehrjahresvergleich zu einem höheren Ergebnisausweis, da bei einer Nichtausübung des Wahlrechts zur Wertbeibehaltung nach Art. 67 IV 2 EGHGB die sich ergebenden Wertänderungen von Vermögensgegenständen unmittelbar in die Gewinnrücklagen einzustellen sind.[800]

Hierbei darf aber letztlich nicht übersehen werden, dass diese Beträge bereits im Geschäftsjahr ihrer Einstellung in die Gewinnrücklagen diesen wieder entnommen und ausgeschüttet werden können, da über die Einstellung in die Gewinnrücklagen sich auch der maximale Ausschüttungsbetrag bzw. in besonderen Fällen sogar der maximal vorab ausschüttbare Betrag bereits im Jahr der Umstellung auf das BilMoG erhöht.[801]

Soweit hingegen Nicht-Kapitalgesellschaften in der Vergangenheit außerplanmäßige Abschreibungen aufgrund einer voraussichtlich nicht dauernden Wertminderung im Sachanlagevermögen oder im immateriellen Vermögen vorgenommen haben, gilt es zu differenzieren. Besteht die Wertminderung zum Ende des Jahres der Erstanwendung des BilMoG fort und ist diese weiterhin als nicht dauerhaft zu beurteilen, ist die Abwertung zwingend rückgängig zu machen. Aufgrund des Wegfalls des ehemaligen Abschreibungswahlrechtes und in Ermangelung einer Übergangsvorschrift fehlt es an einem Rechtsgrund für die Beibehaltung des niedrigeren Wertansatzes und es greift das Zuschreibungsgebot des § 253 V HGB n.F.[802] Obgleich auch in der Zeit zwischen der Vornahme der Abschreibung und der Bilanzaufstellung nach BilMoG regelmäßig feststehen wird, ob die Wertminderung doch dauerhaft ist, ist in diesem wohl seltenen Fall die Wertaufholung erfolgswirksam vorzunehmen und in einem außerordentlichen Ertrag auszuweisen.[803]

5.2.7 Die Folgebewertung nach IFRS

Obgleich eine Harmonisierung mit den Vorschriften der internationalen Rechnungslegung im Rahmen der Abschaffung der Abschreibungswahlrechte nur als Nebenzweck des Gesetzgebers verfolgt wurde, soll an dieser Stelle auf eine zu-

800 Vgl. *Günkel*, in: Fischer/Günkel/Neubeck/Pannen, Die Bilanzrechtsreform 2009/10, S. 91.

801 Vgl. im Einzelnen zu den Möglichkeiten der Vorabausschüttungen einer GmbH *Burkhardt/Costa*, BBK 2010, 1140 (1142 ff.).

802 Vgl. *Kirsch*, DStR 2008, 1202 (1204); *Kessler*, in: Kessler/Leinen/Strickmann, HdB. BilMoG, S. 201.

803 S. mit kontr. Darstellung *Kümpel*, BC 2010, 203 (204f.); a.A. *Theile*, StuB 2009, 749 (751).

sammenfassende Darstellung der Folgebewertung von Vermögensgegenständen unter Anknüpfung an die vorangegangenen Kapitel nicht verzichtet werden.

In diesem Zusammenhang fällt schnell ins Auge, dass die IFRS vergleichbare Wahlrechte wie das Handelsrecht nicht kennen. Im Hinblick auf die erweiterte Informationsorientierung des deutschen Jahresabschlusses erscheinen die IFRS jedoch insbesondere im Rahmen der Folgebewertung zumindest nicht grundsätzlich jegliches Vorbildpotenzial für weitere Reformvorhaben zu entbehren. Dass sich zahlreiche konzeptionelle Unterschiede finden lassen, dürfte in Anbetracht der unterschiedlichen Abschlusszwecke bzw. dem Zielpluralismus des Handelsrechts auf der einen Seite und dem „Luxus" der alleinigen und insoweit konsequenten Möglichkeit der Ausrichtung des Jahresabschlussziels an der „Entscheidungsnützlichkeit" auf der anderen Seite auch in diesem Punkt nicht zu überraschen.

Ein erster entscheidender Unterschied im Hinblick auf die Folgebewertung besteht im Rahmen der untersuchten Rechnungslegungssysteme darin, dass die IFRS mit IAS 16.29 bzw. IAS 38.72 für *assets* des Sachanlagevermögens und des immateriellen Anlagevermögens ein Wahlrecht vorsehen, diese, wie bereits summarisch dargestellt, entweder zu fortgeführten Anschaffungs- bzw. Herstellungskosten („*amortised costs*") nach dem sog. Anschaffungskostenmodell bzw. dem *cost model* oder alternativ nach der Neubewertungsmethode bzw. dem *revaluation model* mit ihren beizulegenden Zeitwerten, neu zu bewerten.[804] Die Entscheidung für ein bestimmtes Modell beeinflusst selbstverständlich verschiedene Abschlusskennzahlen und lässt sich insofern abschlusspolitisch nutzen.[805]

5.2.7.1 Die Folgebewertung nach dem *cost model*

Nach dem *cost model* sind den IAS 16.30 ff. folgend die Anschaffungs- oder Herstellungskosten planmäßig über die voraussichtliche Nutzungsdauer abzuschreiben und ggf. um außerplanmäßige Wertminderung zu korrigieren. Diese Möglichkeit der Folgebewertung weist daher deutliche Parallelen zum Handelsrecht auf, da die Anschaffungs- oder Herstellungskosten insoweit auch international die Obergrenze für den jeweiligen Wertansatz darstellen.

Wie bereits dargelegt, muss die planmäßige Abschreibung jedoch nicht zwingend einheitlich für jedes *asset* erfolgen. Vielmehr bieten die IAS 16.43 ff.

---

804 Vgl. *Pellens/Fülbier/Gassen/Sellhorn*, Internationale Rechnungslegung, S. 318; s.a. Kapitel 4.1.2.2.

805 Vgl. *Ruhnke*, Rechnungslegung nach IFRS und HGB, S. 314.

mit dem sog. *component approach* die Möglichkeit an, auch unselbstständige Bestandteile eines *asset* gesondert abzuschreiben.[806]

5.2.7.1.1 Die Berücksichtigung von Wertminderungen

Ebenso wie nach den einschlägigen handelsrechtlichen Bestimmungen sind aber auch nach den IFRS die *assets* nach IAS 38.8 dann mit einem niedrigeren Wert anzusetzen, wenn ihr Zeitwert unterhalb der fortgeführten Anschaffungs- und Herstellungskosten liegt. Anders als das Handelsrecht unterscheiden die IFRS jedoch grundsätzlich nicht zwischen dem Anlage- und Umlaufvermögen sowie danach, ob eine Wertminderung lediglich vorübergehend oder voraussichtlich dauernd ist, so dass Abschreibungen auch bei Wertminderungen vorzunehmen sind, die nur als vorübergehend eingeschätzt werden.[807]

5.2.7.1.2 Die Zeitwertermittlung

Darüber hinaus sind auch die Ermittlung des jeweiligen Zeitwertes und die Voraussetzungen für die Abwertung unterschiedlich ausgestaltet. Nach den IFRS ist bei Sachanlagen, immateriellen Vermögenswerten sowie dem GoF eine Wertminderung dann geboten, wenn der Buchwert bzw. der *carrying amount* eines *asset* unter dessen sog. erzielbaren Betrag („*recoverable amount*") gesunken ist, wobei der *recoverable amount* als der Höhere der Werte des beizulegenden Zeitwertes abzüglich der Veräußerungskosten („*fair value less costs to sell*") oder des sog. Nutzenwertes („*value in use*") definiert wird.[808]

Der *fair value less costs to sell* bildet hierbei nach IAS 36.6 jenen Betrag, der durch den Verkauf eines *asset* in einer Transaktion zu Marktbedingungen zwischen sachverständigen, vertragswilligen Parteien nach Abzug der Veräußerungskosten erzielt werden könnte. Der Unterschied zu den *fair values*, die für andere IFRS heranzuziehen sind, liegt somit in der Berücksichtigung der Veräußerungskosten.

Der sog. *value in use* auf der anderen Seite wird hingegen als Barwert der geschätzten künftigen Mittelzuflüsse und –abflüsse definiert, die aus der fortgesetzten Nutzung eines Vermögenswertes und seinem Abgang am Ende seiner Nutzungsdauer erwartet werden. Er repräsentiert die Einschätzung des Wertes

---

806 Vgl. *Petersen/Bansbach/Dornbach*, IFRS Praxishandbuch, S. 60; s.a. Kapitel 4.4.4.2.2.

807 Vgl. *Heyd/Kreher*, BilMoG, S. 59; *Wawrzinek*, in: Bohl/Riese/Schlüter, IFRS-Handbuch, § 2, Rn. 105; *Heuser/Pawelzik*, in: Heuser/Theile, IFRS-HdB., Rn. 1505.

808 Vgl. *Baetge/Kirsch/Thiele*, Bilanzen, 10. Aufl., S. 224.

des *asset* oder der *CGU* exklusiv aus der Sicht des bilanzierenden Unternehmens.[809]

5.2.7.1.3 Die strukturellen Unterschiede zur Folgebewertung des Handelsrecht

So besteht im Gegensatz zum Handelsrecht bereits hinsichtlich der Bestimmung des Vergleichswertes ein größerer Konkretisierungsspielraum, da stets der höhere der beiden Werte herangezogen wird.[810] Das in den IFRS normierte Abwertungssystem orientiert sich somit nicht wie das Handelsrecht an den Wiederbeschaffungskosten für eine Anlage, sondern daran, welche finanziellen Mittel die Anlagegüter künftig voraussichtlich generieren werden.[811] In der Praxis wird dieser *impairment test* jedoch nicht selten für einzelne Vermögensgegenstände nicht anwendbar sein, da für diese kein isolierter Nutzenwert ermittelbar ist.[812] In diesem Fall ist der Einzelbewertungsgrundsatz aufzugeben und der erzielbare Betrag für eine *cash generating unit* zu bestimmen. Dies öffnet, wie dargelegt, freilich wiederum die Möglichkeit Saldierungseffekte zu nutzen und eine Abwertung zu vermeiden.

Das *cost model* weist daher deutliche Parallelen zum Handelsrecht auf, zeigt jedoch gerade im direkten Vergleich des Begriffspaars *fair value less costs to sell* und dem beizulegenden Wert i.S.v. § 253 III 3 HGB n.F. deutliche Unterschiede in der grundsätzlichen Herangehensweise auf. So ist vor allem die Tatsache auffallend, dass die IFRS unterstellen, dass der Vermögenswert verkauft und nicht wiederbeschafft werden soll. Dies wird besonders an dem Erfordernis des IAS 36.28 deutlich, die bedingt durch den Verkauf anfallenden Kosten abzuziehen.

Obgleich vom deutschen Gesetzgeber die nähere Konkretisierung des niedrigeren beizulegenden Wertes offen gelassen wurde und nach übereinkommender Auffassung so zu interpretieren ist, dass sie dem Zweck der Sicherstellung der nominellen Kapitalerhaltung durch Verlustantizipation gerecht wird, dürfte zumindest dieser Vergleichswert in bestimmten Fällen einen vorsichtigeren Wert bestimmen als die Vorschriften des Handelsrechts. Da selbstverständlich erst recht die entsprechenden Zahlungsströme bei der Ermittlung des *value in use* geschätzt werden und zudem unter Zugrundelegung eines realistischen Zinssatzes abgezinst werden müssen, gilt dies in Anbetracht der Schwierigkeiten

809 Vgl. *Aders/Joest*, BewertungsPraktiker 2010, 13 (13 ff.).

810 Vgl. *Mayer-Wegelin*, BB 2009, 94 (94).

811 Vgl. *Baetge/Kirsch/Thiele*, Bilanzen, 10. Aufl., S. 225.

812 Vgl. *Petersen/Bansbach/Dornbach*, IFRS Praxishandbuch, S. 63.

hinsichtlich der Berücksichtigung des Einzelbewertungsgrundsatzes und der bestehenden Ermessensspielräume im Rahmen der Ermittlung beider Werte jedoch nicht in jedem Fall.

Die dargestellte IFRS-Konzeption birgt daher zur Zeit wenig Anreizpotenzial für eine weitere Annäherung des Handelsrechts, da bereits im Gesetzgebungsverfahren der „beizulegende Wert“ durch den „beizulegenden Zeitwert“ ersetzt werden sollte,[813] sich diese Modifikation aber letztlich nicht durchsetzte und an dem gewohnten Begriff des niedrigeren Wertes festgehalten wurde. Im Konflikt zwischen Relevanz und Zuverlässigkeit im Sinne des Vorsichtsprinzips konnte zumindest in dieser Runde der Aspekt der Zuverlässigkeit den Punktsieg für sich ausmachen.

5.2.7.2 Die Folgebewertung nach dem *revaluation model*

Die dargelegten Gründe sprechen aber vor allem auch gegen eine Übernahme des *revaluation model,* das alternativ zum *cost model* erlaubt bestimmte Vermögensgegenstände in den Folgeperioden mit ihrem beizulegenden Zeitwerten anzusetzen. Diese Neubewertung lässt eine grundsätzlich erfolgsneutrale Erhöhung des Bilanzwertes auch über die originären Anschaffungs- und Herstellungskosten hinaus zu. Gemäß der Definition aus IAS 16.6 entspricht der beizulegende Zeitwert dem Betrag, zu dem ein Vermögenswert zwischen sachverständigen Dritten getauscht werden könnte. Eine Erhöhung wird ohne Berücksichtigung im Gewinn oder Verlust über das sonstige Ergebnis erfolgsneutral in die Neubewertungsrücklage im Eigenkapital gebucht. Liegt der beizulegende Zeitwert dagegen unter dem Buchwert, ist der Neubewertungsverlust sofort ergebniswirksam zu verrechnen.[814] Insoweit unterstützt auch das *revaluation model* der IFRS eine reale Kapitalerhaltung, da Buchwerterhöhungen im Gegensatz zu Buchwertverlusten regelmäßig ergebnisneutral zu erfassen sind.[815]

Trotz der dargestellten Argumente, die gegen eine Übernahme dieser Bewertungskonzeption zumindest für die nahe Zukunft sprechen, kann keineswegs ausgeschlossen werden, dass in weiteren größeren Reformvorhaben auch die Schwelle des umfassenden Einzugs der *fair value*-Bewertung vom deutschen Gesetzgeber genommen wird. Da die durch das BilMoG abgeschafften Wahl-

813 Vgl. RefE BilMoG, S. 6, 110; *Beyhs/Melcher*, DB 2008, 19 (22).

814 Vgl. *Pellens/Fülbier/Gassen/Sellhorn*, Internationale Rechnungslegung, S. 322.

815 Das IASB Framework spricht in den Paragraphen 81 und 102 bis 110 auch Kapitalerhaltungskonzepte an, ohne sich jedoch auf eine bestimmte Konzeption festzulegen. Allein bei „inflationären Tendenzen“ geht das IASB davon aus, dass die Realkapitalerhaltung gegenüber der Nominalkapitalerhaltung vorzuziehen ist.

rechte, wohl aber andere Wahlrechte, den IFRS nicht bekannt waren, ist insoweit eine Angleichung gelungen. Ein grundsätzlicher Konzeptionswechsel wurde damit freilich nicht vollzogen und ist auch nicht zu befürworten. Ein Schwachpunkt des partiellen imparitätischen *fair value*-Konzept des Handelsrechts bleibt jedoch mit der Beibehaltung des Dauerhaftigkeitskriteriums erhalten, da die Abgrenzung zwischen einer voraussichtlich dauernden und einer lediglich vorübergehenden Wertminderung weiterhin mit erheblichen Unsicherheiten behaftet ist.[816] Die Diskussion um diese Konzeption dürfte daher auch in Zukunft nicht beendet sein.

5.2.8 Zusammenfassende Würdigung

Mit den weitreichenden Änderungen im Rahmen der Vorschriften zur Vornahme außerplanmäßiger Abschreibungen und von Wertaufholungen leistet der Gesetzgeber einen klar positiven Beitrag zur Stärkung der Informationsfunktion des Jahresabschlusses. Die Abschreibungswahlrechte implizierten einen wesentlichen materiellen rechnungspolitischen Gestaltungsspielraum und beeinträchtigten daher bislang die Informationsfunktion. Bei Nichtausübung des Wahlrechtes wurden stille Lasten im Unternehmen gelegt, die der Rechenschaftsfunktion des Jahresabschlusses entgegenstanden. Auch unter Berücksichtigung der Aspekte eines informationellen Gläubigerschutzes ist daher eine begrüßenswerte Verbesserung der Informationsfunktion festzustellen, da zumindest nicht neue Ermessensspielräume eröffnet werden.

Allen Modifikationen im Bereich der außerplanmäßigen Abschreibungen ist zudem gemein, dass sie eine Annäherung an die entsprechenden Vorschriften der IFRS bewirken, auch wenn aus dem handelsrechtlichen Niederstwerttest kein *impairment test* nach IFRS-Prägung geworden ist.

Auch haben die meisten Einzelmodifikationen unter dem Gesichtspunkt der bilanziellen Kapitalerhaltung und der darauf aufbauenden Höchstausschüttungsmessung zumindest keine Konsequenzen für Kapitalgesellschaften, da sich für diese weitgehend nur geringfügige Änderungen ergeben und die Vorschriften des Handelsrechts a.F. hierbei nicht mit den steuerlichen Vorschriften im Gleichlauf standen, so dass die praktische Relevanz der Wahlrechte häufig ohnehin gering war. Die Neuregelung der Folgebewertung stellt für Kapitalgesellschaften und Personengesellschaften nach § 264a HGB in erster Linie allein eine Änderung der Gesetzessystematik dar. Wie auch hinsichtlich der Bilanzierungs-

---

816 S.a. *Lüdenbach/Hoffmann*, DB 2004, 85 (86f.); *Fey/Mujkanovic*, WPg 2003, 212 (213 ff.).

vorschriften des derivativen GoF festgestellt werden konnte, wird die Abschaffung der Bewertungswahlrechte jedoch dazu führen, das Unternehmen, die bislang aus eigenem Antrieb besonders vorsichtig bilanziert haben, durch das BilMoG zukünftig in dieser Möglichkeit eingeschränkt werden. Eine nennenswerte Beeinträchtigung der bilanziellen Kapitalerhaltung ist gleichwohl aufgrund der gewonnenen Erkenntnisse nicht zu erwarten.

5.3 Die Modifizierung des Herstellungskostenbegriffs

Ganz im Sinne dieses Befundes steht auch die Modifizierung des Herstellungskostenbegriffs durch das BilMoG. Mit den Änderungen in § 255 HGB wird neben der dargestellten Einführung des beizulegenden Zeitwertes als neuer Bewertungsmaßstab der Umfang aktivierungspflichtiger Herstellungskosten neu definiert. Ziel dieser Modifikationen ist es, zum einen die handelsrechtliche an die steuerrechtliche Herstellungskostenuntergrenze anzugleichen, und zum anderen den handelsrechtlichen Herstellungskostenbegriff an den produktionsbezogenen Vollkostenbegriff nach IFRS anzunähern.[817]

Da es bereits vor dem BilMoG aufgrund entsprechender Wahlrechtsausübung möglich war, auch in der Handelsbilanz den höheren steuerrechtlichen Ansatz der Herstellungskosten anzusetzen, konnte in der Bilanzierungspraxis bereits zuvor einen Gleichlauf von Handels- und Steuerbilanz, mithin eine Einheitsbilanz, anvisiert werden.[818] Es kann insoweit wohl vorweggenommen werden, dass auch in diesem Punkt aufgrund der nicht sehr hohen praktischen Bedeutung der Änderungen in Anbetracht der tatsächlichen Bilanzierungspraxis, lediglich geringe Auswirkungen auf das bestehende Kapitalschutzniveau festzustellen sein werden.

---

817 Vgl. RegE BilMoG BT-Drs. 16/10067, S. 59f.; S. mit entspr. Forderungen bereits *Albach*, BB 1966, 377 (379 ff.); *Baetge*, in: Baetge et al., Rechnungslegung, Prüfung und Beratung, S. 77f.

818 Vgl. *Küting*, in: Küting/Pfitzer/Weber, Das neue deutsche Bilanzrecht, S. 162.

5.3.1 Die Herstellungskostenermittlung nach dem BilMoG

Ungeachtet der dargestellten Bewertung von Finanzinstrumenten des Handelsbestandes behalten die Herstellungskosten auch nach dem BilMoG grundsätzlich weiterhin die Funktion einer absoluten Wertobergrenze bei und stützen somit das Prinzip der nominellen Kapitalerhaltung.[819]

5.3.1.1 Die Zurechnung von variablen Gemeinkosten

Nach dem bisherigen Verständnis des § 255 II HGB a.F. waren den aktivierungspflichtigen Herstellungskosten unmittelbar nur die Einzelkosten als Aufwendungen zurechenbar. Diesbezüglich ordnet der Gesetzgeber mit der Modifizierung des § 255 II 3 HGB a.F. nunmehr die unmittelbare Zurechnung von bestimmten variablen Gemeinkosten an und wertet somit das bereits bestehende Wahlrecht zu einer Aktivierungspflicht auf. Gemeinkosten sind Kosten, die einzelnen Kostenträgern entweder nicht nach dem Verursachungsprinzip zugerechnet werden können oder für die eine Zurechnung nicht praktikabel erscheint.[820] Im Einzelnen müssen zukünftig daher auch die Materialgemeinkosten, die Fertigungsgemeinkosten und der sog. Wertverzehr des Anlagevermögens, mithin die Abschreibungen auf das Anlagevermögen, in die Herstellungskosten einbezogen werden.[821] Die Wertuntergrenze der Herstellungskosten wird durch diese potenziell volumenstarke Erweiterung der einbeziehungspflichtigen Kosten folglich erheblich angehoben.

5.3.1.2 Die Verlagerung von Ermessensspielräumen und die Erhöhung der Herstellungskostenuntergrenze

Dies bedeutet zunächst eine begrüßenswerte deutliche Einschränkung der bilanzpolitischen Spielräume auf der einen Seite, aber zugleich auch eine Einschränkung der Möglichkeit Vermögensgegenstände bewusst vorsichtig anzusetzen und die variablen Gemeinkosten einer sofortigen aufwandswirksamen Berücksichtigung zu unterziehen. Eine möglichst niedrige Bewertung führt bei-

---

819 Vgl. *Küting*, in: Küting/Pfitzer/Weber, Das neue deutsche Bilanzrecht, S. 166; *Wöhe*, Bilanzierung und Bilanzpolitik, S. 363.

820 Vgl. *Merkt*, in: Baumbach/Hopt, HGB, § 255, Rn. 17; *Lengsfeld/Wielenberg*, Zur Herstellungskostenuntergrenze des BilMoG, S. 2; *Keller/Weber*, BC 2008, 129 (130).

821 Vgl. *Küting*, in: Küting/Pfitzer/Weber, Das neue deutsche Bilanzrecht, S. 161; S. zur Definition dieser und der übrigen Kostenbestandteile bspw. *Scherrer*, Rechnungslegung nach neuem HGB, S. 27 ff.; *Ellrott/Brendt*, in: Ellrott et al., BeckBilKomm., 7. Aufl., § 255, Rn. 422 ff.

spielsweise in Perioden mit wachsenden Lagerbeständen zur Bildung stiller Reserven, die nur mit der Auflösung dieses Lagerbestandes aufgedeckt werden können.[822] Die Modifizierung beansprucht in Anbetracht des häufig eindeutig größeren Anteils der Gemeinkosten an den Gesamtkosten daher besonderer Beachtung.[823]

Relativierend ist zudem auch im Bereich der Herstellungskostenrechnung festzustellen, dass offensichtliche Gestaltungsspielräume auf der einen Seite gehoben werden, um diese an anderer versteckterer Stelle erneut zu legen. So darf erwartet werden, dass die notwendigen Kostenstellenrechnungen im Rahmen der Ermittlung der variablen Gemeinkosten zu neuen Gestaltungsspielräumen einladen werden. Im Gegensatz zu den Einzelkosten können Gemeinkosten nur im Wege der Schlüsselung und Umlage den einzelnen Bezugsobjekten zugerechnet werden. Die sich hierbei eröffnenden Ermessenspielräume werden jedoch auch weiterhin durch das Kriterium der Angemessenheit als Konkretisierung des Vorsichtsprinzips begrenzt, so dass, wie auch nach § 255 II 3 HGB a.F., nur die tatsächlich angefallenen Kosten verrechnet werden dürfen, so dass die Ist-Kosten jedenfalls die absolute Obergrenze darstellen.[824]

Unberührt bleibt durch das BilMoG neben der Wertobergrenze der Herstellungskosten, auch das Aktivierungswahlrecht für Kosten der allgemeinen Verwaltung sowie Aufwendungen für soziale Einrichtungen des Betriebs, für freiwillige soziale Leistungen und für die betriebliche Altersversorgung.[825] Das Aktivierungsverbot für Vertriebskosten wird darüber hinaus, wie gezeigt, nach § 255 II 4 HGB n.F. um das dargestellte Aktivierungsverbot für Forschungskosten als Korrektiv für die mögliche Aktivierung eines selbst geschaffenen immateriellen Vermögensgegenstandes des Anlagevermögens erweitert.[826]

---

822 Vgl. *Lengsfeld/Wielenberg*, Zur Herstellungskostenuntergrenze des BilMoG, S. 11.

823 Vgl. *Kretschmer*, BFuP 1981, 27 (31); *Küting*, in: Küting/Pfitzer/Weber, Das neue deutsche Bilanzrecht, S. 177.

824 Vgl. *Küting*, in: Küting/Pfitzer/Weber, Das neue deutsche Bilanzrecht, S. 171.

825 S. zur umstr. Behandlung in der Steuerbilanz *Philipps*, BBK 2010, 468 (468 ff.); *Günkel/Teschke*, Ubg 2010, 401 (401 ff.).

826 Vgl. *Gelhausen/Fey/Kämpfer*, Rechnungslegung und Prüfung; § 255 HGB, Rn. 36; s.a. Kapitel 4.1.1.

5.3.2 Die Herstellungskostenermittlung nach IFRS

Im Vergleich der handelsrechtlichen Vorschriften mit jenen der IFRS im Bereich der Herstellungskosten fällt bereits auf den ersten Blick die nahe Verwandtschaft der jeweiligen Terminologien auf.

5.3.2.1 Der Herstellungskostenbegriff

Anders als das Handelsrecht definiert das IASB Framework den Begriff der Herstellungskosten („*cost of conversion*") jedoch nicht, bietet aber zahlreiche Konkretisierungen in den einzelnen Standards, wie IAS 2.10 ff., IAS 16.16 ff. oder IAS 38.65 ff. an. So sind nach IAS 2.12 all diejenigen Kosten in die Herstellung einzubeziehen, die sich den einzelnen Produktionseinheiten direkt zurechnen lassen, sowie alle angemessenen produktionsbezogenen fixen und variablen Produktionsgemeinkosten.[827] Die IFRS enthalten und enthielten daher auch zuvor kein Wahlrecht bei der Ermittlung der Herstellungskosten, so dass sämtliche produktionsbezogenen Kosten anzusetzen sind, unabhängig davon, ob es sich um Einzel- oder um fixe oder variable Gemeinkosten handelt.[828]

5.3.2.2 Das Kriterium der Produktionsbezogenheit

Durch das Kriterium der sog. Produktionsbezogenheit verbleibt allerdings auch nach der Annäherung der handelsrechtlichen an die internationalen Bilanzierungsvorschriften auch in diesem Punkt ein Unterschied zwischen den Rechnungslegungsvorschriften. Dieses Differenzkriterium nach IAS 2.16 lässt sich beispielsweise anhand der Behandlung von Kosten der Lohn- und Gehaltsabteilung veranschaulichen. Soweit die Kosten anteilig auf die Buchung der Löhne für Produktivkräfte entfallen, sind diese aktivierungspflichtig, soweit sie aber auf die Buchung der Löhne und Gehälter von Vertriebs- oder Verwaltungspersonal entfallen, besteht nach IFRS ein Aktivierungsverbot.[829]

---

827 Vgl. *Ruhnke*, Rechnungslegung nach IFRS und HGB, S. 299;
Kennzeichnend für fixe Gemeinkosten ist, dass sie unabhängig von der Produktionsmenge weitgehend konstant anfallen und nicht direkt den Produktionseinheiten zugeordnet werden können, wie z.B. Abschreibungen auf Gebäude oder Verwaltungskosten. Variable Gemeinkosten stellen zwar ebenfalls keine direkt zurechenbaren Kosten dar, variieren jedoch im Gegensatz zu den fixen Gemeinkosten in Abhängigkeit vom Produktionsvolumen.

828 Vgl. *Petersen/Bansbach/Dornbach*, IFRS Praxishandbuch, S. 55.

829 Vgl. *Lüdenbach*, IFRS, S. 190.

5.3.2.3 Der gemeinsame Vollkostenansatz nach IFRS und HGB

Beiden Bilanzrechtssystemen ist daher zunächst gemein, dass nunmehr grundsätzlich ein Vollkostenansatz i.w.S. sowohl nach IFRS als auch nach dem HGB i.d.F. des BilMoG unter Einbeziehung der Material- und Fertigungsgemeinkosten zur Anwendung kommt. Anders jedoch als das Handelsrecht sehen die IFRS für die produktionsbezogenen allgemeinen Verwaltungskosten eine Einbeziehungspflicht vor.[830] Gleiches dürfte für die Kosten des sozialen Bereichs (Aufwendungen für soziale Einrichtungen des Betriebs, freiwillige soziale Leistungen und der betrieblichen Altersversorgung) gelten, obgleich die IFRS dies nicht ausdrücklich klarstellen.[831] Insoweit hat der BilMoG-Gesetzgeber einen Gleichlauf mit den steuerbilanziellen Regelungen den Vorzug vor einer entsprechenden Annäherung an die IFRS gegeben.[832]

Es ist daher festzustellen, dass das Handelsrecht einen deutlichen Schritt in Richtung Vollkostenansatz gegangen ist und sich somit dem internationalen Herstellungskostenansatz nähert, wenn dieser auch nicht vollkommen nachgezeichnet wird. Bis auf die Folge des Kriteriums der Produktionsbezogenheit war jedoch freilich auch bereits zuvor bei entsprechender Wahlrechtsausübung ein weitgehender Gleichlauf erzielbar. Dies unterstreicht die Tatsache, dass sich in vielen IFRS-Abschlüssen eine tatsächliche Differenzierung von produktionsbezogenen und übrigen Verwaltungskosten nicht finden lässt. In diesen Fällen werden die allgemeinen Verwaltungskosten insgesamt als Aufwand verrechnet oder es wird ein nicht näher erläuterter pauschaler Teil in die Herstellungskosten einbezogen.[833]

---

830 § 255 III HGB sieht unverändert ein Wahlrecht für die Einbeziehung von Fremdkapitalzinsen vor. IAS 23 bestimmt zwar in bestimmten Fällen eine Aktivierungspflicht, belässt es jedoch für in großer Zahl oder regelmäßig produzierten Vorräten nach IAS 23.4 ebenfalls bei einem Wahlrecht, dass allerdings stärkeren Restriktionen unterliegt als nach Handelsrecht. S.a. *Zwirner/Busch*, IRZ 2011, 170 (170 ff.); *Ellrott/Brendt*, in: Ellrott et al., BeckBilKomm., 7. Aufl., § 255, Rn. 502 ff.

831 Vgl. *Hoffmann*, in: Lüdenbach/Hoffmann, IFRS Komm, § 8, Rn. 22; *Lüdenbach*, IFRS, S. 190; *Bieg/Hossfeld/Kußmaul/Waschbusch*, HdB. der Rechnungslegung nach IFRS, S. 104.

832 Vgl. *Keller/Weber*, BC 2008, 129 (132); *Rossmanith*, in: Seicht, Jb. Controlling und Rechnungswesen 2010, 159 (170f.); EStR R 6.3.

833 Vgl. *Lüdenbach*, IFRS, S. 190; *Hoffmann*, in: Lüdenbach/Hoffmann, IFRS Komm, § 8, Rn. 21.

5.3.3 Zusammenfassende Würdigung

Intendiert die Modifikation des Herstellungsbegriffs die Stärkung der Informationsfunktion des Jahresabschlusses, gilt es zunächst auch in Anbetracht der wohl geringen praktischen Relevanz eine mögliche Beeinträchtigung des Kapitalschutzes zu identifizieren.

So dürfte zumindest fraglich sein, ob das Realisationsprinzip tatsächlich mit einer Zurechnung von Gemeinkosten im Wege der Schlüsselung auf die Herstellungskosten, die nicht einzeln zurechenbar sind, vereinbar ist.[834] Fraglich ist darüber hinaus aber auch, inwieweit eine vorsichtige Bilanzierung der Teilkosten im Gegensatz zu einem verpflichtenden Vollkostenansatz geeigneter sein kann eine angemessene Kapitalbindung sicherzustellen, wenn die konkrete Ausgestaltung als Wahlrecht, es dem Unternehmen letztlich freistellt vorsichtig zu bilanzieren oder nicht.

Offenkundig ist jedenfalls, dass Einzelkosten den klaren Vorteil der höheren Objektivierbarkeit gegenüber den Gemeinkosten für sich haben, da diese kein Umlageproblem oder das Problem der Leerkosten kennen.[835] Unstreitig schränkt die Ausgestaltung als Wahlrecht aber die zwischenbetriebliche Vergleichbarkeit ein, da beispielsweise der Wertansatz der Vorräte in einem ganz erheblichen Umfang Schwankungen in Abhängigkeit von der Ausübung des Wahlrechtes unterliegen können. Zur Ausräumung dieser bilanzpolitischen Spielräume kann daher nur der verpflichtende Teil- oder Vollkostenansatz in Betracht kommen. Die Kompromisslösung des überholten Handelsrechts wird diesen Anforderungen somit jedenfalls nicht gerecht.

Soweit der Gesetzgeber zudem, wie durch das BilMoG geschehen, allein die Herstellungskostenuntergrenze anhebt und die Herstellungskostenobergrenze unberührt lässt, erscheint die Kapitalschutzrelevanz dieser Maßnahme zumindest überschaubar. Betrachtet man beispielsweise den wohl bedeutenden Bereich der Vorräte, so wird durch die Aktivierung dieser Vermögensgegenstände der Aufwand dieser lagernden Produkte am Bilanzstichtag aus dem Aufwand der Gewinn- und Verlustrechnung herausgenommen. Mit diesem Schritt wird also zunächst vermieden, dass es zu einem negativen Erfolg durch die Herstellung von Vermögensgegenständen kommt. Ein positiver Erfolgsbeitrag kann durch die unveränderte absolute Wertobergrenze in § 253 I 1 HGB zu diesem Zeitpunkt nicht realisiert werden.[836] Die Erfolgsneutralität auch unter Einbeziehung von Gemeinkosten steht daher nicht im Widerspruch mit dem Realisationsprinzip.

---

834 Vgl. *Kraus-Grünewald*, ZfbF 1994, 32 (36f.).

835 Vgl. *Kraus-Grünewald*, ZfbF 1994, 32 (46).

836 Vgl. *Baetge*, in: Baetge et al., Rechnungslegung, Prüfung und Beratung, S. 57f.

Diese sind jedenfalls unstreitig als pagatorischer Aufwand unabhängig von der Zurechenbarkeit tatsächlich angefallen.

Soweit daher Vermögensgegenstände mit den Herstellungskosten angesetzt werden, die zumindest nicht höher liegen als der voraussichtliche Veräußerungserlös in den Folgeperioden, wird das Haftungspotenzial des herstellenden Unternehmens selbst bei vollständiger Ausschüttung bei einer periodenübergreifenden Betrachtungsweise nicht verringert. Obwohl die Niederstwertvorschriften des § 253 III HGB durch die obligatorischen Abschreibungen geeignet sind, Überbewertungen auch beim Konzept des Vollaufwandes grundsätzlich zu verhindern, verbleibt doch auch in diesem Punkt der Wermutstropfen, dass die Unternehmen künftig gezwungen sind, die Gemeinkosten zu aktivieren und so den entziehbaren Gewinn im Herstellungsjahr zu erhöhen, während unerwartete Abschreibungen den Gewinn der Folgeperioden zu mindern geeignet sind. Eine jeweilige Vollausschüttung unterstellt, birgt somit auch die Modifikation des Herstellungskostenbegriffs und die damit einhergehende Antizipation von Ausschüttungen im Rahmen der periodenübergreifenden Betrachtung die Gefahr der fehlenden Rückholbarkeit dieser Beträge in sich.

Bedenken an der Werthaltigkeit der hergestellten Vermögensgegenstände aufgrund der verpflichtenden Einbeziehung von Gemeinkosten sind aber jedenfalls nicht grundsätzlich anzumelden, da insoweit die Rentabilitätsvermutung auch für die Gemeinkosten Geltung beanspruchen kann.

Zusammenfassend lässt sich somit feststellen, dass mit der künftigen Aktivierungspflicht von Gemeinkosten eine Angleichung an die steuerrechtliche Herstellungskostenuntergrenze und eine Annäherung an den internationalen Vollkostenansatz erreicht wird. Die Bewertung mit dem Teilaufwand ist gegenüber dem Vollkostenansatz nur geringfügig geeigneter dem Kapitalerhaltungszweck Rechnung zu tragen, erfüllt aber den Rechenschaftszweck des Jahresabschlusses deutlich unzureichender. Auf der anderen Seite wird mit der Bewertung zum Vollaufwand erreicht, dass insbesondere im Hinblick auf alle betrieblichen Leistungen ein periodengerechterer Gewinn als bei der Bewertung zum Teilaufwand ermittelt und somit dem Rechenschaftszweck besser entsprochen wird.[837] Da auch der Vollkostenansatz in den wesentlichen Bereichen dem Kapitalerhaltungszweck Rechnung trägt und lediglich die Modifikation vom Wahlrecht zur Einbeziehungspflicht vorliegend im Betrachtungswinkel dieser Untersuchung steht, lässt sich insoweit keine Schwächung des Kapitalschutzniveaus feststellen. Dieser Befund wird auch durch die Tatsache unterstrichen, dass die

837 Vgl. *Baetge*, in: Baetge et al., Rechnungslegung, Prüfung und Beratung, S. 77f.

Möglichkeit zur Bildung stiller Reserven in der Vergangenheit nur in wenigen Fällen auch tatsächlich genutzt wurde.

5.4 Zwischenergebnis

Es lässt sich daher zusammenfassend feststellen, dass den Unternehmen durch die zweite Gruppe von Modifizierungen im Rahmen des BilMoG, die die Streichung von Ansatz- und Bewertungswahlrechten betreffen, zunächst die Möglichkeit genommen wird unter entsprechender Ausübung dieser Wahlrechte besonders vorsichtig zu bilanzieren. Wie gezeigt werden konnte, standen die jeweiligen Wahlrechte jedoch bereits zuvor nicht unter dem Stern der Kapitalerhaltung, da diese zum einen in den dargestellten Fällen den Kapitalgesellschaften auch zuvor nicht offen standen und zum anderen hinter dem Ziel der Erreichung einer Einheitsbilanz zurückstehen mussten und somit ohnehin durch eine geringe praktische Relevanz gekennzeichnet waren. Mit Ausnahme der Ansatzpflicht des derivaten GoF ist es daher auch unter Kapitalschutzaspekten durchaus vertretbar in diesem Rahmen auf eine korrespondierende Ausschüttungssperre zu verzichten. Eine Beeinträchtigung des Kapitalschutzniveaus ist damit jedenfalls nicht verbunden.

Anderes kann allein für die fehlende Flankierung des GoF mit einer Ausschüttungssperre gelten, wobei es jedoch zu unterstreichen gilt, dass dies nicht auf eine komparative Feststellung zwischen den Rechnungslegungssystematiken *post* und *ante* BilMoG zurückzuführen ist, sondern in der Rechtsnatur des derivativen GoF selbst begründet ist. Das insoweit kompensatorische und regulatorische Defizit wurde aber leider auch nicht im Rahmen dieser Bilanzrechtsreform behoben, so dass insoweit Kapitalschutzbelange in einem zumindest leicht gesteigerten Ausmaß weiterhin tangiert bleiben.

Letztlich birgt auch die Anpassung im Bereich der Herstellungskostenuntergrenze lediglich eine marginale Kapitalschutzrelevanz in sich. Dies ist hauptsächlich darauf zurückzuführen, dass der Gesetzgeber die Herstellungskostenobergrenze weiterhin unberührt lässt und sich somit die Folgen für die Kapitalbindung vorrangig auf die Aufwandsverteilung auf die folgenden Perioden begrenzen. Da diese Lockerung der Kapitalbindung aber bereits vor Anwendung des BilMoG durch eine entsprechende Wahlrechtsausübung zu erreichen gewesen ist, ist an dieser Stelle jedenfalls keine nennenswerte Zurückdrängung von Kapitalerhaltungsaspekten festzustellen.

6 Der Nettoausweis des gezeichneten Kapitals

Die dritte und diese Untersuchung abschließende Gruppe widmet sich schließlich einer zunächst formal wirkenden Änderung im Bereich des Ausweises des Eigenkapitals. Während sich die beiden vorangegangenen Untersuchungsgruppen vorrangig der Ermittlung und Bewertung des Vermögens und der Schulden widmeten und das Eigenkapital als veränderliche Saldogröße mit der Maßgabe in den Fokus nahmen, dass ein ausschüttungsfähiger Überschuss nur entstehen könne, wenn das Aktivvermögen die Passiven einschließlich des Garantiekapitals übersteigt, gilt es sich nun den schwierigen Fragestellungen um den zukünftigen Ausweis des Eigenkapitals zu stellen. Ansatz- und Bewertungsvorschriften machen hierbei der Ausweiskonzeption als bereits bekannten Problemfeldern Platz.

Das bilanzielle Eigenkapital versteht sich bekanntermaßen als Saldo aller auf der Passivseite ausgewiesenen Eigenkapitalpositionen. Neben dem gezeichneten Kapital sind hierbei die als Eigenkapital eingestuften Finanzinstrumente und die variablen Eigenkapitalkomponenten, bestehend aus den Rücklagen und dem Unternehmensergebnis, erfasst.[838] Die Systematik der Eigenkapitalbilanzierung folgt in diesem Zusammenhang dem Grundsatz der „Vorherigkeit des Gesellschaftsrechts“. Neben den allgemeinen Vorschriften des HGB terminieren daher, insbesondere für die AG, KGaA, GmbH und Genossenschaften spezielle Regelungen im HGB, AktG, GmbHG sowie im GenG den Ansatz, die Bewertung und den Ausweis des Eigenkapitals, die allem voran die Gewinnverwendung, die Kapitalerhöhung sowie die Kapitalherabsetzung regeln.[839]

Hieran anknüpfend gliedert § 272 HGB das Eigenkapital in drei Gruppen, die die unterschiedliche Entstehung und die verschiedenen Ausschüttungsmöglichkeiten der Eigenkapitalpositionen dokumentieren. Neben dem gezeichneten Kapital, auf das die Haftung der Gesellschafter formal beschränkt ist,[840] sind die weiteren Gruppen der Kapital- und die Gewinnrücklage zu unterscheiden. In die

838 Vgl. *Baetge/Kirsch/Thiele*, Bilanzen, S. 460.

839 Vgl. *Baetge/Kirsch/Thiele*, Bilanzen, S. 464.

840 Zur weiterhin bestehenden Kritik hinsichtlich der gewählten Formulierung *Küting/Reuter*, StuB 2008, 535 (536); *Hüttemann*, in: Staub. HGB, 4. Aufl., § 272, Rn. 6; § 272 I 2 HGB n.F. enthält die aus redaktionellen Gründen übertragende Klarstellung des § 283 HGB a.F., dass das gezeichnete Kapital mit dem Nennbetrag anzusetzen ist. Diese Bewertungsvorgabe dient ebenfalls der Vermeidung von Ausschüttungen zu Lasten des Grund- oder Stammkapitals und somit dem Kapitalschutz. Ein Jahresfehlbetrag darf daher nicht zu einer Minderung des gezeichneten Kapitals führen, sondern ist gesondert auszuweisen. Vgl. *Freidank*, StB 2000, 44 (46).

Kapitalrücklage sind jene Beträge einzustellen, die den Rücklagen zuzuordnen sind und der Gesellschaft von außen zufließen, wie ein Aufgeld aus der Emission von Aktien oder anderen Zuzahlungen der Gesellschafter in das Eigenkapital.[841] In die Gewinnrücklagen dürfen dagegen nur solche Beträge eingestellt werden, die aus dem Jahresüberschuss der laufenden oder vergangener Perioden gebildet wurden.[842] Durch Ausschüttungen oder aber auch Entnahmen und Verluste mindern sich folglich die Gewinnrücklagen als Eigenkapitalbestandteil.[843]

Werden also das Grundkapital der AG und das Stammkapital der GmbH auf der Passivseite unter der Bezeichnung „Gezeichnetes Kapital" terminologisch zusammengefasst, welches durch die Kapitalsicherungsvorschriften der §§ 57 AktG, 30 GmbHG gegen eine Auskehrung an die Gesellschafter geschützt werden sollen[844], so sind die Änderungen durch das BilMoG, die die Bilanzierung von eigenen Anteilen und nicht eingeforderten Einlagen entgegen der deutschen Rechtstradition neu regeln, zumindest geeignet Kapitalschutzaspekte zu berühren.[845] Im Rahmen dieser letzten Untersuchungsgruppe soll daher diesem Problemfeld besondere Aufmerksamkeit zukommen.

6.1 Nettoausweis und eigene Anteile

Das gezeichnete Kapital war bisher grundsätzlich „brutto", also mit dem in der Satzung bestimmten Betrag des Grund- bzw. Stammkapitals, anzusetzen. Dies galt grundsätzlich auch für den Fall, dass das Grund- oder Stammkapital nicht voll eingezahlt oder durch den Rückerwerb eigener Anteile teilweise „zurückgezahlt" wurde. Der Gesetzgeber rückt mit dem BilMoG nunmehr von diesem Bruttoausweis ab und schreibt generell den Nettoausweis vor.

Dieser war verpflichtend bisher allein für bestimmte Erwerbsfälle in § 272 I 4 bis 6 HGB a.F. für den Ausweis von sog. „eingefrorenen Aktien" vorgesehen.[846] Das KonTraG von 1998 eröffnete bereits zudem daneben mit § 272 I 3 HGB a.F. diese Darstellungsweise für den Ausweis von nicht eingeforderten Einlagen, die nach dieser Vorschrift netto ausgewiesen werden durften. Für die eingefrorenen Aktien, die nach § 71 I Nr. 6 oder 8 AktG zur Einzie-

---

841 Vgl. *Singhof*, in: Wysocki et al., HdJ, Bd. 3, Abt. III/2, Rn. 110 ff. m.w.N. (Stand: Juni 2008); *Freidank*, StB 2000, 84 (85f.).

842 Vgl. *Freidank*, StB 2000, 84 (86f.).

843 Vgl. *Hayn/Prasse et al.*, in: Küting/Pfitzer/Weber, Das neue deutsche Bilanzrecht, S. 299; *Baetge/Kirsch/Thiele*, Bilanzen, S. 465.

844 Vgl. *Verse*, in: Scholz/Emmerich, GmbHG, 11. Aufl., § 30, Rn. 1 ff.

845 Vgl. *Kropff*, ZIP 2009, 1137 (1137).

846 Vgl. *Gelhausen/Fey/Kämpfer*, Rechnungslegung und Prüfung, § 272 HGB, Rn. 4.

hung erworben oder deren Weiterveräußerung von einem Beschluss der Hauptversammlung abhängig gemacht worden waren, bestand somit als Ausnahme von dieser Regel die Pflicht zum Nettoausweis.[847]

Die damit grundsätzlich bereits bekannte Vorgehensweise hat zukünftig zur Folge, dass nicht eingeforderte ausstehende Einlagen und eigene Anteile rechtsformunabhängig nicht mehr aktiviert werden, sondern stets vom gezeichneten Kapital abgesetzt werden müssen.[848]

Es ist daher vorab zu konstatieren, dass es dem Gesetzgeber mit dem Übergang vom Brutto- zum Nettoausweis gelungen ist, ein weiteres (Ausweis-)wahlrecht zu beseitigen, dass bilanzpolitische Spielräume eröffnet hatte und die Kopplung des Bruttoausweises an subjektive Erwägungen der Aktiengesellschaft im Aktienrecht durch eine konsequente Anwendungspflicht des Nettoausweises ersetzt.[849] Darüber hinaus beendet der Gesetzgeber nicht nur die Kontroverse um das Für und Wider hinsichtlich des Brutto- bzw. Nettoausweises,[850] sondern ebnet zum einen die bestehenden Sonderregelungen um die eingefrorenen Aktien ein und ermöglicht grundsätzlich zum anderen dem Bilanzleser und den Gläubigern das im Unternehmen tatsächlich arbeitende Eigenkapital leichter zu qualifizieren.[851]

Dem gesetzten Ziel „eine Vereinheitlichung und Vereinfachung in der bilanziellen Abbildung des Eigenkapitals zu erreichen und ein den tatsächlichen wirtschaftlichen Verhältnissen entsprechendes Bild der Vermögens-, Finanz- und Ertragslage zu erzeugen“, um letztlich die Informationsfunktion des handelsrechtlichen Jahresabschlusses zu stärken, wird der Gesetzgeber mit diesem Kurswechsel zumindest hinsichtlich erstgenannter Zielsetzung gerecht.[852] Im Übrigen scheint der Gesetzgeber, wie es nachfolgend zu zeigen gilt, diese im

---

847 S. *Klingberg*, BB 1998, 1575 (1575 ff.); *Schmidt/Wiese*, DStR 1998, 993 (993 ff.); *Thiel*, DB 1998, 1583 (1583 ff.).

848 Vgl. *Verse*, in: VGR, Gesellschaftsrecht in der Diskussion 2009, S. 80.

849 Vgl. RegE BilMoG BT-Drs. 16/10067, S. 65.

850 Ausführlich zu diesem Streitstand *Kitanoff*, Der Erwerb eigener Aktien, S. 95 ff. m.w.N. s.a. *Eschbach*, DB 2003, 161 (167); eing. zu den unionsrechtlichen Vorgaben *Habersack/Verse*, Europ. Gesellschaftsrecht, § 6, Rn. 60 ff.

851 Vgl. *Kropff*, ZIP 2009, 1137 (1138); *Kühnberger*, BB 2011, 1387 (1387); Streitfelder eröffneten sich in der Vergangenheit aber auch über Fragestellungen wie etwa dahingehend, ob nicht eingeforderte ausstehende Einlagen abzuschreiben sind, wenn sie nicht werthaltig waren. Auch an dieser Stelle hat das BilMoG mit der Neukonzeption Klarheit geschaffen.

852 Vgl. RegE BilMoG BT-Drs. 16/10067, S. 65.

Regierungsentwurf geradezu inflationär verwendete Formel unausgefüllt gelassen zu haben.[853]

Die Behandlung der von der Gesellschaft erworbenen eigenen Anteile, die bisher in § 272 I 4 bis 6 sowie Abs. 4 HGB a.F. geregelt war, findet in der Neufassung des HGB in § 272 I a und Abs. I b HGB n.F. seinen Platz. Eigenen Anteilen kommt ähnlich wie auch ausstehenden Einlagen ein Doppelcharakter zu, der der bisherigen Diskussion um den Brutto- vs. Nettoausweis den Boden ebnete. Diese können einerseits als Äquivalent für die Vermögenshingabe an die Aktionäre und somit als Vermögensgegenstände[854] oder aber als schlichte Korrekturposten zum gezeichneten Kapital qualifiziert werden, da wirtschaftlich betrachtet jeder Rückkauf von eigenen Anteilen eine Auskehrung von frei verfügbaren Rücklagen an die Anteilseigner darstellt, unabhängig davon, ob die Anteile sofort wieder veräußert oder eingezogen werden.[855]

Dem erstgenannten Verständnis folgend, waren nach bisheriger Rechtslage eigene Anteile grundsätzlich zu Anschaffungskosten zu aktivieren und im Umlaufvermögen auszuweisen. Um den Kapitalerhaltungsgrundsätzen und der Doppelnatur gleichzeitig gerecht zu werden, war jedoch in gleicher Höhe eine gebundene Rücklage aus frei verfügbarem Eigenkapital zu bilden.[856] Der Spielraum für Ausschüttungen verringerte sich folglich konsequent aufgrund der aufwandswirksamen Behandlung um die Höhe des Kaufpreises. Nach § 272 IV 2 HGB a.F. durfte die Rücklage auch nur bei Veräußerung oder Einziehung eigener Anteile aufgelöst werden, so dass bis zum Ausscheiden des Aktivpostens keine Möglichkeit bestand über den eingestellten Betrag zu verfügen.[857]

Ein Vergleich der beiden Vorgehensweisen zeigt schnell, dass der Nettoausweis im Gegensatz zum bisherigen Regelfall des Bruttoausweises lediglich zu einer aufwandswirksamen Behandlung auf Raten führt. Im Rahmen der erst-

---

853 Vgl. *Bieker*, PiR 2008, 365 (368).

854 Vgl. *Breuninger*, DStZ 1991, 420 (422); *Oser/Kropp*, Der Konzern 2012, 185 (189).

855 Vgl. *Küting/Reuter*, StuB 2008, 575 (577); *Kühnberger*, BB 2011, 1387 (1387); s. zum bisherigen Streitstand bspw. *Adler/Düring/Schmaltz*, Rechnungslegung und Prüfung, 6. Aufl., § 266, Rn. 139; *Hoffmann/Lüdenbach*, NWB Kommentar Bilanzierung, S. 987; s.a. zur mangelnden Sacheinlagefähigkeit von eigenen Aktien BGH, Urt. v. 20.09.2011 – II ZR 234/09, DB 2011, 2484 (2484).

856 Vgl. § 272 IV 1 HGB a.F.; *Freidank*, StB 2000, 44 (49); *Boguslawska*, Das Verbot des Handels in eigenen Aktien, S. 277.

857 Anders als bspw. bei der gesetzlichen Rücklage gemäß § 150 III und IV AktG darf die Rücklage für eigene Anteile nicht einmal zum Ausgleich von Verlusten verwandt werden.

maligen Bilanzierung im Jahresabschluss nach Erwerb wird zukünftig nur der Mehrbetrag mit verwendbaren Kapitalbestandteilen verrechnet. Der Nennbetrag wird aber dagegen unter Umständen erst sehr viel später aufwandswirksam eliminiert, da die Absetzung vom gezeichneten Kapital nur zu einer bilanziellen Vernichtung in Form einer erfolgsneutralen Verrechnung gegen das gezeichnete Kapital führt. Ob und in welchem Umfang zu einem späteren Zeitpunkt tatsächlich ausreichend freie Mittel zur Verfügung stehen, ist maßgeblich von der wirtschaftlichen Entwicklung des Unternehmens abhängig.[858]

An diese und weitere Folgewirkungen des Übergangs zum Nettoausweis knüpfen die nachfolgend aufzuzeigenden Problemfelder an. Da sich der Erwerb und das Halten von eigenen Anteilen weiterhin nach den jeweiligen gesellschaftsrechtlichen Vorgaben richtet, sollen die Ausnahmetatbestände und die jeweiligen Folgen für die Eigenkapitalbilanzierung am Beispiel des Nettoausweises von eigenen Aktien und GmbH-Anteilen dargestellt werden.

6.1.1 Der Nettoausausweis eigener Aktien

Im Zusammenhang mit der bilanziellen Behandlung von eigenen Aktien und Anteilen gilt es zunächst zu berücksichtigen, dass ein solcher Erwerb für deutsche Kapitalgesellschaften grundsätzlich nicht zulässig ist, da dieser Erwerb wirtschaftlich eine Einlagenrückgewähr darstellt und eine über den Bilanzgewinn hinausgehende Ausschüttung des Gesellschaftsvermögens an die Gesellschafter nach sich ziehen kann.[859] Weitgehend Einigkeit besteht daher jedenfalls dahingehend, dass eine kompensationslose Aktivierung beispielsweise von eigenen Aktien zu problematischen Ergebnissen führen würde, da es insoweit möglich wäre, dass die AG ihr gesamtes Vermögen durch den Rückerwerb von Aktien auskehrt.[860] Das finanzwirtschaftliches Motiv zum Rückerwerb eigener Aktien kann daher zumindest auch in der Gestaltung der Ausschüttungspolitik ausgemacht werden, welches sich vor allem flexibler als die Dividendenzahlung erweist, da der Erwerb eigener Anteile nicht an bestimmte Stichtage im Geschäftsjahr gebunden ist.[861]

Auf der anderen Seite bergen laufende Verluste die Gefahr in sich, dass sie nicht nur den Jahresüberschuss der Gesellschaft unmittelbar mindern, son-

858 Vgl. *Gelhausen*, in: Kirsch/Thiele, Rechnungslegung und Wirtschaftsprüfung, S. 209f.

859 Vgl. *Hayn/Prasse et al.*, in: Küting/Pfitzer/Weber, Das neue deutsche Bilanzrecht, S. 305.

860 Vgl. *Kitanoff*, Der Erwerb eigener Aktien, S. 97.

861 Vgl. *Küting/Busch*, PiR 2006, 213 (214); *Bosse*, WM 2000, 806 (806 ff.).

dern darüber hinaus den Wert der eigenen Anteile. Im Rahmen einer Insolvenz dürften die eigenen Anteile insoweit regelmäßig keiner Verwertung zugänglich sein, so dass den Gläubigern eine verringerte Insolvenzmasse zur Verfügung stehen würde.[862]

Dies darf jedoch nicht darüber hinwegtäuschen, dass der Erwerb eigener Aktien ungeachtet der gewichtigen Missbrauchsmöglichkeiten unter wirtschaftlichen Gesichtspunkten in Einzelfällen, wie beispielsweise im Rahmen von Aktienoptionsplänen zur Erfolgsbeteiligung von Managern, der Übernahme eines Unternehmens mittels Aktien als Akquisitionswährung oder zur Kurspflege, durchaus sinnvoll sein kann, um das Unternehmen wettbewerbsfähig zu erhalten.[863]

6.1.1.1 Der Erwerb eigener Aktien zum Nennbetrag bzw. rechnerischem Wert

Betrachtet man vor diesem Hintergrund nun die Bilanzierungsvorgabe des § 272 I a 1 HGB n.F., ist zukünftig der Nennbetrag der eigenen Aktien oder deren rechnerischer Wert, mithin der Teilbetrag des gezeichneten Kapitals, der beispielsweise bei Stückaktien auf die Anteile entsprechend ihrer Anzahl entfällt, offen vom gezeichneten Kapital abzusetzen.[864] Durch diese Absetzung wird der Nennbetrag der Aktien bzw. deren rechnerischer Wert in der Bilanz erfolgsneutral eliminiert.[865] Entfällt hiernach der Aktivposten „Eigene Anteile", so besteht auf den ersten Blick auch kein Bedürfnis für einen neutralisierenden Gegenposten, wie der „Rücklage für eigene Anteile", den der Gesetzgeber somit auch gestrichen hat.[866] Dies gilt uneingeschränkt zumindest insoweit, als die eigenen Anteile zu ihrem Nennbetrag bzw. ihrem rechnerischen Wert erworben werden.

---

862 Vgl. *Köster*, Bemessung und Prüfung von Ausschüttungen, S. 96.

863 Vgl. *Gelhausen*, in: Kirsch/Thiele, Rechnungslegung und Wirtschaftsprüfung, S. 193; *Köster*, Bemessung und Prüfung von Ausschüttungen, S. 95; *Boguslawska*, Das Verbot des Handels in eigenen Aktien, S. 23 ff.

864 Mit entsprechenden Forderungen in der Vergangenheit bereits der *DSR*, DRS 7.7 und 11 i.d.F.v. 03.04.2001; *Colbe*, BB 2000, 2405 (2407), *Schmidbauer*, DStR 2002, 187 (189); s.a. *Senger/Brune*, in: Bohl/Riese/Schlüter, IFRS-Handbuch, 3. Aufl., § 17, Rn. 66f.

865 Vgl. *Gelhausen/Fey/Kämpfer*, Rechnungslegung und Prüfung, § 272 HGB, Rn. 21.

866 Eing. *Habersack/Verse*, Europ. Gesellschaftsrecht, § 6, Rn. 61; *Kropff*, in: Kindler et al., Festschrift für Uwe Hüffer, S. 545.

6.1.1.2 Der Erwerb eigener Aktien über den Nennbetrag bzw. rechnerischen Wert

Unter Kapitalerhaltungsgesichtspunkten problematisch erscheint zunächst der Erwerb eigener Aktien mit einem Kaufpreis über dem Nennbetrag bzw. rechnerischen Wert. Der Gesetzgeber hat diesen Fall mit dem § 272 I a 2 HGB n.F. bedacht und vorgegeben, den Differenzbetrag zu dem gezahlten Kaufpreis mit den frei verfügbaren Rücklagen zu verrechnen.[867] Obwohl der Gesetzgeber keine Definition dieser frei verfügbaren Rücklagen anbietet, sind hierunter jedoch richtigerweise alle Beträge an Kapitalrücklagen und Gewinnrücklagen zu verstehen, die nicht nach gesetzlichen oder satzungsmäßigen Vorschriften gebunden bzw. entsprechend für eine Ausschüttung gesperrt sind.[868] Hierdurch stellt der Gesetzgeber zwar sicher, dass Vermögensbestandteile gegen eine Ausschüttung gesperrt sind, die auch auf andere Weise nicht an die Gesellschafter hätten ausgekehrt werden können.[869] Dies erfolgt jedoch nach dieser Vorgehensweise grundsätzlich nur in Höhe des Differenzbetrages zwischen Nennbetrag und Kaufpreis. Der verrechnete Nennbetrag bzw. rechnerische Wert wird von dieser Sperre dem Wortlaut folgend nicht erfasst, so dass im Vergleich zur früher erforderlichen Rücklage nach § 272 IV 1 HGB a.F. lediglich ein um den Nennbetrag der eigenen Aktien verkürzter Betrag gegen eine Ausschüttung gesperrt ist.

---

867 Die insoweit umstrittene Frage, ob eine Beschränkung der Verrechnungsmöglichkeit auf die Gewinnrücklagen besteht, wird somit eindeutig aufgelöst. S. hierzu *Dißars*, SteuerConsultant 12/2009, 30 (32); *Adler/Düring/Schmaltz*, Rechnungslegung und Prüfung, 6. Aufl., § 272, Rn. 188 ff.
Die Anschaffungsnebenkosten sind als Aufwand direkt in der Gewinn- und Verlustrechnung zu erfassen. Vgl. *Rundag*, in: Brönner/Bareis et al., Die Bilanz nach Handels- und Steuerrecht, S. 351.

868 Vgl. *Hayn/Prasse et al.*, in: Küting/Pfitzer/Weber, Das neue deutsche Bilanzrecht, S. 308.

869 Vgl. *Küting/Busch*, PiR 2006, 213 (215).

Ausgangsbilanz		**Bruttoausweis nach Erwerb eigener Anteile (HGB a.F.)**		**Nettoausweis nach Erwerb eigener Anteile (HGB i.d.F. BilMoG)**	
Aktiva	**Passiva**	**Aktiva**	**Passiva**	**Aktiva**	**Passiva**
Aktiva 300	Gezeichnetes Kapital 100	Eigene Anteile 40	Gezeichnetes Kapital 100	Aktiva 260	Gezeichnetes Kapital 100
					./. Nennbetrag Eigene Anteile 25
		Sonstige Aktiva 260	Rücklage für eigene Anteile 40		Ausg. Kapital 75
	Andere Gewinnrücklagen 50		Andere Gewinnrücklagen 10		Andere Gewinnrücklagen 35
	Verbindlichkeiten 150		Verbindlichkeiten 150		Verbindlichkeiten 150
300	**300**	**300**	**300**	**260**	**260**

Tabelle: Bilanzielle Auswirkung durch den Erwerbsvorgang von eigenen Anteilen[870]

870 Das vorliegende Beispiel illustriert die bilanziellen Auswirkungen des Erwerbs eigener Anteile im Nennbetrag von 25 zu einem Kaufpreis von 40. Im Rahmen des Bruttoausweises stellte der Erwerbsvorgang zunächst unmittelbar einen Aktivtausch dar, der den Kassenbestand i.H.d. Kaufpreises reduzierte und in eben dieser Höhe daraufhin die eigenen Anteile auswies. Auf der Passivseite musste jedoch aus Kapitalschutzgesichtspunkten eine gleich hohe gebundene Rücklage für eigene Anteile aus frei verfügbarem Eigenkapital gebildet werden (§ 272 IV HGB a.F.). Während folglich die Bilanzsumme unverändert blieb, reduzierte sich das ausschüttungsfähige Vermögen um genau den aufgewendeten Kaufpreis für die eigenen Anteile, so dass sich die anderen Gewinnrücklagen in diesem Beispiel um den Kaufpreis von 40 auf 10 reduzieren.
Der nach § 272 Ia HGB n.F. nunmehr vorgesehene Nettoausweis verbietet zukünftig den aktivischen Ausweis der eigenen Anteile mit ihrem Erwerbspreis, so dass auch die Rücklage zumindest in Höhe des Gesamtkaufpreises von 40 ihre Berechtigung verliert und in der Folge nicht mehr zu bilden ist. Vielmehr ist allein der Nennbetrag i.H.v. 25

6.1.1.2.1 Die Kapitalerhaltung durch die Vorgaben des Aktiengesetzes

Einen Ausgleich könnte an dieser Stelle für den Geltungsbereich des Aktiengesetzes der § 71 II 2 AktG n.F. schaffen, nach dem eigene Aktien nur erworben werden dürfen, wenn „die Gesellschaft im Zeitpunkt des Erwerbs eine Rücklage in Höhe der Aufwendungen für den Erwerb bilden *könnte*, ohne das Grundkapital oder eine nach dem Gesetz oder Satzung zu bildende Rücklage zu mindern, die nicht zur Zahlung an die Aktionäre verwendet werden darf".

Der Wortlaut macht deutlich, dass es nach dieser Vorschrift aber nicht auf die tatsächliche Bildung einer Rücklage ankommt, die in Abhängigkeit des Aktivpostens „Eigene Anteile" aufrechtzuerhalten ist, sondern lediglich entsprechende Mittel im Zeitpunkt des Erwerbs vorgehalten werden müssen, ohne dass eine Zwischenbilanz aufgestellt werden muss. Wird diese rein fiktive „Rücklage" jedoch zum Kaufstichtag durch bis dahin realisierte oder nur erwartete Jahresüberschüsse „angesetzt" und folgt zum Bilanzstichtag eine Ergebnisverschlechterung, so ist eine Rücklage in Höhe der Anschaffungskosten nach vereinzelter Ansicht zumindest nicht zwingend zu bilden.[871] Unterstellt, der additive Ausweis der Rücklagendifferenz würde alternativ den Ausweis eines Bilanzverlustes notwendig machen, der erst durch einen positiven Jahresüberschuss auszugleichen ist, bevor Ausschüttungen an die Aktionäre vorgenommen werden könnten, ist die lediglich fiktive Rücklage im Erwerbszeitpunkt nicht geeignet, eine Dividende aus Mitteln in Höhe des an die Aktienverkäufer gezahlten Erwerbspreises zum Bilanzstichtag oder in Folgeperioden zu verhindern.[872]

Kritisch wird darüber hinaus in der Literatur diskutiert, ob und wer die Einhaltung dieser fiktiven Ausschüttungssperre zu prüfen hat. Bestand zuvor mit der realen Rücklagenbildung eine indirekte Prüfungspflicht dieser Position im Rahmen der gesetzlichen Abschlussprüfung, kann nunmehr zurecht bezweifelt

---

vom gezeichneten Kapital offen in einer Vorspalte abzusetzen. Nur der Unterschiedsbetrag zwischen dem Kaufpreis (40) und dem Nennbetrag (25) der eigenen Anteile i.H.v. 15 ist weiterhin mit den frei verfügbaren Rücklagen zu verrechnen, so dass sich die anderen Gewinnrücklagen nicht um den gesamten Kaufpreis vermindern. Der im Vergleich zum Bruttoausweis erhöhte Differenzbetrag der frei verfügbaren Rücklagen entspricht dem Nennbetrag der eigenen Anteile, der somit nach dem ersten Anschein auch für eine Ausschüttung zur Verfügung steht. Beispiel nach *Verse*, in: VGR, Gesellschaftsrecht in der Diskussion 2009, S. 81.

871 Vgl. *Zilias/Lanfermann*, WPg 1980, 89 (92); *Haller*, DB 1987, 645 (646f.); a.A. *Schultz*, in: Breuninger/Müller et al., Steuerrecht und Europäische Integration, S. 586f.; *Oser*, DB 1999, 1125 (1125); *Reiner*, in: Schmidt, MüKo, HGB, § 272, Rn. 84; s. eingehend zu diesem Streitstand *Kitanoff*, Der Erwerb eigener Aktien, S. 99 ff. m.w.N.

872 Vgl. *Kühnberger*, BB 2011, 1387 (1387f.); *Kropff*, ZIP 2009, 1137 (1140); *Köster*, Bemessung und Prüfung von Ausschüttungen, S. 98.

werden, dass die Einhaltung dieser aktienrechtlichen Vorgaben einer hinreichenden Kontrolle durch die Unternehmensleitung unterliegt.[873]

Bietet also weder das Handelsrecht noch das Aktienrecht eine ausdrückliche Möglichkeit an, die aufgezeigte Lücke im bestehenden Kapitalschutz zu schließen, fragt es sich, ob diese nicht auf andere Weise, insbesondere unter Rückgriff auf die allgemeinen Grundsätze der Kapitalerhaltung, zu schließen ist. Wie festgestellt stellt der Nettoausweis kein Novum dar, sondern wurde bereits durch das KonTraG in Bezug auf die „eingefrorenen Aktien" eingeführt.

6.1.1.2.2 Die Behandlung „eingefrorener Aktien" und mögliche Lösungsansätze

Die bilanzielle Sonderbehandlung sollte sich seinerzeit daraus rechtfertigen, dass der Erwerb von eigenen Aktien, die ausschließlich zur Einziehung bestimmt sind oder nur mit Zustimmung der Hauptversammlung wieder veräußert werden können (§ 71 I Nr. 6 und 8 AktG) bereits bei Erwerb als Teilliquidation zu charakterisieren seien, da die zu diesem Zweck erworbenen eigenen Anteile nicht ohne Weiteres einer Verwertung zugänglich sind, und in der Folge auch als Kapitalrückzahlung zu bilanzieren seien.[874] Der Verzicht auf die Aktivierung solcher Anteile sollte dem Umstand Rechnung tragen, dass diese der Gesellschaft keinerlei Rechte gewähren und ihre Weiterveräußerung nur entsprechend den Voraussetzungen einer Kapitalerhöhung erfolgen kann, so dass sie zwar nicht im rechtlichen Sinne eingezogen sind, sich aber wirtschaftlich bereits so darstellen.[875]

---

873 Vgl. *Kropff*, ZIP 2009, 1137 (1140f.); *Hayn/Prasse et al.*, in: Küting/Pfitzer/Weber, Das neue deutsche Bilanzrecht, S. 306f.

874 Vgl. *Beater*, in: Staub. HGB, 4. Aufl., § 272, Rn. 13; *Baetge/Kirsch/Thiele*, Bilanzen, S. 474; S. a. bereits die Rspr. des RFH und des BFH, die in diese Richtung weist RFH, Urt. v. 28.07.1943 – III 166/41 -, RStBl. 1943, 807 (808); BFH, Urt. v. 05.06.1970 – III R 33/68 -, BFH E 99, 389 (392).

875 Vgl. *Klingberg*, BB 1998, 1575 (1576); *Gelhausen*, in: Kirsch/Thiele, Rechnungslegung und Wirtschaftsprüfung, S. 195.

6.1.1.2.2.1 Das temporäre „Deckungsleck"

Trotz der zusätzlichen Vorgabe zur Dotierung einer Kapitalrücklage nach § 237 V AktG im Falle der vereinfachten Kapitalherabsetzung ergab sich eine zumindest vergleichbare Lücke im Kapital- und Gläubigerschutzsystem.[876] Diese resultierte im Falle der eingefrorenen Aktien aus dem Umstand, dass das HGB und das AktG jeweils an unterschiedliche Vorgänge anknüpften, die zeitlich unter Umständen weit auseinanderliegen konnten. So war nach § 272 I 6 HGB a.F., wie nunmehr auch durch § 272 I a 2 HGB n.F. vorgegeben, nur der Mehrbetrag nach Erwerb mit verwendbaren Eigenkapitalbestandteilen zu verrechnen. Die erfolgsneutrale Absetzung des Nennbetrages gegen das gezeichnete Kapital führte somit ebenfalls lediglich zu einer bilanziellen Vernichtung in dieser Höhe, die eine Ausschüttung der Aktivmittel in Höhe des Gesamtnennbetrages an die Aktionäre nicht unterbinden konnte.[877] Mit anderen Worten wurde ebenfalls in Höhe des Abzugspostens vom Grundkapital nach § 272 I 4 HGB a.F. die Höhe des gebundenen Vermögens verringert und die Kapitalbindung zugunsten eines Buchgewinns aufgegeben.[878] Erst mit der gesellschaftsrechtlich vollzogenen Einziehung der Aktien, also unter Umständen zu einem erst sehr viel späterem Zeitpunkt als der Erwerb, war die Kapitalrücklage nach § 237 V AktG als bilanzielle Konsequenz zu dotieren.[879] Es bestand aber dann freilich keine Gewähr dafür, dass zum Zeitpunkt der tatsächlichen Einziehung der eigenen Aktien auch entsprechende Mittel vorhanden sind, um eine Rücklage nach § 237 V AktG bilden zu können.[880]

---

876 Im Falle der vereinfachten Kapitalherabsetzung nach § 237 III Nr. 1 und 2 AktG ist ein Betrag in die Kapitalrücklage einzustellen, der dem Betrag aus der Kapitalherabsetzung entspricht. Auch diese Vorschrift dient dem Gläubigerschutz und intendiert die Kompensation der Herabsetzung des Grundkapitals, wie die besonderen Schutzmechanismen der ordentlichen Kapitalherabsetzung, dem Gläubigeraufruf, der Sicherheitsleistung oder dem Sperrhalbjahr. Die Kapitalschutzkonzeption folgt hier der Überlegung, dass Gläubigerinteressen nicht berührt sind, wenn für den Erwerb der Aktien keine bzw. nur solche Finanzmittel aufgewendet werden müssen, die unter sonstigen Umständen an die Aktionäre ausgeschüttet werden können. Vgl. *Oechsler*, in: Goette/Habersack et al., MüKo AktG, § 237 HGB, Rn. 108 ff.; *Reiner*, in: Schmidt et al., MüKo HGB, 2. Aufl., § 272, Rn. 25.

877 Vgl. *Gelhausen*, in: Kirsch/Thiele, Rechnungslegung und Wirtschaftsprüfung, S. 208 ff.

878 Vgl. *Möller*, Rückerwerb eigener Aktien, S. 96f.

879 Vgl. *Gelhausen*, in: Kirsch/Thiele, Rechnungslegung und Wirtschaftsprüfung, S. 210.

880 Vgl. *Kitanoff*, Der Erwerb eigener Aktien, S. 108.

6.1.1.2.2.2 Die Vorverlagerung der Dotierungspflicht

Für diese „Zwischenzeit" wurde in der Literatur die Vorverlagerung der Dotierung der Rücklage nach § 237 V AktG auf den Erwerbszeitpunkt der eigenen Aktien vorgeschlagen.[881] Für eine Vorverlegung dieser Rücklagendotierung spricht zunächst, dass diese geeignet wäre auch die derzeitige Lücke im Kapitalschutz zu schließen. Aufgrund der Kopplung an den Einziehungsvorgang ist jedoch fraglich, ob diese Rücklagendotierung dogmatisch allein auf die beschriebenen Sonderfälle der eingefrorenen Aktien übertragbar ist. Wurde der auf die eigenen Aktien entfallende Betrag des Grundkapitals bereits aufgrund des vorangegangenen Aktienrückkaufes vom Grundkapital abgesetzt, kann dieser Betrag bei der nachfolgenden Aktieneinziehung und Kapitalherabsetzung nicht noch einmal vom Grundkapital abgezogen werden. Erst hieraus ergibt sich aber streng genommen das Erfordernis, den in die Kapitalrücklage einzustellenden Betrag aus den verteilbaren Gewinnen oder Gewinnrücklagen zu entnehmen.

Zudem ließe sich auch anbringen, dass es auch in diesem Fall an einer Stütze im Wortlaut der handelsrechtlichen oder aktienrechtlichen Bilanzierungsvorschriften fehlt.[882] Weiterhin besteht in Anbetracht der gravierenden Folgen der Verletzung von gesetzlichen und satzungsmäßigen Vorschriften über die Einstellung und Auflösung von Rücklagen nur wenig Spielraum für freie Abhilfeversuche. Dass es der Gesetzgeber in Kenntnis dieser Problematik zudem im Rahmen dieser Bilanzrechtsreform unterlassen hat diesen Fall gesetzlich zu regeln, steigert die Unsicherheiten in diesem Anwendungsbereich zusätzlich. Anleihen zur Schließung der Regelungslücke bietet das überholte Aktienrecht mit diesen Bedenken daher zuzugebenermaßen nur unter gewissen Zweifeln.

Es dürfte jedoch auf der anderen Seite nicht gerechtfertigt sein, aus dem legislativem Unterlassen des Gesetzgebers eine bewusste Legitimation von Lücken im bestehenden Kapitalschutz zu folgern. Dies würde eine Reaktions- bzw. Klarstellungspflicht des Gesetzgebers hinsichtlich jeden Streitstandes bedingen, der in diesem Umfang nicht von der Legislative abverlangt werden kann. Zudem spricht auch die Regierungsbegründung nicht dafür, dass mit der Neuregelung das bestehende Kapitalschutzniveau herabgesetzt werden sollte.[883] Vielmehr dürfte es näher liegen, dass der Gesetzgeber die alte Rechtslage hinsichtlich der bilanziellen Behandlung von eingefrorenen Aktien als gerechtfertigt ansah, da

881 Vgl. *Kropff*, in: Goette/Habersack et al., MüKo AktG, 2. Aufl., § 272 HGB, Rn. 43 ff.; *Zätzsch*, in: Hommelhoff/Zätzsch et al., Gesellschaftsrecht, Rechnungslegung, Steuerrecht, S. 786f.; *Förschle/Hoffmann*, in: Ellrott et al., BeckBilKomm., 6. Aufl., § 272, Anm. 10.

882 Vgl. *Gelhausen*, in: Kirsch/Thiele, Rechnungslegung und Wirtschaftsprüfung, S. 210.

883 Vgl. RegE BilMoG BT-Drs. 16/10067, S. 66.

der Aktienerwerb nach § 71 I Nr. 8 AktG nur in dem Fall möglich war, wenn eine Rücklage für eigene Aktien i.S.v. § 71 II 2 AktG im Zeitpunkt des Erwerbs gebildet werden konnte und im Fall der Einziehung die Kapitalrücklage nach § 237 V AktG dotiert werden musste.[884] Mögen sich also die dargelegten Fallgestaltungen zwar im Detail unterscheiden, liegt ihnen jedoch eine vergleichbare Problemstellung zugrunde. Der Gesetzgeber bringt zwar deutlich zum Ausdruck, dass er Teile des Grundkapitals in Höhe des jeweiligen Betrages an eigenen Aktien als gefährdet ansieht und daher entsprechende freie Mittel vorzuhalten sind, regelt aber lediglich unvollständig, wie diese Mittel auch in Zeiten nach dem Erwerb im Unternehmen zu erhalten sind.

Die offene bilanzielle Verrechnung des Nennwertes der eigenen Aktien mit dem Gezeichneten Kapital lässt die Höhe des satzungsmäßigen Grundkapitals unverändert. Das Nennkapital ist auch weiterhin unverändert durch § 57 I AktG gegen Auszahlungen an die Aktionäre geschützt. Die Tatsache, dass in der Bilanz als Gezeichnetes Kapital nur noch ein um den Nennwert der eigenen Aktien verminderter Buchwert ausgewiesen wird, ändert hieran nichts.[885]

Der Grundsatz der Kapitalerhaltung erfordert somit in allen Fällen, dass entsprechende Mittel gegen Ausschüttungen gesperrt werden. Eine Aufgabe der Schutzmechanismen kann auch deshalb mit der Neufassung des § 272 HGB nicht intendiert gewesen sein, da der Gesetzgeber weiterhin an dem § 71 II 2 AktG dem Grunde nach festhält, mithin für den Erwerb von eigenen Anteilen voraussetzt, dass freie Mittel in Höhe der Anschaffungskosten im Unternehmen vorhanden sind. Dass diese unmittelbar nach dem Erwerb allein aufgrund des Bekenntnisses zum Nettoausweis für eine Auskehrung an die Anteilseigner zur Verfügung stehen sollen, ist insoweit wenig plausibel.[886]

Dies lässt allein den Schluss darauf zu, dass es der Gesetzgeber versäumt hat, die allgemeinen aktienrechtlichen und bilanzrechtlichen Regelungen aufeinander abzustimmen, so dass lediglich fraglich bleibt, wie diese Regelungslücke zu schließen ist.

---

884 Vgl. *Kropff*, in: Goette/Habersack et al., MüKo AktG, 2. Aufl., § 272 HGB, Rn. 44.

885 Vgl. *Oser/Kropp*, Der Konzern 2012, 185 (187).

886 Vgl. *Förschle/Hoffmann*, in: Ellrott et al., BeckBilKomm., 7. Aufl., § 272, Rn. 134; s.a. *Lüdenbach*, StuB 2010, 232 (233).

6.1.1.2.2.3 Die Rücklagendotierung und Ausschüttungssperre als mögliche Lösungsansätze

Neben einer analogen Anwendung des § 237 V AktG wird vorgeschlagen den Gesamtnennbetrag bzw. rechnerischen Wert durch eine „implizite Ausschüttungssperre“ aufgrund einer ergänzenden Auslegung zu sperren.[887] Die letztgenannte Vorgehensweise hätte zunächst für sich, dass der aufgrund der Rechtsfolge des § 256 I Nr. 4 AktG „heikle“ Bereich der Rücklagendotierung umschifft werden könnte. Der gesperrte Betrag wäre allerdings auf diese Weise nicht aus der Bilanz ersichtlich und könnte nur über den Anhang identifiziert werden. Eine Rücklagendotierung wäre dagegen auch zulasten eines Bilanzverlustes vorzunehmen, wohingegen eine implizite Ausschüttungssperre allein geeignet wäre im Falle eines Bilanzgewinns, diesen gegen eine Auskehrung zu schützen.[888] Die dargestellten Erkenntnisse aus der Problemstellung um den Bereich der eingefrorenen Aktien unterstreichen, dass es jedoch dem Sinn dieser Rücklage widerspricht, den Ansatz auf einen unbestimmten späteren Zeitpunkt zu verschieben, zu dem wieder freie Mittel verfügbar sind. Dies muss richtigerweise ungeachtet der Tatsache gelten, dass im Falle der Rücklagendotierung zulasten eines Bilanzverlustes die streitbare Möglichkeit besteht, dass die auf diese Weise gewonnene Ausschüttungssperre durch einen etwaig auszuweisenen Bilanzverlust im Folgejahr durch die Auflösung von Rücklagen nach § 150 AktG wieder beseitigt wird.[889]

Der Übergang vom Brutto- zum Nettoausweis belegt, dass der Gesetzgeber den Erwerbsvorgang von eigenen Aktien zumindest „wie“ eine Kapitalrückzahlung behandelt wissen möchte. Soweit aber der Ausweis eine Absenkung des

---

887 Vgl. *Verse*, in: VGR, Gesellschaftsrecht in der Diskussion 2009, S. 84 ff. Dieser weist zudem darauf hin, dass die wesentlich einfachere Lösung darin bestehen könnte, de lege ferenda die Anschaffungskosten für die eigenen Anteile von den anderen Gewinnrücklagen abzuziehen und das gezeichnete Kapital unberührt zu lassen. Dies hätte allerdings zur Folge, dass der intendierte Gleichlauf mit den Vorschriften der internationalen Rechnungslegung nicht erreicht wird. S. hierzu auch *Bezzenberger*, Erwerb eigener Aktien durch die AG, Rn. 113f.; *Seidler*, Eigene Aktien, S. 129f., 140; *Oser/Kropp*, Der Konzern 2012, 185 (186f.); s.a. Kapitel 6.4.

888 *Reiner*, in: Schmidt, MüKo, HGB, § 272, Rn. 85; *Kropff*, ZIP 2009, 1137 (1143); *Schultz*, in: Breuninger/Müller et al., Steuerrecht und Europäische Integration, S. 586f.; *Kitanoff*, Der Erwerb eigener Aktien, S. 100f. m.w.N.; a.A. *Zilias/Lanfermann*, WPg 1980, 89 (92); *Haller*, DB 1987, 645 (646).

889 Gegen eine Auflösung der Rücklage zum Verlustausgleich jedoch unter Kopplung an den aktivischen Ansatz der eigenen Aktien nach überholtem Recht richten sich bspw. *Adler/Düring/Schmaltz*, Rechnungslegung und Prüfung, 6. Aufl., § 272, Rn. 201; *Bezzenberger*, Erwerb eigener Aktien durch die AG, Rn. 102.

Kapitalschutzniveaus zur Folge hat, kann dies nur auf einer Regelungslücke beruhen, die es auf vorgezeigte Weise zu schließen gilt. Der Ausweis eines Verlustvortrags zeigt dem Bilanzleser deutlicher als eine Anhangangabe, wie hoch der aus künftigen Jahresüberschüssen bzw. der gesetzlichen Rücklage zu tilgende Betrag ist, bevor wieder eine Ausschüttung erfolgen kann. Als Abzugsposten kämen insoweit alle Bilanzpositionen in Betracht, die auch zur Bildung einer Rücklage nach § 237 V AktG bei Aktivierung eigener Aktien dienen können, mithin alle frei verfügbaren Mittel[890].

Nach der hier vertretenen Ansicht kann die Dotierung einer gebundenen Rücklage für eigene Aktien, die allein dem Schutz der Gläubiger dient und die dem Partizipationsinteresse der Aktionäre im vorliegenden Fall eindeutig vorgeht, auch keine Nichtigkeit des Jahresabschlusses nach § 256 I Nr. 4 AktG begründen.[891]

Obwohl beide Lösungen den durch den Nettoausweis tangierten Kapitalschutzaspekten im Großen und Ganzen gerecht werden, stellt aus Gründen der Transparenz und der Strenge der Rücklagenbildung zulasten eines Bilanzverlustes die Rücklagendotierung analog § 237 V AktG die vorzugswürdigere Alternative dar.[892]

Ob und welche dieser Lösungen sich allerdings tatsächlich in der Bilanzierungspraxis durchsetzen wird, bleibt abzuwarten. Unabhängig von der jeweiligen Wahl des Kompensationsmittels ist jedoch davon auszugehen, dass ein Betrag in Höhe des bilanziell verrechneten Nennwertes der eigenen Aktien nicht zur Disposition des Vorstandes steht und deshalb der Kapitalschutz durch den Nettoausweis insoweit nicht beeinträchtigt wird.

---

890 S. Kapitel 6.1.1.2.

891 S.a. *Kropff*, ZIP 2009, 1137 (1142).

892 S.a. *Hüttemann*, in: Kessler/Förster et al., Unternehmensbesteuerung, S. 601; *Förschle/Hoffmann*, in: Ellrott et al., BeckBilKomm., 8. Aufl., § 272, Rn. 134; *Hoffmann/Weyer*, in: Heidel/Schall, HGB § 272, Rn. 29; a.A. *Kropff*, ZIP 2009, 1137 (1141); *Oser/Kropp*, Der Konzern 2012, 185 (187); *Mock*, in: Claussen/Scherrer, Kölner Komm. HGB, § 272, Rn. 85. Diese Lösung wird zudem den Vorgaben des Art. 37 II der Kapitalrichtlinie (77/91/EWG) in der Fassung der Änderungsrichtlinie (2006/68/EG) gerecht, nach der im Falle der Kapitalherabsetzung durch die Einziehung von Aktien in Höhe des Herabsetzungsbetrages eine Rücklage zu bilden ist, die nicht an die Gesellschafter ausgeschüttet werden darf. Vgl. hierzu *Zätzsch*, in: Hommelhoff/Zätzsch et al., Gesellschaftsrecht, Rechnungslegung, Steuerrecht, S. 787; *Bezzenberger*, Erwerb eigener Aktien durch die AG, Rn. 111.

6.1.1.3 Die Besonderheiten beim Erwerb eigener Aktien *unter pari*

Ein vergleichbares Problem stellt sich auch im Falle des Erwerbs eigener Aktien *unter pari*, welches aber zumindest prinzipiell ähnlichen Lösungsansätzen zugänglich ist.

In diesen Ausnahmefällen, wie im Beispiel von Sanierungen,[893] ist der Erwerbspreis für die eigenen Anteile niedriger als der Nennbetrag bzw. rechnerische Wert, für den unverändert die offene Absetzungspflicht vom gezeichneten Kapital gilt. Werden also Aktien im Nennbetrag von 200 zu 160 erworben, sind nach den dargestellten Grundsätzen 200 vom gezeichneten Kapital offen abzusetzen.

6.1.1.3.1 Die Behandlung des negativen Unterschiedsbetrages beim Erwerb unter pari

Problematisch erscheint in diesem Zusammenhang die Behandlung des Unterschiedsbetrages von 40 nach § 272 I a 2 HGB. Dem Wortlaut folgend, wäre insoweit dieser negative Unterschiedsbetrag mit den frei verfügbaren Rücklagen zu verrechnen, so dass sich diese Rücklagen nicht vermindern, sondern erhöhen würden, obwohl es sich tatsächlich um einen negativen Unterschiedsbetrag handelt. Dies hätte isoliert betrachtet zur Folge, dass der Unterschiedsbetrag nicht gegen eine Ausschüttung gesperrt wäre.

Es mag bereits verwundern, dass je niedriger der Marktwert der zurückerworbenen eigenen Anteile ist, das Ausschüttungsvolumen nach dieser Vorgehensweise um so größer ausfällt, das durch die Transaktion geschaffen würde.[894] Wirtschaftlich wird somit eine Ertragsrealisierung antizipiert, die jedoch grundsätzlich erst bei Einziehung ein entsprechendes Kapital ohne Gegenleistung freigeben oder im Falle des Wiederverkaufs zum Nennbetrag bzw. rechnerischen Wert zu diesem Zeitpunkt stattfinden würde.

Gerechtfertigt werden kann ein solcher Verstoß gegen den Grundsatz der Kapitalerhaltung nicht mit der Prämisse, dass ein Unternehmen einen solchen

---

893 Vgl. *Boguslawska*, Das Verbot des Handels in eigenen Aktien, S. 131; *Huber*, in: Forster/Grunewald et al., Aktien- und Bilanzrecht, S. 121 ff. In diesem Zusammenhang unterstreichen die Beispiele „*Favag*", „*Nordwolle*", die Brauerei „*Schultheiß-Patzenhofer*" oder der *Darmstädter und Nationalbank*, die unter Sanierungsbemühungen eigene Aktien zur Kursbeeinflussung zurückkauften und bei anhaltenden wirtschaftlich schwachen Verhältnissen schließlich zusammenbrachen die Gläubiger- und Kapitalschutzrelevanz dieses Vorganges.

894 Vgl. *Kühnberger*, BB 2011, 1387 (1388).

Rückkauf regelmäßig nur für den Fall tätigen wird, für den die eigenen Anteile am Markt als unterbewertet gelten. Dass der Vorstand die eigenen Anteile jeweils besser bewerten könne als der Markt, ist eine wohl kaum zu verallgemeinernde Annahme, die darüber hinaus an der Antizipation der Gewinnrealisierung nichts ändert, sondern diese allein zu relativieren sucht.[895]

Es ist daher jedenfalls auch an dieser Stelle anzunehmen, dass der Gesetzgeber den Fall des *unter pari*- Erwerbs im Rahmen der vorstehenden Regelung nicht gesehen haben dürfte und diese Lücke richtigerweise im Wege der Auslegung zu schließen ist. Bereits bisher ist im Falle der Kapitalherabsetzung durch Einziehung anerkannt, dass unentgeltlich zur Einziehung übertragene Aktien bis zur rechtlichen Wirksamkeit der Einziehung durch Passivierung neutralisiert werden müssen, damit kein Ertrag ausgewiesen wird.[896]

6.1.1.3.2 Die Rücklagendotierung analog § 237 V AktG als geeignetes Korrektiv

In dieser Linie wird daher vorgeschlagen nicht den Nennbetrag bzw. rechnerischen Wert, sondern allein den negativen Unterschiedsbetrag gegen eine Ausschüttung zu sperren, um eine systemwidrige Erhöhung des Ausschüttungspotenzials zu vermeiden.[897] Vorzugswürdig erscheint jedoch insoweit der hier vorgeschlagenen Vorgehensweise auch im Rahmen des *unter pari*-Erwerbs zu folgen und in einem ersten Schritt den Absetzungsbetrag analog § 237 V AktG i.H.v. 200 in eine gebundene Rücklage einzustellen.[898] Diese Rücklage wäre erst

---

895 Relativierend hinsichtlich der dargestellten tangierten Kapitalschutzaspekte wirkt auch die in der Praxis bedeutsame Begrenzung des Erwerbs eigener Anteile nach § 71 II 1 AktG auf 10 % des Grundkapitals.

896 Vgl. *Gelhausen*, in: Kirsch/Thiele, Rechnungslegung und Wirtschaftsprüfung, S. 205; *Lutter*, in: Zöllner, Kölner Komm. AktG, § 237, Rn. 98; *Budde/Förschle*, Sonderbilanzen, O Anm. 93.

897 Vgl. *Kropff*, ZIP 2009, 1137 (1141f.); s.a. *Singhof*, in: Wysocki et al., HdJ, Bd. 3, Abt. III/2, Rn. 72 (Stand: Juni 2008).

898 Wie eingangs dargelegt sind hierfür sowohl eine implizite Ausschüttungssperre als auch eine Dotierung der gebundenen Rücklagen geeignet den tangierten Kapitalschutzaspekten gerecht zu werden. Mit den dargelegten Gründen sprechen jedoch auch an dieser Stelle die überwiegenden Gründe für eine Einstellung des Absetzungsbetrages in eine gebundene Rücklage. Vorgeschlagen wird ebenfalls allein die durch den verbilligten Kauf „erzielte" Vermögensmehrung als Ertragszuschuss oder Kapitalrücklage nach § 272 II Nr. 4 HGB zu erfassen. Dem kann jedoch nicht gefolgt werden. Diese Beträge unterliegen keinen Entnahmebeschränkungen nach § 150 AktG, so dass eine Auskehrung von Eigenkapital hierdurch nicht verhindert werden kann. Vgl. *Gelhausen/Fey/Kämpfer*, Rechnungslegung und Prüfung, § 272 HGB, Rn. 33; *Bruckmei-*

aufzulösen, wenn die Anteile mindestens zum Nennbetrag wieder veräußert werden bzw. im Falle der Einziehung zu diesem Zeitpunkt mindestens den Nennbetrag wieder erreicht hätten, mithin der eingestellte Absetzungsbetrag auch tatsächlich realisiert wäre.[899]

Im Übrigen ist eine wortlautgetreue Umsetzung des § 272 I a 2 HGB geboten und der Unterschiedsbetrag zwischen dem Kaufpreis und dem Nennbetrag mit den frei verfügbaren Gewinnrücklagen zu verrechnen, was in diesem Fall, wie dargestellt, aufgrund des umgekehrten Vorzeichens keine Verringerung, sondern eine Erhöhung der Gewinnrücklagen zur Folge hätte.[900] Diese ist aber in Anbetracht der Zielsetzung, Mittel der Gesellschaft in Höhe des Kaufpreises gegen eine erneute Auskehrung zu schützen, unbedenklich, da der Unterschiedsbetrag den nach § 237 V AktG analog gesperrten Nennbetrag der eigenen Aktien bis auf den Kaufpreis reduziert.[901]

Auch dieser Sonderfall des *unter pari*-Erwerbs eigener Anteile ist daher im Sinne eines umfassenden Kapitalschutzes aufzulösen, so dass eine Beeinträchtigung des Kapitalschutzes auch insoweit nicht zu befürchten steht.

6.1.1.4 Die Rücklage für Anteile an einem herrschenden oder mit Mehrheit beteiligten Unternehmen

Für den vorstehend befürworteten Lösungsweg der Einstellung des Absetzungsbetrags bei Erwerb in eine gebundene Rücklage anstelle einer impliziten Ausschüttungssperre spricht auch der Vergleich mit der Behandlung des Erwerbsvorgangs eigener Aktien durch eine beherrschte Gesellschaft. Werden Anteile eines herrschenden oder mit Mehrheit beteiligten Unternehmens i.S.v. §§ 16,

---

er/Zwirner/Künkele, DStR 2010, 1640 (1641); a.A. *Kühnberger*, BB 2011, 1387 (1388).

899 A.A. *Kropff*, ZIP 2009, 1137 (1142). S. zum Problem der Verbrauchsfolge im Falle des Tranchenverkaufs eigener Anteile *Kühnberger*, BB 2011, 1387 (1388).

900 Vgl. *Verse*, in: VGR, Gesellschaftsrecht in der Diskussion 2009, S. 87f.; *Förschle/Hoffmann*, in: Ellrott et al., BeckBilKomm., 7. Aufl., § 272, Rn. 131.

901 Werden folglich beispielsweise eigene Anteile im Nennbetrag von 200 zum Kaufpreis von 160 erworben, würden sich die Aktiva um den Kaufpreis von 160 reduzieren, während sich das gezeichnete Kapital entsprechend der Vorgabe des § 272 I a 1 HGB um 200 reduzieren und die Gewinnrücklagen nach § 272 I a 2 HGB um 40 (160-200) erhöhen würden. Korrespondierend ist jedoch in Höhe des Nennbetrages der eigenen Anteile ein Betrag von 200 in eine gebundene Rücklage einzustellen. Das potentielle Ausschüttungsvolumen reduziert sich somit um den aufgewendeten Kaufpreis von 160, so dass eine entsprechende Kapitalbindung wie im Rahmen des Bruttoausweises hergestellt wäre.

17 AktG (sog. Rückbeteiligungen) erworben,[902] besteht ebenfalls die Gefahr einer in diesem Fall mittelbaren Rückzahlung des gezeichneten Kapitals des herrschenden oder mit Mehrheit beteiligten Unternehmens.

6.1.1.4.1 *Die kapitalerhaltende Rücklagenberechtigung nach § 272 IV HGB*

Erwirbt beispielsweise eine 100 %-Tochtergesellschaft aus ihrem Gesamtüberschuss von 10 Mio. € für diesen Betrag Aktien der Muttergesellschaft, hat es diese Aktien nach § 253 I 1 HGB zu Anschaffungskosten zu bilanzieren, da ein Nettoausweis, also eine Absetzung vom gezeichneten Kapital der Tochter, in diesem Fall nicht in Betracht kommt. Insoweit ist unverändert wie nach alter Rechtslage spiegelbildlich zum aktivierten Betrag für die eigenen Aktien eine Rücklage nach § 272 IV HGB n.F. tatsächlich zu bilden. Gelte dies nicht, würde sich der Erwerb für die Tochter als reiner Aktivtausch darstellen, der den Jahresüberschuss nicht mindern würde, so dass diese weiterhin 10 Mio. € an die Mutter abführen könnte. Die Muttergesellschaft wiederum könnte ungeachtet dieses mittelbaren Anteilserwerbs diesen Betrag weiterhin an die Aktionäre auskehren, obwohl die Mutter selbst keinen Gewinn und die Tochter lediglich einen Gewinn in Höhe von 10 Mio. € erwirtschaftet hat.[903] Eine solche Vorgehensweise würde das Vermögen der Muttergesellschaft somit doppelt zugunsten der Anteilseigner mindern, da diese zunächst den Kaufpreis für die Anteile der Tochtergesellschaft zu Lasten des Wertes der Beteiligung der Muttergesellschaft an der Tochter erhalten. Die durch die Tochter erworbenen Anteile an der Muttergesellschaft, stellen aber zumindest für diese keine vollwertige Gegenleistung dar. Darüber hinaus könnte den Anteilseignern der Muttergesellschaft zudem im Wege der Gewinnausschüttung nochmals Mittel aus dessen Vermögen zufließen. Diese bekannte Problematik wird also auch zukünftig im Rahmen des mittelbaren Anteilserwerbs durch eine Rücklagenbildung auf Ebene der Tochtergesellschaft aufgelöst.

6.1.1.4.2 *Die Kapitalschutzvorgaben des § 71d S. 2 AktG i.V.m. § 71 II 2 AktG*

Nicht recht einzufügen vermögen sich in diese Konzeption nun die Kapitalschutzvorschriften des § 71d S. 2 AktG i.V.m. § 71 II 2 AktG auf Ebene der Muttergesellschaft. Dem Wortlaut des § 71 II 2 AktG folgend ist weiterhin für den Erwerb von Aktien der herrschenden Aktiengesellschaft durch ein Tochter-

---

902 Im Einzelnen bspw. *Emmerich*, in Emmerich/Habersack, Aktien- und GmbH-Konzernrecht, Rn. 10 ff.

903 Bsp. nach *Cahn*, in: Spindler/Stilz, AktG, § 71d, Rn. 43.

unternehmen Voraussetzung, dass die herrschende AG die nach § 272 IV HGB vorgeschriebene Sonderrücklage ohne Minderung ihres eigenen Grundkapitals oder einer nach Gesetz oder Satzung geforderten Rücklage bilden könnte, wie wenn sie selbst den Erwerb tätigen würde.

Während die Tochtergesellschaft somit die Rücklage nach § 272 IV HGB tatsächlich zu bilden hat, stellt § 71d S. 2 AktG i.V.m. § 71 II 2 AktG auf den ersten Blick darauf ab, ob die Muttergesellschaft bei Erwerb in der Lage wäre eine Rücklage aus freien Mitteln zu dotieren.[904] Eine solche Pflicht läuft aber auch unter Kapitalschutzaspekten ins Leere, da die Muttergesellschaft diese Mittel direkt nach dem mittelbaren Erwerb der eigenen Anteile in voller Höhe wieder auskehren könnte, so dass richtigerweise nur die Tochtergesellschaft auch die Pflicht nach § 71d S. 2 AktG i.V.m. § 71 II 2 AktG treffen kann. Ein mittelbarer Erwerb eigener Aktien ist daher in dieser Konstellation nur möglich, wenn die Tochtergesellschaft die Rücklage bereits im Zeitpunkt des Erwerbs hätte dotieren können.[905]

Streng zu trennen bleibt aber auch in dieser Konstellation, in der die Rücklage spätestens zum nächsten Jahresabschlussstichtag tatsächlich zu bilden ist, die systematische Trennung zwischen den Erwerbsvoraussetzungen einerseits und der späteren Rücklagendotierungspflicht andererseits, so dass kein Regelungszusammenhang derart angenommen werden kann, nach dem die Erwerbsvoraussetzungen allein die spätere Rücklagendotierung sicherstellen sollen. Der Erwerb eigener Aktien ist richtigerweise daher nicht auch dann zulässig, wie es im Schrifttum zur überholten Rechtslage vertreten wurde,[906] wenn zwar zum Erwerbszeitpunkt entsprechende freie Mittel nicht zur Verfügung stehen, aber spätestens zum folgenden Jahresabschlussstichtag mit deren Entstehung bzw. deren Verfügbarkeit gerechnet werden kann.[907] Weitgehend unstreitig ist jedenfalls, dass die Rücklagendotierung auch zulasten des laufenden Jahresergebnisses oder eines vorhandenen Gewinnvortrags erfolgen darf bzw. muss, wenn freie Rücklagen bei Bilanzaufstellung oder in späteren Jahren nicht mehr

---

904 Vgl. *Kropff*, ZIP 2009, 1137 (1142); *Cahn*, in: Spindler/Stilz, AktG, § 71d, Rn. 43 ff.

905 S.a. *Lutter/Drygala*, in: Zöllner/Noack, Kölner Komm AktG, 3. Aufl., § 71d, Rn. 40; *Rieckers*, ZIP 2009, 700 (702f.); a.A. *Gelhausen/Fey/Kämpfer*, Rechnungslegung und Prüfung, § 71 AktG, § 33 GmbHG, Rn. 13; *Hüffer*, AktG, § 71d, Rn. 6; *Oechsler*, in: Goette/Habersack et al., MüKo AktG, § 71d, Rn. 47.

906 Vgl. *Adler/Düring/Schmaltz*, Rechnungslegung und Prüfung, 6. Aufl., § 272, Rn. 186 m.w.N.

907 Vgl. im Erg. *Gelhausen/Fey/Kämpfer*, Rechnungslegung und Prüfung, § 71 AktG, § 33 GmbHG, Rn. 12 ff.

vorhanden sind, auch wenn dies zum Ausweis bzw. zur Erhöhung eines Bilanzverlustes führt.[908]

6.1.1.4.3 *Die verstärkte Kapitalbindung auf Ebene des abhängigen Unternehmens*

Die Neukonzeption führt somit nach der hier vertretenen Ansicht zu einer stärkeren Kapitalbindung auf Ebene des Erwerberunternehmens, die dem Umstand gerecht wird, dass ein abhängiges oder in Mehrheitsbesitz stehendes Unternehmen im Falle des Anteilskaufs an der herrschenden oder mehrheitlich beteiligten Gesellschaft einen Teil des Erwerbspreises für eine mittelbare Selbstbeteiligung aufwendet.

Dies darf jedoch nicht darüber hinwegtäuschen, dass die gewählte Konzeption gleichwohl unvollständig bleibt. Inwieweit das Vermögen einer Gesellschaft durch den Erwerb von Anteilen an einem Unternehmen gefährdet wird, das Anteile an der Erwerbergesellschaft hält, ist nicht davon abhängig, ob die Zielgesellschaft eine beherrschende oder mehrheitliche Beteiligung an der Erwerberin hält. Vielmehr erwirbt die Erwerberin eine Beteiligung an dem Gesamtvermögen der Zielgesellschaft, das regelmäßig neben dieser Beteiligung noch weitere Vermögensgegenstände umfasst. Macht die Beteiligung an der erwerbenden Gesellschaft nur einen geringen Teil der Aktiva aus, so ist auch unter Kapitalschutzgesichtspunkten eine Rückbeteiligung weitgehend unbedenklich. Umgekehrt kann jedoch bereits eine geringe Beteiligungsquote an der Erwerberin für eine Rückbeteiligung höchst bedenklich sein, wenn die Beteiligung eine hohe Quote der Aktiva ausmacht.[909]

Es ist daher zu konstatieren, dass die Rücklage für Anteile an einem herrschenden oder mit Mehrheit beteiligten Unternehmen den Gläubigerinteressen des Erwerberunternehmens stärker gerecht wird als zuvor und auch Kapital-

908 Vgl. *Gelhausen/Fey/Kämpfer*, Rechnungslegung und Prüfung, § 272 HGB, Rn. 61; *Kropff*, ZIP 2009, 1137 (1142); *Adler/Düring/Schmaltz*, Rechnungslegung und Prüfung, 6. Aufl., § 272, Rn. 195 ff. m.w.N. Nach anderer Ansicht ist die Rücklage in diesem Fall abhängig von zukünftigen Jahresüberschüssen erst in späteren Jahren aufzubauen und voll zu dotieren bevor Ausschüttungen erfolgen dürfen. Diese Vorgehensweise hätte, wie dargelegt, sogar eine höhere Kapitalbindung zur Folge, da ein Bilanzverlust in Form des Verlustvortrages in den Folgejahren nach § 150 III Nr. 2 AktG aus der gesetzlichen Rücklage getilgt werden kann, aber in Sachen Transparenz dem Bilanzverlust nachsteht. Vgl. *Zilias/Lanfermann*, WPg 1980, 89 (92); *Haller*, DB 1987, 645 (646); *Knop*, DB 1986, 549 (555f.).

909 Vgl. *Cahn*, in: Spindler/Stilz, AktG, § 71d, Rn. 45.

schutzaspekte hinreichend berücksichtigt werden. Insbesondere ist keine Absenkung des Kapitalschutzniveaus durch das BilMoG an dieser Stelle festzustellen.

Aufgrund der Vielzahl von Betrachtungsebenen können die sondierten Problemfelder im Zusammenhang mit dem Erwerb eigener Aktien jedoch nicht pauschal vom Einschichten- in das Mehrschichtenverhältnis der Unternehmensbeteiligungen übertragen werden. Die Vorstellung von der Unternehmenseinheit beim Kapitalschutz zwingt jedoch zu solchen Kompromissen und dient hier vornehmlich dem Schutz vor Umgehungen des § 71 AktG. Die AG und ihre Verwaltung sollen auch nicht mittelbar auf dem Wege über das Tochterunternehmen in eigenen Aktien spekulieren und Einfluss auf die Mehrheitsverhältnisse in der AG nehmen dürfen.[910] Die vom Gesetzgeber gewählte Lösungskonzeption stellt insoweit folglich einen Kompromiss dar, die zwar systematisch unvollständig bleibt, aber den aufgeworfenen Kapitalschutzaspekten gerecht wird.

6.1.2 Der Nettoausweis eigener GmbH-Anteile

Angesichts der Zielsetzung des Gesetzgebers, eine einheitliche und rechtsformunabhängige handelsbilanzielle Erfassung des Erwerbsvorgangs von eigenen Anteilen zu erreichen, verwundert es nicht, dass sich ähnliche Problemfelder auch im Rahmen des Nettoausweises eigener GmbH-Anteile eröffnen. Mit der Neufassung des § 33 II GmbHG verzichtet der Gesetzgeber im Gleichlauf mit dem Aktienrecht auf das Gebot der tatsächlichen Rücklagenbildung aus freiem Vermögen.[911] Aufgrund des Verzichts auf den Aktivposten für eigene Anteile, setzt die Neufassung des § 33 II 1 GmbHG nunmehr ebenfalls lediglich voraus, dass die Gesellschaft im Zeitpunkt des Erwerbs eine Rücklage in Höhe der Aufwendungen für den Erwerb aus freiem Vermögen bilden könnte. In Anbetracht der Tatsache, dass das GmbHG zudem weder Höchstgrenzen für den Erwerb von eigenen Anteilen statuiert,[912] noch ein sachlicher Grund für den Erwerb bestehen muss, liegt auch insoweit eine Lockerung der Kapitalbindung nahe.[913]

910 *Lutter/Drygala*, in: Zöllner/Noack, Kölner Komm AktG, 3. Aufl., § 71d, Rn. 10 ff.

911 Vgl. *Sosnitza*, in: Michalski, GmbHG, 2. Aufl., § 33, Rn. 23; *Löwisch*, in: Fleischer/Goette, MüKo GmbHG, § 33, Rn. 39.

912 Nach § 71 II 1 AktG existiert in den Erwerbsfällen nach § 71 Nr. 4, 5 und 6 AktG ebenfalls keine Beschränkung des anteiligen Grundkapitals, das die Gesellschaft erwerben darf. Nach Nr. 1 bis 3 sowie 7 und 8 hingegen dürfen die erworbenen Aktien zusammen mit den bereits erworbenen und noch im Besitz der Gesellschaft stehenden eigenen Aktien maximal einen Anteil von 10 % des Grundkapitals entsprechen.

913 Vgl. *Sosnitza*, in: Michalski, GmbHG, 2. Aufl., § 33, Rn. 23.

6.1.2.1 Die Kapitalbindung nach § 30 I GmbHG

Ohne das Ergebnis in dieser Sache vorwegzunehmen ist jedoch ebenfalls festzustellen, dass die dargestellten Neuerungen im GmbH-Recht nicht für eine vereinfachte Einlagenrückgewähr oder Kapitalherabsetzung zu Lasten des Gläubigerschutzes sprechen.[914] Grundsätzlich stellen sich zwar ähnliche Probleme wie im Aktienrecht hinsichtlich der Auskehrung von Mitteln aus der hypothetischen Rücklage i.S.v. § 33 I 2 GmbHG im Rahmen des Erwerbsvorganges sowie in Anbetracht der verringerten Kennzahl des ausgegebenen Kapitals.

Anders als das Aktienrecht knüpft § 30 I GmbHG aber bereits nach seinem Wortlaut an das „zur Erhaltung des Stammkapitals erforderliche Vermögen“ und nicht allein an die Bezugsgröße des ausgegebenen Kapitals an. Hierdurch ergibt sich unter Zugrundelegung des bisherigen Verständnisses des Stammkapitals im Vergleich zum Aktienrecht eine weitere Schranke, die die diskutierte Lücke im Kapitalschutz für die GmbH schließt.[915] Der Betrag des in der Satzung ausgewiesenen haftenden und für die Ausschüttungssperre des § 30 GmbHG maßgeblichen Stammkapitals ist durch den Nettoausweis somit nicht berührt.[916]

Aber auch im Übrigen sprechen die überwiegenden Gründe gegen eine Subordination des Kapitalerhaltungsgrundsatzes. Es fehlen hinreichende Anhaltspunkte sowohl im Gesetz als auch im dokumentierten Gesetzgebungsverfahren dafür, dass der Gesetzgeber die freien Mittel zur Dotierung der fiktiven Rücklage nur für die juristische Sekunde des Anteilserwerbs voraussetzen und eine anschließende endgültige Auskehrung an die Gesellschafter ermöglichen wollte. Es ist daher das der fiktiven Rücklage entsprechende Gesellschaftsvermögen im Interesse des Gläubigerschutzes bereits in den Anwendungsbereich des § 30 GmbHG einzubeziehen und als Teil des gebundenen Gesellschaftsvermögens der Ausschüttungssperre insoweit dieser Norm zu unterwerfen, als es

---

914 Vgl. *Löwisch*, in: Fleischer/Goette, MüKo GmbHG, § 33, Rn. 3.

915 Vgl. *Verse*, in: VGR, Gesellschaftsrecht in der Diskussion 2009, S. 84; *Gelhausen/Fey/Kämpfer*, Rechnungslegung und Prüfung, § 272 HGB, Rn. 23; *Kropff*, ZIP 2009, 1137 (1143); *Lutter*, in: Lutter/Hommelhoff, GmbHG, § 33, Rn. 28; *Rodewald/Pohl*, GmbHR 2009, 32 (34f.); *Ensthaler*, in: Ensthaler/Füller et al., GmbHG, § 33, Rn. 7; *Löwisch*, in: Fleischer/Goette, MüKo GmbHG, § 33, Rn. 45; ders. *Hueck/Fastrich*, in: Baumbach/Hueck, GmbHG, § 33, Rn. 10, die Nebenrechnungen oder die entsprechende Dotierung einer Kapitalrücklage für notwendig erachten, um das Kapitalschutzniveau zu erhalten.

916 Vgl. *Löwisch*, in: Fleischer/Goette, MüKo GmbHG, § 33, Rn. 3; *Heidinger*, in: Ziemons/Jaeger, BeckOK GmbHG, § 30, Rn. 15f.

zur Erhaltung des ausgewiesenen Stammkapitals erforderlich ist.[917] Einer gesonderten Rücklage, wie für die Aktiengesellschaft vorgeschlagen, bedarf es daher ungeachtet der Tatsache, dass diese bei der GmbH auch auf Schwierigkeiten stoßen würde, da eine zwingende Rücklagenbildung bzw. entsprechende Beschränkungen der Rücklagenverwendung bei der GmbH nicht bekannt sind[918], nicht.[919]

Bei einem Erwerb von eigenen Anteilen *unter pari* ist diese Vorgehensweise auf weitere Rücklagenbestandteile bis zur Höhe der Stammkapitalziffer zu erstrecken.[920] Eine andere Wertung als im Aktienrecht lässt sich schließlich auch nicht darüber begründen, dass § 33 GmbHG im Gegensatz zu § 57 AktG mit Ausnahme des Ausnahmekatalogs des § 71 AktG nicht grundsätzlich die Zulässigkeit des Erwerbs eigener Anteile durch die GmbH ausschließt oder das GmbH-Recht keine vergleichbare maximale Erwerbsobergrenze für eigene Anteile wie § 71 II AktG kennt.[921] Der Grund für die unterschiedlichen Regelungen dürfte vielmehr im unterschiedlichen Gesellschafterkreis dieser Gesellschaftsformen als der Suche nach anderen Schranken im Rahmen des Kapitalschutzes zu finden sein[922].

6.1.2.2 Der wechselseitige Beteiligungserwerb im GmbH-Recht

In dieser Linie ist auch der Lösungsansatz im Rahmen der Behandlung wechselseitiger Beteiligungen an verbundenen Unternehmen zu verorten. Anders als das Aktienrecht macht das GmbH-Recht, insbesondere durch § 33 GmbHG, keine Aussage zum wechselseitigen Erwerb von Anteilen an verbundenen Gesellschaften. Es besteht jedoch weitgehende Einigkeit darüber, dass aus Gründen des Kapitalschutzes an dieser Stelle § 33 II GmbHG analog greifen muss, da durch die Einschaltung eines verbundenen Unternehmens in den Erwerbsvorgang das Verbot des § 33 II GmbHG umgangen werden kann und der durch die-

---

917 Vgl. *Löwisch*, in: Fleischer/Goette, MüKo GmbHG, § 33, Rn. 46.

918 Vgl. insb. für den Ausnahmefall der UG *Mock*, in: Claussen/Scherrer, Kölner Komm. HGB, § 272, Rn. 198 ff.; *Verse*, in: Scholz/Emmerich, GmbHG, 11. Aufl., § 30, Rn. 7, 10f.

919 Vgl. *Förschle/Hoffmann*, in: Ellrott et al., BeckBilKomm., 8. Aufl., § 272, Rn. 136, die dennoch empfehlen, bilanziell die eingetretene Sperrung von Rücklagen durch die Bildung einer „Rücklage wegen eigener Anteile“ ersichtlich zu machen.

920 Vgl. *Rodewald/Pohl*, GmbHR 2009, 32 (34f.); zweifelnd *Kropff*, ZIP 2009, 1137 (1143).

921 Vgl. *Sosnitza*, in: Michalski, GmbHG, 2. Aufl., § 33, Rn. 1 ff.

922 Vgl. *Geißler*, GmbHR 2008, 1018 (1018).

se Norm bezweckte Kapitalschutz andernfalls leerlaufen könnte.[923] Unterschiedlich wird jedoch die Frage beurteilt, die es jedoch hier nicht zu entscheiden gilt, ob die analoge Anwendung eine Mehrheitsbeteiligung der Obergesellschaft (qualifizierte wechselseitige Beteiligung) oder unter Zugrundelegung der Wertung der §§ 19 I, 328 AktG lediglich eine Beteiligung von 25 % (einfache wechselseitige Beteiligung) voraussetzt.[924]

Es lässt sich somit jedenfalls auch für die GmbH feststellen, dass mit den modifizierten Regelungen zur bilanziellen Darstellung des Erwerbsvorgangs eigener Anteile durch das BilMoG keine weitere Möglichkeit geschaffen wird, das Stammkapital der GmbH unter Vermeidung des Sperrjahres nach § 58 I Nr. 3 GmbHG im Wege einer „vereinfachten Kapitalherabsetzung" herabzusetzen.

Die Diskussion um die Möglichkeiten der Auskehrung von liquiden Mitteln einer GmbH mit erheblicher Stammkapitalaustattung an ihre Gesellschafter wird zwar auch weiterhin um Gestaltungsmaßnahmen, wie beispielsweise der Darlehensgewährung während der ordentlichen Kapitalherabsetzung oder der Verschmelzung in Form des *Down-Stream Merger*, geführt werden.[925] Die Gefahr diesem Instrumentarium aber eine alternative, kostengünstige und einfachere Möglichkeit mit der Darstellung des Erwerbs eigener Anteile anbeizustellen, wird jedoch zumindest durch das BilMoG nicht begründet.

---

923 Vgl. *Altmeppen*, in: Roth/Altmeppen, GmbHG, § 33, Rn. 40; *Hueck/Fastrich*, in: Baumbach/Hueck, GmbHG, § 33, Rn. 21; *Westermann*, in: Scholz, GmbHG, § 33, Rn. 13; *Löwisch*, in: Fleischer/Goette, MüKo GmbHG, § 33, Rn. 81; *Ensthaler*, in: Ensthaler/Füller et al., GmbHG, § 33, Rn. 12; s. zum Kapitalschutz im Rahmen des *Leveraged-Buy-out Söhner*, ZIP 2011, 2085 (2085 ff.).

924 Für eine Mehrheitsbeteiligung sprechen sich u.a. *Hueck/Fastrich*, in: Baumbach/Hueck, GmbHG, § 33, Rn. 21; *Altmeppen*, in: Roth/Altmeppen, GmbHG, § 33, Rn. 41; Rn. 21; *Westermann*, in: Scholz, GmbHG, § 33, Rn. 13; a.A. *Emmerich*, NZG 1998, 622 (625); *Lutter*, in: Lutter/Hommelhoff, GmbHG, § 33, Rn. 40; *Löwisch*, in: Fleischer/Goette, MüKo GmbHG, § 33, Rn. 84; *Fleischer*, in: Henssler/Strohn, Gesellschaftsrecht, § 33, Rn. 11.

925 Um die strengen Voraussetzungen einer ordentlichen Kapitalherabsetzung zu umgehen hat die Gestaltungspraxis bereits in der Vergangenheit nach Wegen gesucht, um auf einfacherem Wege Liquidität aus dem Unternehmen zu nehmen. Siehe hierzu *Petersen*, GmbHR 2004, 728 (728 ff.); *Rodewald/Pohl*, GmbHR 2009, 32 (33); s.a. *Ihrig*, in: Bitter/Lutter, FS für Karsten Schmidt, S. 779 (780 ff.) für die AG und der Abspaltung als ausschüttungsähnlichen Vorgang.

6.2 Der Nettoausweis und nicht eingeforderte Einlagen

Vergleichsweise unauffällig scheint sich hierzu der Nettoausweis im Rahmen von nicht eingeforderten Einlagen zu verhalten. Anders als bei Sacheinlagen besteht im Fall von Bareinlagen sowohl im Aktienrecht als auch im GmbH-Recht die Möglichkeit, das gezeichnete Kapital vor der Eintragung im Handelsregister nur teilweise aufzubringen.[926] So wird beispielsweise aus praktischen Erwägungen von der vollen Einforderung der Einlage abgesehen, wenn einerseits der aktuelle Kapitalbedarf gering ist, andererseits aber die im Einlageversprechen liegende Verstärkung des Haftungskapitals für das Vertrauen der Gläubiger weiterhin relevant ist.[927]

6.2.1 Das Ausweiswahlrecht im überholten Handelsrecht

Die Aufgabe des bisherigen Wahlrechtes zwischen dem Netto- und Bruttoausweis nach § 272 I HGB a.F. und der einhergehenden Beseitigung von bilanzpolitischen Spielräumen, die insbesondere Auswirkungen auf die Schlüsselgrößen Eigenkapital bzw. Eigenkapitalrentabilität und den Publizitätspflichten in Abhängigkeit der maßgebenden Größenmerkmale haben, erscheint auf den ersten Blick unproblematisch, da sich die Änderungen auf der Aktiv- und Passivseite entsprechen und der Nettoausweis bereits bisher gewählt werden konnte.

6.2.2 Die fehlende Abwertungsmöglichkeit nicht vollwertiger ausstehender Einlagen im Aktienrecht

Ein Problembereich eröffnet sich für die Aktiengesellschaft unter Kaptalschutzgesichtspunkten insoweit auch weniger im Rahmen des Ausweises als in der Bewertung, wenn und soweit die ausstehenden Einlagen nicht vollwertig sind. Es ist hierbei wiederum der Doppelnatur von ausstehenden Einlagen als Forderung gegen die Gesellschafter und damit der Behandlung als Vermögensgegenstand einerseits und der Qualifizierung als Korrekturposten zum Eigenkapital im Rahmen des Nettoausweises andererseits geschuldet, dass an diese Kategorisierung eine in sich konsequente aber unterschiedliche Bewertung geknüpft ist.[928]

---

926 S. § 36a AktG bzw. § 7 II 1 GmbHG. Aufgrund der Vorgabe des § 10 II AktG gilt dies jedoch für das Aktienrecht nur beschränkt auf den Fall der Namensaktien.

927 Vgl. *Kropff*, in: Goette/Habersack et al., MüKo AktG, 2. Aufl., § 272 HGB, Rn. 14.

928 Vgl. *Morck*, in: Koller/Roth/Morck, HGB, § 272, Rn. 4.

Während ausstehende Einlagen nach überwiegender Meinung im Rahmen des Bruttoausweises zu bewerten und somit im Falle ihrer teilweisen oder vollen Uneinbringlichkeit abzuschreiben sind,[929] gilt dies im Rahmen des Nettoausweises allein für eingeforderte, aber noch nicht eingezahlte Einlagen, da die nicht eingeforderten ausstehenden Einlagen nach der Vorgabe des § 272 I 3 HGB n.F. ohne Bewertung mit dem Nominalbetrag als Korrekturposten vom gezeichneten Kapital abzusetzen sind.[930] Im Rahmen des Bruttoausweises wird daher entsprechend der jeweils notwendigen Abschreibung auf die ausstehenden Einlagen ein höherer Teil des sonstigen Aktivvermögens gegen eine Auskehrung geschützt, da dieses zur Deckung des gezeichneten Kapitals notwendig wird.

Soweit also nach der herrschenden Meinung bisher zumindest bei gewichtigen Zweifeln an der Vollwertigkeit der noch nicht eingeforderten Einlagen allein ein Bruttoausweis zulässig war, der eine Bewertung erforderlich machte, hat der nunmehr zwingende Nettoausweis zur Folge, dass unter Umständen ein Gewinn ausgewiesen und ausgeschüttet werden kann, obwohl das gezeichnete Kapital in Höhe der Differenz zwischen Nominalbetrag und niedrigerem tatsächlichen Wert der nicht eingeforderten ausstehenden Einlagen nicht gedeckt ist.[931]

---

929 Vgl. *Adler/Düring/Schmaltz*, Rechnungslegung und Prüfung, 6. Aufl., § 272, Rn. 66 ff.; *Kropff*, in: Goette/Habersack et al., MüKo AktG, 2. Aufl., § 272 HGB, Rn. 20 ff. m.w.N.; *Förschle/Hoffmann*, in: Ellrott et al., BeckBilKomm., 6. Aufl., § 272, Rn. 15; a.A. *Beater*, in: Ebke, MüKo HGB, § 272, Rn. 12; *Küting*, in: Küting/Weber, HdB. der Rechnungslegung, 4. Aufl. § 272, Rn. 43.

930 Vgl. RegE BilMoG BT-Drs. 16/10067, S. 65; *Hayn/Prasse et al.*, in: Küting/Pfitzer/Weber, Das neue deutsche Bilanzrecht, S. 304.

931 Vgl. *Kropff*, ZIP 2009, 1137 (1139); *Gelhausen/Fey/Kämpfer*, Rechnungslegung und Prüfung, § 272 HGB, Rn. 13; RegE BilMoG BT-Drs. 16/10067, S. 65.

Bruttoausweis		**Nettoausweis**	
Aktiva	**Passiva**	**Aktiva**	**Passiva**
Ausstehende	Gezeichnetes	Eingeforderte	Gezeichnetes
Einlagen 100	Kapital 100	Einlagen 20	Kapital 100
davon eingefordert:			
20			./. Nicht eingef.
			Einlagen 80
Sonstige Aktiva 300		Sonstige Aktiva 300	
			Eigef. Kapital 20 20
	Andere Gewinn-		Andere Gewinn-
	rücklagen 40		rücklagen 40
	Verbindl. 260		Verbindlichkeiten 260
400	**400**	**320**	**320**

Tabelle: Bilanzielle Auswirkungen des Nettoausweises von nicht eingeforderten Einlagen[932]

Ungeachtet der bestehenden Verpflichtung des Vorstands und Aufsichtsrates eine Ausschüttung in den relevanten Fällen nicht beschließen zu dürfen oder etwaigen nunmehr notwendigen Angaben im Anhang,[933] kann zunächst der unrichtige Eindruck erweckt werden, dass das Garantiekapital voll gedeckt ist.[934] Die Ursache hierfür liegt in der differenzierungslosen Behandlung von ausstehenden Einlagen unabhängig von ihrer Werthaltigkeit.

---

932 Im gewählten Beispiel steht der Gewinn von 40 bei wörtlicher Umsetzung des § 272 I 3 HGB n.F. i.V.m. § 30 I GmbHG nicht mehr für eine Ausschüttung zur Verfügung, da das um den Nennbetrag der nicht eingeforderten Einlagen reduzierte Nettoaktivvermögen (Aktiva 320 ./. Sonstige Passiva 260 = 60) nicht zur Erhaltung des Stammkapitals von 100 ausreicht.

933 Vgl. *Förschle/Hoffmann*, in: Ellrott et al., BeckBilKomm., 7. Aufl., § 272, Rn. 36.

934 Kompensierend könnte insoweit auch die konsequente Verschärfung der Warnpflichten aus § 92 I AktG und 49 III GmbHG wirken, wenn als Referenzgröße das eingeforderte Kapital zugrunde zu legen ist. S. hierzu *Kropff*, ZIP 2009, 1137 (1144f.).

6.2.3 Die Behandlung nicht vollwertiger ausstehender Einlagen im GmbH-Recht

Dass jene Auswirkungen nicht vom Gesetzgeber gesehen wurden, veranschaulichen die nahezu gegenteiligen Auswirkungen auf den Kapitalschutz der GmbH. Aufgrund der aufgezeigten Besonderheiten dieser Kapitalverfassung war zuvor nach einhelliger Ansicht zur Ermittlung des zu erhaltenden Vermögens nach § 30 I GmbHG allein auf die Bilanz abzustellen.[935] In Übereinstimmung mit dem bisherigen Wahlrecht waren auch nicht eingeforderte ausstehende Einlagen im Falle ihrer Aktivierung im Rahmen einer Unterbilanz zu berücksichtigen. Da insoweit auch eine Bewertung erforderlich war, waren die ausstehenden Einlagen im Falle der zweifelhaften Einbringlichkeit konsequenterweise entsprechend abzuschreiben, was eine Verminderung des potenziellen Ausschüttungsvolumens zur Folge hatte.[936]

Nach den zuvor dargestellten Grundsätzen des Nettoausweises, würde dies anders als im Aktienrecht nunmehr aber bedeuten, dass durch die Herabsetzung des gezeichneten Kapitals bzw. des fehlenden aktivischen Ausweises eine Aktivierung im Rahmen der Unterbilanzierung zukünftig nicht mehr statthaft wäre. Das Aktivvermögen müsste somit ohne den Ansatz der nicht eingeforderten ausstehenden Einlagen das Stammkapital decken, so dass die Kapitalbindung allein für die GmbH in diesem Punkt deutlich strenger ausfiele als bisher.[937] Eine solche isolierte Wechselwirkung zwischen dem Gesellschafts- und Bilanzrecht kann aber insbesondere in Anbetracht der unterschiedlichen Vorgehensweisen im Aktien- und GmbH-Recht nicht gewollt gewesen sein, so dass im Schrifttum bereits einhellig angenommen wird, dass für Zwecke des § 30 I GmbHG weiterhin auch die nicht eingeforderten ausstehenden Einlagen für Zwecke der Ausschüttungsbemessung zu aktivieren und gegebenenfalls abzuschreiben seien.[938]

---

935 Vgl. BGH ZIP 2008, 2217 (2219).

936 OLG Bremen, DStR 2002, 1407 (1407); *Lutter/Hommelhoff*, in: Lutter/Hommelhoff, GmbHG, 16. Aufl., § 30, Rn. 16; *Habersack*, in: Ulmer/Habersack et al., GmbHG, § 30, Rn. 35.

937 S.a. *Kropff*, ZIP 2009, 1137 (1139); *Verse*, in: VGR, Gesellschaftsrecht in der Diskussion 2009, S. 89.

938 Vgl. *Verse*, in: Scholz/Emmerich, GmbHG, 11. Aufl., § 30, Rn. 63; *Verse*, in: VGR, Gesellschaftsrecht in der Diskussion 2009, S. 89; *Kropff*, ZIP 2009, 1137 (1139); *Hommelhoff*, in: Lutter/Hommelhoff, GmbHG, § 30, Rn. 13; *Hueck/Fastrich*, in: Baumbach/Hueck, GmbHG, § 30, Rn. 15; *Fleischer*, in: Henssler/Strohn, Gesellschaftsrecht, § 30, Rn. 28; *Heidinger*, in: Michalski, GmbHG, § 30, Rn. 34; *Habersack*, in: Ulmer/Habersack et al., GmbHG, Ergänzungsband, § 30; Rn. 2; wohl auch *Schmitz-Herscheidt/Coenen*, in: Saenger/Aderhold et al., Handels- und Gesellschaftsrecht, Rn. 348.

Die uneingeschränkt zu befürwortende Lösung, die am *status quo* des Kapitalschutzes für die GmbH festhält, kann den durch den nicht ganz durchdachten Übergang zum Nettoausweis bedingten Makel, dass die Bilanz im Rahmen dieser Interpretation nicht mehr unmittelbar Auskunft über das Ausschüttungspotenzial geben kann, jedoch nicht heilen.

6.3 Die Funktionszusammenhänge der Eigenkapitalbilanzierung und der Ausschüttungssperre nach § 268 VIII HGB

Soweit die Problemkreise um die Eigenkapitalbilanzierung zukünftig richtigerweise für die AG über eine Rücklagendotierung analog § 237 V AktG aufzulösen sind, um das bisherige Kapitalschutzniveau weiterhin zu gewährleisten, gilt es im Rahmen dieser Analyse im Zusammenhang mit der Rücklagendotierung als weiterem Ausschüttungssperrinstrument die jeweiligen Funktionszusammenhänge zu beleuchten.

Es stellt sich zum einen notwendigerweise die Frage, inwiefern die vorgeschlagene Rücklagendotierung mit der Ausschüttungssperre nach § 268 VIII HGB kompatibel ist oder inwieweit die Gefahr droht, dass sich beide Ausschüttungssperrinstrumente gegenseitig aushebeln und zum anderen inwieweit insbesondere die Dotierung der gesetzlichen Rücklage nach § 58 II AktG unter Verschiebung des Kompetenzgefüges der AG geeignet ist[939], das potenzielle Ausschüttungsvolumen zu erhöhen.

Sowohl im Rahmen der vorgeschlagenen Rücklagendotierung analog § 237 V AktG als auch im Rahmen der Rücklage nach § 272 IV HGB kommen unstreitig nur die Verwendung von frei verfügbaren Rücklagen in Betracht. Dies schließt zunächst satzungsmäßig oder zweckgebundene andere Gewinnrücklagen aus, da diese nicht „frei verfügbar“ sind. Einigkeit besteht auch insoweit, als die gesetzliche Rücklage bei der AG und der UG (haftungsbeschränkt) sowie die Kapitalrücklage bei der AG nach § 272 II Nr. 1 bis 3 HGB nicht zu einer Verrechnung herangezogen werden dürfen, da die gesetzlich normierten Verwendungszwecke eindeutig nicht die Deckung einer Vermögensminderung zugunsten einer Kapitalrückzahlung erfassen.

939 Eing. *Verse*, in: VGR, Gesellschaftsrecht in der Diskussion 2009, S. 76f.

6.3.1 Die kongruenten Deckungsmassen von Ausschüttungssperre und Rücklage

Problematisch und im Einzelnen umstritten ist jedoch die Frage, ob die ansonsten frei verfügbaren Rücklagen für eine Dotierung herangezogen werden dürfen, obwohl diese aufgrund der Ausschüttungssperre des § 268 VIII HGB gesperrt sind.[940] Soweit eine Heranziehung der nach § 268 VIII HGB gesperrten Mittel mit dem Argument befürwortet wird, dass hierdurch die Sperrwirkung des § 268 VIII HGB als solche nicht beeinträchtigt werde, greift diese Argumentation nach der hier vertretenen Ansicht zu kurz.

Bei den nach § 268 VIII HGB gesperrten „unsicheren" Vermögensbestandteilen handelt es sich um solche, die vormals nicht zur freien Disposition zur Verfügung standen und allein im Hinblick auf eine informationsorientiertere Bilanzierung mit in das Bilanzbild aufgenommen wurden. Soweit der Gesetzgeber aber selbst die Werthaltigkeit dieser Vermögenspositionen in Frage stellt und diese mit einer Ausschüttungssperre belegt, kann nicht gewollt sein, dass eine Auskehrung von Gesellschaftsmitteln über den Erwerb von eigenen Anteilen erleichtert werden sollte.[941] Vielmehr sucht der Gesetzgeber zugunsten einer informationsorientierten Bilanz unter Wahrung der Kapitalschutzinteressen mittels zweier Ausschüttungssperren, die nicht aufeinander abgestimmt sind, eine Auskehrung von unsicheren Mittel i.S.v. § 268 VIII HGB sowie die Einlagenrückgewähr über den Erwerb eigener Aktien bzw. Anteilen zu verhindern.

Es bestehen wenig Zweifel daran, dass der Gesetzgeber bei einer hypothetischen einheitlichen Auswahl zwischen den Ausschüttungssperrinstrumenten nach § 268 VIII HGB oder der Rücklagendotierung für die diskutierten Bilanzierungssachverhalte eine „Anrechnung" nicht gewollt haben wird. Es ist daher davon auszugehen, dass eine mögliche Kollision der unterschiedlichen Ausschüttungssperren nicht gesehen wurde und sich daher eine Heranziehung von nach § 268 VIII HGB gesperrten Mitteln im Rahmen der Rücklagendotierung mit freien Mitteln in den dargestellten Sachverhalten verbietet. Allein diese Vorgehensweise ist geeignet dem Umstand gerecht zu werden, dass die Rücklage für eigene Anteile und die Ausschüttungssperre i.S.v. § 268 VIII HGB unter-

---

940 Dies bejahend *Förschle/Hoffmann*, in: Ellrott et al., BeckBilKomm., 7. Aufl., § 272, Rn. 302 für die Rücklagendotierung nach § 272 IV HGB, jedoch einen Erwerb eigener Anteile nach § 71 II 2 AktG oder § 33 II 1 GmbHG für unzulässig erachten, soweit der Erwerb nur durch eine derartig gesperrte Rücklage gedeckt ist. A.A. wohl *Kühnberger*, BB 2011, 1387 (1387); *Gelhausen/Althoff*, WPg 2009, 584 (589).

941 S.a. für die fehlende Berücksichtigungsfähigkeit der Sperrbeträge nach § 268 VIII HGB im Rahmen der Unterbilanzrechnung der GmbH zutreffend *Verse*, in: Scholz/Emmerich, GmbHG, 11. Aufl., § 30, Rn. 57, 66.

schiedliche Zwecke verfolgen. Ob sich diese Sichtweise im Rahmen der Bilanzierungspraxis in Anbetracht der fehlenden Klarstellung durchsetzen wird, bleibt grundsätzlich zwar abzuwarten, ist jedoch aufgrund der dargestellten tangierten Kapitalschutzbelange unabdinglich.

6.3.2 Die Auswirkungen der Ausschüttungssperre auf das Kompetenzgefüge der Aktiengesellschaft

Ein weiterer Funktionszusammenhang zwischen der Ausschüttungssperre nach § 268 VIII HGB und einer Rücklagendotierung, der an dieser Stelle zumindest summarisch beleuchtet werden soll, betrifft die Gestaltungsmöglichkeiten im Hinblick auf die Dotierung der gesetzlichen Rücklagen und die Kompetenzverteilung hinsichtlich der Gewinnverwendung zwischen Vorstand und Aufsichtsrat einerseits und der Hauptversammlung andererseits.[942]

Hierbei ist zunächst festzustellen, dass sowohl die Rücklage nach § 150 II AktG als auch für die Unternehmergesellschaft nach § 5a III GmbHG an den Jahresüberschuss als Bemessungsgrundlage anknüpfen und lediglich die Kürzung um einen etwaigen Verlustvortrag aus dem Vorjahr gestatten. Eine Kürzung dieser Bemessungsgrundlage um andere Beträge, wie insbesondere den nach § 268 VIII HGB, sieht der insoweit eindeutige Wortlaut dieser Vorschriften nicht vor.[943] Das BilMoG hat insoweit zumindest kurzfristig eine höhere Kapitalbindung zur Folge.

Umgekehrt vergrößert sich jedoch beispielsweise nach der Aktivierung von selbstgeschaffenen immateriellen Vermögensgegenständen die Bemessungsgrundlage des § 58 II AktG für die Verwaltung. Nachfolgendes Beispiel zeigt auf, dass ein Teil des Sperrbetrages nach § 268 VIII HGB bereits durch die Gewinnrücklage nach § 58 II AktG dargestellt wird, die es der Hauptversammlung zumindest vorübergehend ermöglicht, höhere Gewinnausschüttungen zu beschließen.[944]

---

942 S.a. *Verse*, in: VGR, Gesellschaftsrecht in der Diskussion 2009, S. 76f.; *Kühnberger*, DStR 2012, 1149 (1152 ff.).

943 Vgl. *Gelhausen/Althoff*, WPg 2009, 584 (588).

944 Darstellung aus *Kühnberger*, BB 2011, 1387 (1390). Der Sperrbetrag i.H.v. 200 wird in diesem Beispiel bereits in Höhe von 142,5 durch die Gewinnrücklagen dargestellt, so dass die Hauptversammlung nur noch an einen Sperrbetrag von 57,5 (200 – 142,5) im Rahmen ihrer Gewinnauskehrungsentscheidung gebunden ist. Die Verwaltung kann über diesem Wege aber Einfluss auf die Gewinnverwendungsentscheidung der HV nehmen. S.a. *Gelhausen/Althoff*, WPg 2009, 584 (590).

	HGB a.F.	HGB i.d.F. BilMoG
Jahresüberschuss (Bemessungsgrundlage)	100	300
./. Zuführung zur gesetzlichen Rücklage	5	15
Bemessungsgrundlage i.S.v. § 58 II AktG	95	285
./.Thesaurierung von 50 %	47,5	142,5
Bilanzgewinn	47,5	142,5
./. verbleibender Sperrbetrag i.S.v. § 268 VIII HGB	--	57,5
Maximale Dividende	**47,5**	**85**

Tabelle: Funktionszusammenhang zwischen der Ausschüttungssperre und der Rücklagendotierung

Kapitalschutzbelange sind hierdurch gleichwohl nicht berührt, da jedenfalls die notwendige Kapitalbindung durch die Thesaurierung durch die Verwaltung zuvor sichergestellt wird.

6.4 Die Bilanzierung von eigenen Anteilen nach IFRS

Im Rahmen der IFRS existiert keine verbindliche Darstellung und Beschreibung des Eigenkapitals und seiner Bestandteile.[945] IAS 1.78 formuliert insoweit lediglich beispielhafte Untergruppen, die im Einzelfall für eine weitere Aufgliederung des gezeichneten Kapitals („*issued capital*“) in Frage kommen. Die Übernahme des detaillierteren HGB-Gliederungsschemas ist daher möglich.[946]

6.4.1 Die bilanzielle Behandlung des Erwerbsvorgangs eigener Anteile nach IFRS

Der Erwerb eigener Anteile („*treasury shares*“) findet in IAS 32.33f. seine Normierung. Nach den IFRS dürfen Kapitaltransaktionen mit den Anteilseig-

945 Das Eigenkapital wird in allen Rechnungslegungssystemen formal als Residualgröße zwischen dem Reinvermögen und den Schulden definiert. Inhaltlich ist jeweils eine Abgrenzung zum Fremdkapital notwendig. Die dabei anzuwendenden Merkmale des Eigenkapitals unterscheiden sich nach HGB, EStG und IFRS beträchtlich.

946 Vgl. *Förschle/Kroner*, in: Ellrott et al., BeckBilKomm., 7. Aufl., § 272, Rn. 455; *Bieg/Hossfeld/Kußmaul/Waschbusch*, HdB. der Rechnungslegung nach IFRS, S. 216; *Lüdenbach*, IFRS, S. 211.

nern, und als solches wird der Rückerwerb eigener Anteile in diesem Kontext klassifiziert, im IFRS-Abschluss nicht zu erfolgswirksamen Effekten führen.[947] Daher dürfen eigene Anteile nunmehr im Gleichlauf mit dem HGB nicht als *financial assets* aktiviert werden, sondern sind erfolgsneutral vom Eigenkapital abzuziehen. Dies galt und gilt immer unabhängig davon, zu welchem Zweck die Anteile zurückgekauft wurden. Es bestehen daher systematisch nunmehr nur noch wenige Unterschiede zwischen den Rechnungslegungssystemen der IFRS und HGB im Bereich der Bilanzierung eigener Anteile. Nach IAS 1.79 sind entweder in der Bilanz selbst oder in den *notes,* die vom Unternehmen oder seinen Tochterunternehmen bzw. assoziierten Unternehmen gehaltenen eigenen Anteilen auszuweisen.[948]

IAS 32 regelt jedoch im Gegensatz zum Handelsrecht nicht die Art und Weise der Verrechnung mit dem Eigenkapital. Nach einhelliger Ansicht werden daher in Anlehnung an den zwischenzeitlich aufgehobenen SIC 16 drei Verrechnungsmöglichkeiten für statthaft angesehen. Analog zur *cost method* der US-GAAP können die gesamten Anschaffungskosten, mithin auch die Anschaffungsnebenkosten, für die zurückerworbenen Aktien als Gesamtbetrag vom Eigenkapital abgezogen werden.[949] Weiterhin kann aber auch wie im Handelsrecht der Nennwert der erworbenen eigenen Aktien vom Grundkapital abgesetzt werden (*par value method*). Ein verbleibender Differenzbetrag ist ebenfalls derart gegen die Kapital- oder Gewinnrücklagen zu verrechnen, dass etwa ein Aufgeld, das bei der ursprünglichen Emission gezahlt wurde, von der Kapitalrücklage abzusetzen ist und ein den ursprünglichen Ausgabekurs übersteigender Kaufpreis in Höhe des Unterschiedsbetrages mit den Gewinnrücklagen zu verrechnen ist. Im Falle des *unter pari*-Erwerbs ist der Unterschiedsbetrag der Kapitalrücklage für eigene Anteile zuzuschreiben.[950] Letztlich kann aber auch jede Eigenkapitalart analog zu dieser *par value method* korrigiert werden. In diesem Fall ist der Nominalbetrag gegen das *issued capital* zu verrechnen, das den Anteilen zurechenbare Agio gegen die Kapitalrücklage und der verbleibende Betrag gegen die Gewinnrücklagen.[951] Reflektiert der Kaufpreis somit beispielsweise thesaurierte

947 Vgl. *Reuter*, Eigenkapitalausweis im IFRS-Abschluss, S. 95.

948 Vgl. *Lüdenbach*, in: Lüdenbach/Hoffmann, IFRS Komm, § 20, Rn. 69; *Schmidt/Reinholdt*, IRZ 2009, 53 (53).

949 Nach empirischen Analysen wird die *cost method* von der überwiegenden Anzahl der Anwender gewählt. S. *Küting/Busch*, PiR 2006, 213 (218).

950 Vgl. *Coenenberg/Haller/Schulze*, Jahresabschluss und Jahresabschlussanalyse, S. 361.

951 Vgl. *Schmidbauer*, DStR 2002, 187 (191); *Petersen/Bansbach et al.*, IFRS Praxishandbuch, S. 236; *Clemens*, in: Bohl/Riese/Schlüter, IFRS-Handbuch, § 12, Rn. 81; *Ruhnke*, Rechnungslegung nach IFRS und HGB, S. 546f.; *Schmidt/Reinholdt*, IRZ 2009, 53 (53) mit Beispielen.

Gewinne, so ist ein entsprechender Abzug von den Gewinnrücklagen vorzunehmen. Die unterschiedlichen Verrechnungsmöglichkeiten haben jedoch nur unmittelbare Auswirkungen auf die Struktur der Eigenkapitalpositionen, mithin auf den Ausweis, da das Eigenkapital in allen Fällen in gleicher Höhe ausgewiesen wird.[952] Unabhängig von der Verrechnungsmethode kann der Erwerb eigener Anteile nach IFRS zu negativem Eigenkapital führen.[953]

6.4.2 Die verbleibenden Unterschiede zwischen den Rechnungslegungssystemen

Mit dem BilMoG wird insgesamt, entsprechend der selbst gesetzten Zielsetzung, eine deutliche Annäherung an die Bilanzierungsgrundsätze der internationalen Rechnungslegung erreicht. Durch die Flexibilität im Rahmen der Eigenkapitalverrechnung eröffnen die IFRS dem Anwender jedoch weitergehende Spielräume als das Handelsrecht. Dies gilt nicht nur aufgrund der verschiedenen Verrechnungsmöglichkeiten, sondern u.a. auch aufgrund der gewählten Methode selbst.

So stellt etwa die analoge Anwendung der *par value method* es weitgehend in das Ermessen des Unternehmens die Differenz zu den Anschaffungskosten auf die Eigenkapitalpositionen zu verteilen.[954] Bereits die Vereinbarkeit dieser Methode mit dem Grundsatz der *fair presentation* innerhalb der IFRS selbst erscheint daher fraglich.[955]

Anders als im Rahmen der IFRS erfolgt die Behandlung der Nebenkosten im Zusammenhang mit dem Erwerb und der Veräußerung eigener Anteile im Handelsrecht zumindest nicht konsequent. Während die IFRS die Nebenkosten ebenfalls erfolgsneutral im Eigenkapital erfassen, sind diese nach Handelsrecht als Aufwand der Periode zu erfassen. Es werden insoweit Aufwendungen aus Sachverhalten ausgewiesen, denen zu keinem Zeitpunkt eine Ergebnisrealisation gegenübersteht.[956] Obgleich daher, abgesehen von der Behandlung der Neben-

---

952 Vgl. mit Bilanzierungsbeispielen *Coenenberg/Haller/Schulze*, Jahresabschluss und Jahresabschlussanalyse, 2009, S. 360 ff.; *Pellens/Fülbier/Gassen/Sellhorn*, Internationale Rechnungslegung, S. 504 ff.

953 Vgl. *Lüdenbach*, in: Lüdenbach/Hoffmann, IFRS Komm, § 20, Rn. 71; s. mit vgl. Forderungen für das deutsche Recht *Küting/Reuter*, StuB 2008, 495 (497f.).

954 Begrenzt wird dieser Gestaltungsspielraum durch den Grundsatz der Verständlichkeit i.S.v. F. 25, der zumindest eine willkürliche Verrechnung verbietet.

955 Vgl. *Coenenberg/Haller/Schulze,* Jahresabschluss und Jahresabschlussanalyse, S. 362.

956 Vgl. *Bruckmeier/Zwirner/Künkele*, DStR 2010, 1640 (1642).

kosten, eine gleiche Behandlung nach HGB und IFRS möglich ist, ist dieser Gleichlauf in Abhängigkeit vom bilanzpolitischen Interesse keineswegs sicher.

Die unterschiedlichen Anforderungen an die Gliederung des Eigenkapitals sind wiederum der unterschiedlichen Zwecksetzung der Rechnungslegungssysteme geschuldet. Während die Untergliederung im Handelsrecht für die Ausschüttungsbemessungsfunktion von Bedeutung ist, orientieren die IFRS die Eigenkapitaldarstellung allein an Informationsgesichtspunkten.

Offen lässt der internationale Standardsetzer auch die bilanzielle Behandlung von ausstehenden Einlagen. Weitgehend wird jedoch im Gleichlauf mit dem Handelsrecht in analoger Anwendung der Regeln über *treasury shares* gefordert, dass nicht eingeforderte ausstehende Einlagen vom *issued capital* abzuziehen seien[957] und eingeforderte ausstehende Einlagen auf der Aktivseite auszuweisen sind. Mangels eigenständiger Regelung wird aber insoweit auch ein Nettoausweis für zulässig gehalten, der aufgrund der Vorgaben des IAS 32.AG36 bzw. IAS 32.33 auch systemgerechter sein dürfte,[958] so dass trotz der stark gestiegenen Bedeutung ergebnisneutraler Eigenkapitalveränderungen im Handelsrecht Ausnahmen zum strengen Nettoausweis der IFRS verbleiben.

---

957 Es wird jedoch auch eine weitere differenzierte Sichtweise vertreten, die eine Aktivierung davon abhängig macht, ob die Einforderung wie im Falle des § 63 I AktG von der Geschäftsführung für die Gesellschaft erfolgt und es sich um eine Ressource handelt, über die das Unternehmen verfügen kann, oder das Recht zur Einforderung, wie für die GmbH nach § 46 Nr. 2 GmbHG, bei den Gesellschaftern liegt. Rechtsformabhängig wären daher nur ausstehende Einlagen bei der AG aktivierungsfähig. Vgl. *Clemens*, in: Bohl/Riese/Schlüter, IFRS-Handbuch, § 12, Rn. 40; *Singhof*, in: Wysocki et al., HdJ, Bd. 3, Abt. III/2, Rn. 59. (Stand: Juni 2008); a.A. *Förschle/Kroner*, in: Ellrott et al., BeckBilKomm., 7. Aufl., § 272, Rn. 457.

958 Vgl. *Bieg/Hossfeld/Kußmaul/Waschbusch*, HdB. der Rechnungslegung nach IFRS, S. 219; *Pellens/Fülbier/Gassen/Sellhorn*, Internationale Rechnungslegung, S. 510.

6.5 Die Behandlung eigener Anteile in der Steuerbilanz

Ebenfalls keine gesonderten Regelungen lassen sich hinsichtlich der Behandlung von eigenen Anteilen in der Steuerbilanz finden.[959] Anders als das Gesellschafts- und Bilanzrecht hält das Steuerrecht aber insgesamt keine Regelungen über den Erwerb und die Wiederveräußerung eigener Anteile vor. Die Steuerbilanz folgt daher der wirtschaftlichen Betrachtungsweise, so dass der Erwerb und die Veräußerung eigener Anteile nicht als Anschaffungs- oder Veräußerungsvorgang, sondern wie eine Kapitalherabsetzung oder Kapitalerhöhung zu behandeln sind.[960] Eigene Anteile stellen daher kein steuerliches Wirtschaftsgut dar.

Besondere Bedeutung entfaltet jedoch die Behandlung eines Gewinn oder Verlustes aus einem späteren Wiederverkauf der eigenen Anteile. § 272 I b HGB sieht nunmehr die erfolgsneutrale Verrechnung der Ergebnisse dieser Veräußerungserfolge mit den Gewinn- und Kapitalrücklagen vor, während in der Vergangenheit ein Ausweis in der Gewinn- und Verlustrechnung vorzunehmen war, der mit entsprechenden steuerrechtlichen Folgen in Form der effektiv 5 %igen Besteuerung dieser Erfolge nach § 8b KStG verbunden war.[961]

Die veränderte Behandlung der eigenen Anteile im Rahmen des Nettoausweises schlägt nunmehr aufgrund des Maßgeblichkeitsprinzips auch auf die steuerliche Gewinnermittlung durch, so dass die Ergebnisneutralität mit Ausnahme der Nebenkosten in der Steuerbilanz nachzuvollziehen ist.[962] Dies gilt auch deshalb, weil ein die ursprünglichen Anschaffungskosten übersteigender

---

959 Das Steuerrecht bezeichnet die Differenz zwischen positiven und negativen Wirtschaftsgütern unter Berücksichtigung von Abgrenzungsposten nicht als Eigenkapital, sondern als „Betriebsvermögen". Alle handelsrechtlichen Eigenkapitalpositionen sind jedoch als steuerliches „Eigenkapital" anzusehen und in die Steuerbilanz zu übernehmen.; zum steuerbilanziellen Eigenkapital *Ley*, DStR 2013, 271 (271 ff.).

960 BMF v. 27.11.2013, IV C 2 – S 2742/07/10009, BStBl. I, S. 1615.

961 Vgl. *Bruckmeier/Zwirner/Künkele*, DStR 2010, 1640 (1642); zur früheren Behandlung von Einziehung erworbenen Anteilen *Breuninger/Müller*, GmbHR 2011, 10 (11); *Najdecki*, NWB 5/2010, 349 (355).

962 Vgl. *Förster/Schmidtmann*, BB 2009, 1342 (1344); *Breuninger/Müller*, GmbHR 2011, 10 (15); *Lechner/Haisch*, Ubg 2010, 691 (693), die insoweit auf den unzulässigen Widerspruch zwischen dem Handels- und Steuerrecht verweisen. *Ditz/Tcherveniachki*, Ubg 2010, 875 (877); *Behrens/Renner*, AG 2010, 824 (824); *Künkele/Zwirner*, StuB 2010, 335 (336f.); *Oser/Kropp*, Der Konzern 2012, 185 (188); a.A. *Dötsch/Pung*, in: Dötsch/Jost/Pung/Witt, KStG/UmwStG, § 8b KStG, Rn. 72 (Stand: Dez. 2010); *Najdecki*, NWB 5/2010, 349 (355); BMF v. 27.11.2013, IV C 2 – S 2742/07/10009, BStBl. I, S. 1615.

Veräußerungserlös als Agio in die Kapitalrücklage nach § 272 II Nr. 1 HGB einzustellen und steuerlich als Einlage zu qualifizieren ist.[963]

Die konsequente Umsetzung im Steuerrecht und die Behandlung dieses Vorgangs als Kapitalmaßnahme führt somit zum einen dazu, dass vormals aufgrund des § 8b II KStG steuerpflichtige Veräußerungsvorgänge nunmehr nicht mehr erfasst werden und zum anderen die Nebenkosten des Erwerbs als Betriebsausgabe in Abzug gebracht werden können.

Was den Steuerpflichtigen freuen wird, ist jedoch geeignet negative Anreize für den Handel in eigene Anteilen zu setzen, da dieser zukünftig gegenüber dem Erwerb „fremder" Anteile steuerrechtlich privilegiert wird. Ein etwaiger sonstiger Veräußerungsgewinn unterliegt der Anwendung des § 8b II KStG, der vereinfacht die Besteuerung auf zumindest 5 % des Veräußerungsgewinns begrenzt, aber eben auch erstreckt.[964] Da diese Folgen aufgrund der anvisierten Steuerneutralität nicht gewollt sein können, dürfte sich zumindest eine entsprechende erfolgsneutrale Behandlung der Nebenkosten *de lege ferenda* empfehlen.

6.6 Zusammenfassende Würdigung

Der mit dem BilMoG vorgesehene Nettoausweis eigener Anteile orientiert sich an den Vorgaben der internationalen Rechnungslegung und bringt neben einer Annäherung an diese auch die Beseitigung eines Wahlrechts des bisherigen Handelsrechts mit sich und koppelt auf diese Weise die bilanzielle Vorgehensweise von rein subjektiven Erwägungen im Aktienrecht ab.

Ungeachtet der begrüßenswerten einheitlichen und stringenten Vorgehensweise im Rahmen des Ausweises des Eigenkapitals hat der Übergang vom Brutto- zum Nettoausweis auch materielle Auswirkungen auf den gesellschaftsrechtlichen Kapitalschutz.

Die offene Absetzung vom gezeichneten Kapital unterscheidet sich unter Kapitalschutzgesichtspunkten bereits grundlegend von dem Ausweis eigener Anteile auf der Aktivseite. Ungeachtet der dogmatischen Einordnung sicherte der aktivische Ausweis durch die korrespondierende Rücklage für eigene Anteile eine konsequente Ausschüttungssperre in Höhe der jeweils aufgewendeten Mittel. Eine am Wortlaut orientierte Bilanzierung im Rahmen des Nettoausweises ermöglicht nunmehr auf dem ersten Blick eine vom Gesetzgeber nicht gewollte Herabsetzung der Ausschüttungssperre und führt somit zu Ausschüt-

963 Vgl. *Spanheimer/Simlacher*, in: Küting/Pfitzer/Weber, Hdb. der Rechnungslegung, § 274, Rn. 31.

964 Vgl. *Bruckmeier/Zwirner/Künkele*, DStR 2010, 1640 (1643f.).

tungspotenzial, obwohl das gezeichnete Kapital unter Umständen nicht mehr voll gedeckt ist.

Der Erwerb eigener Anteile stellt richtigerweise in seinen unterschiedlichen Ausformungen eine Form der Ausschüttung von Gesellschaftsvermögen an die Anteilseigner bzw. Gesellschafter dar, so dass in diesem Fall die allgemeinen Zulässigkeitsschranken im Recht der Kapitalerhaltung Geltung entfalten müssen. Ein solcher Erwerb eigener Anteile darf daher stets nur mit Mitteln erfolgen, die die Gesellschaft im Wege einer Ausschüttung hätte zulässigerweise auskehren dürfen. Es gilt daher beide Vorgänge gleich zu behandeln,[965] so dass es zu klären galt, auf welche Weise die bestehende Regelungslücke zu schließen ist, um das bisherige Kapitalschutzniveau zu sichern.

Obwohl die Probleme um den Nettoausweis in weiten Teilen bereits aus dem bisherigen Aktienrecht bekannt sind, bietet die frühere Behandlung der „eingefrorenen Aktien" nur im Grundsätzlichen Möglichkeiten für Anleihen. Mit dem Vorteil der größeren Transparenz und der Strenge der Rücklagenbildung zulasten eines Bilanzverlustes gegenüber einer impliziten Ausschüttungssperre, wird als Lösung zur Schließung der planwidrigen Regelungslücke bei der offenen Absetzung eigener Aktien vom gezeichneten Kapital der AG vorgeschlagen, den Absetzungsbetrag in eine gebundene Rücklage analog § 237 V AktG einzustellen. Eine solche Kapitalrücklage wäre folglich in Höhe des Gesamtnennbetrages bzw. rechnerischen Wertes zu dotieren, so dass, wie im Falle des überholten Bruttoausweises, eine Ausschüttungssperre in Höhe des Erwerbspreises besteht. Die auf diese Weise geschlossene Regelungslücke vermag allerdings nichts daran zu ändern, dass die neue bilanzielle Behandlung des Eigenkapitals zu einem Auseinanderfallen des juristischen und wirtschaftlichen Grundkapitals führt, obwohl das juristische Grundkapital nur im Wege einer Satzungsänderung herabgesetzt werden kann.

Für den Erwerb *unter pari* ergeben sich insoweit keine Besonderheiten. Auch hier ist der Nennbetrag der eigenen Aktien vom gezeichneten Kapital abzusetzen und der Unterschiedsbetrag dem Wortlaut des § 272 I a 2 HGB folgend mit den frei verfügbaren Gewinnrücklagen zu verrechnen, so dass sich diese erhöhen. Die Sperrung des aufgewendeten Kaufpreises wird ebenfalls durch die Rücklagendotierung analog § 237 V AktG in Höhe des Nennbetrages erreicht.

---

965 So fasst beispielsweise das kalifornische Kapitalgesellschaftsrecht sowohl Dividenden als auch Aktienrückkäufe unter dem einheitlichen Oberbegriff „*distribution*" zusammen. S. hierzu § 166 California General Corporation Law; *Escher-Weingart/Kübler*, ZHR 1998, 537 (548f.); *Bezzenberger*, Erwerb eigener Aktien durch die AG, Rn. 88.

Durch die weitgehend unveränderte rechtliche Behandlung des Erwerbsvorgangs eigener Aktien durch eine beherrschte Gesellschaft, ist auch zukünftig nach § 272 IV 1 HGB eine Rücklage für Anteile an einem herrschenden oder mit Mehrheit beteiligten Unternehmen tatsächlich zu bilden, die die im Umlaufvermögen aktivierten eigenen Anteile neutralisiert und dadurch zur Kapitalerhaltung beiträgt.

Die Dotierungspflicht des beherrschten oder abhängigen Unternehmens wird richtigerweise durch die gesellschaftsrechtliche Pflicht des § 71 d S. 2 AktG i.V.m. § 71 II 2 AktG derart flankiert, dass hierdurch ebenfalls das beherrschte oder abhängige Unternehmen verpflichtet ist.

Soweit neben die Pflicht zur Rücklagendotierung zum Jahresabschlussstichtag nun zusätzlich die Erwerbsvoraussetzung im Zeitpunkt des Erwerbs tritt und im Falle von fehlenden Mitteln bei Bilanzaufstellung ein Bilanzverlust auszuweisen ist, ist eine gewisse Stärkung der Kapitalbindung auf Ebene des Erwerberunternehmens festzustellen.

Obwohl das GmbHG den Erwerb eigener Anteile nicht einmal an besondere Erwerbsgründe bindet, sondern mit § 33 II 1 GmbHG den Erwerb allein auf voll eingezahlte Anteile beschränkt, stellt die Regelungstechnik des § 30 I GmbHG bereits die erforderliche Kapitalbindung her, so dass sich der Nettoausweis insoweit nicht auf das bestehende Kapitalschutzniveau auswirken kann. Mit der Anknüpfung an die Größe des Stammkapitals werden daher auch in Zukunft die erforderlichen Mittel gebunden. Eine vergleichbare Regelungslücke wie im Aktienrecht besteht daher aufgrund der unterschiedlichen Bezugsgrößen nicht.

Es lässt sich somit sowohl für die GmbH als auch für die AG (die Rücklage analog § 237 V AktG hinweggedacht) gleichermaßen festhalten, dass das BilMoG zwar zu einem um den Absetzungsbetrag erhöhten Ausweis der anderen Gewinnrücklagen führt, dieser aber nicht für eine Ausschüttung zur Verfügung steht. Dieses Ergebnis bedarf aufgrund der misslungenen Koordination von handelsrechtlichen und gesellschaftsrechtlichen Vorgaben für die Aktiengesellschaft eines erhöhten Begründungsbedarfs, der sich jedoch bereits aus den Zielvorgaben der §§ 230, 233 und 237 AktG speist, die eine Ausschüttung zugunsten der Aktionäre zulasten des gebundenen Gesellschaftsvermögens außerhalb des Bereichs der regulären Kapitalherabsetzung verbieten.

Eine vergleichbare Argumentation kann auch für den Bereich der ausstehenden Einlagen bemüht werden, da sich insoweit das Aktienrecht weitaus anfälliger für Lücken im Kapitalschutzsystem als das GmbH-Recht präsentiert. Soweit der Nettoausweis auf den ersten Blick eine Bewertung nicht voll werthaltiger ausstehender Einlagen zu versagen droht, richtigerweise aber für die GmbH für Zwecke des § 30 I GmbHG weiterhin eine Aktivierung und Abschreibung der nicht eingeforderten ausstehenden Einlagen im Rahmen der Ausschüttungsbemessung zu fordern ist, kann allein nur eine vergleichbare Lösung auch für die Aktiengesellschaft gelten. Ein Auseinanderfallen der jeweiligen Kapitalschutzniveaus dieser Rechtsformen ist nicht zu begründen, so dass auch für die Ausschüttungsbemessung nach § 57 AktG der Differenzbetrag zwischen dem Nennbetrag der nicht eingeforderten Einlagen und ihrem tatsächlichen Wert zulasten des ausschüttungsfähigen Vermögens zu berücksichtigen ist.

Obgleich sich demgemäß der Nettoausweis auf den ersten Blick nicht ohne Friktionen mit den Vorschriften zur Kapitalbindung in das bestehende System integrieren lässt, lassen sich diese Lücken jedoch weitgehend im Wege der Auslegung schließen. Allerdings weisen die aufgezeigten Lösungen erneutes Konfliktpotenzial auf soweit verschiedene Ausschüttungssperrinstrumente, wie der Ausschüttungssperre nach § 268 VIII HGB und der Rücklagendotierung § 237 AktG analog, zum Einsatz kommen, die es aufeinander abzustimmen gilt. Diese Folgekonfliktfelder sind jedoch durch eine konsequente Anwendung der einzelnen Ausschüttungssperren, die eine Anrechnung von bereits durch andere Sperrinstrumente gesperrte Mittel verbietet, einzuebnen. Im Rahmen der Bilanzanalyse wird zukünftig das durch den Ausweis eigener Anteile geminderte Eigenkapital zu einer verringerten Eigenkapitalquote und somit zu einer Verschlechterung der Unternehmenskennzahlen führen.

Die IFRS geben auch in diesem Punkt wenig Anreize für eine weitere Rechtsentwicklung in die Richtung internationaler Vorgaben, da bereits ein weitgehender Gleichlauf durch den konsequenten Nettoausweis durch den deutschen Gesetzgeber geschaffen wurde. Nicht zu überzeugen vermag allein die erfolgswirksame Behandlung der Nebenkosten, die im Zusammenhang mit dem Erwerb eigener Anteile stehen. Insoweit bietet sich *de lege ferenda* nicht nur aus Gründen einer weiteren und insoweit auch konsequenteren Annäherung an die IFRS, sondern auch aus dem Grund der Vermeidung von negativen Anreizen für einen Handel in eigenen Anteilen, da dieser gegenüber dem Handel in „fremden“ Anteilen steuerrechtliche Privilegien genießt, eine erfolgsneutrale Erfassung im Eigenkapital an.

7 Zusammenfassung der wesentlichen Ergebnisse

Die vorliegenden Untersuchungsergebnisse stellen zunächst deutlich heraus, dass die zahlreichen Modifikationen durch das Bilanzrechtsmodernisierungsgesetz, nicht zuletzt auch aufgrund der vielfältigen Funktionszusammenhänge, zum Teil ungeahnte, aber zumindest jeweils höchst gegenläufige Auswirkungen auf die Kapitalbindung entfalten. Kann der Versuch des Gesetzgebers, divergierende Abschlusszwecke in einem einzigen Rechnungswerk zu vereinen, vor dem grundsätzlichen Alleinstellungsbedürfnis der Ausschüttungsbegrenzungsfunktion einer Bilanz zumindest fragwürdig erscheinen, ist jedenfalls entgegen dieser Skepsis festzustellen, dass sich keiner der drei Untersuchungsgruppen eine wesentliche Beeinträchtigung der Kapitalbindung entnehmen lässt.

7.1 Modifizierungen unter Zurückdrängung des Vorsichtsprinzips

Im Rahmen der ersten Untersuchungsgruppe konnte gezeigt werden, dass die zukünftige Informationsorientierung des Jahresabschlusses tatsächlich im Einzelfall eine deutliche Zurückdrängung des Vorsichtsprinzips zur Folge haben wird.

7.1.1 Latente Steuern

Die Steuerlatenzierung wird bereits grundsätzlich mit § 274 HGB n.F. erheblich an Bedeutung gewinnen. Im Vergleich zu dem bisher anzuwendenden *timing*-Konzept sieht das *temporary*-Konzept eine deutlich umfassendere Steuerabgrenzung vor.[966] Der Anwendungsbereich der latenten Steuerabgrenzung wird sich zudem durch die Abkopplung der Steuer- von der Handelsbilanz als Konsequenz aus der Aufgabe bzw. Lockerung der einfachen und umgekehrten Maßgeblichkeit erweitern. Vor allem wird aber die Steuerabgrenzung auf steuerliche Verlustvorträge geeignet sein, das Volumen aktiver latenter Steuern erheblich zu steigern.

Als besonders problematisch hat sich die Abhängigkeit des Kapitalschutzes vom Steuerrecht gezeigt. Der Wegfall der umgekehrten Maßgeblichkeit reißt an dieser Stelle die größte Lücke in die bestehende Kapitalbindung, da diese

966 Im Einzelnen s. Kapitel 4.2.1.1 ff.

nicht von einer kompensierenden Ausschüttungssperre flankiert wird. Die fehlende Nachzeichnung von Geschäftsvorfällen in der Handelsbilanz, wie beispielsweise der Reinvestitionsrücklage, ist nunmehr geeignet das Ausschüttungspotenzial deutlich zu erhöhen.[967] Gleiches gilt, wenn freilich nicht im vergleichbaren Umfang, auch durch die mögliche Neuinterpretation der einfachen Maßgeblichkeit. Der Ausschüttungssperre ist es aber im Übrigen zu verdanken, dass sich die Kapitalbindung auch nach dem BilMoG im Wesentlichen unverändert stark zeigt.

7.1.2 Selbst erstellte immaterielle Vermögensgegenstände des Anlagevermögens

Dies gilt in besonderem Maße für den Bereich der selbst geschaffenen immateriellen Vermögensgegenstände des Anlagevermögens. Mit dem BilMoG hat sich zwar das bilanzpolitische Instrumentarium verändert. Es wird daher durchaus möglich sein ein höheres Jahresergebnis bzw. eine höhere Eigenkapitalbasis auszuweisen. Eine Auskehrung wird hierbei jedoch durch die Ausschüttungssperre verhindert.

Der Möglichkeit, die Darstellung und Gestaltung des Jahresabschlusses zu beeinflussen, wird dennoch durch die zahlreichen Ermessenspielräume im Rahmen der Bewertung breite Anwendungsfelder freigeben.[968] Um ein möglichst hohes Eigenkapital auszuweisen und gleichzeitig die Ausschüttungen möglichst gering zu halten, um etwa die Liquidität nicht zu belasten, bietet sich das dargestellte Wahlrecht geradezu an. Nachteilige Auswirkungen auf den Kapitalschutz sind hierbei jedoch vorrangig im Bereich der Informationsbasis zu erwarten.

7.1.3 Die Novellierungen im Rahmen der Bilanzierung von betrieblichen Altersversorgungen

Die Modifizierungen im Bereich der betrieblichen Altersversorgung sind wie keine andere Materie des BilMoG durch Wechselwirkungen und Brüche mit bewährten Prinzipien des Handelsrechts geprägt. Die Neubewertung der Pensionsrückstellungen mit dem Erfüllungsbetrag wird zu deutlich höheren Rückstellungswerten führen und auch bei einer Verteilung auf mehrere Jahre das Ausschüttungsvolumen verringern.[969] Den verminderten Ausschüttungsmöglichkei-

967 Im Einzelnen s. Kapitel 4.2.5 ff.
968 Im Einzelnen s. Kapitel 4.1.1.2 ff.
969 Im Einzelnen s. Kapitel 4.3.1.2 ff.

ten aufgrund des vermehrten Aufwandes für die Pensionsrückstellungen stehen die gegenläufigen Effekte durch die Saldierungspflicht mit dem Planvermögen gegenüber.[970] Die Saldierung führt grundsätzlich zu einer Bilanzverkürzung und damit zu einer Verbesserung der Kennzahlensituation. In Verbindung mit der Zeitwertbewertung des Planvermögens verhindern diese Neuerungen zukünftig die dem Handelsrecht grundsätzlich inhärente vorsichtige Bewertung der Schulden. Gleichwohl dürften diese Änderungen aufgrund der jeweils gegenüberzustellenden Größenordnungen keine Kompensation des Rückstellungsmehrvolumens ermöglichen. Allein aufgrund dieser Abwägung der gegenläufigen Auswirkungen auf den Kapitalschutz ist festzustellen, dass durch die realistischere Bewertung der Pensionsverpflichtung der verteilungsfähige Gewinn in den nächsten Jahren geschmälert wird und für das Kapitalschutzniveau sogar eine gewisse Stärkung verzeichnet werden kann.

7.1.4 Die sonstigen Rückstellungen

Moderat fallen auch die Änderungen im Bereich der sonstigen Rückstellungen aus. Es ist zwar festzustellen, dass im Gegensatz zu der Abzinsung der Pensionsrückstellungen die Abzinsungspflicht der übrigen Rückstellungen nunmehr bewirkt, dass die jeweiligen Rückstellungsbeträge sinken und somit isoliert betrachtet eine Schwächung des bestehenden Kapitalschutzniveaus zur Folge haben.[971] Gleichwohl ist dieser Befund dahingehend zu relativieren, dass die Gläubiger durch die Ausgestaltung der sonstigen Rückstellungen als Passivierungswahlrechte auch vor Inkrafttreten des BilMoG ohnehin nur eingeschränkt geschützt gewesen sind. Unabhängig davon, ob durch die Streichung von Passivierungswahlrechten überhaupt Gläubigerschutzinteressen verletzt sein können, bedingt die Abzinsungspflicht sowie der Wegfall der Aufwandsrückstellungen jedenfalls, dass eine besonders vorsichtige Bilanzierung aus eigenem Antrieb eingeschränkt wird.

7.1.5 Die Zeitwertbewertung von Finanzinstrumenten des Handelsbestandes

Tiefgreifenden Bedenken begegnet dagegen die Zeitwertbewertung von Finanzinstrumenten des Handelsbestandes. Die Zeitwertbewertung ist nicht allein wegen des Verstoßes gegen das Realisationsprinzips ohnehin schwer mit der Zah-

---

970 Im Einzelnen s. Kapitel 4.3.1.7 ff.

971 Im Einzelnen s. Kapitel 4.4.2 ff.

lungsbemessungsfunktion des Jahresabschlusses zu vereinbaren.[972] Die Tatsache, dass der Gesetzgeber darüber hinaus von einer konsequenten Ausschüttungssperre nach dem Modell des § 268 VIII HGB absieht und es bei einem pauschalen Risikoabschlag und einer ebenfalls pauschalen Rücklage bewenden lässt, sorgt für die Beeinträchtigung des bestehenden Kapitalschutzniveaus.[973] Beide Instrumente sind nicht geeignet den Entzug unrealisierter Haftungssubstanz gänzlich zu verhindern, sondern verzerren vielmehr sogar die angestrebte Informationsfunktion. Der Risikoabschlag und die Rücklage sowie der limitierte Adressatenkreis sorgen lediglich dafür, dass sich die Beeinträchtigung der Kapitalschutzbelange in Grenzen halten.

7.1.6 Das Verhältnis des Handelsrecht zu den IFRS

Die Erkenntnisse der vorliegenden Analyse legen es nahe, dass der Zielsetzung des Gesetzgebers, mit dem BilMoG das bestehende Handelsrecht zu einer im Verhältnis zu den IFRS vollwertigen, aber einfacheren Alternative weiterentwickeln zu wollen, nicht lediglich der Charakter einer leeren Floskel zukommen sollte. Tatsächlich hat sich der Gesetzgeber hinsichtlich zahlreicher Weichenstellungen zu einer bewussten Distanzierung zu den IFRS bekannt. Jedenfalls aber hat er hinreichend zum Ausdruck gebracht, dass mit dem BilMoG keine Änderung der Kapitalerhaltungskonzeption beabsichtigt war. Darüberhinaus reiht sich das Handelsrecht auch nicht in den Wettbewerb zwischen den IFRS und den US-GAAP um die „laxesten Regelwerke" ein, sondern beschreitet unter Achtung der unterschiedlichen Zwecksetzungen insofern einen mutigen eigenen Weg.[974]

7.2 Streichung von Ansatz- und Bewertungswahlrechten

Die ermittelten Ergebnisse finden auch im Rahmen der zweiten Gruppe ihre Bestätigung. Obgleich die Qualität der jeweiligen Kapitalbindung eng mit der Stringenz des Rechts der Rechnungslegung verwoben ist und insofern die Beseitigung von Wahlrechten dem Kapitalschutz durchaus dienlich ist, verbleibt der Wermutstropfen, dass, wie bereits im Rahmen der sonstigen Rückstellungen festgestellt, den Unternehmen zugleich die Möglichkeit genommen wird, freiwillig besonders vorsichtig zu bilanzieren und sich die einschlägigen überholten

---

972 Im Einzelnen s. Kapitel 4.5.2 ff.

973 Im Einzelnen s. Kapitel 4.5.2.5 ff.

974 Im Einzelnen s. Kapitel 4.1.3 ff.

Wahlrechte nunmehr an anderer, versteckterer Stelle im Rahmen von Beurteilungsspielräumen wiederfinden. Der bisherigen Determinierung der Wahlrechtspraxis durch die Vorgaben des Steuerrechts ist jedoch die mangelnde praktische Bedeutung dieser Wahlrechte für die Kapitalbindung geschuldet.

7.2.1 Die Aktivierung eines derivativen Geschäfts- und Firmenwertes

Aufmerksamkeit beansprucht hingegen die fehlende Ausschüttungssperre des GoF. Eine gewisse Kapitalschutzrelevanz ist zwar nicht der durch das BilMoG eingeführten Aktivierungspflicht des Geschäfts- und Firmenwertes an sich geschuldet, sondern vielmehr der Tatsache, dass der Gesetzgeber auch mit dem BilMoG gewichtigen Kapitalschutzaspekten weiterhin keine Berücksichtigung schenkt.

Um den berechtigten Kapitalschutzaspekten hinreichend Rechnung zu tragen, wären, der Gesetzessystematik des HGB a.F. folgend, bereits die wahlweise aktivierten Beträge des GoF nach § 255 IV 1 HGB a.F. mit einer Ausschüttungssperre zu belegen gewesen. In Anbetracht der im GoF angesammelten „weichen Wertfaktoren", wie dem Kundenstamm, der Standortlage, der Mitarbeiterqualifikation, etc., gilt dies sowohl für die alte als auch die neue Rechtslage.[975] Das Aktivierungswahlrecht für selbst geschaffene immaterielle Vermögensgegenstände des Anlagevermögens und der Statuierung und Begründung einer Ausschüttungssperre hätte hier nicht nur Anlass, sondern wohl auch die Pflicht zur Korrektur ergeben.

7.2.2 Der Wegfall von Abschreibungswahlrechten

Mit dem Wegfall der Abschreibungswahlrechte ist dagegen keine nennenswerte Beeinträchtigung der bilanziellen Kapitalerhaltung gegeben. Die meisten Einzelmodifikationen haben unter dem Gesichtspunkt der bilanziellen Kapitalerhaltung und der darauf aufbauenden Höchstausschüttungsmessung zumindest keine Konsequenzen für Kapitalgesellschaften, da sich für diese weitgehend nur geringfügige Änderungen ergeben und die Vorschriften des Handelsrechts a.F. hierbei nicht mit den steuerlichen Vorschriften im Gleichlauf standen, so dass die praktische Relevanz der Wahlrechte häufig ohnehin gering war.[976]

---

975 Im Einzelnen s. Kapitel 5.1.2 ff.

976 Im Einzelnen s. Kapitel 5.2.1 ff.

7.2.3 Die Modifizierung des Herstellungskostenbegriffs

Durch die Modifikation des Herstellungskostenbegriffs lässt sich eine Schwächung des Kapitalschutzniveaus nicht feststellen. Die Bewertung mit dem Teilaufwand ist gegenüber dem zukünftigen Vollkostenansatz nur geringfügig geeigneter dem Kapitalerhaltungszweck Rechnung zu tragen, erfüllt aber den Rechenschaftszweck des Jahresabschlusses deutlich unzureichender.[977] Auf der anderen Seite wird mit der Bewertung zum Vollaufwand erreicht, dass im Hinblick auf alle betrieblichen Leistungen ein periodengerechterer Gewinn als bei der Bewertung zum Teilaufwand ermittelt und somit dem Rechenschaftszweck besser entsprochen wird. Darüber hinaus ist auch mit den oben dargelegten Erwägungen durch die lediglich Modifikation vom Wahlrecht zur Einbeziehungspflicht eine Beeinträchtigung von Kapitalschutzaspekten nicht ersichtlich.

7.2.4 Keine Neuinterpretation der bestehenden GoB

Festgehalten werden kann zudem, dass das handelsrechtliche GoB-System weiterhin anwendbar bleibt und keine GoB inhaltlich neu zu interpretieren sind.[978] Es lässt sich zwar nur schwer ermitteln, wie stark die jeweils wechselseitigen Auswirkungen des BilMoG auf die einzelnen GoB innerhalb des bestehenden GoB-Gesamtsystems ausfallen, jedoch konnte festgestellt werden, dass jedenfalls sowohl positive als auch negative Einflüsse auf die bestehenden Grundsätze, insbesondere das Vorsichtsprinzip, einwirken. Unter dem Strich sprechen auch zukünftig die gewichtigeren Anzeichen für ein weiteres Dominieren des Kapitalerhaltungszwecks gegenüber dem Rechenschaftszweck des Jahresabschlusses.

7.3 Nettoausweis des gezeichneten Kapitals

Die Komplexität und die Wechselwirkungen zwischen den Modifizierungen durch das BilMoG und den Kapitalerhaltungsgrundsätzen unterstreicht insbesondere die dritte Untersuchungsgruppe. Lassen die identifizierten Problemstellungen um den zukünften Eigenkapitalausweis auch einige Fragen offen, so kann jedenfalls konstatiert werden, dass auch mit der neuen Ausweiskonzeption keine Lockerung der Kapitalbindung durch den Gesetzgeber intendiert gewesen ist. Insofern lassen sich die bestehenden Lücken im Kapitalschutz durch eine

---

977 Im Einzelnen s. Kapitel 5.3.1 ff.

978 Im Einzelnen s. Kapitel 4.1.3 ff.

ergänzende Auslegung schließen.[979] Aufgrund der unterschiedlichen Bezugsgrößen der § 57 III AktG und § 30 I GmbHG im Rahmen der Ausschüttungsbemessung bedarf es für die AG einer Rücklage analog § 237 V AktG in Höhe des jeweiligen Absetzungsbetrages während sich eine hinreichende Ausschüttungssperre für die GmbH bereits aus der Auslegung des § 30 I GmbHG ergibt.

7.4 Ausblick und Fazit

Ungeachtet des jeweiligen Optimierungspotenzials zeichnet das Gesamtbild daher einen durchaus gelungenen Schritt des Gesetzgebers. Trotz einzelner Schwächen lässt sich im Rahmen der gebildeten Untersuchungsgruppen keine wesentliche Beeinträchtigung von Kapitalschutzbelangen feststellen. Soweit auf den ersten Blick Lücken im bestehenden Kapitalschutz zu identifizieren gewesen waren, waren diese in den meisten Fällen im Wege der Auslegung zu schließen. Im Übrigen kommt ihnen jedenfalls kein erhebliches Gewicht zu.

Verbleiben auch weiterhin Informationsdefizite gegenüber dem IFRS-Abschluss, sind diese allein deshalb hinzunehmen, da es mit dem BilMoG gelungen ist, viele Fehlentwicklungen der IFRS auszusparen und inhaltlich an den bewährten und tradierten Grundsätzen ordnungsgemäßer Buchführung festzuhalten. Allein dieser Kompromiss ermöglicht es, das gewählte Modernisierungskonzept in das gewachsene Rahmenkonzept des Handelsrechtes einzupassen. Der Preis hierfür liegt in der gewachsenen Komplexität der Rechnungslegung und der Intransparenz hinsichtlich des ausschüttungsfähigen Vermögens, welches für den Bilanzleser zukünftig nur mit Hilfe des Anhangs zu quantifizieren und über den Vorspaltenausweis zu qualifizieren ist.

Nach den angestellten Erwägungen spricht zurzeit nicht viel für eine weitere Annäherungen an die Vorschriften zur internationalen Rechnungslegung. Die IFRS haben insbesondere aufgrund der Finanzmarktkrise an Strahlkraft verloren. Darüber hinaus ist das BilMoG nunmehr in der Praxis angekommen und dürfte für mittelständische Unternehmen als Alternative zu den IFRS wieder deutlich attraktiver geworden sein. Auch die IFRS for SMEs treffen zurzeit auf wenig Akzeptanz, so dass diese allenfalls ein geringes Konkurrenzpotenzial für das BilMoG entfalten.

Diskutabel erscheint allein eine weitere behutsame Annäherung, die aber wiederum aufgrund des zurzeit ausgeschöpften Vorbildpotenzials der IFRS nicht in Sichtweite ist. Dessen ungeachtet ist aber in jedem Fall die begrenzte Leis-

---

979 Im Einzelnen s. Kapitel 6.1 ff.

tungsfähigkeit der Ausschüttungssperre im Rahmen weiterer Reformvorhaben zu beachten.[980]

980 Im Einzelnen s. Kapitel 3.6 ff.

Literaturverzeichnis

Achleitner, Ann-Kristin/Behr, Giorgio/Schäfer, Dirk, Internationale Rechnungslegung, Grundlagen, Einzelfragen und Praxisanwendungen, 4. Aufl., München 2009.

Aders, Christian/Joest, Andreas, Wertkonzepte in der Anwendung des IAS 36, BewertungsPraktiker 2010, S. 13 ff.

Adler, Hans/Düring, Walter/Schmaltz, Kurt (Hrsg.), Rechnungslegung und Prüfung der Unternehmen, 6. Aufl., Stuttgart 2001.

Ahlers, Christian, Der Kapitalschutz nach Inspire Art als Instrument des Gläubigerschutzes in Europa, Oldenburg 2009.

Ahrend, Peter, Die betriebliche Altersversorgung und das Bilanzrichtlinien-Gesetz, WPg 1986, S. 577 ff.

Aigner, Kathrin, Das neue Bilanzrecht nach HGB, Münster 2009.

Albach, Horst, Bewertungsprobleme des Jahresabschlusses nach dem Aktiengesetz 1965, BB 1966, S. 377 ff.

Alberth, Markus, USA: Vertraglicher Gläubigerschutz und Ausschüttungsbemessung durch Covenants als Vorbild zur Änderung des deutschen Bilanzrechts?, WPg 1997, S. 744 ff.

Alka, Benjamin, Theorie und Praxis in der Rechnungslegung, Die Bilanzierung des Goodwill bei den Unternehmen des Deutschen Aktienindex (DAX 30), Hamburg 2008.

Althoff, Frank, Ausschüttungssperre für Steuerlatenzen auch ohne Aktivierung latenter Steuern?, DStR 2012, 868 ff.

Altmeppen, Holger/Goette, Wulf/Kalss, Susanne (Hrsg.), Münchener Kommentar zum Aktiengesetz, 3. Aufl., München 2010.

Andrejewski, Kai/Mielke, Olaf, Bilanzierung von "Non-Financial Liabilities" nach ED IAS 37, Der Konzern 2005, S. 581 ff.

Anzinger, Heribert/Schleiter, Isabelle, Die Ausübung steuerlicher Wahlrechte nach dem BilMoG - eine Rückbesinnung auf den Maßgeblichkeitsgrundsatz, DStR 2010, S. 395 ff.

Arbeitskreis "Immaterielle Werte im Rechnungswesen" der Schmalenbach-Gesellschaft für Betriebswirtschaft e.V., Kategorisierung und bilanzielle Erfassung immaterieller Werte, DB 2001, S. 989 ff.

ders., Leitlinien zur Bilanzierung selbstgeschaffener immaterieller Vermögensgegenstände des Anlagevermögens nach dem Regierungsentwurf des BilMoG, DB 2008, S. 1813 ff.

Arbeitskreis „Steuern und Revision" im Bund der Wirtschaftsakademiker e.V., Abkehr vom Gläubigerschutz im BilMoG - nur einjährige Ausschüttungssperre!, DStR 2008, S. 1299 ff.

Arbeitskreis Bilanzrecht der Hochschullehrer Rechtswissenschaft, Stellungnahme zu dem Entwurf eines BilMoG: Grundkonzept und Aktivierungsfragen, BB 2008, S. 152 ff.

Arminger, Josef, Solvenztest – eine Alternative zur bilanziellen Kapitalerhaltung in der Europäischen Union?, IRZ 2012, S. 343 ff.

Arnold, Arnd, Zur ökonomischen Theorie des Solvenztests, Der Konzern 2007, S. 118 ff.

Arnold, Hans-Joachim, Die Bilanzierung des Geschäfts- oder Firmenwertes in der Handels-, Steuer- und Ergänzungsbilanz, Frankfurt am Main 1997.

Baetge, Jörg/Börner, Dietrich/Forster, Karl-Heinz, Rechnungslegung Prüfung und Beratung, Herausforderungen für den Wirtschaftsprüfer: Festschrift zum 70. Geburtstag von Professor Dr. Rainer Ludewig, Düsseldorf 1996.

Baetge, Jörg/Dörner, Dietrich/Kleekämper, Heinz/Wollmert, Peter/Kirsch, Hans-Jürgen (Hrsg.), Rechnungslegung nach IFRS, 2. Aufl., Stuttgart 2006.

Baetge, Jörg/Haenelt, Timo, Pensionsrückstellungen im IFRS-Abschluss, DB 2006, S. 2413 ff.

Baetge, Jörg/Kirsch, Hans-Jürgen/Solmecke, Henrik, Auswirkungen des BilMoG auf die Zwecke des handelsrechtlichen Jahresabschlusses, Working Paper 1/2009, Münster 2009.

Baetge, Jörg/Kirsch, Hans-Jürgen/Thiele, Stefan, Bilanzen, 9. Aufl., Düsseldorf 2007.

dies. (Hrsg.), Bilanzen, 10. Aufl., Düsseldorf 2009.

Baetge, Jörg/Lienau, Achim, Praxis der Bilanzierung latenter Steuern im Konzernabschluss nach IFRS im DAX und MDAX, WPg 2007, S. 15 ff.

Baetge, Jörg/Maresch, Daniela/Schulz, Roland, Zur (Un-)Möglichkeit des Zeitvergleichs von Kennzahlen, DB 2008, S. 417 ff.

Baetge, Jörg/Solmecke, Henrik, "Wetterfest": Die deutsche Bilanzrechtsmodernisierung, S:R 2009, S. 124 ff.

Baetge, Jörg/Zülch, Henning/Brüggemann, Benedikt/Nellessen, Thomas, Management`s best estimate - Abbildung singulärer Risiken im HGB- und IFRS-Abschluss, PiR 2007, S. 315 ff.

Baldamus, Ernst-August, Durchführung von Gewinnabführungsverträgen - zu § 14 KStG und § 302 AktG nach MoMiG und BilMoG, Ubg 2009, S. 484 ff.

Ballwieser, Wolfgang/Moxter, Adolf/Nonnenmacher, Rolf, Rechnungslegung - warum und wie?, Festschrift für Hermann Clemm zum 70. Geburtstag, München 1996.

Bantleon, Ulrich/Becker, Axel, Risikomanagement und Frühwarnverfahren in Kreditinstituten, Aktuelle Anforderungen - Instrumente - Prüfung, Berlin 2010.

Bantleon, Ulrich/Schorr, Gerhard, Ausgewählte Auswirkungen des BilMoG auf die Beurteilung der Kapitaldienstfähigkeit von nicht kapitalmarktorientierten Kapitalgesellschaften, DStR 2010, S. 1491 ff.

Barth, Mary/Clinch, Greg/Shibano, Toshi, Market Effects of Recognition and Disclosure, JAR 2003, S. 581 ff.

Bauer, Markus, Gläubigerschutz durch eine formelle Nennkapitalziffer - kapitalgesellschaftsrechtliche Notwendigkeit oder überholtes Konzept?, Frankfurt am Main 1995.

Baumbach, Adolf/Hopt Klaus J./Merkt, Hanno (Hrsg.), Handelsgesetzbuch, 36. Aufl., München 2014.

Baumbach, Adolf/Hueck, Alfred (Hrsg.), GmbH-Gesetz, 20. Aufl., München 2013.

Baums, Theodor, Eigenkapital: Begriff, Aufgaben, Sicherung, ZHR 2011, 160 ff.

Bausch, Andreas/Fritz, Thomas, Behandlung des derivativen Goodwill nach US-GAAP und IFRS, WiSt 2005, S. 302 ff.

Bayer, Walter, Moderner Kapitalschutz, ZGR 2007, S. 220 ff.

Bayer, Walter/Schmidt, Jessica, Die Reform der Kapitalaufbringung bei der Aktiengesellschaft durch das ARUG, ZGR 2009, S. 805 ff.

Behrens, Peter (Hrsg.), Die GmbH-Reform in der Diskussion, Köln 2006.

Behrens, Peter/Renner, Georg, Erwerb eigener Aktien: BMF-Schreiben vom 2.12.1998 aufgehoben, AG 2010, S. 824 ff.

Beisse, Heinrich/Lutter, Marcus/Närger, Heribald, Festschrift für Karl Beusch zum 68. Geburtstag am 31. Oktober 1993, Berlin 1993.

Berger, Axel, Was der DPR aufgefallen ist: Ermessensspielraum und die Bilanzierung von latenten Steuern auf Verlustvorträge, DB 2006, S. 2473 ff.

Berger, Axel/Hauck, Anton/Prinz, Ulrich, Bilanzierung latenter Steuern auf steuerliche Verlustvorträge nach IAS 12 - Streitiger Prognosezeitraum zur Verlustverrechnung, DB 2007, S. 412 ff.

Berger, Jens/Walter, Robert, Die Vorschläge des IASB zur Bilanzierung von Pensionsverpflichtungen - Überblick über den Stand des internationalen Meinungsbildungsprozesses, WPg 2009, S. 906 ff.

Beyer, Sven/Mackenstedt, Andreas, Grundsätze zur Bewertung immaterieller Vermögenswerte (IDW S 5), WPg 2008, S. 338 ff.

Beyhs, Oliver/Barth, Daniela/Hausen, Raphael, Neue Regelungen zur Bilanzierung von Schulden nach IAS 37, KoR 2010, S. 395 ff.

Beyhs, Oliver/Melcher, Winfried, Zum Referentenentwurf des Bilanzrechtsmodernisierungsgesetzes (BilMoG): Vom Niederstwert- zum Impairment-Test? Die wesentlichen BilMoG-Änderungen bei außerplanmäßigen Abschreibungen und Wertaufholungen, DB 2008, S. 19 ff.

Bezzenberger, Tilman, Erwerb eigener Aktien durch die AG, Köln 2002.

Bieg, Hartmut, Bankbilanzierung nach HGB und IFRS, 2. Aufl., München 2010.

Bieg, Hartmut/Heyd, Reinhard, Fair Value, Bewertung in Rechnungswesen, Controlling und Finanzwirtschaft, München 2005.

Bieg, Hartmut/Kußmaul, Heinz/Petersen, Karl/Waschbusch, Gerd/Zwirner, Christian, Bilanzrechtsmodernisierungsgesetz, München 2009.

Bieker, Marcus, HGB Reloaded: Die Bewertungskonzeption des BilMoG - fine tuning oder Paradigmenwechsel?, PiR 2008, S. 365 ff.

Binger, Marc, Der Ansatz von Rückstellungen nach HGB und IFRS im Vergleich, Regelungsschärfe, Zweckadäquanz sowie Eignung für die Steuerbilanz, Wiesbaden 2009.

Birk, Dieter, Steuerrecht, 12. Aufl., Heidelberg 2009.

Bischoff, Jan, Steuerbilanzielle Abbildung von zu Handelszwecken erworbenen Derivaten, StuB 2007, S. 887 ff.

Bitter, Georg/Lutter, Marcus/Priester, Hans-Joachim/Schön, Wolfgang/Ulmer, Peter, Festschrift für Karsten Schmidt zum 70. Geburtstag, Köln 2009.

Blasius, Torsten, IFRS, HGB und F&E, Berlin 2006.

Blomeyer, Wolfgang/Otto, Klaus/Rolfs, Christian (Hrsg.), Betriebsrentengesetz, Gesetz zur Verbesserung der betrieblichen Altersversorgung: Kommentar, 5. Aufl., München 2010.

Blümich, Walter/Ebling, Klaus, EStG, KStG, GewStG, Einkommensteuergesetz, Körperschaftsteuergesetz, Gewerbesteuergesetz: Kommentar, 16. Aufl., München 2001.

Böckem, Hanne/Schlögel, Gordon, Goodwillbewertung: Erstmalige Allokation des Goodwill und Konsequenzen konzerninterner Reorganisation, KoR 2011, S. 182 ff.

Böcking, Hans-Joachim/Sittmann-Haury, Caroline, Forderungsbewertung - Anschaffungskosten versus Fair Value, BB 2003, S. 195 ff.

Böcking, Hans-Joachim/Torabian, Farhood, Zeitwertbilanzierung von Finanzinstrumenten des Handelsbestands nach dem Entwurf eines BilMoG, BB 2008, S. 265 ff.

Boecker, Corinna/Froschhammer, Matthias, Harmonisierung statt Standardisierung, Zunehmende Konvergenz der Regelungen des HGB mit den IFRS, IRZ 2010, S. 305 ff.

Boecker, Corinna/Künkele, Kai Peter, Forschung und Entwicklung im Fokus - Gemeinsamkeiten und Unterschiede zwischen IFRS und HGB i.d.F. des BilMoG, IRZ 2010, S. 484 ff.

Boguslawska, Magdalena, Das Verbot des Handels in eigenen Aktien und seine Ausnahmen, Frankfurt am Main 2010.

Bohl, Werner/Riese, Joachim/Schlüter, Jörg (Hrsg.), Beck`sches IFRS-Handbuch, Kommentierung der IFRS/IAS, 3. Aufl., München 2009.

Bömelburg, Peter/Landgraf, Christian/Pöppel, Andrea, IFRS für KMU - eine echte Alternative für den deutschen Mittelstand?, PiR 2009, S. 290 ff.

Born, Karl (Hrsg.), Rechnungslegung international, IAS/IFRS im Vergleich mit HGB und US-GAAP, 5. Aufl., Stuttgart 2007.

Börsig, Clemens/Wagenhofer, Alfred, IFRS in Rechnungswesen und Controlling, Stuttgart 2006.

Borst, Hanne, BilMoG verbessert Marktchancen für die betriebliche Altersversorgung, VW 2010, S. 665 ff.

Bosse, Christian, Handel in eigenen Aktien durch die Aktiengesellschaft, WM 2000, S. 806 ff.

Bösser, Jörg/Pilhofer, Jochen, Aktive latente Steuern auf steuerliche Verlustvorträge, KoR 2008, S. 296 ff.

Boujong, Karlheinz/Ebenroth, Carsten/Joost, Detlev/Strohn, Lutz, Handelsgesetzbuch, [Kommentar], 2. Aufl., München 2008.

Brandstetter, Barbara, Neue Bilanzregeln erschweren Tricks bei Betriebsrenten, Die Welt v. 17.03.2010, S. 17.

Breidert, Ulrike, Grundsätze ordnungsmäßiger Abschreibungen auf abnutzbare Anlagegegenstände, Düsseldorf 1994.

Breithecker, Volker/Schmiel, Ute, Steuerbilanz und Vermögensaufstellung in der Betriebswirtschaftlichen Steuerlehre, Berlin 2003.

Breuninger, Gottfried, Zur Rechtsnatur eigener Anteile und ihre ertragsteuerrechtliche Bedeutung, DStZ 1991, S. 420 ff.

Breuninger, Gottfried/Müller, Magnus, Erwerb und Veräußerung eigener Anteile nach dem BilMoG, GmbHR 2011, S. 10 ff.

Breuninger, Gottfried /Müller, Welf/Strobl-Haarmann, Elisabeth, Steuerrecht und europäische Integration, Festschrift für Albert J. Rädler zum 65. Geburtstag, München 1999.

Brockhoff, Klaus K., Forschung und Entwicklung, 5. Aufl., München 1999.

Brönner, Herbert/Bareis, Peter/Hahn, Klaus/Maurer, Torsten/Schramm, Uwe, Die Bilanz nach Handels- und Steuerrecht, 10. Aufl., Stuttgart 2008.

Bruckmeier, Gerhard/Zwirner, Christian/Busch, Julia, Abschreibungen auf Anteile an Kapitalgesellschaften - Auswirkungen der Neuregelungen durch das BilMoG und steuerliche Implikationen, DStR 2010, S. 237 ff.

Bruckmeier, Gerhard/Zwirner, Christian/Künkele, Kai Peter, Die Behandlung eigener Anteile - Das BilMoG kürzt das Steuersubstrat und fördert Investitionen in eigene Aktien, DStR 2010, S. 1640 ff.

Brücks, Michael/Duhr, Andreas, Bilanzierung von Contingent Assets und Contingent Liabilities: Beispielhafte Würdigung der aktuellen Überlegungen von IASB und FASB, KoR 2006, S. 243 ff.

Buchholz, Stephan, Maßgeblichkeit der handelsrechtlichen GoB für die steuerliche Gewinnermittlung, DB 2010, S. 1430 ff.

Budde, Wolfgang Dieter/Förschle, Gerhart, Sonderbilanzen, Von der Gründungsbilanz bis zur Liquidationsbilanz, 3. Aufl., München 2002.

Budde, Wolfgang Dieter/Förschle, Gerhart/Winkeljohann, Norbert/Almeling, Christopher, Sonderbilanzen, 4. Aufl., München 2008.

Buddenbrock, Christian/Rathje, Michael, Neubewertung von Pensionsverpflichtungen nach dem BilMoG: Risiko im Überschuldungsstatus nach § 19 InsO?, BB 2010, S. 1331 ff.

Burger, Anton/Ulbrich, Philipp/Knoblauch, Jens, Zur Reform der Bilanzierung von Forschungs- und Entwicklungsaufwendungen nach IAS 38, KoR 2006, S. 729 ff.

Burkhardt, Ulrich/Costa, Martin, Vorabausschüttungen einer GmbH - Gestaltungsmöglichkeiten, BBK 2010, S. 1140 ff.

Busch, Julia/Zwirner, Christian, Goodwill Impairment - Fortschreibung des Geschäfts- oder Firmenwerts aus Unternehmensakquisitionen, IRZ 2011, S. 310 ff.

Cahn, Andreas, Equitable Subordination of Shareholder Loans?, EBOR 2006, S. 287 ff.

Castan, Edgar/Heymann, Gerd/Müller, Eberhard/Ordelheide, Dieter/Scheffler, Eberhard *(Hrsg.),* Beck'sches Handbuch der Rechnungslegung, Stand: Jan. 2009, München 1987.

Claussen, Carsten, Das BilMoG sollte schnell in Kraft treten!, S:R 2008, S. 172 ff.

Claussen, Carsten/Scherrer, Gerhard (Hrsg.), Kölner Kommentar zum Rechnungslegungsrecht, Köln 2011.

Coenenberg, Adolf Gerhard/Haller, Axel/Schultze, Wolfgang, Jahresabschluss und Jahresabschlussanalyse, Betriebswirtschaftliche, handelsrechtliche, steuerrechtliche und internationale Grundsätze. HGB, IFRS und US-GAAP, 21. Aufl., Stuttgart 2009.

Colbe, Walther Busse, Eigenkapitalveränderungsrechnung nach dem E-DRS 7, BB 2000, S. 2405 ff.

Dahlke, Jürgen, Standardentwurf des IASB zur Bilanzierung von Ertragsteuern: Was lange währt, wird endlich gut?, BB 2009, S. 1462 ff.

Davies, Mike/Paterson, Ron/Wilson, Allister, UK GAAP, 6. Aufl., London 1999.

Davies, Paul L./Gower, Laurence C. B., The principles of modern company law, 8. Aufl., London 2008.

Dawo, Sascha, Immaterielle Güter in der Rechnungslegung nach HGB, IAS/IFRS und US-GAAP, Herne 2003.

Deckenbrock, Christian, 1. BRBZ-Rechtsberatungskongress zur betrieblichen Altersversorgung 2010, NZA 2010, S. 991 ff.

Denozza, Francesco, Different Policies for Corporate Creditor Protection, EBOR 2006, S. 409 ff.

Derr, Philipp/Unrein, Daniel, Der Exposure Draft des IASB zur Änderung von IAS 19, IRZ 2010, S. 311 ff.

Dißars, Ulf-Christian, Grundzüge der handelsbilanziellen Behandlung eigener Anteile im Jahresabschluss nach dem BilMoG, SteuerConsultant 2009, S. 30 ff.

Ditz, Xaver/Tcherveniachki, Vassil, Eigene Anteile und Mitarbeiterbeteiligungsmodelle - Bilanzierung nach dem BilMoG und Konsequenzen für das steuerliche Einlagekonto, Ubg 2010, S. 875 ff.

Dobler, Michael/Kurz, Gerhard, Aktivierungspflicht für immaterielle Vermögensgegenstände in der Entstehung nach dem RegE eines BilMoG, KoR 2008, S. 485 ff.

Döllerer, Georg, Die Maßgeblichkeit der Handelsbilanz für die Steuerbilanz, BB 1969, S. 501 ff.

Dörfler, Oliver/Adrian, Gerrit, Zur Umsetzung der HGB-Modernisierung durch das BilMoG: Steuerbilanzrechtliche Auswirkungen, DB 2009, S. 58 ff.

Dörner, Achim/Neubert, Bob, Praktische Bilanzierung von Entwicklungskosten nach dem Regierungsentwurf zum BilMoG, IRZ 2008, S. 449 ff.

Dötsch, Ewald/Jost, Werner F./Pung, Alexandra/Witt, Georg (Hrsg.), Die Körperschaftsteuer, Stuttgart 1993 /// 1984.

Drinhausen, Andrea/Dehmel, Inga, Zum Referentenentwurf des Bilanzrechtsmodernisierungsgesetz (BilMoG): Ansatz und Bewertung von Rückstellungen, DB 2008, S. 35 ff.

Drygala, Tim, Stammkapital heute - Zum veränderten Verständnis vom System des festen Kapitals und seinen Konsequenzen, ZGR 2006, S. 587 ff.

Dziadkowski, Dieter, Zuständigkeit des EuGH in Bilanzierungsfragen, FR 2003, S. 552 ff.

Eibelshäuser, Manfred, Immaterielle Anlagewerte in der höchstrichterlichen Finanzrechtsprechung, Wiesbaden 1983.

Eierle, Brigitte, Die Entwicklung der Differenzierung der Unternehmensberichterstattung in Deutschland und Großbritannien, Frankfurt am Main 2004.

Ekkenga, Jens, Einzelabschlüsse nach IFRS - Ende der aktien- und GmbH-rechtlichen Kapitalerhaltung?, AG 2006, S. 389 ff.

Ellerbusch, Martin/Schlüter, Andreas/Hofherr, Achim, Die Abgrenzung latenter Steuern im Organkreis nach BilMoG, DStR 2009, S. 2443 ff.

Ellrott, Helmut/Budde, Wolfgang Dieter (Hrsg.), Beck'scher Bilanz-Kommentar, 7. Aufl., München 2010.

Emmerich, Volker, Wechselseitige Beteiligungen bei AG und GmbH, NZG 1998, S. 622 ff.

Emmerich, Volker/Habersack, Mathias (Hrsg.), Aktien- und GmbH-Konzernrecht, 5. Aufl., München 2008.

dies. (Hrsg.), Aktien- und GmbH-Konzernrecht, 6. Aufl., München 2010.

Emmerich, Volker/Habersack, Mathias/Sonnenschein, Jürgen, Konzernrecht, Ein Studienbuch, 9. Aufl., München 2008.

Enderlein, Konrad, Münchener Handbuch des Gesellschaftsrechts, Bd. 4, 3. Aufl., München 2007.

Engel-Ciric, Dejan, Einschränkung der Aussagekraft des Jahresabschlusses nach IAS durch bilanzpolitische Spielräume, DStR 2002, S. 780 ff.

ders., Bilanzrechtsmodernisierungsgesetz - Die kopernikanische Wende in der deutschen Rechnungslegung, BC 2008, S. 25 ff.

ders., Bilanzrechtsmodernisierungsgesetz: Praxisfragen zur Abgrenzung von Entwicklungs- und Forschungskosten, BC 2008, S. 81 ff.

ders., Bilanzierung des Geschäfts- oder Firmenwerts nach BilMoG, BRZ 2009, S. 445 ff.

Engels, Wolfgang, Aktive latente Steuern auf Verlustvorträge - Was erwartet den HGB-Bilanzierer bei Umsetzung des RegE BilMoG?, BB 2008, S. 1554 ff.

Engert, Andreas, Die Wirksamkeit des Gläubigerschutzes durch Nennkapital, GmbHR 2007, S. 337 ff.

Ensthaler, Jürgen/Füller, Klaus/Schmidt, Burkhard, Kommentar zum GmbH-Gesetz, 2. Aufl., Köln 2009.

Eppinger, Christoph/Hägele, Katja/Orterer, Sabrina, Praxisprobleme bei der Bilanzierung von selbst erstellten immateriellen Vermögenswerten nach IAS 38, IRZ 2013, S. 421 ff.

Erdmann, Mark-Ken/Zülch, Henning/Palfner, Alexander, Liabilities - Bilanzielle Auswirkungen des ED IAS 37, KoR 2007, S. 445 ff.

Ergün, Ismail/Müller, Stefan, Auswirkungen der Änderungen von IAS 19 auf deutsche Unternehmen, IRZ 2011, S. 531 ff.

Erle, Bernd/Sauter, Thomas (Hrsg.), Heidelberger Kommentar zum Körperschaftsteuergesetz, Die Besteuerung der Kapitalgesellschaft und ihrer Anteilseigner, 2. Aufl., Heidelberg 2006.

Ernst, Christoph/Seidler, Holger, Der Regierungsentwurf eines Gesetzes zur Modernisierung des Bilanzrechts, ZGR 2008, S. 631 ff.

Ernst, Sascha, Die Bilanzierung latenter Steuern. Zweck, Ermittlung und Änderungen durch das Bilanzrechtsmodernisierungsgesetz, SteuerStud 2009, S. 584 ff.

Ernsting, Ingo/Keitz, Isabel von, Bilanzierung von Rückstellungen nach IAS 37, DB 1998, S. 2477 ff.

Eschbach, Werner, Eigene Aktien und der Shareholder Value, DB 2003, S. 161 ff.

Escher-Weingart, Christina/Kübler, Friedrich, Erwerb eigener Aktien, ZHR 1998, S. 537 ff.

Esser, Maik/Hackenberger, Jens, Bilanzierung immaterieller Vermögenswerte des Anlagevermögens nach IFRS und US-GAAP, KoR 2004, S. 402 ff.

Essers, Peter, Goed koopmansgebruik and Maßgeblichkeitsprinzip: Time for a Change, StuW 2005, S. 331 ff.

Euler, Roland, Paradigmenwechsel im handelsrechtlichen Einzelabschluss: Von den GoB zu den IAS?, BB 2002, S. 875 ff.

Euler, Roland/Engel-Ciric, Dejan, Rückstellungskriterien im Vergleich - HGB versus IFRS, WPg 2004, S. 139 ff.

Ewert, Ralf, Rechnungslegung, Gläubigerschutz und Agency-Probleme, Passau 1986.

Fabri, Stephan, Grundsätze ordnungsmäßiger Bilanzierung entgeltlicher Nutzungsverhältnisse, Bergisch Gladbach, Köln 1986.

Falkenhausen, Joachim, Ausschüttungssperren für die Kapitalrücklage - Eine rechtspolitische Betrachtung von § 150 III und IV AktG, NZG 2009, S. 1096 ff.

Fechner, Ullrich/Bäuml, Swen, Replik zum Aufruf der Wissenschaft zur Abschaffung der satzermäßigten Besteuerung thesaurierter Gewinne von Personenunternehmen, DB 2008, S. 1652 ff.

Fey, Gerd/Mujkanovic, Robin, Außerplanmäßige Abschreibungen auf das Finanzanlagevermögen, WPg 2003, S. 212 ff.

Fink, Christian/Kunath, Oliver, Bilanzpolitisches Potenzial bei der Rückstellungsbildung und -bewertung nach neuem Handelsrecht, DB 2010, S. 2345 ff.

Fischer, Carola/Kalina-Kerschbaum, Claudia, Maßgeblichkeit der Handelsbilanz für die steuerliche Gewinnermittlung, Kritische Anmerkungen zum Entwurf eines BMF-Schreibens, DStR 2010, S. 399 ff.

Fischer, Daniel, Der Standardentwurf "Measurement of Liabilities in IAS 37" (ED/2010/1), PiR 2010, S. 53 ff.

Fischer, Dirk/Günkel, Manfred/Neubeck, Guido/Pannen, Michael, Die Bilanzrechtsreform 2009/10, 2. Aufl., Bonn 2009.

Fischer, Thomas R./Hömberg, Reinhold, Jahresabschluss und Jahresabschlussprüfung, Probleme, Perspektiven, internationale Einflüsse: Festschrift zum 60. Geburtstag von Jörg Baetge, Düsseldorf 1997.

Fleischer, Holger, Grundfragen der ökonomischen Theorie im Gesellschafts- und Kapitalmarktrecht, ZGR 2001, S. 1 ff.

Fleischer, Holger/Goette, Wulf *(Hrsg.),* Münchener Kommentar zum Gesetz betreffend die Gesellschaften mit beschränkter Haftung – GmbHG, München 2010.

Flume, Johannes, Kapitalerhaltung und Konzernfinanzierung, GmbHR 2011, S. 1258 ff.

Focken, Elke, Reporting Unit vs. Cash-Generating Unit - Auf dem Weg zu einer harmonisierten Goodwill-Bilanzierung, RIW 2003, S. 437 ff.

Focken, Elke/Plawky, Andre, Unternehmenszusammenschlüsse und Goodwill-Disclosures gem. SFAS 141/142, IAS und HGB Das Publizitätsverhalten im HDAX, KoR 2004, S. 298 ff.

Fockenbrock, Dieter, Professoren machen Front gegen Fair Value, Handelsblatt v. 19.11.2008, S. 19.

Fodor, Jürgen/Wildner, Stephan, "IAS 19 light" - Bilanzierung von Pensionsverpflichtungen nach dem IFRS for SMEs, BB 2009, S. 1966 ff.

Förschle, Gerhart/Kaiser, Klaus/Moxter, Adolf, Rechenschaftslegung im Wandel, Festschrift für Wolfgang Dieter Budde, München 1995.

Förschle, Gerhart/Kroner, Matthias, International Accounting Standards: Offene Fragen zur künftigen Steuerabgrenzung, DB 1996, S. 1633 ff.

Förschle, Gerhart/Kroner, Matthias/Heddäus, Birgit, Ungewisse Verpflichtungen nach IAS 37 im Vergleich zum HGB, WPg 1999, S. 41 ff.

Förschle, Gerhart/Kropp, Manfred, Wechselwirkungen zwischen Handels- und Steuerbilanz beim Anlagevermögen nach dem Bilanzrichtlinien-Gesetz, WPg 1986, S. 152 ff.

Forster, Karl-Heinz/Grunewald, Barbara/Lutter, Marcus, Aktien- und Bilanzrecht, Festschrift für Bruno Kropff, Düsseldorf 1997.

Förster, Guido/Schmidtmann, Dirk, Steuerliche Gewinnermittlung nach dem BilMoG, BB 2009, S. 1342 ff.

Freidank, Carl-Christian, Eigenkapital und Ergebnisverwendung der GmbH und der AG (Teil I), StB 2000, S. 44 ff.

ders., Eigenkapital und Ergebnisverwendung der GmbH und der AG (Teil II), StB 2000, S. 84 ff.

ders., Eigenkapital und Ergebnisverwendung der GmbH und der AG (Teil III), StB 2000, S. 128 ff.

ders., Reform der Rechnungslegung und Corporate Governance in Deutschland und Europa, Wiesbaden 2004.

Freidank, Carl-Christian/Altes, Peter, Das Gesetz zur Modernisierung des Bilanzrechts (BilMoG), Neue Herausforderungen für Rechnungslegung und Corporate Governance, Berlin 2009.

Fritz, Claudia, BilMoG: Die Änderungen bei den Betriebsrenten, NWB-BB 2009, S. 180 ff.

Fülbier, Rolf/Gassen, Joachim, Das Bilanzrechtsmodernisierungsgesetz (BilMoG): Handelsrechtliche GoB vor der Neuinterpretation, DB 2007, S. 2605 ff.

Fülbier, Rolf/Gassen, Joachim/Ott, Eckhard, IFRS for SMEs für den europäischen Mittelstand?, DB 2010, S. 1357 ff.

Funke, Marcus, Gläubigerschutz durch Information im Recht der Aktiengesellschaft, Baden-Baden 2011.

Funnemann, Carl-Bernhard/Kerssenbrock, Otto-Ferdinand Graf, Ausschüttungssperren im BilMoG-RegE, BB 2008, S. 2674 ff.

Gallandi, Volker, Patente und andere Schutzrechte als Bilanzposition "immaterielle Wirtschaftsgüter" und als Kreditsicherheit, StB 2010, S. 157 ff.

Gassen, Joachim/Pierk, Jochen/Weil, Matthias, Pensionsrückstellungen nach dem BilMoG - Erste empirische Evidenz, DB 2011, S. 1061 ff.

Gehrer, Judith/Krakuhn, Joachim/Tietz-Weber, Susanne, Klassifizierung von finanziellen Vermögenswerten und Verbindlichkeiten - Praxisfragen aus der Phase I des IFRS 9, IRZ 2011, S. 87 ff.

Geißler, Markus, Der Erwerb eigener GmbH-Anteile zur Realisierung von Strukturmaßnahmen, GmbHR 2008, S. 1018 ff.

Gelen, Paulus, Die fair value-Bilanzierung von Finanzinstrumenten in der Finanzmarktkrise, PiR 2010, S. 194 ff.

Gelhausen, Hans Friedrich, Rechnungslegung und Prüfung nach dem Bilanzrechtsmodernisierungs-gesetz, Kommentar, Düsseldorf 2009.

Gelhausen, Hans Friedrich/Althoff, Frank, Die Bilanzierung ausschüttungs- und abführungsgesperrter Beträge im handelsrechtlichen Jahresabschluss nach dem BilMoG, WPg 2009, S. 584 ff.

Gemeinhardt, Jürgen/Bode, Marcel, Änderungen bei der Bewertung von zu Handelszwecken erworbenen Finanzinstrumenten nach dem BilMoG-Entwurf, StuB 2008, S. 170 ff.

Giersberg, Georg, Das Ende der deutschen Bilanz, FAZ v. 18.03.2008, S. 18.

Gischer, Horst/Hommel, Michael, Unternehmen in Krisensituationen und die Rolle des Staates als Risikomanager: Weniger ist mehr, BB 2003, S. 945 ff.

Glade, Anton, Rechnungslegung und Prüfung nach dem Bilanzrichtlinien-Gesetz, Systematische Darstellung und Kommentar, Herne 1986.

Goerdeler, Reinhard/Havermann, Hans, Bilanz- und Konzernrecht, Festschrift zum 65. Geburtstag von Dr. Dr. h. c. Reinhard Goerdeler, Düsseldorf 1987.

Goerdeler, Reinhard/Kellermann, Alfred, Festschrift für Alfred Kellermann, Zum 70. Geburtstag am 29. November 1990, Berlin 1991.

Goette, Wulf/Habersack, Mathias (Hrsg.), Münchener Kommentar zum Aktiengesetz, 3. Aufl., Bd. 2, München 2008.

Gohdes, Alfred, Bilanzierung versicherungsmathematischer Gewinne und Verluste: Neue Ära in der internationalen Rechnungslegung für Pensionen, BB 2006, S. 990 ff.

Goldschmidt, Peter/Meyding-Metzger, Angelika/Weigel, Wolfgang, Änderungen in der Rechnungslegung von Kreditinstituten nach dem Bilanzrechtsmodernisierungsgesetz, Teil I: Finanzinstrumente des Handelsbestands, Bilanzierung von Bewertungseinheiten, IRZ 2010, S. 21 ff.

Goldschmidt, Peter/Weigel, Wolfgang, Die Bewertung von Finanzinstrumenten bei Kreditinstituten in illiquiden Märkten nach IAS 39 und HGB, WPg 2009, S. 192 ff.

Göllert, Kurt, Auswirkungen des Bilanzrechtsmodernisierungsgesetzes (BilMoG) auf die Bilanzpolitik, DB 2008, S. 1165 ff.

Gräbsch, Ivonne, Bilanzierung latenter Steuern im Konzernabschluss nach DRS 10, StuB 2002, S. 743 ff.

Greulich, Sven/Rau, Thomas, Zur partiellen Insolvenzverursachungshaftung des GmbH-Geschäftsführers nach § 64 S. 3 GmbHG-RegE, NZG 2008, S. 284 ff.

Gros, Marius/Wallek, Christoph, Informationeller Gläubigerschutz nach BilMoG, Der Konzern 2009, S. 541 ff.

Gross, Gerhard, Der Wirtschaftsprüfer im Schnittpunkt nationaler und internationaler Entwicklungen, Festschrift zum 60. Geburtstag von Prof. Dr. Klaus v. Wysocki, Düsseldorf 1985.

Grottke, Markus, Kritik an der Kapitalerhaltung und synoptische Darstellung des aktuellen Stands der Reformvorschläge, KoR 2009, S. 261 ff.

Grünberger, David, IFRS 2009, Ein systematischer Praxisleitfaden, 7. Aufl., Wien 2009.

Grützner, Dieter, Die Änderungen der steuerlichen Gewinnermittlungsvorschriften durch das BilMoG, StuB 2009, S. 481 ff.

Günkel, Manfred/Teschke, Manuel, Änderung des steuerlichen Herstellungskostenbegriffs durch das BilMoG? - Anmerkung zum BMF-Schreiben vom 12.03.2010, Ubg 2010, S. 401 ff.

Haag, Maximilian, Chancen und Grenzen einer Vereinheitlichung der Rechnungslegung für nicht-kapitalmarktorientierte Unternehmen in der EU, DStR 2010, S. 2320 ff.

Haaker, Andreas, Die Zuordnung des Goodwill auf Cash Generating Units zum Zweck des Impairment-Tests nach IFRS, KoR 2005, S. 426 ff.

ders., Keine (weitere) Abkehr vom Gläubigerschutz im BilMoG – keine nur einjährige Ausschüttungssperre! Erwiderung zur Stellungnahme des Arbeitskreises „Steuern und Revision" im Bund der Wirtschaftsakademiker e. V., DStR 2008, S. 1750 ff.

ders., Zur Zukunft der Kapitalerhaltung – IFRS und Solvenztest statt HGB-Abschluss?, ZfgG 2009, S. 198 ff.

ders., Ein kritischer Blick auf den Entwurf eines DSR-Thesenpapiers zur Zukunft des europäischen Gläubigerschutzes, ZGR 2010, S. 1055 ff.

ders., Einfache Solvenztests statt aufwendige Ausschüttungssperren zur Gewährleistung eines hinreichenden Gläubigerschutzniveaus?, DStR 2010, S. 663 ff.

Haaker, Andreas/Freiberg, Jens, Zweckgerechte Allokation des goodwill auf CGU?, PiR 2011, S. 19 ff.

Haaker, Andreas/Lüdenbach, Norbert, Trennung der Forschungs- und Entwicklungsphase?, PiR 2010, S. 110 ff.

Haas, Sebastian, Die Pensionsrückstellungen nach BilMoG als Ratingrisiko, NWB-BB 2009, S. 388 ff.

Habersack, Mathias/ Verse, Dirk A., Europäisches Gesellschaftsrecht, 4. Aufl., München 2011.

Hachenburg, Max/Ulmer, Peter (Hrsg.), Gesetz betreffend die Gesellschaften mit beschränkter Haftung, Großkommentar, 8. Aufl., Berlin 1992.

Hager, Simon/Hitz, Jörg-Markus, Immaterielle Vermögenswerte in der Bilanzierung und Berichterstattung - eine empirische Bestandsaufnahme für die Geschäftsberichte deutscher IFRS-Bilanzierer 2005, KoR 2007, S. 205 ff.

Haller, Axel, Probleme bei der Bilanzierung der Rücklagen und des Bilanzergebnisses einer Aktiengesellschaft nach neuem Bilanzrecht, DB 1987, S. 645 ff.

Haller, Axel/Ernstberger, Jürgen/Froschhammer, Matthias, Die Auswirkungen der verpflichtenden Umstellung der Rechnungslegung von HGB auf IFRS - Eine empirische Analyse, KoR 2009, S. 267 ff.

Haller, Axel/Froschhammer, Matthias/Groß, Tobias, Die Bilanzierung von Entwicklungskosten nach IFRS bei deutschen börsennotierten Unternehmen - Eine empirische Analyse, DB 2010, S. 681 ff.

Hamilton, Robert W., Corporation finance, St. Paul, Minn. 1984.

Hasenburg, Christof/Hausen, Raphael, Zur Umsetzung der HGB-Modernisierung durch das BilMoG: Bilanzierung von Altersversorgungsverpflichtungen (insbesondere aus Pensionszusagen) und vergleichbaren langfristig fälligen Verpflichtungen unter Einbeziehung der Verrechnung mit Planvermögen, DB 2009, S. 38 ff.

Hayn, Marc/Laas, Tim/Cremer, Andreas, Behandlung des Goodwill in Zeiten der Finanzmarktkrise, CF biz 2011, S. 221 ff.

Hebestreit, Gernot/Teitler-Feinberg, Evelyn, Der künftige IFRS Liabilities - eine kluge Weichenstellung?, Teil I: Erfassung und Angaben, IRZ 2010, S. 263 ff.

dies., Der künftige IFRS Liabilities - eine kluge Weichenstellung?, Teil II: Bewertung, IRZ 2010, S. 319 ff.

Heger, Heinz-Josef/Weppler, Thomas, Anmerkungen zur Bilanzierung betrieblicher Altersversorgung nach dem BilMoG- Gesetzentwurf, DStR 2009, S. 239 ff.

Heidel, Thomas, Aktienrecht und Kapitalmarktrecht, 2. Aufl., Baden-Baden 2007.

ders., Aktienrecht und Kapitalmarktrecht, 3. Aufl., Baden-Baden 2011.

Heidel, Thomas/Schall, Alexander, Handelsgesetzbuch, Handkommentar, Baden-Baden 2011.

Heidinger, Andreas, Der Kapitalschutz der GmbH auf dem Prüfstand, DNotZ 2005, S. 97 ff.

Helke, Iris/Wiechens, Gero/Klaus, Andreas, Zur Umsetzung der HGB-Modernisierung durch das BilMoG: Die Bilanzierung von Finanzinstrumenten, DB 2009, S. 30 ff.

Henckel, Niels-Frithjof/Ludwig, Thomas/Lüdke, Thomas, Behandlung von Forschungs- und Entwicklungskosten nach HGB und IFRS unter Berücksichtigung der durch das BilMoG geplanten Änderungen, DB 2008, S. 196 ff.

Henckel, Wolfram/Gerhardt, Walter (Hrsg.), Insolvenzordnung, Großkommentar. Begründet zur Konkursordnung von Ernst Jaeger, Berlin 2004.

Hennrichs, Joachim, Zur normativen Reichweite der IFRS - Zugleich Anmerkungen zu den Urteilen des EuGH und des FG Hamburg in der Rechtssache "BIAO", NZG 2005, S. 783 ff.

ders., IFRS - Eignung für Ausschüttungszwecke?, BFuP 2008, S. 415 ff.

ders., IFRS und Mittelstand – Auswirkungen der GmbH-Reform und Zukunft der Kapitalerhaltung, ZGR 2008, S. 361 ff.

ders., Immaterielle Vermögensgegenstände nach dem Entwurf des Bilanzrechtsmodernisierungsgesetzes, DB 2008, S. 537 ff.

ders., Zur Zukunft der Kapitalerhaltung: Bilanztest - Solvenztest - oder beides?, Der Konzern 2008, S. 42 ff.

ders., BilMoG - Verhältnis zu IFRS und Gläubigerschutz, S:R 2009, S. 127 ff.

ders., Die UG (haftungsbeschränkt) - Reichweite des Sacheinlageverbots und gesetzliche Rücklage, Sacheinlage, Sachkapitalerhöhung, Umwandlung, Zuzahlungen und Rücklagen bei der UG, NZG 2009, S. 1161 ff.

ders., Kapitalschutz bei GmbH, UG (haftungsbeschränkt) und SPE, NZG 2009, S. 921 ff.

ders., Neufassung der Maßgeblichkeit gemäß § 5 Abs. 1 EStG nach dem BilMoG, Ubg 2009, S. 533 ff.

ders., Neue Herausforderungen für den Mittelstand im BilMoG, GmbHR 2010, S. 17 ff.

Henssler, Martin/Strohn, Lutz/Arnold, Arnd (Hrsg.), Gesellschaftsrecht, BGB, HGB, PartGG, GmbHG, AktG, UmwG, GenG, IntGesR, 2. Aufl., München 2014.

Henze, Hartwig/Hoffmann-Becking, Michael, Gesellschaftsrecht 2003, Tagungsband zum RWS-Forum am 8. und 9. Mai 2003 in Berlin, Köln 2004.

Herzig, Norbert, IAS/IFRS und steuerliche Gewinnermittlung, WPg 2005, S. 211 ff.

ders., Modernisierung des Bilanzrechts und Besteuerung, DB 2008, S. 1 ff.

ders., Steuerliche Konsequenzen des Regierungsentwurfs zum BilMoG, DB 2008, S. 1339 ff.

ders., Neue Ära im Zusammenwirken von Handels- und Steuerbilanz, BB 2009, S. M1.

Herzig, Norbert/Bohn, Alexander/Götsch, Arne, Auswirkungen des Zusammenspiels von Zins- und Verlustvortrag auf die Bilanzierung latenter Steuern im HGB-Einzelabschluss, DStR 2009, S. 2615 ff.

Herzig, Norbert/Briesemeister, Simone, Steuerliche Konsequenzen der Bilanzrechtsmodernisierung für Ansatz und Bewertung, DB 2009, S. 976 ff.

dies., Steuerliche Konsequenzen des BilMoG - Deregulierung und Maßgeblichkeit, DB 2009, S. 926 ff.

dies., Steuerliche Problembereiche des BilMoG-RegE, Ubg 2009, S. 157 ff.

dies., Unterschiede zwischen Handels- und Steuerbilanz nach BilMoG - Unvermeidbare Abweichungen und Gestaltungsspielräume, WPg 2010, S. 63 ff.

Herzig, Norbert/Liekenbrock, Bernhard, Zum Zinsvortrag bei der Organschaft, DB 2009, S. 1949 ff.

Herzig, Norbert/Liekenbrock, Bernhard/Vossel, Stephan, Grundkonzept zur Bilanzierung von latenten Steuern im Organkreis nach dem BilMoG, Ubg 2010, S. 85 ff.

Herzig, Norbert/Vossel, Stephan, Paradigmenwechsel bei latenten Steuern nach dem BilMoG, BB 2009, S. 1174 ff.

Heuser, Paul J., Kapitalerhaltung aus Sicht des Abschlussprüfers - Solvenztest versus Überleitungsrechnung, S:R 2008, S. 176 ff.

Heuser, Paul J./Theile, Carsten, IFRS-Handbuch, Einzel- und Konzernabschluss, 4. Aufl., Köln 2009.

Hey, Johanna (Hrsg.), Einkünfteermittlung, Köln 2011.

Heyd, Reinhard/Kreher, Markus, BilMoG - Das Bilanzrechtsmodernisierungsgesetz, München 2010.

Hickethier, Eberhard, Bilanzrechtsmodernisierungsgesetz und Unternehmenskrise, NWB 2009, S. 1502 ff.

Hirte, Heribert, Die „Große GmbH-Reform" – Ein Überblick über das Gesetz zur Modernisierung des GmbH-Rechts und zur Bekämpfung von Missbräuchen (MoMiG), NZG 2008, S. 761 ff.

ders., Kapitalgesellschaftsrecht, 6. Aufl., Köln 2009.

ders., Kapitalgesellschaftsrecht, 7. Aufl., Köln 2012.

Hitz, Jörg-Markus, Capitalize or expense? Recent evidence on the accounting for intangible assets under IAS 38 by STOXX 200 firms, IRZ 2007, S. 319 ff.

Hofbauer, Max A./Kupsch, Peter *(Hrsg.),* Bonner Handbuch Rechnungslegung, Bd. 2, Bonn 1986.

Höfer, Reinhold, Versorgungsverpflichtungen im Entwurf des BilMoG, BB 2007, S. 2795 ff.

ders., Ermittlung und Behandlung der Unterschiedsbeträge aus der Neubewertung von Versorgungsverpflichtungen gemäß BilMoG, WPg 2009, S. 903 ff.

Höfer, Reinhold/Rhiel, Raimund/Veit, Annekatrin, Die Rechnungslegung für betriebliche Altersversorgung im Bilanzrechtsmodernisierungsgesetz, DB Dossier BilMoG 2010, S. 48 ff.

Hoffmann, Wolf-Dieter, Wertaufhellung - das Bilanzierungsproblem schlechthin, BB 1996, S. 1157 ff.

Hoffmann, Wolf-Dieter/Lüdenbach, Norbert, Inhaltliche Schwerpunkte des BilMoG-Regierungsentwurfs, DStR 2008, S. 49 ff.

dies., Irrungen und Wirrungen in der Steuerlatenzrechnung nach dem BilMoG, NWB 2009, S. 1476 ff.

dies., NWB-Kommentar Bilanzierung, Handels- und Steuerrecht, 2. Aufl., Herne 2011.

Hoffmann-Becking, Michael, Gelöste und ungelöste Fragen zum Unternehmensvertrag der GmbH, WiB 1994, S. 57 ff.

Hommel, Michael, Internationale Bilanzrechtskonzeptionen und immaterielle Vermögensgegenstände, zfbf 1997, S. 345 ff.

Hommel, Michael/Schmidt, Achim/Wüstemann, Sonja, Rückstellungsbewertung nach ED/2010/1 - ein Standardsetter auf unsicheren Pfaden, BB 2010, S. 557 ff.

Hommelhoff, Peter, Modernisiertes HGB-Bilanzrecht im Wettbewerb der Regelungssysteme, ZGR 2008, S. 250 ff.

Hommelhoff, Peter/Teichmann, Christoph, Für die "Europa-GmbH" schlägt die Stunde des Bundestags, FAZ v. 29.06.2011, S. 23.

Hoppen, Christian/Husemann, Walter/Schmidt, Marc, Das neue HGB-Bilanzrecht, Köln 2009.

Hopt, Klaus J./Merkt, Hanno (Hrsg.), Bilanzrecht, München 2010.

Hopt, Klaus J./Wiedemann, Herbert/Hirte, Heribert/Gadow, Wilhelm (Hrsg.), Aktiengesetz, 4. Aufl., Berlin 2005.

Horváth, Péter/Möller, Klaus, Intangibles in der Unternehmenssteuerung, Strategien und Instrumente zur Wertsteigerung des immateriellen Kapitals, München 2004.

Hottmann, Jürgen, Die Auswirkungen des BilMoG auf die Steuerbilanz des Mittelständlers, SteuK 2009, S. 5 ff.

Hüffer, Uwe (Hrsg.), Aktiengesetz, 10. Aufl., München 2012.

Husemann, Walter/Hofer, Heinz, Die Abschaffung der Aufwandsrückstellungen nach dem BilMoG-RegE, DB 2008, S. 2661 ff.

Hüttche, Tobias, Bilanzierung selbst erstellter immaterieller Vermögensgegenstände des Anlagevermögens im Lichte des BilMoG, StuB 2008, S. 163 ff.

IDW (Hrsg.), Neuorientierung der Rechenschaftslegung, Eine Herausforderung für Unternehmer und Wirtschaftsprüfer; Bericht über die Fachtagung 1994 des Instituts der Wirtschaftsprüfer in Deutschland e.V., 27. - 28. Oktober 1994 in Stuttgart; (24. Tagung seit 1945), Düsseldorf 1995.

Jaeger, Harald, BilMoG: Auswirkungen und Lösungen für die Gesellschafter-Geschäftsführer-Versorgung, StuB 2010, S. 59 ff.

Jakobs, Günther, Strafrecht, Allgemeiner Teil, 2. Aufl., Berlin 1991.

Janssen, Jan, Rechnungslegung im Mittelstand, Wiesbaden 2009.

Jeske, Kerstin, Aufdeckung stiller Lasten bei Pensionsverpflichtungen durch das BilMoG, NWB-BB 2009, S. 235 ff.

Jessen, Ulf/Haaker, Andreas, Zur Fair Value-Bewertung im "modernisierten" Handelsbilanzrecht - Ein Plädoyer für einen hinreichenden Gläubigerschutz, DStR 2009, S. 499 ff.

Jordan, Elmar, Gläubigerschutz in der kapitallosen Gesellschaft, Bonn 2010.

Jung, Stefanie, Das Kapitalerhaltungssystem der SPE und seine Probleme, EWS 2012, S. 25 ff.

dies., Die Kapitalaufbringung in der SPE, EuZW 2012, S. 129 ff.

Jungmann, Carsten, Solvenztest- versus Kapitalschutzregeln, ZGR 2006, S. 638 ff.

Kaeser, Christian, Der Gewinnabführungsvertrag als formale Hürde der Organschaft, DStR 2010, S. 56 ff.

Kahle, Holger, Bilanzieller Gläubigerschutz und internationale Rechnungslegungsstandards, ZfB 2002, S. 695 ff.

ders., Internationale Rechnungslegung und ihre Auswirkungen auf Handels- und Steuerbilanz, Wiesbaden 2002.

Kaminski, Bert, Änderungen und Verabschiedung des BilMoG, Stbg 2009, S. 197 ff.

Kasperzak, Rainer/Kalantary, Ashkan, Objektivierung des Prognosezeitraums bei der Fair-Value-Bewertung immaterieller Vermögenswerte - Teil 1, WPg 2011, S. 1114 ff.

Kastrup, Benedikt/Middendorf, Oliver, Latente Steuern bei Personengesellschaften im handelsrechtlichen Jahresabschluss nach BilMoG, BB 2010, S. 815 ff.

Kaya, Devrimi/Borgwardt, Lena, Ausschüttungssperre nach § 268 Abs. 8 HGB, StuB 2010, 727 ff.

Keitz, Isabel von, Praxis der IASB-Rechnungslegung, 2. Aufl., Stuttgart 2005.

Keller, Bernd/Weber, Antje, Neudefinition der Herstellungskosten nach BilMoG: Auswirkungen auf die Rechnungslegungspraxis, BC 2008, S. 129 ff.

Kessler, Harald, Entwicklungskosten für Software in der Bilanz des Herstellers, BB 1994, S. 1 ff.

ders., Teilwertabschreibung und Wertaufholung in der Kreditwirtschaft nach dem Steuerentlastungsgesetz 1999/2000/2002, DB 1999, S. 2577 ff.

ders., Abschlussanalyse nach IFRS und HGB, PiR 2010, S. 33 ff.

ders., Internationale Abschlussanalyse - Eliminierung der Auswirkungen von Wahlrechten bei Pensionsverpflichtungen, PiR 2010, S. 72 ff.

Kessler, Harald/Budde, Thomas, Bilanzrechtsmodernisierungsgesetz (BilMoG-RegE), Freiburg 2008.

Kessler, Harald/Leinen, Markus/Paulus, Benjamin, Das BilMoG und die latenten Steuern (Teil 1), KoR 2009, S. 716 ff.

dies., Stolpersteine beim Übergang auf die Vorschriften des BilMoG - macht IDW ERS HFA 28 den Weg frei?, BB 2009, S. 1910 ff.

dies., Bilanzpolitische Gestaltungsmöglichkeiten beim Übergang auf BilMoG, NWB 2010, S. 1532 ff.

dies., Bilanzpolitische Gestaltungsmöglichkeiten beim Übergang auf BilMoG, NWB 2010, S. 1452 ff.

Kessler, Harald/Leinen, Markus/Strickmann, Michael, Handbuch Bilanzrechtsmodernisierungsgesetz, Freiburg 2009.

Kessler, Wolfgang/Förster, Guido/Watrin, Christoph (Hrsg.), Unternehmensbesteuerung, Festschrift für Norbert Herzig zum 65. Geburtstag, München 2010.

Keßler, Jürgen, Die Durchgriffshaftung der GmbH-Gesellschafter wegen "existenzgefährdender" Eingriffe - Zur dogmatischen Konzeption des Gläubigerschutzes in der GmbH, GmbHR 2002, S. 945 ff.

Kieker, Andreas/Vollmar, Martina, Änderung des Höchstbetrags der Gewinnabführung durch das BilMoG - Auswirkungen auf die steuerliche Anerkennung von Organschaftsverhältnissen?, DStR 2009, S. 842 ff.

Kindler, Peter/Hüffer, Uwe, Festschrift für Uwe Hüffer zum 70. Geburtstag, München 2010.

Kirchhartz, Marcel, Europäisches Bankaufsichtsrecht 1.0: Das CRD IV-Paket und seine Auswirkungen auf das Kreditwesengesetz, GWR 2013, S. 395 ff.

Kirchmann, Ulrich/Sikora, Katharina/Blumberg, Mark, Bewertung langfristiger sonstiger Rückstellungen nach HGB, Steuerrecht und IFRS: theoretische Anforderungen und praktische Umsetzungsmöglichkeiten, WPg 2011, S. 953 ff.

Kirsch, Hanno, Geplante Übergangsvorschriften zum Jahresabschluss nach dem Regierungsentwurf des BilMoG, DStR 2008, S. 1202 ff.

ders., Nutzen des steuerlichen Maßgeblichkeitsprinzips i.d.F. des Bilanzrechtsmodernisierungs-gesetzes, DStZ 2008, S. 561 ff.

ders., Übergangsvorschriften zum Jahresabschluss nach dem Bilanzrechtsmodernisierungs-gesetz, DStR 2009, S. 1048 ff.

ders., "IFRS for SMEs" versus BilMoG, PiR 2010, S. 1 ff.

ders., Exposure Draft für die erste Revision der "*IFRS for SMEs*" (ED/2013/9), IRZ 2013, S. 467 ff.

ders., Exposure Draft für die erste Revision der "*IFRS for SMEs*" (ED/2013/9), IRZ 2014, S. 27 ff.

Kirsch, Hans-Jürgen, Vom Bilanzrichtlinien-Gesetz zum Transparenz- und Publizitätsgesetz, WPg 2002, S. 743 ff.

Kirsch, Hans-Jürgen/Thiele, Stefan, Rechnungslegung und Wirtschaftsprüfung, Festschrift zum 70. Geburtstag von Jörg Baetge, Düsseldorf 2007.

Kitanoff, Alexander, Der Erwerb eigener Aktien, Aktienrückkäufe und Interessen der Gläubiger, Aktionäre und des Kapitalmarkts, Frankfurt a.M., Bern [etc.] 2009.

Klaus, Andreas/Pelz, Jürgen, Zum Referentenentwurf des Bilanzrechtsmodernisierungsgesetzes (BilMoG): Zeitwertbilanzierung von zu Handelszwecken erworbenen Finanzinstrumenten, DB 2008, S. 24 ff.

Klein, Evelyn, Wegfall der umgekehrten Maßgeblichkeit und die Folgen, NWB 2010, S. 2042 ff.

Kleindiek, Detlef, Krisenvermeidung in der GmbH: Gesetzliches Mindestkapital, Kapitalschutz und Eigenkapitalersatz, ZGR 2006, S. 335 ff.

ders., Eigenkapital im nationalen und internationalen Bilanzrecht: Kapitalabgrenzung nach IFRS und HGB, ZHR 2011, S. 247 ff.

Klingberg, Dietgard, Der Aktienrückkauf nach dem KonTraG aus bilanzieller und steuerlicher Sicht, BB 1998, S. 1575 ff.

Knirsch, Deborah/Maiterth, Ralf/Hundsdoerfer, Jochen, Aufruf zur Abschaffung der misslungenen Thesaurierungsbegünstigung!, DB 2008, S. 1405 ff.

Knobbe-Keuk, Brigitte, Bilanz- und Unternehmenssteuerrecht, 9. Aufl., Köln 1993.

Knobbe-Keuk, Brigitte/Klein, Franz/Moxter, Adolf, Handelsrecht und Steuerrecht, Festschrift für Dr. Dr. h. c. Georg Döllerer, Düsseldorf 1988.

Knop, Wolfgang, Die Bilanzaufstellung nach teilweiser oder vollständiger Ergebnisverwendung, DB 1986, S. 549 ff.

Kohl, Torsten/Meyer, Marco, Werthaltigkeitsprüfung von aktiven latenten Steuern bei Unternehmenserwerben, CF law 2010, S. 442 ff.

Kolbe, Kurt, Besteht eine Diskrepanz zwischen der Handelsbilanz und der Steuerbilanz hinsichtlich des Geschäftswertes? (II), DB 1969, S. 892 ff.

Köllen, Josef/Vogl, Elmar/Wagner, Edmund, Lehrbuch Körperschaftsteuer, Herne, Westf. 2008.

Koller, Ingo/Roth, Wulf-Henning/Morck, Winfried (Hrsg.), Handelsgesetzbuch, Kommentar, 6. Aufl., München 2007.

dies., Handelsgesetzbuch, Kommentar, 7. Aufl., München 2011.

Koppensteiner, Hans-Georg/Cahn, Andreas/Zöllner, Wolfgang (Hrsg.), Kölner Kommentar zum Aktiengesetz, 3. Aufl., Köln 2004.

Kornblum, Udo, Bundesweite Rechtstatsachen zum Unternehmens- und Gesellschaftsrecht, GmbHR 2011, 692 ff.

Kort, Michael, Das Verhältnis von Auszahlungsverbot (§ 30 Abs. 1 GmbHG) und Erstattungspflicht (§ 31 GmbHG), ZGR 2001, S. 615 ff.

Köster, Max, Fortentwicklung der Bemessung und Prüfung von Ausschüttungen, Eine Untersuchung vor dem Hintergrund der europäischen Reformdebatte zum Kapitalschutz bei Aktiengesellschaften, Hamburg 2011.

Köster, Oliver, Niederstwerttest und Bewertungseinheiten beim Anlagevermögen im Entwurf des BilMoG, BB 2007, S. 2791 ff.

Köster, Oliver/Pratter, Kirsten, Auswirkungen der Finanzmarktkrise auf die Bilanzierung latenter Steuern nach IFRS, BB 2009, S. 1688 ff.

KPMG, Feasibility study on an alternative to the capital maintenance regime established by the Second Company Law Directive 77/91/EEC of 13 December 1976 and an examination of the impact on profit distribution of the new EU-accounting regime, 2008.

Krapf, Jana/Schürmann, Jochen, Solvenztest, Berlin 2008.

Kraus-Grünewald, Marion, Zur Bewertung von Halb- und Fertigerzeugnissen mit den Herstellungskosten, zfbf 1994, S. 32 ff.

Kretschmer, Hans-Joachim, Problem der Gemeinkostenzurechnung bei der Bewertung fertiger und unfertiger Erzeugnisse, BFuP 1981, S. 27 ff.

Kröner, Ilse/Bolik, Andreas/Gageur, Patrick, Stolpert die Organschaft über das BilMoG?, Ubg 2010, S. 237 ff.

Kropff, Bruno (Hrsg.), Münchener Kommentar zum Aktiengesetz, 2. Aufl., München 2002.

ders., Nettoausweis des Gezeichneten Kapitals und Kapitalschutz, ZIP 2009, S. 1137 ff.

Krüger, Markus E., Mindestkapital und Gläubigerschutz, Baden-Baden 2005.

Kudert, Stephan/Klipstein, Ivonne, Die Steuerreform 2008: Ein Beitrag zur Stärkung des Eigenkapitals deutscher Unternehmen?, zfbf 2010, S. 455 ff.

Kuhn, Steffen, Neuregelung der Bilanzierung von Finanzinstrumenten: Welche Änderungen ergeben sich aus IFRS 9?, IRZ 2010, S. 103 ff.

Kuhn, Steffen/Scharpf, Paul, Rechnungslegung von financial instruments nach IFRS, IAS 32, IAS 39 und IFRS 7, 3. Aufl., Stuttgart 2006.

Kühnberger, Manfred, Eigenkapitalausweis und Kompetenzregeln für die AG bei der Kapitalaufbringung und -erhaltung nach BilMoG, BB 2011, S. 1387 ff.

ders., Gesellschaftsrechtliche Implikationen des BilMoG, DStR 2012, 1149 ff.

ders., Die Full Goodwill Methode: Ein zu Recht vernachlässigtes Thema?, Der Konzern 2012, 449 ff.

Kühne, Erhard/Melcher, Winfried/Wesemann, Michael, Latente Steuern nach BilMoG - Grundlagen und Zweifelsfragen, WPg 2009, S. 1005 ff.

dies., Latente Steuern nach BilMoG - Grundlagen und Zweifelsfragen (Teil 2), WPg 2009, S. 1057 ff.

Kühne, Mareike/Nerlich, Christoph, Vorschläge für eine geänderte Rückstellungsbilanzierung nach IAS 37: Darstellung und kritische Würdigung, BB 2005, S. 1839 ff.

Kühne, Mareike/Schween, Carsten, Konzeptionelle Basis der Rückstellungsbilanzierung: Verbesserung durch Bilanzierung von "Stand ready"-Verpflichtungen?, KoR 2006, S. 171 ff.

Kuhner, Christoph, Zur Zukunft der Kapitalerhaltung durch bilanzielle Ausschüttungssperren im Gesellschaftsrecht der Staaten Europas, ZGR 2005, S. 753 ff.

Kümpel, Thomas, (Übergangs-) Bewertung der Aktiva durch das BilMoG, BC 2010, S. 203 ff.

Künkele, Kai Peter/Zwirner, Christian, Component approach in der IFRS- und HGB-Rechnungslegung, IRZ 2010, S. 9 ff.

dies., Eigenständige Steuerbilanzpolitik durch das Bilanzrechtsmodernisierungsgesetz (BilMoG), StuB 2010, S. 335 ff.

dies., Maßgeblichkeit der Handels- für die Steuerbilanz: Auswirkungen auf die Steuerbilanzpolitik, Teil 2: Eigenständige Steuerbilanzpolitik und Aufzeichnungspflichten, BC 2010, S. 328 ff.

dies., Steuerbilanzpolitik: Ausweitung der Möglichkeiten durch das BilMoG, DStR 2010, S. 2263 ff.

Küppers, Christoph/Louven, Christoph/Schröder, Jan, Contractual Trust Arrangements - Insolvenzsicherung und Bilanzverkürzung, BB 2005, S. 763 ff.

Kußmaul, Heinz/Gräbe, Sebastian, Der Maßgeblichkeitsgrundsatz vor dem Hintergrund des BilMoG, StB 2010, S. 106 ff.

dies., Der Maßgeblichkeitsgrundsatz vor dem Hintergrund des BMF-Schreibens vom 12.3.2010, StB 2010, S. 264 ff.

Küting, Karlheinz, Der Wahrheitsgehalt deutscher Bilanzen, DStR 1997, S. 84 ff.

ders., Der Geschäfts- oder Firmenwert als Schlüsselgröße der Analyse von Bilanzen deutscher Konzerne, DB 2005, S. 2757 ff.

ders., Die Abgrenzung von vorübergehenden und dauernden Wertminderungen im nicht-abnutzbaren Anlagevermögen (§ 253 Abs. 2 Satz 3 HGB), DB 2005, S. 1121 ff.

ders., Der Geschäfts- oder Firmenwert in der deutschen Konsolidierungspraxis 2007, Ein Beitrag zur empirischen Rechnungslegungsforschung, DStR 2008, S. 1795 ff.

ders., Die Bedeutung immaterieller Vermögenswerte in der deutschen IFRS-Bilanzierungspraxis, PiR 2008, S. 315 ff.

ders., Geplante Neuregelungen der Bilanzansatzwahlrechte durch das Bilanzrechtsmodernisierungsgesetz, BB 2008, S. 1330 ff.

ders., Das deutsche Bilanzrecht im Spiegel der Zeiten - Zugleich eine Einordnung des Bilanzrechtsmodernisierungsgesetzes in das aktuelle und historische Bilanzrecht, DStR 2009, S. 288 ff.

ders., Der Geschäfts- oder Firmenwert in der deutschen Konsolidierungspraxis 2009, DStR 2010, S. 1855 ff.

ders., Der Objektivierungsgrundsatz im HGB- und IFRS-System, DB 2011, S. 1404 ff.

ders., Der Geschäfts- oder Firmenwert in der deutschen Konsolidierungspraxis 2012, DStR 2013, S. 1794 ff.

Küting, Karlheinz/Busch, Julia, Die Bilanzierung eigener Anteile nach HGB-, US-GAAP- und IFRS-Normen, PiR 2006, S. 213 ff.

Küting, Karlheinz/Cassel, Jochen/Metz, Christian, Die Bewertung von Rückstellungen nach neuem Recht, DB 2008, S. 2317 ff.

Küting, Karlheinz/Ellmann, David, Die Herstellungskosten von selbst geschaffenen immateriellen Vermögensgegenständen des Anlagevermögens, DStR 2010, S. 1300 ff.

Küting, Karlheinz/Gattung, Andreas, Abgrenzung latenter Steuern auf timing und temporary differences, StuB 2005, S. 241 ff.

Küting, Karlheinz/Kessler, Harald/Cassel, Jochen/Metz, Christian, Die bilanzielle Würdigung bestandsunsicherer Schadenersatzverpflichtungen nach IFRS und HGB, WPg 2010, S. 315 ff.

Küting, Karlheinz/Kessler, Harald/Keßler, Marco, Der Regierungsentwurf des Bilanzrechtsmodernisierungsgesetzes (BilMoG-RegE): Zwei Schritte vor, ein Schritt zurück bei der bilanziellen Abbildung der betrieblichen Altersversorgung, WPg 2008, S. 748 ff.

Küting, Karlheinz/Keßler, Marco, Pensionsrückstellungen nach HGB und IFRS: Die Bilanzierung versicherungsmathematischer Gewinne und Verluste Versuch einer bilanztheoretischen Erklärung der Neuregelungen des IAS 19 (rev. 2004), KoR 2006, S. 192 ff.

dies., Bilanzielle Auslagerung von Pensionsverpflichtungen nach HGB und den IFRS durch ein Contractual Trust Arrangement, DB 2009, S. 1717 ff.

Küting, Karlheinz/Keßler, Marco/Seel, Christoph, Bilanzierung von Pensionsverpflichtungen im DAX 30 - Sind die IFRS ein geeignetes Vorbild für das HGB?, BB 2010, S. 1907 ff.

Küting, Karlheinz/Kußmaul, Heinz/Keßler, Marco, Einfluss des Bilanzrechtsmodernisierungsgesetzes (BilMoG) auf die Unternehmenslage am Beispiel der Pensionsverpflichtungen, DB 2009, S. 2557 ff.

Küting, Karlheinz/Lam, Siu, Bilanzierungspraxis in Deutschland, Theoretische und empirische Überlegungen zum Verhältnis von HGB und IFRS, DStR 2011, S. 991 ff.

Küting, Karlheinz/Lorson, Peter/Eichenlaub, Raphael/Toebe, Marc, Die Ausschüttungssperre im neuen deutschen Bilanzrecht nach § 268 Abs. 8 HGB, GmbHR 2011, S. 1 ff.

Küting, Karlheinz/Pfirmann, Armin/Ellmann, David, Die Bilanzierung von selbsterstellten immateriellen Vermögensgegenständen nach dem RegE des BilMoG, KoR 2008, S. 689 ff.

Küting, Karlheinz/Pfitzer, Norbert/Weber, Claus-Peter, Handbuch der Rechnungslegung - Einzelabschluss, 5. Aufl., Stuttgart 2004.

dies., Das neue deutsche Bilanzrecht, 2. Aufl., Stuttgart 2009.

Küting, Karlheinz/Reuter, Michael, Werden stille Reserven in Zukunft (noch) stiller? - Machen die IFRS die Bilanzanalyse überflüssig oder weitgehend unmöglich?, BB 2005, S. 706 ff.

dies., Anwendungsbeispiele zum Eigenkapitalausweis nach dem BilMoG-RegE, StuB 2008, S. 575 ff.

dies., Bilanzierung eigener Anteile nach dem BilMoG-RegE, StuB 2008, S. 495 ff.

dies., Der Bilanzausweis des Eigenkapitals nach dem BilMoG-RegE, StuB 2008, S. 535 ff.

Küting, Karlheinz/Seel, Christoph, Die Ungereimtheiten der Regelungen zu latenten Steuern im neuen Bilanzrecht, DB 2009, S. 922 ff.

Küting, Karlheinz/Trappmann, Helmut/Ranker, Daniel, Gegenüberstellung der Bewertungskonzeption von beizulegendem Wert und Fair Value im Sachanlagevermögen, DB 2007, S. 1709 ff.

Küting, Karlheinz/Weber, Claus-Peter, Handbuch der Rechnungslegung, Kommentar zur Bilanzierung und Prüfung, 4. Aufl., Stuttgart 1995.

dies., Wertorientierte Konzernführung, Kapitalmarktorientierte Rechnungslegung und integrierte Unternehmenssteuerung, Stuttgart 2000.

Küting, Karlheinz/Weber, Claus-Peter/Boecker, Corinna, Die Bilanzanalyse, Beurteilung von Abschlüssen nach HGB und IFRS, 9. Aufl., Stuttgart 2009.

Küting, Karlheinz/Weber, Claus-Peter/Cassel, Jochen, Der Konzernabschluss, Praxis der Konzernrechnungslegung nach HGB und IFRS, 11. Aufl., Stuttgart 2008.

Küting, Karlheinz/Wohlgemuth, Frank, Implikationen der angedachten Änderungen der Rückstellungsbilanzierung nach ED IAS 37 für die Bilanzanalyse, DStR 2006, S. 2327 ff.

Küting, Karlheinz/Zwirner, Christian, Bilanzierung und Bewertung bei Film- und Medienunternehmen des Neuen Marktes, FB 2001, S. 4 ff.

dies., Abgrenzung latenter Steuern nach IFRS in der Bilanzierungspraxis in Deutschland: Dominanz der steuerlichen Verlustvorträge, WPg 2007, S. 555 ff.

Laage, Gudrun von der/Reusch, Susen, Deutsches Bilanzrecht und IFRS: Gewinnermittlung, Gewinnverwendung im Sinne von Ausschüttungsbemessung und Besteuerung, NZG 2009, S. 245 ff.

Laage, Gudrun von der, Die Ausschüttungssperre des § 268 Abs. 8 HGB nach dem Bilanzrechtsmodernisierungsgesetz, WM 2012, 1322 ff.

Lachnit, Laurenz/Müller, Stefan, Bilanzanalytische Behandlung von Geschäfts- oder Firmenwerten, KoR 2003, S. 540 ff.

Lachnit, Laurenz/Wulf, Inge, Auswirkungen des BilMoG auf die Abschlussanalyse, StuB 2010, S. 687 ff.

Lanfermann, Georg/Richard, Marc, Ausschüttungen auf Basis von IFRS: Bleibt die deutsche Bundesregierung zu zögerlich?, DB 2008, S. 1925 ff.

Lanfermann, Georg/Röhricht, Victoria, § 268 Abs. 8 HGB als neue Generalnorm für außerbilanzielle Ausschüttungssperren, DStR 2009, S. 1216 ff.

Lange, Tobias/ Kreipl, Markus/ Müller, Stefan, Implikationen der BilMoG-Umstellung auf die Aussagekraft von Jahresabschlüssen, ZCG 2012, 139 ff.

Langenbucher, Günther, Latente Steuern - ein wesentliches Problem bei der Umstellung auf und Anwendung der IFRS, BB 2005, S. 23 ff.

Lechner, Florian/Haisch, Martin, Was nun? Erwerb eigener Anteile nach dem BMF-Schreiben vom 10.08.2010, Ubg 2010, S. 691 ff.

Leffson, Ulrich, Die Grundsätze ordnungsmäßiger Buchführung, 7. Aufl., Düsseldorf 1987.

Leffson, Ulrich/Rückle, Dieter/Großfeld, Bernhard, Handwörterbuch unbestimmter Rechtsbegriffe im Bilanzrecht des HGB, Köln 1986.

Leibfried, Peter/Golsner, Christian, Anwendung der IFRS for SMEs, KoR 2011, S. 61 ff.

Leibfried, Peter/Müller, Lukas, Der neu veröffentlichte IAS 19 zur Bilanzierung von Vorsorgeverpflichtungen, IRZ 2011, S. 329 ff.

Leibfried, Peter/Pfanzelt, Stefan, Praxis der Bilanzierung von Forschungs- und Entwicklungskosten gemäß IAS/IFRS, KoR 2004, S. 491 ff.

Leistikow, Michael/ Bertelmann, Bernd, Die Anrechnung „sonstigen Kapitals" als haftendes Eigenkapital unter dem neuen § 10 Abs. 4 bis 6 KWG und Basel III, WM 2012, 731 ff.

Lengsfeld, Stephan/Wielenberg, Stefan, Zur Herstellungskostenuntergrenze des BilMoG, Hannover 2008.

Leuschner, Lars, Der eingetragene Verein im System des körperschaftsrechtlichen Gläubigerschutzes, ZHR 2011, S. 787 ff.

Lev, Baruch, Intangibles, Management, measurement, and reporting, Washington, D.C. 2001.

Ley, Ursula, Das Eigenkapital der abgeleiteten Steuerbilanz und der E-Bilanz, DStR 2013, S. 271 ff.

Ley, Ursula/Spingler, Matthias, Die Aufgabe der umgekehrten Maßgeblichkeit - Auswirkungen auf die Bilanzierung in der Handelsbilanz zum 31.12.2009 nach bisherigem HGB, Ubg 2009, S. 781 ff.

Limbach, Jutta, Theorie und Wirklichkeit der GmbH, Berlin 1966.

Lohmann, Stefan, Das Bilanzrechtsmodernisierungsgesetz unter besonderer Berücksichtigung der Bilanzierbarkeit von Marken, StB 2010, S. 33 ff.

Loitz, Rüdiger, Latente Steuern nach dem Bilanzrechtsmodernisierungsgesetz, Ubg 2009, S. 708 ff.

ders., Latente Steuern nach dem Bilanzrechtsmodernisierungsgesetz (BilMoG) - ein Wahlrecht als Mogelpackung?, DB 2009, S. 913 ff.

ders., DRS 18 - Bilanzierung latenter Steuern nach dem Bilanzrechtsmodernisierungsgesetz, DB 2010, S. 2177 ff.

Loitz, Rüdiger/Klevermann, Lars, Bilanzierung von Ertragsteuern in deutschen Organschaften nach IFRS und BilMoG, DB 2009, S. 409 ff.

Lucius, Friedemann/Veit, Annekatrin, Bilanzierung von Altersversorgungsverpflichtungen in der Handelsbilanz nach IDW ERS HFA 30, BB 2010, S. 235 ff.

Lüdenbach, Norbert, Ausschüttungssperre nach § 268 Abs. 8 HGB, StuB 2010, S. 588 ff.

ders., Ausschüttungsfähige Rücklagen nach Erwerb eigener Anteile, StuB 2010, S. 232 ff.

ders., IFRS, Der Ratgeber zur erfolgreichen Anwendung von IFRS, 6. Aufl., Freiburg, Br. 2010.

Lüdenbach, Norbert/Freiberg, Jens, Beitrag von DRS 18 zur Klärung strittiger Fragen der Steuerlatenzierung, BB 2010, S. 1971 ff.

Lüdenbach, Norbert/Hoffmann, Wolf-Dieter, Gemildertes Fair-Value-Prinzip bei der Bilanzierung von Wertpapiervermögen, DB 2004, S. 85 ff.

dies., Die langen Schatten der IFRS über der HGB-Rechnungslegung, DStR 2007, S. 3 ff.

dies., Die wichtigsten Änderungen der HGB-Rechnungslegung durch das BilMoG, StuB 2009, S. 287 ff.

dies., Haufe IFRS-Kommentar, 7. Aufl., Freiburg 2009.

dies. (Hrsg.), Haufe IFRS-Kommentar, 8. Aufl., Freiburg 2010.

Lüdicke, Jochen/Sistermann, Christian, Unternehmensteuerrecht, München 2008.

Lutter, Marcus, Das Kapital der Aktiengesellschaft in Europa, Berlin 2006.

Lutter, Marcus/Hommelhoff, Peter/Bayer, Walter (Hrsg.), GmbH-Gesetz, Kommentar, 16. Aufl., Köln 2004.

dies. (Begr.), GmbH-Gesetz, 17. Aufl., Köln 2009.

Lutter, Marcus/Ulmer, Peter/Zöllner, Wolfgang, Festschrift 100 Jahre GmbH-Gesetz, Köln 1992.

Luttermann, Claus, Zum Gesetz zur Modernisierung des Bilanzrechts, ZIP 2008, S. 1605 ff.

Mackenstedt, Andreas/Himmel, Holger, Goodwillabschreibung - nein danke?, DAnwSp 2011, S. 3 ff.

Mäder, Olaf/Ehret, Markus, Bewertung selbst erstellter Software im Rahmen der Eigennutzung - Auswirkungen des BilMoG-E, BRZ 2009, S. 16 ff.

Maier, Arno, Der Grundsatz der Kapitalerhaltung und die Durchgriffshaftung wegen Unterkapitalisierung im deutschen und amerikanischen Gesellschaftsrecht, Frankfurt am Main 1986.

Maier, Michael/Weil, Matthias, Latente Steuern im Einzel- und Konzernabschluss: Auswirkungen des BilMoG auf die Bilanzierungspraxis, DB 2009, S. 2729 ff.

Manns, Thorsten/Schulte-Mattler, Hermann, Aufsichtsfeuerwerk Basel III und CRD IV, WM 2010, S. 1577 ff.

Marten, Kai-Uwe/Weiser, Felix/Köhler, Annette, Aktive latente Steuern auf steuerliche Verlustvorträge: zunehmende Tendenz zur Aktivierung, BB 2003, S. 2335 ff.

Marx, Philip, Der Solvenztest als Alternative zur Kapitalerhaltung in der Aktiengesellschaft, Baden-Baden 2006.

Maul, Silja, Zunächst vom Tisch - auf lange Sicht wünschenswert: Europäische Mindestregelung zur Ausschüttungsbemessung, S:R 2008, S. 171 ff.

Maul, Silja/Lanfermann, Georg/Richard, Marc, Zur Leistungsfähigkeit der Ausschüttungsmodelle in Europa und Drittstaaten, AG 2010, S. 279 ff.

Mayer-Wegelin, Eberhard, Impairmenttest nach IAS 36 - Realität und Ermessensspielraum, BB 2009, S. 94 ff.

Meeh, Gunther/Sattler, Wolfgang, Basel II: Entwarnung für Kreditnehmer, gleichzeitig neue Herausforderungen!, DStR 2005, S. 1504 ff.

Mehlinger, Christian/Seeger, Norbert, ED IAS 19: Auswirkungen auf die Praxis der Bilanzierung von Pensionsverpflichtungen, BB 2010, S. 1523 ff.

Meier, Karin, Bilanzierung betrieblicher Versorgungverpflichtungen nach dem BilMoG, BB 2009, S. 998 ff.

Meier, Karin/Recktenwald, Stefan, Betriebswirtschaft der betrieblichen Altersversorgung, Ein Handbuch für die Praxis, München 2006.

Melcher, Winfried/Schaier, Sven, Zur Umsetzung der HGB-Modernisierung durch das BilMoG: Einführung und Überblick, DB Dossier BilMoG 2010, S. 3 ff.

Merschmeyer, Marc, Die Kapitalschutzfunktion des Jahresabschlusses und Übernahme der IAS/IFRS für die Einzelbilanz, Frankfurt am Main 2005.

Metzger, Susanne, Bilanzrechtsreform verändert betriebliche Altersversorgung, Handelsblatt v. 24.03.2010, S. 41.

dies., Die Umstellung auf die neuen Bilanzregeln ist ein Mammutprojekt, Handelsblatt v. 30.09.2010, S. 42.

Meurer, Ingetraut, Der Maßgeblichkeitsgrundsatz im BilMoG, FR 2009, S. 117 ff.

Meyer, Claus, Gesetz zur Modernisierung des Bilanzrechts - die wesentlichen Änderungen, DStR 2009, S. 762 ff.

Meyer, Claus/Meisenbacher, Michaela, Bilanzpolitik auf der Basis von IAS/IFRS, insbesondere in Zeiten der Krise, DStR 2004, S. 567 ff.

Meyer, Hartwig, Der Geschäfts- oder Firmenwert im Unternehmenskaufvertrag, Ein Beispiel bilanzpolitischer Möglichkeiten und Grenzen beim Unternehmenskauf, Hamburg 1991.

Meyer, Herbert/Braun, Robert, Fair Value als Treiber der Komplexität von IFRS, BB 2010, S. 1779 ff.

Meyer, Marco/Linder, Robert/Loitz, Rüdiger/Zerwas, Peter, Latente Steuern, Bewertung, Bilanzierung, Beratung, 2. Aufl., Wiesbaden 2010.

Meyer, Marco/Ruberg, Lars, Bekanntgabe von DRS 18 Latente Steuern - Partielle Aufhebung der Begrenzung des Prognosehorizonts bei Verlustvorträgen, DStR 2010, S. 2094 ff.

dies., Die Erstellung von Planungsrechnungen als Voraussetzung für die Bilanzierung latenter Steuern, Anwendungsfelder, Anforderungen, Zweifelsfragen, DStR 2010, S. 1538 ff.

Michalski, Lutz (Hrsg.), Kommentar zum Gesetz betreffend die Gesellschaften mit beschränkter Haftung (GmbH-Gesetz), §§ 35 - 86 GmbHG, Bd. 2, München 2002.

Michalski, Lutz/Dannecker Gerhard/Ebbing, Frank/Fleischer, Holger/Haas, Ulrich/Heidinger, Andreas/Hermanns, Marc/Heyder, Stefan/Hoffmann, Jochen/Leible, Stefan, Kommentar zum Gesetz betreffend die Gesellschaften mit beschränkter Haftung (GmbH-Gesetz), Band I: Systematische Darstellungen 1-34 GmbHG, 2. Aufl., München 2008.

Mindermann, Torsten, Zur Aktivierung selbst erstellter immaterieller Vermögensgegenstände nach dem Entwurf eines Bilanzrechtsmodernisierungsgesetzes (BilMoG), WPg 2008, S. 273 ff.

ders., Der Ansatz immaterieller Vermögensgegenstände des Anlagevermögens, StuB 2010, S. 658 ff.

Mittermaier, Christoph/Böhme, Timo, Auslagerung von Pensionsverpflichtungen im Rahmen eines CTA: Bilanzverkürzung unter Verwendung alternativer Vermögenswerte, BB 2006, S. 203 ff.

Möller, Hans Peter/Schmidt, Franz/Coenenberg, Adolf Gerhard, Rechnungswesen als Instrument für Führungsentscheidungen, Stuttgart 1998.

Möller, Mirko, Rückerwerb eigener Aktien, Der Rückerwerb eigener Aktien ohne positive gesetzliche Zweckvorgabe, Köln 2005.

Molzahn, Sybille, Die Bilanzierung der betrieblichen Altersversorgung nach HGB und IFRS, 2. Aufl., Sternenfels 2007.

Moxter, Adolf, Grundsätze ordnungsmäßiger Unternehmensbewertung, 2. Aufl., Wiesbaden 1983.

ders., Das Realisationsprinzip - 1884 und heute, BB 1984, S. 1780 ff.

ders., Rückstellungen nach IAS: Abweichungen vom geltenden deutschen Bilanzrecht, BB 1999, S. 519 ff.

ders., Grundsätze ordnungsgemäßer Rechnungslegung, Düsseldorf 2003.

ders., Aktivierungspflicht für selbsterstellte immaterielle Anlagewert?, DB 2008, S. 1514 ff.

Mujkanovic, Robin, Der derivative Geschäftswert im handelsrechtlichen Jahresabschluß, BB 1994, S. 894 ff.

ders., Fair Value im Financial Statement nach International Accounting Standards, Stuttgart 2002.

ders., Die Bewertung von Finanzinstrumenten zum fair value nach BilMoG, StuB 2009, S. 329 ff.

ders., Anpassungsbedarf bei der Bilanzierung des derivativen Geschäfts- oder Firmenwerts, StuB 2010, S. 268 ff.

ders., Die Bilanzierung des derivativen Geschäfts- oder Firmenwerts, StuB 2010, S. 167 ff.

Mülbert, Peter, Zukunft der Kapitalaufbringung/Kapitalerhaltung, Der Konzern 2004, S. 151 ff.

Müller, Welf/Hommelhoff, Peter/Zätzsch, Roger/Erle, Bernd, Gesellschaftsrecht, Rechnungslegung, Steuerrecht, Festschrift für Welf Müller zum 65. Geburtstag, München 2001.

Najdecki, Damian Wolfgang, Erwerb eigener Anteile durch die GmbH, NWB 2010, S. 349 ff.

Naumann, Klaus-Peter, Fortentwicklung der handelsrechtlichen Rechnungslegung und Konsequenzen für die Kapitalerhaltung, Der Konzern 2007, S. 422 ff.

ders., IDW empfiehlt modernisiertes Bilanzrecht als Vorbild für Europa, Börsen-Zeitung 2007, S. 13 ff.

Neuner, Jörg, Die Rechtsfindung contra legem, 2. Aufl., München 2005.

Nodoushani, Manuel, Verbotene Einlagenrückgewähr und bilanzielle Betrachtungsweise, ZIP 2012, S. 97 ff.

Ordelheide, Dieter/Hartle, Joachim, Rechnungslegung und Gewinnermittlung von Kapitalgesellschaften nach dem Bilanzrichtlinien-Gesetz (I), GmbHR 1986, S. 9 ff.

Ortmann-Babel, Martina/Bolik, Andreas/Gageur, Patrick, Ausgewählte steuerliche Chancen und Risiken des BilMoG, DStR 2009, S. 934 ff.

Oser, Peter, Pflicht zur (Neu-)Bildung der Rücklage für eigene Aktien im Konzernabschluß?, DB 1999, S. 1125 ff.

Oser, Peter/Kropp, Manfred, Eigene Anteile in Gesellschafts-, Bilanz- und Steuerrecht, Der Konzern 2012, S. 185 ff.

Oser, Peter/Roß, Norbert/Wader, Dominic/Drögemüller, Steffen, Eckpunkte des Regierungsentwurfs zum Bilanzrechtsmodernisierungsgesetz, WPg 2008, S. 675 ff.

dies., Änderungen des Bilanzrechts durch das Bilanzrechtsmodernisierungsgesetz (BilMoG), WPg 2009, S. 573 ff.

Ott, Hans, Steuerliche Auswirkungen des Bilanzrechtsmodernisierungsgesetzes (BilMoG), StuB 2009, S. 469 ff.

Passarge, Malte, Aktuelle Fragen zur Auslagerung von Pensionsverpflichtungen mittels Contractual Trust Agreements, DB 2005, S. 2746 ff.

Pawlowski, Hans-Martin, Methodenlehre für Juristen, 3. Aufl., Heidelberg 1999.

Peemöller, Volker, IFRS für KMU: Eine Alternative zum BilMoG?, NWB-BB 2010, S. 190 ff.

Pellens, Bernhard/Jödicke, Dirk/Richard, Marc, Solvenztests als Alternative zur bilanziellen Kapitalerhaltung?, DB 2005, S. 1393 ff.

Pellens, Bernhard/Kemper, Thomas/Schmidt, André, Geplante Reformen im Recht der GmbH: Konsequenzen für den Gläubigerschutz, ZGR 2008, S. 381 ff.

Pellens, Bernhard/Obermüller, Philipp/Schmidt, André, Bilanzielle Konsequenzen der Inanspruchnahme der dritten Option zur Pensionsbilanzierung - eine Analyse der DAX- und MDAX-Unternehmen, WPg 2010, S. 574 ff.

Pentz, Andreas, Die Rechtsstellung der Enkel-AG in einer mehrstufigen Unternehmensverbindung, Frankfurt am Main , New York 1994.

Petersen, Jens, Vereinfachte Kapitalherabsetzung durch Verschmelzung?, GmbHR 2004, S. 728 ff.

Petersen, Karl/Bansbach, Florian/Dornbach, Eike, IFRS Praxishandbuch, 4. Aufl., München 2009.

dies., IFRS Praxishandbuch, 5. Aufl., München 2010.

Petersen, Karl/Zwirner, Christian, Die deutsche Rechnungslegung und Prüfung im Umbruch - Veränderte Rahmenbedingungen durch die geplanten Reformen des Bilanzrechtsmodernisierungsgesetzes (BilMoG) gemäß dem Gesetzentwurf der Bundesregierung vom 21.05.2008, KoR Beilage 3 (2008), S. 1 ff.

dies., Latente Steuern im Lichte des BilMoG - Mehrfache Ausweitung des Anwendungsbereichs, StuB 2008, S. 205 ff.

dies., Rechnungslegung bei Film- und Medienunternehmen, KoR 2008, S. 401 ff.

dies., Latente Steuern nach dem BilMoG - Darstellung und Würdigung der Neukonzeption, StuB 2009, S. 416 ff.

dies., Umstellung auf das neue deutsche Bilanzrecht: Fallstudie zu den Auswirkungen des Übergangs auf die Rechnungslegungsvorschriften nach dem BilMoG, KoR 2009, S. 3 ff.

Petersen, Karl/Zwirner, Christian/Boecker, Corinna, Bilanzrechtsmodernisierungsgesetz - BilMoG, München 2009.

Petersen, Karl/Zwirner, Christian/Froschhammer, Matthias, Die vorzeitige Anwendung der geänderten Regelungen des BilMoG, DB 2009, S. 2277 ff.

dies., Funktionsweise und Problembereiche der im Rahmen des BilMoG neu eingeführten außerbilanziellen Ausschüttungssperre des § 268 Abs. 8 HGB, KoR 2010, S. 334 ff.

Petersen, Karl/Zwirner, Christian/Künkele, Kai Peter/Boecker, Corinna, Bilanzanalyse und Bilanzpolitik nach BilMoG, Einzelabschluss, Konzernabschluss und Steuerbilanz, 2. Aufl., Herne 2010.

Pfeil, Oliver/Vater, Hendrik, "Die kleine Unternehmensbewertung" oder die neuen Vorschriften zur Goodwill- und Intangible-Bilanzierung nach SFAS No. 141 und SFAS No. 142, KoR 2002, S. 66 ff.

Philipps, Holger, Änderung des steuerlichen Herstellungskostenbegriffs durch das BilMoG?, BBK 2010, S. 468 ff.

ders., Bilanzpolitik beim Übergang auf den Jahresabschluss nach BilMoG, BBK 2010, S. 379 ff.

ders., Rechnungslegung nach BilMoG, Wiesbaden 2010.

ders., Rechnungslegungspraxis der KMU nach BilMoG - Empirische Befunde im ersten Jahresabschluss nach neuem Bilanzrecht, BBK 2011, S. 307 ff.

Pöller, Ralf, Anwendungsfall zur Bilanzierung latenter Steuern nach dem Bilanzrechtsmodernisierungs-gesetz (BilMoG), BRZ 2009, S. 491 ff.

Pöschke, Moritz, Rückstellungen für passive Steuerlatenzen in der Handelsbilanz, NZG 2013, S. 646 ff.

Pottgießer, Gaby/Velte, Patrick/Weber, Stefan, Ermessensspielräume im Rahmen des Impairment-Only-Approach Eine kritische Analyse zur Folgebewertung des derivativen Geschäfts- oder Firmenwerts (Goodwill) nach IFRS 3 und IAS 36 (rev. 2004), DStR 2005, S. 1748 ff.

Priester, Hans-Joachim, Rücklagenauskehrung beim Gewinnabführungsvertrag, ZIP 2001, S. 725 ff.

Priester, Hans-Joachim/Mayer, Dieter (Hrsg.), Münchener Handbuch des Gesellschaftsrechts, 2. Aufl., München 2003.

dies., Münchener Handbuch des Gesellschaftsrechts, 3. Aufl., München 2009.

Prinz, Ulrich/Ruberg, Lars, Latente Steuern nach dem BilMoG - Grundkonzept, Bedeutungswandel, erste Anwendungsfragen, Der Konzern 2009, S. 343 ff.

Prystawik, Oliver, Latente Steuern nach BilMoG und IFRS - Besonderheiten bei Pensionsrückstellungen und Investmentfonds als Planvermögen, DB 2010, S. 345 ff.

Rade, Katja/Stobbe, Thomas, Auswirkungen des Bilanzrechtsmodernisierungsgesetzes auf die Bilanzierung von Fußballspielerwerten in der Handelsbilanz, DStR 2009, S. 1109 ff.

Raiser, Thomas/Veil, Rüdiger, Recht der Kapitalgesellschaften, 5. Aufl., München 2010.

Rammert, Stefan, Lohnt die Erhaltung der Kapitalerhaltung?, BFuP 2004, S. 578 ff.

Rammert, Stefan/Thies, Angelika, Mit dem Bilanzrechtsmodernisierungsgesetz zurück in die Zukunft - was wird aus Kapitalerhaltung und Besteuerung?, WPg 2009, S. 34 ff.

Raupach, Arndt/Uelner, Adalbert, Ertragsbesteuerung, Zurechnung - Ermittlung - Gestaltung; Festschrift für Ludwig Schmidt zum 65. Geburtstag, München 1993.

Reinhart, Alexander, Rückstellungen, Contingent Liabilities sowie Contingent Assets nach der neuen Richtlinie IAS 37, BB 1998, S. 2514 ff.

Reuter, Michael, Eigenkapitalausweis im IFRS-Abschluss, Praxis der Berichterstattung, Berlin 2008.

Rhiel, Raimund, Der Entwurf des IASB zur vereinfachenden Darstellung der Pensionsrückstellungen im Jahresabschluss nach IFRS, PiR 2010, S. 134 ff.

ders., Der Entwurf des IDW zur Bilanzierung von Altersversorgungsverpflichtungen nach dem BilMoG, StuB 2010, S. 131 ff.

Rhiel, Raimund/Veit, Annekatrin, Auswirkungen des Gesetzes zur Modernisierung des Bilanzrechts (BilMoG) auf Pensionsverpflichtungen, DB 2008, S. 1509 ff.

dies., Bilanzierung von Entgeltumwandlungszusagen nach Steuer- und Handelsrecht sowie IFRS, StuB 2008, S. 506 ff.

Richter, Andeas/Welling, Berthold, Tagungs- und Diskussionsbericht zum 29. Berliner Steuergespräch mit dem Thema "Bilanzrechtsmodernisierung - Zukunft der Steuerbilanz", FR 2009, S. 120 ff.

Richter, Lutz, Die Maßgeblichkeit der handelsrechtlichen Grundsätze ordnungsmäßiger Buchführung für die steuerliche Gewinnermittlung, Anmerkungen zum BMF-Schreiben vom 12.03.2010, GmbHR 2010, S. 505 ff.

Rickford, Jonathan, Legal Approaches to Restricting Distributions to Shareholders: Balance Sheet Tests and Solvency Tests, EBOR 2006, S. 135 ff.

Rieckers, Oliver, Ermächtigung des Vorstands zu Erwerb und Einziehung eigener Aktien, ZIP 2009, S. 700 ff.

Rieg, Robert, Projektcontrolling und BilMoG am Beispiel von Forschung und Entwicklung, BC 2010, S. 344 ff.

Rieg, Robert/Heyd, Reinhard, Informationsfunktion der Handelsbilanz und BilMoG: Ergebnisse einer Feldstudie zur Bilanzierungspraxis bei nichtkapitalmarktorientierten Unternehmen, IRZ 2013, S. 335.

Ries, Norbert, Die Bilanzierung von Arbeitszeitkonten nach dem Bilanzrechtsmodernisierungsgesetz (BilMoG), WPg 2010, S. 811 ff.

Rodewald, Jörg/Pohl, Matthias, Neuregelungen des Erwerbs von eigenen Anteilen durch die GmbH im Bilanzrechtsmodernisierungsgesetz (BilMoG), GmbHR 2009, S. 32 ff.

Römermann, Volker, Die Unternehmergesellschaft - manchmal die bessere Variante der GmbH, NJW 2010, S. 905 ff.

Rößler, Nicolas, Contractual Trust Arrangements - eine rechtliche Bestandsaufnahme, BB 2010, S. 1405 ff.

Rossmanith, Jonas, Überblick über die Änderungen im Bereich der Bewertungsvorschriften nach dem Bilanzrechtsmodernisierungsgesetz (BilMoG), Jb. Controlling und Rechnungswesen 2010, S. 159 ff.

Rossmanith, Jonas/Funk, Wilfried Eha Carmen, Vergleichende Analyse ausgewählter Bilanzierungssachverhalte nach IFRS for SMEs, IFRS und HGB n.F., KoR 2010, S. 307 ff.

Rowedder, Heinz/Schmidt-Leithoff, Christian (Hrsg.), Gesetz betreffend die Gesellschaften mit beschränkter Haftung (GmbHG), Kommentar, 4. Aufl., München 2002.

Ruberg, Lars, Keine Mehrdeutigkeit der Ausschüttungssperre gem. § 268 VIII HGB, NZG 2011, S. 1048 ff.

Rudolph, Bernd, Eigenkapitalanforderungen in der Bankenregulierung, ZHR 2011, S. 284 ff.

Ruhnke, Klaus, Rechnungslegung nach IFRS und HGB, 2. Aufl., Stuttgart 2008.

Ruhnke, Klaus/Schmidt, Martin, Überlegungen zur Prüfung von beizulegenden Zeitwerten, WPg 2003, S. 1037 ff.

Ruhnke, Klaus/Schmiele, Catharina/Sanyang, Madany, Bedeutung selbst erstellter immaterieller Vermögensgegenstände des Anlagevermögens für Kreditvergabeentscheidungen, DB 2009, S. 2725 ff.

Rüthers, Bernd/Birk, Axel, Rechtstheorie, 4. Aufl., München 2008.

Säcker, Franz Jürgen/Rixecker, Roland (Hrsg.), Münchener Kommentar zum Bürgerlichen Gesetzbuch, 5. Aufl., München 2006.

Saenger, Ingo/Aderhold, Lutz/Lenkaitis, Karlheinz/Speckmann, Gerhard, Handels- und Gesellschaftsrecht, Praxishandbuch, 2. Aufl., Baden-Baden 2011.

Schäfer, Carsten, Rechtsprobleme bei der Gründung und Durchführung einer Unternehmergesellschaft, ZIP 2011, S. 53 ff.

ders., Gesellschaftsrecht, 2. Auflage, München 2011.

Schäfer, Frank, Eigenkapital im Bankaufsichtsrecht und Basel III, ZHR 2011, S. 319 ff.

Schall, Alexander, Kapitalaufbringung nach dem MoMiG, ZGR 2009, S. 126 ff.

ders., Kapitalgesellschaftsrechtlicher Gläubigerschutz, Grund und Grenzen der Haftungsbeschränkung nach Kapitaldebatte, MoMiG und Trihotel, München 2009.

ders., Deutscher Gläubigerschutz und Europarecht, NJW 2011, S. 3745 ff.

Schanz, Deborah/Schanz, Sebastian, Maßgeblichkeit der Handelsbilanz für die Steuerbilanz in Europa und in den USA, StuW 2009, S. 311 ff.

Scharpf, Paul/Luz, Günther, Risikomanagement, Bilanzierung und Aufsicht von Finanzderivaten, Stuttgart 1996.

Scharpf, Paul/Schaber, Mathias/Löw, Edgar/Treitz, Christina/Weigel, Wolfgang/Goldschmidt, Peter, Bilanzierung von Finanzinstrumenten des Handelsbestands bei Kreditinstituten - Erläuterungen von IDW RS BFA 2 (Teil 1), WPg 2010, S. 439 ff.

Scheffler, Wolfram, Handelsbilanz und Steuerbilanz im Vergleich, BBK 2010, S. 1 ff.

ders., Wirtschaftliche Auswirkungen der Regeln für die Bewertung von Rückstellungen in der Steuerbilanz, BB 2014, S. 299 ff.

Schellhorn, Mathias/Weichert, Sven, Ansatz und Bewertung von Forschungs- und Entwicklungskosten nach IAS 38 im Vergleich zu IAS 9, DStR 2001, S. 865 ff.

Schenke, Ralf/Risse, Markus, Das Maßgeblichkeitsprinzip nach dem Bilanzrechtsmodernisierungsgesetz, DB 2009, S. 1957 ff.

Scherrer, Gerhard, Rechnungslegung nach neuem HGB, Eine anwendungsorientierte Darstellung mit zahlreichen Beispielen, 3. Aufl., München 2011.

Schildbach, Thomas, Latente Steuern auf permanente Differenzen und andere Kuriositäten - Ein Blick in das gelobte Land jenseits der Maßgeblichkeit, WPg 1998, S. 939 ff.

ders., Zeitwertbilanzierung in USA und nach IAS, BFuP 1998, S. 580 ff.

ders., Was bringt die Lockerung der IFRS für Finanzinstrumente?, DStR 2008, S. 2381 ff.

Schmid, Hubert/Wiese, Götz Tobias, Bilanzielle und steuerliche Behandlung eigener Aktien - Zur Anwendung des § 71 Abs. 1 Nr. 8 AktG in der Fassung des KonTraG -, DStR 1998, S. 993 ff.

Schmidbauer, Rainer, Die Bilanzierung eigener Aktien im internationalen Vergleich, DStR 2002, S. 187 ff.

Schmidt, Holger, Auf dem Weg zur vollen Anerkennung immaterieller Vermögenswerte als Kreditsicherheit?, WM 2012, 721 ff.

Schmidt, Jürgen/Reinholdt, Ago, Eigene Anteile nach IFRS, IRZ 2009, S. 53 ff.

Schmidt, Karsten, Gesellschaftsrecht, 4. Aufl., Köln 2002.

Schmidt, Karsten/Ebke, Werner F. (Hrsg.), Münchener Kommentar zum Handelsgesetzbuch, 2. Aufl., Bd. 4, München 2008.

Schmidt, Ludwig/Drenseck, Walter/Glanegger, Peter (Hrsg.), Einkommensteuergesetz, 28. Aufl., München 2009.

Schmidt, Lutz, Maßgeblichkeitsprinzip und Einheitsbilanz, Heidelberg 1994.

Schmidt, Martin, Die BilMoG-Vorschläge zur Bilanzierung von Finanzinstrumenten, KoR 2008, S. 1 ff.

Schmitt, Christoph, Finanzierungsstrategien mittelständischer Unternehmen vor dem Hintergrund von Basel III, BB 2011, S. 105 ff.

ders., Umsetzung von Basel III in europäisches Recht - Implikationen für die Mittelstandsfinanzierung (Update zu BB 2011, 105), BB 2011, S. 2347 ff.

Schneider, Dieter, Betriebswirtschaftslehre: Rechnungswesen, Bd. 2, 2. Aufl., München 1997.

Scholz, Franz/Crezelius, Georg (Hrsg.), Kommentar zum GmbH-Gesetz, 10. Aufl., Köln 2006.

Scholz, Franz/Crezelius, Georg (Hrsg.), Kommentar zum GmbH-Gesetz, 11. Aufl., Köln 2012.

Schön, Wolfgang, Gesellschafter-, Gläubiger- und Anlegerschutz im Europäischen Bilanzrecht, ZGR 2000, S. 706 ff.

ders., Die Zukunft der Kapitalaufbringung/-erhaltung, Der Konzern 2004, S. 162 ff.

ders., Steuerliche Maßgeblichkeit in Deutschland und Europa, Köln 2005.

ders., Balance Sheet Tests or Solvency Tests – or Both?, EBOR 2006, S. 181 ff.

Schülke, Thilo, Zur Aktivierbarkeit selbstgeschaffener immaterieller Vermögensgegenstände, DStR 2010, S. 992 ff.

Schulte-Mattler, Hermann/Manns, Thorsten, CRD-IV-Regulierungspaket zur Stärkung der Widerstandsfähigkeit des Bankensektors, WM 2011, S. 2069 ff.

Schulze-Osterloh, Joachim, Handelsbilanz und steuerrechtliche Gewinnermittlung, StuW 1991, S. 284 ff.

ders., Rückzahlungsbetrag und Abzinsung von Rückstellungen und Verbindlichkeiten - Überlegungen zur Reform des HGB-Bilanzrechts, BB 2003, S. 351 ff.

ders., Bilanzierung der Ansprüche aus der Rückdeckungsversicherung für eine Pensionsverpflichtung, BB 2004, S. 1557 ff.

ders., Vorschläge für ein Bilanzrechtsmodernisierungsgesetz, ZIP 2004, S. 1128 ff.

ders., Ausgewählte Änderungen des Jahresabschlusses nach dem Referentenentwurf eines Bilanzrechtsmodernisierungsgesetzes, DStR 2008, S. 63 ff.

Schutte-Veenstra, Hanny/Boschma, Hylda/Lennarts, Marie-Louise, Alternative Systems for Capital Protection, Deventer 2005.

Seibel, Karsten, Eine Schutzhülle für alle Banken in Europa, Die Welt v. 21.07.2011, S. 10.

Seibert, Ulrich, Entwurf eines Mindestkapitalgesetzes (MindestkapG)- Substanzielle Absenkung des Mindeststammkapitals, BB 2005, S. 1061 ff.

Seidel, Björn/Grieger, Roland Muske, Bilanzierung von Entwicklungskosten nach dem BilMoG, BB 2009, S. 1286 ff.

Seidler, Holger, Eigene Aktien, Eine Analyse des Aktien-, Handelsbilanz- und Kapitalmarktrechts zur Ermittlung von Deregulierungspotential und Regulierungsbedarf, Frankfurt am Main, New York 2004.

Sethe, Henning, Eigenkapitalersetzende Wirkung bei Verpfändung von Geschäftsanteilen an Tochtergesellschaften?, BKR 2006, S. 396 ff.

Siegel, Theodor, Zeitwertbilanzierung für das deutsche Bilanzrecht?, BFuP 1998, S. 593 ff.

Sigle, Hermann/Lüdenbach, Norbert, Aktivierung von Entwicklungskosten, PiR 2008, S. 131 ff.

dies., Erhalt der Aufwandsrückstellungen?, PiR 2008, S. 64 ff.

Sigloch, Jochen, Ein Valet dem Maßgeblichkeitsprinzip?, BFuP 2000, S. 157 ff.

Simon, Herman Veit, Die Bilanzen der Aktiengesellschaften und der Kommanditgesellschaften auf Aktien, 3. Aufl., Berlin 1899.

Simon, Stefan, Ausschüttungs- und Abführungssperre als gläubigerschützendes Institut in der reformierten HGB-Bilanzierung Zur Regelung des § 268 VIII HGB n.F., NZG 2009, S. 1081 ff.

Söhner, Matthias, Leveraged-Buy-outs und Kapitalschutz, ZIP 2011, S. 2085 ff.

Solmecke, Henrik, Auswirkungen des Bilanzrechtsmodernisierungsgesetzes (BilMoG) auf die handelsrechtlichen Grundsätze ordnungsmäßiger Buchführung, Düsseldorf 2009.

Spengel, Christoph, Bilanzrechtsmodernisierung - Zukunft der Steuerbilanz, FR 2009, S. 101 ff.

Spindler, Gerald, Der Gläubigerschutz zwischen Gesellschafts- und Insolvenzrecht, JZ 2006, S. 839 ff.

Spindler, Gerald/Stilz, Eberhard, Kommentar zum Aktiengesetz, 2. Aufl., München 2010.

Spindler, Wolfgang/Tipke, Klaus/Rödder, Thomas/Schaumburg, Harald, Steuerzentrierte Rechtsberatung, Festschrift für Harald Schaumburg zum 65. Geburtstag, Köln 2009.

Stahl, Frank/Burkhardt, Ulrich, Bilanzpolitik für 2010 im ersten Jahresabschluss nach BilMoG, BBK 2010, S. 1128 ff.

dies., Die Ausschüttungssperre nach BilMoG, BBK 2010, S. 106 ff.

Staub, Hermann/Canaris, Claus-Wilhelm/Schilling, Wolfgang (Hrsg.), Handelsgesetzbuch, 4. Aufl., Berlin, New York 2002.

Steffek, Felix, Gläubigerschutz in der Kapitalgesellschaft, Krise und Insolvenz im englischen und deutschen Kapitalgesellschafts- und Insolvenzrecht, Tübingen 2011.

Stibi, Bernd/Fuchs, Markus, Zum Referentenentwurf des Bilanzrechtsmodernisierungsgesetzes (BilMoG): Erste Würdigung ausgewählter konzeptioneller Fragen, DB 2008, S. 6 ff.

Stobbe, Thomas, Überlegungen zum Verhältnis von Handels- und Steuerbilanz nach dem (geplanten) Bilanzrechtsmodernisierungsgesetz, Ausschüttbarkeit von Gewinnen ohne vorherige Gesellschaftsbesteuerung?, DStR 2008, S. 2432 ff.

Streim, Hannes, Ein Plädoyer für die Einheitsbilanz, BFuP 1990, S. 527 ff.

Tanski, Joachim/Zeretzke, Ralf, Die Fair Value-Fiktion, DStR 2006, S. 53 ff.

Teichmann, Christoph, Reform des Gläubigerschutzes im Kapitalgesellschaftsrecht, NJW 2006, S. 2444 ff.

Teschke, Manuel, Der Begriff der voraussichtlich dauernden Wertminderung bei der Teilwertabschreibung, DStZ 2006, S. 661 ff.

Thaut, Michael, Auswirkungen des Bilanzrechtsmodernisierungsgesetzes auf die Bilanzierung und Bewertung von Pensionsverpflichtungen in der Handelsbilanz unter besonderer Berücksichtigung des 15-jährigen Übergangszeitraums, WPg 2009, S. 723 ff.

Theile, Carsten, Bilanzrechtsmodernisierungsgesetz, Herne 2008.

ders., Totenglocken für das Maßgeblichkeitsprinzip - "Steuerbilanzgesetz" ante portas? - Zum Entwurf eines BMF-Schreibens zum Maßgeblichkeitsprinzip, DStR 2009, S. 2384 ff.

ders., Übergang auf BilMoG im Jahresabschluss: Insbesondere niedrigere Wertansätze von Vermögensgegenständen, StuB 2009, S. 749 ff.

ders., Latente Steuern im Jahresabschluss nach BilMoG, BBK 2010, S. 639 ff.

ders., Umstellung der Rückstellungen zum 01.01.2010 auf BilMoG, BBK 2010, S. 80 ff.

Theile, Carsten/Hartmann, Angelika, BilMoG: Zur Unmaßgeblichkeit der Handels- für die Steuerbilanz, DStR 2008, S. 2031 ff.

Theile, Carsten/Stahnke, Melanie, Bilanzierung sonstiger Rückstellungen nach dem BilMoG-Regierungsentwurf, DB 2008, S. 1757 ff.

Thiel, Jochen, Bilanzielle und steuerrechtliche Behandlung eigener Aktien nach der Neuregelung des Aktienerwerbs durch das KonTraG, DB 1998, S. 1583 ff.

Thiel, Jochen/Lüdtke-Handjery, Alexander/Thiel-Lüdtke-Handjery, Bilanzrecht, Handelsbilanz, Steuerbilanz, 5. Aufl., Heidelberg 2005.

Thiele, Stefan/Keitz, Isabel von/Brücks, Michael, Internationales Bilanzrecht, Bonn 2008.

Thies, Angelika, Auswirkungen des BilMoG auf Gewinnabführungsverträge und steuerliche Organschaften, GWR 2009, S. 187 ff.

Thurnes, Georg/Hainz, Günter, Auswirkungen des Bilanzrechtsmodernisierungsgesetzes auf Pensionsrückstellungen, BRZ 2009, S. 212 ff.

Thurow, Christian, Auswirkungen des BilMoG auf die Maßgeblichkeit der Handels- für die Steuerbilanz, BRZ 2009, S. 506 ff.

Tipke, Klaus/Kruse, Heinrich Wilhelm/Seer, Roman/Brandis, Peter (Hrsg.), Abgabenordnung, Finanzgerichtsordnung, Kommentar zur AO und FGO, 16. Aufl., Köln 1996.

Tipke, Klaus/Lang, Joachim/Tipke-Lang, Steuerrecht, 20. Aufl., Köln 2010.

Uckermann, Sebastian, Auslagerung von Pensionsverpflichtungen - Vorteilhaftigkeitsbetrachtung aus der Sicht der steuerlichen Beratung, BB 2010, S. 279 ff.

Ulmer, Peter, Verlustübernahmepflicht des herrschenden Unternehmens als konzernspezifischer Kapitalerhaltungsschutz, AG 1986, S. 123 ff.

Ulmer, Peter/Habersack, Mathias Winter Martin, Gesetz betreffend die Gesellschaften mit beschränkter Haftung, Ergänzungsband zum MoMiG, Tübingen 2010.

dies. (Hrsg.), Gesetz betreffend die Gesellschaften mit beschränkter Haftung (GmbHG): Großkommentar, Tübingen 2006.

Utz, Daniel/Hoheisel, Michael, Wegfall der umgekehrten Maßgeblichkeit durch das BilMoG - die Bilanzierung von § 6b-Rücklagen (Aufzeichnungspflichten), BC 2010, S. 322 ff.

Veil, Rüdiger, Die Unternehmergesellschaft im System der Kapitalgesellschaften, ZGR 2009, S. 623 ff.

Veit, Klaus-Rüdiger, Die Inanspruchnahme von Bilanzierungshilfen, DB 1995, S. 2129 ff.

Velte, Patrick, Reformierung des Kapitalerhaltungssystems auf der Basis von covenants, StuB 2007, S. 639 ff.

ders., Auswirkungen des BilMoG-RefE auf die Informations- und Zahlungsbemessungsfunktion des handelsrechtlichen Jahresabschlusses, KoR 2008, S. 61 ff.

ders., Intangible Assets und Goodwill im Spannungsfeld zwischen Entscheidungsrelevanz und Verlässlichkeit, Hamburg 2008.

ders., Rechnungslegung über originäre immaterielle Vermögensgegenstände und den derivativen Geschäfts- oder Firmenwert, Empirische Befragung unter deutschen Wirtschaftsprüfern zur Bilanzrechtsmodernisierung, IRZ 2008, S. 369 ff.

ders., Reporting über Forschung und Entwicklung (F&E) im (Konzern-) Abschluss und -Lagebericht, IRZ 2011, S. 355 ff.

Vetter, Jochen, Grundlinien der GmbH-Gesellschafterhaftung, ZGR 2005, S. 788 ff.

VGR (Gesellschaftsrechtliche Vereinigung) (Hrsg.), Gesellschaftsrecht in der Diskussion 2009, Jahrestagung der Gesellschaftsrechtlichen Vereinigung (VGR), Köln 2010.

Wagenhofer, Alfred, Vorsichtsprinzip und Managementanreize, zfbf 1996, S. 1051 ff.

ders., Internationale Rechnungslegungsstandards IAS/IFRS, 6. Aufl., München 2009.

Wagenhofer, Alfred/Ewert, Ralf, Externe Unternehmensrechnung, 2. Aufl., Berlin 2007.

Waldmüller, Robert/Karwe, Oliver, Pensionsverpflichtungen bei Betriebsübergang nach Insolvenz: Berechnung der Verpflichtung, BB 2010, S. 879 ff.

Wallek, Christoph, IFRS for SMEs - Eine Herausforderung zur Neuausrichtung der Rechnungslegung für nicht-kapitalmarktorientierte Unternehmen?, Der Konzern 2010, S. 490 ff.

Weber, Dieter, Erweiterte Anforderungen an die externe Risikoberichterstattung von Kreditinstituten, KoR 2011, S. 49 ff.

Weber, Frithjof, Modellrisiko bei Value-at-Risk Schätzungen, Freiburg 2001.

Weber-Grellet, Heinrich, Der Maßgeblichkeitsgrundsatz im Lichte aktueller Entwicklungen, BB 1999, S. 2659 ff.

ders., Das BMF und die Maßgeblichkeit, DB 2009, S. 2402 ff.

Wehrheim, Michael/Rupp, Dominik, Zum Geltungsbereich der Ausschüttungssperre des § 268 Abs. 8 HGB im Regierungsentwurf des BilMoG, DB 2009, S. 356 ff.

Wehrheim, Michael/Rupp, Dominik/Lipp, Marisa, Ausgewählte Neuerungen durch das BilMoG im Hinblick auf die Identifikation einer Insolvenzgefahr, NZI 2010, S. 630 ff.

Weigl, Roland/Weber, Hans-Georg/Costa, Martin, Bilanzierung von Rückstellungen nach dem BilMoG, BB 2009, S. 1062 ff.

Weinand, Martin/Oldewurtel, Christoph/Wolz, Matthias, Rückstellungen nach BilMoG, KoR 2011, S. 161 ff.

Wellisch, Dietmar/Gellrich, Albert/Quiring, Christof, Besteuerung, Bilanzierung und Finanzierung der Auslagerung von Direktzusagen auf Pensionsfonds, BB 2010, S. 623 ff.

Wendholt, Wolfgang/Wesemann, Michael, Zur Umsetzung der HGB-Modernisierung durch das BilMoG: Bilanzierung von latenten Steuern im Einzel- oder Konzernabschluss, DB 2009, S. 64 ff.

Wendlandt, Klaus/Vogler, Gerlinde, Latente Steuern nach E-DRS 12 im Vergleich mit IAS, US-GAAP und bisheriger Bilanzierung nach HGB sowie Kritik an E-DRS 12, KoR 2001, S. 244 ff.

Wenk, Marc Oliver/Jagosch, Christian, Selbstgeschaffene immaterielle Vermögensgegenstände nach dem BilMoG, StC 2009, 20 ff.

Wenk, Marc Oliver/Straßer, Frank, Neuregelung der Bilanzierung von Finanzinstrumenten (IFRS 9), PiR 2010, S. 102 ff.

Werner, Jörg, IFRS braucht starke Institutionen, FAZ v. 16.05.2011, S. 12.

Werth, Franceska, Aufhebung der umgekehrten Maßgeblichkeit durch das BilMoG - Alle Klarheiten beseitigt?, DStZ 2009, S. 508 ff.

Wiedemann, Herbert, Gesellschaftsrecht, München 1980.

Wielenberg, Stefan/Blecher, Christian/Puchala, Andrzej, Die Reform der Bilanzierung von Non Financial Liabilities: Eine systematische Auswertung der Kommentare zum ED IAS 37, KoR 2007, S. 453 ff.

Wilhelmi, Rüdiger, Der Grundsatz der Kapitalerhaltung im System des GmbH-Rechts, Baden-Baden 2001.

Winkeljohann, Norbert/Böcking, Hans-Joachim, Zukunft des Bilanzrechts in Familienunternehmen, Berlin 2009.

Winkeljohann, Norbert/Ellrott, Helmut/Förschle, Gerhart/Hoyos, Martin (Hrsg.), Beck'scher Bilanz-Kommentar, 6. Aufl., München 2006.

Winkeljohann, Norbert/Morich, Sven, IFRS für den Mittelstand: Inhalte und Akzeptanzaussichten des neuen Standards, BB 2009, S. 1630 ff.

Witt, Carl-Heinz, Modernisierung der Gesellschaftsrechte in Europa, ZGR 2009, S. 872 ff.

Wöhe, Günter/Döring, Ulrich, Bilanzierung und Bilanzpolitik, Betriebswirtschaftlich, handelsrechtlich, steuerrechtlich: mit einer Einführung in die verrechnungstechnischen Grundlagen, 8. Aufl., München 1992.

Wolz, Christian, Latente Steuern nach BilMoG: Analyse der konzeptionellen Neuregelung im Einzel- und Konzernabschluss, DB 2010, S. 2625 ff.

Wulf, Inge, Immaterielle Vermögenswerte nach IFRS, Ansatz, Bewertung, Goodwill-Bilanzierung, Berlin 2008.

dies., Auswirkungen des BilMoG auf die Bilanzpolitik und Beurteilung aus Sicht der Abschlussanalyse, StuB 2010, S. 563 ff.

Wulf, Inge/Jäschke, Christina/Sackbrook, Jürgen, Nutzung der bilanzpolitischen Möglichkeiten beim goodwill impairment, PiR 2011, S. 96 ff.

Wüstemann, Jens/Bischof, Jannis, Eigenkapital im nationalen und internationalen Bilanzrecht: Eine ökonomische Analyse, ZHR 2011, S. 210 ff.

Wüstemann, Jens/Bischof, Jannis/Kierzek, Sonja, Internationale Gläubigerschutzkonzeptionen, BB 2007, S. 13 ff.

Wüstemann, Jens/Koch, Christopher, Zinseffekte und Kostensteigerungen in der Rückstellungsbewertung nach BilMoG, BB 2010, S. 1075 ff.

Wysocki, Klaus von/Schulze-Osterloh, Joachim/Hennrichs, Joachim/Kuhner, Christoph, Handbuch des Jahresabschlusses (HdJ), Rechnungslegung nach HGB und internationalen Standards, Köln 2005.

Ziemons, Hildegard/Jaeger, Carsten (Hrsg.), Beck`scher Online-Kommentar GmbHG, 8. Aufl., München 2011.

Ziesemer, Stefan, Rechnungslegungspolitik in IAS-Abschlüssen und Möglichkeiten ihrer Neutralisierung, Düsseldorf 2002.

Zilias, Manfred/Lanfermann, Josef, Die Neuregelung des Erwerbs und Haltens eigener Aktien, WPg 1980, S. 89 ff.

Zimmermann, Jochen/Meyer-Schell, Tim, Die Änderungen der Regeln zur Pensionsbilanzierung im BilMoG-RegE: Alle Ziele verfehlt, StuB 2008, S. 583 ff.

Zöllner, Wolfgang, Kölner Kommentar zum Aktiengesetz, Rechnungslegung der Aktiengesellschaft, 2. Aufl., Köln [u.a.] 1991.

Zöllner, Wolfgang/Noack, Ulrich (Hrsg.), Kölner Kommentar zum Aktiengesetz, 3. Aufl., Köln 2011.

Zülch, Henning/Güth, Simon, Internationalisierung der Rechnungslegung aus Sicht von Kreditinstituten, KoR 2010, S. 501 ff.

dies., Europäisches Bilanzrecht und bilanzieller Kapitalschutz - Status Quo und Möglichkeiten einer Weiterentwicklung auf Basis des britischen Überleitungsmodells, Der Konzern 2011, S. 460 ff.

Zülch, Henning/Hoffmann, Sebastian, Praxiskommentar BilMoG, Weinheim 2009.

dies., Probleme und mögliche Lösungsansätze der "neuen" Ausschüttungssperre nach § 268 Abs. 8 HGB, DB 2010, S. 909 ff.

dies., Rechtsprechung zum Rechnungslegungs-Enforcement in Deutschland – ein erster Überblick, DStR 2010, S. 945 ff.

Zülch, Henning/Lienau, Achim, Die Bedeutung der Steuerabgrenzung für die fair-value-Bilanzierung nicht-finanzieller Vermögenswerte nach den Rechnungslegungsvorschriften des IASB, WPg 2004, S. 565 ff.

Zülch, Henning/Salewski, Marcus, Die Bedeutung des fair value für europäische Banken, KoR 2011, S. 35 ff.

Zülch, Henning/Salewski, Marcus, Auswirkungen der Finanzkrise auf die Pensionsbilanzierung nach IFRS, ZCG 2012, 35 ff.

Zwirner, Christian, IFRS-Bilanzierungspraxis, Umsetzungs- und Bewertungsunterschiede in der Rechnungslegung, Berlin 2007.

ders., Das neue deutsche Bilanzrecht nach BilMoG: Umfassende Reformierung – Ein Überblick über die neuen Regelungen –, NZG 2009, S. 530 ff.

ders., Gewinnausschüttung nach BilMoG: kein Anpassungsbedarf bestehender Gewinnabführungsverträge - BMF-Schreiben vom 14.1.2010, IV C 2 - S 2770/09/10002, BRZ 2010, S. 48 ff.

ders., Latente Steuern (DRS 18), StuB 2010, S. 570 ff.

ders., Zinssatzschmelze: Ergebnis- und Eigenkapitalgefährdung wegen bilanzierter Pensionsrückstellungen, BC 2013, 200 ff.

Zwirner, Christian/Boecker, Corinna, BilMoG: Funktionsweise der (neuen) außerbilanziellen Ausschüttungssperre, BC 2011, S. 7 ff.

Zwirner, Christian/Busch, Julia, IAS 23 - Auswirkung der Aktivierungspflicht von Fremdkapitalkosten bei konzerninternen Finanzierungen, IRZ 2011, S. 170 ff.

dies., Unterschiedliche Sichtweisen passiver Steuerlatenzen bei kleinen Kapitalgesellschaften und Personengesellschaften, Steuk 2013, S. 375 ff.

Zwirner, Christian/Busch, Julia/Reuter, Michael, Abbildung und Bedeutung von Verlusten im Jahresabschluss Empirische Ergebnisse zur Wesentlichkeit von Verlustvorträgen in deutschen Konzernabschlüssen, DStR 2003, S. 1042 ff.

Zwirner, Christian/Künkele, Kai Peter, Latente Steuern nach BilMoG: Zehn zentrale Fragestellungen, BRZ 2009, S. 487 ff.

dies., Neue Möglichkeiten der Bilanzpolitik nach BilMoG - Auswirkungen auf die Aktivseite, Teil 2: Umlaufvermögen und latente Steuern, BC 2010, S. 319 ff.

Zwirner, Christian/Roth, Matthias, BilMoG: Handlungsbedarf für die Anhang-Berichterstattung bereits in 2009, BRZ 2009, S. 457 ff.

Osnabrücker Schriften zum Unternehmens- und Wirtschaftsrecht

Herausgegeben von Andreas Fuchs, Markus Stoffels und Dirk A. Verse

Band 1 Malte Richter: Die Verwendung von Ratings zur Regulierung des Kapitalmarkts. Eine vergleichende Untersuchung nach US-amerikanischem und deutschem Recht. 2008.

Band 2 Dietmar Haffa: Lock-up Vereinbarungen – Veräußerungsbeschränkungen für Altaktionäre beim Börsengang. 2008.

Band 3 Martin Eimer: Zeichnungsverträge und Zeichnungsvorverträge. Zu den Rechten und Pflichten aus dem Vertrag über die Vorerhöhungsgesellschaft. 2009.

Band 4 Tobias Mischitz: Die Bedeutung von Nachfragemacht für die Beurteilung von Einkaufskooperationen im EG-Kartellrecht. 2008.

Band 5 Matthias Decker: Öffentlich-rechtlicher Rechtsschutz der Zielgesellschaft und ihrer Aktionäre in Übernahmesituationen. Eine materiell- und prozessrechtliche Analyse. 2009.

Band 6 Tim Gero Joppich: Die Kodifikation des Transparenzgebots in § 307 BGB. Die Prinzipien der Transparenzkontrolle unter besonderer Berücksichtigung der Arbeitsvertragskontrolle. 2009.

Band 7 Rachid René Wiersch: Der gutgläubige Erwerb von GmbH-Anteilen. 2009.

Band 8 Oliver Kirchwehm: Reformen der Corporate Governance in Japan und Deutschland. Eine gesellschaftsrechtliche Betrachtung. 2010.

Band 9 Christian Spruß: Die Einbeziehung Allgemeiner Geschäftsbedingungen im deutschen Recht unter besonderer Berücksichtigung des europäischen Rechts und des UN-Kaufrechts. 2010.

Band 10 Jost Onstein: Der Beirat einer mittelständischen GmbH als Instrument guter Unternehmensführung. Ein Beitrag zur Corporate Governance-Diskussion in kleinen und mittleren Familienunternehmen. 2010.

Band 11 Verena Förster: Die Vereinbarung variabler Zinssätze in AGB. 2010.

Band 12 Christian Karbaum: Kartellrechtliche Compliance - Rechtsgrundlagen und Umsetzung. 2010.

Band 13 Dirk Schnelle: Die Berufsbildung der Volontäre und Praktikanten. 2010.

Band 14 Hanno Teuber: Die Beeinflussung von Börsenkursen. Kurspflege und Marktmanipulation. 2011.

Band 15 Michael Berkemeyer: Die Leihgabe von Berufssportlern. 2011.

Band 16 Adrian Jaglarz: Die fusionskontrollrechtliche Behandlung von Immaterialgüterrechtsakquisitionen im US-amerikanischen, europäischen und deutschen Recht. 2012.

Band 17 Philipp Loosen: Reformbedarf im Spruchverfahren. Empirische Analyse, Rechtsvergleich mit US-amerikanischem Recht und Reformvorschläge. 2013.

Band 18 Zacharias-Alexis Schneider: Kapitalschutz nach dem Bilanzrechtsmodernisierungsgesetz. 2014.

www.peterlang.com